A ESPOSA SECRETA DE LUÍS XIV

OBJETIVA

VERONICA BUCKLEY

A ESPOSA SECRETA DE LUÍS XIV

Madame de Maintenon

Tradução
Cristina Paixão Lopes

OBJETIVA

©2008, Veronica Buckley

Os direitos morais da autora desta obra estão garantidos.

Todos os direitos desta edição reservados à
EDITORA OBJETIVA LTDA.
Rua Cosme Velho, 103
Rio de Janeiro – RJ – Cep: 22241-090
Tel.: (21) 2199-7824 – Fax: (21) 2199-7825
www.objetiva.com.br

Título original
Madame de Maintenon: The Secret Wife of Louis XIV

Capa
Mariana Newlands

Imagem de capa
Erich Lessing/ Art Resource, NY

Preparação
Luciana Araujo

Revisão
Raquel Correa
Bruno Fiuza
Lilia Zanetti

Editoração eletrônica
Filigrana

CIP-BRASIL. CATALOGAÇÃO-NA-FONTE
SINDICATO NACIONAL DOS EDITORES DE LIVROS, RJ

B936e

Buckley, Veronica
   A esposa secreta de Luís XIV : madame de Maintenon / Veronica Buckley ; tradução Cristina Paixão Lopes. - Rio de Janeiro : Objetiva, 2012.

   Tradução de: *Madame de Maintenon : the secret wife of Louis XIV*
   535p.   ISBN 978-85-390-0357-0

   1. Luís XIV, Rei da França, 1638-1715 - Relações com mulheres. 2. Favoritas reais. 3. França - Reis e governantes - Biografia. 4. França - Reis e governantes - Amantes. 5. França - História - Luís XIV, 1643-1715. 6. França - Corte e cortesãos - História - Séc. XVII. I. Título.

12-2450.   CDD: 923.144033
                            CDU: 929.731(44)"1638/1715"

Para Philipp

— so wenig für so viel

SUMÁRIO

Agradecimentos.. *9*
Árvore genealógica da família Bourbon.......................... *12*
Árvore genealógica da família D'Aubigné....................... *18*

Prólogo 23

PARTE UM

1. Origens duvidosas 26
2. América! 44
3. Terra infirma 64
4. Burlesco 88
5. União de almas sinceras 103
6. Fim do começo 122
7. A viúva alegre 134
8. Cidade luz 154
9. Chamados do dever 164

PARTE DOIS

10. *L'Arrivée*..178
11. O curso dos verdadeiros amores 198
12. O caso dos venenos 225

13.	Madame de Maintenant	240
14.	Rainha sem coroa	270
15.	*La vie en rose*	295
16.	*La vie en bleu*	323
17.	Cruzados	347
18.	Castelos na Espanha	383
19.	O fim das aflições	414
	Epílogo	437
	Notas	439
	Lista de ilustrações	491
	Bibliografia	495
	Índice remissivo	511

AGRADECIMENTOS

HÁ VÁRIAS pessoas a quem eu gostaria de agradecer pela ajuda durante as pesquisas para este livro: prof. dr. Jos Biemans, responsável pelos manuscritos na Biblioteca da Universidade de Amsterdã; mademoiselle Françoise Gillard, da Comédie-Française; monsieur Dominique Lelys, pelas orientações acerca do período colonial nas Índias Ocidentais Francesas; e monsieur Jean Raindre, por muito gentilmente me haver conduzido pelo Castelo de Maintenon e sua biblioteca, e pelo arquivo particular da família Noailles.

Minha gratidão também ao pessoal dos seguintes arquivos e bibliotecas: Arquivos Departamentais de Yvelines; Biblioteca Municipal de Versalhes; Biblioteca-museu da Comédie-Française; Biblioteca Nacional Francesa; Biblioteca Histórica da Cidade de Paris; Biblioteca Britânica; Departamento de Manuscritos da Biblioteca da Universidade de Amsterdã; Biblioteca Nacional Austríaca; Biblioteca Senate House da Universidade de Londres.

Agradeço especialmente às minhas queridas irmãs, Anne e Bernadette Buckley, por lerem o manuscrito.

Finalmente, gostaria de agradecer a meu editor, Courtney Hodell, meus revisores, Robert Lacey e NN, e minha agente, Victoria Hobbs, sine qua non.

Eu lhe disse um dia, após a morte do rei: "Madame, trouxe-lhe um livro para que nele escreva a história de sua vida. Porque a senhora sabe que um dia escreverão sua história e não contarão a verdade, por isso a senhora mesma deveria escrevê-la, madame." E ela me disse: "Minha vida... foi um milagre."

Mademoiselle d'Aumale

Árvore Genealógica da Família Bourbon

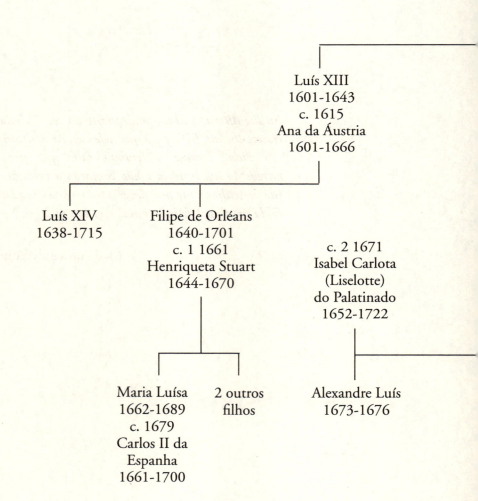

Henrique IV
1553-1610
|
c. 1 1572   Marguerite de Valois
             1553-1615
             (dissolvido em 1599)
c. 2 1600   Maria de Médici
             1573-1642

Elizabete
1602-1644
c. 1615
Filipe IV da Espanha
1605-1665

4 outros filhos

Maria Teresa
1638-1683

6 outros filhos

Filipe II de Orléans
Duque de Chartres
(futuro regente)
1674-1723
c. 1692
Francisca Maria
Mademoiselle de Blois
1677-1749

8 filhos

Isabel Carlota
1676-1744
c. 1698
Leopoldo José
Duque de Lorena

13 filhos

Árvore Genealógica da Família Bourbon

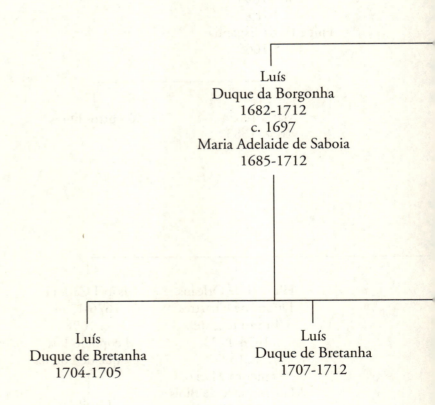

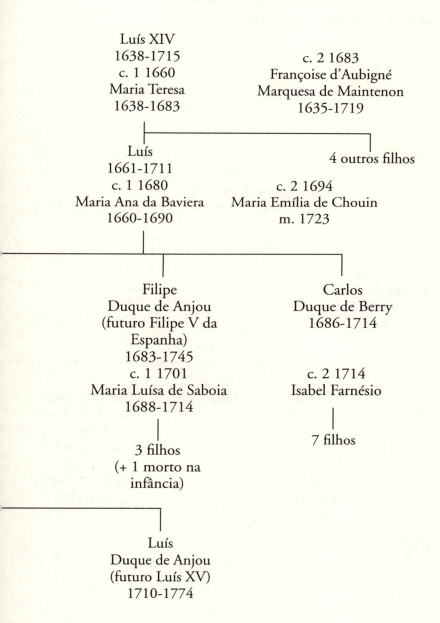

Árvore Genealógica da Família Bourbon
Descendentes ilegítimos de Luís XIV

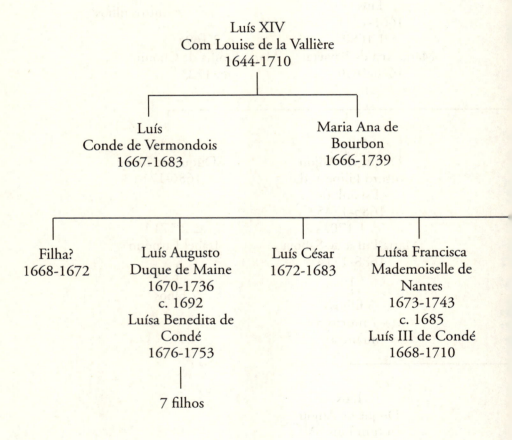

Com Athénaïs de Montespan
1640-1707

Luísa Maria Ana
Mademoiselle de
Tours
1676-1681

Francisca Maria
Mademoiselle de Blois
1677-1749
c. 1692
Filipe II de Orléans
Duque de Chartres
(futuro regente)
1674-1723

Luís Alexandre
Conde de Toulouse
1678-1737

8 filhos

Árvore Genealógica da Família D'Aubigné

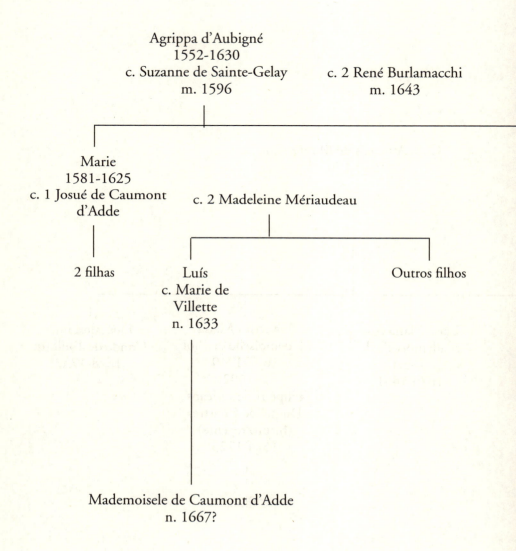

Ver próxima página

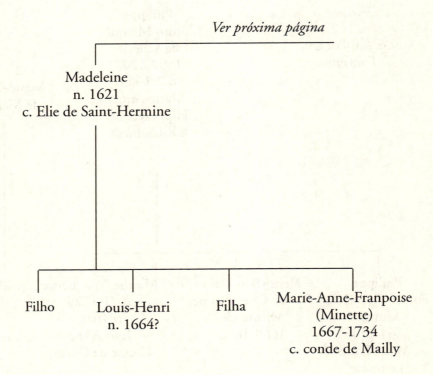

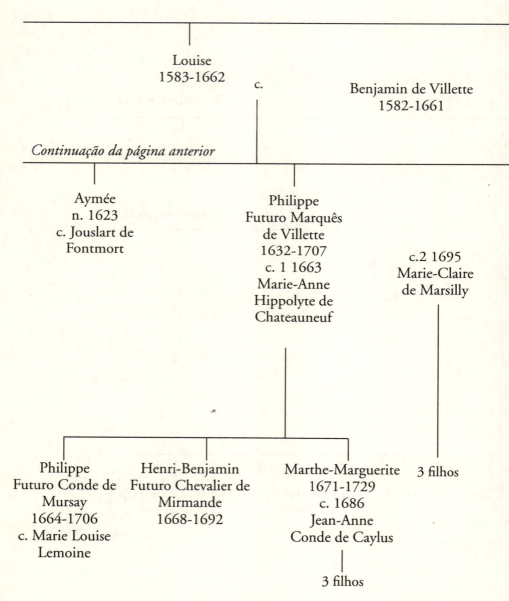

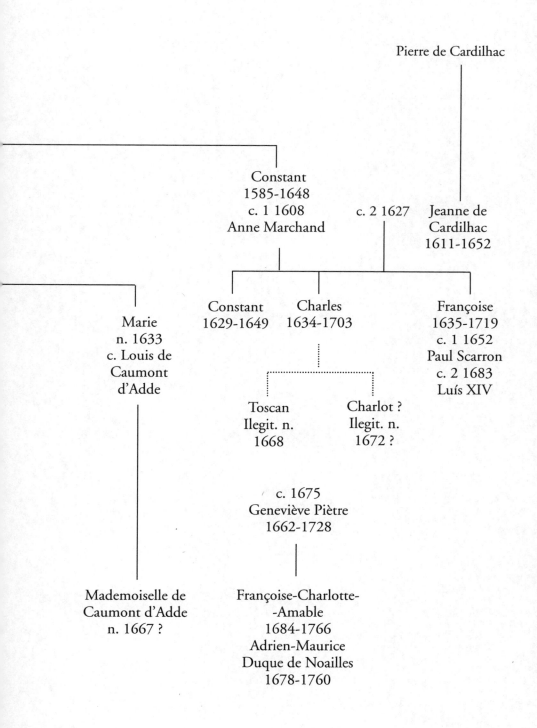

PRÓLOGO

A 18 quilômetros de Paris existe um palácio, encravado numa floresta repleta de animais de caça; um castelo renascentista com tetos abobadados e pisos de mármore, ornado com elegantes terraços que descem até o rio Sena. Ali, numa radiante manhã de setembro há quase quatrocentos anos, nasceu um belo garotinho. Era o primogênito de sua mãe, embora ela estivesse casada há 23 anos. A nação inteira comemorou com ela, pois era uma rainha, e o bebê que chorava era o tão aguardado herdeiro do trono *fleur-de-lys* dos Bourbon.

Na França ocidental, no interior da acidentada costa atlântica, há uma fortaleza, uma torre medieval de pedras cinzentas e frias, cercada de pântanos e bosques. Ali, num dia gelado de novembro, outra criança nasceu, irmã de dois garotinhos andrajosos. A mãe deles era jovem e bela, e o bebê, sadio e forte, no entanto ela não comemorou. Suspirou, ou talvez tenha chorado, embora ali não houvesse ninguém mais com compaixão dela, daquele lar que era uma prisão com suas surdas paredes de pedra.

PARTE UM

CAPÍTULO 1
ORIGENS DUVIDOSAS

Não havia algemas nem bolas de chumbo. Não havia rangidos de rodas de tortura. Era uma cela longa e estreita, sem muito ar, sem muita luz, úmida, vazia, com grades na janela. Nos cantos, empilhavam-se trouxas de pertences sombrios, mais meia dúzia de canecas de barro e algumas tigelas lascadas, pegajosas, com os restos da última refeição insossa. Duras bancadas alinhavam-se junto às paredes, cobertas com mantas sujas e, no meio do chão, engenhosa e desafiadoramente, havia uma mesa de jogo com um par de cadeiras bambas. Na porta ao lado, havia uma sala maior, porém igualmente desolada, para os endividados e os desamparados; a seguir, uma enfermaria lúgubre e uma pequena cela privada e gélida, disponível a qualquer um em troca de uma moeda de prata. Abaixo ficava "a gruta", uma cela tão úmida quanto a primeira e, como aquela, abrigando homens e mulheres. Para além dela ficava a masmorra, onde os menos afortunados tossiam e soluçavam ao longo dos dias e noites de uma vida já sem qualquer esperança.

Assim era o lar de sieur Constant d'Aubigné de Surimeau, filho único do famoso Agrippa d'Aubigné, poeta e guerreiro protestante, amigo de reis, pai furioso que o deserdou. Junto a Constant, 50 anos, partilhavam de seu severo confinamento sua esposa Jeanne, de 24 anos, seus filhos Constant, de 6, e Charles, de apenas um, e uma bebê, recém-nascida na prisão, talvez na enfermaria, ou na pequena cela privada, lutando pela vida na cama estreita ou sobre o chão áspero.[1] Deram-lhe o nome de Françoise.

Tudo podia ter sido bem diferente. Constant devia herdar, parcial ou totalmente, três grandes propriedades rurais, além do lucrativo governo de uma importante cidade protestante em sua região natal, Poitou, na França ocidental. Tudo isso chegaria às suas mãos pelos esforços de seu pai, cuja perseverança na fé, bravura em batalha e sagacidade para defraudar seus parentes por afinidade haviam-lhe rendido um lugar de destaque na pequena nobreza huguenote[2] da França. Agrippa d'Aubigné havia conquistado reputação no século anterior, durante as "espetacularmente bárbaras"[3] guerras religiosas na França; tinha sido amigo íntimo e companheiro de armas do protestante Henrique de Navarra, futuro rei Henrique IV, o primeiro rei Bourbon da França. Depois de mais de cinquenta anos de batalhas intensas e atos de selvajaria de ambos os lados, o assunto tinha sido mais ou menos resolvido em 1594, quando Henrique concordou em aceitar o catolicismo como preço a pagar pela coroa francesa. "Paris vale bem uma missa", foi seu lendário comentário na ocasião; na negociação,[4] havia descartado cinicamente sua imprevisível esposa e se casado com Maria de Médici, católica firme e fervorosa.

Além da tomada da coroa, o grande feito da vida de Henrique foi sem dúvida sua promulgação do Édito de Nantes, quatro anos após sua ascensão ao trono, em 1598. Este famoso édito, na época um dos mais avançados documentos legislativos na Europa, garantia uma tolerância limitada do protestantismo dentro da França, predominantemente católica.[5] Os membros da protestante *Réligion Prétendue Réformée* (RPR), "a pretensa religião reformada", como os católicos hostis a ela se referiam, estavam daí em diante autorizados a formar pastores, construir templos (embora não mais que dois no mesmo distrito), conduzir cultos, casar-se (embora não com católicos), batizar e educar seus filhos, tudo dentro de sua seita huguenote; além disso, os homens protestantes podiam novamente comprar cargos públicos ou comissões no exército do rei, dois métodos vitais de ascensão social e econômica. O Édito de Nantes, que aparentemente era uma medida pacificadora entre duas facções há tanto tempo em guerra, continha em si uma semente com implicações revolucionárias para a França: reconhecia que a lealdade religiosa e a lealdade política podiam ser duas coisas distintas. Depois de 1598, um francês podia ser oficialmente protestante e, ao mesmo tempo, um servo fiel de seu rei católico.[6]

Não obstante, o sagaz édito de Henrique para superar a divisão religiosa do país foi imposto cedo demais, ou talvez com pouca força, e, longe de integrar as duas comunidades, acabou por determinar sua separação formal. A maior parte da França permaneceu oficial e exclusivamente católica. Aos huguenotes foram atribuídos 120 "lugares de segurança", cidades já com uma maioria protestante, principalmente no Sul e no Oeste do país, onde podiam praticar seu culto livremente. E foi para um desses lugares, sua própria e leal província ocidental de Poitou, que o desgostoso Agrippa d'Aubigné se retirou depois da apostasia do rei para a "desprezível" Igreja Católica. Ali, ao longo dos cerca de 12 anos seguintes, ele criou seus três filhos (Marie, Louise e Constant), sepultou sua esposa, assumiu um filho ilegítimo (Nathan) e produziu uma série de poemas e panfletos de elevado mérito literário, aos quais chamava de "meus filhos espirituais".[7] Com o inteligente e determinado Constant, "meu primogênito e unigênito filho", não obstante Nathan, Agrippa esbanjou "cuidados e despesas" que, como ele dizia, "poderiam ter sido dispensados ao filho de um príncipe". O rapaz foi educado "pelos melhores tutores da França, todos eles seduzidos a abandonarem as melhores famílias pela duplicação de seus salários".

Os esforços de Agrippa foram em vão. Constant foi um aluno desinteressado e um filho extremamente ingrato. Aos 20 anos, estava desperdiçando seu talento e seus bens das maneiras consagradas pelo tempo. "Este canalha", escreveu seu pai, "primeiro abandonou os livros, depois se entregou ao jogo e à bebida, e ainda conseguiu arruinar-se completamente nas confusões da Holanda". Ao regressar à França, a má reputação de Constant havia aumentado, primeiro por se casar sem o consentimento do pai e depois por matar um homem num duelo; este último, no entanto, um *affaire d'honneur*, não lhe causou nenhuma punição. Foi somente em 1613, quando sequestrou uma moça admirada por um de seus amigos, que Constant foi preso e condenado à morte, aos 28 anos.

Escapou à execução por aceitar alistar-se no exército protestante, então em rebelião contra a rainha-mãe, Maria de Médici. O rei Henrique IV, amigo real da juventude de Agrippa, havia sido assassinado em 1610, e sua viúva, Maria, era agora regente da França em nome de seu filho, Luís XIII, com 12 anos. Quando Henrique morreu, sua viúva a princípio confirmou seu grande édito religioso, porém, nos três anos que se seguiram, orientada de longe pelo papa e de perto por seus próprios favoritos na corte, a maleável Maria tinha iniciado uma supressão generalizada do protestantismo dentro do país. Na prática, os termos do édito nunca haviam sido inteiramente observados, mas agora as muralhas protetoras dos "lugares seguros" protestantes estavam se desintegrando, e os soldados delegados para guardá-las não estavam sendo pagos. Huguenotes moribundos eram abordados por padres católicos que os ameaçavam com o fogo do inferno; funerais eram interrompidos, e huguenotes que cuidavam inocentemente de seus próprios assuntos eram atormentados por mil atos mesquinhos, em direta violação ao édito.

Mais importante, porém, que todos os atritos diários da vida católico-protestante, era o entusiasmo cada vez mais evidente da rainha-mãe pela causa dos Habsburgo espanhóis, que franceses leais de ambas as confissões viam com desagrado e ansiedade. Os Habsburgo em geral, e os espanhóis em particular, estavam entre os inimigos mais implacáveis da França.[8] Durante décadas, seu fanático rei, Filipe II, o "fervoroso católico", havia atiçado o fogo das guerras religiosas internas da França, fornecendo "ouro indígena"[9] – dinheiro de suas minas na América do Sul – a extremistas católicos na França. O temor de uma guerra total entre a França e a Espanha permaneceu vivo até a morte de Henrique.[10] Politicamente ingênua, Maria, sua viúva, não havia se dado conta de que a morte de seu poderoso marido tinha enfraquecido muito a posição do país; a França já não era vista na Europa como um firme baluarte contra a influência dos Habsburgo espanhóis.[11] Ela própria uma Habsburgo pelo lado materno, Maria estava até tentando forjar uma aliança com os espanhóis por meio de um duplo casamento real: sua filha Isabel devia se casar com o príncipe das Astúrias, herdeiro do trono imperial espanhol, e, o que era ainda mais alarmante, seu filho, o rei menino da França, Luís XIII, devia se casar com a filha do rei espanhol. Nesses dois casamentos iminentes, Maria enxergava uma dupla celebração de aliança entre duas potências iguais; os espanhóis, porém, como também muitos franceses, viam neles a dupla certeza da tomada de um território fragilizado, mas ainda útil e sua consequente e garantida permanência na religião católica.

Em 1613, bem a tempo de assegurar o perdão da execução de Constant d'Aubigné, o príncipe de Bourbon-Condé,[12] primo do rei menino, decidiu que era hora de dar um basta. Pôs-se à frente de um exército formado por huguenotes ansiosos, preocupados com seu destino caso a França caísse sob o controle da feroz Espanha católica. O próprio Condé era protestante, não tanto por convicção mas por conveniência política, no entanto, era suficientemente francês e fidalgo para se ressentir do poder da germano-italiana Maria de Médici, descendente de banqueiros mercantis emergentes e manipulada por seus mestres-titereiros papistas em Madri – o que era, no mínimo, uma bela desculpa para um príncipe ambicioso e ganancioso, pronto para capitalizar sobre os sinceros temores de seus compatriotas protestantes.

Foi no exército de huguenotes de Condé que Constant então se alistou, aparentemente seguindo arranjos feitos por seu pai. Depois de hostilidades inconstantes por cerca de três anos, durante os quais ambos os casamentos reais desafiadoramente se concretizaram, chegou-se finalmente à paz em 1616. A paz trouxe a liberdade para Constant e uma compensação de 1,5 milhão de libras[13] para o príncipe de Condé. As prescrições do édito do rei Henrique foram reafirmadas, a segurança aos protestantes, garantida, e as intromissões de Roma no catolicismo de estilo francês, novamente rechaçadas.[14] Mas cerca de um ano depois, o noivo real, agora com 15 anos e já com dois anos de maioridade legal, decidiu tomar as rédeas do reino em suas próprias mãos. Baniu sua mãe para seu castelo no campo e encarcerou o príncipe de Condé com sua encantadora e jovem esposa na fortaleza de Vincennes, onde o casal se consolou com a procriação de uma família de notáveis encrenqueiros. A seus alarmados súditos huguenotes, o jovem rei declarou com grosseria: "Não gosto de vocês",[15] e passou a miná-los financeiramente e a assaltá-los à mão armada, de tempos em tempos.

Constant transferiu sua lealdade aos recém-ascendentes extremistas católicos sem um pingo de remorso – nem mesmo por seu pai protestante, que agora, pela quarta vez na sua vida, estava condenado à morte por traição.[16] Na verdade, longe de apelar a seus novos camaradas para que poupassem o velho Agrippa, o filho "canalha" embolsou suas 8 mil libras de "honorários de conversão" e partiu para liderar um ataque armado ao reduto fortificado de Dognon de seu pai, em sua região natal de Poitou. Mas o velho soldado demonstrou ser forte demais para eles; repeliu o ataque, deserdando o apóstata Constant de uma vez por todas e renunciando a ele como "doravante um bastardo". O lugar de Constant nos afetos de seu pai foi tomado pelo verdadeiro filho ilegítimo,

Nathan, um jovem estável de aproximadamente 17 anos.[17] A fortaleza de Dognon e o governo da cidade próxima, Maillezais,[18] duas joias da aguardada herança de Constant, foram vendidos a um protestante mais confiável, e com os lucros na bolsa e Nathan a seu lado, Agrippa impôs-se um honrado exílio na Genebra calvinista, conquistando durante o processo, aos 71 anos de idade, uma rejuvenescedora nova esposa. A mensagem do dia, proferida pelo ministro oficiante, foi, muito coincidentemente: "Pai, perdoa-lhes, pois não sabem o que fazem."[19]

O deserdado Constant viveu cerca de um ano com as 8 mil libras de sua apostasia, antes de acrescentar um duplo homicídio a seus pecados. Tendo tomado conhecimento de que sua esposa, uma herdeira cujo dinheiro ele mesmo havia dissipado, tinha combinado um encontro com seu amante, entrou intempestivamente no local, onde encontrou o jovem sentado na privada, e ali o apunhalou, não uma, mas trinta vezes. Quanto à esposa, permitiu-lhe, por consideração, fazer suas orações antes de despachá-la também, com contidos seis golpes do mesmo punhal.[20] Sendo o homicídio considerado uma vingança razoável para a masculinidade ofendida do século XVII, Constant não sofreu nenhuma punição por essas duas mortes. Até seu pai se absteve de censurá-lo por isso, embora pouco depois tivesse outra razão para fazê-lo.

Em 1622, Constant fez uma segunda tentativa de retomar sua herança perdida de Dognon; falhou novamente, e dessa vez foi aprisionado na "cidade segura" protestante de La Rochelle, na costa atlântica francesa. Assim que saiu, tomou à força o controle da antiga cidade de seu pai, Maillezais, e astutamente a entregou ao partido católico da corte. Aparentemente a gratidão do partido foi insuficiente, pois em 1624 Constant estava em Genebra, chorando agarrado aos joelhos de seu pai, "escrevendo furiosamente contra o papado em prosa e verso"[21] e jurando pegar mais uma vez em armas pela causa protestante. Agrippa, confiando mais na esperança do que na experiência, deu-lhe dinheiro; Constant partiu para Paris, mas estava de volta outra vez alguns anos depois, precisando de mais.

O velho homem fez de tudo para convencer o filho a tornar-se soldado novamente. Era fevereiro de 1627; exércitos protestantes marchavam por toda a Europa, lutando contra os Habsburgo católicos pela coroa do Sacro Império Romano.[22] A guerra entrava em uma fase crítica e os huguenotes da França estavam mais uma vez em revolta aberta, desta vez contra as políticas repressivas de Luís, agora com 26 anos, e seu *premier ministre*, o cardeal Richelieu.[23] Agrippa achava que Constant seria mais uma espada útil ao bastião huguenote de La Rochelle,[24] em Poitou, região natal da família. Em vez disso, o filho declarou preferência pela Inglaterra, onde o favorito do falecido rei Jaime, o "duc de Boucquinquant" (Buckingham), preparava uma frota de invasão em apoio aos huguenotes de La Rochelle. Constant de fato foi para a Inglaterra e seu rei protestante, mas não sem antes parar em Paris para transmitir a seu próprio rei católico as informações que possuía sobre os huguenotes franceses e seus planos militares. Seguiu-se uma sucessão de conversões e traições e, no final do ano, Constant viu-se mais uma vez na prisão, desta vez em Bordeaux, por determinação do duque católico d'Épernon, governador da região.

Ninguém podia fingir que ele não era o causador de seu próprio infortúnio, a menos que se responsabilizasse o sangue de um aventureiro nato por ressurgir numa segunda geração. Constant havia herdado o suficiente do ousado temperamento de seu pai para meter-se repetidamente em apuros, mas não o bastante de sua força de caráter para sair deles. Após anos de perdões e segundas chances, Agrippa finalmente virou as costas à "alma traiçoeira e ao corpo leproso"[25] de seu único filho legítimo e o abandonou completamente.

Constant estava em baixa, mas não vencido. Os altos e baixos de uma vida inconstante em nada haviam prejudicado seu habitual charme e plausibilidade, e o diretor da prisão em Bordeaux, Pierre de Cardilhac, estava encantado por ter um prisioneiro tão interessante sob o seu lúgubre teto. Mantinha Constant sob rédeas surpreendentemente soltas e até lhe deu licença para tocar viola e alaúde em um ou dois concertos na cidade. Cardilhac também tinha uma filha jovem e muito bonita, ela própria mantida sob rédeas igualmente frouxas.

Pierre de Cardilhac era primo distante do duque d'Épernon, sob cujas ordens Constant havia sido preso; na verdade, devia seu cargo a esse parentesco. De uma hora para outra, recebeu uma carta do duque, ordenando-lhe que casasse sua filha com o prisioneiro d'Aubigné "antes do domingo". Constant estava na prisão não havia nem três meses; tinha 42 anos e a garota, apenas 16. Supõe-se que ela já estivesse grávida, ou pelo menos que havia sido seduzida por Constant. Porém, nenhum nascimento foi registrado e a apressada cerimônia de casamento continua sendo a única evidência disso.

Na curta vida de Jeanne de Cardilhac, noiva de Constant, houvera bem menos drama do que na dele, embora os anos posteriores viessem a compensar isso. As origens de sua família eram modestas em comparação com as dele, embora em termos de qualidade de berço estivessem mais ou menos na mesma condição. Seu pai, formalmente um "senhor rural",[26] na verdade não parece ter possuído terra alguma, e sua atual posição como diretor da prisão, "tenente comandante do Château-Trompette", era um cargo de menor importância pelos padrões da época. Embora Jeanne não levasse nenhuma propriedade para o casamento, era atraente e inteligente; Constant gostava de declarar que havia "se apaixonado" pela filha de seu carcereiro. O contrato de casamento não parece ter envolvido qualquer troca de dinheiro, ou mesmo qualquer dote, mas concedeu liberdade antecipada ao noivo e deu à noiva uma precoce força de caráter.

A cerimônia foi realizada em 27 de dezembro de 1627 e impôs condições positivas e negativas: a sentença de Constant foi anulada, mas Jeanne foi proibida de voltar a ver qualquer membro da família – mais uma evidência, talvez, de uma gravidez ilegítima. Embora indesejados em seu distrito natal, o casal não pôde se afastar muito, pois não tinha dinheiro; Constant até tinha dívidas pendentes. Para pagá-las, se é que as pagou, voltou a cair no velho hábito de jogar e adquiriu um novo: falsificar moedas. De Bordeaux, o casal mudou-se algumas centenas de quilômetros para o norte, para Niort, e em 1629 Jeanne deu à luz seu primeiro filho, que recebeu o nome de Constant, como o pai, que agora estava envolvido em conspiração aberta contra o Estado. Embora seus princípios políticos não fossem mais fortes que suas convicções religiosas, gostava de fazer dinheiro, e para esse fim passou a recrutar homens para o exército mercenário de Gastão de Orléans,[27] irmão do rei Luís XIII, que aos 21 anos de idade já era um rebelde experiente.

Embora Maria de Médici, mãe de Luís e Gastão, tivesse sido chamada do exílio em seu castelo no campo, o governo da França era agora dominado pelo brilhante primeiro-ministro do rei, o cardeal Richelieu.

Três anos antes, Richelieu havia acertado um vantajoso casamento para Gastão – vantajoso, mas indesejado, e o jovem duque respondeu tramando o assassinato de Richelieu. A trama não deu certo; Gastão salvou sua própria pele denunciando seus cúmplices, e agora se armava mais uma vez contra o cardeal e seu próprio irmão, contestando a crescente centralização de poder na França à custa dos grandes príncipes locais, incluindo, naturalmente, ele próprio.[28] Embora esta rebelião também falhasse, ao mandar seus companheiros de conspiração para o cadafalso, Gastão foi perdoado e continuou tramando novas campanhas igualmente sem êxito. Constant, o mestre recrutador, foi preso outra vez e encarcerado numa primeira prisão, depois numa segunda, onde em 1634 Jeanne deu à luz seu filho Charles, e depois numa terceira, em Niort, onde, em 24 de novembro de 1635, sua filha Françoise nasceu.

A menininha era uma das coisas menos desejadas no mundo: uma filha numa família pobre da pequena nobreza. Mesmo que Constant fosse libertado, mesmo que conseguissem se mudar para algum outro distrito, para longe de sua desgraça, e encontrar um modo de vida estável, talvez até reivindicando parte de sua herança perdida, Françoise seria como uma pedra amarrada em seus pescoços. Seus irmãos de algum modo encontrariam seu caminho; a Igreja, talvez, para o introspectivo menino mais velho, o exército para seu extrovertido irmão; ambos podiam ser empregados como aprendizes da lei, ou encontrar um lugar em uma casa de comércio numa das grandes cidades. Mas a menina seria apenas um fardo, drenando os recursos da família para um dote insignificante que persuadisse algum homem a transferi-la para seus próprios livros contábeis. Enquanto isso, ela refletiria passivamente a posição da família, onde quer que eles se encontrassem. Numa época de consciência social zelosa, a filha dependente era o sinalizador mais imediato das condições da família como um todo, e qualquer vestido, ou vestido do ano passado, revelaria a situação: os d'Aubigné ainda pertenciam, ou já não pertenciam, ao abençoado círculo das famílias de posição.

Para iniciar a filha na difícil jornada, Jeanne e Constant tomaram pelo menos uma primeira decisão sensata: escolheram dois padrinhos promissores, ambos nobres e com claros vínculos com a família d'Aubigné.

O padrinho, François de la Rochefoucauld, seigneur d'Estissac, era primo de Constant – na verdade, sobrinho-neto de Agrippa. Suzanne, a madrinha de 9 anos, era filha de Charles de Baudéan, amigo de infância de Constant (Constant havia servido como mensageiro do pai de Charles) e parente distante, agora governador da cidade de Niort. Embora Suzanne viesse a fazer um casamento de prestígio, e sua mãe viesse a interferir determinantemente na vida posterior da bebê, tanto para o bem quanto para o mal, o padrinho viveria seus dias nas províncias, e a influência que se esperava dele não viria a dar em nada.[29]

O batizado foi realizado quatro dias depois do nascimento, na igreja de Notre-Dame, em Niort. O nome da criança foi escolhido a dedo, bem como o de seu irmão mais velho: Françoise recebeu o nome da esposa do governador, como Charles havia recebido o nome do próprio governador. Constant não foi ao batizado; sendo o regime prisional em Niort menos liberal que aquele desfrutado em Bordeaux, ele não tinha obtido licença. Não se sabe ao certo se sua família voltou para junto dele ao fim da cerimônia. A bebê ganhou uma ama de leite, como era o costume, e é possível que tenha sido levada para morar com essa mulher, em Niort ou nas proximidades, durante seus dois primeiros anos ou algo em torno disso. De qualquer forma, no final de 1638, pouco depois de seu terceiro aniversário, ela estava morando com sua tia Louise, a irmã sobrevivente de Constant.

Jeanne havia partido no ano anterior para Paris, levando consigo os dois meninos, para tentar anular parte do testamento de Agrippa d'Aubigné. O velho guerreiro havia morrido em 1630, aos 78 anos, e a herança perdida de Constant tinha sido transferida para suas duas irmãs. A maior parte dela, o castelo de Crest, perto de Genebra,[30] e, acima de tudo, a excelente propriedade rural de Surimeau, tinha sido deixada para a filha mais velha, Marie, já falecida.[31] Surimeau estava localizada na região de Niort; tinha bosques e prados e um valioso moinho, e continha uma segunda propriedade rural, menor mas muito bonita: la Berlandière. Muito tempo antes, o velho Agrippa havia astuciosamente tomado Surimeau de seu proprietário legal, seu cunhado, e agora, de modo semelhante, o cunhado de Constant, Josué de Caumont d'Adde, tomava-a dele. Agrippa havia deixado, relutantemente, alguns lotes da terra a seu filho e legado a maior parte da propriedade a Marie e seus herdeiros, na ausência dos quais deveria ser devolvida à família d'Aubigné. Marie já não era viva, embora suas duas filhas ainda o fossem, mas seu pai, um "feio e vulgar esbanjador",[32] não tinha qualquer intenção de devolver a herança à família de sua falecida esposa. Negligenciando suas filhas mais velhas, tinha voltado a se casar e agora tentava manipular ou quebrar a lei para garantir todos os direitos sobre Surimeau, incluindo os lotes reservados a Constant e aos filhos de sua segunda mulher. E ele tinha certo direito: tecnicamente, a propriedade havia pertencido à primeira esposa de Agrippa, e não a ele; além disso, depois da última sublevação huguenote, Agrippa havia sido condenado por traição, portanto a propriedade na França já não era legalmente sua para que dela pudesse dispor. Nada estava muito claro, e diante dessa falta de clareza Jeanne havia preparado um corajoso desafio a seu cunhado Caumont d'Adde.

Isso exigia que ela levasse o caso perante o Parlamento em Paris, um negócio demorado, caro e sem nenhuma garantia de sucesso. Foi, sem dúvida, Louise, sua cunhada, quem concordou em financiar o empreendimento. Na morte de seu pai, oito anos antes, Louise tinha ficado chocada ao tomar conhecimento da exclusão de Constant da fortuna da família, e havia reservado de sua própria herança a substancial soma de 11 mil libras, correspondendo a uma renda de vários anos,[33] em benefício de seu irmão e sua família. E agora assumia a filhinha dele como se fosse uma das suas.

Louise e seu marido, Benjamin Le Valois, seigneur de Villette, moravam em Mursay, um belo castelo a 2 ou 3 quilômetros de Niort, com uma pequena fazenda e terras lavradas.[34] A propriedade rural, transferida por Agrippa a Louise 25 anos antes, tinha dado a seu marido um modo de vida perfeitamente ajustado a seu temperamento simples. Com a vida dificultada pelo fato de ser protestante numa época de favorecimento católico em qualquer cargo oficial, e sem ter a ambição para buscar uma carreira de sucesso, Benjamin, em seus 30 anos, havia assumido de bom grado a vida de aristocrata rural. Não era uma vida de alto padrão – a terra ao redor de Mursay era pantanosa e ele próprio era obrigado a fazer muito trabalho braçal –, mas a renda regular, a vida doméstica estável e os consolos de sua religião faziam dele um homem satisfeito.

Louise e Benjamin de Villette, agora bem entrados em seus 50 anos, tinham quatro filhos: duas filhas mais velhas e um menino e uma menina com idades próximas à de Françoise. Suas filhas mais velhas, Madeleine e Aymée, tinham 17 e 15 anos em 1638, quando Françoise foi morar com eles, aos 3 anos. Elas faziam as vezes de irmãs mais velhas e educadoras de sua priminha, mas foi o menino, Filipe, de 6 anos, mais do que Marie, com 5, que se tornou seu companheiro diário e um forte amigo de infância.

O castelo de Mursay, com seu fosso, torres e uma floresta de conto de fadas, era um paraíso para uma criança ativa; as lembranças dos anos que ali passou permaneceriam uma fonte de prazer para Françoise pelo resto de sua vida. Ela recebia tratamento igual ao das outras crianças; suas roupas eram repassadas das três irmãs, exatamente como tinha acontecido entre elas próprias. Seus tamancos de madeira, porém, eram feitos só para ela, deliberadamente grandes demais, e recheados com palha para acomodar seu crescimento. As necessidades diárias de Françoise eram atendidas pela própria tia Louise, e com as moças mais velhas, sentadas à mesa da cozinha quente do castelo, aprendeu a ler, e depois a escrever; era uma sorte que as moças soubessem fazê-lo, pois até muitas das professoras das *petites écoles* da época não sabiam. Na década de 1640, escrever, diferentemente de ler, era ainda um conhecimento caro de se adquirir; os pais tinham que providenciar a necessária "mesa de colo, uma faca, algum papel, um tinteiro e algum pó",[35] e até então não tinha qualquer serventia prática nem para os meninos nem para as meninas do campo. Mas, assim como a escrita, Françoise aprendeu com seu primo Filipe a habilidade ainda mais rara da aritmética, "os nove números arábicos, bem como os numerais romanos, e [somar] até mil"; depois aprendeu a calcular o custo das compras domésticas, os valores das diferentes moedas, e por aí afora. Era uma aluna sagaz em aritmética, ou talvez seu primo a tenha ensinado particularmente bem; qualquer que tenha sido o caso, ela preservaria, por toda a vida, o hábito da contabilidade regular, mantendo o registro de entradas e saídas, somando despesas até em suas cartas. Criança inteligente e precocemente madura, ela sem dúvida aprendeu muito com sua tia Louise, cujo temperamento metódico estava em perfeito acordo com os preceitos ordeiros e frugais do protestantismo da pequena nobreza provincial.

A vida em Mursay desfrutava de modesto conforto. Havia dinheiro e aprovação moral suficientes para todas as necessidades, mas não para luxo. Numa rara crítica a Mursay, Françoise registraria mais tarde que as lareiras dos quartos nunca eram acesas, uma privação para ela, se não para as outras meninas, pois era extremamente sensível ao frio: a necessidade de uma "boa e grande lareira" é um refrão nas páginas de sua correspondência de adulta: "Adoro uma boa lareira mais do que qualquer outro luxo."[36] Apesar de seu fervoroso protestantismo, Louise e Benjamin nada fizeram para desviar sua jovem sobrinha de sua fé de batismo, exceto oferecer-lhe exemplos diários de bondade e generosidade e um tranquilo esforço pessoal; em suma, um exemplo de bondade prática, sem os crucifixos e os ícones sagrados tão amados pelo catolicismo de então. Françoise absorveu profundamente a lição, e por meio dela aprendeu a valorizar os princípios da vida cristã acima de qualquer caráter técnico da fé ou forma de adoração. Em sua vida adulta, ao longo de anos de debates religiosos amargamente controversos, ela se agarraria a essa antiquada visão de tolerância.

Aos domingos, enquanto a família de Villette assistia ao culto no templo huguenote de Niort, Françoise era deixada na prisão com seu pai. É discutível se essas visitas beneficiaram o desenvolvimento do amor filial ou paternal. Memórias da própria Françoise colocam-na frequentemente de pé num canto da cela, em silêncio, enquanto Constant jogava cartas com os carcereiros, de vez em quando interrompendo o jogo apenas para repreender severamente a menininha pela contínua ausência da mãe dela e pela pobreza dele. Às vezes ela brincava com a filha de um dos carcereiros, a tripudiante pequena proprietária de um jogo de chá em miniatura, que a filha do prisioneiro não conseguia equiparar a um único brinquedo seu. Françoise, contudo, aos 5 ou 6 anos, era capaz de dar uma resposta espirituosa a esta inegável desigualdade de bens terrenos: "Mas eu sou uma dama",[37] lembraria à garotinha. "Você, não." Aparentemente, Constant às vezes tinha uma palavra terna para dizer à filha; ele teria dito, certa vez, que "esta coisinha inocente é meu único consolo". Mas uma carta de Françoise a seu tio Benjamin, quando já adulta, conta uma história mais plausível: "Quando eu era criança, o senhor foi, na verdade, o meu pai",[38] escreveu ela. "Devo-lhe mais do que a qualquer outro homem no mundo."

***

Se em seu tio Françoise tinha encontrado um pai, tinha tido a mesma sorte de encontrar uma mãe em sua bondosa tia. Jeanne estava ainda em Paris, onde havia começado de maneira bem atrevida a buscar a liberdade do marido. Para isso, tinha conseguido uma audiência com o próprio cardeal Richelieu por intermédio de um certo doutor Citois, seu conterrâneo da região de Poitou e agora médico pessoal do cardeal. *Son éminence rouge* tinha se recusado a libertar Constant, comentando que madame d'Aubigné seria muito mais feliz com seu marido na cadeia do que livre, mas concordou em falar com o rei sobre sua transferência para uma prisão em Paris, para que a família ao menos pudesse estar reunida. Eles haviam passado "uma imagem muito ruim" de Constant na corte, acrescentou Citois; Jeanne devia perder a esperança de obter qualquer outro favor.

Portanto, a batalha tinha começado e duraria cinco anos, com uma intimação seguida de processo, e processo seguido de reconvenção. Jeanne procurou, e obteve, uma separação financeira formal de Constant; ao que parece, suas reivindicações seriam mais fáceis de serem alcançadas se ela fosse sua credora legal em vez de sua dependente, e ela gastou o resto do seu dinheiro assumindo as dívidas dele. Tornou-se uma habitual suplicante nos tribunais de Paris; saindo de seu alojamento ali perto, em uma área violenta nas cercanias de Sainte-Chapelle, avançava a passos largos, depois passou a caminhar penosamente, para, enfim, se arratar, extenuada e desalentada, até o grandioso *palais de justice*. Todos os planos falharam, um atrás do outro: o cunhado, Caumont d'Adde, demonstrou ser tão determinado quanto inescrupuloso, e era um adversário forte demais para Jeanne, que lutava praticamente sozinha em Paris. Na primavera de 1642, ele ganhou um parceiro odioso na pessoa de seu genro, que chegou a Paris para incitar as coisas, "pintando alguns retratos bem coloridos" de Jeanne,[39] como ele próprio admitiu, para desacreditá-la nos tribunais. Por diversas vezes, apareceu nos alojamentos dela, ameaçando-a de fazer com que seus filhos fossem declarados bastardos e ela própria uma criminosa e prostituta, caso se recusasse a desistir do processo judicial. "Desde então, ela tem estado doente", informou ele com satisfação. "Mas aceitou escrever ao marido a respeito, e o fará. Fará de tudo para escapar de minha tirania [...] Estou bem satisfeito ao ver que monsieur e madame de Villette parecem estar profundamente adormecidos [...]."

Não era esse o caso. Louise e Benjamin continuavam a apoiar Jeanne. "A menor dádiva oferecida aos necessitados é muito mais valorizada do que a maior dádiva oferecida aos que vivem na fartura",[40] escreveu-lhes Jeanne com gratidão. Mas nos processos judiciais propriamente ditos, eles aparentemente não interferiram em nada e, na verdade, vinham-na aconselhando havia quase um ano a abandoná-los. Achavam que insistir nisso a ajudaria "mais moral do que legalmente". Benjamin visitou Jeanne em Paris pelo menos duas vezes, percorrendo de carruagem ou a cavalo os 500 quilômetros de estradas acidentadas desde Niort. De tempos em tempos, ela também via a baronesa de Neuillant, esposa de Charles de Baudéan, amigo de Constant, e mãe da madrinha de Françoise; com madame de Neuillant Jeanne chegou a ir à corte no Palais-Royal, presumivelmente para solicitar a ajuda de alguma pessoa poderosa; no entanto, se foi esse o caso, não deu em nada.

Louise permaneceu em Niort com as crianças e a fazenda. Embora fosse um pilar financeiro para Jeanne, era também capaz de criticá-la. Sempre bondosa, mas também ingênua, Louise adorava seu irmão imprestável, vendo-o como um dos eternos desafortunados do mundo, mais uma vítima daqueles que pecavam contra ele do que ele próprio um pecador. Jeanne estava suficientemente consciente de sua própria dependência de Louise para evitar arriscar qualquer crítica a Constant em suas cartas. "Lamento tanto por ele",[41] escreveu, tendo o cuidado de não mencionar nenhuma de suas próprias privações. "Eu gostaria, de todo o coração, de poder estar com ele, como é seu desejo. Tenho certeza de que isso lhe traria alívio e consolo."

Quisesse ou não a companhia de sua esposa, Constant com certeza queria dinheiro: no verão de 1642, ele nem sequer conseguiu pagar pelos remédios de Françoise, com 6 anos, que tinha tido um grave caso de micose. O farmacêutico tinha sido pago por seu tio Benjamin, que, evidentemente sem confiar que seu cunhado lhe repassaria o dinheiro, obrigou-o a assinar uma pequena declaração: "Declaro que recebi [...] a soma de 72 libras, que monsieur de Villette gentilmente forneceu, como dádiva sincera, para atender as urgentes necessidades e despesas derivadas da doença de Françoise d'Aubigné [...]."[42] Jeanne, ainda sem saber do pagamento e, portanto, ainda sem se sentir constrangida por isso, desculpou-se à cunhada simplesmente "pelo incômodo que esta triste sarnenta está lhe causando. Foi muita bondade sua tê-la recebido. Que Deus permita que ela um dia possa compensá-la por isso [...]".[43] E assinou a carta com uma convencional declaração de subserviência e fidelidade: "Tenho fé de que um dia conseguirei estar com você o máximo possível, prestando-lhe meus serviços, minha honrada irmã. Sua mais humilde, mais leal e obediente serva, J. de Cardilhac."

Constant respondeu a essa carta no correio seguinte, por intermédio de Louise. Disse a Jeanne que tinha se cansado de aguardar seu retorno e havia ele próprio iniciado um processo contra ela no tribunal local de Niort. Ela havia recebido 14 mil libras da família Caumont d'Adde, insistiu, e estava vivendo disso em Paris, "tendo abandonado, contra todas as exigências da justiça, seu marido preso e sua filha, de 6 para 7 anos de idade",[44] estando esta, consequentemente, "em grave risco de ser desviada da religião católica, apostólica e romana, e espiritualmente corrompida" às mãos dos huguenotes que a haviam recolhido. Este risco "preocupava" Constant, ou assim ele declarou, com fantástica hipocrisia, em seu depoimento ao tribunal, "mais que todas as outras aflições que hoje estou sofrendo". A própria Louise acrescentou que estava do lado do irmão, que Jeanne havia estado afastada por tempo demais, que ela estava errada em usar a "pequena má conduta"[45] de Constant contra ele, e que seu próprio comportamento dificilmente podia ser justificado.

Desta vez a resposta de Jeanne foi pronta e determinada. Sugeriu a Louise: "Ponha de lado sua paixão fraternal e imagine-se no meu lugar."[46] Era verdade que ela havia recebido uma pequena soma da venda do castelo de Agrippa d'Aubigné na Suíça, mas isso tinha sido gasto havia muito tempo. Durante os últimos 18 meses, escreveu, ela e os meninos tinham vivido "da providência divina e nada mais", ou, mais especificamente, com menos de quinhentas libras. "Não tenho um tostão em meu nome", insistiu, "e devo dinheiro a todo mundo, a três quartos das pessoas na casa em que estávamos, ao padeiro e a outros [...] Tive que vender toda a minha mobília, e por um valor muito baixo, num lote único, pois o senhorio se recusou a permitir que um único graveto saísse da casa sem que os aluguéis atrasados tivessem sido pagos;

agora estamos num convento, vivendo da generosidade de uma nobre e boa senhora, mas somente até a festa de São Miguel. Foi a única ajuda que senti que podia aceitar. É verdade que outras pessoas me ofereceram ajuda", admitiu, "mas apenas sob certas condições [...] Você chama de pequena má conduta da parte de seu irmão deixar a esposa e os filhos numa situação como esta [...] É hora de eu aprender a lição [...] No futuro cuidarei das coisas eu mesma [...] Você deve aprovar tudo isso. Sei que tenho a bênção de Deus. Ele enxerga meu coração [...]". Em seguida, uma assinatura brusca e convencional: "Sua mais obediente e humilde serva, J. de Chardilhac" – com um adendo, talvez um pouco ansioso: "E humilde serva de meu irmão também."

Aparentemente Jeanne não estava exagerando. Os tribunais de Paris logo a consideraram falida, e Constant abandonou o processo; até o genro de Caumont d'Adde voltou para sua casa em Niort, embora não tivesse desistido: ele importunaria Jeanne pelo resto de sua vida pelo dinheiro que ela havia recebido do castelo suíço de Agrippa, porém sem êxito. A batalha de cinco anos lhe havia custado quase tudo, principalmente sua dignidade. Ela havia se recusado a se prostituir para algum "protetor" rico, como sugere sua referência a "certas condições", mas não tinha conseguido evitar o quase derradeiro recurso feminino de "receber encomendas domésticas", fazendo pequenos bordados e cestos para as pessoas mais abastadas da cidade. Essa era uma dupla humilhação para sua alma distinta, pois, além de ser uma admissão de pobreza, era um rebaixamento aos níveis dos trabalhadores manuais.

Jeanne nunca tinha recebido muita educação formal, mas suas cartas revelam uma mulher inteligente e com força moral. Ela tinha agora 31 anos e, para todos os efeitos, vivia só com seus dois filhos, de 8 e 13 anos. Os três estariam seguros no convento "até a festa de São Miguel", ou seja, por três meses, até o outono de 1642. Enquanto isso, e talvez também depois, seu único consolo, parecia-lhe agora, viria de sua religião. Considerando sua infância na prisão e os anos vividos com o irreligioso Constant, é curioso que Jeanne tenha encontrado os escritos de um dos mais perspicazes clérigos da época, "um de nossos autores católicos, o falecido bispo de Genebra", [47] como o chamava, na verdade, ninguém menos que o grande humanista Francisco de Sales, mais tarde um santo em sua própria Igreja e fonte de sabedoria prática para cristãos de todos os tipos. Talvez a mesma "nobre e boa senhora" que estava pagando por sua permanência no convento a tenha apresentado a ele; de qualquer modo, suas palavras agora lhe serviam de consolo – embora um de seus conselhos deva ter-lhe causado pesar: "As viúvas não devem empreender processos judiciais",[48] escreveu a praticamente viúva Jeanne, repetindo o conselho do bispo. "Ele diz que isso geralmente traz más consequências."

Jeanne e os meninos permaneceram no convento por muito tempo depois da festa de São Miguel, e talvez ficassem por anos, não fosse pela morte, em dezembro de 1642, do cardeal Richelieu, que cinco anos antes havia recusado seu pedido de liberdade para Constant. O rei Luís XIII, ansioso por se distanciar das políticas impopulares de seu falecido primeiro-ministro, anunciou um conjunto de anistias políticas.[49] As prisões foram abertas reino afora, entre elas a de Niort, e finalmente Constant respirou o ar da liberdade. Ele fez uma parada em Mursay apenas para pegar sua contrariada filha de 7 anos, depois pegou a estrada para Paris. Foi ali, nos primeiros meses de 1643, que Jeanne, os meninos, seu pai e Françoise se juntaram para recompor a família.

E na mesma cidade, ao mesmo tempo, a própria família real se recompunha. A morte de Luís XIII em maio, aos 41 anos, tinha deixado no trono Bourbon da França um garotinho de apenas 4 anos. Pelo menos em termos políticos, o novo rei Luís XIV estava em uma posição extremamente insegura.

CAPÍTULO 2
AMÉRICA!

A FAMÍLIA D'AUBIGNÉ se reconstituiu apenas em parte. Em tese, Jeanne ficou feliz com isso; seu marido era finalmente um homem livre e sua filha lhe fora devolvida. Mas o retorno da menina não despertou seu amor maternal. Desde a infância Françoise havia sido, de certo modo, filha de outra mulher, e agora chegava ao lar da família como uma estranha. E se a filha era uma desconhecida, o marido era conhecido até demais: o mesmo homem de sempre, descomedido pelo tempo passado na prisão; orgulhoso, esquentado, ainda arquitetando planos grandiosos, irremediavelmente indigno de confiança e, acima de tudo, sem um tostão no bolso. Se alguma vez houvera amor entre marido e mulher, ou mesmo algum vínculo sexual, há muito havia acabado. O hábito, a religião e a simples falta de alternativa mantinham Jeanne ao lado de Constant. Ele, por sua vez, só ficava ao lado de Jeanne quando era do seu interesse. Eram constantes suas saídas de Paris, talvez em busca de trabalho ou, mais provavelmente, de seus castelos de areia. Não se sabe ao certo como a família viveu durante um ano ou mais, mas com certeza não viveu bem. Constant deve ter sido o rei da sedução, pois, apesar de sua reputação, ainda conseguiu dinheiro emprestado e, no final de 1643, até recebeu mil florins, herdados de sua madrasta viúva em Genebra, quando o velho Agrippa já não podia interferir; talvez ela tenha sido induzida por seu meio-irmão ilegítimo, Nathan.[1]

Constant parece não ter tido qualquer ligação com seu filho mais velho e homônimo, que àquela altura tinha 14 anos. Cinco anos de provações e ansiedades haviam piorado o funcionamento mental com tendências melancólicas do menino. Era retraído e letárgico; embora fosse próximo da mãe, que o protegia muito, não parece ter criado nenhum vínculo emocional com outro membro da família, inclusive sua recém-encontrada irmãzinha, cuja personalidade aparentemente cativante esperava-se que de algum modo o descentrasse dele próprio. Por contraste, Charles, o filho mais novo, logo se ligou a ela. Apenas um ano mais velho que Françoise, ele ocupou com perfeição o lugar deixado vago por Filipe, seu primo preferido de Mursay. Os dois se tornaram inseparáveis: estudavam juntos e se protegiam em seus apertos de infância. Charles, o oposto absoluto do irmão, abençoado ou amaldiçoado com o temperamento agitado do pai, era irrequieto e aventureiro, vivendo sempre no presente. Seu charme natural e sua persuasão cativaram Françoise, e ela o amava com ardor, e continuaria a amá-lo ao longo de sessenta anos de desregramento e irresponsabilidade da parte dele, e indulgência e generosidade da dela.

Françoise tinha necessidade do afeto do irmão, já que não o recebia da mãe. Reunida com sua única filha após uma ausência de vários anos, Jeanne sentiu uma aversão imediata por ela, beijando-a "apenas duas vezes", dizem, "e somente na testa";[2] esses foram os últimos beijos que jamais lhe daria. Françoise era então uma menina inteligente de 8 anos, com olhos negros, muito bonita e com cabelos escuros e encaracolados. Sua expressão muitas vezes séria era capaz de dar lugar a súbitos lampejos de humor, mas também podia ser teimosa, uma característica que não contribuía para que sua mãe a estimasse. A desculpa que mais usava para corrigir Françoise era a suposta protestantização na casa de sua tia Louise; com certeza apanhava, e provavelmente era empurrada e puxada de vez em quando, mas seu espírito valente permaneceu firme. "Minha mãe nos educou com muito rigor", disse mais tarde. "Não tínhamos autorização para chorar quando caíamos, quando nos queimávamos com uma vela ou quando sofríamos qualquer pequeno acidente."[3]

Era aplicada em suas lições e ajudava de bom grado em casa, embora, ao que parece, fosse um tanto desmazelada, o que talvez bastasse para provocar a mãe quando as acusações de protestantismo incipiente enfraqueciam.

Ao que tudo indica, a formação religiosa inicial de Françoise aconteceu mais por uma espécie de osmose do que por qualquer instrução direta. Ela havia vivido em Mursay por cinco anos, num lar huguenote praticante, onde se faziam orações em família e leituras regulares da Bíblia. Por causa disso, aos 8 anos ela estaria familiarizada, no mínimo, com as mais conhecidas histórias bíblicas e parábolas do Novo Testamento. Em Mursay, naturalmente, ela não havia convivido com nenhum simbolismo católico: nenhuma pintura, estátua sagrada ou contas de rosário e poucas histórias de santos ou mártires. Ela não tinha sido obrigada por Louise e Benjamin a frequentar seus cultos no templo, mas também não tinha sido levada à missa católica, de modo que ao chegar com o pai a Paris, ela era católica apenas formalmente, por batismo. Sua mãe, observando isso com assombro, decidiu pôr as coisas nos eixos outra vez. Levou a filha a uma igreja católica, um ambiente inteiramente estranho para ela, com seus cheiros residuais de incenso e seus ícones de tortura por todos os lados. Em anos posteriores, Françoise contou que havia se recusado a fazer os gestos convencionais diante do altar, voltando-lhe as costas em desafio. Jeanne a esbofeteou ali mesmo.

Não há razão para identificar nesse incidente qualquer ato de heroísmo religioso. Uma criança enérgica estava sendo forçada a fazer algo que não queria por uma mãe tanto quanto enérgica. A igreja deve ter parecido um lugar bizarro e assustador para Françoise; as imagens sem dúvida a assustaram e revoltaram. Não se sabe se no momento dessa primeira visita havia alguma missa em andamento, mas se for esse o caso, ela terá ouvido apenas os sons estranhos de cânticos e récitas em latim, e nada que lhe fosse familiar, nem sequer um hino, e com certeza nada que a tranquilizasse. Não havia nenhum vínculo de confiança ou afeto entre mãe e filha que pudesse suavizar o efeito de tanta novidade indesejada; não se admira, portanto, que o resultado tenha sido de discórdia.

Jeanne, tão indulgente com seu melancólico filho mais velho, não tinha paciência para dispensar à filha. A menininha, uma criança de perfeita saúde, inteligente, prestativa, simpática, até mesmo linda, poderia ter sido acolhida pela mãe com alegria, como um tesouro perdido e agora reencontrado. Mas, ao contrário, sendo o mais novo e, talvez, o mais vulnerável membro da família, além de possivelmente uma súbita personificação da figura da mãe quando jovem, a menina parece ter servido de bode expiatório para os muitos medos e frustrações de Jeanne. Censurar Constant não levaria a nada, e Jeanne também reconhecia certa culpa em si própria. Ao escrever sobre "as dificuldades que sua má conduta causou", ela disse: "Sempre as aceitei e as suportarei enquanto for a vontade de Deus, pois bem mereci o tratamento que recebi";[4] uma referência, talvez, a seu próprio "pecado" aos 16 anos, quando se deixou seduzir pelo prisioneiro de seu pai. Portanto, a culpa pelo passado, com ou sem fundamento, somava-se à atual tristeza e ansiedade pelo futuro. Não surpreende que Jeanne necessitasse de uma válvula de escape para tudo isso; o triste é que a tenha encontrado na agressão à filha completamente inocente. "Ela não gostava de falar da mãe",[5] registraria, décadas mais tarde, a secretária da filha adulta.

Onde quer que tivesse estado nos 12 meses anteriores, na primavera de 1644 o pai da criança estava de volta a Paris, solicitando à Compagnie des îles d'Amérique um cargo honroso e lucrativo numa ilha do distante Caribe. A companhia, arrogando a si mesma esse poder, concedeu-lhe o governo de qualquer uma das ilhas que ele pudesse reivindicar para a França. Uma vez instalado, ele pretendia tornar-se fazendeiro e fazer fortuna tardia em bananas ou índigo. Aos 60 anos, o irreprimível Constant tinha decidido tentar a sorte na América, que já era a terra da oportunidade.

Desde as grandes viagens de descobrimento de Colombo, 150 anos antes, centenas de frotas haviam partido da Europa para o promissor Novo Mundo, não somente para as vastas regiões continentais da América do Norte e do Sul, mas também para a trilha de pequenas ilhas no Oceano Atlântico e no Caribe, estas últimas conhecidas pelos franceses como *les Camercanes*. Todas essas ilhas e, na verdade, metade da América, estavam ainda semioficialmente sob a posse da Espanha,[6] embora os próprios espanhóis não tivessem conseguido se beneficiar plenamente disso. Ávidos, acima de tudo, por explorar o ouro e a prata do continente sul-americano, eles tinham feito apenas esforços irregulares para colonizar as ilhas do Caribe, que não eram prontamente lucrativas. Isso havia deixado as ilhas e as rotas marítimas locais abertas às depredações de outros europeus, patrocinados pelo Estado ou não.

Muito convenientemente, tendo em vista seu temperamento, Constant devia esta oportunidade aos esforços de certo Pierre d'Esnambuc, um flibustier – um dos piratas originais do Caribe. Em 1626, d'Esnambuc tinha obtido o apoio do cardeal Richelieu para o estabelecimento de uma "Associação para a Colonização das Ilhas Americanas",[7] mais conhecida, normalmente, por Compagnie des îles d'Amérique. Embolsando uma declaração unilateral segundo a qual ele governaria a ilha de São Cristóvão (Saint Kitts), ele logo partiu para fundar a primeira colônia da França no Caribe e, como esperava, usufruir de uma vida de riqueza fácil. Dezenove anos depois, era a vez de Constant. A Compagnie estava esperançosa e Constant, sem dúvida, entusiasticamente otimista: um pedaço de terra outrora indesejado, a 6.500 quilômetros de distância, a partir de então daria um bom sustento e uma vida boa a toda a família d'Aubigné.

Não se sabe qual foi a reação da família a esta notícia, mas pode-se imaginar. Para as crianças mais novas, deve ter soado como uma grande aventura. Para seu irmão, tudo leva a crer que fora fonte de profunda ansiedade, se é que, na realidade, ele já não tinha deixado de se importar com o lugar para onde ia ou o que seria feito dele. É possível que os sentimentos de Jeanne tenham sido confusos: não era uma ideia louca de todo; na verdade, muitos estavam fazendo fortunas nas ilhas, e a família, afinal, não precisava de uma fortuna; qualquer modo de vida decente serviria, depois de tudo o que já tinham enfrentado. Havia riscos, claro – mas, afinal, quais eram os riscos? Do modo como as coisas estavam, eles não tinham nada a perder, nem dinheiro, nem casa, nem posição, nem perspectivas. A viagem por mar tinha seus perigos, isso era verdade; o clima nas ilhas talvez lhes fosse prejudicial à saúde; mas a pobreza e os invernos gelados do norte também não os ajudariam muito nesse sentido. Contas feitas, a atitude de Jeanne deve ter sido de cautelosa concordância.

De um modo ou de outro, a viagem foi organizada. Foi a própria Jeanne quem pagou, em 19 de abril de 1644, as 330 libras "em bons escudos de prata"[8] pela passagem dos cinco d'Aubigné, mais dois criados e um *engagé*, que trabalharia para a família por um tempo em troca da passagem, no *Isabelle de la Tremblade*, para a ilha de "Gadarbeloupe". Na verdade, o pagamento pela passagem desse empregado ainda não tinha sido feito: para isso Jeanne teria de pagar ao capitão "pouco mais de 272 [quilos]" de tabaco ao chegar às ilhas. Não se sabe como ela juntou o dinheiro inicial: as freiras ursulinas em Niort, talvez pensando mais no futuro católico para os d'Aubigné do que no seu passado protestante, haviam-lhe emprestado 83 libras; talvez ainda restasse algo do legado da viúva de Agrippa; talvez Louise e Benjamin tenham ajudado. Seja como for, no início de setembro eles partiram da cidade portuária de La Rochelle, a antiga "cidade fortificada" onde anos antes os huguenotes haviam lutado em vão contra as forças católicas sitiantes de Richelieu.

A família e seus criados foram acomodados entre os conveses no *Isabelle*, e o engagé ficou mais abaixo, no miserável porão de carga com 16 de seus camaradas. O navio estava superlotado, mesmo para aqueles que, como os d'Aubigné, eram autorizados a subir ao deque, e mesmo ali os passageiros e a tripulação eram obrigados a dividir o espaço que houvesse com animais domésticos que guinchavam e cacarejavam dia e noite. Os passageiros que tomaram a precaução de levar um suprimento de "raízes ou folhas de angélica, cravo ou alecrim" estavam preparados "para enganar os maus cheiros do navio".[9]

Embora eles próprios tivessem tido de fazer um empréstimo para pagar a passagem, a família d'Aubigné ainda estava em melhor situação do que a maioria a bordo. Havia uns poucos "fidalgos" mais ou menos na mesma posição de Constant; em La Rochelle ele já havia feito amizade com três deles: Jean Friz de Bonnefon, "cavalheiro e senhor" de Cardeluz; Michel de Jacquières, senhor de Herville, recém-casado, tendo sua esposa aparentemente ficado na França; e o senhor de Gourselles, de modo insinuante chamado de Merry Rolle. Assim como Constant, ao que parece, nenhum deles tinha um único acre de terra em seu nome, mas juntos compunham um quarteto de companheiros, um por todos e todos por um, pelo menos enquanto as coisas iam bem. Eles tinham feito um acordo sobre como proceder quando chegassem às ilhas e pretendiam arriscar a sorte juntos.

Os criados dos d'Aubigné, possivelmente um casal, iriam trabalhar para a família como camareiro e criada. Seu engagé era um dos muitos a bordo, todos "colonos" cuja passagem havia sido paga por um futuro "patrão" para o qual deveriam trabalhar durante três anos sem salário. Embora sua servidão tivesse duração limitada, no dia a dia esses colonos não estavam em situação muito melhor que a de um escravo. Seus patrões na verdade os possuíam e podiam chicoteá-los, alugá-los ou vendê-los como bem entendessem. "Alguns dos engagés tornam-se nativos", registrou Maurile de Saint-Michel, um padre dedicado à "difícil e perigosa tarefa de converter os selvagens", que estava a caminho das ilhas na mesma ocasião. "Eles se escondem nas florestas e vivem de frutos silvestres e só saem à noite para roubar coisas. Conheço vários deles que preferiram essa vida a viverem como escravos com os que pagaram suas passagens."[10] Entre os engagés havia até algumas mulheres, mas a maioria das que estavam a bordo do *Isabelle* eram apenas moças pobres, recém-libertadas de casas de correção, algumas delas ex-prostitutas, fazendo um triste percurso como noivas colonas, para se casarem com algum colono solitário, até agora desconhecido, numa ilha igualmente desconhecida.

Fora os animais abatidos na hora, a comida era composta essencialmente de bacalhau salgado e biscoitos secos. Embora não fosse incomum os navios terem suas próprias hortas em canteiros, garantindo vegetais frescos pelo menos durante algum tempo, o *Isabelle* aparentemente não as tinha, pois muitos de seus passageiros foram atingidos de repente por escorbuto. Como os primeiros casos apareceram apenas alguns dias depois da saída do porto, isso talvez refletisse a pobreza de sua dieta habitual em terra tanto quanto sua deficiência no mar; seja como for, isso não deve ter contribuído para a popularidade do capitão, já que o abastecedor do navio era seu próprio padrinho. Estando em navio francês, os passageiros pelo menos estavam livres do "pudim abominável" que era servido, por norma, nos navios ingleses contemporâneos, "uma mistura de biscoito ou farinha, toucinho, passas, sal e pimenta triturados [...] amarrados em um pano e cozidos na mesma panela da sopa [...] depois servida [com] queijo velho ralado por cima, o que produz um mau cheiro absolutamente insuportável".[11] Se os d'Aubigné não tinham o pudim, às vezes também ficavam sem água para beber. Muito pouco dela havia sido acondicionada, e a que havia logo se tornou salobra e suja. Felizmente, Constant tinha tido a ideia de incluir nas provisões da família um barril de conhaque de 17 litros; talvez isso lhes tenha permitido suportar.

"A maioria de nossos passageiros adoeceu", escreveu o padre Maurile. "Alguns tiveram febre e os demais pagaram seu doloroso tributo a Netuno [...] abdicando da comida de seus próprios estômagos para alimentar os peixes."[12] Sem dúvida um ou outro d'Aubigné mareado também passou dias de cama, como o anti-herói Panurge, de Rabelais, "todos amontoados no tombadilho, completamente abatidos e desconcertados".[13]

Françoise, na verdade, quase não sobreviveu à viagem. Adoeceu com uma das muitas febres que assaltavam seus contemporâneos na terra e no mar. Piorou; pareceu moribunda; finalmente, pareceu estar morta. Seu corpinho rígido foi embrulhado em um lençol e colocado na prancha para ser derrubado no mar. Fizeram-se algumas orações e Jeanne se aproximou, aparentemente para dar um último beijo na testa de sua filha. O beijo nunca foi dado, pois Jeanne detectou um repentino indício de vida, talvez algum calor, um entreabrir de olhos ou uma leve pulsação – o suficiente para que desse um grito e alguns berros para anunciar uma emergência a bordo. Pegaram Françoise, tiraram-lhe o lençol e esfregaram seu corpo freneticamente com álcool até o aquecer, e ela ressuscitou. "Não se volta de tão longe para nada",[14] comentaria um bispo bajulador ao ouvir a história décadas depois.

No início de novembro de 1644, o *Isabelle* ancorou em Fort Royal,[15] na ilha da Martinica, onde um punhado de soldados franceses guarnecia um pequeno e sólido forte. Alguns dias depois, prosseguiu para o assentamento de Pointe-Allègre, em Guadalupe, 160 quilômetros ao norte; uma pequena colônia de fazendeiros franceses, produtores de algodão e tabaco, havia se estabelecido ali,[16] nove anos antes.

Em virtude da posição de Constant como futuro governador de uma das ilhas, o governador de Guadalupe, Charles Houël, foi ao encontro da família no porto, transportando-os para sua residência oficial, um bom lugar, ao que tudo indica, pois a ilha já ostentava uma quantidade de espaçosas casas de fazendeiros. Constant teria apreciado uma curta estadia com Houël, ele próprio um belo aventureiro – em anos vindouros ele se autonomearia diretor da lucrativa indústria do açúcar de Guadalupe e a compraria imediatamente.[17] Mas desta vez Constant não parou para trocar devaneios com ele. Deixando a família para trás, partiu com Merry Rolle, Bonnefon, Jacquières e seus engagés para a minúscula ilha vizinha de Marie-Galante. Batizada pelo próprio Colombo em 1493, a partir de seu navio, o *Maria Galanda*, que estava mais para ilhota do que para ilha, medindo menos de 16 quilômetros de ponta a ponta. Ainda não colonizada por nenhuma das grandes potências, Marie-Galante era supostamente habitada apenas por "aruaques", índios caribenhos armados com nada mais ameaçador do que um punhado de arcos e flechas. Supunha-se que uns poucos homens da guarnição na Martinica conseguiriam se livrar deles facilmente; os nativos talvez até se mostrassem cooperativos. Jeanne e as crianças ficaram aguardando na residência do governador em Guadalupe.

Já estavam quase no fim da quente e úmida estação das chuvas. Todos, exceto Charles, sentiam-se indispostos. Com 10 anos, extrovertido, aventureiro e, acima de tudo, um menino, ele logo se adaptou ao ambiente exótico. Com uma liberdade negada à irmã, saía todos os dias para se divertir com os novos amigos, garotos das famílias de colonos, "caribenhos negros" de sangue mestiço e até alguns meninos escravos. É provável que não houvesse nenhum índio entre seus amigos; as novas doenças e a absoluta violência haviam reduzido de maneira drástica o número deles. Há apenas 25 anos, marinheiros franceses chegados à ilha tinham sido saudados por "selvagens nus pintados de vermelho e armados com arcos e flechas",[18] mas na época da chegada dos d'Aubigné, poucos índios eram vistos em Pointe-Allègre ou em qualquer um dos outros assentamentos litorâneos. Entre africanos e europeus, no entanto, era uma época mais livre do que Guadalupe viria a conhecer no futuro. Naqueles anos anteriores às primeiras plantações de açúcar, os escravos ainda eram superados em número pelos franceses e as relações entre ambos ainda não estavam rigidamente reguladas, como seriam mais tarde.[19] O pequeno grupo de Charles era sem dúvida tão irreprimível quanto qualquer outro grupo de meninos de 10 anos: iam aonde queriam, subiam em árvores e atiravam em pássaros na densa mata tropical, gabando-se, brigando e metendo-se em travessuras nas ruas poeirentas da cidade. No calor e na desordem da Guadalupe colonial, Charles, tal qual o pai, estava decidido a se divertir.

Seu irmão mais velho podia ter feito o mesmo, mas Constant, agora com 15 anos, passava seus dias dentro de casa com a mãe. Jeanne não o pressionava a fazer nenhuma atividade e se tivesse, dificilmente teria tido êxito. Ela apenas o observava escorregar da indiferença e melancolia a uma depressão debilitante. Com o marido longe, Constant fora de alcance e Charles na rua o dia inteiro, ela voltou sua indesejada atenção para Françoise, então com 9 anos. Com o pretexto de proteger a menina de "perigos" indefinidos, Jeanne a proibiu de pôr o pé fora de casa, até mesmo para o frescor do jardim. Françoise passava as semanas fechada na casa sufocante, lendo livros religiosos e escrevendo cartas para os parentes na França, mas somente aqueles indicados pela mãe e apenas os que tinham dinheiro para oferecer. Oficialmente, Charles também escrevia cartas, mas na prática era a irmã quem fazia isso por ele, uma troca, justa ou não, pelos frutos proibidos que ele apanhava para ela nas laranjeiras fora de casa. "Eu adorava laranjas", disse Françoise, "e elas cresciam com tanta abundância que precisavam ser varridas do caminho para que pudéssemos passar".[20]

Constant, o pai, retornou a Guadalupe depois de cerca de um mês, com novidades excelentes. A minúscula ilha de Marie-Galante era perfeita para a agricultura; ele já tinha obtido, mas não necessariamente pago, um substancial pedaço de terra e até havia comprado alguns escravos. Plantariam tabaco, banana e índigo, e ele ficaria rico. Faltava resolver apenas um detalhe: os aruaques que habitavam a ilha não eram, afinal, índios, mas "colonos" de fala inglesa, irlandeses que haviam fugido das ilhas das Índias Ocidentais Britânicas. E se opunham – na verdade, opunham-se agressivamente – à ideia de plantações francesas na ilha que eles haviam passado a considerar sua.

Um homem mais frouxo, ou talvez mais sensato, teria abandonado completamente o empreendimento, mas Constant levou sua família para a ilhota. Com eles foram Merry Rolle, Jacquières, Bonnefon e seus vários engagés e criados. Naturalmente não havia nenhum assentamento em Marie-Galante, pelo menos não francês; presume-se que tenham feito algum acordo com os irlandeses, que lhes permitiram ficar. Constant permaneceu ali com a família apenas duas ou três semanas, e embora não tivesse feito nenhum progresso para sustentá-los materialmente, o simples fato de estar presente trazia-lhes algum alívio, real ou imaginário, de sua habitual insegurança. Jeanne, em particular, relaxou e até começou a se dirigir a Françoise com um afeto que não perduraria, como *"petite d'Aubigné"* ou "Bignette". O próprio Constant enfim teve tempo e disposição para se dedicar à filha. Com uma inteligência superior a seus 9 anos, ela agora, aparentemente pela primeira vez, era objeto de algum interesse do pai. Ele conversava com ela e a provocava por causa de seu catolicismo, exigindo saber "como uma menina esperta como você pode acreditar nessas coisas que lhe ensinam no catecismo".[21] "Eles", claro, era a própria mãe da menina, que evidentemente havia obtido algum êxito em sua tentativa de desviar Françoise do falso caminho protestante.

Pouco depois do ano-novo de 1645, Constant embarcou para La Rochelle. O revés irlandês em Marie-Galante não o havia desencorajado em nada; no final de março estava em Paris, requerendo à Compagnie des îles d'Amérique o governo formal da ilha. Não se sabe o que ele disse aos comissários da companhia, mas parece que negligenciou a questão dos "aruaques"; de qualquer modo, o documento que lhe concedeu o que pedia revela os poderes quase ditatoriais de um governador colonial da época:

> Convictos de vossa lealdade, coragem, boa conduta e experiência, nós vos confiamos e delegamos [...] o governo da dita ilha de Marigalante [...] para empreender na dita ilha tudo o que considerardes útil para o serviço do rei e o progresso de nossos negócios, e para manter a união e concórdia entre o povo e garantir que a justiça seja adequadamente exercida entre eles [...] Determinamos que todos os capitães, oficiais, soldados e outros habitantes da dita ilha vos obedeçam em tudo o que diga respeito a esta instrução.[22]

Concluído o negócio, Constant passou a promover o avanço de seus próprios interesses. Embarcou para a Inglaterra, adotando novamente a fé protestante no caminho, para levantar informações preliminares sobre o valor de Marie-Galante para a coroa inglesa. Uma viagem de volta pelo Canal da Mancha, com uma abjuração para o catolicismo ao desembarcar, permitiu-lhe fazer novas negociações com a *Compagnie* e outros interessados na França. Embarcou novamente para a Inglaterra, depois voltou à França, obtendo conversão religiosa a cada passagem sua. As idas e vindas continuaram por nove meses. É surpreendente que nem um lado nem outro tenham se cansado de lidar com ele, pois é improvável que tenha conseguido manter todas as suas viagens em segredo. Talvez fosse fácil reconhecer em Constant alguém de sua própria laia: um oportunista nato, de grande persuasão e poucos princípios, pronto para identificar qualquer coisa que lhe concedesse alguma vantagem financeira. E afinal, eles nada tinham a perder: se estavam pagando um pouco por seus esforços, não era nada que não pudessem dar-se ao luxo de perder. O risco fazia parte do jogo colonial. E se no final ele não lhes desse nada, no mínimo teriam se divertido no jogo.

Em dezembro de 1645, Constant finalmente embarcou de volta para o Caribe, levando consigo um acordo para entregar aos ingleses tanto Marie-Galante como as costas norte e sul de São Cristóvão, detidas pelos franceses, cujo centro já estava em mãos inglesas. Aos franceses ele devia entregar ou Marie-Galante ou, na impossibilidade disso, qualquer outra ilha que quisesse. Otimista incorrigível, ele provavelmente esperava se desfazer das três ilhas, deixando ambas as partes contentes e a si próprio muito rico. Era um homem gregário demais para guardar seus planos para si, e pode-se de maneira muito fácil imaginá-lo em sua viagem de retorno às Índias, sentado no tombadilho imundo, com uma garrafa de conhaque na mão, entretendo os companheiros de viagem com histórias de futura riqueza e glória. Se os jovens abanavam a cabeça diante dos devaneios de um homem de 60 anos, um ou outro, pelo menos, deve ter ouvido com dissimulada admiração o inextinguível e juvenil senso de possibilidade do velho.

Quaisquer que fossem os planos de Constant para Marie-Galante neste ponto, sua família, se tivesse conhecimento deles, não teria ficado entusiasmada. Jeanne e os filhos já nem sequer estavam na ilha, tendo fugido no outono anterior, afugentados pela crescente hostilidade dos irlandeses. O "protetor" da família, Merry Rolle, tinha sido o primeiro a desistir e partir, rapidamente seguido por seus nobres amigos. Os engagés e escravos haviam aproveitado a chance para escapar, deixando Jeanne sem outra alternativa senão ir embora também, ainda que insistisse até o fim e fosse a última entre os franceses a sair, o que revela a origem da teimosia de sua própria filha. Partiram para a Martinica e desembarcaram em Fort Royal, cenário de sua primeira chegada nas ilhas, cerca de um ano antes.

Ali Jeanne encontrou uma carta, escrita no verão anterior de 1645, quando Constant ainda estava na França. Era uma missiva animada, como sempre, e repleta de novidades: Jeanne devia se instalar em alto estilo, supostamente em Marie-Galante. Agora tudo ficaria bem; suas preocupações chegavam ao fim; a partir de agora haveria dinheiro e de sobra. Para surpresa, ela acreditou nisso; talvez, como os membros da comissão da companhia, ela sentisse que não tinha nada a perder. Embora Marie-Galante agora estivesse fora de causa, era possível estabelecer uma boa vida colonial também na Martinica. Por isso Jeanne fez como seu marido a havia instruído, levantando altos empréstimos na medida de suas expectativas. Encontrou uma casa bonita e grande no assentamento nortenho de Le Prêcheur, fora da rústica cidade-fortaleza de Fort Royal, e aumentou consideravelmente o número de empregados, somando a seus dois criados pelo menos outros 12, e cerca de vinte escravos recém-comprados.[23]

Le Prêcheur era um lugar encantador, com uma vegetação tropical luxuriante, seu calor cerrado moderado pelos ventos alísios, e anelado por nove pequenas angras de areia preta, antiga dádiva do Monte Pelée, o vulcão adormecido da ilha. Em sua linda casa, sustentada pela promessa do marido de que haveria dinheiro contínuo, Jeanne finalmente encontrou algum sossego, e sua filha usufruiu disso. Pela primeira vez, Françoise ganhou alguma liberdade e aproveitou-a, perambulando ao ar livre, escutando os pássaros, até juntando-se aos escravos da mãe nos cânticos e ritmos de suas canções e danças tradicionais.

Ela e Charles tinham algumas lições para fazer, que lhes eram determinadas pela mãe. Jeanne não deve ter tido muitos livros para emprestar, mas havia um que era lido e apreciado por todas as pessoas letradas da época: uma versão popularizada de *Vidas paralelas*, de Plutarco, sobre os grandes gregos e romanos.[24] Não surpreende que Jeanne tenha tido o cuidado de levar um exemplar consigo em sua longa viagem; a sabedoria prática de Plutarco, a seu modo, não estava muito distante da de Francisco de Sales, a quem ela tanto admirava. Ambos se harmonizavam bem com sua própria moralidade natural: "Nunca faça nada de que possa se envergonhar diante das pessoas a quem você respeita." "Se quiser ser feliz, leve em conta os menos afortunados que você."[25] Assim ela instava seus filhos, orientada tanto pelo moralista antigo quanto pelo moderno. Aparentemente, a própria Jeanne deve ter começado a ler as histórias de Plutarco aos filhos e, daí para a frente, tornou-se praticamente a única leitura deles. Não parece que tenham se importado. Até Charles ficava contente em se sentar quieto por uma ou duas horas todos os dias, desfrutando dos antigos contos heroicos; ele e a irmã aprendiam passagens de cor juntos, no jardim, com o sol espreitando obliquamente através das folhas das palmeiras. Considerando-se as muitas "boas obras" de sua vida posterior, era de esperar que Françoise reagisse mais às lições de vida práticas tecidas ao longo de *Vidas*, mas durante sua infância foi seu aspecto heroico que a cativou acima de tudo. "Meu irmão insistia em que seus heróis eram mais extraordinários do que qualquer heroína. Mas eu dizia que uma mulher como aquela precisaria fazer muito mais para se tornar uma heroína do que um homem. Discutíamos isso entre nós."[26] Assim ela diria muito tempo depois, revelando que mesmo aos 10 anos, e apesar do amor desigual de sua mãe, possuía uma aguçada percepção de seu próprio valor intrínseco.

Também revelava um aguçado senso estético. "Obtém-se um extremo prazer ao observar as constelações celestes na beleza e serenidade de uma noite tropical",[27] escreveu padre Maurile. Françoise adorava observar o mar negro através da abafada escuridão, vendo refletido sobre ele o brilho das estrelas. "Eu imaginava que estes reflexos eram diamantes", disse, "porque eu tinha ouvido dizer que às vezes era possível encontrar diamantes no mar".[28]

Em março ou abril de 1646, um intrépido jovem francês visitou a família em sua encantadora casa em Le Prêcheur: era Esprit Cabart, chevalier seigneur de Villermont, com apenas 18 ou 19 anos. Era filho de um advogado parlamentar em Paris, viajante, empresário, homem de letras, colecionador de arte, gourmet, governador colonial e possivelmente espião – a maior parte disso ainda estava em perspectiva, mas ele já era um absoluto e desagradável contraste com o lânguido Constant, incapaz de sair das quatro paredes de sua própria casa, e apenas um ano mais novo. Cabart de Villermont era um jovem sociável, mas também discreto e confiável; oficialmente, estava no Caribe para procurar plantas interessantes para os jardins reais, mas, na realidade, estava analisando o comércio escravagista, na época dominado pelos holandeses e ingleses, com a perspectiva de um envolvimento francês no lucrativo tráfico. Sua visita aos d'Aubigné não era apenas uma questão de acaso, aquele costumeiro encontro com compatriotas de berço nobre em lugares distantes; aparentemente ele já conhecia a família, talvez por intermédio de seu relacionamento com um parente deles em Paris, o barão de Saint-Hermant, um primo ou irmão de madame de Neuillant, amiga de Jeanne. Enquanto seu navio era reparado em Fort Royal, ele permaneceu com a família em Le Prêcheur; era um convidado bem-vindo a todos eles, com exceção de Constant, talvez. Às crianças ele contava histórias de aventura, e era jovem o suficiente para contá-las com emoção; para Jeanne, mais madura que ele, era um ouvinte simpático, um conversador sensível e, acima de tudo, um elo com sua terra natal; no futuro, ele seria útil a ela.

Cabart de Villermont deixou Le Prêcheur por volta de abril de 1646, assinalando, inadvertidamente, o fim dos bons dias dos d'Aubigné na Martinica. Uma noite – "eu tinha acabado de deitar minha boneca e colocado meu véu sobre ela como um mosquiteiro" – a imponente casa se incendiou. Jeanne correu para salvar seus livros, uma reveladora prioridade, e depois repreendeu sua filha em lágrimas: "Que foi, garota! Chorar por causa de uma casa!", exclamou. Françoise parece que não respondeu, "mas eu estava chorando por causa da minha boneca", admitiu mais tarde. "O fogo estava invadindo o lugar onde eu a havia deixado."[29]

Os livros foram salvos, mas a boneca se perdeu, e com ela foi a casa, presumivelmente a maior parte dos bens da família e todo o dinheiro emprestado que não havia ganhado corpo nos escravos vivos que comprou. Aparentemente eles se mudaram para a casa de um certo monsieur Delarue, originário de Niort, como eles próprios, que os recebeu por bondade, ou talvez em troca de algum pequeno aluguel, e lá eles esperaram, e esperaram, por Constant.

Não faziam ideia de onde ele estava. Não haviam recebido nenhuma notícia sua desde a carta escrita da França, no verão anterior, instando Jeanne a pedir dinheiro emprestado para montar casa em Marie-Galante. Mas, de lá para cá, eles haviam fugido de Marie-Galante, pedido emprestado uma fortuna e perdido tudo no incêndio. No início de junho de 1646, Jeanne redigiu uma carta amarga para Louise em Mursay, fazendo referência à impiedosa família de Caumont d'Adde, que continuava a persegui-la com seus agora inúteis processos judiciais. Jeanne já não se importava mais. "Que ele engula a propriedade de viúvas e órfãos como bem entender", escreveu. "Nunca mais quero falar dele." Quanto a Constant: "Nada direi a você sobre ele ou sua conduta, pois não quero diminuir sua boa vontade para com ele. Gostaria apenas de dizer que pretendo mandar seu sobrinho mais velho de volta para iniciar no exército em algum lugar. Aqui ele apenas definha, desperdiçando seu tempo e saúde; o ar é ruim e a comida também. Quanto ao mais novo, gostaria que arranjasse um lugar como mensageiro; ele é realmente um garoto encantador, mesmo sendo eu a dizê-lo, e como o pai não se digna a pensar neles, tenho de ser mãe e pai. Se você souber de alguma coisa adequada a eles, por favor, tenha a gentileza de me informar [...] Estou percebendo que ainda ficarei aqui por alguns anos [...] Bignette escreverá a você. Ela se esquece de tudo; aqui é tão quente e a comida é tão ruim [...] A pobre criança não tem prazer nenhum, exceto receber notícias suas [...]."[30]

Ao ler esta carta, segura em seu castelo de Mursay, Louise não pôde deixar de sentir o gradual desgaste do antigo espírito determinado de sua cunhada. Era evidente que a visita de Cabart de Villermont havia instigado Jeanne a fazer alguma coisa em relação à vida profissional de seus filhos, mas suas expressões indiferentes – "Se você souber de alguma coisa adequada a eles, por favor, tenha a gentileza [...]" – não sugerem que tenha procurado muito ativamente uma posição para qualquer um deles. Não havia notícias, nenhum dinheiro e, de uma hora para outra, ao que parece, nenhuma esperança. Após meses de otimismo incauto, ela finalmente cedia ao desânimo.

Passaram-se sessenta anos para que Françoise conseguisse contar a menininhas, da idade que ela então tinha, sobre o tempo desgraçado que a família passou em suas últimas semanas na ilha da Martinica. Estando Constant absorto e Charles conseguindo escapar para o mato ou para a praia, era Françoise quem aguentava a violência provocada pelo horrível estado alterado da mãe. Não obstante a simpatia ocasional para com a "pobre criança", Jeanne, extenuada e isolada, desafogava suas frustrações diárias sobre a filha a quem não conseguia amar. Françoise lembra-se de uma ocasião em que sua mãe escovou cruelmente seus cabelos até lhe arrancar sangue do couro cabeludo, e depois a obrigou a ficar de pé fora de casa lutando contra os insetos tropicais que pousavam em sua cabeça ensanguentada. Foi o ato de uma mulher oprimida pela ansiedade, atacando severamente o que estava mais próximo dela; ainda assim, como a secretária de Françoise um dia comentaria, foi "uma coisa muito dura de se fazer à filha".[31]

A menina já havia dado sinais de um excepcional poder de recuperação, para o qual a força de vontade da própria Jeanne certamente havia contribuído. Havia nela uma obstinação natural, tão natural quanto seu coração afetuoso e sua mente ágil. Mas a crueldade, e pelas mãos de uma mãe, é um catalisador poderoso na formação de um caráter, e foi provavelmente durante esses últimos dias na Martinica que o primeiro lampejo de dureza entrou na alma de Françoise.

O socorro chegou na forma de uma carta de Constant, escrita na residência do governador em Basseterre, na ilha de São Cristóvão. A carta parece ter chegado a Le Prêcheur no final de junho de 1646. Por que Constant havia levado tanto tempo para procurá-los, só se pode conjeturar. Ele havia deixado La Rochelle em dezembro de 1645, tendo chegado às ilhas, supostamente, no final de fevereiro; nesses quatro meses de intervalo ele teria tido tempo suficiente para voltar à França e retornar – talvez o tenha feito. É possível que tenha estado em São Cristóvão o tempo todo, fazendo planos secretos para a tomada do centro da ilha que estava em poder dos ingleses. Mas é improvável que mesmo o pouco confiável Constant deixasse sua família desassistida e sem buscar notícias dela em uma ilha a apenas 240 quilômetros de distância. Se o fez, foi provavelmente Cabart de Villermont quem o chamou à responsabilidade, informando-lhe, caso ainda não soubesse, que eles estavam em Le Prêcheur, na Martinica, aguardando notícias dele. Cabart de Villermont encontrou-se com ele em maio ou junho, em Basseterre, onde Constant havia se estabelecido como um convidado de alto nível do governador de Poincy.

Em Le Prêcheur, os pertences foram empacotados, o dinheiro foi reunido e as passagens reservadas em algum navio ou barco para São Cristóvão. Chegaram em julho, ao que parece, e fixaram domicílio, todos os quatro, e provavelmente também seus criados, na espaçosa residência do governador.

Para Jeanne, a sensação de alívio foi tremenda. Primeiro, encontraram Constant; ele estava bem e tinha perspectivas, ou pelo menos parecia ter. Estavam finalmente vivendo com conforto – na verdade, mais do que confortavelmente, numa bela mansão com criados por todo o lado, boa mobília e boa comida na mesa todos os dias, e dinheiro para pagar todas as contas. Talvez tenha sido uma forma elegante de caridade, mas por ora Jeanne não estava preocupada com isso. Os d'Aubigné eram bem-vindos ali, Constant e o governador davam-se muito bem, seus planos eram interessantes e, pelo menos durante algum tempo, pareciam exequíveis, e – o que era mais importante aos olhos do governador – tinham a aprovação da todo-poderosa *Compagnie*.

E Basseterre era encantadora, uma bela cidadezinha de ruas e praças modernas e um porto movimentado com todas as comodidades modernas. Excetuando os d'Aubigné, todo mundo tinha dinheiro para gastar, fruto das prósperas plantações de tabaco pela ilha afora. O governador era Robert de Longvilliers, de Poincy, o segundo no que viria a ser uma linhagem centenária de importantes oficiais do governo no Caribe. Era jovem e gostava de viver em alto estilo colonial. Qualquer visitante com alguma vaga distinção tornava-se seu convidado; todas as noites havia um suntuoso banquete servido em sua bela sala de jantar, e ninguém estava mais feliz com isso do que o insinuante Constant e sua rejuvenescida esposa. Até Cabart de Villermont passou dois meses com eles, honrando a liberal mesa do governador e acrescentando um toque de encanto, sem dúvida, à novíssima sensação de libertação de Jeanne.

E ela estava transformada: com apenas 35 anos e mais uma vez charmosa e bonita, era a estrela de todos os jantares à vela e de todos os ensolarados desjejuns. De sua pena já não saía nenhuma queixa de "comida ruim"; a mesa do governador era sinônimo de extravagância, e a comida local mais do que se equiparava a seus exigentes padrões. Havia aves domésticas: as familiares galinhas, além de pombas e "dois ou três tipos de papagaio, muito bons para comer", assim como "uma infinidade de outras aves, bem diferentes das nossas". Havia carne: *agoutis*, "uma espécie de coelho", ou talvez *acouli*, "um tipo de felino, mas muito bom", amaciado em suco de papaia ou temperado com molhos feitos com pimenta-da-jamaica ou *touri*, semelhante ao cravo. Havia todo tipo de peixes de água doce ou salgada, bem como caranguejos, tartarugas, tubarões e vacas-marinhas, "embora os nativos não suportassem comê-las por serem muito gordas, mas os estrangeiros, sim" (era um tratamento padrão para as doenças venéreas). A mandioca local fornecia tanto pão como vinho. Os legumes incluíam abóbora-doce e batatas – uma novidade para os d'Aubigné europeus – brancas e vermelhas, cozidas ou assadas. Para sobremesa, havia castanhas-de-caju – "Fazíamos um vinho realmente delicioso com elas, muito bom para dor de estômago" – e um infindável sortimento de frutas cítricas e locais: goiaba, papaia, banana – "Com elas fazíamos vinhos; tinham sabor de cidra" – e abacaxi – "Também fazíamos um vinho muito bom com ele". E para os que gostavam especialmente de doce, havia a onipresente cana-de-açúcar: "Comíamos aos montes; engordava-nos e mantinha o funcionamento intestinal regular."[32]

Durante seis meses os d'Aubigné viveram com todo o conforto em Basseterre, *en famille* e sem preocupações pela primeira vez em anos, na verdade desde sempre. Mas também seria pela última vez. No final do ano, Constant partiu para a França mais uma vez, deixando sua família aos cuidados do governador de Poincy, que a esta altura já estava farto. Ninguém sabia ao certo por que Constant havia partido. E menos ainda quando voltaria. Os modos polidos do governador foram ficando marcadamente menos delicados com o passar dos meses, com a chegada da estação das chuvas, com a falta de notícias de Constant, com o primeiro aniversário desta indigente família da pequena nobreza vivendo às suas custas em sua magnífica casa.

Jeanne não era nenhuma boba, e as crianças também já estavam crescidas o suficiente para sentirem a própria humilhação. Se os meninos não se importavam com isso, Françoise, sim. Era uma menina de 11 anos, muito perceptiva, e cada rebaixamento no tom do governador espetava sua pele sensível como um pequeno alfinete. Como Jeanne conseguiu juntar dinheiro, não se sabe – havia uma jovem senhora chamada Rossignol que talvez a tenha ajudado –, mas em julho de 1647, depois de mais de três anos no Caribe, todos eles embarcaram para a França, numa nova viagem de dois meses, desta vez sacudidos por tempestades e, muito pior, toldados por uma sensação de desespero. "Quando as ondas do mar se erguem, batendo furiosamente contra o casco do navio, reduzindo todos a bordo a um silêncio receoso, vemos nisso o poder e a ira de Deus."[33]

É romanesco, pelo menos em retrospectiva – quer parecesse assim a Jeanne e sua família ou não –, que em alto-mar, durante a viagem de volta à França, eles quase tenham sido capturados por piratas. Numa época de disputas territoriais e de marinhas sobrecarregadas, em que qualquer frete valia uma fortuna e toda lealdade estava à venda,[34] esse era um perigo bastante comum. A própria ilha da qual vinham havia tido como seu primeiro governador colonial um pirata aposentado; sua aposentadoria tinha apenas aberto o campo para que outra meia dúzia tomasse seu lugar. Enfrentando-os agora, Jeanne mostrou um vislumbre de seu antigo vigor: vestiu Françoise e Charles com suas melhores roupas, o mais nobremente possível para enfrentar o que quer que pudesse lhes sobrevir, e, na cintura da filha, atou um rosário de madeira, um amuleto contra o destino pior que a morte que certamente lhe sobreviria caso sobrevivesse à viagem prevista para alguma terra desconhecida no Leste. Mas depois de seus miseráveis anos no Caribe, a perspectiva da vida como escrava branca não parecia tão ruim a Françoise, de 11 anos; com os olhos fixos no navio pirata, ela murmurou para o irmão: "Se formos capturados, pelo menos não vamos ver maman nunca mais."[35]

Não foram capturados, mas permaneceram com maman, e no início do outono de 1647, talvez num dia agradável, ou talvez já com uma sensação de frio no ar, entraram no porto de La Rochelle.

CAPÍTULO 3

TERRA INFIRMA

"Você é um bom sujeito por não me ter escrito há dois meses. Será que se esqueceu de quem sou e da posição que ocupo na família?"[1] Era a carta de uma dama a um cavalheiro, escrita não sem ironia desta vez; mas não é uma carta de Jeanne para Constant. É uma carta da marquesa de Sévigné, de encantadores 22 anos de idade, a seu primo, o conde de Bussy-Rabutin, caçoando por sua incomum negligência. Havia bem mais de dois meses que Jeanne não tinha notícias de Constant, e madame de Sévigné, escrevendo do conforto de seu castelo no campo, teria ficado desgostosa ao ver outra senhora negligenciada desembarcando do navio no porto de La Rochelle, no outono de 1647, extenuada e desgastada, carregando os resquícios de uma vida de seminobreza, conduzindo seus três filhos queimados pelo sol, vestidos em roupas de inverno que agora eram pequenas demais para eles. A criança mais nova, beirando os 12 anos, era uma linda morena com grandes olhos negros. Três ou quatro anos mais tarde, quando seu belo rosto já estivesse novamente pálido, a marquesa viria a conhecê-lo muito bem.

La Rochelle era uma bela cidade em mármore branco, rica por sua marinha mercante e comércio. Uma "fortaleza" protestante, ela em tempos havia se autogovernado com espírito quase hanseático, mas sua orgulhosa independência e boa parte de sua prosperidade chegaram ao fim em 1628, após o prolongado cerco pelas tropas reais lideradas pessoalmente pelo cardeal Richelieu e que o duque inglês de "Boucquinquant" de maneira infeliz não conseguiu levantar. Quatro quintos do povo de La Rochelle haviam perecido durante o cerco; os sobreviventes viram suas liberdades religiosas permanecerem intactas, mas seus direitos civis e políticos, enquanto protestantes, foram muito restringidos daí em diante.

Desde esses dias de guerra religiosa, durante os quais Constant se revelara tão adaptável a ambos os lados, La Rochelle havia recuperado boa parte de sua população e toda a sua vitalidade, e o dinheiro mais uma vez circulava facilmente pelas mãos dos atarefados residentes da cidade. Se os d'Aubigné não haviam feito fortuna nas ilhas, outros a estavam fazendo. Os cais estavam carregados de sacos de tabaco e índigo, e mercadores bem-sucedidos, acenando e berrando instruções, passavam por Jeanne e seu pequeno bando em direção às suas mercadorias e lucros.

A necessidade mais imediata da família era encontrar um lugar para dormir. Como todas as cidades portuárias, La Rochelle estava repleta de alojamentos baratos, e Jeanne logo encontrou um. Estava muito longe de seus vinte e tantos escravos na Martinica e da residência do governador em São Cristóvão, mas era um abrigo e serviria – tinha que servir – até que Jeanne conseguisse contactar Constant e ele os viesse buscar.

Constant, no entanto, nunca iria buscá-los, pois estava morto e há quatro semanas se decompunha em sua sepultura. E, na vida como na morte, ninguém sabia ao certo onde ele estava. Tinha morrido no Reno, na província de Orange, dizia um; em Constantinopla, dizia outro: ali planejara ser circuncidado e converter-se ao islã, por razões hoje desconhecidas e talvez melhor deixadas na obscuridade.

A última notícia que se tinha dele era absolutamente típica: uma carta pedindo dinheiro – mas não para sua família, que nem ao menos foi mencionada, mas para si mesmo, "um pequeno subsídio, pago uma vez por ano [...] Vou para o mais longe possível de todos que me conhecem [...] Eu lhe enviarei o endereço [...] Irei sob o nome de Charles des Landes".[2] Esta carta tinha sido escrita de Lyon, em junho de 1647, para seu meio-irmão Nathan, em Genebra. De Lyon ele foi para Orange, ou, antes, voltou para lá, onde viveu por mais alguns meses na casa da viúva Deslongea, um nome suspeito já que era semelhante ao pseudônimo que ele próprio tinha estado prestes a adotar. Aparentemente, pretendia se estabelecer, com ou sem a viúva, na Provença ou no próspero Languedoc, mas morreu no último dia de agosto, na casa dela.

Não foi senão dois anos e meio depois que Jeanne recebeu a confirmação da morte de seu marido da parte dos "Pastores e Presbíteros da

Igreja Reformada da Cidade de Orange". Eles mesmos o tinham sepultado, "conforme os ritos da Religião Reformada, que Constant praticou em privado e em público em nossa congregação durante todo o tempo de sua permanência nesta cidade, que, no entanto, foi de cerca de quatro meses, apenas".[3] Evidentemente Constant havia feito a milionésima abjuração tática de modo a permanecer em Orange, que, apesar de estar a apenas 24 quilômetros de Avignon e instalada junto ao rio Ródano, não fazia parte da França nessa época. Era um principado minúsculo e independente, um antigo feudo do Sacro Império Romano, governado pelo príncipe holandês Guilherme II[4] – rigorosamente um protestante, pelo menos para Constant.

A escolha deste pequeno bastião da religião reformada é significativa, pois dá credibilidade à afirmação de seu cunhado Benjamin de que, desde seu regresso do Caribe, no início de 1647, Constant tinha estado viajando entre a Inglaterra e a França, trocando de religião a cada viagem, como já havia feito antes de ir para as ilhas pela primeira vez, em 1644.[5] Em 1º de outubro de 1647, mais ou menos à época do retorno da família a La Rochelle, o memorialista Gédéon Tallemant des Réaux, um contemporâneo especialmente bem-informado, registrou em seu diário: "Soube com razoável certeza que d'Aubigné [...] procurou os ingleses nas ilhas e, não muito tempo atrás, foi enviado para a Inglaterra por seu comandante nesses países distantes."[6] Até Cabart de Villermont, o jovem amigo aventureiro de Jeanne, observou que Constant "foi para a Inglaterra em um navio inglês. Trocou de religião e foi perseguido; depois veio para Paris e trocou de religião; houve nova perseguição".[7] Cabart de Villermont não registrou exatamente quando estes fatos ocorreram, mas as "perseguições" são interessantes: parece mais que provável que sua repetida barganha de interesses franceses contra ingleses tenha sido finalmente descoberta, ou se tornado muito perigosa, ou passado a ser um incômodo grande demais, para que lhe fosse permitido prosseguir. Súdito francês, dificilmente poderia ser julgado por traição na Inglaterra, mas na França, sim, e não seria, de modo algum, a primeira vez. Portanto, o principado protestante de Orange ofereceria a Constant um refúgio das forças católicas francesas que o estavam caçando. Estabelecendo-se sob um nome falso em alguma região maior e menos populosa, "o mais longe possível de todos que me conhecem", teria sido um plano sensato daí em diante para este exausto velho de 62 anos, sem um tostão e com a corda no pescoço.

As intrigas de Constant, portanto, pareciam estar quase o alcançando quando ele encontrou seu dramático fim. Não se sabe se Jeanne tinha conhecimento delas. Em todo caso, para Jeanne elas agora não teriam sido mais que uma nota de rodapé diante da enormidade do fato de seu desaparecimento, deixando-os sós para enfrentar um futuro assustador e, mais imediatamente, um longo inverno francês, praticamente sem um tostão.

Cem anos depois, quando Jeanne e seus filhos já não podiam receber nenhuma ajuda mortal, muitos afirmariam que suas famílias tinham corrido em seu auxílio nessa época de desespero. Os próprios familiares de Jeanne, proibidos de a verem desde seu casamento com Constant, vinte anos antes, supostamente foram em seu socorro. Houve "uma penosa discussão"[8] entre os familiares católicos do lado de Jeanne e os protestantes, do lado de Constant, cada qual querendo o crédito espiritual pelo auxílio à viúva e seus órfãos, mas nenhum deles querendo o ônus. O problema era acrescido da única coisa substancial que Constant havia deixado para trás – além da própria viúva e órfãos e provavelmente algum montante em dívidas – a saber, sua péssima reputação. Ele tinha sido um criminoso e traidor, e por diversas vezes; era um homem procurado, e também devia haver credores tentando recuperar seu dinheiro. Nenhum dos lados da família queria estar associado a ele.

Louise e Benjamin de Villette teriam ido mais rapidamente em seu socorro caso não receassem ser envolvidos nas antigas intrigas de Constant com os ingleses. É difícil culpá-los, tendo em vista o que estava acontecendo na Inglaterra nessa época. Um exército parlamentar havia se sublevado contra o rei; as forças reais tinham sido derrotadas e o próprio Carlos I era agora um prisioneiro. Oliver Cromwell, comandante da cavalaria puritana, parecia prestes a tomar o poder na região.[9] Os ingleses puritanos eram calvinistas, assim como os huguenotes franceses, como o velho Agrippa d'Aubigné, que havia fugido para Genebra sob uma condenação à morte, e como tio Benjamin e tia Louise, agora ansiosos em Mursay.

As coisas também estavam agitadas na França. Tendo o rei apenas 9 anos, a regência estava ainda nas mãos da rainha-mãe, Ana da

Áustria (ela própria, na verdade, uma espanhola, com seu enganoso título refletindo suas origens misturadas com os Habsburgo). Não obstante, todos os nobres e cidadãos sabiam que quem realmente detinha o poder na região era o primeiro-ministro, o cardeal Mazarin, um impopular italiano, "sutil e ardiloso",[10] que havia exaurido tanto a província como a cidade com impostos. Talvez de modo menos sensato, tinha "reduzido a burguesia de Paris ao desespero" ao rescindir seus direitos a certos rendimentos de moradia e exigindo dinheiro adicional dos mais ricos. O Parlamento em Paris, composto quase pelos mesmos membros da desesperada burguesia da cidade, vinha acompanhando a situação com "impaciência" oficial. Mazarin precisava do dinheiro extra deles, pois, enquanto as outras potências da Europa estavam buscando a paz depois de trinta anos de guerra, a França continuava a lutar, determinada a abater uma Espanha enfraquecida no interior de suas próprias fronteiras, tirando-a do cenário imperial de uma vez por todas. Mas não se podia confiar nos generais franceses. Muitos deles eram eles próprios senhores poderosos, com seus próprios exércitos regionais, cujos homens lhes eram mais leais do que ao próprio rei ou país. Os senhores estavam ressentidos da concentração do poder nas mãos de Mazarin e encontraram apoio imediato entre os camponeses e homens da cidade oprimidos pelo peso dos impostos do cardeal.

Para somar à sensação geral de instabilidade, o maior de todos os senhores regionais, o velho príncipe de Condé, tinha acabado de morrer, deixando um filho brilhante e exigente para preservar a reputação familiar de encrenqueiros do mais alto nível. O príncipe de Condé era agora Luís de Bourbon, 26 anos, vitorioso na lendária batalha de Rocroi,[11] na qual havia forçado os espanhóis a despirem, de uma vez por todas, seus louros como soldados miticamente invencíveis da Europa. Condé, primo do rei e primeiro entre os "príncipes de sangue", era tão popular quanto poderoso, e estava descontente, de modo especial com Mazarin, que recentemente lhe havia negado um almirantado ao qual se sentia com direito.[12] Trinta anos antes, seu cínico pai havia usado os huguenotes do país para servir a seus próprios interesses contra um pequeno rei e sua mãe regente, e não parecia haver razão para que agora seu filho não fizesse o mesmo. Mais uma vez, fidelidade ao protestantismo significava deslealdade à coroa, com o constante temor de assédio, aprisionamento ou coisa pior.

A hesitação de Louise e Benjamin em ajudar seus desesperados parentes d'Aubigné é, portanto, compreensível, mas Jeanne e as crianças pagaram um doloroso preço por isso. Em seu quarto de sótão em La Rochelle, eles passaram três meses de aperto, frio e fome, na mais autêntica degradação. Não havia lareira, porque Jeanne não tinha dinheiro para comprar lenha. Por vezes não havia sequer dinheiro para comida. Aos 18 anos, Constant estava paralisado pela depressão e agora passava seus dias, como há muito fazia, perdido em seu próprio mundo cinzento. Sobrou para Charles e Françoise a tarefa de conseguirem o pão da família, e eles o obtinham saindo para as ruas e pedindo moedas a estranhos. Três vezes por semana eles batiam às portas de um convento ou asilo de pobres e pediam um pedaço de pão e uma tigela de sopa – "a esmola",[13] que um certo padre Duverger se lembrava de ter-lhes dado aos portões de seu colégio jesuíta. Se aparecessem dia sim, dia não, não seriam rejeitados.

Essa foi uma das piores épocas para se pedir esmola. O início da rebelião política e uma série de colheitas magras haviam arrastado o país para a recessão; nas regiões rurais, a desnutrição era disseminada e muitas cidades estavam inundadas de camponeses privados dos mínimos recursos. Embora os d'Aubigné fossem eles próprios católicos, ao menos tinham a sorte de estar em La Rochelle, que ainda era de maioria protestante, apesar de décadas de interferência da hierarquia católica. Em dezenas de outras cidades francesas, os pedintes estavam sendo arrebanhados aos milhares e forçados a irem para os novos *hôpitaux*, asilos semelhantes a prisões fundados pela Compagnie du Saint-Sacrement, um grupo secreto de católicos poderosos interessados em refrear o que entendiam serem as forças fundamentais da desordem social: "carne para os patíbulos, de onde vêm ladrões, assassinos e toda sorte de biltres imprestáveis".[14] O ideal medieval de compaixão e caridade cristã estava rapidamente dando lugar a um agressivo e novo misto de caridade controlada e disciplinamento dos pobres. Françoise e Charles, aos 12 e 13 anos, já eram suficientemente crescidos para serem colocados em um dos austeros *hôpitaux* para trabalhar com costura ou serviços gerais, 12 horas por dia. Se soubessem disso, a vergonha de pedir talvez encontrasse uma nítida compensação na liberdade das ruas frias da cidade.

A caridade é um pão amargo, mas a sopa que eles recebiam nos portões do convento na verdade nem sempre era assim tão ruim: água com muita gordura, sal e ervas, tudo isso engrossado com pão. Se tivessem sorte, em vez de gordura encontrariam carne de pescoço, couro de toucinho, vísceras de carneiro ou tripa. Em dias de jejum, que incluíam todas as sextas-feiras, a sopa não tinha carne, mas se tudo corresse bem haveria ervilha ou feijão, com cebolas, cebolinha e manteiga; caso contrário, apenas repolho, alho-poró ou nabo.[15]

Assim, com repolho, banha e vísceras de carneiro, Jeanne e seus filhos conseguiram sobreviver até os últimos dias do Advento, o gélido solstício de inverno, quando Louise e Benjamin finalmente se apiedaram ou encontraram forças para se arriscarem a enfrentar uma represália católica. Magros, sujos e com as roupas em farrapos, os quatro membros mais pobres da família finalmente fecharam a porta de seu deplorável sótão em La Rochelle. No Natal, estavam a salvo no castelo em Mursay.

Com lareiras no andar de baixo, camas limpas no de cima, comida quente e palavras amáveis a cada dia, as coisas melhoraram para a família d'Aubigné. Jeanne finalmente podia fazer alguns planos para um futuro estável, e de fato os fez muito rapidamente. Cerca de uma semana depois de sua chegada, Françoise soube, para seu prazer, que permaneceria em Mursay enquanto sua mãe, com heroica determinação, regressaria a Paris para retomar os processos judiciais. Charles iria para a cidade de Poitiers, a cerca de 65 quilômetros de Niort, para trabalhar como mensageiro de um certo monsieur de Parabère-Pardaillon, governador da região e parente de madame de Neuillant, amiga de Jeanne; ele ficou tão contente por ir quanto sua irmã por ficar. Quanto a Constant, assim que engordasse e recuperasse o ânimo, deveria assumir um posto de tenente na marinha, junto com seu primo Filipe; diferentemente do exército, onde o cargo de um jovem oficial podia custar dezenas de milhares de libras, a marinha era uma maneira barata de um rapaz de boa família iniciar uma carreira promissora. Não se sabe o que Constant achou da perspectiva de uma vida profissional no mar; talvez a tenha abominado ou talvez nem se importasse. Qualquer que fosse o caso, a coisa não se efetivou. O conforto em Mursay e a esperançosa perspectiva de uma boa carreira chegaram tarde demais para ele. Passados alguns dias do novo ano de 1648, Constant foi encontrado afogado no fosso que circundava o castelo – aparentemente não foi acidente, mas suicídio.

"Todo o seu carinho era dado ao filho mais velho, que se afogou em Mursay. Ela não amava os outros."[16] Talvez. Não se sabe se Jeanne agora sentia mais por seus dois filhos sobreviventes, ou quão profundamente eles foram afetados pela morte do irmão. Aos 12 e 13 anos, Françoise e Charles eram crescidos o bastante para compreender o que havia acontecido e para sentir alguma perda, embora nenhum dos dois tivesse sido íntimo dele. A vida emocional de Constant havia sido vivida por intermédio de sua mãe, e, em grande medida, a dela tinha sido vivida por intermédio dele. A seu filho absorto e impotente ela havia dedicado uma gentileza diária, que não demonstrou por mais ninguém. Ele tinha podido se apoiar nela sem reservas, e, numa idade em que poderia ter sustentado a família inteira, tinha vivido como seu dependente. Ela o protegeu e sustentou como seu pai não fez por ela. De acordo com as firmes crenças católicas de Jeanne, o suicídio de seu filho significava que agora sua alma sofreria em dor infinita, por toda a eternidade, embora ela mesmo assim rezasse por ele, por alguma impossível exceção. Mas o sofrimento diário de seu primogênito tinha gerado mais ou menos a única ternura na vida insensível de Jeanne, e sua morte aniquilou com isso.

É uma pena que o velho Agrippa d'Aubigné não tenha conhecido sua nora, pois em alguns aspectos ela se assemelhava a ele mais do que a qualquer pessoa de seu próprio sangue. Habituada às dificuldades e ao infortúnio, ela não desistiu. Despachou Charles para a família Parabère, em Poitiers, onde ele se instalou com a maior facilidade, e foi para Paris com sua amiga madame de Neuillant, para retomar seus intermináveis processos judiciais. Conforme os planos, Françoise ficou para trás, abrigada no lugar que considerava o paraíso.

Mais de três anos haviam-se passado desde que ela deixara sua alegre vida em Mursay, mas voltou a ajustar-se a ela sem dificuldade. Suas duas primas mais velhas estavam agora na iminência de se casar, e tia Louise a colocou sob os cuidados formais diários de sua própria criada, madame de Delisle. Desta vez a educadora era a própria Françoise, mais que a madame, que na verdade era analfabeta. Françoise tinha um grande prazer em ensiná-la a ler e escrever; havia aula todos os dias, mas se a professora se comportasse mal, a aluna proibia a aula do dia seguinte. Madame de Delisle tinha um cabelo grosso e engordurado, que Françoise penteava todos os dias – "e eu não me revoltava", lembrou-se mais tarde. "Eu a amava com surpreendente ternura. Sempre amei as pessoas que cuidavam de mim."[17]

Previsivelmente, ela não lamentava por sua mãe, embora no começo tivesse sentido saudades de Charles. Mas, como antes, seu lugar foi rapidamente ocupado pelo filho mais novo de Louise e Benjamin: Filipe. Agora com quase 15 anos, Filipe usufruía de seu último ano de relativo lazer em casa antes de assumir seu posto na marinha. Ele logo retomou a amizade de infância com sua prima "americana", e se, ao contrário dele, ela quisesse se sentar para alimentar os coelhos com cascas de vegetais ou caminhar até os cavalos para dar-lhes aveia, as exóticas histórias de vida no alto-mar deixavam-no bastante disposto a atendê-la.

Françoise fazia viagens regulares com sua tia Louise à cidade vizinha, Niort, onde juntas distribuíam alimentos e roupas a pessoas mais pobres no *hôpital* da cidade. Era dever especial de Françoise ficar na ponte levadiça da fortaleza de Niort e entregar comida aos mendigos que ali esperavam, um dever pungente para uma menina que tão recentemente tinha sido ela mesma uma pedinte. Ela percebia bem a ironia da situação – e o sinal de advertência; embora tivesse apenas 12 anos, já havia experimentado meia dúzia de significativos reveses da sorte. Seu temperamento era ativo e extrovertido; ao contrário de seu irmão Constant, não tinha sido derrotada pelo infortúnio e os tempos difíceis. Mas também era diferente de seu irmão Charles, cuja excessiva exuberância lhe permitia viver bastante feliz, dia a dia, sem aprender nada do exemplo de seu pai e sem reagir às preocupações da mãe. O caráter de Françoise era mais determinado, e mais sensível também. As pressões de seus primeiros anos, que mal arranharam a pele grossa de seu irmão, haviam penetrado profundamente na sua. Uma vida material incerta, acrescida das ausências de seu pai e da antipatia de sua mãe, havia deixado nela um profundo poço de insegurança em vez de uma radiante autoconfiança. A adversidade não a tinha derrubado, mas deixou sua marca. Ela não tinha medo do trabalho duro, nem de castigos e da solidão; nem ao menos tinha temido os piratas. Pelos pobres ela sentia, como sentiria sempre, uma grande simpatia; e também

empatia, na verdade uma empatia grande demais para seu próprio bem-
-estar. Era muito fácil para ela imaginar-se do outro lado da ponte levadiça, novamente maltrapilha, sendo empurrada e ouvindo os gritos de
cidadãos mais bem alimentados, esmolando seu pão com uma mãozinha
gelada e suja. Era isso que Françoise temia, e temeria sempre, ao longo de
uma vida de generosidade para com os outros. Ela tinha medo da pobreza
e de sua feia irmã: a humilhação.

O paraíso reconquistado em Mursay não duraria muito. Sem que
Françoise soubesse, e nem seus tios, ela tinha sido escolhida para servir
de peão no jogo vital do século XVII: a ascensão na corte. As estrategis-
tas eram a amiga de sua mãe, a baronesa de Neuillant, e sua filha Suzanne de Baudéan, madrinha de Françoise, agora com 18 anos. Embora a
baronesa fosse rica e inteligente e Suzanne fosse bela, não formavam
uma dupla atraente: um contemporâneo as descreveu simplesmente
como "a dupla mais mesquinha e avarenta que o mundo já viu".[18] Madame de Neuillant tinha grandes ambições para Suzanne e sabia que
não seria muito provável que se realizassem nos confins das províncias
ocidentais. Para uma filha da aristocracia, o sucesso significava somente
uma coisa: o casamento com um filho da aristocracia, de preferência
acima dela e, naturalmente, o mais rico possível. Para atrair as atenções
de um jovem adequado – ou de um velho, se fosse preciso chegar a esse
ponto –, Suzanne precisava de uma posição na corte.

Seu tio, o barão de Saint-Hermant, irmão de madame de Neuillant,[19] detinha o prestigiado cargo de *maître d'hôtel d'ordinaire* dentro
da casa real, assegurando correto abastecimento e serviço à mesa do rei.
Isso significava um pé bem plantado dentro do palácio, mas nestes anos
de regência, em que o próprio rei tinha apenas 10 anos, a promoção de
uma jovem na corte dependia da atenção da poderosa e convenient-
mente devota rainha-mãe. Em Françoise, madame de Neuillant reconhecia agora um excelente meio de se insinuar junto da rainha-mãe e
promover sua filha: havia ali uma garotinha católica, oficialmente uma
órfã, já que seu pai havia morrido, vivendo da caridade de uma tia huguenote, engolindo todo tipo de heresia protestante junto com o pão de
cada dia. Madame fez um requerimento formal à rainha-mãe, solicitando permissão para tomar a menina sob sua própria proteção e devolvê-
-la de uma vez por todas à fé de seus pais.

A carta atingiu seu propósito; a devota rainha-mãe assentiu e uma *lettre de cachet* real foi despachada para reclamar Françoise. Embora não haja nenhum registro do envolvimento de Jeanne, tendo em vista sua amizade com a baronesa e seu próprio catolicismo devoto, ela provavelmente concordou com o plano. Louise e Benjamin não foram consultados, e, de qualquer modo, não havia nada que pudessem fazer contra uma instrução real. Os desejos de Françoise não foram sequer considerados. Em novembro de 1648, ela subiu cheia de ressentimentos na carruagem de madame de Neuillant e foi arrebatada da bela e herética Mursay, como uma autêntica sequestrada. A "dupla mais mesquinha e avarenta que o mundo já viu" conseguiu o que queria. Suzanne foi nomeada *demoiselle d'honneur* na corte. Ela rapidamente encontrou o necessário e belo príncipe (na verdade um duque) e se casou com ele, para eterno arrependimento deste. "Todo o mundo sabe o quanto ela e a mãe são gananciosas", registrou um conhecido, "e o quanto seu marido sofreu tudo em silêncio".[20]

Esta ruptura na vida de Françoise, por volta do fim de 1648, era um sintoma de outra mais perigosa no país como um todo. Por razões sociais e, talvez, religiosas, ela tinha sido arrancada de sua agradável juventude em Mursay para um mundo desconhecido e menos aprazível. No cenário mais amplo, o assunto era acima de tudo político. A concentração do poder nas mãos do rei, desencadeada por Henrique IV e imensamente ampliada pelo cardeal Richelieu, havia sido a mais importante política de Mazarin desde o início de seu governo cinco anos antes. Para ele, como para Richelieu, "as mãos do rei" eram, efetivamente, as suas.

Mas o que estava em causa agora não era apenas uma tomada egoísta do poder. Os parlamentos regionais por todo o país, contrários ao princípio da monarquia absoluta, resistiam às tentativas de Mazarin de sujeitá-los à autoridade única do rei. O Parlamento em Paris era o mais resistente dentre todos. Encorajados, talvez, pelos acontecimentos revolucionários do outro lado do Canal da Mancha, na Inglaterra, onde os parlamentares vitoriosos de Oliver Cromwell em breve levariam o rei Carlos I a julgamento, os *parlementaires* parisienses – uma palavra criada recentemente para refletir sua recém-ameaçadora identidade – haviam finalmente acabado com sua costumeira aquiescência a tudo o que o cardeal quisesse (em nome do rei) e tinham começado a fazer suas próprias exigências. Eles queriam ter o direito de reunir os senhores e altos funcionários públicos para decidirem assuntos de Estado sem o rei. Buscavam a abolição dos *intendants*, odiados por toda parte como os representantes e demandantes de impostos supostamente devidos ao rei, mesmo em regiões onde a autoridade real não era reconhecida. Efetivamente, os *parlementaires* parisienses queriam transformar o país em uma monarquia constitucional, ou mesmo em uma confederação.

Com Mazarin distraído pela contínua guerra com a Espanha, e com a possibilidade diária de invasão por parte dos Países Baixos espanhóis, os *parlementaires* vinham se tornando cada vez mais ousados. Mas em agosto de 1648, uma vitória brilhante do ativo príncipe de Condé sobre os espanhóis em Lens deu a Mazarin uma folga para virar a mesa sobre eles. No espaço de uma semana, prendeu três de seus líderes num desajeitado ataque quando seguiam para suas casas após uma missa de vitória na catedral de Notre-Dame. Um deles escapou; uma das carruagens prisionais quebrou e um solícito transeunte reconheceu o parlamentar Broussel, apesar da tentativa de seus captores de disfarçá-lo como um devedor a caminho da prisão. "Eles pretendiam julgá-los imediatamente", informou o diplomata holandês de Wicquefort, no mesmo dia, a seus principescos senhores na Alemanha. Mazarin e a rainha-mãe foram logo considerados os responsáveis, e as multidões reunidas para as celebrações da vitória logo se transformaram numa turba enfurecida. "No espaço de meia hora, a cidade inteira, aproximadamente, havia se amotinado e arrastado correntes para bloquear as ruas. As pessoas pediam que monsieur Broussel fosse trazido de volta. Chamavam-no de pai e diziam coisas bem insultuosas sobre os ministros [do rei]."[21]

O tumulto não parou. Incitada pelos *parlementaires* regionais e induzida por sucessivas colheitas ruins e pelo ressentimento geral contra os elevados impostos de Mazarin, ela rapidamente se espalhou pela maior parte do país, já não mais um tumulto, mas uma verdadeira rebelião, e finalmente uma guerra civil. Era a primeira Fronda, *la Fronde du Parlement*, que durou mais de seis meses e, no final, levou as tropas do rei a sitiarem sua própria capital.[22]

O rei, então com 10 anos, tinha sido levado da cidade no meio de uma noite de janeiro, junto com sua mãe, seu irmão Filipe, de 9 anos, seu queixoso tio sofrendo de gota, o duque de Orléans, e, claro, o cardeal Mazarin. Com a família real afastada e em segurança, embora "faltando-lhe tudo"[23] em seu despreparado castelo de Saint-Germain, a 25 quilômetros de distância, o cerco de Paris começou. Quando a aurora despontou na manhã seguinte, dia 6 de janeiro de 1649, o príncipe de Condé conduziu as tropas reais às suas posições fora da cidade. Seu próprio irmão Conti, de 20 anos, "um corcunda invejoso, irracional e baixo",[24] liderou os rebeldes no interior.

Por mais de dois meses, a entrada de mantimentos em Paris foi impedida, embora os mensageiros entrassem e saíssem: a rainha-mãe ordenou aos *parlementaires* que se dispersassem; os *parlementaires* se recusaram e determinaram à rainha-mãe que mandasse o rei de volta; a rainha-mãe recusou. Os *parlementaires* deram mais um passo ousado: "Como se sabe que o cardeal Mazarin é o autor de todas as desordens do Estado e de nosso atual infortúnio", escreveram, "o Parlamento deliberou e declara-o perturbador da ordem pública e inimigo do rei e seu Estado. Deverá deixar a corte ainda hoje e sair do reino no espaço de uma semana. Tendo transcorrido esse tempo, todos os súditos do rei receberão ordem de persegui-lo". "Em todo o Parlamento, composto por quase duzentas pessoas", registrou de Wicquefort, "somente três discordaram disso, e alguns até sugeriram que se colocasse um prêmio de 100 mil escudos por sua captura". Mas embora o decreto que impunha sua partida tivesse sido anunciado "ao som de trombetas" e editado e retransmitido por todo lado, o resoluto cardeal não arredou pé.[25]

No início de março de 1649, a rainha-mãe permitiu a entrada na cidade de provisões para quatro dias, para que os *parlementaires* tivessem força para assinar um tratado de paz. Ambas as partes teriam de fazer concessões, com algumas mais do lado parlamentar; quando o tratado final foi enviado de Saint-Germain, descobriu-se que tinha sido assinado em nome do rei por sua mãe e seu tio, e também pelo cardeal Mazarin. Esse inesperado insulto levou o Parlamento a ter a certeza absoluta de que Mazarin continuaria a ser, daí em diante, tão poderoso quanto tinha sido. Após meses de luta e privação, eles haviam efetivamente retornado a um vergonhoso status quo ante. Lamentando os princípios perdidos, mas também ansiosos pelos lucros perdidos, um a um foram acalmando sua retórica marcial e voltaram a seus afazeres normais. Assinaram o tratado alguns dias depois.[26]

Um cerco de dois meses à sua capital tinha sido suficiente para dissipar os princípios políticos dos *parlementaires*, e o interesse de madame de Neuillant por Françoise havia desvanecido com igual rapidez. Durante algumas semanas depois de capturá-la, em novembro de 1648, ela havia se dado ao trabalho de exibi-la pela província afora numa carruagem, posando como a responsável por salvá-la da heresia. Mas tão logo todas as pessoas influentes viram a menina e congratularam a baronesa por retomá-la para a fé verdadeira e o casamento de Suzanne se realizou, Françoise já não tinha mais serventia. Madame não queria mantê-la em casa; já tinha ali outra filha, uma segunda menina para alimentar, vestir e casar; além disso, Françoise era voluntariosa: embora formalmente católica, recusava-se a receber os sacramentos, e nem sequer participava das devoções diárias da família. Como no incidente com sua mãe no altar da igreja católica em Paris, isto provavelmente fosse mais por teimosia do que por determinação em assumir uma posição religiosa. Aos 13 anos, sem um tostão e agora sem amigos, Françoise agarrou-se ao poder da recusa, reconhecendo-o como o único poder de que dispunha.

Ela queria voltar para Mursay, mas, embora madame de Neuillant estivesse tão impaciente por livrar-se dela quanto Françoise estava por ir embora, isso teria sido uma evidente admissão de um fracasso sectário da parte da baronesa. Claramente, a menina não podia ficar, mas também não podia ser mandada embora. A baronesa decidiu, enfim, resolver o problema da maneira consagrada na época. Para uma menina católica de origem nobre, sem dinheiro próprio e nenhum marido em vista, havia apenas um lugar adequado: Françoise foi devidamente depositada dentro dos portões de um convento local.

Não era um destino assim tão terrível. O convento de Niort fazia parte da ordem das ursulinas, ainda razoavelmente nova na França e até bastante elegante. As ursulinas eram freiras professoras que se dedicavam à educação de moças, uma ideia ainda inovadora numa época em que o bordado e algumas noções de música eram o que as mais afortunadas podiam esperar de melhor. Mesmo entre os abastados, poucos pais se incomodavam em ensinar a suas filhas algo mais desafiador do que alfabetização básica e um punhado de princípios vagamente cristãos, a maioria deles associada basicamente à modéstia na presença dos homens. A boa administração de um lar era, em geral, deixada à sorte de encontrar bons criados, e a administração de uma propriedade de terras, a eventual responsabilidade de muitas mulheres nobres, era ainda um mistério para a maioria. Uma senhora da época congratulou-se por ter adquirido um belo espelho veneziano em troca de "um monte de campos desprezíveis que para nada mais serviam do que cultivar trigo".[27] Ainda não havia a tradição da governanta profissional estrangeira com seus livros de geografia e história e bilíngue. A juventude feminina era geralmente passada em servidão ou indolência, conforme a posição social.

Contra um cenário deste tipo, as discretas ursulinas, em seus graciosos hábitos negros, podiam ser consideradas quase radicais. Na virada do século, não eram mais que uma pouco organizada comunidade de leigas devotas empenhadas na educação de mulheres, mas na época da juventude de Françoise, haviam-se tornado uma ordem religiosa formal, vivendo em conventos sob o triplo voto de pobreza, castidade e obediência, e com um quarto voto acrescido, ainda raro entre freiras, de dedicação à educação de moças.[28] Embora as irmãs vivessem de modo austero, seus métodos de ensino eram progressistas, valendo-se das técnicas altamente bem-sucedidas e muitas vezes brilhantes desenvolvidas pelos jesuítas em décadas recentes. Na medida do possível, cada menina era educada de acordo com seus talentos e inclinações, a partir de um repertório de temas convencional, mas flexível: "ler, escrever, bordar, cuidar do lar, e todo tipo de arte útil a uma mulher respeitável da pequena nobreza".[29] Tudo isso servia ao propósito supremo da educação ursulina: a preparação para a maternidade cristã. Este era o caminho mais seguro, acreditavam as irmãs, para garantir a salvação da humanidade: "As jovens reformarão suas famílias, suas famílias reformarão suas províncias, suas províncias reformarão o mundo."[30]

No convento de Niort residiam cerca de trinta moças, todas, como Françoise, *demoiselles* (jovens de boa família), e cerca de outras cem vinham diariamente para aulas gratuitas. Aos domingos, as moças pobres do bairro chegavam para aprender as artes domésticas que lhes assegurariam o sustento como criadas. Cada menina, rica ou pobre, recebia instrução nas crenças católicas e vida cristã: nada exegético ou teológico que pudesse incentivar um verdadeiro raciocínio – uma madre superiora, na verdade, havia sido repreendida recentemente por sua abordagem demasiadamente questionadora e instruída a "restringir seu intelecto a coisas simples"[31] –, mas o suficiente para fazer dela uma esposa e mãe zelosa e uma boa benfeitora de sua comunidade, se tivesse recursos, ou uma criada fiel dentro dela, se não os tivesse. As meninas em melhor situação também tinham aulas de etiqueta, algo de que necessitariam nos anos vindouros como esposas de homens proeminentes.

A rotina diária das trinta *pensionnaires* seguia o modelo de vida comunitária das próprias freiras, e é uma história sem rodeios, como registrou uma contemporânea:

> As moças levantavam-se às seis da manhã, lavavam-se e vestiam-se (uma freira ajudava as pequenas); prestava-se grande atenção à higiene, como a lavagem das mãos antes das refeições e a limpeza da boca após as refeições. A missa era às sete, o café da manhã e recreio, às sete e meia. As aulas começavam às 8h15 e iam até as dez da manhã. O almoço era servido às dez e meia, precedido de orações. As aulas eram retomadas às 12h15 e seguiam até as duas da tarde, quando se diziam as Vésperas e as moças tomavam um lanchinho. Às três horas havia uma aula de catecismo de quinze minutos, seguida de bordado por uma hora. Depois havia leitura e novamente catecismo até as cinco, quando a ceia era servida; o horário de deitar era às sete.[32]

No começo, Françoise resistiu a esses encantos altamente estruturados da vida conventual. Para uma menina rebelde de 13 anos, o lugar parecia uma prisão com regulamentos insignificantes, e as próprias freiras, infantis. Considerando sua nova protegida ainda uma criança, prometeram-lhe um santinho se ela aceitasse "se converter" formalmente e fazer sua primeira comunhão. "Bem, diante da possibilidade de ganhar um santinho, eu certamente aceitaria",[33] observou com deboche. Reconsiderando sua abordagem, as freiras mandaram chamar um padre para persuadi-la por meio de argumentação racional, "mas ela usou do mesmo expediente, usando a Bíblia como argumento", sendo a familiaridade com as Escrituras uma marca distintiva de uma educação protestante. Françoise havia defendido seu ponto de vista com algum orgulho, mas isso lhe trouxe pouco consolo. Com o inverno chegando, ela sofria dia e noite nas geladas celas de pedra do convento. Somente um calor intangível emanava da pequena fornalha de ressentimentos em seu interior, e as lembranças da insensível baronesa e da bondade perdida de tia Louise mantinham-na acesa.

Confinada e deprimida, acabou adoecendo, e a enfermidade acabou por se tornar um ponto de virada. Ela foi entregue aos cuidados de irmã Celeste, uma das freiras mais novas, que tomou conta dela com atenção e bondade até que se recuperasse. A duplamente herética menina, nem protestante e ainda não propriamente católica, não pôde evitar reagir a esta nova ternura maternal da qual tanto necessitava. Irmã Celeste, inteligente e perspicaz, percebeu a natureza forte mas sensível da menina, e decidiu conquistá-la com simpatia e branda persuasão. Ao regressar às aulas, Françoise permaneceu sob os cuidados especiais da jovem freira, e irmã Celeste fez uso criterioso de sua posição. Françoise não precisava cansar-se estudando catecismo, disse irmã Celeste, embora talvez apreciasse ler estes lindos salmos poéticos. Não precisava costurar camisas ou aventais, mas talvez gostasse de ajudar a bordar os coloridos paramentos sacerdotais. Não precisava sequer ir à missa, se não quisesse, embora todas as outras meninas fossem estar lá, e ela talvez não quisesse ser a única a ficar de fora. A adorada tia Louise havia desaparecido, mas em seu lugar estava irmã Celeste. No espaço de algumas semanas, Françoise estava mais ou menos cativada.

"Eu a amava mais do que posso expressar", contou ela, muito depois, às meninas então sob seus cuidados. "Meu maior prazer era me sacrificar a seu serviço."[34] É a linguagem da mártir e da amante, particularmente adequada a uma menina inteligente e solitária de 13 anos, precisando desesperadamente de algum tipo de ternura e algum tipo de fé. "Sacrificar-se" por irmã Celeste tornou-se o objetivo diário de Françoise. Dentro de um internato de freiras ursulinas não havia muito como praticar o heroísmo, mas Françoise fazia de tudo para transformar palha em ouro: havia roupa extra para lavar, costurar e passar, as menininhas tinham que ser colocadas na cama, outras precisavam de ajuda em suas lições, havia coisas de que podia se privar – velas, frutas, sono – para que irmã Celeste pudesse usufruir mais delas.

Entre as ursulinas era prática comum que as alunas mais velhas e inteligentes ajudassem as mais novas; Françoise foi uma dessas *dizainiè-res*: tinha dez meninas sob sua responsabilidade e contava com a supervisão geral de uma das freiras. Aparentemente, ela se distinguiu nisso; as irmãs estavam mais do que satisfeitas com ela e, o que era mais surpreendente, "as meninas gostavam muito de mim"[35] – palavras suas, mas sustentadas por muitos afetos subsequentes. Das ursulinas, Françoise havia aprendido duas grandes verdades pedagógicas: que a empatia é uma professora poderosa e que a delicadeza pode ser mais persuasiva que a força. Mais tarde ela apelaria frequentemente a esses mesmos princípios, embora seja preciso dizer que suas ações nem sempre estavam de acordo com suas palavras. Mas por ora, os métodos das freiras refletiam perfeitamente suas próprias necessidades e também concederam uma pequena vitória ao exército educacional da Igreja Católica: "Pouco a pouco", disse Françoise, "tornei-me católica".[36]

Aos poucos a vida com as ursulinas passou do sofrimento à felicidade. Mas mesmo este austero idílio não iria durar. No final de seu primeiro trimestre, descobriu-se que as taxas de permanência de Françoise no convento não tinham sido pagas. A "mesquinha e avarenta" madame de Neuillant havia se recusado a pagá-las, comentando friamente que não tinha qualquer parentesco com a menina. Com impressionante descaramento, havia enviado a conta para Louise, cujo coração generoso foi vencido, pela primeira vez, por seu próprio protestantismo: ela simplesmente se recusou a pagar pela educação católica de sua sobrinha. As freiras dedicaram-se a procurar possíveis benfeitores que pudessem garantir a permanência de Françoise no convento, mas em vão; aparentemente, ninguém considerou a possibilidade de ela continuar como uma das cerca de cem moças que iam para ali passar o dia e sem pagar nenhuma taxa; talvez sua condição mais elevada como *demoiselle* tenha agido perversamente contra ela nesse sentido. Assim, com as flores da primavera brotando no jardim do convento, ela foi conduzida ao outro lado dos grandes portões de madeira, deixando irmã Celeste para trás, em lágrimas.

"Pensei que fosse morrer de desgosto", lembrou Françoise. "Durante dois ou três meses rezei dia e noite para que Deus me levasse. Eu não sabia como poderia viver sem vê-la."[37] Seu sentimento por irmã Celeste e o afeto recíproco da jovem freira seguiram o único curso possível: uma volumosa correspondência. Mas o apoio moral não era de grande ajuda. Contra sua própria vontade, a indesejada Françoise estava novamente com madame de Neuillant em Niort.

Felizmente, não era a única criança na suntuosa casa do governador. A mais nova das filhas da baronesa, Angélique, tinha mais ou menos a sua idade; era uma "filha temporã", não muito amada por sua mãe mundana. Apesar de serem familiares muito distantes, e só por casamento, as duas garotas chamavam-se uma à outra de "prima", ao modo de sua região, e a esta dupla juntava-se, muitas vezes, uma terceira menina, Bérénice de Baudéan, prima legítima de Angélique. Usando pequenas máscaras sobre o nariz para protegê-las de queimaduras solares, as meninas todos os dias tinham de conduzir os perus do governador até uma pequena fonte em seus domínios. "Eles nos davam grandes varas para impedi-los de ir para onde não deviam", contou Françoise, "e um cesto de vime, contendo nosso lanche, e um livrinho".[38] O "livrinho" era leitura obrigatória de toda jovem de origem nobre no reino: era o *Quatrains* de Pibrac, já com mais de 65 anos e com certeza nada emocionante para três meninas de 13 anos:

> Mutáveis são as bênçãos da saúde
> Estremecida é a voz da fama
> A sorte nunca permanece a mesma
> A virtude, somente, é nossa riqueza.[39]

As três tiveram de memorizar essa e outras 125 quadras igualmente respeitáveis, cerca de uma dúzia por dia, uma sobremesa indigesta após seu almoço de pão com queijo. Elas digeriam ambos no mesmo lugar todos os dias, uma gruta natural de frente para as campinas do governador, antes de pastorearem os perus de volta para casa.

Sendo a parente pobre, Françoise tinha trabalho extra a fazer: aquinhoar feno para os seis cavalos da carruagem que um dia leva-ram-na, triunfantemente, pela comarca afora. Mais uma vez, usava tamancos de madeira, como tinha usado quando garotinha, em Mursay, embora a astuta madame de Neuillant lhe desse sapatos para calçar quando havia convidados para jantar. Embora fosse agora uma viúva, a baronesa não havia perdido sua posição na comarca; o cargo de governador ocupado por seu falecido marido tinha sido habilmente assumido por seu filho. Sua imponente casa estava repleta de empregados e também de visitantes ligados a todo tipo de assuntos públicos ou privados, e, apesar dos esforços da baronesa, nem tudo passava despercebido. "A menina era parente dela", comentou um cavalheiro de Paris, "mas madame de Neuillant não lhe dava quase nada para vestir. Era tão mesquinha que a menina tinha apenas um único braseiro para aquecer seu quarto".[40] Françoise permaneceu na casa pelos 18 meses seguintes, e durante todos eles foi mantida firmemente em seu lugar – tremendo num quarto frio ou trabalhando nos estábulos, e quando jantavam, ficava no fundo da mesa, num lugar humilde onde se sentava todos os dias em silêncio, porque estava proibida de falar.

Mas embora não dissesse nada, ela escutava e via tudo, e havia muito para ver e ouvir. Afinal, era a residência do governador, e qualquer um na região com pretensões à influência ou à cultura mais cedo ou mais tarde batia à porta. Na maioria das vezes, ficavam para o jantar, que nessa época era a principal refeição do dia e era servido à tarde, com vários pratos de carne, peixe e frutas, e ampla oportunidade para se conversar sério, contar histórias espirituosas ou apenas fofocar. E se Françoise reparava em tudo que estava acontecendo à sua volta, com o passar dos meses também começou a ser notada: de garota hesitante ela se transformava numa bela jovem.

Aos 14 anos de idade, Françoise já estava completamente crescida; era uma encantadora morena "com olhos negros lindíssimos",[41] de aspecto delicado, inteligente e, embora não dissesse quase nada, era uma evidente apreciadora de conversas animadas e espirituosas. Suas roupas eram de segunda mão e as saias, muitas vezes, curtas demais para ela; suas mãos eram bastante ásperas, ao que parece, um defeito previsível, tendo em vista seu trabalho diário. Mas isso não diminuía o charme que emanava do lugar que, como parente pobre, ocupava ao fundo da mesa.

Os visitantes do governador lamentavam que uma garota tão encantadora, não tendo um tostão, tivesse diante de si uma vida tão desolada. Mas as mulheres gostavam dela por sua aparência modesta e seus modos tranquilos e graciosos, e os homens sentiam-se atraídos por ela por razões mais simples.

Entre seus primeiros admiradores estava Antoine Gombaud de Plassac, mais conhecido como cavaleiro de Méré, ele próprio um nativo da região de Poitou e visitante frequente da residência do governador em Niort. Quando conheceu Françoise, em 1649, tinha 40 e poucos anos e era uma figura bastante glamorosa, um ex-soldado e agora um homem de letras, que sustentava a mãe e cinco de seus sete irmãos com os ganhos de sua (pouco notável) poesia e tinha relações amigáveis com vários expoentes da sociedade literária parisiense. O cavaleiro também tinha um quê de libertino: era um jogador entusiasta, infelizmente com bem pouco dinheiro para apostar, mas para ajudá-lo com sua paixão, ele havia contratado os serviços de um jovem e brilhante matemático, ainda na casa dos 20 anos: ninguém menos que Blaise Pascal.[42] O cavaleiro interessava-se por probabilidade – mais precisamente, a probabilidade de ganhar nas cartas –, mas em sua mais pura forma matemática, o assunto mostrou-se tanto quanto absorvente para o profundamente religioso Pascal. Sobre o assunto ele iniciou uma correspondência com Pierre de Fermat,[43] e a genial dupla rapidamente solucionou o problema do cavaleiro, pelo menos no papel. A dupla prosseguiu para estabelecer os princípios da teoria da probabilidade,[44] e o cavaleiro prosseguiu como um jogador mais confiante – embora, inconvenientemente, nunca mais rico.

Françoise estava lisonjeada com as atenções do cavaleiro e logo aceitou ser sua *écolière* (aluna) em literatura francesa, espanhol e italiano – "Ela compreendia muito bem o espanhol e o italiano"[45] –, e provavelmente alguns dos clássicos: o cavaleiro, um competente estudioso, sabia grego e latim, como era comum aos cavalheiros da época, e também árabe, o que era incomum. As lições, muitas vezes conduzidas por carta, eram entremeadas com fartas expressões de elogio à aluna, que ainda tinha 14 anos. "Se você fosse apenas a mais adorável e encantadora pessoa do mundo…",[46] começou o cavaleiro. "Mas você tem tantas outras qualidades mais preciosas que, quando alguém lhe escreve ou fala, é difícil não lhe ter certo receio. Vejo em você algo tão raro e puro, que não consigo imaginar que mesmo o melhor dos homens que já existiu merecesse sua atenção." O cavaleiro, é claro, estava mais do que ligeiramente apaixonado por Françoise, mas a admiração por suas qualidades interiores, aquele "algo tão raro e puro", também era sincero. Para além das roupas de segunda mão e das mãos gastas, ele percebeu o diamante bruto, e estava decidido a poli-lo.

"Eu realmente gostaria que ela também fosse sua *écolière*", escreveu ele à sua amiga, a duquesa de Lesdiguières. "Ela merece toda boa formação que possa receber [...] Não só é muito bonita, com uma beleza de que nunca nos cansamos, mas meiga, compreensiva, discreta, confiável, modesta, inteligente [...]" A duquesa, famosa na sociedade parisiense pela elegância de seus modos, havia pensado em levar "esta jovem índia" consigo numa viagem ao sul da França. "Se você a tivesse levado", declarou o cavaleiro, "ela teria regressado uma obra-prima!"[47]

Trinta anos depois, quando as incitações da paixão há muito tinham dado lugar às carinhosas lembranças de um professor orgulhoso, o cavaleiro de Méré escreveria, e publicaria, uma carta lembrando a Françoise de que ele havia sido "o primeiro a lhe dar uma instrução adequada e, posso dizer, sem a intenção de lisonjeá-la, nunca vi moça mais encantadora do que você, tanto por seus encantos pessoais como pelo coração mais caloroso do mundo e a mente mais inteligente".[48]

Talvez a admiração do cavaleiro por sua sobrinha tenha despertado novamente a determinação de madame de Neuillant de livrar-se dela. Evidentemente, a menina estava crescida; era atraente; era hora de casá-la. O próprio cavaleiro, um candidato óbvio apesar dos trinta anos de diferença de idades, não se havia declarado, nem era provável que o fizesse. Tendo seu nada prático pai administrado mal uma bela propriedade rural a ponto de levá-la à beira da falência, o cavaleiro era obrigado a viver mais ou menos de seu engenho e faltavam-lhe os recursos para sustentar uma família da pequena nobreza.

Françoise, naturalmente, não tinha seu próprio dote, e, além disso, a baronesa tinha ainda sua própria filha Angélique nas mãos. Não havia proveito nenhum em fazê-las concorrer na mesma cidadezinha de Niort pelo mesmo pequeno círculo de homens. Com a aproximação do outono, ela enfiou as duas meninas em sua carruagem, "entre os ovos cozidos e o pão de centeio",[49] e partiram para Paris, Angélique para adquirir algum refinamento na corte com sua irmã e Françoise para ser descartada, porém não pelo casamento, mas novamente num convento.

A casa das ursulinas ficava fora das muralhas medievais, para o lado da extremidade sul da cidade, na rue Saint-Jacques. Depositada diante dos portões, Françoise mostrou seu caráter. Indignada pela rejeição de madame de Neuillant e frustrada com sua própria impotência, não se despediu da baronesa, mas entrou "antes que alguém me pudesse dizer para fazê-lo".[50] Mesmo assim, os portões foram fechados atrás dela.

Se a expectativa de madame de Neuillant era que esse segundo período no convento curasse Françoise de seus obstinados modos "protestantes", isso, a princípio, não foi possível. Ela começou a se recusar a falar, e tão decididamente que as freiras concluíram que a garota devia ser muda. Ao consultarem a baronesa, descobriram a fraude e aumentaram a pressão. Françoise reagiu com uma greve de fome. As freiras permaneceram inabaláveis; o jejum, afirmaram, era uma forma comum de mortificação da carne e fazia parte do repertório comum a todas elas. Muitas vezes, elas próprias comiam apenas as sobras das refeições das moças. Françoise reconsiderou. Resistir era inútil. O caminho mais rápido de saída seria uma tática manifestação de derrota. Adotou uma pose submissa e, firmando-se na altamente heterodoxa convicção de que a protestante tia Louise não seria condenada ao fogo eterno, aceitou fazer a primeira comunhão.

Antes de comungar, ela fez uma humilde confissão pública e depois escreveu uma carta, nada humilde, para seu irmão Charles, tripudiando que ela o havia "superado nisso, mesmo sendo você um ano mais velho do que eu".[51] Ainda assim, teve a dignidade de admitir que o próprio tripúdio era uma triste prova da ausência de uma autêntica "conversão" a uma vida de piedade católica.

Embora agora não houvesse como retornar aos costumes huguenotes que havia aprendido em Mursay, Françoise jamais foi uma rematada católica ao estilo de sua mãe ou mesmo de madame de Neuillant. Era crente e assim permaneceria; na verdade, nesse século de crenças arraigadas, em que mesmo Newton, Galileu e outros homens das desafiadoras novas ciências naturais podiam permanecer devotos, ela dificilmente poderia ser de outra forma. Acreditava em Deus e aceitava, pelo menos exteriormente, as práticas católicas, mas nunca seria capaz de engolir a completa ortodoxia. Ao discutir com Charles o angustiante tema do inferno, talvez pensando em seu irmão mais velho, ela comentou: "Acho que Deus vai mudar de ideia. Ele não deixará os condenados eternamente nas chamas."[52]

Menos de um mês depois de fazer a primeira comunhão, Françoise foi liberada do convento para a pulsante cidade de Paris. A algumas ruas e um mundo de distância, no beco sem saída de Saint-Dominique, por trás do Palácio de Orléans,[53] ficava a boa casa burguesa de Pierre Tiraqueau, barão de Saint-Hermant, irmão de madame de Neuillant. A baronesa vinha alugando o segundo andar dessa casa havia algum tempo, e foi para lá que Françoise, agora mais feliz, foi transferida. Apesar de suas saias ainda serem curtas demais e de ter que se deitar com as criadas, ela havia conquistado uma primeira vitória sólida contra as forças do acaso e da coerção que até agora a haviam tratado tão mal. Ali, na exuberante casa do barão, ela havia encontrado um pequeno espaço só seu.

CAPÍTULO 4

BURLESCO

> Paris [...] é [...] uma das cidades mais imponentes do mundo; com um circuito amplo, arredondada, muito populosa, mas situada numa baixada, circundada por suaves declives, deixando alguns lugares muito sujos e fazendo-a cheirar como se houvesse enxofre misturado na lama; todavia está pavimentada com um tipo de pedra de cantaria, de cerca de 30 cm^2, tornando mais fácil caminhar sobre elas do que em nossos seixos em Londres.[1]

ASSIM ESCREVEU o diarista inglês John Evelyn, um circunspecto admirador da grande cidade que era agora o lar de Françoise. Era o início do outono de 1650 e ela acabava de completar 15 anos.

Se a cidade para onde tinha vindo era barulhenta e suja, ao menos era uma cidade de paz, mesmo que temporariamente. A Fronda havia terminado, ou assim parecia, e a chegada de Françoise a Paris tinha sido precedida, apenas semanas antes, pelo retorno do rei de 12 anos e sua corte real, por si só um incentivo para que madame de Neuillant, tendo Angélique para casar, se estabelecesse mais uma vez na cidade. O rei havia sido calorosamente recebido em Paris, mas, apesar da aparente vitória da rainha-mãe sobre os *frondeurs* parlamentares, era o oportunista príncipe de Condé quem de fato mexia os pauzinhos por trás dos bastidores. "Mesmo assim, a facção anti-Mazarin não devia comemorar ainda", escreveu, com presciência, o médico Gui Patin a um amigo em Lyon. "Há bem poucas razões para se confiar nesse príncipe [...] Ainda vamos ver um raio cair na cabeça de alguém neste inverno."[2]

A corte havia se instalado novamente, não no Palais-Royal, como antes da Fronda, mas no imenso palácio amuralhado do Louvre. Ainda em construção após cem anos de edificação,[3] o Louvre continha, além de todos os seus nobres aposentos, uma colmeia de ateliers – estúdios para o grande número de artistas e artesãos que trabalhavam para concluir o palácio, por dentro e por fora, e para outras fraternidades que usufruíam do patrocínio real. A fachada sul do Louvre, que se estendia ao longo do Sena, defrontava a *île de la cité*, o berço da antiga Paris e agora um desvio para a vida da cidade moderna. Na extremidade leste, o velho palácio dos reis Capeto já havia desaparecido, embora restassem dois grandes vestígios: a prisão da Conciergerie e a joia gótica de Sainte--Chapelle, um deslumbrante relicário para a coroa de espinhos de Jesus, vendida ao rei francês quatrocentos anos antes pelo astuto imperador de Constantinopla por três vezes o custo da própria capela. E na extremidade ocidental da ilha, arriada sobre o rio, erguia-se a catedral de Notre--Dame, uma sólida afirmação do poder e peso da Igreja Católica bem no coração da França. À sombra de Notre-Dame, estudiosos da Sorbonne em becas pretas lutavam contra as robustas forças da nova ciência empírica com as armas enferrujadas dos antigos. E no meio deles todos, nas vielas fétidas e nas tortuosas ruas medievais, ainda servindo igualmente como via pública e depósito de lixo, os "humildes" de Paris exerciam seus ofícios diários: açougueiros e padeiros, ferreiros e ferrageiros, boticários, alfaiates, escrivães e escribas, oleiros, estampadores e prostitutas. Via pública e depósito de lixo era também o Sena, o amplo rio da cidade, e suas margens fervilhavam com o comércio diário.

Os grandes portões da cidade, em sua maioria, ainda funcionavam, guarnecidos com oficiais alfandegários armados, mas subornáveis, e trancados à meia-noite, quando se levantavam instáveis pontes levadiças. Mas as muralhas medievais que circundavam a "arredondada" e velha Paris aos poucos iam sendo demolidas e arrombadas. Ao lado das muralhas, do outro lado ou mesmo em cima delas, propagavam-se as tendas de pequenos mercadores e as choupanas de recém-chegados do campo, marchando com seus sacos e carroças, seus sotaques e costumes provincianos. Com a vida urbana forçando para sair, e a vida rural forçando para entrar, as velhas muralhas que por séculos haviam confinado a cidade esforçavam-se para conter o que não podia ser contido. Paris estava explodindo.

Os parisienses de nascença olhavam com arrogância para os recém-chegados do campo, embora sua cidade ainda não fosse nenhum oásis de urbanidade: todos os seus moradores, ricos e pobres igualmente, viviam mais ou menos sujeitos à sujeira, violência e enfermidade súbita. A abjeta e fedorenta lama da cidade concorria com todo tipo de resíduo, animal e humano, lambuzando sapatos e meias incautos. Os penicos das famílias eram rotineiramente despejados nas ruas escuras, já cobertas com o refugo de mil oficinas caseiras. A água, pouco limpa, na verdade era racionada; o povo comum recebia cerca de um litro por dia, com consequências inevitáveis para a saúde e higiene pessoais. A cidade estava repleta de animais: cavalos e mulas para transporte e carretagem, vacas, porcos e aves domésticas de todo tipo para alimento, penas e couros; rebanhos de ovelhas ainda pastavam nos Champs-Élysées, deixando os prados "muito desagradáveis para os que estivessem a pé, particularmente se tivesse chovido um pouco".[4]

A *manière* parisiense era ligeiramente mais refinada. As agitações da Fronda haviam desorganizado o já relaxado policiamento da ordem pública, e gangues de jovens, muitos deles ainda no serviço militar, impunham-se incontestadamente pela cidade, incomodando as moças e ameaçando a todos. Os cavalheiros podiam carregar um calçado de reserva ao fazerem visitas particulares, mas muitos ainda precisavam de manuais de boas maneiras que lhes lembrassem de "não cuspir dentro de casa";[5] no lar, batiam impunemente nos filhos e criados, e também nas esposas. Embora um pouco mais bem informados, talvez, e menos amarrados a rituais da terra e da estação, os parisienses nativos não tinham hábitos e temperamentos assim tão diferentes dos de seus primos camponeses. Todos enriqueciam e temperavam o grosso *caldo* de uma grande cidade em formação.

Dentro desta escaramuça de 300 mil ou 400 mil almas, Françoise era definitivamente uma prima camponesa, e pobre; não obstante, estava mais resguardada do que a maioria da imundície e dos perigos da vida nas ruas indomáveis. A confortável casa do barão de Saint-Hermant ficava fora das muralhas medievais, na direção da extremidade sul da cidade, em um novo bairro residencial ainda em desenvolvimento. O barão detinha o prestigioso cargo de *maître d'hôtel d'ordinaire* dentro da casa real, supervisionando o serviço à mesa do rei. Em consequência disso, tinha direito a viver no próprio Louvre, a 2 ou 3 quilômetros, mas, se o fizesse, deixaria em casa sua esposa e filhas, uma das quais, Marie-Marguerite, tinha mais ou menos a idade de Françoise. Marie-Marguerite parece ter sido uma menina urbana bastante instruída comparada à provinciana Françoise; com ou sem a aprovação de sua publicamente devota tia, madame de Neuillant, ela lia poesia e romances, o que era um escândalo. Ainda assim, as duas moças iniciaram uma amizade, e foi na companhia da confiante mademoiselle de Saint-Hermant que Françoise conheceu diretamente o sofisticado mundo de salão do qual haviam falado Cabart de Villermont, nas ilhas caribenhas, e o chevalier de Méré em Niort.

Cabart de Villermont, um amigo da família Saint-Hermant, vivia agora a apenas um passo de sua casa, no beco sem saída de Saint-Dominique, e é muito provável que tenha sido ele o primeiro a convidar as moças, talvez na companhia da baronesa, para passar uma noite de jantar e conversação em sua grande casa na, sugestiva, rue d'Enfer (rua do Inferno), próxima aos jardins do Palácio de Orléans. A casa, conhecida como Hôtel de Troyes, na verdade não lhe pertencia. Ele ali não passava de um hóspede, já que seus muitos empreendimentos ainda não tinham dado nenhum retorno financeiro, uma falha desculpável em um homem que ainda não havia completado 23 anos. Seu senhorio no Hôtel de Troyes, o abade Paul Scarron, era bem mais velho, já com mais de 40 anos, e embora não fosse rico, era famoso, ou melhor, bastante mal-afamado. Autor de incontáveis versos inteligentes e indecentes, pessoa instruída e espirituosa, homem de berço honrado mas sem dinheiro, padre fracassado, reputado galanteador e principal desonra de sua família, Scarron era também horrivelmente aleijado, vítima de um reumatismo virulento, consequência, segundo alguns, da devassidão de sua juventude. Sua vida como abade, nada mais que uma desculpa para receber seu ordenado anual, havia muito fora abandonada, e ele agora era mais conhecido por seus escritos – alguns deles literários, muitos bem picantes – e por suas recepções noturnas, uma meca para todo parisiense em busca de cultura ou diversão.

O animado salão de Scarron havia crescido, paradoxalmente, em torno de suas próprias incapacidades. Como estava se tornando cada vez mais difícil para ele se deslocar e visitar as pessoas, seus amigos começaram a ir até ele, e havia já alguns anos que ele vinha mantendo uma casa mais ou menos aberta. Conscientes dos modestos recursos de seu anfitrião, cada convidado estava acostumado a trazer sua própria comida, vinho ou lenha para a lareira, e dessa forma Scarron tinha conseguido transformar seu grande salão amarelo num verdadeiro *salon parisien*, com boa conversa e uma boa refeição garantida a todos os frequentadores. O círculo original de amigos permanecia, formando agora uma espécie de centro humano, com um grande número de pessoas circulando à sua volta: frequentavam-no moradores de Paris ou visitantes de qualquer outro lugar, crentes e livre-pensadores, pessoas interessadas em livros, arte ou fofoca em geral, e, como a conversa espirituosa estava sempre na moda, também os cortesãos e as pessoas da alta sociedade. Mais cedo ou mais tarde, todo mundo, até mesmo os jesuítas, entrava pela porta aberta de Scarron.

Dada a reputação do anfitrião, a princípio é surpreendente que Marie-Marguerite e Françoise fossem autorizadas a frequentar estas noites de salão, com ou sem acompanhante. A maioria dos salões parisienses, e certamente o de Scarron, eram lugares de discurso muito livre e boa dose de intrigas políticas e amorosas. "A casa de monsieur Scarron estava repleta de jovens, que lá só iam porque podiam fazer o que quisessem",[6] comentou uma senhora em desaprovação. Reconhecidamente, Cabart de Villermont vivia na casa e o velho admirador de Françoise em Niort, o chevalier de Méré, também era um visitante regular. Mas a razão mais importante era, provavelmente, o desejo de madame de Neuillant de casar Françoise e livrar-se dela o mais rapidamente possível. Ela talvez considerasse o próprio Cabart de Villermont um possível par; era um sujeito muito promissor e apenas sete anos mais velho que Françoise, e era de modo particular bem considerado por Jeanne d'Aubigné, que finalmente havia abandonado seus infrutíferos processos judiciais e agora vivia em paz no povoado de Archiac, perto de Niort.

Qualquer que tenha sido a razão, Françoise entrou pela primeira vez no salão amarelo à rue d'Enfer pouco depois do ano-novo de 1651. Apesar de seu belo rosto e de sua natural graça de movimentos, sua entrada foi desajeitada, pois madame de Neuillant não tinha se dado ao trabalho de lhe fazer roupas novas; ela passou pela porta usando um de seus vestidos velhos, talvez o único decente que tivesse, e que, em todo caso, era muito curto para ela.

Não se sabe quando ocorreu o primeiro encontro entre Françoise e Paul Scarron. Talvez tenha sido numa noite de salão, cheia de pessoas inteligentes e elegantes, onde mesmo usando um vestido de tamanho adequado, uma menina provinciana de 15 anos, por mais bonita que fosse, certamente se sentiria intimidada. Ou talvez tenha sido numa tranquila visita matinal em que Françoise era a única recém-chegada, entrando com constrangimento na sala em seus sapatos rústicos e simples. Qualquer que tenha sido a ocasião, a primeira e repentina visão da pessoa de Scarron foi demais para ela. Tomada de horror ou de piedade, ela irrompeu em lágrimas.

"Meu corpo é, de fato, bastante irregular", admitiu o próprio Scarron. "Mulheres grávidas não têm permissão nem de olhar para mim."[7] O celebrado poeta, brindado nos salões parisienses, estava sentado no meio da sala, com seu corpo torto escorado e amarrado em uma grande cadeira de rodas, com uma tábua afixada na qual descansava sua mão retorcida. A descrição que faz de si mesmo no prefácio de um de seus versos publicados mostra a terrível impressão que ele devia causar, e revela também seu infame humor sardônico.

> Isto é para você, querido leitor, já que nunca me viu [...] Eu costumava ser um homem forte, embora admita que nunca fui muito alto. De qualquer modo, agora encolhi mais de 30 cm. Minha cabeça é um tanto grande para o meu tamanho. Meu rosto é bastante cheio, considerando quão esquelético é meu corpo, e tenho tanto cabelo que não preciso usar peruca [...] Ainda enxergo bastante bem, embora meus olhos sejam um tanto saltados; são azuis, e um mais escuro que o outro [...] Meu nariz está geralmente um tanto entupido. Meus dentes costumavam ser belos quadrados perolados, mas agora têm cor de madeira, e logo terão cor de ardósia; perdi um dente e meio do lado esquerdo, e dois e meio do direito, e há um espaço vazio entre um ou dois outros; são um pouco desgastados [...] Como minhas pernas formam um ângulo agudo com meu corpo, e minha cabeça está permanentemente curvada sobre meu estômago, sou uma espécie de Z humano. Minhas pernas contraíram-se para cima, e meus braços tanto quanto minhas pernas, e meus dedos tanto quanto meus braços. Resumindo, sou uma miséria humana contraída.[8]

Françoise recobrou-se o bastante para dar um passo à frente e ser apresentada. "Para olhá-lo no rosto, ela teve de se curvar tanto que quase se pôs de joelhos"[9] – assim registrou uma testemunha do encontro. O que disseram nesse primeiro encontro não foi registrado; talvez não mais que umas poucas palavras de cortesia por parte dele e algumas poucas respostas discretas por parte dela. O sobrenome da moça talvez tenha lembrado a Scarron uma história estranha: anos antes, seu impossível pai, Constant d'Aubigné, havia pedido emprestada a exata soma de 1.148 libras ao pai de Scarron; nem é preciso dizer que o empréstimo nunca foi pago. Se ele se lembrou disso naquele momento, deve ter percebido, de relance, que a filha não estava em condição de redimir os pecados do pai, e de fato parece que, no momento, ele não se preocupou muito com ela.

No entanto, o encontro foi decisivo para ambos. Na chorosa menina de 15 anos, Scarron encontrou um narcótico muito melhor do que os fornecidos por seu boticário; e para ela, dos bulbiformes olhos daquele homem arruinado brilhou a luz de uma estrela cintilante e distante.

Conta a lenda que o sofrimento de Scarron foi provocado por uma travessura de carnaval que ele próprio havia inventado, 12 anos antes, durante seu mandato como bispo auxiliar na provinciana cidade de Le Mans.[10] Enfastiado com as máscaras e fantasias de costume, e talvez se sentindo embaraçado por sua própria batina de clérigo, ele tirou toda a roupa, pulou em um tonel de mel, depois rasgou seu colchão e rolou sobre suas penas brancas antes de correr para as ruas para atormentar toda menina bonita que passasse. Aquilo foi boccaciano demais para os moradores, que o perseguiram até o rio, onde ele passou a noite escondendo-se entre os juncos úmidos. Pegou um resfriado, depois teve febre, e o calvário de seu reumatismo começou.

Dois anos depois, Scarron abandonou seu posto e retornou a Paris, talvez para cuidar de seu pai moribundo – um conselheiro parlamentar famoso por sua devoção e apelidado de "o apóstolo", que tinha cuidado de seus interesses durante décadas carregando livros de São Paulo debaixo do braço – ou talvez para buscar pareceres médicos sobre sua deteriorante condição. Se foi pelo segundo motivo, esta foi apenas a primeira de muitas tentativas frustradas de encontrar a cura: o balneário em Bourbon, para tomar as águas; o hospital Charité, para banhos de gelatina; pílulas de mercúrio, que provocaram espasmos musculares e nervosos e, segundo os boatos, impotência; e, sem dúvida, qualquer loção ou poção dos quase inúteis baús da medicina do século XVII. A enfermidade de Scarron era incurável. Quando o desânimo se tornou total, pediu que o levassem à igreja, para rezar por um milagre.

Ao retornar a Paris, suportando com coragem seu sofrimento e deformidade, e com seu senso de humor ainda intacto, ele se instalou primeiro numa rua chamada, muito apropriadamente, de rue des Mauvais-Garçons (rua dos Valentões), no agitado bairro Marais, e depois na mais tranquila rue d'Enfer. A mudança foi arranjada pela "irmã Céleste" do próprio Scarron, Angélique-Céleste de Palaiseau, de 30 e tantos anos, uma freira professa e, muito apropriadamente, ex-amante de Scarron. Largada por um posterior sedutor com um bebê nos braços, ela havia procurado a ajuda de Scarron, e ele, pelo menos, não a havia abandonado. A criança foi adotada e Céleste entrou para um convento, onde viveu muito satisfeita até que, após as ambiciosas especulações imobiliárias das freiras, ele foi à falência. As freiras se dispersaram e Céleste viu-se de novo com Scarron, desta vez como sua enfermeira, um ofício que cumpria com muito cuidado e delicadeza.

Não se sabe se Françoise iniciou algum tipo de amizade com esta segunda irmã Céleste de bom coração. Durante esses primeiros meses de 1651, ela não parece ter visto muito o próprio Scarron, e as primeiras impressões criadas em seu encontro – a de uma bonita menina do campo de um lado e a de um lamentável inválido de outro – continuaram, por enquanto, inalteradas. Na primavera, Françoise partiu para Niort com madame de Neuillant, retornando a sua casa de campo, como era seu costume, no fim da temporada social de inverno. Marie-Marguerite de Saint-Hermant permaneceu com sua família em Paris, mas ela e Françoise correspondiam-se regularmente. Sendo as *lettres provinciales* elegantes e divertidas, Marie-Marguerite carregava-as consigo para as noites de salão na rue d'Enfer, onde, "admirada por todos",[11] as lia em voz alta para o grupo reunido, como era o costume da época.

As cartas revelaram uma Françoise d'Aubigné muito diferente daquela fulaninha bonita do inverno anterior. Scarron provavelmente tenha ficado tão surpreso quanto os demais, embora a carta que agora enviava a Françoise sugerisse outra coisa, talvez com mais galanteria do que sinceridade:

Mademoiselle, eu desconfiava que a garotinha que entrou em minha sala seis meses atrás em um vestido curto demais para ela, e que desatou a chorar (não posso imaginar por quê), era tão brilhante quanto parecia. Sua carta a mademoiselle de Saint-Hermant é tão espirituosa [...] que aborreço-me comigo mesmo por não ter prestado mais atenção a você antes. Para dizer a verdade, eu jamais acreditaria que alguém poderia ter aprendido a escrever tão bem nas ilhas da América ou no convento das ursulinas em Niort. Você se esmerou em ocultar seus talentos mais do que a maioria das pessoas em revelar os seus. Mas agora que foi descoberta, espero que não se recuse a escrever a mim tanto quanto a mademoiselle de Saint-Hermant.[12]

Instigada, talvez, por sua experiente e maquinadora "tia", a baronesa de Neuillant, Françoise não se recusou. Suas cartas a Scarron não vingaram, mas algumas das dele foram guardadas e revelam um tom gradualmente mais galante com o avançar da correspondência. Muito provavelmente, isso significava apenas que Scarron estava se sentindo mais livre para se entregar a seus costumeiros gracejos sedutores; talvez ela lhe oferecesse a vazão das fantasias de um antigo amante do sexo frágil, agora irremediavelmente enfermo. Com o correr do verão, a "garotinha" se transformou numa "moça" e, finalmente, numa torturante "beleza ausente". "Eu deveria ter estado mais atento a você quando a vi pela primeira vez", escreveu, "mas como poderia adivinhar que uma menina tão jovem acabaria por perturbar o coração de um velho sujeito como eu?".[13]

Não é muito provável que Scarron tenha realmente se apaixonado, apesar de seu tom acalorado. Da última vez que a tinha visto, Françoise era para ele não mais que uma "garotinha num vestido curto demais". Além disso, um homem com sua condição física hesitaria em realizar uma genuína correspondência de amor a uma menina de 15 anos, mesmo que ela fosse brilhante. Ao contrário, dez ou vinte cartas encantadoras haviam transformado o relacionamento entre eles em um flerte convencionalmente circunscrito, típico do período, com Scarron no papel de declarado "amante", e uma mútua admiração pelas elegantes formulações frasais de ambos os lados. Era um jogo, e uma mostra da crescente sofisticação de Françoise e do prazer que sentia no galanteio a distância, a princípio provocador e seguro, que ela tinha aprendido a jogar tão rapidamente e tão bem. As próprias cartas de Scarron sugerem isso: "Você diz", escreveu ele, "naquele seu jeito provocador que me enlouquece: 'Você me ama porque sou bonita.' Bem, eu certamente não a amo por ser feia".[14] Com certeza, não: a essa altura Françoise estava recebendo, com aparente equanimidade, versos rapsódicos sobre "seu corpo branco, farto e nu, deitado na cama com pernas bem abertas".[15]

No fim do verão, quando ela retornou a Paris, as coisas começaram realmente a mudar, não por algum sentimento novo ou mais forte entre eles, mas porque perceberam que podiam ser úteis um ao outro, não apenas pelo prazer de um flerte inofensivo, mas solidamente e a longo prazo. "Volte, pelo amor de Deus, volte!",[16] Scarron havia implorado do modo melodramático. E ela o fez no outono de 1651, seguindo de perto madame Neuillant em seu habitual retorno a Paris para a temporada de banquetes e balés. E desse ponto em diante, Françoise e Scarron aparentemente se viam todos os dias.

Se fossem necessárias outras provas de que a sedutora correspondência de Scarron com sua "pequena tigresa"[17] não devia, pelo menos a princípio, ser levada muito a sério, seu surpreendente plano de ir para a América as fornece. Mal conseguindo se mexer, totalmente dependente de outros para realizar suas necessidades diárias mais básicas, o incorrigível e esperançoso poeta estava persuadido de que poderia recuperar a saúde no sufocante calor das ilhas do Caribe, e durante todo o período de correspondência com Françoise ele vinha fazendo planos firmes para ir. Cabart de Villermont o tinha encorajado, ingênua ou irresponsavelmente, com histórias exageradas de curas espontâneas provocadas pelo clima, pelos alimentos e pelo modo geral de vida no lugar; o desesperado Scarron estava totalmente propenso a acreditar nele. Seduções menores, como fortuna e liberdade, também o atraíam: como Constant d'Aubigné e tantos outros, ele via as novas colônias nas ilhas como um eldorado coletivo onde o menor investimento poderia se multiplicar de maneira fantástica, "onde a terra produz riquezas sem esforço, sem dinheiro, sem impostos, sem agiotagem, uma terra de paz e abundância, com frutas frescas o ano todo, e os melhores peixes mais baratos que anzóis, e açúcar mais barato que água, e com as filhas dos incas para fazer amor...".[18]

E como uma última tentação, as ilhas ficavam bem distantes das restrições e ansiedades de Paris, "minha querida cidade, onde tanta gente boa está à beira do desamparo, graças à guerra civil".[19] Por toda a França, a Fronda estava sendo instigada a uma nova fase sangrenta pelo irreprimível príncipe de Condé. Em 5 de setembro de 1651, dia do seu 13º aniversário, o rei Luís XIV havia alcançado sua maioridade legal; o cardeal Mazarin, ainda no exílio, tinha sido convidado a voltar para o aprisco real, e o próprio Condé tinha sido intencionalmente excluído de qualquer posto no novo governo. Ao longo das semanas seguintes, tinha começado a formar, em seu próprio feudo, um exército armado contra o rei, com o objetivo declarado de tirar Mazarin do país de uma vez por todas. Em Paris, o Parlamento, em apoio, colocou a cabeça do cardeal a prêmio e, o que era ainda mais alarmante para ele, ao que parece, tinha começado a vender os 40 mil livros de sua estimada biblioteca, "fruto de 17 anos de coleção",[20] como lamentou, inutilmente, seu desesperado bibliotecário. Temendo a violência ou o desgaste pela falta de um patrocínio estável, grande número de artistas e intelectuais da cidade começou a empacotar suas coisas e partir, muitos esperando, ainda assim, até depois da venda de livros de janeiro. O próprio bibliotecário finalmente enfrentou os novos ventos gelados e foi buscar abrigo em Estocolmo, arrastando consigo milhares de livros do cardeal para a ávida jovem rainha.[21]

Não se sabe se o culto Scarron conseguiu assistir ou lucrar com a espoliação da grande biblioteca de Mazarin, em 8 de janeiro de 1652. Nos primeiros dias da Fronda, ele não havia revelado sentimentos intensos ou contrários ao cardeal pessoalmente. Sua atividade política tinha se restringido, mais ou menos, a algumas cantigas mansas zombando de "Julius Mazarin, [que não é] nenhum Júlio Cesar", mas espíritos mais determinados, imitando o popular estilo burlesco de seus versos literários, tinham começado a circular ataques mordazes e bem mais maldosos. A culpa recaiu sobre o inocente Scarron, que, daí em diante, passou a ser visto como principal *agent de guerre de plume* contra Mazarin, e, por implicação, contra a rainha-mãe, a regente, e o jovem rei.

A pensão de "quinhentos escudos ao ano em boa e sólida moeda",[22] que Scarron recebia como autointitulado "honorável inválido da rainha", foi cancelada, e em pouco tempo ele desenvolveu uma genuína aversão a Mazarin. A indignação pela injustiça que lhe foi feita e a ansiedade por seu súbito empobrecimento combinaram-se numa fermentação biliosa; o resultado disso foi a insultuosa *Mazarinade*, um longo discurso de 396 linhas ferozes maldizendo o "macaco do Richelieu",[23] um ladrão e rato cuja única distinção real era seu serviço como "urinol pessoal" a outros cardeais. "Vá embora para a Itália", gritou Scarron, "com seus duzentos robes e suas cuecas de merda, e queime as pontes depois de passar, porque se o pegarem, vão cortar fora suas bolas, uma depois da outra, e espalhar suas tripas pelas calçadas, e pendurar seu pinto como isca na ponta de uma vara de pescar [...] seu sodomita, sodomizador e sodomizado, sodomizando meninos, sodomizando cabras, sodomizando o Estado, sodomizando o mundo [...]".

Não é de surpreender, portanto, que nos primeiros dias de 1652, ante a probabilidade de o cardeal reassumir o poder, Scarron ansiasse por deixar Paris enquanto pudesse, e nenhum lugar mais próximo que a América do Sul lhe parecia tão seguro: "No prazo de um mês", escreveu a seu amigo e poeta Sarrazin, "meu miserável destino me encontrará a caminho das Índias Ocidentais [...] Paguei mil escudos à nova Companhia das Índias. Ela vai estabelecer uma colônia a três graus do equador, às margens do [...] Orinoco. *Adieu*, França! *Adieu*, Paris! *Adieu*, meus amigos! *Adieu*, tigresas com cara de anjo! [...] Estou renunciando ao burlesco e às comédias em favor de uma terra sem falsa piedade, sem inquisição, sem invernos assassinos, sem inchaços mutilantes, sem guerra para me matar de fome".[24]

A "nova Companhia das Índias" tinha sido formada para o impetuoso e múltiplo propósito, bastante comum à época, de mineração de ouro, trabalho missionário e simples bravura. Seus membros dirigiam-se à cidade portuária de Cayenne, na Guiana, na costa norte da América do Sul. Scarron tinha sido arrastado ao empreendimento por meio de um amigo de salão cujo primo religioso era um dos fundadores da companhia, mas sua decisão não foi, de modo algum, apressada. Influenciado por Cabart de Villermont e pelas deliciosas tortas frangipane de seu chef, formado nas Antilhas, ele vinha refletindo sobre a viagem havia já um bom tempo antes que a esperada volta de Mazarin acrescentasse a pressão da urgência. Embora gracejasse a respeito com os amigos, Scarron depositava sérias esperanças na viagem, tendo em vista os mil escudos investidos, levantados com a venda de sua prebenda em Le Mans, o que representava quase a totalidade do valor de seus bens materiais.

Mas, paralisado e amarrado à sua cadeira de rodas, não podia fazer a viagem sozinho, e a "irmã Céleste", ao que parece, tinha se recusado a acompanhá-lo na viagem. Em vez disso, pretendia se retirar para um convento pela segunda vez; o desapontado inválido teve a delicadeza de ajudá-la a pagar sua entrada em um lugar decente. Em seguida, procurou um velho amigo e pediu-lhe que encontrasse uma esposa para ele, uma "mulher malcomportada", acrescentou, incorrigivelmente, "para que eu possa chamá-la de vagabunda sem que ela se chateie".[25] Como nenhuma mulher assim se materializou, seus pensamentos se voltaram para Françoise.

O inverno de 1651-52 já ia avançado. Madame de Neuillant, que nessa época geralmente estava em Paris, tinha acompanhado a corte a Poitiers, onde sua filha mais nova, Angélique, tinha conseguido um lugar como *demoiselle d'honneur* da rainha-mãe. No caminho, Françoise havia sido deixada na casa da baronesa em Niort, acompanhada do sofredor chevalier de Méré, que, a esta altura, de acordo com o divertido Scarron, "tinha condenado sua alma"[26] por causa de seu "desesperado" amor por ela. "Françoise me provocou algumas insônias",[27] confessou o próprio chevalier.

Aparentemente, Françoise estava ainda em Niort quando recebeu a proposta de Scarron, e parece, também, que a proposta não foi exclusivamente de casamento. Talvez para lhe oferecer uma forma digna de recusar, caso a ideia de uma vida íntima com ele lhe fosse repugnante demais, Scarron havia oferecido duas alternativas: ele lhe daria um dote para entrar em um bom convento ou, se ela preferisse, poderia se tornar sua esposa.

Sua motivação era bastante clara: precisava de uma enfermeira, independentemente de qualquer viagem para a América do Sul. Ele gostava dela; era inteligente e apreciava seu humor e sociabilidade; mais que isso, tinha uma natureza prática: ela cuidaria dele e administraria sua casa muito bem. Para ajudar, era também pobre, acostumada a não ter quase nada; seus gostos eram simples; não faria exigências extravagantes. E embora fosse jovem e muito bonita, não tinha outros pretendentes sérios; muitos homens a admiravam, e ela poderia facilmente ter se tornado uma concubina, mas seu senso de decência juvenil e também, ao que parece, um forte traço de orgulho, tinham-na afastado disso. Scarron não tinha muito a lhe oferecer, mas pelo menos era mais do que ela tinha no momento. Sabendo disso, teve coragem de lhe propor casamento.

A carta de proposta, e a resposta de Françoise, se é que escreveu uma, não vingaram. Mas não há dúvida de que ela considerou a questão de maneira muito prática. Embora apreciasse a companhia de Scarron, não poderia ter acalentado nenhuma ilusão romântica sobre esse homem deplorável, com idade suficiente para ser seu pai, que não podia fazer muito mais que coçar suas costas com uma vareta e escrever com uma mão retorcida. A oferta de um dote para o convento provavelmente não era para ser levada a sério; o valor médio para o convento de Françoise na rue Saint-Jacques, por exemplo, era de cerca de 10 mil libras,[28] e Scarron certamente não tinha tal valor para gastar. Sem um bom dote, Françoise seria obrigada a viver como uma irmã leiga, na verdade, uma serva do convento, ocupando-se dia a dia com pesados trabalhos braçais, ou então como uma humilde *fille séculière*, cuidando dos doentes e pobres da paróquia.

Suas alternativas eram assustadoramente poucas: poderia, talvez, tentar voltar para a casa de seus tios em Mursay, supondo que seria acolhida ali mais uma vez como uma prima pobre e dependente; mas legalmente ainda era menor de idade, e ainda o seria por mais nove anos; uma palavra maldosa de madame de Neuillant poderia arrancá-la de novo de sua família huguenote e colocá-la em um convento ou em algum *hôpital* horrível. O que, então, poderia fazer para não ter de voltar a mendigar nas ruas? Ela era bonita, muito jovem, refinada e virgem: havia a clara alternativa de se tornar amante de algum cavalheiro abastado, pelo menos por algum tempo. Mas se os escrúpulos religiosos não a detinham, a perspectiva desse tipo de vida, a longo prazo, a fazia vacilar: com o tempo, sem nenhuma proteção legal, ela poderia ser facilmente descartada e ficar só, ou talvez com um bando de filhos ilegítimos; uma mulher mais velha, como sua própria mãe havia sido, lutando pela simples sobrevivência.

Com Scarron, de qualquer modo, seria casamento. Ao menos teria o status de mulher casada, e não de amante, e nunca seria uma patética *vieille fille*, uma velha empregada, aquela "pessoa sem importância no mundo",[29] lutando para sobreviver de donativos da caridade, com pessoas rindo e sendo condescendentes com ela. Com Scarron seria poupada de uma indesejável *vie intime*; ele não iria tão longe, na verdade não poderia ir. E, bem ou mal, era um cavalheiro, embora tivesse de ganhar o próprio sustento. Seu pai tinha sido um conselheiro do Parlamento; ele próprio era um *homme de lettres*, desprezado por alguns, talvez, mas ainda admirado por muitos. Tinha amizade com muita gente famosa, incluindo pessoas da corte; tinha, ou tinha tido, uma pensão da rainha-mãe. Tinha relações, talento e planos: as Antilhas talvez não fossem o eldorado que ele imaginava, mas não havia mais fome ali do que a que Françoise já havia conhecido na França.

Acima de tudo, o casamento com Scarron seria, com certeza, um relacionamento temporário. Ele já tinha mais de 40 anos e sua saúde não poderia ser pior; ela certamente se tornaria viúva em menos de dez anos. A viuvez, como o próprio casamento, lhe conferiria certa posição, e talvez até uma pensão. Scarron talvez acabasse por ter alguma soma para lhe deixar; ela sabia que sua família tinha duas pequenas propriedades no campo; era verdade que estavam sob disputa judicial, mas talvez viessem a ser dele no final. E ela ainda seria jovem, provavelmente com não mais que 25 anos, com uma medida de respeito por ser sua viúva, algumas relações entre pessoas abastadas, e uma nova vida ainda à sua frente. Considerando tudo, como mais tarde confessou sucintamente, "preferi me casar com ele do que entrar para o convento".[30]

Assim o casamento se consumou entre duas pessoas vulneráveis e sensíveis. Nenhum dos dois tinha nada a perder, e ambos tinham muito a ganhar. Embora muita gente comentasse, ninguém protestou. Somente a rainha-mãe ousou dizer em voz alta o que era sussurrado ou ponderado em toda parte: "Mas o que monsieur Scarron vai fazer com uma esposa?", declarou ao saber do casamento. "Ela será como um móvel inútil na casa."[31]

CAPÍTULO 5

UNIÃO DE ALMAS SINCERAS

Foi Cabart de Villermont quem assumiu as providências. Amigo tanto da noiva quanto do noivo, ele rapidamente se tornou quase um pai para Françoise, conduzindo todas as questões administrativas relativas ao casamento e acompanhando-a de Niort até Paris – não para a casa do barão de Saint-Hermant, no beco Saint-Dominique, mas de volta ao convento das ursulinas, na rue Saint-Jacques, onde deveria passar um mês ou dois anteriores ao dia do seu casamento. Cabart de Villermont tinha recebido uma procuração da mãe de Françoise, "lady Jeanne de Cardilhac, viúva do eminente e poderoso Monseigneur Constant d'Aubigné, chevalier, senhor de Surimeau e outras terras",[1] que, apesar de seu impressionante título, a esta altura vivia da caridade de um conselheiro parlamentar em Bordeaux, em cuja casa permanecia como hóspede da família. Ela havia concordado imediatamente com o casamento. Uma mulher em melhor posição talvez esperasse algo menos prático para sua única filha, mas Jeanne acalentava lembranças demais de uma vida de recursos precários. Sua principal preocupação era com a segurança, mesmo que modesta.

Não se sabe ao certo por que Françoise teve de voltar para o convento, e não para a casa do barão, mas ela não parece ter levantado nenhuma objeção. De qualquer modo, não voltou como aluna, mas como uma jovem dama hospedada temporariamente ali: as ursulinas não aceitavam nenhuma aluna com mais de 15 anos, "por medo de que elas levassem uma mentalidade secular ao convento".[2] No entanto, para as próprias freiras as coisas não foram assim tão francas. Por conta da reputação de Scarron, o casamento iminente não foi mencionado a elas, e quando descobriram que a jovem sob seus cuidados estava visitando a infame casa na rue d'Enfer, declararam que teria de partir. Françoise conseguiu manter a hospedagem pela intervenção de um confiável jesuíta conhecido de ambas as partes, e não saiu do convento senão no dia do casamento.

Era o dia 4 de abril de 1652. Cabart de Villermont acompanhou o casal até o grande tribunal do Châtelet de Paris, onde o contrato de casamento "entre Monseigneur Paul Scarron, cavalheiro, e *demoiselle* Françoise d'Aubigné [...] foi assinado diante dos tabeliães do rei".[3] O cavalheiro aproximava-se dos 42 anos; a *demoiselle* tinha 16. Eles prometeram "aceitar-se um ao outro em casamento legal, a ser celebrado diante dos olhos da Santa Madre Igreja [...] para se unirem como esposos e terem em comum todos os bens, móveis e imóveis, conforme os costumes desta cidade, vara e município de Paris". Como dote, Françoise deveria entregar um terço da herança deixada por seu falecido pai – na verdade, um terço de nada, cujo nada deveria ser acrescentado aos bens comuns do casal. Em particular, seu noivo detalhou seu dote: "Dois grandes olhos, muito travessos, uma blusa muito bonita, um par de lindas mãos e uma boa dose de inteligência."[4] De sua parte, Scarron deveria deixar a ela, caso sobrevivesse a ele com filhos, "mil libras a serem tiradas do valor de seus bens, móveis e imóveis",[5] e todos os seus pertences, caso sobrevivesse sozinha. Ambos concordaram em doar ao outro seus próprios bens materiais, não que possuíssem muito que pudesse ser assim considerado, mas o contrato foi devidamente assinado, mesmo assim, "na tarde de quatro de abril de 1652".

Uma vez concluídas as formalidades legais, o casal passou à solenização do casamento ante "os olhos de nossa Santa Madre Igreja". Isto provavelmente tenha acontecido na casa do próprio Scarron, na rue d'Enfer. Ele possuía ali uma pequena capela onde o padre local celebrava a missa para ele e, talvez, ouvisse sua confissão, de vez em quando. Embora não fosse devoto, Scarron era um crente sincero; de qualquer modo, o casamento não teria efeito sem uma cerimônia católica. Scarron foi levado em sua cadeira de rodas até o altar tendo ao lado sua jovem noiva, assistidos por um minúsculo grupo de amigos e familiares. Do lado do noivo, somente Cabart de Villermont estava presente; do lado da noiva, apenas o barão de Saint-Hermant e outro parente deste. Sua mãe não estava presente, nem seu irmão Charles, nem sua amada tia Louise ou qualquer outra pessoa de Mursay, nem madame de Neuillant, nem a amiga de Françoise, filha do barão, Marie-Marguerite: esta estava na corte, "incendiando os corações dos cortesãos",[6] com planos de casamento bem maiores na cabeça.

Scarron, claro, tinha um grande círculo de amigos e é curioso que ninguém, senão Cabart de Villermont, estivesse presente no dia do seu casamento. É quase certo que o próprio Scarron tenha preferido manter a cerimônia o máximo possível em privado. "Ele gostava de caçoar das pessoas, mas não gostava que caçoassem dele",[7] afirmou seu jovem amigo, o escritor Jean Regnault de Segrais. Scarron, o deplorável humorista, era, pelo menos em sua opinião, um homem sensível, ansioso para evitar a sátira dos outros. Retorcido e preso à sua cadeira de rodas, tomando como esposa uma linda moça de 16 anos, o mestre do burlesco tinha se tornado ele próprio um personagem burlesco. Até o sacerdote se sentiu na obrigação de lhe perguntar, no meio da cerimônia de casamento, se ele estava "em condições de exercer os deveres do casamento". "Ora, padre", respondeu Scarron dissimuladamente, "isso é entre mim e a madame".[8]

"Ele era realmente como um Z, nada mais verdadeiro que isso",[9] disse seu amigo Jean de Segrais. "Na época de seu casamento, ele não conseguia mexer nada mais que a língua e uma mão."[10] Era um prato cheio para as fofocas. Quando não se pode mexer mais que a língua e uma mão, quanto se poderia exercer os "deveres do casamento", mesmo tendo como tentação uma virgem linda e jovem? "Ele nem ao menos conseguia se virar de um lado para o outro na cama", disse com olhar fulminante o frustrado e invejoso chevalier de Méré. Contemporâneos concluíram, com malícia ou aversão, que a *vie intime* do casal provavelmente não fosse "branca", no eufemismo da época, mas um sórdido cinza. "De sua esposa Scarron disse: não farei nada de estúpido com ela, mas vou lhe ensinar muita coisa."[11]

Assim registrou Jean de Segrais, e talvez tenha sido verdade. Mas também pode não ter sido mais que uma triste bravata em resposta a uma pergunta muito insensível. De qualquer forma, o cuidado que Françoise dedicou a Scarron, que não esmoreceu durante os oito anos de duração de seu casamento, sugere que ele não tenha feito nada, nem pedido nada, que ela não tenha aceitado. Uma relação sexual provavelmente fosse impossível; muitos dos conhecidos de Scarron falavam de sua impotência, e ele não era do tipo de homem que viveria em castidade a menos que fosse obrigado a isso. E certamente não houve gravidez, o que em outra situação seria esperado de uma mulher jovem e saudável como Françoise. Mais importante, um filho representaria um ganho financeiro considerável para eles: a "pequena fazenda" de que Françoise tinha ouvido falar de fato existia e estava nas mãos dos meio-irmãos de Scarron; de acordo com seus cálculos, ele estava em posição de ganhar 4 mil libras com ela, embora seus irmãos avaliassem em 3 mil (e o advogado de Scarron, em 5 mil). Mas para ter direito a isso, registrou o memorialista Tallemant des Réaux, "alguém teria de dar alguns filhos à sua esposa".[12]

O próprio Segrais, em seus 20 anos à época, admitiu ter levantado a questão com Scarron e contou o episódio, mais de quarenta anos depois: "'Não se consegue satisfazer uma mulher apenas casando com ela', eu disse a ele. 'É preciso dar-lhe pelo menos um filho.' E perguntei-lhe se estava em condições de fazer isso. E ele me respondeu, rindo: 'Você está querendo me dizer que gostaria de ter o prazer de fazê-lo em meu lugar? Eu tenho aqui o Mangin que assumirá a função no momento em que eu pedir.' Mangin era seu criado, um bom sujeito. 'Mangin', perguntou ele – e eu estava presente quando perguntou: – 'Você pode dar um filho à minha esposa?' E Mangin disse: 'Sim, tudo bem, se for da vontade de Deus.' Nós contamos essa história centenas de vezes. Todos que tinham conhecido Scarron riam como loucos."[13]

De qualquer modo, satisfação, fosse sexual ou maternal, não era uma grande prioridade para Françoise nas primeiras seis semanas de seu casamento. Sua preocupação imediata, além dos cuidados com o próprio Scarron, era a iminente viagem à América. Embora não haja nenhum registro escrito de seus sentimentos a respeito, sua concordância em se casar com Scarron, já sabendo dos planos de viagem, sugere que, considerando tudo, eram positivos. Tendo retornado à França aos 12 anos, ela não era exatamente uma grande conhecedora da vida colonial nas ilhas, mesmo assim, tinha passado três anos lá, tinha enfrentado a viagem marítima de ida e volta, e tinha algum conhecimento do clima, da comida, das pessoas e do modo de vida em geral. Aparentemente ela apreciava o pequeno prestígio de *connoisseuse* que isso lhe conferia; envolvia Jean de Segrais com recordações de sua vida "indígena", quando comia abacaxis debaixo de palmeiras – "seu sabor é algo entre o damasco e o melão, e sua flor é como uma alcachofra"[14] – e o assustava com histórias sobre aspectos menos idílicos do lugar: "Certo dia, ela e a mãe estavam sentadas do lado de fora, comendo coalhada e soro, quando de repente surgiu uma cobra de quase 2 metros; elas fugiram, deixando tudo para a cobra engolir."[15]

Um comboio de barcos deveria partir, em 18 de maio de 1652, de Paris para Le Havre, o primeiro estágio da viagem para o Caribe, e de fato partiu com "setecentos homens e 84 moças, para se multiplicar, conforme o mandamento de Deus".[16] No entanto, Scarron e Françoise, que deviam estar entre eles, não embarcaram. O motivo é desconhecido, mas foi sorte que não tivessem embarcado, porque a expedição foi se deteriorando passo a passo, passando da comédia à farsa e finalmente à tragédia.

A princípio ela foi acompanhada por multidões de parisienses, remando pelo Sena abaixo em pequenos barcos, acenando e jogando flores para os colonizadores. Mas um de seus barcos, com um carregamento oculto de armas e munição, foi subitamente acusado de estar sendo levado secretamente para o cardeal Mazarin; sua passagem foi bloqueada e a tripulação inocente foi arrastada de volta à cidade sob a acusação de serem perigosos *antifrondeurs*. Um pouco à frente, o líder missionário da expedição, com demasiada ousadia ou confiança no Senhor, tentou uma perigosa passagem de um barco a outro; com pouca visão e pisando em falso, caiu no rio de águas rápidas e se afogou. Perto de Rouen, um barco se arrebentou contra rochas escondidas, e quando a frota chegou a Le Havre, os navios que iriam para o mar ainda não estavam prontos. Durante as semanas de inatividade que se seguiram, os colonizadores provocaram uma pequena devastação, vendendo objetos que seriam usados no assentamento, comendo as provisões para a viagem e desenvolvendo um profundo desagrado pelo novo comandante da expedição que tentava mantê-los sob controle. Finalmente zarparam para o mar sem carne salgada nem vegetais, sem óleo nem velas, sem nem mesmo uma rede de pesca. Os que sobreviveram à viagem caíram em cima uns dos outros tão logo avistaram a terra, e os que sobreviveram a esta selvageria foram massacrados pouco depois por um bando de índios caienas. O cardeal Mazarin à parte, Scarron e Françoise fizeram bem em permanecer na França.

Scarron continuou a falar sobre a América por uns poucos meses durante o verão de 1652, mas não deu mais nenhum passo sério nesse sentido. Ao perder o barco, ele tinha salvado sua vida, mas perdido todo o seu investimento. Mas havia dinheiro chegando de sua nova comédia, *Don Japhet*, escrita nos meses anteriores a seu casamento e popularizada em Paris com a ajuda de sua estrela, o famoso ator Jodelet. E em junho, uma súbita e inesperada sorte afastou todas as preocupações financeiras imediatas: os tribunais finalmente concederam a Scarron as disputadas terras da família.[17] No início de outubro de 1652, com dinheiro em mãos e sua nova esposa a reboque – ou melhor, ele próprio a reboque, porque enquanto Françoise viajava na carruagem, ele seguia atrás, escorado em uma liteira –, partiu em direção ao sul, para o belo vale do Loire.

As recém-adquiridas terras de família ficavam próximas à pequena cidade medieval de Amboise, e Scarron e Françoise permaneceram ali pelos três meses seguintes, talvez ainda pensando na América. Nada se sabe do que fizeram ali, a não ser que foram ficando cada vez mais aborrecidos. A esta altura já era inverno, e não havia nada para fazer do lado de fora, e pouco dentro de casa, já que não era estação de visitas ao campo. Françoise pelo menos tinha a casa para administrar, mas para Scarron, cujo principal prazer na vida era agora um amplo convívio social, o exílio era especialmente melancólico. Na verdade, conseguiu escrever alguma coisa de seu *Virgile Travesti*, uma irreverente paródia da antiga *Eneida* – "É um trabalho suficientemente bom para suportar esse tipo de tratamento", havia afirmado –, mas seu coração não estava nisso, e a obra progrediu bem devagar; em vez disso, seu desânimo emergiu em peças de menor vulgaridade: "Dinheiro será sempre dinheiro", escreveu, "e a poesia é boa para limpar bundas".[18]

Embora fora da vista do grande mundo, ele e Françoise não estavam fora dos pensamentos. Em Paris, ainda eram citados nas elegantes páginas de notícias diárias, mesmo que publicassem mais invenções que informações. Em novembro, Jean Loret, um amigável concorrente de Scarron nos versos indecentes, publicou o seguinte em seu *Muze Historique*:

> Não é verdade que não pode se mexer,
> Como objetam as pessoas:
> Em pouco tempo se provará
> Sua senhora está grávida.[19]

Não era verdade, e não se sabe se Scarron sentia-se mais lisonjeado ou humilhado por isso, ou se Françoise corava ou se indignava. Mas as rixas da vida literária de Paris não eram suficientes para impedi-los de quererem voltar; para Scarron, na verdade, elas estavam entre as principais atrações da cidade. Muito mais preocupante era a provável vingança do cardeal Mazarin pela extravagante *Mazarinade*; por algum tempo, Scarron chegou a recear ser enforcado. No início de fevereiro de 1653, após a anistia geral concedida pelo rei a todos os *frondeurs*, Mazarin voltou a Paris em triunfo; ignorando a anistia do rei, iniciou retaliações contra os que tinham se oposto a ele por meio de força armada. Mas os panfletários escaparam à sua vingança; aparentemente eram peixe pequeno demais para que se incomodasse com eles. O consequente e súbito abrandamento dos temores de Scarron, somado ao tédio da vida nas províncias, persuadiu-o a voltar. No fim do mês, ele havia dado um primeiro e, coincidentemente, último adeus à sua casa no campo, e partido para Paris.

Não voltaram, no entanto, para a casa na rue d'Enfer, que talvez tivesse um novo arrendatário. Em vez disso, hospedaram-se na casa da irmã mais velha de Scarron, também chamada Françoise, que vivia no animado mas não muito respeitável distrito do Marais. Era uma casa muito confortável na rue des Douze-Portes (rua das Doze Portas). Scarron, no entanto, gostava de chamá-la de rue des Douze-Putes (rua das 12 putas), "porque há 12 putas morando ali, se você contar minhas duas irmãs como uma só",[20] como explicou a de Segrais. Sua irmã era, na verdade, uma antiga amante do duque de Tresmes, que também era o dono da casa. O próprio duque, recém-viúvo, vivia com seus 12 filhos legítimos ao virar da esquina, na rue Du Foin, onde sua propriedade dava de fundos, sem aparente ironia, para um convento dos mínimos. Na rue des Douze-Portes, Françoise Scarron vivia com seu filho Louis, de 14 anos, a quem Scarron se referia como seu sobrinho "à moda do

Marais".[21] Apesar de seu gracejo sobre a "rua das 12 putas", a outra irmã de Scarron, Anne, já não vivia em Paris.

Françoise Scarron tinha 50 anos de idade quando seu irmão e sua jovem esposa foram viver com ela. Era uma mulher atraente – mesmo a falecida esposa do duque de Tresmes tinha gostado dela –, ainda bela, com um "temperamento agradável, uma mente animada, e capaz de ser bem-sucedida em tudo o que assumia",[22] ou assim pensava pelo menos o erudito Claude Saumaise. "Ela gosta de homens", disse seu irmão em resumo, "e minha outra irmã gosta de vinho".[23] Fosse como fosse, Scarron gostava dela e a preferia à estúpida Anne; apesar dos sete anos que os separavam, ele e Françoise sempre foram muito próximos, e alguns anos antes ele havia feito um testamento deixando para ela "cada peça" de mobiliário, prataria e dinheiro, ouro e prata.

A jovem Françoise aparentemente gostou de sua xará e não demonstrou qualquer melindre em relação a esta amante assumida e seu filho ilegítimo. E a amizade com ela não dificultou sua rápida entrada na sociedade parisiense; em pouco tempo já era vista nos celebrados *samedis* (sábados) de uma das *grandes damas* da cidade, Madeleine de Scudéry. Embora esta senhora tivesse 46 anos de idade e Françoise apenas 17, elas imediatamente se aproximaram, e mademoiselle de Scudéry, uma atraente retratista das pessoas à sua volta, logo imortalizou sua nova amiga em seu *Clélie*, um longo romance que estava preparando sobre a antiga Roma. Françoise aparece como uma jovem inteligente e bela, chamada Lyriane, e é descrita como segue:

> Era alta, com boa aparência, com uma compleição refinada e serena. Seu cabelo era de um castanho claro muito atraente, seu nariz era bonito, a boca, do tamanho exato, seus modos, doces, refinados, animados, mas modestos. E para tornar sua beleza ainda mais perfeita e notável, tinha os mais belos olhos do mundo, brilhantes, suaves, apaixonados e cheios de inteligência. Às vezes tinham um tipo suave de melancolia, que era mesmo encantador. E às vezes estavam cheios de entusiasmo, o que dava lugar à alegria. Seus dons intelectuais não eram menores: amplos, delicados, agradáveis, bem formados. Falava com precisão e naturalidade, agradavelmente e sem afetação. Sabia como o mundo funcionava e

milhares de outras coisas das quais não dava mostras. Não bancava a bela, embora tivesse todos os requisitos para isso[...][24]

Como Françoise e Scarron, Madeleine de Scudéry vivia no distrito do Marais, com muitas das almas mais liberais e licenciosas. Apesar de seu animado salão e da natureza romântica de alguns de seus escritos, era uma católica devota que vivia íntima e castamente com seu recém-declarado "admirador", o historiador Paul Pellisson, de 29 anos, ele próprio um calvinista. Ela havia ficado órfã quando menina e, como Françoise, tinha sido criada por um casal de tios. Mas a formação da jovem Madeleine tinha sido bem diferente da de Françoise; na verdade, de quase todas as meninas da França. Seu tio tinha uma grande biblioteca com textos clássicos e modernos, na qual Madeleine havia sido encorajada a ler amplamente. Em consequência disso, era uma das mulheres mais bem-educadas de seu tempo, uma decana das literatas, mais tarde escarnecidas por Molière, para deleite do público, em sua peça *As Preciosas Ridículas*. "Mas elas não eram, na verdade, como ele as apresentou", disse Jean de Segrais, que conhecia Madeleine de Scudéry. "Ele inventou isso porque sabia que ficaria melhor no palco."[25]

Intelectual genuína, mademoiselle de Scudéry também era uma mulher modesta e calorosa, com uma inteligência prática; seu tio havia insistido para que ela aprendesse os princípios da administração doméstica juntamente com o latim e o grego. Mas estes lhe foram mais úteis: sem beleza nem fortuna, ela foi obrigada a se sustentar sozinha, como escritora profissional, mesclando a seus conhecimentos dos clássicos novas ideias sociais, de um jeito mais radical aquelas relativas à posição das mulheres.

Além da versão popular de *Vidas Paralelas*, de Plutarco, que lia com o irmão em seu jardim tropical na ilha da Martinica, Françoise conhecia pouco dos clássicos. Mas as questões sociais de mademoiselle de Scudéry, ou morais, como eram conhecidas – Pode uma mulher se recusar a casar? Podem as mulheres produzir arte e literatura genuínas? –, já eram do seu interesse, e em anos posteriores exploraria algumas delas junto com as jovens de 17 anos sob sua proteção. Nesse meio-tempo, estava definitivamente aprendendo, não latim e grego, mas um pouco mais sobre os clássicos em seu próprio idioma, e também alguns em italiano e espanhol. Seu mestre não era mademoiselle de Scudéry, mas o próprio Scarron, que estava encantado em encontrar uma excelente aluna em sua bela e jovem esposa. Sobre o alicerce firmado em Niort pelo admirador chevalier de Méré, passou a construir uma graciosa casinha de cultura e conhecimento, não desequilibrada pela erudição, mas bem iluminada e adequadamente mobiliada para uma *salonnière* que desabrochava.

Os gostos de Françoise não eram profundamente intelectuais, mas ela tinha prazer em ampliar seus horizontes mentais, e era grata por isso. Percebeu que isso lhe dava familiaridade com as conversas habituais das classes cultas da cidade, cujos membros mais célebres agora apareciam regularmente em seu meio. Agora que finalmente usava saias de comprimento apropriado, ela não tinha nenhum desejo de ressaltar sua origem humilde com observações socialmente ineptas. "Aproveite toda chance que tiver", aconselhou mais tarde, "para aprender tudo o que precisar para evitar parecer ridícula aos olhos do mundo"[26] – uma reação, talvez, à recomendação de seu primeiro preceptor: "Se você parecer ridícula uma só vez, será muito difícil se redimir."[27]

Mas havia pouca chance de isso acontecer. "Ela era muito madura e extremamente inteligente", disse Jean de Segrais, "e prestava excelente serviço a Scarron. Ele a consultava em todos os seus escritos, e ficava feliz em seguir seus conselhos".[28] Scarron – "Sempre fui um pouco preguiçoso"[29] – era um tanto apressado em seu trabalho e não gostava especialmente de revisá-lo; para ele, o primeiro rascunho era, em geral, o último. Em tais circunstâncias, um segundo olhar, mais frio, seria muito útil. Durante esses anos da década de 1650, seu principal esforço literário foi a segunda parte de seu *Roman comique* [Cômico romano],[30] uma satírica perambulação pela sociedade contemporânea que Cabart de Villermont, seu amigo de longa data, afirmava ter inspirado. Aparentemente, Scarron tinha começado a traduzir uma obra altamente controversa do filósofo Pierre Gassendi, que, embora sendo padre, pretendia provar que o mundo natural operava mecanicamente, sem a intervenção de Deus. Supondo, acertadamente, que essa não era a melhor maneira de Scarron agradar a corte e recuperar sua pensão, Cabart de Villermont persuadiu-o a produzir uma comédia original; "portanto, de certa maneira, o público deve me agradecer por esta divertida obra, embora não tenha sido eu a escrevê-la".

Qualquer que tenha sido a contribuição de Cabart de Villermont para o início de *Roman Comique*, a ajuda de Françoise continuou conforme as semanas e os meses passavam. E aos poucos, e sem dúvida inesperadamente, as discussões literárias e as lições que ela estava recebendo foram forjando um laço entre o improvável casal. Mesmo que de modo desigual, a obra de Scarron tornou-se uma espécie de colaboração entre eles, e a interminável doação por parte de Françoise, o banhar, vestir e alimentar, tornou-se uma parte menor do seu relacionamento. Scarron tinha começado a contribuir também, talvez com a única coisa que pudesse oferecer, mas era uma dádiva preciosa e Françoise a valorizava, e a nova reciprocidade diária dava dignidade a ambos.

No final de fevereiro de 1654, depois de viverem como hóspedes na rue des Douze-Portes por um ano, Scarron e Françoise se mudaram. A casa era nova, não muito grande, e o aluguel anual de 350 libras não lhes permitia tê-la só para si. Em vez disso, dividiram-na com o notório Claude de Bourdeille, conde de Montrésor, que muito recentemente havia sido perdoado pelo cardeal Mazarin por sua participação na Fronda. Montrésor era acusado de coisas mais graves: tinha conspirado duas vezes para assassinar o antecessor de Mazarin, o cardeal Richelieu, e tinha fugido para o exílio, perdendo todas as suas propriedades; finalmente, voltou e foi preso na Bastilha. Agora, aproximando-se dos 50 anos, sem nenhum envolvimento político e mal conseguindo pagar suas contas, tinha começado uma vida nova e tranquila no Marais. Os três dividiam a casa com um punhado de empregados: Anne, a cozinheira; Madeleine, empregada de serviços gerais; a lavadeira, outra Madeleine; o prestativo criado de Scarron, Mangin, tinha ido embora e em seu lugar havia ficado Jean; e, aos 18 anos, Françoise tinha, pela primeira vez na vida, sua própria empregada pessoal, chamada Michelle.

Embora comparativamente modesta, a nova residência na rue Neuve-Saint-Louis[31] representava, definitivamente, um degrau mais elevado para Françoise. A despretensiosa porta de entrada dava para um pátio, que ficava de frente para a cozinha e a copa, despensas, estábulos (embora não tivessem cavalos), um anexo para a carruagem (embora não tivessem carruagem), e uma escadaria que conduzia aos andares superiores. No primeiro andar, Françoise tinha quatro cômodos só para ela: um deles não era muito mais que uma passagem; havia um quarto de vestir, uma bonita salinha de estar forrada com brocado vermelho e amarelo, e seu quarto, grande e bem mobiliado, com tapeçarias nas paredes, um espelho veneziano e, como se não houvesse suficientes Madeleines na casa, um bom quadro com moldura dourada de Santa Madalena. Havia uma grande cama com travesseiros altos, 12 cadeirinhas e quatro poltronas, todas cobertas em damasco amarelo, com um *cabinet de toilette*, uma penteadeira e alguns pequenos pedestais para flores e ornamentos. A lareira era simples mas grande, com não um, mas dois cães para sustentarem grandes toras de lenha, permitindo-lhe finalmente ter a "boa e grande lareira" que sempre quis.

O quarto de Scarron ficava no segundo andar; era menor que o de Françoise, mas igualmente bem mobiliado, com tapeçarias e pinturas nas paredes, e uma cama com quatro colunas, forrada, como a dela, em damasco amarelo. Ali Scarron permanecia só, noite após noite, insone e chorando de dor, "pedindo ao Senhor que, se fosse aumentar meus tormentos, que aumentasse também minha resistência e paciência".[32] De dia não se ouvia choro. "Suporto meus sofrimentos com muita paciência",[33] dizia o inválido, o que era a mais pura verdade.

O quarto amarelo de Scarron se abria para a plataforma entre as escadas e dali diretamente para a sala de visitas, mobiliada, como o resto da casa, em amarelo – uma escolha de Scarron e talvez um reflexo de sua terrível necessidade de otimismo e alegria. "Aquela mobília em damasco amarelo devia valer 5 ou 6 mil libras",[34] observou Jean de Segrais, claramente impressionado. No centro da sala de visitas havia uma enorme mesa redonda, rodeada por 12 boas cadeiras. O restante da mobília era em nogueira, muito bonita, forrada, previsivelmente, com tecidos amarelos. Centenas de livros de mestres clássicos e modernos enchiam as prateleiras de duas grandes estantes. Um bonito *sofa de repôs* descansava num canto, pesadas cortinas cobriam as janelas e em uma parede pendia uma maravilhosa e sensual pintura de Nicolas Poussin, *O Arrebatamento de São Paulo*,[35] que Scarron havia comprado dois ou três anos antes, em seu próprio arrebatamento de amor à arte.

Em suma, a pequena casa no Marais era bastante confortável, sugerindo ao visitante casual que Scarron estava ganhando muito bem com seus versos. Mas os mais íntimos da casa contariam uma história diferente, pois, a não ser pelo valioso quadro de Poussin, quase todos os móveis tinham sido adquiridos com dinheiro emprestado por amigos generosos. Outros forneciam a lenha para a grande e boa lareira da dona da casa; vinhos, queijos e patês chegavam com cada novo visitante; até o pão e o sal eram trazidos, com frequência, com moedas de estranhos.

Scarron estava acostumado a isso, assim como seus amigos; já era um hábito, antes de seu casamento, que os visitantes trouxessem uma "contribuição" para seus salões noturnos na rue d'Enfer. Ele fazia piada de seu novo *"hôtel de l'impécuniositai"* na rue Neuve-Saint-Louis, mas Françoise não achava muita graça. Como havia acontecido com seus tios em Mursay, com o governador na ilha de São Cristóvão, com madame de Neuillant em Niort e com seu irmão em Paris, e com a irmã de Scarron na rue de Douze-Portes, ela estava, novamente, vivendo mais ou menos da caridade. Embora suficientemente sensível para apreciar os presentes, ela não se permitia demonstrações efusivas de humildade e gratidão. "A melhor maneira de se conduzir, se quiser evitar atrair antipatia ou problemas, é não temer ninguém e não desprezar ninguém, e ser agradável sempre",[36] havia aconselhado o chevalier, e Françoise levava a sério a mensagem, mantendo um autocontrole exterior; mesmo assim, a humilhação de sua dependência diária arranhava de um modo profundo sua sorridente face pública.

Com o fim formal da Fronda no verão de 1653, a vida cultural da cidade tinha revivido. O animado salão da rue d'Enfer tinha renascido na rue Neuve-Saint-Louis; os velhos amigos retornavam e todos os dias a bela esposa de Scarron atraía pessoas novas e curiosas à casa. A maioria delas chegava no fim da tarde, quando, graças à sua própria generosidade, a mesa estava sempre posta, com vinho em abundância para garantir a sociabilidade.

Os salões parisienses do meio do século eram uma das glórias da Europa, uma efervescente mistura de ideias e comportamentos, diversão elegante, provocativa, sensual, intelectual e, acima de tudo, excelente. Todos eram bem-vindos; pobreza não era impedimento. Numa época de rígida distinção de classes, o salão era um rio social correndo livremente, sua única elite sendo os brilhantes e belos. Não sofria a concorrência de universidades, onde o saber limitava-se ao direito e à teologia – não havia política, belas-artes e as empolgantes novas ciências naturais; e, naturalmente, não havia mulheres. Também não sofria a concorrência por parte da corte real; os anos da Fronda haviam deixado a corte ao mesmo tempo em toda parte e em lugar nenhum, o Louvre estava quase sempre deserto e o grande palácio de Versalhes por enquanto não era mais que um humilde pavilhão de madeira utilizado para caça, apenas uma centelha nos olhos de um garotinho.

Havia outros salões, claro: mesmo a lendária madame de Rambouillet, decana do *salon français*, agora com quase 70 anos e, na verdade, de nacionalidade italiana, ainda recebia convidados em seu belo *hôtel*. Mas o salão de Paul Scarron, na linda sala amarela, era, nessa época, o melhor de todos. "É onde as pessoas falam mais bobagem",[37] como ele próprio observava, "bobagem" sendo literatura, filosofia, política – embora agora com menos entusiasmo – e, naturalmente, simples fofoca. E o próprio Scarron, apesar de sua lamentável condição física, era um excelente anfitrião: bem informado, sempre divertido, chamando atenção para seus sofrimentos apenas para debochar deles. "Foi um dos milagres do século que um homem em tal condição conseguisse rir como ele conseguia",[38] escreveu Tallemant des Réaux, mestre da anedota e um dos mais jovens e assíduos visitantes.

"A casa de Scarron era ponto de encontro de todas as pessoas mais cultas da corte, e de todas as pessoas inteligentes de Paris",[39] disse Jean de Segrais, frequentador assíduo e ele próprio culto e inteligente, sustentando seis irmãos com os ganhos de sua poesia. E junto com os poetas vinham os poderosos: o grande comandante militar marechal Turenne e Nicolas Fouquet, superintendente das finanças do rei, um homem que tinha a riqueza do reino à sua disposição e era um generoso patrono das artes. Lá estavam todas as pessoas de destaque, todos os grandes nomes do *grand siècle* da França: Corneille, La Fontaine e o grande Racine, ainda adolescente; o jovem compositor italiano Lully, incrivelmente talentoso e arrogante; o pintor Mignard, recém-chegado após mais de vinte anos na Itália, extasiado ante o potencial de sua jovem anfitriã para ser retratada; e, é claro, a literata Madeleine de Scudéry, muito alta e magra, e "tão extraordinariamente feia que temo descrevê-la por receio de chatear meus leitores mais sensíveis",[40] como observou, recatadamente, o escritor Furetière. Vinha acompanhada de seu dedicado admirador, Pellison, ele próprio nenhuma beldade, sendo "um homenzinho com uma grande corcunda, a título de compensação, e uma perna mais comprida que a outra, cego de um olho e com pouca visão no outro; as bordas vermelhas de ambos os olhos davam seu único brilho, mas" – graças a Deus – "tinha uma mente atraente".[41]

E havia os nobres, entre eles a duquesa de Montpensier, *la Grande Mademoiselle*, prima do rei, que durante a Fronda havia, celebremente, detonado um canhão contra as tropas reais do alto da Bastilha. "Ela matou seu marido", declarou vingativamente o cardeal Mazarin, com isso afastando todos os futuros pretendentes de mademoiselle. Havia os ilustres e nobres: o duque de la Rochefoucauld, *frondeur extraordinaire* e futuro autor das famosas *Máximas*, um homem do mundo com um perfeito entendimento do coração humano, segundo seu amigo Segrais. Acompanhavam-no sua amiga íntima, a condessa de la Fayette, uma das primeiras romancistas da França, e a marquesa de Sablé, ela própria autora de excelentes máximas e anfitriã de um importante salão. Havia os ilustres e belos, a primeira entre eles sendo a madame de Sévigné, coquete e nada queixosa (seu pouco afetuoso marido tinha sido morto recentemente em um duelo), e já escrevendo suas encantadoras cartas; e a cortesã Ninon de Lenclos, "nossa dama do amor", agora na casa dos 30 anos, mas ainda com suas três categorias de amantes a reboque: os pagantes, os mártires e, por último, os preferidos, que nem pagavam nem sofriam por muito tempo.

E junto com todas essas pessoas brilhantes vinham seus muitos e muitos amigos e admiradores. Alguns vinham em busca de algo: rapazes vinham em busca de conselho literário, inspiração ou editores; o satirista Jean Loret vinha em busca de fofoca para sua gazeta semanal; o conde du Lude vinha à procura de madame de Sévigné; a condessa de la Suze vinha à procura de algum jovem disponível, "pois meu marido faz amor comigo como se eu fosse um tronco de árvore",[42] e o corpulento poeta Saint--Amant vinha atrás de jantar, trazendo pendurado ao braço seu condenado *confrère* Tristan l'Hermite, este em busca de um último drinque. Isaac de Benserade procurava ajuda para seu libreto para a nova ópera de Lully e vinha, dizia-se, precedido pelas ondas dos muitos perfumes que usava para esconder, até onde possível, seu cheiro natural de peixe.

Outros vinham acompanhados: monsieur de la Sablière, com sua jovem, doce e tímida esposa, que logo seria imortalizada em uma gloriosa pintura de Mignard; o marquês du Plessis-Bellière vinha com seu papagaio, o duque d'Elbeuf, com seus patês de porco, e o marechal d'Albret, com seus queijos, "tão bons quanto um queijo pode ser";[43] o cardeal de Retz vinha com seu novo chapéu vermelho e o *abbé* Fouquet, irmão do grande ministro, vinha com vingança no coração: tinha perdido sua amante para o cardeal e havia jurado cortar todo o seu corpo e salgá-lo – depois de matá-lo –, mas no salão amarelo de Scarron não surgiu oportunidade para nenhuma das duas coisas.

Alguns dos convidados eram ricos, alguns fantasticamente ricos; outros, como o próprio anfitrião, não tinham nenhum dinheiro. Ninguém se importava, desde que alguém fizesse piada a respeito, e sempre havia alguém para isso. A única exigência para se entrar no salão parisiense era ter engenho – *l'esprit* –, ou pelo menos saber apreciá-lo.

Françoise tinha engenho, e muito, como observavam todos que se aproximavam o bastante para ouvir sua voz discreta. Ela não buscava notoriedade, como a maioria das outras mulheres, que tinham a confiança concedida por seu contexto de riqueza e sua confortável familiaridade com o mundo do salão. Ao contrário delas, Françoise ainda tinha muito a aprender. As lições de Scarron estavam ampliando seu conhecimento sobre os livros e as ideias, mas os costumes do salão, os hábitos da sociedade culta, não podiam ser assimilados indiretamente. Uma advertência do chevalier ecoava todas as noites em seus ouvidos, já assaltados por inúmeras coisas novas: "Uma declaração tola apagará a impressão de vinte sensatas";[44] e ela preferia não dizer nada a correr o risco de passar por tola por falar bobagem. Mais tarde na vida, sua exortação a uma menina a ponto de entrar no mesmo tipo de mundo revela como ela se comportava no brilhante círculo ao qual seu casamento a tinha introduzido: "Não fale demais. Prefira ouvir. Nunca pareça surpresa; isso parece provinciano. Não revele sua ignorância pedindo explicações. Você pode aprender mil coisas sem que ninguém se dê conta de que você ainda não sabia[...]"[45]

Se conhecimento significava confiança, dinheiro também. Os Sévigné e Sablière chegavam, naturalmente, em suas carruagens particulares, as mulheres usando belos vestidos, com leques e joias, tirando moedas de prata de suas bolsas de seda bordadas para dar aos criados. Françoise não tinha como acompanhar esse nível de elegância, mas a saída que encontrou foi hábil. Incapaz de representar *à la mode*, usava um contraponto tático, vestindo-se com deliberada simplicidade e desprezando até as joias mais simples que poderia usar. Era um estratagema astuto para uma moça que ainda não tinha completado 19 anos. Para que se enfeitar em excesso quando se é tão jovem e bonita, com uma aparência tão encantadora e uma graça tão natural? Para as mulheres isso parecia modéstia; para os homens, inocência, e ambos achavam irresistível.

"Não tentem acompanhar as grandes damas",[46] aconselhou Françoise, mais tarde, às jovens *demoiselles* pobres sob seus cuidados. "Com isso só farão papel ridículo [...] Se não puderem se vestir como elas, tomem o caminho exatamente oposto: prefiram a mais perfeita simplicidade. Não deixem que as pessoas pensem que estão gastando cada centavo em roupas. Mostrem que têm coragem o bastante para se colocar acima dessa fraqueza do nosso sexo." Françoise sabia bem que esta "fraqueza" era, na verdade, uma força – a força, basicamente, do dinheiro. Incapaz de obtê-la diretamente, preferiu o caminho da subversão.

Scarron estava mais do que satisfeito com a discreta simplicidade da aparência de sua esposa. Apesar de seus versos estridentes, ele era um homem difícil de contentar, preferindo uma roupa esmerada e sóbria a um estilo extravagante; e de qualquer modo, se ela lhe tivesse pedido sedas e cetins, ele não poderia atendê-la. Também estava contente com sua hábil administração de sua casa excepcionalmente exigente e, para sua surpresa, talvez, com seu comportamento entre os hóspedes. De maneira digna, com bom gosto, encantadora sem ser coquete, sem nunca se adiantar, mas atenta a cada necessidade, ela logo tinha se tornado uma perfeita anfitriã de salão.

"E o que admiro nessa jovem",[47] escreveu o chevalier de Méré à sua amiga, a duquesa de Lesdiguières, "é que ela não aceita a atenção dos homens a menos que eles se comportem bem e, consequentemente, penso que não corra grande perigo, embora os homens mais vistosos da corte e os mais poderosos nas finanças estejam atacando em todas as frentes. Mas se a conheço bem, ela resistirá a muitos assaltos antes de se render; e se ela permite que tantos homens se juntem à sua volta, não significa que algum deles possa ter êxito com ela, mas antes que ela sabe como mantê-los a uma distância segura".

O novo papel de anfitriã virtuosa da sociedade era, até certo ponto, natural para Françoise. Ela era observadora, tinha autocontrole e havia muito que estava acostumada a colocar as necessidades dos outros à frente das suas, e, sendo inexperiente, era geralmente reservada com os homens. Mas esses tijolos naturais eram sustentados por uma argamassa preparada mais conscientemente: as roupas modestas, o ouvido atento, e em breve, também, certo grau de pseudodevoção, tudo isso se juntava de modo calculado. Parecendo afastar-se das disputas, Françoise se fez mais notada, e finalmente admirada. Se não podia brilhar como as outras damas, brilharia com uma luz mais suave, que só ela tinha.

Durante os dias da Quaresma, com Scarron e seus convidados atacando a carne em desafio às regras religiosas, Françoise, "em meio aos *ragoûts* e molhos",[48] não comeu mais nada além de arenque, manteiga e alguma salada. "Eu mesma fiz os *ragoûts* para eles", observou. "E devo admitir que fiquei satisfeita comigo mesma por não comê-los." Ao visitar o ministro Fouquet em seu imponente gabinete para pedir uma pensão para Scarron, ela se vestiu de maneira tão pouco lisonjeira "que suas amigas tiveram vergonha de levá-la até lá".[49] Fouquet ficou impressionado com sua modéstia, embora talvez um pouquinho desapontado – ele era um famoso admirador do sexo frágil –, mas concedeu a Scarron a pensão, e daí para a frente Françoise foi incluída nos passeios de madame Fouquet pelo parque em sua elegante carruagem.

"O que não gosto muito nela, devo dizer",[50] continuou o chevalier, "é seu excessivo apego aos deveres, apesar de todos tentarem corrigir nela esse defeito". "Mas eu não estava fazendo essas coisas por amor a Deus",[51] disse Françoise mais tarde. "Fazia por amor à minha própria reputação." Numa Sexta-Feira Santa, ela ficou horrorizada ao receber a visita de um amigo: "Ele não devia ter vindo", disse ela. "Devia ter pensado que eu estava passando o dia em devota reflexão. Eu não estava, claro, mas ele devia ter pensado que eu estava."[52]

Se Scarron conhecia a dimensão da cuidadosa fachada de sua esposa, nunca a mencionou. Seus modos calmos, agradáveis e racionais, sua reputação de falar a verdade, de "nunca julgar ninguém com dureza"[53] eram alguns de "meus ídolos",[54] como ele escreveu. Seu aparente comedimento ocultava sentimentos apaixonados – humilhação, inveja, talvez medo e ambição também –, mas a protegia e lhe dava confiança; e lhe conquistou o respeito e até a admiração de um grupo experiente, nada fácil de impressionar, e que aceitava as coisas por aquilo que pareciam. Se Françoise pagou o preço pela dissimulação com alguma solidão de tempos em tempos, havia coisas suficientemente genuínas para lhe garantir algumas amizades reais e para sustentar a fachada conforme o tempo passava. Sua própria construção, erigida por necessidade e ansiedade nos dias incertos de sua primeira juventude, seria muito útil a Françoise e ela nunca a abandonaria.

CAPÍTULO 6

FIM DO COMEÇO

Não tentarei descrever a você a entrada do rei. Direi apenas que nem eu
nem ninguém mais poderíamos dizer quão magnífico foi. Não consigo
imaginar espetáculo mais belo, e a rainha deve ter ido para a cama na
noite passada muito feliz com o marido que escolheu.[1]

ASSIM ESCREVEU FRANÇOISE à sua amiga, madame de Villarceaux, a
entrada cerimonial em Paris, em 26 de agosto de 1660, do incrivelmente belo Luís XIV, de 22 anos.

Se a rainha estava contente com seu novo marido, não tinha porque
congratular-se por isso. Longe de ter qualquer participação na escolha,
Maria Teresa tinha servido apenas de objeto de negociação, como era de
praxe à época para todas as princesas, gostassem ou não. "Trago a Vossa
Majestade a paz e a infanta",[2] declarou o cardeal Mazarin, resumindo be-
lamente a conclusão de suas negociações com os espanhóis, no ano anterior. A paz dos pireneus tinha finalmente encerrado pelo menos 24 anos
de guerra, alternadamente feroz e sem método, entre França e Espanha.
Por trás das declarações de eterna amizade havia uma clara perda para os
espanhóis: a paz tinha-lhes custado a perda de grande extensão da terra e a
entrega da filha do rei a seu primo de primeiro grau, o rei da França.

Se a ampliação de seu reino havia satisfeito as já grandes ambições políticas de Luís, sua vaidade, igualmente grande, tinha sido di-
minuída, mesmo que temporariamente, ao conhecer sua nova esposa:
religiosa, atarracada e não muito inteligente. Até seu francês era desajeitado. "Sua pele é muito branca", relatou a cortesã madame de Motteville em sua defesa, "e embora seu rosto seja comprido, é redondo na
parte de baixo, e suas bochechas, embora um pouco gordas, são, ainda
assim, bonitas; se ao menos fosse um pouco mais alta e tivesse melhores dentes, seria considerada uma das pessoas mais atraentes da
Europa".[3]

"Não tentarei descrever tudo a você", continuou Françoise, embora, na verdade, tenha feito uma longa e exuberante descrição da cena. No entanto, não fez mais nenhuma menção à nova rainha; já em sua entrada na capital, Maria Teresa passou mais ou menos despercebida, como faria pelo resto de sua vida.

A carta de Françoise à madame de Villarceaux é um encantador conjunto de páginas, a voz de uma animada jovem de 24 anos, debruçada sobre a sacada da casa de um amigo, fazendo comentários descarados e indicando seus amigos pessoais que haviam participado do séquito: "Rouville usava plumas emprestadas. Eu nem teria ido se o tivesse visto; o rei sabe que ele não pode se dar a esses luxos [...] Não sei qual dos cavalheiros tinha melhor aparência. Estavam todos maravilhosos. Se eu tivesse de oferecer um prêmio, daria-o ao cavalo que carregava os brasões [...] A comitiva do cardeal Mazarin não era a pior: era conduzida por 72 mulas [...] Beuvron tentava me encontrar, mas olhava para o lado errado. Eu procurava pelo monsieur de Villarceaux, mas seu cavalo era tão folgazão que só consegui reconhecê-lo quando estava a vinte passos de mim. Tinha ótima aparência, não estava vestido tão magnificamente quanto alguns dos outros, mas sem dúvida era um dos mais vistosos. Cavalgou muito bem [...] Chamamo-nos um ao outro quando ele passou."

Madame de Villarceaux deve ter ficado contente ao saber que seu marido tinha estado elegante e cavalgado tão bem, embora talvez não tenha ficado tão satisfeita com a ansiedade com que ele e Françoise chamaram um pelo outro. Villarceaux tinha sido um dos mais ardentes admiradores de Françoise desde sua aproximação de Scarron, alguns anos antes, quando tentou estabelecer algum conhecimento; e sua admiração não foi sem retribuição. Louis de Mornay, marquês de Villarceaux, cavalheiro da casa real, era reconhecidamente um dos "preferidos" da cortesã Ninon de Lenclos e, na verdade, pai de um filho dela, mas isso, em sua opinião e também na dela, não impedia que tivesse um relacionamento íntimo também com Françoise. Tallemant des Réaux registrou que "Scarron ria dos que tentavam sugerir, sempre com delicadeza, que sua esposa tinha se tornado amante de Villarceaux",[4] mas estava consciente de que o marquês tinha andado escrevendo *billets doux* à sua esposa, e se deu ao enorme trabalho de ir até a casa de Ninon para discutir a questão com ele, em particular. Quanto à sofredora madame de Villarceaux, alguns anos mais velha que seu marido, vinha frequentemente a Paris para, talvez de um jeito insensato, fazer amizade com Françoise, mas mantinha, de modo geral, uma discreta distância em seu castelo, consolada por sua incrível riqueza pessoal.

De qualquer modo, Villarceaux não era o único admirador de Françoise. O chevalier de Méré ainda a cercava e muitos autodesignados poetas escreviam entusiasticamente sobre ela, enquanto outros acompanhavam com um coro de suspiros mais prosaicos. Entre eles, "os homens mais vistosos da corte e os mais poderosos nas finanças, atacando em todas as frentes", como o chevalier havia observado: o jovem conde du Lude, apostando ao mesmo tempo em Françoise e madame de Sévigné, de 34 anos; o marquês d'Hequetot, descendente da dinastia Harcourt, uma das mais antigas da Europa; o duque d'Elbeuf, arrastando atrás de si, de má vontade, uma reputação de *frondeur* e uma nova esposa; o marquês de Marsilly em suas duas muletas, tendo tido as duas pernas quebradas em batalha por tiros de mosquete; o belo Alexandre d'Elbène, sustentado por uma fortuna herdada de proporções estupendas; e o médico e alquimista de Scarron, La Mesnardière, triplamente resignado ao relativo fracasso na medicina, na química e no amor. Supõem-se que o conselheiro do rei de l'Orme tinha oferecido 30 mil escudos (alguns diziam 300 mil) em troca dos "derradeiros favores" da dama, mas esse suposto "pagante" recebeu pouca atenção.

Françoise os mantinha sob rígido controle, uma técnica que dizem ter aprendido com Ninon, "nossa Dama do Amor"; mas um homem, com nome apropriadamente vitorioso, a atraía mais que outros: era César-Phébus, conde de Miossens, conhecido como marechal d'Albret desde seu momento de glória durante os últimos dias da Fronda, quando foi encarregado de prender o príncipe rebelde de Condé. Agora na casa dos 40 anos, d'Albret era um *homme galant* com um histórico exemplar: já tinha furado à espada três homens, incluindo seu melhor amigo, em duelos por questões do coração. Villarceaux em breve encontraria Ninon em seus braços e, provavelmente pensando nos duelos, logo abriria mão dela. Não se sabe se d'Albret também era amante de Françoise, como se dizia. "Penso que até agora ela não caiu",[5] escreveu Tallemant des Réaux. Mas a moça estava tentada: "A beleza pode ser um infortúnio", suspirou ela mais tarde. "Ela nos torna sujeitos a perder a reputação, e talvez até a alma."[6]

Também havia outras tentações, às quais ela talvez nem sempre tenha resistido. Apesar dos comentários provocativos de Scarron sobre sua afeição por Ninon, com quem sempre dividia a cama, como era costume na época, Françoise não tinha tendências lésbicas, pelo menos não naturalmente. Mas ela passava metade de seus dias em um ambiente altamente sugestivo, marcado por linguagem e gestos eróticos, com homens olhando para ela com admiração e alguns lhe fazendo propostas diretamente. Não é de todo improvável que, ao longo de anos de vivência nesse tipo de ambiente, as exigências de sua própria sexualidade tenham ficado mais fortes, e que, durante os "meses seguidos"[7] na cama com Ninon, tenha havido momentos, e talvez horas, de ternura, sensualidade ou até mesmo sexo entre elas.

Ninon tinha tido amplas oportunidades de investigar os prazeres do sexo com mulheres. No verão de 1656, uma cruzada moral liderada pela devota rainha-mãe e pelos severos homens da *Companie du Saint-Sacrement*, os *cabale des dévots*, tinha varrido centenas de prostitutas das ruas de Paris, e Ninon, embora não tecnicamente uma prostituta, tinha sido varrida junto com elas e trancafiada no convento-presídio de Madelonnettes, perto de seu bairro, o Marais. Para horror das freiras da visitação, que administravam o lugar, grandes pacotes de alimentos e vinhos finos chegavam diariamente enviados por homens proeminentes desejando aliviar as angústias causadas pelo encarceramento de Ninon, e o sobressalto das freiras aumentou de modo considerável quando dezenas de jovens cortesãos começaram a escalar os muros do convento e questionar os fundamentos de sua prisão, exigindo sua soltura. Ninon foi rapidamente transferida para o convento de Lagny, a 35 quilômetros de Paris, numa cidade apropriadamente fortificada contra os ataques de inimigos de guerra ou *galants* apaixonados. Ali ela definhou por um ano até que o marechal d'Albret, com base numa demasiada esperançosa promessa de correção por parte da dama, conseguiu sua libertação no verão de 1657.

O convento de Lagny não era uma instituição correcional, como o Madelonnettes. Ali havia freiras, claro, com diversos graus de devoção vocacional, mas também abrigava muitas meninas e mulheres, geralmente de boas famílias, que ali estavam apenas por não terem outro lugar para ir. Elas viviam mais livremente que as freiras, e entre elas Ninon logo se tornou uma estrela. "A virtude de uma mulher nada mais é que a arte de parecer virtuosa", instruiu-as, sem dúvida apresentando uma opção bem mais atraente do que as tristes irmãs, obrigadas a seguir à risca suas desoladas regras. Ninon era uma libertina, uma violadora de regras profissional. Era sua obrigação conhecer tudo que houvesse para conhecer sobre sexo, sobre as diferentes formas de obter prazer, para si mesma e para seus parceiros, sobre as posições sexuais proibidas que haviam chegado à França naquela época junto com os garfos, o sorvete e outros prodígios italianos exóticos. "Posso fazer o papel de homem, se eu quiser", declarou certa vez. Em uma carta a uma amiga homossexual, escrita de Lagny, observou: "Estou seguindo seu exemplo e começando a amar meu próprio sexo."[8]

Nada é certo. De qualquer modo, está claro que Françoise e Ninon não eram obrigadas a dividir a cama, como as muito pobres, ou como primas amigáveis durante uma breve visita. Elas viviam a apenas alguns minutos uma da outra; não havia viagens longas e geladas que as dissuadisse de voltar para casa depois de uma noite na casa uma da outra. "Elas não tinham razão para dormir na mesma cama" – por meses seguidos – "a menos que tivessem prazer nisso".[9] As provocações de Scarron talvez sugerissem, sim, um envolvimento genuinamente sensual entre a amiga de vida livre e sua esposa, e se assim foi, talvez tenha sido um alívio para ele. Um romance entre Françoise e Ninon talvez ferisse menos brutalmente sua já humilhada masculinidade. Uma amante do sexo feminino era uma concorrência diferente e pelo menos não haveria filhos ilegítimos para humilhá-lo e angustiá-lo ainda mais.

A não ser por este caso, os relacionamentos de Françoise com mulheres eram quase certamente inocentes, apesar das zombarias ocasionais de seu marido. Ela apreciava a companhia de mulheres, e a essa altura já contava com a amizade de algumas das mais belas e distintas damas. Até mesmo a extraordinária rainha Cristina, ao visitar Paris no outono de 1657, depois de abdicar de seu trono sueco tomado de neve, sentiu-se persuadida a pedir uma apresentação à encantadora jovem esposa de Paul Scarron. Tendo brindado a rainha antecipadamente com galantes declarações de devoção eterna, o próprio Scarron esperava tirar uma bela vantagem financeira do encontro, mas, no final, sua única recompensa foi um insincero cumprimento de Cristina: "Eu devia ter adivinhado que seria preciso uma rainha da Suécia para levar um homem a ser infiel a uma mulher como essa",[10] dizem ter afirmado.

Embora Françoise se orgulhasse de seus novos relacionamentos sociais, sentia-se triste e talvez ressentida com seus parcos recursos que restringiam sua movimentação entre elas. "Minha esposa está muito infeliz", escreveu Scarron a tio Benjamin, em Mursay, "por não ter dinheiro nem carruagem para ir aonde deseja, quando lhe foi oferecida a grande sorte de acompanhar uma das senhoritas Mancini."[11]

As cinco irmãs Mancini, animadas a ponto de beirar o escândalo, eram sobrinhas do cardeal Mazarin. Marie Mancini, o primeiro amor do jovem rei, havia pedido a Françoise que a acompanhasse em sua viagem ao oeste da França, onde havia ficado mais ou menos exilada após os arranjos do casamento de Luís com a infanta espanhola. Embora fosse obrigada a declinar dessa honra, Françoise pôde se consolar com a ainda mais ilustre Marie-Madeleine Fouquet, a encantadora esposa do *surintendant des finances* do rei, ela própria muito bem-nascida. Madame Fouquet havia se afeiçoado muito a Françoise desde seu primeiro passeio no parque, em sua elegante carruagem. "Percebo que madame está tão atraída por minha esposa que temo que algo impuro possa estar acontecendo entre elas",[12] escreveu Scarron ao marechal d'Albret, certo de sua inocência. E em outra ocasião disse, com ironia: "Receio que a *débauchée* madame de Montchevreuil vá embebedá-la e fazer sexo com ela antes de devolvê-la a mim";[13] madame de Montchevreuil era conhecida por seu quase enfadonho bom comportamento.

Tallemant des Réaux lembra que a filha de uma florista da corte, "famosa por sua atração por mulheres",[14] visitou Françoise e, então, sentiu-se indisposta, "com uma pequena cólica". Tinha um buquê numa mão e um grande porta-moedas na outra. "Há séculos vinha procurando uma desculpa para passar a noite ao lado dela, e no fim simplesmente se meteu na cama a seu lado e a beijou. Madame Scarron pulou da cama e a enxotou de lá." Françoise não tinha nenhuma intenção de ser tomada por lésbica e menos ainda por prostituta.

Nesse meio-tempo, Scarron tornava-se cada vez menos capaz de fazer qualquer tipo de corte à sua esposa. Anos de uma quase total paralisia, somados ao abuso de patês, queijos e tortas frangipane –

"Sempre fui um tanto voraz"[15] –, haviam-no engordado a tal ponto que ele agora até respirava com dificuldade. Sua doença estava tão avançada que havia meses ele passava a maior parte do dia na cama, num exausto estado de semissono. Seu maravilhoso salão havia decaído com ele, e Françoise tinha começado a aproveitar toda oportunidade para escapar para outros encontros no Marais, frequentemente na casa de Ninon ou na mais imponente residência dos Fouquet ou da duquesa de Richelieu.

Ao final do verão de 1660, estava claro que Scarron estava próximo do fim. "O maldito médico me enfeitiçou: Diz que estarei morto na sexta", escreveu durante uma rara hora de lucidez. "Portanto escrevo meu testamento." E assim fez, num último rasgo de burlesco:

> À minha esposa deixo a liberdade para se casar,
> Por temor de que acabe em cama ilícita.
> É verdade que ela enfrentou uma longa Quaresma:
> Eu a teria servido melhor se fosse menos curvado.
> Ao gordo Saint-Amant, deixo um bom pacote de queijos.
> A Benserade, o almofadinha, tanto perfume quanto quiser.
> A meu queridíssimo amigo Loret, algum vinho, bastante.
> A meu estúpido médico, meu penico.[16]

Se o médico foi banido, os amigos de Scarron, mais do que nunca, ainda eram muito bem-vindos em sua casa amarela. Eles não o abandonaram, de modo que ele passou seus últimos dias como sempre gostou: em companhia calorosa e adequada. Sentindo a aproximação da morte, admitiu que, sendo um crente hesitante, não conseguia se decidir se deveria ou não aceitar os últimos ritos. O marechal d'Albret e o rico Alexandre d'Elbène, ambos ateus convictos, rejeitaram a ideia, mas Françoise insistiu e, talvez por causa dela, Scarron concordou em que chamassem um padre. D'Albret e d'Elbène protestaram; Scarron mudou de ideia: não seria envolto, no final, pelos braços da Santa Madre Igreja. No fim, foi Ninon quem passou por todos eles trazendo um padre. "Venha, monsieur, venha", instou-o, "cumpra seu dever e não preste atenção ao que meu amigo diz. Ele não entende disso mais do que o senhor".[17]

Scarron recebeu o sacramento, com sua esposa e amigos chorando à sua volta. "Eu jamais os farei chorar tanto quanto os fiz rir",[18] disse-lhes com tristeza e sinceridade. Do lado de fora, os ambulantes caminhavam debaixo de suas janelas, noticiando sua morte iminente, mas se Scarron os ouviu, já não se importava. Teve força suficiente para ditar um epitáfio para o túmulo que o aguardava e então, fiel ao estilo irônico, teve um longo acesso de soluços antes de dar o último suspiro.[19] Seu corpo foi levado, na noite seguinte, para a igreja próxima de Saint-Gervais, e enterrado com o mínimo de cerimônia. Embora não fosse costume uma esposa comparecer ao funeral do marido, Françoise estava lá; na verdade, parece ter sido a única pessoa presente. Não se sabe onde o corpo de Scarron foi enterrado: talvez na cova comum dos pobres, talvez debaixo de uma laje na nave da igreja. Mas onde quer que tenha sido seu túmulo, ele nunca carregou o irreverente epitáfio que Scarron preparou para si mesmo:

Este homem conheceu todas as dores possíveis,

Suspirou, gemeu, sufocou,

E mil vezes sofreu a morte

Antes de finalmente morrer.

Portanto guarde silêncio ao passar,

Não dê um só pio:

Esta é a primeira em muitas noites

Que Scarron conseguiu dormir.[20]

E, apesar de seu jocoso testamento final, Scarron, na verdade, morreu intestado, deixando apenas dívidas. Mais de cem anos depois, a paróquia de Saint-Gervais ainda cobrava de seus herdeiros distantes o pagamento pelo custo do enterro do poeta.

Embora fosse um bom amigo de Scarron, Jean de Segrais não acompanhou o grupo em vigília junto a seu leito de morte. Estava viajando com o rei durante suas núpcias, e não foi informado de que Scarron estava morrendo. Retornou a Paris apenas alguns dias depois e "a primeira coisa que fiz foi procurá-lo, mas quando cheguei à casa, estavam levando embora a cadeira na qual ele sempre se sentava. Tinham acabado de vendê-la como parte de seus bens".[21]

Os "bens" de Scarron eram, efetivamente, o conteúdo da casa na rue Neuve-Saint-Louis. No mesmo dia de sua morte, com seu corpo ainda no quarto amarelo, os credores tinham exigido que a casa fosse selada de modo que nada pudesse ser retirado de lá, e nos dias que se seguiram, tudo foi vendido para saldar o máximo possível de suas dívidas. Os amigos que tinham mobiliado a casa com seus próprios empréstimos e presentes tiveram a generosidade de não reivindicar as cortinas, os livros e as mesas levados a leilão; vários parentes de Scarron, no entanto, vieram do campo e se comportaram com menos comedimento.

Vestida de luto, Françoise havia deixado a casa na manhã do dia 7 de outubro, apenas algumas horas após a morte de Scarron e antes da chegada dos meirinhos. Levou consigo, presumivelmente, algumas roupas e pequenos objetos de valor, de modo especial um retrato seu feito por Pierre Mignard.[22] Vários amigos a tinham convidado a permanecer com eles, mas Françoise preferiu aceitar a oferta da prima de Scarron, esposa do marechal d'Aumont, e se instalou em um quarto mobiliado no convento Petite-Charité, das irmãs hospitaleiras, perto da Place-Royale, no coração da cidade. Esses quartos, que madame d'Aumont mantinha permanentemente para seus próprios períodos de retiro religioso, eram semelhantes ao aposento no convento das ursulinas, onde Françoise havia permanecido nas semanas anteriores ao casamento. Esse arranjo lhe dava uma casa segura e respeitável à qual podia tratar como se fosse sua; podia entrar e sair quando bem quisesse e convidar qualquer pessoa a ir até lá, e aparentemente ela fez bom uso dessas liberdades, levando "um grande número de pessoas, o que de maneira alguma agradou às freiras".[23] De qualquer modo, a intenção era de que a casa fosse temporária, possivelmente até novembro, quando, aos 25 anos, ela atingiria a maioridade legal e seria dona de si mesma *de jure*, bem como *de facto*, embora, como seu pai já havia morrido, não se sabe quem poderia se apresentar para responsabilizar-se legalmente por ela durante os meses nesse intervalo.

Françoise chorou a morte de Scarron, mas não demais nem por muito tempo. Ela sempre falaria dele com compaixão, mas o relacionamento entre eles, afinal de contas, tinha sido mais de amizade que de casamento, e ela mal poderia ter-lhe desejado uma vida mais longa, com um sofrimento cada vez mais terrível. Sua morte a tinha libertado de uma grande angústia – os exaustivos cuidados diários com o inválido –, mas também a tinha colocado em um limbo no que dizia respeito à sua própria situação. Mais uma vez, não tinha uma casa de verdade, e quase não tinha dinheiro nas mãos. Muito sensatamente, ela contratou um advogado para tentar proteger do grupo de credores de Scarron seu "dote de viúva", se houvesse algum. No dia 23 de outubro de 1660, ela escreveu à sua tia Louise em Mursay:

> Tenho estado tão sobrecarregada esses dias, e a morte de monsieur Scarron me trouxe tanta tristeza e tantas providências a tomar, que não tive tempo sequer para lhe pedir uma cópia de meu documento de batismo, que é absolutamente necessário. Por favor, envie-o para mim tão logo possa [...][24]

Tia Louise deve tê-la atendido imediatamente, pois em algum dia de novembro Françoise conseguiu escrever a seu tio Benjamin falando de um modesto êxito financeiro:

> Monsieur Scarron deixou 10 mil francos em bens e 22 mil francos em dívidas. Tenho direito a 23 mil por contrato de casamento, mas ele foi tão malfeito que embora minha reivindicação tenha prioridade [...] ainda terei de pagar algumas dívidas [...] De qualquer modo, após todos os nossos protestos, parece que ainda receberei 4 ou 5 mil francos imediatamente.
>
> Isso é tudo que resta desse pobre homem [...] Disso se vê que não estou destinada a ser feliz, mas suponho que devamos ver esse tipo de coisa como uma provação do Senhor e nos resignar. [...][25]

Françoise, no entanto, não podia se resignar à ideia de viver mais uma vez da caridade. A bondade de madame d'Aumont tinha-lhe dado um teto, e certamente era grata por isso. Mas essa bondade em pouco tempo começou a ficar fora de controle; madame d'Aumont começou a mandar comida para o convento, em seguida vinho e velas, depois roupas, certificando-se de que cada detalhe de sua atenção fosse espalhado em alto e bom som. Finalmente, quando um carregamento de lenha enviado por ela chegou ao pátio do convento, Françoise saiu intempestivamente e o devolveu. E quando a conta dos *chambres de retraite* venceu, insistiu em pagá-la ela própria, embora possivelmente com dinheiro emprestado de outra fonte, e partiu na mesma hora para o antigo convento das ursulinas à rue Saint-Jacques.

No início de dezembro ela estava instalada ali e já suficientemente relaxada para contar pequenas fofocas de Paris em suas cartas a Mursay. "Eles encenaram uma comédia no Louvre sobre o casamento do rei. Todos ficaram encantados. É uma pastoral. O rei aparece no palco [...] Naturalmente não pude ir."[26] O que a impedia de ir era o luto; nem ela nem nenhum de seus amigos sentiam-se impedidos pelo fato de a pastoral ser obra do ambicioso e jovem Filipe Quinault, que cinco anos antes havia roubado todo um ato de uma peça de Scarron e o inserido em uma peça sua. "Eu jamais os farei chorar tanto quanto os fiz rir", Scarron havia dito. Oito semanas após sua morte, sua memória e a lealdade a ela já começavam a desvanecer. "Mas", suspirou madame de Sévigné, "o que o tempo não dissolve? Scarron já o dizia".[27]

Em um aspecto, pelo menos, esse mesmo fenômeno em breve funcionaria em favor de Françoise. A pensão de Scarron como "honorável inválido da rainha", anulada após sua virulenta *Mazarinade*, estava a ponto de ser restabelecida, graças ao esforço de duas amigas dos tempos do salão amarelo, cujas posições na corte lhes permitiam uma conversa regular com a rainha-mãe. As senhoras pintaram um brilhante quadro da virtuosa e jovem viúva, que muito facilmente seria arrastada à pobreza e sua própria beleza à "galantaria", isto é, a uma vida de pecado com um ou outro rico da cidade, ou com vários. A pobrezinha, suspiraram as senhoras, tinha até sido aluna no convento das ursulinas na rue Saint-Jacques, que sua majestade havia inaugurado em 1620, nos dias de sua própria e bela juventude. A rainha-mãe, pouco sentimental, mas muito religiosa, não precisou de grande persuasão. "Mas me esqueci qual era o valor da pensão", disse ela. O valor tinha sido de quinhentas libras por ano. "Duas mil libras", disse uma das cortesãs, pensando rápido; as senhoras assentiram solenemente. E entregaram a pena à rainha-mãe.

"A virtude é nossa única riqueza." Assim havia cantado Françoise anos antes, junto com suas companheiras de 13 anos, quando corriam atrás dos perus na fazenda do barão de Neuillant em Niort. Pela primeira vez, o velho quarteto de Pibrac confirmava-se tangivelmente.

A pensão da rainha-mãe foi uma notícia maravilhosa para Françoise. Pela primeira vez na vida ela tinha uma renda própria garantida, e os 4 ou 5 mil de seu "dote de viúva" podiam ser guardados para uma eventualidade futura. Duas mil libras não era nenhuma fortuna, pelo menos entre a pequena nobreza, mas era bem mais do que ela jamais havia tido. Durante seu casamento, seu subsídio pessoal tinha sido de apenas quinhentos francos, cerca de 130 libras ao ano. Agora ela teria o bastante para viver como uma dama, numa casa sua, com uma "boa e grande lareira" e dois ou três empregados, roupas decentes e passeios agradáveis. Se não lhe permitia luxo, dava conforto, e, mais importante, era o bastante para mantê-la dentro do círculo dos ricos, e até dos muito ricos, com quem tinha podido socializar durante os anos de seu casamento.

Acima de tudo, o dinheiro era dela, garantido pelo tesouro real; talvez ainda fosse uma espécie de caridade, mas na época não era visto assim. As pensões reais tinham status de recompensa, por virtude, mérito ou serviços prestados à coroa. Eram também uma forma de manter a ordem social, concedendo dinheiro público a pessoas bem-nascidas para que continuassem a viver como tais: um círculo que servia aos interesses de todos que faziam parte dele; os de fora do círculo eram lembrados, com frequência, apenas em situações de emergência ou talvez em orações. Para Françoise, a pensão da rainha-mãe certamente não era caridade: era dinheiro seu, ao qual tinha direito. Ele lhe trouxe a independência que ela ansiava ter e uma dose mais constante de respeito social; com isso, trouxe-lhe também o autorrespeito.

CAPÍTULO 7
A VIÚVA ALEGRE

FRANÇOISE ESTAVA AGORA em uma situação bastante agradável: era uma viúva bonita, com recursos modestos, mas independente, 24 anos de idade e em perfeita saúde, com muitos amigos e admiradores e ninguém com quem se preocupar senão consigo mesma. Aos olhos de seus contemporâneos, era uma situação invejável, quase perfeita, como os *comédiens* da época refletiam: "Sou uma viúva, graças a Deus",[1] declara madame Patin a seu cunhado, na peça de Dancourt. "Você não tem nenhum direito de me dizer como devo me comportar." Célimène, a jovem viúva de Molière, inicia um salão de amigos festivos, a maioria deles homens. "Adoro ser amada", admite ela com um sorriso cativante. E fora dos palcos, madame de Sévigné, que conhecia, por experiência própria, os prazeres da viuvez na juventude, consolava sua sobrinha lembrando-lhe que "a condição de viúva é a condição da liberdade".

Se Françoise estava livre do controle masculino e também da privação, estava igualmente livre de responsabilidades. Naturalmente, não tinha filhos, e sua própria mãe já não tinha direito sobre ela: Jeanne tinha morrido tranquilamente em Niort, não muito tempo depois do casamento da filha. Não há qualquer registro sobre a reação de Françoise, mas, considerando-se o frio relacionamento entre elas, é improvável que a notícia a tenha afetado muito profundamente. Seu irmão Charles ainda era vivo, uma cópia de seu incorrigível pai, bebendo e corrompendo-se de cidade em cidade, mas pelo menos mantendo-se mais ou menos do lado certo da lei. Cinco anos antes, Scarron tinha conseguido um cargo para ele como porta-bandeira em um regimento de cavalaria e tinha lhe enviado 4 mil libras, economizadas com dificuldade, para que pudesse adquirir todos os acessórios necessários. Provavelmente Charles não soubesse da recente notícia da pensão real de sua irmã, ou certamente teria entrado em contato com ela de imediato, como faria no futuro sempre que precisasse de mil libras extras, de um cavalo, de uma casa, ou de um emprego bem remunerado que não o obrigasse a trabalhar. E, fosse por afeto de irmã, por senso de dever ou simplesmente por fraqueza diante desse simpático tratante, Françoise estaria sempre pronta a atendê-lo.

Mas por enquanto ela podia agradar a si mesma e o fez, primeiramente, renunciando a seus vestidos simples e visitando as butiques da moda que se alinhavam pela Cours-la-Reine, um elegante *boulevard* ao longo do Sena. Acompanhada de suas abastadas amigas, ela satisfez todos os caprichos e vaidades que a falta de dinheiro ou o excesso de orgulho lhe tinham negado antes: tecidos coloridos para novos vestidos, sapatos, penteados, bolsas de seda e lenços rendados. Seus modos em pouco tempo também se tornaram menos reservados. Passou a falar e rir mais, a flertar mais abertamente e a comer mais que arenque nos dias de jejum.

Nisso tudo era encorajada por seu velho amigo, o marechal d'Albret, que, depois do chevalier de Méré e de Scarron, parece ter se tornado seu terceiro instrutor na arte e ciência de viver *à la mode*. Apesar do "furioso número de pessoas" que tinha recebido em seus aposentos no convento, Françoise não poderia ter mantido um salão ali, e nem pensava em fazê-lo em nenhum outro lugar, já que agora a peça central, Scarron, com sua graça, havia desaparecido. Em vez disso, passava suas tardes e noites em outros salões no Marais, na confortável casa de Ninon, à rue des Tournelles,[2] ou nos grandes *hôtels* dos d'Albret ou da duquesa de Richelieu, e às vezes até mesmo no campo, no fabuloso castelo de Vaux-le-Vicomte, uma joia da arquitetura barroca, o mais belo da França. O ministro Fouquet reunia ali todos os escritores meritórios ou promissores; os ricos e belos também frequentavam o Vaux-le--Vicomte, e Françoise, uma estimada amiga de madame Fouquet, era convidada junto com todos eles.

Mas foi em Paris, na casa dos d'Albret à rue des Francs-Bourgeois, com o marechal César-Phébus dedicando-se a seus costumeiros flertes e sua esposa entregando-se a seu pequeno pecado do vinho, que Françoise conheceu um grupo de mulheres mais jovens que viriam a formar um novo e especial círculo de amigas que permaneceriam ligadas a ela, para o bem e para o mal, pelo resto de suas tumultuosas vidas.

A mais jovem, inteligente e ambiciosa de todas elas era Anne-Marie de la Trémoïlle-Noirmoutier, uma prima do marquês de Marsilly, o admirador de perna quebrada de Françoise. "Muito alta, morena e de olhos azuis, não exatamente bela, mas atraente",[3] Anne-Marie mal tinha completado um ano fora do brando convento onde tinha passado seus dias "cantando louvores a Deus". Embora tivesse apenas 18 anos, já possuía "algo de majestoso em seu porte", bem como "muita inteligência e voz agradável",[4] e usaria ambas as coisas com resultados impressionantes. Anne-Marie tinha se casado recentemente com um conveniente conde, e por isso foi apresentada a Françoise como condessa de Chalais; ela acabaria por ganhar notoriedade como princesa de Ursins.

Como Françoise, era originária da região de Poitou, mas entre elas não poderia haver muito contato nos primeiros anos, mesmo que não tivessem uma diferença de idade de sete anos, porque Anne-Marie pertencia aos mais altos escalões da aristocracia, aos quais o eminente e poderoso Monseigneur Constant d'Aubigné, chevalier, senhor de Surimeau e outras terras mal teria acesso como comerciante, mesmo que estivesse fora da prisão. A ilustre família de La Trémoïlle eram animais nascidos e criados na política. O pai de Anne-Marie tinha sido líder dos monarquistas durante a Fronda, e mais tarde tornou-se aliado do príncipe de Condé, arriscando-se a ser executado por traição. O pai de sua mãe era um conselheiro de Estado; seu sogro tinha sido um conspirador no atentado para assassinar o cardeal Richelieu – foi um dos últimos nobres franceses a serem decapitados por seu rei. Anne-Marie tinha crescido no meio da intriga e do perigo; o amor à politicagem estava em seu sangue.

Ela própria admitiria mais tarde que, nos dias de sua juventude no salão dos d'Albret, tinha sentido muita inveja de Françoise, cuja sobrinha recordou: "O marechal d'Albret e todos os outros cavalheiros sempre tinham coisas importantes a discutir com [madame Scarron], enquanto madame de Chalais era deixada entre os jovens. E o tempo todo, [madame Scarron] desejava que eles dessem menos valor a seu bom senso e a deixassem em paz para se divertir um pouco, em vez de a manterem num canto falando dos negócios da corte, como costumavam fazer. Acho que isso mostra a diferença entre essas duas mulheres [...] [madame Scarron] não era uma intriguista natural; era uma pessoa encantadora, feita para a sociedade."[5]

Ela teve uma mostra disso, pelo menos, em duas das "jovens" em cuja companhia Anne-Marie de Chalais era sempre deixada. Ambas eram primas do marechal d'Albret e viviam em sua casa na rue des Francs-Bourgeois, e "brigavam como cão e gato". Eram Judith de Martel, "assustadoramente alta",[6] e Bonne de Pons, "encantadora como o dia; o marechal a achava extremamente atraente – assim como os demais". Embora bem-nascidas, Judith e Bonne não tinham dinheiro próprio, mas sua vida no Marais ainda assim era boa, pois o liberal marechal permitia-lhes boa dose de livre ação e sua levemente embriagada esposa raramente estava em condição de objetar. Em algum ponto de sua mútua aversão, as duas primas tinham encontrado pelo menos um tema de concordância: ambas tinham genuíno afeto por Françoise. Embora apreciasse a companhia de ambas, foi Bonne, "um pouco louca, sempre autêntica, sem jamais parar para pensar, cheia de imaginação, sempre divertida",[7] quem veio a se tornar sua amiga mais íntima.

E, juntamente com Bonne, Judith e Anne-Marie de Chalais, havia uma quarta jovem que Françoise conheceu na rue des Francs-Bourgeois, uma mulher que involuntariamente e, para seu próprio prejuízo, veio a facilitar a ascensão da viúva Scarron de bela *salonnière bourgeoise* à condição de mais alta dama da França.

"Françoise conheceu madame de Montespan na casa dos d'Albret – ela nunca sai de lá."[8] Assim recordou a duquesa de Montpensier, com um toque de condescendência adequado a uma prima do rei. "Madame de Montespan", de 20 anos, anteriormente Françoise-Athénaïs de Tonny-Charente, marquesa de Montespan, era uma prima dos d'Albret por casamento e hóspede frequente em sua casa, juntamente com seu irmão, o conde de Vivonne, 24 anos, e suas duas irmãs, fúteis e esnobes, Gabrielle, marquesa de Thianges, 26 anos e a mais velha da família, e a brilhante Marie-Madeleine, futura abadessa de Fontevrault, de apenas 15 anos. Todos os quatro eram exuberantes descendentes da antiga árvore genealógica dos Rochechouart de Mortemart, uma das mais ilustres da França, e os quatro eram presunçosamente conscientes de sua imponente linhagem. "Antes de o mar aparecer no mundo", dizia seu lema dinástico, "os Rochechouart ostentavam-se acima das ondas".

Ainda assim, formavam um quarteto atraente, conhecido pela rápida sagacidade da família, o celebrado *esprit Mortemart*, e todos eram fisicamente atraentes. Madame de Montespan era, de fato, de uma beleza estonteante: "loira, com grandes olhos azul-celeste, uma boca pequena e rosada e dentes muito bons [...] de altura média e bom porte, embora com tendência à obesidade"[9] – o que para uma mulher não era uma desvantagem, numa era de voluptuosa sensualidade. Quer o marquês de Montespan apreciasse ou não os atrativos de sua esposa, em geral não a acompanhava ao salão dos d'Albret; apesar disso, ela até agora era mulher de "conduta respeitável e boa reputação".[10] Na casa dos d'Albret, como em todo lugar a que ia, Françoise-Athénaïs era uma celebridade, embora um pouco incontida: maravilhosamente bela, sempre muitíssimo bem-vestida, encantando a todos os ouvintes com sua famosa sagacidade e gargalhando estrondosamente. "Podia-se ouvi-la a 60 metros de distância."[11] Ela havia descartado, recentemente, seu nome "Françoise" para se identificar de maneira mais enfática por "Athénaïs" – Atena, deusa grega da sabedoria, da guerra, dos tecidos de boa qualidade e de tudo o mais que fosse digno de atenção.

Embora muito imponente e quase sempre desdenhosa de mortais inferiores – incluindo, dizia-se, a "emergente" família real dos Bourbon –, Athénaïs não pôde deixar de prestar atenção em Françoise. Apreciava sua rápida perspicácia, sua conversa e até seu estilo, mas na bela viúva Scarron ela não via uma concorrente para o lugar que ocupava no centro do salão dos d'Albret, ou mesmo em nenhum outro lugar. Entre elas se desenvolveu uma intimidade fácil, e estavam frequentemente juntas, a glória resplandecente de uma complementada pelo brilho mais sutil da outra.

Uma descrição de Françoise deste período sobreviveu e parece que seu cabelo havia escurecido desde o "castanho-claro" registrado oito anos antes por Madeleine Scudéry, sua boca tinha se tornado mais sensual e sua aparência, mais feminina. Aqui ela é observada por um homem, e não pela casta mademoiselle de Scudéry, mas a diferença também reflete o florescimento natural de uma linda e jovem mulher entre os 17 e os 25 anos de idade:

> Sua aparência era graciosa. Um tanto alta e bem proporcional, com um encantador rosto oval; sua tez era muito delicada, embora um pouco morena demais; grandes olhos negros, os mais encantadores do mundo, cabelos igualmente muito pretos; boca muito grande, bons dentes e

lábios bem vermelhos; um nariz elegante, um lindo colo, braços e mãos bonitos, e uma mente mais ativa que de todas as outras mulheres, amável e divertida; sim, uma cristãzinha muito apetitosa.[12]

Resumindo, além de seu círculo de amigas, a viúva Scarron era tema de muita admiração e muitos homens respeitados de bom grado a teriam tomado como amante. Até onde se sabe, no entanto, não houve nenhuma proposta de casamento: entre seus muitos conhecidos, suas poucas mil libras não representavam muito mais que o preço de uma noite de jogo moderado, e ela não tinha nome, não tinha outras relações além das que todos os seus amigos já tinham. Orgulhava-se de sua reputação de mulher que nunca "tinha caído", e agarrava-se ferozmente à sua independência. E sua vida atual era boa: era uma vida de passeios por belos lugares em lindas roupas, e depois de todos aqueles anos tristes e cheios de ansiedade, ela estava se divertindo. "Ser viúva por um dia e ser viúva por um ano não é a mesma coisa",[13] escreveu La Fontaine, velho amigo de Scarron, acrescentando uma nova fábula à sua coleção, que em breve ficaria famosa. "Uma bela jovem pode usar seu vestido de luto por algum tempo, mas somente até encontrar algo melhor para usar." E daí que as freiras no convento das ursulinas "não se agradassem" do comportamento de Françoise? Ela pagava suas contas ali. Podia ir e vir como bem quisesse. E estava se divertindo a valer.

A resistência de Françoise a se tornar uma amante amparava-se em dois princípios, talvez três: ela queria se sustentar sozinha; não queria que ninguém a olhasse com desprezo; e talvez fosse impedida por convicções religiosas sobre o pecado do sexo fora do casamento. Este último – se é que existia – era certamente o mais fraco dos três. A vida como amante era uma norma social, por mais devotos que fossem ou por mais chocados que se sentissem seus detratores públicos. Por uma década ou mais, Françoise esteve cercada por mulheres que não se importavam nem um pouco com a *galanterie*, muitas delas, inclusive, buscando-a como meio de sobreviverem confortavelmente. Entre suas melhores amigas estavam a celebrada Ninon de Lenclos, mulher letrada e abastada, que escolhia o amante que lhe agradasse – incluindo o marido, o filho e, mais tarde, o neto de sua própria amiga, madame de Sevigné.

Ninon havia admitidamente passado um ano confinada em um convento por ordem da rainha-mãe, mas agora estava livre e solta, sem perder seu brilho e destemida. Françoise Scarron, cunhada de Françoise, tinha sido amante de um duque por décadas, e tinha um filho dele. Há séculos havia uma amante no topo da árvore social, na pessoa da *maîtresse déclarée* do próprio rei, e sua posição era reconhecida abertamente, dando-lhe enorme privilégio e influência. Uma esposa rica que tivesse um filho de outro homem poderia estar desgraçada – afinal, havia a questão da herança de bens –, mas um marido com filhos fora do casamento podia ficar sossegado, e reconhecê-los ou não, conforme sua vontade.

Françoise havia deixado claro que o comportamento contido de sua vida de casada não era "por amor a Deus", mas "por amor à minha própria reputação". Era parte de um plano, que atingiu seu objetivo: por um caminho indireto ela tinha entrado no fascinante círculo da boa sociedade e agora tinha os recursos para permanecer nele. Já não era preciso usar de uma falsa perfeição; ela era aceita em seus próprios termos, atraentes e solventes. Em consequência, podia se dar ao luxo de arriscar.

"Uma viúva é uma coisa muito perigosa. Ela sabe muito bem como uma mulher pode agradar a um homem e, portanto, é uma grande tentação para eles",[14] disse Francisco de Sales, bispo e, em breve, santo, cujas orientações práticas Françoise um dia buscaria – mas não naquele momento. Segundo rumores, neste primeiro ano de sua viuvez ela iniciou um flerte com seu amigo e mentor, o marechal d'Albret, de 50 anos, o que não é impossível. Mas é bem mais provável que a atração mútua sentida já havia alguns anos entre ela e o marquês de Villarceaux, "um dos homens mais vistosos" em todo o séquito do rei, tenha se transformado agora em um verdadeiro caso de amor.

Villarceaux tinha 40 e poucos anos, era moreno e belo, um ótimo esportista, rico (graças à sua esposa) e bem colocado na corte. Tendo cumprido seu mandato como "capitão da matilha de setenta cães de caça de lebres e raposas", era agora capitão-tenente do cavalo leve do rei. Sua reputação de inescrupuloso amante do sexo frágil o precedia em toda parte, auxiliada por sua pena fluida, que trazia à luz resmas de páginas "privadas" detalhando suas diversas conquistas – muitas das quais chegaram inevitavelmente a outras mãos que não as particulares. Villarceaux não resistia à tentação e sabia-se que ele tinha recomeçado sua perseguição a uma *demoiselle* deflorada no momento em que ela se casou com um velho general ou duque crédulo. Ninon tinha se vingado em nome de todas as suas irmãs enganadas: tinha-o mantido a distância por 12 meses ou mais, e depois o obrigado a gastar dinheiro pesado, de modo que, quando finalmente se entregou, Villarceaux estava louco de paixão por ela.

"Três meses de paixão pela mesma mulher seria uma eternidade para mim",[15] havia escrito Villarceaux a um amigo, roubando uma conhecida frase da própria Ninon; mas, apesar dessa bravata, ele permaneceu afeiçoado a ela por seis ou sete anos, o que lhe causava aborrecimentos periódicos. Sem dúvida o filho que tiveram juntos assegurou um laço contínuo entre eles, embora Ninon a princípio não quisesse esse estorvo à sua profissão: foi Villarceaux quem a persuadiu a ter a criança em vez de arriscar sua vida com abortíferos que haviam matado outra celebrada cortesã apenas alguns meses antes. Isso sugere que ele não era inteiramente insensível; mesmo assim, para uma *débutante*, Villarceaux permanecia um homem perigoso. Para se envolver em uma *galanterie* com ele agora, Françoise devia estar ou muito confiante ou muito apaixonada.

Embora ela fosse reticente quanto a seus sentimentos pessoais, parece que tomou Ninon como sua confidente, ou que pelo menos Ninon arrancou dela a verdade. Havia até um boato de que a própria Ninon tinha tentado acionar as coisas entre os dois *innamorati*: o confiável Tallemant des Réaux lembrou-se de que "naquela primavera [de 1661], madame Scarron foi ao campo com Villarceaux e Ninon, e o aparente propósito era corrompê-la".[16] Parece bem provável. Apesar de terem um filho, Villarceaux nunca tinha sido um dos "preferidos" de Ninon, mas sempre um de seus "pagantes", sugerindo que, qualquer que fosse o sentimento do cavalheiro, a dama nunca tinha estado apaixonada por ele. "Ninon não estava nem um pouco preocupada com o que estava acontecendo entre monsieur de Villarceaux e madame Scarron", escreveu Antoine Bret, amigo íntimo de Ninon, "embora ele ainda fosse seu amante, e esse tipo de coisa normalmente pusesse fim à amizade entre duas mulheres. Eles estavam em falta para com ela, porém os perdoou.

Sossegou a amiga e tranquilizou também o marquês. Estava feliz em ser sua confidente, e certamente não se envergonhava de assumir esse papel".[17]

Ninon tinha agora 45 anos; Françoise já tinha 25 e, ao que tudo leva a crer, ainda era virgem. Talvez Ninon achasse que já era hora de tomar a moça pela mão antes que a rosa perdesse o viço: ninguém suspiraria por uma *ingénue* de 45 anos; ela própria tinha perdido a virgindade aos 15 anos e, afinal de contas, nenhuma mulher podia viver sem amor, quer cobrasse por ele ou não. Como Françoise, Ninon tinha vivido anos difíceis; na verdade, seu pai, como o de Françoise, tinha sido condenado por assassinato – no seu caso, de outro amante de sua própria amante casada – e tinha sido exilado de Paris, deixando sua filha de 15 anos para se arranjar sozinha. Assim, fazendo bom uso de sua graça e fascínio, e da educação surpreendentemente liberal que seu pai tinha lhe dado, Ninon conquistou sua atual prosperidade; em anos recentes, tinha até se tornado respeitável. Talvez, nesse ponto, estivesse considerando uma *vie de courtesane* para sua jovem amiga, que possuía todas as qualidades naturais de beleza e educação. Mas, por enquanto, era preciso usar de discrição. "A virtude de uma mulher nada mais é que a arte de parecer virtuosa", Ninon havia declarado no convento de Lagny. E desde a sua soltura, tinha se tornado mais discreta, ainda recebendo seus cavalheiros, mas sem muita exibição pública. Em Paris, como sempre, havia muitos olhos e ouvidos atentos, por isso ela e Villarceaux enfiaram a viúva numa carruagem e partiram para a privacidade do campo.

Pararam em Rueil-en-Vexin, a cerca de 15 quilômetros da cidade, no castelo de seu amigo Charles de Valliquierville, um rico e velho *frondeur* que agora dedicava todo o seu tempo às modernas ciências ocultas. Embora seu castelo ficasse a pouca distância do de madame de Villarceaux, era ali que Ninon e Villarceaux haviam combinado tantos de seus encontros amorosos durante os anos anteriores. Agora voltavam trazendo uma jovem ovelha, ou não tão jovem, como um sacrifício atrasado no altar do amor ilícito.

Parece que a ovelha teve um sacerdote e uma sacerdotisa, e que Ninon até permaneceu com os amantes para supervisionar a defloração de Françoise. Seja como for, por algum tempo os três foram considerados um trio inseparável, e por alguns até um ménage à trois. "Vocês três não fazem amor juntos? Não foi você a primeira a iniciá-la? Não arranjou as coisas entre ela e Villarceaux?"[18] Assim foi Ninon questionada por seu bom amigo Charles de Saint-Évremond, ele próprio nenhum santo, agora exilado na Inglaterra por ter zombado durante o recente casamento real. Ninon recusou-se a responder, mas confirmou a Saint-Évremond que "com frequência deixei que Villarceaux e ela usassem meu quarto amarelo", acrescentando maliciosamente: "É claro que não posso lhe dar nenhum detalhe do que aconteceu. Não vi nada com meus próprios olhos."[19]

Duas outras pessoas talvez tenham optado por manter uma cegueira tática nesse momento: o marquês e a marquesa de Montchevreuil, que já eram amigos de Françoise há algum tempo e, na verdade, eram primos de Villarceaux. Como Charles de Valliquierville, eles tinham uma casa na região rural de Vexin, na verdade a apenas 2 ou 3 quilômetros de distância, e a proximidade das duas casas permitiu que o amor florescesse ainda mais. Em termos morais, os Montchevreuil tinham uma reputação sólida – foi a madame de Montchevreuil que Scarron acusou de "fazer sexo com" Françoise –, mas eram "pobres como ratos de igreja",[20] tanto quanto os proprietários de um castelo podiam ser. Se tinham conhecimento do relacionamento entre Villarceaux e Françoise, o que os persuadiu a manter sob seu teto a amante do primo talvez tenha sido justamente esta comparativa pobreza e o fato de seus próprios filhos serem pequenos demais para saberem das coisas; é verdade que se disse que Villarceaux os ajudou financeiramente durante aquele verão. Quaisquer que tenham sido os motivos dos Montchevreuil, Françoise ficou muito feliz em reunir seus pertences no convento das ursulinas e se instalar com eles; e, ao fazê-lo, estabeleceu uma das amizades mais sólidas de sua vida.

"Montchevreuil era um sujeito muito bom, modesto, decente, mas realmente tacanho. Sua esposa [...] era alta, magra e pálida, com uma risada estúpida e dentes horríveis e compridos, ridiculamente religiosa e afetada. Tivesse uma varinha e seria a perfeita bruxa má."[21] É verdade que ninguém dizia que a marquesa era uma beldade, e nem o marquês uma pessoa sagaz ou sábia; ao contrário, era um homem tranquilo e capaz, talvez lembrando a Françoise seu próprio tio Benjamin. Também é verdade que a marquesa tinha a reputação de ser extremamente religiosa, o que às vezes incomodava seus companheiros menos fervorosos. "Ela começava a falar das vésperas com duas horas de antecedência. Receava que seu marido e madame Scarron não participassem."[22] E ela tinha razão em se preocupar: a dupla não se incomodava em ficar para trás, em hábito ímpio, jogando cartas conspicuamente na sala de visita.

No entanto, era improvável que uma mulher "ridiculamente afetada" atraísse Françoise, que sempre teve preferência por um estilo direto. Quem primeiro a apresentou a madame de Montchevreuil foi a encantadora Marie-Madeleine de Fouquet, esposa do *surintendant des finances* do rei: madame de Fouquet certamente não teria necessidade de ter relações de amizade com uma pessoa pobre da baixa aristocracia se esta não tivesse boas qualidades pessoais que a recomendassem. "Não há nada mais admirável que um coração sincero", insistia o chevalier de Méré. "É o alicerce da sabedoria"[23] – e nesse caso, sem dúvida, foi o alicerce da amizade. Se os Montchevreuil não eram um casal para brilhar nos círculos dos salões, provaram-se bons amigos de Françoise, e ela, por sua vez, retribuiu de muitas formas, e o faria em grande estilo no futuro; mas por ora o fez de maneiras mais simples, como ela própria relatou:

> Não há maior prazer que servir às pessoas [...] Minha boa amiga madame de Montchevreuil estava constantemente doente ou de cama. E como eu estava muito bem, cuidava de sua casa. Fazia todas as contas e tudo o que era preciso fazer. Um dia, vendi um bezerro para ela [...] Foi uma trabalheira, e fiquei imunda [...] As crianças ficavam comigo o tempo todo, uma delas aprendendo a ler, outra aprendendo o catecismo [...] A caçulinha era ainda uma bebê; seus quadris não eram muito retos e havia um jeito certo de lhe colocar as fraldas e só eu conseguia fazer isso. Ela precisava ser trocada com frequência; eles costumavam me chamar quando tínhamos visitas e sussurrar que a bebê precisava ser trocada; eu me desculpava e ia fazê-lo, depois voltava para as visitas [...] Mas é assim mesmo, é o que fazemos quando queremos ser amados.[24]

"O prazer de fazer o bem, em minha opinião, é o mais puro e o mais nobre de todos os prazeres."[25] Também isso ela havia aprendido com o chevalier. No entanto, o primeiro pensamento de Françoise, o de servir aos outros, de algum modo parece menos verdadeiro do que o último, o de querer ser amada.

O romance com Villarceaux não sobreviveu ao verão. Talvez o cavalheiro tenha achado que três meses de paixão pela mesma mulher já era eternidade suficiente, como havia se vangloriado; talvez a dama tenha se sentido humilhada pelos murmúrios e olhares que revelavam conhecimento onde antes ela havia encontrado respeito. "Ninguém jamais conquistou uma boa reputação divertindo-se", suspirou mais tarde. "É maravilhoso ter boa reputação, mas seu preço é alto. A primeira coisa a se sacrificar é o prazer. E o que eu mais queria na vida era uma boa reputação, ser respeitada: esse era meu ídolo pessoal."[26]

Para uma mulher, uma boa reputação significava, muito acima de qualquer outra coisa, uma reputação por virtude, especificamente sexual. "Uma moça libertina pode reivindicar respeitabilidade tanto quanto um cadáver pode reivindicar os direitos dos vivos",[27] rosnou o moralista François de Grenaille. Ninon de Lenclos era atenciosa, generosa, inteligente e divertida, mas tinha dormido com homens demais e havia muitas casas onde, em consequência disso, ela jamais seria recebida abertamente. Pelo que tudo indicava, Françoise tinha sido uma esposa fiel por oito anos, e tinha sido amplamente elogiada por isso, em especial por ter sido um casamento privado de amor físico. O casamento em si tinha lhe dado algum status, mas foi sua obstinada virtude diante da tentação constante, que tinha envolvido a filha de um prisioneiro paupérrimo vestida em saias muito curtas, que a tinha colocado em seu pedestal. O romance com Villarceaux tinha ameaçado derrubá--la, até que ela decidiu não cair.

Não se sabe se foi ela ou ele quem terminou o romance. Se a decisão foi dele, a dor da rejeição talvez tenha fortalecido a decisão de Françoise; se foi dela, a morte de tio Benjamin durante aquele verão de amor, em 1661, talvez tenha sido a primeira ocasião a fazê-la parar. "O senhor foi, na verdade, o meu pai", Françoise havia escrito a ele, apenas alguns meses antes. Pai ou não, o bom camponês huguenote, para não mencionar sua devota esposa, teria ficado horrorizado ao saber do caso de sua sobrinha com Villarceaux. De qualquer modo, como disse a própria Françoise, "eu não estava buscando a estima de ninguém em particular; eu queria que todos pensassem bem de mim".[28] Se houve outros amantes depois de Villarceaux, nada se sabe deles; nenhum diarista ou fofoca da época cita nomes; nenhum suspirante admirador sugere ter sido "tratado com amabilidade". Françoise tinha orgulho demais, aquele orgulho interior cicatrizado após uma forte humilhação, para arriscar novamente sua reputação. De agora em diante, qualquer homem, e qualquer necessidade sua, serviriam apenas como uma oferenda a seu "ídolo pessoal", seu próprio deus do respeito.

A amiga de Françoise, Bonne de Pons, "um pouco louca, mas encantadora como o dia", por pouco não tinha se tornado amante do rei, e ficou bastante aborrecida com isso. Em 1661, aos 16 anos, tinha sido levada à corte com a esposa do marechal d'Albret, e enquanto estava lá tinha chamado a atenção do rei de 23 anos, casado havia um ano e já desesperadamente desencantado com sua rechonchuda esposa espanhola. As amigas da esposa do marechal, "talvez impelidas por ele",[29] persuadiram-na a mandar sua sobrinha o quanto antes para casa para evitar que alguma coisa ruim acontecesse, e então, sob o pretexto de que o marechal estava doente, ela foi embora. Foi grande o desencanto de Bonne quando descobriu que seu tio-primo d'Albret estava em perfeita saúde, mas ele conseguiu consolá-la, "ou assim dizem as fofocas",[30] tomando-a como sua própria amante.

Quando conseguiu retornar à corte, em meados da década de 1660, a oportunidade de Bonne já tinha passado: o rei já tinha escolhido uma amante, Louise de la Vallière, outra virgem de 16 anos, doce, tímida e atraente, apesar dos seios pequenos, dos dentes irregulares e de uma leve coxeadura, estes últimos para horror de Bonne. Tanto o rei quanto Louise tinham, a princípio, estado tão incertos dos sentimentos um do outro, e de suas próprias habilidades literárias, que ambos pediram ao marquês de Dangeau, um amigo mútuo na corte, que os ajudasse com o indispensável *billets-doux* poético, de modo que o marquês passou meses seguidos escrevendo cartas de amor para si mesmo antes que os dois amantes pudessem agir.

Apesar das objeções de sua religiosa mãe e de cinco sermões públicos proferidos pelo trovejante dr. Jacques-Bénigne Bossuet, seu "conselheiro e pregador" oficial, o rei manteve Louise em sua posição por mais de seis anos; nesse período tiveram três filhos, dos quais sobreviveu uma menina.

A rainha, compreendendo lentamente a natureza do caso, o havia questionado a respeito alguns dias antes de completar 26 anos, em 1664. "Prometo que me comportarei quando tiver 30",[31] ele lhe respondeu. Em seus 28 anos, em 1666, a rainha já tinha perdido a esperança, enquanto Louise, ainda um tanto tímida, estava cada vez mais apaixonada por ele. Luís, por sua vez, começava a se cansar dela, e confidenciou em diário: "Ela é meio sem graça. Às vezes me faz pensar numa espécie de guisado, bem preparado, mas sem sal nem tempero."[32]

Todas as noites, ao ir ao quarto da rainha para dar-lhe boa-noite, o que fazia religiosamente – e apenas religiosamente –, o rei encontrava, sentada junto à sua esposa, a mais linda de suas seis damas de companhia, a amiga de Françoise do salão dos d'Albret, Athénaïs de Montespan. Ela tinha conquistado sua cobiçada posição em 1663, com o auxílio do irmão do rei, Filipe de Orléans, um travesti extravagante conhecido na corte apenas como "Monsieur". Como dama de companhia da rainha Maria Teresa, Athénaïs tinha conquistado certo prestígio e também um salário, mas nenhuma das duas coisas tinha sido suficiente para satisfazer seu próprio senso de grandeza, ou sua necessidade de dinheiro.

Embora sua família Mortemart fosse nobre há séculos, já não era mais rica, e Athénaïs se casou, ou foi casada, com monsieur de Montespan, um marquês de recursos modestos. Embora ele fosse jovem e de uma linhagem apropriadamente antiga, sua natureza arrogante e de uma desanimadora grosseria e, em especial, suas relações jansenistas, impediram sua ascensão e seu consequente enriquecimento na corte.

Os jansenistas eram uma seita um tanto rígida dentro da Igreja Católica francesa – o grande Blaise Pascal, um firme adepto, quase abandonou seus estudos de matemática para fugir ao pecaminoso prazer que lhe davam; muito mais importante, porém, suas visões não ortodoxas acerca de questões teológicas os havia tornado politicamente suspeitos: na vida cívica do Estado, interligada que estava aos costumes e exigências religiosas, ninguém podia saber ao certo a que eles eram leais. Ultrapassando os limites da doutrina católica ortodoxa, os jansenistas acreditavam que o homem não podia alcançar a salvação por esforço próprio, mas apenas pela graça espontânea e imerecida de Deus, como escreveu, nessa época, o simpatizante John Milton:

O homem de todo não será perdido:
Há de salvar-se quem o intente;
Porém, não por tentativas próprias, mas pela minha graça
Livremente concedida.[33]

Os jansenistas sustentavam ainda que os que seriam salvos pela graça de Deus estavam predestinados à salvação desde o nascimento, na verdade, desde a criação do mundo, comprometendo, assim, a vasta estrutura dos ensinamentos católicos, baseados que estavam na troca do bom comportamento neste mundo pela salvação no próximo.

A negação dos jansenistas deste derradeiro *quid pro quo* tornava-os, igualmente, políticos radicais, pois todas as camadas da pirâmide social da França eram efetivamente justificadas pela autoridade da Igreja: o *le petit peuple* ficava na base, o rei divinamente indicado, no pico, e o restante classificava-se por consequência nesse meio. A doutrina jansenista da predestinação defendia a ousada, até ultrajante ideia de que o camponês de cara suja podia, na verdade, ser um dos eleitos de Deus, enquanto seu senhorio, seu bispo ou até seu rei poderiam inadvertidamente já estar condenados ao fogo eterno. Em suma, era perigosa demais. As escolas e os conventos jansenistas estavam sujeitos a interferência, fechamento e até destruição, mas a seita era robusta e persistia. O máximo que a Igreja e a corte podiam fazer era impedir a ascensão profissional das pessoas com tendências jansenistas, com isso lhes negando dinheiro, influência e poder político.

Foi com essa muralha de pedra que o marido de Athénaïs se deparou. Com apenas 20 e poucos anos e com toda uma fortuna ainda por criar, o marquês de Montespan decidiu aceitar a única opção real que tinha: a aquisição de um posto no exército. Como havia perdido no jogo o pouco dinheiro que tinha, a própria Athénaïs se viu obrigada a vender seus melhores brincos de diamante para ajudá-lo em seu percurso. Mas, com a chegada das notícias de suas inexpressivas proezas marciais, ela decidiu – se é que já não tinha decidido antes – abandonar o marido e fazer sua própria carreira como amante do rei. Para isso, unindo *détente* com subversão, começou a conquistar as boas graças da rainha, assegurando-se de ser a última a servi-la todas as noites enquanto ela aguardava que o rei chegasse dos aposentos de sua esvaecente violeta, Louise de la Vallière.

O rei percebeu imediatamente as intenções de Athénaïs, e até debochou de seus esforços. "Ela está desesperada para que eu me apaixone por ela",[34] disse a Louise, e juntos eles riram de todos os seus truquezinhos. A rainha não suspeitava de nada. "Ela gostava de madame de Montespan; considerava-a uma boa mulher, dedicada a seus deveres e a seu marido. Imagine sua consternação[...]"[35] Embora não fosse tola, Louise subestimou fatalmente a determinação de Athénaïs e seus encantos, e em sua ingenuidade, como o cortesão Primi Visconti relata, acabou por provocar sua própria queda: "Ela apreciava tanto a elegância de madame de Montespan e seu modo engenhoso de se exprimir que não conseguia ficar cinco minutos longe dela ou sem comentar algo a seu respeito com o rei. Isto, é claro, atiçou a curiosidade dele em relação a La Montespan, e ele rapidamente passou a preferi-la à sua amiga."[36] No final, o rei retornava de seu dia de caça, ia diretamente aos aposentos de Louise para tirar as botas e mudar de roupa, "mal a cumprimentando",[37] e depois ia para os aposentos de Athénaïs "e lá ficava até o começo da noite".

Em maio de 1667, com Louise grávida outra vez, o rei elevou a pequena propriedade de Vaujours à condição de ducado e concedeu-lhe o título de duquesa. Ela e a rainha Maria Teresa entenderam esta aparente promoção como a dispensa que realmente era; a rainha "até pareceu lamentar por ela", como Luís observou, surpreso. Louise foi instruída a deixar Saint-Germain e retornar a Paris, "e se ela tiver um pingo de inteligência", escreveu o rei, "vai procurar ativamente um marido, algum viúvo decente".[38]

O rei já não era o amante hesitante de seis anos antes, que confiava em um cortesão para escrever suas cartas de amor por ele. Naquele mesmo ano de 1661, o primeiro-ministro, o cardeal Mazarin, havia morrido, chorando roucamente sua iminente separação de uma fortuna desviada de 35 milhões de libras. Como Luís admitiu, "somente então tive a sensação de ser rei: nascido para ser rei".[39] Embora tivesse atingido formalmente a maioridade aos 13 anos de idade, Mazarin e a rainha-

-mãe haviam continuado em sua longa regência conjunta por muito tempo ainda, governando efetivamente a França por quase 18 anos.

A morte do cardeal deu ao jovem Luís, de 22 anos, liberdade para enfim governar, e ele reivindicou imediatamente o que via como uma inequívoca autoridade pessoal. Talvez recordando a história de que seu pai havia mandado sua avó-regente, Maria de Médici, para seu castelo no vale do Loire, ele rapidamente despachou sua mãe-regente, Ana da Áustria, para seu próprio exílio político. Então anunciou sua intenção de governar o país sozinho, sem um primeiro-ministro, intenção "à qual todos juraram lealdade absoluta", como relembrou um de seus cortesãos, "mas que ninguém acreditava que ele fosse capaz de realizar".[40]

Luís estava mais autoconfiante, como deixou claro no diário que havia iniciado dois dias antes, após a morte do cardeal: "O *surintendant* foi o único, ou quase, a dar a impressão de dar ouvidos aos caprichos de um jovem que logo mudaria suas ideias. Mas está equivocado[...]"[41] Em pouco tempo, o *surintendant* Nicolas Fouquet, o esperado sucessor de Mazarin como primeiro-ministro, foi preso sob acusações forjadas de corrupção e levado, pelo lendário d'Artagnan, para um julgamento de fachada, onde foi condenado à prisão perpétua.

Embora investigações tenham revelado um número extraordinário de cartas de senhoras agradecendo-lhe pelas somas regulares de dinheiro que ele vinha lhes enviando, o único crime verdadeiro de Fouquet foi ter desafiado, inadvertidamente, a nova percepção que o jovem rei tinha de si mesmo como governador absoluto do país. Homem de grande poder, Fouquet era também muito culto e um reconhecido patrono das artes. Scarron, marido de Françoise, tinha sido um de seus muitos beneficiários. Seu magnífico castelo de Vaux-le-Vicomte, a 75 quilômetros de Paris, tinha recebido uma abundância de tesouros que o talento ou a influência poderiam oferecer: belos móveis, pinturas e esculturas, manuscritos raros, até mesmo as melhores comidas, pois seu chef era o famoso François Vatel, brindado em todas as mesas da terra (e que mais tarde se suicidaria por vergonha pelo atraso na chegada das ostras para um banquete na residência do príncipe de Condé). Para embelezar seu castelo, Fouquet havia contratado os melhores entre os melhores profissionais: o arquiteto Louis Le Vau, o pintor Charles Le Brun e André Le Nôtre, paisagista *extraordinaire*.

Em agosto de 1661, cinco meses após a morte de Mazarin, Fouquet deu uma fabulosa *fête* no Vaux-le-Vicomte, à qual todos os integrantes da corte compareceram, incluindo o rei. Os jardins, a música, a iluminação, os banquetes, e, não menos, a *première* da comédia de Molière, *Les Fâcheux* [*Os Importunos*] – todos os prazeres e esplendores da noite selaram a atitude de inveja e vingança de Luís para com seu *surintendant*. Tendo assumido o trono recentemente, o egocêntrico rei não tinha qualquer intenção de ser política ou socialmente ofuscado por ninguém, muito menos por um de seus próprios ministros. "Como pode um ministro comportar-se de maneira tão real?",[42] perguntou, indignado, ao voltar para a corte após a *fête*. "Estes cavalheiros, Le Vau, Le Brun, Le Nôtre e até Molière, devem ser tirados desse abusivo mecenas e trazidos a nós, seus protetores naturais e legítimos. [...] Não fosse pelas súplicas da rainha minha mãe, eu o teria prendido esta noite mesmo." A prisão de Fouquet não demorou muito a acontecer, no entanto; seu excessivamente maravilhoso castelo foi confiscado e sua encantadora e jovem esposa, Marie-Madeleine, amiga de Françoise, logo desapareceu da corte e dos círculos da cidade.

A determinação de Luís em não ter rivais talvez seja abrandada por sua juventude e pela novidade que o poder representava para ele, embora sugira um espírito mesquinho não encontrado em príncipes verdadeiramente nobres. Menos desculpável é o comportamento do *intendant des finances*, Jean-Baptiste Colbert, cuja ambição inescrupulosa tinha sido a motivação por trás da queda em desgraça de seu superior. "Tenho total confiança em Colbert",[43] registrou Luís. Mas não devia ter tido. Aproveitando-se da inexperiência do rei, Colbert, então com 42 anos de idade, tinha conseguido deslumbrá-lo com uma quantidade de contas falsas, provando uma suposta conduta ilegal por parte de Fouquet. "Deixei-o investigar as coisas que eu não tinha tempo para analisar a fundo",[44] escreveu Luís com ingenuidade. Colbert tinha sido o principal protegido de Mazarin e, apesar da determinação de Luís de "reinar sozinho e absolutamente",[45] não há dúvida de que, com Mazarin morto e Fouquet condenado à prisão perpétua, Colbert rapidamente se tornou primeiro-ministro de fato, embora não por título.

Colbert havia se tornado indispensável ao rei já desde o início de seu "reinado pessoal", no ano de 1661, e desde então se seguiu uma rápida conquista de poder sobre as finanças do reino, seu comércio, suas leis e administração, até certo ponto sobre as forças armadas e, não menos, sobre a casa real, árbitro por excelência da influência e riqueza da nação. Sem jamais se apresentar como mais que servo leal do rei, em poucos anos Colbert se tornou, efetivamente, o governador real da França. Luís, jovem, inexperiente, orgulhoso em excesso, percebia a verdade com desconforto: "Não tenho inveja",[46] escreveu, pouco convincentemente em seu diário secreto. "Um príncipe tem sempre a vantagem de estar cercado de excelentes conselheiros [...] Sou o mestre, muito embora eu às vezes me esqueça disso quando estou na sua presença [...] Mas seu modo de repreender as pessoas certamente daria algumas ideias a Molière, se ele pudesse ver."

Naquele mesmo mês de maio de 1667, tendo rebaixado Louise de la Vallière de amante a duquesa, o rei da França enviou uma carta inamistosa à sua sogra, a recentemente viúva rainha da Espanha. Informou-lhe de que com a morte de seu marido, e estando o pagamento total do dote de sua filha ainda pendente, partes dos Países Baixos espanhóis[47] tinham agora sido "devolvidas" a Maria Teresa – efetivamente, para si mesmo. Sem esperar por uma resposta, declarou que a paz entre França e Espanha, os oito anos de paz dos Pireneus, selada por seu próprio casamento, tinha chegado ao fim.

Os partidários de Luís apresentavam isso como uma medida necessária para proteger a França de invasões do norte através dos Países Baixos espanhóis, mas outros o viam como seu primeiro passo num resoluto empreendimento de engrandecimento nacional e pessoal. A diplomacia tinha sua utilidade, mas para Luís, como para a maioria de seus contemporâneos, o uso da força militar, em quase qualquer circunstância, era uma legítima declaração de autoridade política: em outras palavras, o poder fazia o direito. Além disso, como registrou em benefício de seu filhinho, "Quando agimos em contravenção a um tratado, na realidade não o estamos infringindo, porque ninguém o toma literalmente. Se eu não tivesse rompido a Paz dos Pireneus, teria sido negligente em meu dever para com o Estado: os espanhóis teriam sido os primeiros a rompê-lo se eu não o tivesse feito".[48]

Graças a seus competentes ministros da Guerra, Le Tellier e seu filho Louvois, e a Jean-Baptiste Colbert, agora *contrôleur-général* (de fato, primeiro-ministro), Luís tinha agora sob seu comando um Ministério da Guerra plenamente operacional, "talvez o primeiro ministério genuíno em qualquer Estado europeu",[49] e um exército recentemente expandido de 80 mil homens. Duas semanas após a carta enviada à rainha da Espanha, eles partiram para Flandres sob a liderança do veterano marechal Turenne, amigo de Scarron nos antigos dias do salão amarelo, para travar sua "Guerra da Devolução". Com a fraca defesa das cidades dos Países Baixos espanhóis e com a incapacidade dos próprios espanhóis, com seu império em declínio terminal, de pagar por reforços, as tropas francesas encontraram tão pouca resistência que apelidaram debochadamente a campanha de *la promenade militaire* [o passeio militar].

O próprio rei tinha acompanhado o passeio, como também Maria Teresa e Athénaïs. Embora *la belle* Montespan tivesse partido para a viagem como dama de companhia da rainha, retornou à corte em meados de agosto com uma honra maior, ainda que secreta: "Minha viagem aos Países Baixos foi muito satisfatória", registrou o rei em seu diário. "Tomamos muitas cidades, e a encantadora Athénaïs me concedeu seus derradeiros favores."[50] Seu único aborrecimento, e também da rainha, ao que parece, foi descobrir que Louise tinha se recusado, de uma vez por todas, a cair no esquecimento, e tinha tido "a audácia" de aparecer na corte em Saint-Germain, onde sua tristeza, "aparente demais", ameaçou entregar o novo jogo.

Em outubro de 1667, a indesejável Louise deu à luz um filho indesejável. Pateticamente, deu-lhe o nome de Luís, e em reconhecimento seu pai o declarou conde de Vermandois. Advogados e conselheiros parlamentares começaram a fazer investigações para construir um precedente legal e, em fevereiro de 1669, o garotinho foi legitimado. Em novembro do mesmo ano, com apenas 2 anos de idade, ele foi designado almirante da França. Colbert, o *contrôleur-général,* agora também secretário de Estado da Marinha, foi nomeado para o auxiliar temporariamente em suas funções.

CAPÍTULO 8

CIDADE LUZ

Françoise, enquanto isso, tinha estado desfrutando do que ela própria chamou de o período mais feliz de sua vida. A não ser pelas viagens de um dia pelas florestas adjacentes e por curtas estadias no campo, ela havia passado esses anos em Paris, onde tinha alugado uma casa na rue des Trois-Pavillons,[1] em seu conhecido bairro do Marais. Isso lhe tinha assegurado uma tranquila continuação de sua vida social, já que Ninon, os d'Albret, Madeleine de Scudéry, a duquesa de Richelieu e madame de Sévigné eram seus vizinhos. Embora a casa fosse pequena, ela vivia confortavelmente ali com um grupo de criados, incluindo a empregada de sua senhoria, Nanon Balbien, uma moça competente e confiável, que permaneceria com ela por toda a vida.

Françoise tinha agora 33 anos. Com cabelos ainda escuros e encantadora, era uma figura estabelecida e popular nos mais brilhantes círculos de Paris. Após o florescimento do seu estilo de vestir, no início da viuvez, ela tinha assumido um vestuário discreto e elegante; suas cores preferidas eram o verde e o azul, e seus luxos, caracteristicamente de bom gosto. Usava linhos particularmente belos, combinados sempre com perfeição e impecavelmente brancos, uma clara marca de posição social num tempo de ruas sujas e lavagem rudimentar de roupas. Seus sapatos eram da melhor qualidade e seus vestidos eram de excelente musselina, "um tecido muito elegante na época para pessoas de riqueza mediana".[2] Em casa, queimava velas de cera em vez das de sebo, mais baratas e menos perfumadas, "e isso não era muito comum naquele tempo". Com essas indulgências, sua "grande e boa lareira", os brinquedos para os filhos dos Montchevreuil e sua modesta caridade, ainda lhe sobrava um pouco, a cada ano, das 2 mil libras de sua pensão real.

Em 1666, mais ou menos, por volta dos 31 anos, ela arranjou um "confessor" pessoal, de acordo com os costumes da nobreza e pequena nobreza católicas. Escolheu o abade François Gobelin, ex-soldado e doutor em teologia pela Sorbonne, aparentemente "muito estimado",[3] mas ainda assim um homem limitado, mais um defensor de detalhes religiosos do que um farol de inteligência ou espiritualidade. A relação de Françoise com *père* [padre] Gobelin pode sugerir a manifestação de um sentimento religioso de sua parte, mas, de modo geral, ele parece ter sido, para ela, uma obrigação social que não precisava ser levada muito a sério no aspecto religioso. Seu constante aconselhamento, dado por escrito ou pessoalmente, não tinha força para fazê-la mudar seu comportamento, a menos que ela própria já tivesse decidido mudá-lo. Ao longo de seu relacionamento, que durou um quarto de século, era Françoise quem detinha o controle, e não o reverendo *père*.

Naqueles primeiros tempos na rue des Trois-Pavillons ele tinha tentado persuadir sua "apetitosa cristãzinha" a adotar trajes menos tentadores. Françoise não se vestia de modo elaborado ou coquete, como a maioria das mulheres de seu meio, mas sua beleza e seu natural senso estético garantiam sua atratividade, não importava o que usasse. Ela raramente saía *décolletée*, a não ser em dias de calor muito intenso: "Ora, você tem um colo muito bonito", exclamou, surpresa, a duquesa de Richelieu, num desses dias de verão. "Você sempre o cobriu com tanto cuidado que presumi que devia haver algo de errado com ele."[4] Père Gobelin reclamou da exuberância de seus vestidos: "Mas, monsieur", protestou ela, "eu sempre uso os tecidos mais comuns". "Talvez", respondeu ele, "mas minha cara dama, quando a senhora se ajoelha, há tão grande quantidade de tecido a meus pés, espalhando-se com tanta graça, que realmente devo dizer que é exagerado".[5] Mas os elegantes vestidos de musselina de Françoise não se tornaram menos suntuosos.

Tendo falhado em relação a seu modo de se vestir, père Gobelin tentou, então, mudar seu comportamento social. Percebendo o quanto era divertida e o quanto apreciava a atenção que isso lhe trazia, o abade, ele próprio, sem dúvida, um mestre nessa arte, instruiu-a a "tentar enfadar a todos".[6] Françoise reagiu com dureza, adotando o completo silêncio quando em grupo, restringindo-se com tanta determinação que "a afastou totalmente da devoção". Père Gobelin teve tão pouco êxito que "ouvi-a dizer que não fosse pelo fato de as pessoas provavelmente comentarem, ela não se daria ao trabalho de ir à missa no domingo".

Não era muito provável que ela fosse estimulada à religiosidade pela segunda presença sacerdotal em sua vida no Marais, o excêntrico abade Jacques Testu. Magro, tagarela, dado a espargir água sobre a cabeça para clarear seu pensamento, este abade de 42 anos era um notório conquistador – e um otimista, depositando sua esperança de conseguir um bispado pela conversão de Ninon de cortesã a carmelita. "A diocese precisaria estar cheia de mulheres jovens, naturalmente",[7] observou Ninon laconicamente. Padre Testu ficou consternado com os rigores impostos a Françoise pelo sincero père Gobelin, e apareceu em sua casa para protestar. "Realmente, madame", disse-lhe, "a senhora está lidando com um fanático".[8] Mas ela manteve père Gobelin; ele era um homem bom e suas limitações, muito impropriamente, eram uma vantagem: ela podia seguir seus conselhos ou ignorá-los, conforme seu estado de humor. Em consequência, suas tentativas de uma vida mais devota eram tíbias e efêmeras, e ela passava seus dias não na igreja ou em oração privada, mas jantando em companhia adequada, ou passeando pelos bairros da moda ou indo a peças e óperas usando "exagerados" vestidos de musselina.

Para a maioria das pessoas em Paris, esses anos da década de 1660 foram um período dourado, apesar das dificuldades dos anos iniciais. Uma má colheita em 1661 foi rapidamente esquecida com a abundância de pão barato para os pobres e com novas diversões para os que tinham dinheiro para gastar. A cidade estava mudando, construindo e ajustando seu caminho para alcançar uma habitabilidade confiante e moderna.

Na qualidade de *surintendant* das construções do rei – um de seus muitos cargos lucrativos –, Colbert tinha iniciado um sólido programa de construções reais e públicas. Os imensos e velhos portões medievais de Paris, e seus muros antigos, já ruindo na época em que Françoise chegou, 15 anos antes, tinham finalmente sido demolidos para abrir caminho a ruas novas e amplas e a mais casas. As sombrias moradias de uma era anterior foram substituídas por novas igrejas e, para os ricos, por imponentes *hôtels particuliers*, versões urbanas de seus castelos no campo; os novos portões altos, que permitiam que a carruagem da famí-

lia entrasse diretamente das ruas, eram uma característica contemporânea especialmente elogiada. Com cerca de 22 milhões de pessoas, a
França já podia se gabar de ser o país da Europa com maior população;
com cerca de 600 mil habitantes, sua capital tinha se tornado a maior
cidade do continente.

Em 1666, o próprio rei saiu para uma caminhada pelas ruas de
Paris para observar a cidade diretamente; na sequência, determinou que
se trouxesse do estrangeiro um bando de cisnes para enfeitar o rio Sena;
qualquer um que fosse pego roubando seus ovos era multado em 3 mil
libras. Caminhando pelas ruas no rastro do rei, Colbert e seu protegido,
Gabriel Nicolas de la Reynie, tomaram uma decisão diferente para embelezar sua cidade florescente, e cuja praticidade era tanto quanto estética: instituíram uma série de regras rígidas para limpá-la.

Moradores e comerciantes viram-se sujeitos a uma nova "taxa da
lama", a ser paga duas vezes por ano, em dias determinados; os que deixassem de pagá-la tinham seus móveis confiscados por meirinhos no dia
seguinte. O novo cargo de coletor de lixo foi acrescentado à folha de
pagamento da cidade, e os parisienses foram obrigados a dar sua própria
contribuição prática à limpeza pública: além da taxa da lama e de uma
multa, recém-instituída, caso fossem pegos jogando qualquer coisa nas
ruas pelas janelas, eles agora tinham de comparecer à porta "todas as
manhãs, às sete no verão e às oito no inverno, carregando os refugos da
casa, ao toque dos sinos da igreja; e toda lama e sujeira na calçada de
frente de suas casas deveria ser varrida e colocada numa pilha, no canto
do prédio, para coleta oficial"[9] pelos novos lixeiros que eram eles próprios multados caso deixassem de fazer o trabalho adequadamente.

Uma nova regulamentação foi aplicada aos guardas da cidade, cujas
carroças cheias de excremento humano foram obrigadas, daí para a frente, a circularem fechadas; o resultado foi que as ruas "agora estão tão
limpas que os cavalos quase escorregam nelas". Uma nova força policial,
a primeira do tipo na Europa, foi formada para combater o crime e o
vício: policiais armados com arcos e flechas reuniam os desamparados e
os trancavam em asilos e conventos; "boêmios e ciganos" eram condenados às galés; e os estudantes eram confinados a colégios, severamente, ao
que parece, o tempo todo a não ser por algumas horas específicas. Numa
tentativa de impedir assassinatos e roubos, o uso de máscaras foi proibi-

do; algumas damas elegantes, inclusive Françoise, de vez em quando, continuaram a desafiar a nova lei.

Num período de alguns anos, Paris tinha se livrado da grossa crosta medieval de sujeira e desordem e agora dava o tom de modernidade e elegância para toda a Europa. Havia até iluminação pública. Em outras cidades francesas, os que se aventurassem no escuro eram obrigados a depender de lanternas manuais bruxuleantes, ou das velas de uma taverna eventual, ou daquele antigo auxílio dos viajantes noturnos, a lua. Mas em Paris, com a nova "taxa da luz" em complemento à "taxa da lama", as lanternas públicas ficavam acesas até tarde da noite, de modo que "até duas ou três da manhã está quase tão claro quanto o dia". O rei mandou cunhar uma medalha com a inscrição *Securitas et Nitor* (Segurança e Iluminação), e Paris, *la ville lumière*, nasceu.

Embora os novos regulamentos tenham certamente limpado as coisas, não conseguiram refrear nada. Funileiros ambulantes e vendedores de frutas ainda enchiam as ruas com travessas de produtos parcialmente legais para venda. As comunidades desalojadas de mendigos e ladrões rapidamente se reagrupavam em outra parte. Os cabarés e os antros de jogo obedeciam às leis quando a polícia estava por perto; de outro modo, ignoravam-nas com entusiasmo. Nos lindos jardins do palácio das Tulherias, recém-abertos a qualquer membro do público "vestido de modo decente", as prostitutas caminhavam livremente, oferecendo lições francesas aos estrangeiros, embora sejam "muito mais hábeis no amor do que na gramática",[10] como observou, desnecessariamente, um italiano, em um diário de sua visita a Paris, em meados da década.

Se a resistente vida pública havia prosseguido por meio de sua própria e eterna força, suas flores culturais e intelectuais mais delicadas revigoraram-se por conta de uma refrescante chuva de atenção e dinheiro reais. As humanidades, declarou Luís, "são os mais refinados ornamentos do Estado", e jurou: "É missão do rei revivê-las."[11] Um grande pote de ouro foi separado para este fim, incitando uma onda de versos poéticos comparando Luís ao mais celebrado dos patronos das artes, o imperador romano Augusto.

Embora algumas pessoas proeminentes, notadamente Fouquet, tivessem continuado a dar algum apoio durante os anos magros da

Fronda, não tinha havido nenhum patrocínio real desde a morte do culto cardeal Richelieu, vinte anos antes, e o dinheiro que agora disponibilizava criou grande excitação entre os artistas e estudiosos da cidade, cada um esperando ver seu nome na preciosa *liste* de futuros recebedores. Colbert incumbiu o decorador de Fouquet, Charles Le Brun, de escolher os felizes pintores e escultores. Entre os escritores, Molière, dramaturgo preferido do rei, foi um dos primeiros a serem indicados; seu agradecimento veio na forma de um verso tipicamente irreverente, repreendendo sua musa por ainda estar na cama às seis da manhã:

> Minha preguiçosa Musa, estou escandalizado
> Por vê-la ainda na cama:
> Levante-se! E vá imediatamente ao Louvre
> Curvar-se em agradecimento.[12]

Luís talvez visse o reavivamento das artes como "missão do rei", mas, como sempre, o trabalho de implantação coube ao *côntroleur-général* Colbert, seu "burro de carga". Felizmente, Colbert, que afirmava ter ancestrais escoceses, estava mais do que à altura da tarefa. "Estou tão constitucionalmente inclinado ao trabalho", havia escrito ao cardeal Mazarin, "que não posso suportar nem mesmo pensar em ociosidade, ou até mesmo em trabalho moderado".[13]

O mesmo se aplicava aos artistas e estudiosos que se beneficiaram das novas e estrategicamente intituladas *gratuités*. Ao contrário das pensões, concedidas até segunda ordem e geralmente vitalícias, as *gratuités* para esses "proclamadores das virtudes do rei"[14] tinham de ser renovadas todo ano: beneficiários que se provassem insuficientemente entusiásticos acerca do caráter do rei, de suas proezas marciais ou de sua dança estavam sujeitos a terem seus nomes riscados da lista, o que resultou em inúmeras peças dramaticamente desequilibradas e histórias efetivamente dúbias. Mas se Luís considerava as humanidades os "ornamentos do Estado", o perspicaz Colbert as reconhecia como um de seus alicerces mais essenciais, menos um reflexo da *grandeza* da França e mais um aspecto crucial de sua criação e manutenção. Fosse em casa ou no estrangeiro, a propaganda – escrita, pintada, esculpida e cantada – era essencial ao reinado de glória incomparável que ele estava determinado a construir para seu egocêntrico e jovem mestre.

O próprio Luís não se opunha. Encantado com os detalhes da estratégia de Colbert – os balés e óperas, as divertidas peças de Molière, os grandes entretenimentos, as campanhas militares e os projetos de construção –, faltava-lhe a capacidade de compreender o plano como um todo, e redirecioná-lo conforme as circunstâncias mudavam. Autoritário nato, com uma presunção inflada por anos de deferência e bajulação, inteligente mas muito atento, e lastimavelmente com pouca educação em virtude de sua infância interrompida pela guerra, Luís compreendia apenas as partes do plano de Colbert que estavam em harmonia com seu próprio gosto. Incapaz de analisar, criticava instintivamente; incapaz de tolerar restrições, punha de lado qualquer coisa que estivesse no seu caminho. Antes do fim da década, Luís tinha passado a ver tudo aquilo que ele próprio quisesse como uma contribuição para *la gloire de la France*, e a justificá-lo de acordo.

Por ora, o que ele queria eram novas peças e óperas, e os frutos de seus desejos enriqueciam o povo de Paris, tanto os "vestidos de modo decente" quanto a grande massa da plebe literalmente suja. Na década de 1660, o teatro parisiense ainda era um lugar onde pessoas de todas as classes se esbarravam. A frequência a uma peça era mais como um encontro político do que uma oportunidade para apreciar uma comédia ou um drama. Os atores eram constantemente importunados com perguntas, fosse sobre seus personagens na peça ou seu comportamento fora do palco. Grupos de oposição eram contratados para assobiar, vaiar ou aplaudi-los; às vezes explodiam brigas. Os empertigados jovens lacaios dos ricos eram os mais problemáticos; alguns teatros tentavam barrar sua entrada. Apesar de tudo, a década de 1660 foi um período maravilhoso para os dramaturgos de Paris: Racine, ainda em seus 20 anos, escreveu as primeiras quatro de suas grandes tragédias; Molière escreveu 21 comédias; até o maduro Corneille, já passado do auge tanto em sua arte como na vida, produziu dez novas peças e dezenas de homens menos importantes produziram grandes quantidades de peças menores que desde então desapareceram de cena.

Foi um período ainda mais intenso para a ópera, já dominada pelo temperamental favorito do rei, Giovanni Battista Lulli, recentemente naturalizado como Jean-Baptiste Lully. Dançarino e empresário teatral, bem como compositor, Lully era implacavelmente ambicioso nos três campos; o que não conseguia realizar por meio do talento e do esforço conseguia por meio de acessos de fúria e intrigas. Agora em seus 30 anos, estava ocupado projetando um plano para abafar o teatro de seu suposto amigo e colaborador, Molière, negando-lhe a música e o balé que faziam parte tanto das peças contemporâneas quanto da ópera. O rei, intoxicado pelo talento de Lully e intimidado por seus acessos de fúria, recusou-se a se envolver nessa batalha de gigantes artísticos, e assim garantiu a vitória final de Lully.

Lully teria ganhado de qualquer modo, já que na metade da década o público de Paris já tinha começado a preferir a ópera ao teatro. O moralista satírico Jean de la Bruyère explicou sucintamente essa tendência: "É o maquinário", disse ele. "É bem simples: o público adora um espetáculo."[15] Para um visitante inglês, no entanto, o espetáculo não era consolo suficiente: durante a noite na ópera de Paris, reclamou, foi obrigado a suportar "alguns cavalheiros cantando junto do princípio ao fim".[16]

Os entusiasmos de Luís e as energias de Colbert também estavam revitalizando a corte, com uma série de entretenimentos cada vez mais pródigos para deleitar os felizes *invités* e ostentar o gosto e esplendor do jovem rei. Na metade do verão de 1668, Françoise compareceu ao último deles, o mais magnífico até aquela data, dado em Versalhes, a 22 quilômetros da cidade. Nessa época, a propriedade real não passava de uma encantadora casa de campo com poucas estátuas em um parque modesto. Luís vinha pensando em demoli-la para dar lugar a algo mais grandioso, mas, dissuadido por Colbert, tinha abandonado o plano, de modo que quando Françoise e seus amigos entraram no pátio de mármore naquela noite de junho de 1668, viram à sua frente uma *maison de plaisance* real quase perfeita.

Se eles tinham esperança de que sobrevivesse, a dimensão do entretenimento da noite os faria parar para pensar. "Estou chamando-a de *le Grand Divertissement*", havia escrito o rei em seu diário no dia anterior, "e quero que supere tudo que já foi feito antes". Pretensamente, a *fête* era uma comemoração do Tratado de Aix-la-Chapelle, que tinha posto fim à *promenade militaire* de Luís, a Guerra da Devolução. "Mas há também outra razão (secreta)", acrescentou. "É em honra da encantadora Athénaïs. Ela será sua rainha sem coroa."[17]

Sendo Versalhes comparativamente pequeno, o número de convidados tinha sido limitado a cerca de 3 mil pessoas, incluindo, aparentemente, "toda pessoa de estirpe, homens e mulheres, de Paris e de províncias adjacentes".[18] Nove mesas de jantar, fartamente decoradas, tinham sido preparadas no jardim, mas estas eram apenas para senhoras seletas, já que a noite tinha sido dedicada, publicamente, às senhoras em geral, embora, secretamente, à sua rainha sem coroa. A exultante Athénaïs se sentou, com modéstia tática, à mesa 4, em companhia de Françoise e Madeleine de Scudéry. A rainha coroada sentou-se, naturalmente, à primeira mesa, ao lado do rei, mas, apesar do lugar de destaque, ela foi ofuscada, como sempre, por todos os lados. A pouca graça que Maria Teresa possa ter tido havia desaparecido nos sete meses de uma nova gravidez. Embora tivesse tido quatro filhos desde seu casamento, oito anos antes, somente dois tinham sobrevivido: o delfim Luís, agora com 7 anos, e sua irmã Maria Teresa, de apenas um ano.

O rei tinha pretendido custear ele próprio as festividades da noite, e para tanto tinha "proibido, rigorosamente, qualquer tipo de ornamento e decoração",[19] conforme registrou o cronista Montigny para as folhas de notícias do dia seguinte. "Mas como regular a moda?", rascunhou retoricamente – "o ornamento e a decoração" estavam, naturalmente, onipresentes. O pagamento da *fête*, em todo o caso, foi deixado para Colbert, em seu infinito e útil talento como *superintendant* das propriedades do rei. Sendo Versalhes uma propriedade real, e sendo Colbert seu *superintendant*, como explicou Luís em seu diário, ficava a seu critério manter baixos os custos da noite, bem como arranjar todos os ambientes e assentos – sem se esquecer dos fogos de artifício. Destes, recordou Madeleine de Scudéry, houve primeiro mil disparos de canhão "em heroica harmonia, se eu assim puder dizer", e depois "mil outros tiros de rotundas, disparados de fontes, *parterres*, arbustos e centenas de outros lugares, e finalmente do topo da torre de água; eram tantas estrelas brilhantes que poderiam ter ofuscado o sol".[20]

Luís deve ter satisfeito seu desejo de superar qualquer coisa que já tivesse sido feita antes, pois o cenário todo era fantástico. O salão de baile exterior, em formato octogonal e iluminado por um "número infinito de candelabros", foi decorado com laranjeiras exóticas e fontes que esguichavam água "como uma chuva de pérolas". A cada cruzamento dos passeios do jardim que conduziam até o salão havia estátuas de deuses e heróis antigos, "todas coloridas e iluminadas". Embora ainda considerado pequeno, o parque continha um anfiteatro grande o bastante para acomodar 3 mil convidados, e de frente para ele havia um jardim cênico, construído especialmente para a noite. Ali o maravilhoso Molière e sua trupe apresentaram sua nova peça, também preparada para aquela noite: *George Dandin, ou O Marido Confundido* é a história de um rico camponês que passa por tolo ao se casar com uma mulher de classe social mais elevada – muito divertida para as "pessoas de classe" presentes na audiência, e um lembrete aos criados que serviam os refrescos para que nem pensassem em ascender. Durante o intervalo, foram apresentadas cenas de balé de uma nova ópera de Lully; o compositor teve uma participação de destaque na dança.

O rei também dançou, mas não no palco, como frequentemente fazia, mas no salão de baile, acompanhado por músicos empoleirados em quatro pequenos anfiteatros. "Você sabe que ele é o mais gracioso dançarino do mundo", disse Madeleine de Scudéry, sem usar de bajulação imprópria, já que todos sabiam ser verdade. Sentindo, evidentemente, a necessidade de fazer alguma menção ao outro personagem real presente, acrescentou diplomaticamente: "Quanto à beleza da rainha – bem, disso você já sabe."[21]

Quando Françoise entrou na carruagem que a aguardava no pátio de mármore, um claro dia de verão já amanhecia. A carruagem não era sua, claro; por enquanto, um luxo dessa magnitude estava além de suas posses e ela ainda dependia da bondade de amigos para se locomover de um local a outro. A viagem de volta a Paris levou três horas, mais ou menos, sobre as novas estradas pavimentadas, tempo suficiente para que ela refletisse sobre os prazeres da noite e sobre a distância que havia percorrido desde o pequeno castelo de Mursay.

CAPÍTULO 9

CHAMADOS DO DEVER

Françoise não havia voltado a Mursay desde 1662, após a morte de sua amada tia Louise. Ali ela havia restabelecido sua amizade com seu primo Filipe, que no passado lhe tinha ensinado aritmética à mesa da cozinha do castelo. Filipe tinha agora 36 anos de idade; logo após a morte de sua mãe ele havia se casado com Marie-Anne e tinham dois meninos: Filipe, de 4 anos, e Henri-Benjamin, com apenas alguns meses. Durante sua visita a Mursay, Filipe havia entregado a Françoise uma série de documentos da família d'Aubigné, supostamente provando seu título de nobreza; mas em julho de 1668, ela havia decidido anulá-los para evitar um novo imposto específico para as pessoas de nascimento nobre. Era um claro indicativo de suas atuais ambições: para ela, proteger sua situação financeira era mais importante do que subir mais um degrau na escada social. Se pudesse continuar a viver em decente conforto em sua própria casinha à rue des Trois-Pavillons, no Marais, ficaria contente em continuar a ser apenas madame Scarron – ou antes, madame d'Aubigné Scarron, como começava a chamar-se, acrescentando o lustro do nome ainda respeitado de seu avô ao som mais duvidoso de "Scarron".

Em agosto de 1668, a rainha Maria Teresa, para seu prazer, deu à luz seu segundo filho, Filipe, e em setembro, para seu horror, Athénaïs descobriu que ela própria estava grávida do rei. Embora a esta altura já fossem amantes há mais de um ano, Athénaïs ficou tão perturbada com o fato que entrou numa dieta frenética para tentar ocultar a verdade: "Ficou magra e pálida, e tão mudada, que estava quase irreconhecível."[1] Quando o bebê nasceu, no fim da primavera de 1669, ele rapidamente foi levado embora; tão rapidamente, na verdade, que não se tem certeza nem mesmo de seu sexo.

Um *bâtard* real não era nenhuma novidade. Louise de la Vallière também tinha tido filhos do rei, mas ela era solteira; não havia um monsieur de la Vallière que reivindicasse direito legal sobre eles ou reclamasse do adultério do rei. Além disso, o próprio rei tinha assumido uma posição pública nada tática em relação à questão: em 1666, ele – ou antes, Colbert – tinha estabelecido um novo conselho para a "reforma da justiça", efetivamente a força policial de Paris, cujo complexo alcance incluía "combater a libertinagem" e "localizar esposas infiéis".[2] De maneira imprudente, talvez, Luís tinha instalado à frente do novo conselho o protegido de Colbert, o extraordinariamente diligente Gabriel Nicolas de la Reynie, cujos enérgicos esforços em seu novo cargo vinham recebendo boa dose de atenção pública.

A questão piorou alguns meses após o nascimento do bebê por conta da inesperada chegada a Saint-Germain do marido de Athénaïs, o marquês de Montespan, que voltava de sua última campanha militar malsucedida, desta vez contra piratas argelinos. O marquês apareceu no palácio em uma grande carruagem preta, com chifres instalados no topo para enfatizar sua ultrajante condição de corno. Havia algum tempo que já se suspeitava do relacionamento do rei com Athénaïs. "Louvado seja o Senhor!", tinha declarado seu sogro. "A sorte está finalmente batendo à minha porta!"[3] Mas, pelo menos oficialmente, era ainda um segredo. O marquês teve o descaramento, ou a coragem, de repreender o rei pelo adultério e adverti-lo de uma eventual punição divina. Athénaïs ficou aterrorizada e Luís, ultrajado. Dois dias depois, ele deu sua resposta: "Decidi prendê-lo",[4] registrou antes de partir para um período de caça de outono, no castelo de Chambord, no vale do Loire.

Enquanto o marquês tinha ataques de cólera em sua cela na Bastilha, Athénaïs e Luís reconsideravam. Nenhum dos dois tinha a menor intenção de pôr fim a seu relacionamento. Estava claro que Athénaïs era muito fértil: ela tinha dado um casal de filhos ao marquês antes mesmo de completarem dois anos de casamento; na verdade, ela já estava novamente grávida. Além disso, o rei não estava disposto a se submeter a nenhum dos métodos contraceptivos conhecidos na época: ele não praticaria o coito interrompido; não usaria preservativos feitos com pele de peixe; e não permitiria que sua "fabulosa" Athénaïs arriscasse sua vida com abortíferos nocivos. Resumindo, com certeza haveria mais filhos. Era preciso encontrar uma solução de longo prazo.

Foi Athénaïs quem a encontrou, e a encontrou na pessoa de Françoise. Vivendo fora da corte, confiável, com modos refinados mas de mentalidade prática, e acima de tudo absolutamente discreta, ela parecia a pessoa perfeita para assumir um lar secreto para os filhos reais indesejados. Já tinha se espalhado a história de sua eficaz substituição de madame de Montchevreuil vários anos antes, mas foi provavelmente a "louca e linda" Bonne, que como Athénaïs era agora dama de companhia da rainha, quem sugeriu a amiga mútua, madame Scarron, como potencial salvadora. Bonne havia se casado em 1666; tinha uma filhinha de 2 anos e Françoise já tinha se mostrado uma extremosa tia honorária para a garotinha. A oferta foi devidamente feita.

Françoise hesitou. Estava feliz como estava, em sua casinha no meio do Marais. Não queria as intrigas, o trabalho e a fraude que um compromisso delicado como esse envolveria. Buscou a orientação de père Gobelin, que a aconselhou a analisar um ou dois aspectos da questão. As duas gestações de Athénaïs na ausência de seu marido não tinham passado despercebidas, mas, apesar da melodramática aparição do marquês em Saint-Germain, ainda não se tinha aceitado que seu amante fosse o próprio rei. O "atrevimento" de Louise de la Vallière ao se recusar a deixar a corte tinha valido a pena, pelo menos em um aspecto: ela tinha permanecido como a *maîtresse déclarée* oficial, ainda aparecendo frequentemente em público junto com o rei e ainda vivendo em seus aposentos junto aos dele.

O desejo de Luís de manter a corte na dúvida tinha tido, aparentemente, algum sucesso. Segundo os boatos, o pai dos filhos ilegítimos de Athénaïs era um dos favoritos do rei, o duque de Lauzun, *maréchal de camp* e *colonel général* dos dragões.[5] Apenas alguns anos mais velho que Luís, Lauzun havia servido por muitos anos como parceiro não oficial no amor, um arranjador de seus muitos e breves casos, fornecedor de cavalos velozes e guarda geral das portas dos quartos. Lauzun vinha da Gascônia, uma região povoada supostamente por uma plebe de malandros presunçosos, espertalhões, espalhafatosos e desonrosos, e embora isso não passasse de um arrogante clichê parisiense, o comportamento um tanto selvagem de Lauzun em nada o contradizia.

Père Gobelin se deu conta de que para Françoise a proximidade com Lauzun só poderia ser prejudicial. Até agora ela tinha mantido uma reputação de probidade; a pensão que recebia da corte dependia disso; seu nome não devia se associar publicamente ao do infame duque. Père Gobelin achava que, se Lauzun fosse realmente o pai dos filhos de Athénaïs, Françoise deveria recusar a oferta. Por outro lado, se o pai fosse o rei, as restrições de costume não se aplicavam; nesse caso, ela deveria concordar. Afinal, os filhos do rei com Louise de la Vallière estavam sob os cuidados oficiais de madame Colbert, esposa do onipresente ministro e dama de posição considerável. Françoise pediu confirmação da paternidade das crianças, e parece que logo recebeu uma carta do próprio rei, solicitando, ou antes exigindo, à sua maneira cavalheiresca de costume, que aceitasse a incumbência. Ela aceitou imediatamente.

"Júpiter teve um filho..."[6]

Foi um começo dramático, para não dizer melodramático. No interior do castelo de Saint-Germain, Athénaïs chegava ao fim do parto. Sob as janelas do terraço, Françoise esperava, mascarada e de capa, numa carruagem sem identificação. Ao soar da meia-noite, o bebê chegou, um menino saudável. Ninguém ousou perder tempo para enfaixá-lo com os tecidos de costume; ele foi apenas coberto com um pedaço de linho e enfiado dentro da capa do duque de Lauzun, que havia se esgueirado para o interior, dizem, pelo quarto da própria rainha. Como quer que tenha entrado, ele rapidamente saiu e se dirigiu à carruagem que esperava, "morrendo de medo"[7] de que o bebê começasse a chorar. Françoise tomou o pequeno embrulho e entrou; o cocheiro chicoteou os cavalos até chegar a Paris.

> Ath trouxe um filho ao mundo, em Saint-Germain. Preocupo-me com o que possa lhe acontecer. L não era casada, enquanto Ath ainda está sob o poder do marido (e é um marido vil e desprezível). O nascimento de Luís Augusto revela um duplo adultério. Teremos de ser muito cuidadosos para proteger a honra da rainha e a honra da coroa.[8]

Assim registrou o rei em seu diário secreto, em 31 de março de 1670, na primeira manhã de vida do filhinho de Athénaïs, Luís Augusto de Bourbon.

O trabalho de Françoise tinha começado, na verdade, algum tempo antes da chegada do bebê. Antecipando-se às suas necessidades, ela e sua criada Nanon tinham se mudado da rue des Trois-Pavillons para uma casa maior na rue des Tournelles; assim, a cortesã Ninon e o confessor Gobelin tornaram-se mais ou menos seus vizinhos de porta. A essa altura Françoise também estava supervisionando os cuidados do primeiro filho de Athénaïs e do rei. Ele, ou mais provavelmente ela, tinha sido entregue aos cuidados de mademoiselle des Oeillets, uma das camareiras de Athénaïs e amante do rei sempre que os estágios avançados da gravidez deixavam a própria Athénaïs menos inclinada ao amor. Muito convenientemente, mademoiselle des Oeillets também vivia no Marais, na rue de l'Echelle, e ali Françoise vinha aparecendo todos os dias para garantir a tranquila administração desta casa secretamente importante.

Em sua própria casa na rue des Tournelles, ela vinha recrutando criadas para ajudá-la nos cuidados com o recém-nascido. A mais importante de todas era a ama de leite, de preferência uma jovem mãe com boa saúde, preparada para abandonar seu próprio recém-nascido para amamentar o bebê de uma mulher mais rica. Como os médicos da época achavam que todos os fluidos corporais se misturavam, sexo e amamentação eram atividades mutuamente exclusivas, pelo menos para aqueles que as podiam separar, para que o leite da mãe não fosse maculado por sêmen. Como os sacerdotes declaravam que o direito do marido a relações sexuais estava acima de todas as outras necessidades familiares, esperava-se que as mães católicas abastadas evitassem a amamentação, e as mães católicas mais pobres evitassem o sexo.

Em *La maison réglée*, um manual da "boa administração do lar" da época, monsieur Audiger, ex-mordomo de Versalhes, relacionou os deveres que, em sua opinião, as amas de leite deviam ter:

> O dever da ama de leite é cuidar bem do bebê. Ela deve manter seus linhos limpos [...] e nunca deixá-lo chorar de noite ou durante o dia, mas colocá-lo imediatamente ao seio [...] Para manter seu leite, a ama de leite

deve tomar o desjejum pela manhã e comer alguma coisa à tarde; deve beber pouco vinho às refeições e se abster de ver seu marido. E deve estar constantemente alegre, animada e de bom humor, e cantar e rir o tempo todo para divertir e distrair o bebê [...] As faixas [do bebê] não devem ficar nem muito frouxas nem muito apertadas, e a ama de leite deve tomar cuidado para que os alfinetes não o espetem [...] Ela pode ter uma criada para embalar o bebê.[9]

Madame de Sévigné, ela própria mãe de dois filhos, tinha exigências mais sucintas e dizia apenas que "uma ama de leite deve ser capaz de produzir leite como uma vaca".[10] Em todo caso, Françoise devia saber o que esperar. Ela tinha adquirido bastante prática quando cuidava dos bebês na casa dos Montchevreuil. Depois de entrevistar várias amas de leite, ela contratou madame Barri, muito capaz, mas um tanto gananciosa, por um generoso salário fixo "e, com muita frequência, outras pequenas somas".[11]

A responsabilidade de Françoise aumentou quase imediatamente. Para atenuar as desconfianças sobre a identidade do bebê, ela decidiu receber outras duas crianças junto com ele: a primeira, Toscan, de 2 anos, acredita-se ter sido um filho ilegítimo de seu irmão Charles, aparentemente deixado na rue des Tournelles dentro de uma cesta de piquenique. Com a ajuda de Athénaïs, o desmerecedor Charles tinha recebido uma comissão de infantaria, e tinha prontamente se entregado a pelo menos um aspecto tradicional do parasitismo do século XVII.

A segunda criança que Françoise pediu foi a filha de Bonne, a pequena Louise, "e madame d'Heudicourt entregou-lhe a criança sem nenhum problema, pois eram boas amigas, e ela sabia o quanto [Françoise] gostava de crianças".[12] Não houve qualquer desumanidade da parte de Bonne ao entregar sua filha de 2 anos. Como dama de companhia da rainha, ela certamente não estaria cuidando de sua filha; Louise teria estado sob os cuidados de uma ama, muito provavelmente sem jamais ver sua mãe. Em 1671, o primo Filipe em Mursay teve uma filha. Sendo de uma família da pequena nobreza rural, Marthe-Marguerite não foi entregue a uma ama, e, por enquanto, Françoise não pediu para acolhê-la, mas no devido tempo também esta garotinha ficaria sob os seus cuidados.

***

A amizade de Françoise com Bonne de Pons, agora marquesa d'Heudicourt, tinha sido, até esse momento, bastante proveitosa: provavelmente tivesse lhe trazido a própria posição de governanta e na pequena Louise ela tinha uma boa maneira de manter isso em segredo. Bonne era uma boa amiga e uma companhia garantidamente divertida, mas tinha um traço de malícia que a levava a frequentes indiscrições e, de vez em quando, a criar problemas sérios. Desde seu casamento com o marquês d'Heudicourt, "mestre de caça ao lobo" do rei, ela era conhecida como "a grande loba", sugerindo que sua virtude lendariamente frouxa também continha algo de predatório. E no início de 1671, dois anos depois de Françoise ter assumido a responsabilidade de governanta, Bonne baixou a guarda sobre sua sempre superficial atenção social.

Ela vinha tendo um romance, e seu tio *de facto*, o marechal d'Albret, a tinha repreendido por seu comportamento indiscreto em relação a isso. Nessa época, d'Albret desfrutava das graças da corte e o que provocou sua ira foi, sem dúvida, o risco que isso lhe trazia, pois fidelidade conjugal, fosse sua ou de qualquer outra pessoa, nunca tinha estado entre as suas preocupações. Bonne revidou com suas próprias acusações: d'Albret era um hipócrita; ele tinha corrido imediatamente para Athénaïs, "como um bom cortesão, e ficado do seu lado, tornando-se seu melhor amigo e conselheiro",[13] abandonando monsieur de Montespan, que era seu próprio primo. E que dizer de seu caso com Françoise? Bonne continuou dizendo "as piores coisas que se pode imaginar sobre ele e madame Scarron".[14]

Mas não foi essa a principal causa da ira de d'Albret. Não satisfeita com os comentários maldosos sobre Françoise, Bonne havia escrito as piores coisas sobre sua outra amiga Athénaïs, revelando a seu amante, e a outro pretendente questionador, o segredo da casa à rue des Tournelles.[15] Essas cartas levaram 18 meses para chegar às mãos de Athénaïs, e quando Françoise soube delas, recusou-se a acreditar. Bonne jamais seria tão desleal a suas amigas ou ao rei, insistiu. A menos que visse as cartas com seus próprios olhos, a menos que visse a letra de Bonne, acreditaria na sua inocência.

A pedido de Athénaïs, Françoise foi convocada à corte e ali, pela primeira vez, em fevereiro de 1671, ela foi apresentada ao rei em pessoa. Luís mostrou-lhe as cartas; surpresa, ela reconheceu a culpa de Bonne e concordou em cortar imediatamente qualquer contato com ela. Bonne foi banida para o castelo de seu marido no campo e partiu "em absoluto desespero, tendo perdido todas as suas amigas [...] e acusada de todas as traições possíveis".[16] Por não ter conseguido controlar sua sobrinha, d'Albret foi premiado com uma nomeação como governador da Guiana, um efetivo rebaixamento da vida na corte, que tanto lhe agradava, para assumir um cargo temporário nas temidas províncias.

"Fiquei absolutamente desolada por ter de abandonar madame d'Heudicourt",[17] escreveu Françoise a seu primo Filipe, "mas não poderia apoiá-la sem prejudicar minha própria reputação e sorte". Tendo chegado muito recentemente aos círculos da corte, Françoise não tinha coragem de perdoar sua amiga imediatamente e correr o risco de ser ela própria dispensada. Além disso, a culpa de Bonne era evidente. Mas se Françoise não podia lhe dar apoio, também não a abandonou inteiramente. "Mande-me notícias dessa pobre mulher", disse mais tarde a Filipe, "e diga-lhe que nada poderá diminuir meu amor por ela. Se nos encontrássemos, ela veria que eu a amo de todo o meu coração".[18]

Louise, a filha de Bonne, permaneceu com Françoise e a vida na rue des Tournelles continuou como antes, a não ser por um provável alívio da parte de Françoise: o segredo estava claramente revelado, e o fardo da ocultação agora pesava menos sobre seus ombros. De qualquer modo, não é provável que ela conseguisse cumprir sua incumbência em perfeito sigilo. Embora a verdadeira natureza da casa não pudesse ser admitida em público, não seria possível, em um mundo tão intimamente ligado, esconder por muito tempo a verdade dos habitantes curiosos. É provável que o "segredo" fosse um segredo aberto, não reconhecido porque não verbalizado; não sendo conhecido oficialmente, era aceito como desconhecido; não haveria escândalo público e o marido de Athénaïs não poderia tomar medidas formais para reivindicar os filhos dela, que, em termos legais, eram seus.

A própria Françoise relatou que durante esses anos de governança em Paris ela frequentemente pedia a um médico que lhe fizesse uma sangria para tentar reduzir seu enrubescimento sempre que seus amigos a questionavam – ou provocavam – sobre seu paradeiro e o modo como passava seus dias, sugerindo que sabiam muito bem o que estava acontecendo. Ela se esforçava para manter suas visitas sociais, mas as idas e vindas, e o trabalho em si, aos poucos a iam desgastando. "É muito difícil conseguir vê-la", escreveu-lhe o chevalier de Méré. "Estamos começando a achar que você está negligenciando seus velhos amigos[...]"[19]

O *beau monde* talvez conhecesse a verdade da questão, mas a maioria não, e Françoise se viu "subindo escadas para pendurar cortinas e fazendo todo tipo de coisas, porque não queria que trabalhadores entrassem na casa. Eu fazia tudo sozinha; as amas de leite não faziam absolutamente nada por receio de que seu leite estragasse [...] Eu passava noites inteiras com as crianças quando estavam doentes [...] e depois me vestia e saía para as visitas [...] Fui ficando cada vez mais magra".[20]

E sua casa foi ficando cada vez mais cheia. Com Françoise, Nanon, as três crianças, as amas de leite, o restante dos criados e uma quantidade muito maior de comida para preparar e roupas para lavar, a casa tinha se tornado uma colmeia de gente ocupada, barulhenta, aos berros, nunca parada, nunca em silêncio, nunca totalmente sob controle, mas ainda assim funcionando com o dinheiro do rei e os constantes esforços de Françoise. Em junho de 1672, a rainha Maria Teresa deu ao rei um terceiro filho, a quem chamaram Luís Francisco; esta criança permaneceu na corte. Mas seis dias depois, Athénaïs também deu a Luís um filho; este recém-nascido, Luís César, por contraste, tinha de ser depositado em outro lugar.

O marido de Athénaïs havia muito fora libertado da Bastilha; em seu castelo na Gascônia, ele encenou uma cerimônia fúnebre e declarou seu eterno ultraje pelo roubo de Athénaïs pelo rei, acrescentando um par de chifres ao brasão da família Montespan. Ele certamente não ia aceitar o estado de coisas como um súdito obediente. Os dois filhos de Athénaïs e Luís não podiam ser publicamente reconhecidos. O pequeno Luís César teria de se juntar às quatro crianças que já estavam na rue des Tournelles, e Françoise teria de se mudar para uma casa maior.

No outono de 1672, o rei comprou uma casa apropriada na rue Vaugirard,[21] e pela primeira vez em seus vinte e dois anos de vida em Paris, Françoise se viu morando fora do Marais. A rue Vaugirard ficava no limite do distrito de Saint-Germain, o mais imponente entre os grandes e novos empreendimentos residenciais de Colbert. Muito convenientemente, o distrito abrigava a maioria dos visitantes estrangeiros da cidade; assim, havia menos habitantes locais para observar as movimentações na casa de Françoise. Um visitante em especial estava ansioso por permanecer anônimo: em 1671 o rei tinha perdido seu segundo filho legítimo, Filipe, que ainda não tinha completado 3 anos; no ano seguinte, o bebê Luís Francisco havia morrido com apenas quatro meses, junto com sua irmã Maria Teresa, de 5 anos, e seu meio-irmão desconhecido, que havia se juntado ao pequeno bando de Françoise nesse meio-tempo. Françoise tinha ficado muito comovida com a morte desta criança sob seus cuidados, "muito mais do que a mãe verdadeira",[22] que aparentemente nunca se havia dado ao trabalho de visitá-la. Mas se Athénaïs não se abalou muito, as mortes de tantos filhos, em tão pouco tempo, despertaram tardiamente os sentimentos paternais do rei. Ele começou a se interessar por seus dois filhos ilegítimos na casa da rue Vaugirard, e ao fim de 1672 passou a visitá-los lá.

O menino mais novo, Luís César, era ainda um bebê em fraldas, mas Luís Augusto tinha 3 anos e era uma criança atraente, de cabelos encaracolados, afetuosa e precocemente inteligente. Embora afastado dos esplendores da corte, ele ofuscava em muito seu meio-irmão de 12 anos, em Saint-Germain. Luís, o pouco gracioso e jovem delfim, tinha claramente puxado à mãe; era um tanto gordo, tímido e lento para aprender. O rei, determinado a respeitá-lo e amá-lo como herdeiro do trono dos Bourbon, dificultou-lhe as coisas, no entanto, ao contratar dois mestres mal escolhidos, brutais até para os padrões da época, que o fustigavam e falavam com tanta violência que provocaram no menino ódio aos estudos e relutância a opinar sobre qualquer coisa senão sobre o valor de um bom cão de caça. "O delfim tornou-se como um idiota", escreveu Primi Visconti. "Ninguém conseguia conversar com ele. As pessoas diziam até que o pequeno marquês de Créquy o tinha apresentado secretamente a certa prática imoral, e quando o vice-mestre se deu conta disso, escondeu-se com um pau atrás da cama do delfim e, quando viu suas mãos se movendo sob as cobertas, pulou lá de trás e começou a espancá-lo [...] O delfim era ainda jovem, mas ofereceu dinheiro a um oficial do exército para que se livrasse de seu mestre."[23]

Em contraste, o inocente Luís Augusto, de 3 anos, prometia ser tudo que um príncipe deveria ser. Com o delfim recolhendo-se a um obstinado silêncio, seu pequeno meio-irmão rapidamente se tornou o preferido do rei. Quanto a Françoise, ela adorava a criança. Ele se tornou seu pequeno *"Mignon"*, seu queridinho; assim ela o chamaria pelo resto de sua vida.

Cercada por crianças, naturalmente receptiva a todas, mas ainda sem nenhum filho seu, ela derramou sobre esse garotinho todo o amor e ânsia de uma mãe em tudo menos no nome. Era calorosa e atenciosa com todas as crianças, mas sem dúvida sentia uma ternura especial por ele, evocada, talvez, pela antiga falta de ternura de sua própria mãe. A criança respondeu com amor idêntico e igualmente duradouro. Aos 13 anos ele lhe escreveu entusiasticamente "entre os exercícios de matemática e algumas leituras bíblicas. Acabo de ir ao castelo de Glatigny e fiquei empolgado ao ver meus cachorros: Roland, Commère, Rodrigue, Medea, Jason, Hebe, Cyrus, Nigaud, Nanon, Finette, Morette, Charmant e Belle-Face. Agora você sabe mais sobre minha matilha de caça do que sobre meus estudos".[24] Três anos depois, ele escreveria, de seu primeiro cargo no exército, que sentia por ela o que um filho sente por sua mãe, acrescentando: "Eu não suportaria se você não me amasse[...]"[25]

O rei percebia tudo durante as discretas visitas de Françoise e as crianças ao Louvre e Saint-Germain, e também durante as cada vez mais longas horas que ele passava na rue Vaugirard. A princípio ele não gostou muito de Françoise – "Ele não a suportava",[26] disse asperamente o abade de Choisy. Considerava-a muito inteligente, muito contida e, o que era pior, uma possível puritana. Mas vendo seus modos afetuosos com as crianças, ele aos poucos se enterneceu por ela. "Ela sabe como amar", observou um dia. "Seria maravilhoso ser amado por uma mulher assim."[27]

Quer ou não ele já pensasse em torná-la uma de suas muitas amantes casuais, estava preparado para tornar pública a nova estima que sentia por ela: em março de 1673, Françoise viu sua pensão aumentar de 2 para 6 mil libras. "O mérito deve ser recompensado", escreveu o rei em particular. "Por essa razão, tripliquei a pensão de madame Scarron, que está cuidando sigilosamente dos filhos de *la belle Ath*."[28] Talvez, mas na corte já se sussurrava que o rei estava achando a governanta "tão encantadora e tão boa companhia que mal suporta ficar longe dela [...] É verdade que 2 mil libras não são lá uma grande pensão, mas ainda assim este súbito aumento parece aumentar a expectativa de outras bênçãos...".[29]

Françoise começava a ficar conhecida na corte, não apenas por reputação, através de seus bem-nascidos amigos do Marais, mas por si mesma, como visitante regular. Ao levar as crianças para visitar seus pais, por mais discreta que fosse, ela era vista, e comentada, pelos cortesãos bem como pelos criados. Também começava a se tornar conhecida como uma espécie de autoridade nos assuntos da corte, nas diversas e importantes atividades e personalidades "daquele país", como era conhecido por seus *habitués*. Durante o jantar em sua magnífica casa no Marais, madame de Sévigné ouvia avidamente todas as fofocas para registrá-las para sua filha na Provença: "Madame Scarron é encantadora", escreveu, "e sua mente é maravilhosamente penetrante. É um prazer ouvi-la falar sobre todos esses acontecimentos terríveis *naquele país*, que ela conhece tão bem: quão desesperada madame d'Heudicourt se sentiu [...] as provações e tribulações de todas as damas em Saint-Germain, sem excluir a mais invejada de todas [Athénaïs]. É encantador ouvi-la falar de tudo isso. Às vezes as conversas vão muito além, e entram na religião ou na política".[30]

A estrela de Françoise começava a brilhar. Ela tinha conhecido o rei, triplicado sua renda e, por meio de seus esforços, em 1672, seu desmerecedor irmão Charles foi nomeado governador da cidade holandesa de Amersfoort, capturada pelos franceses durante a *promenade militaire* de 1667. "Mas não considero essa posição permanente", escreveu-lhe. "É um passo na direção de algo mais. Portanto, faça o melhor que puder, pois é serviço a um homem que deve tê-lo cativado ainda mais do que cativou a mim, já que o viu em função militar. Parece-me um prazer servir a um herói, especialmente um herói que vemos diretamente [...] Por conta dessa honra, meu querido irmão, você deve fazer milagres. Dedique-se, seja cuidadoso e preciso em seu trabalho", instou-o, sabendo da tendência de Charles a não ser nada disso. "Não seja duro com os huguenotes de lá", advertiu-o, inconscientemente prevendo problemas futuros. "É a bondade que atrai as pessoas. Jesus Cristo nos deu o exemplo [...] E lembre-se: se você não é devoto o bastante para se tornar um monge, não há nada melhor nessa terra do que as pessoas pensarem bem de você."[31]

PARTE DOIS

CAPÍTULO 10

L'ARRIVÉE

Os estrangeiros pensam que minha vida é regulada com muito rigor, mas não será isso uma necessidade para um príncipe? Eu me levanto aproximadamente às oito; entre as dez e o meio-dia e meia estou, em geral, no Conselho. Depois vou à missa; por volta da uma da tarde visito madame de Montespan; às duas, almoço em público com a rainha. Depois é hora de ir caçar ou dar um passeio; à tarde, há mais assuntos do Conselho ou trabalho com os ministros. Até as dez horas, converso com as senhoras, jogo cartas ou vou a um baile. Às 11 horas, após o jantar, estou com Ath. Nunca vou me deitar sem visitar a rainha. Na corte todos sabem onde me encontrar; ouço a todos, recebo petições, tento responder a todos. Sem dúvida, essa não é a melhor programação possível. Meu confessor acha que dedico tempo demais aos prazeres e não o bastante à piedade ou aos deveres, mas, como ele sabe, errar é humano. [1]

Assim era o dia de Luís XIV aos 34 anos, no palácio de Saint-Germain-en-Laye, 18 quilômetros a oeste de Paris. Esta era a principal residência da corte desde 1666, quando Luís deu as costas, definitivamente, ao inacabado Louvre.

As origens góticas de Saint-Germain havia muito tinham sido obscurecidas pelos exércitos ingleses saqueadores e por legiões mais gentis de arquitetos da Itália, e agora se erguia como um gracioso edifício renascentista fixado entre esplêndidos jardins formais ao estilo francês, projetados pelo grande André Le Nôtre para a então favorita do rei, Louise de la Vallière, e completados neste mesmo ano de 1673. Percorrendo jardins ornamentais e alamedas, um terraço de pedra com aproximadamente 3 quilômetros de comprimento desfrutava da visão do lindo vale do Sena e, a distância, da cidade de luz. Mas por mais imponente que fosse o palácio, o rei não tinha conseguido resistir a reformá-lo de acordo com seu gosto mais entusiástico. Para isso, equipes de construtores e artesãos estavam agora trabalhando, dentro e fora, dirigidos pela famosa dupla Louis Le Vau, projetista do Vaux-le-

-Vicomte de Fouquet, e Jules Hardouin-Mansart – e pelo próprio rei, sempre que se dava ao trabalho de interferir.

Françoise conhecia bem Saint-Germain. De sob suas janelas, no meio de uma noite de março de 1670, ela tinha sumido com o recém--nascido Luís Augusto, seu "*Mignon*"; desde então, tinha retornado muitas vezes com o menino e seu irmão, para que pudessem ser mimados pelo pai e vistos pela mãe, que de outro modo não fazia qualquer esforço para vê-los.

Em junho de 1673, Athénaïs deu à luz uma filha do rei, que ganhou o nome de Luísa Francisca, embora o rei a chamasse *Poupotte* ("Boneca") ou *Maflée* ("Bochechuda"), sinais de uma indulgência de que ela rapidamente se aproveitaria. Athénaïs ainda tinha apenas 30 anos; nos últimos três anos ela tinha dado três filhos ao rei; agora, sua última recém-nascida persuadiu o rei de que não podia manter seus filhos não reconhecidos indefinidamente ocultos; decidiu legitimá-los e levá-los para a corte para viverem abertamente como seus filhos.

Já havia um precedente legal, na pessoa do conde Vermandois, filho ilegítimo do rei com Louise de la Vallière, de modo que em dezembro de 1673, Luís Augusto, agora com quase 4 anos, tornou-se o duque de Maine, Luís César, conde de Vexin, e a recém-nascida Luísa Francisca, mademoiselle duquesa de Nantes. Mas, embora declarados filhos legítimos do rei, os meninos não tinham direito ao trono dos Bourbon. As três crianças deveriam permanecer sob os cuidados de madame Scarron; ela deveria sair da casa na rue Vaugirard e ir morar com eles no palácio de Saint-Germain.

Ela não estava particularmente inclinada a ir. Sem dúvida sentia pontadas de saudade do "período mais feliz de sua vida", um tempo de teatros e jantares com seus amigos no Marais, idas e vindas conforme lhe agradassem, antes que sua vida fosse tomada por instalações de cortinas, supervisão de amas de leite e cuidados com bebês doentes durante toda a noite. Ela tinha agora 38 anos: a juventude tinha desaparecido e não havia garantia de uma vida longa. Ela tinha uma boa pensão de 6 mil libras, o suficiente para uma vida bastante elegante em uma boa casa própria, entretendo amigos, usando vestidos de veludo holandês – "Vi algumas amostras outro dia; está em liquidação em Amsterdã; se não for muito incômodo, você talvez pudesse me trazer algum..." – com dinheiro reservado para as inevitáveis dívidas de seu irmão Charles e para "nossos parentes que me pedem ajuda constantemente".[2] Ela já tinha iniciado o que viria a se tornar uma longa carreira de auxílio financeiro aos d'Aubigné, Scarron, de Villette e uma miscelânea de outros primos mais afastados.

Mas havia Mignon, o pequeno duque de Maine, ainda seu queridinho, ainda precoce, ainda encantador, mas agora sofrendo cruelmente com uma perna deformada, retorcida e encurtada durante os espasmos de uma grave febre. Se ela se recusasse a se mudar para Saint-Germain, possivelmente nunca mais voltasse a vê-lo, e ela adorava o menino e sentia profunda necessidade de sua presença, como se fosse seu próprio filho.

Ele, por sua vez, incapaz de andar e sofrendo dores constantes, tinha se tornado ainda mais dependente dela com o passar dos meses, desde o fim de sua doença. Na primavera de 1673, com Louise, filha de Bonne, a reboque, ela o tinha levado em uma árdua viagem de 300 quilômetros até Antuérpia para uma consulta com um médico de lá; aparentemente ele podia ajudar a criança, endireitando sua perna e capacitando-a a andar. Como Luís Augusto ainda não existia oficialmente como filho do rei, ele e Françoise tinham viajado disfarçados, ela como a desconhecida marquesa de Surgères e ele como seu filho.

A viagem foi pior do que o esperado. O tratamento foi desastroso. Mignon tinha sido colocado várias vezes em um aparelho para tração, "como uma roda de tortura";[3] sua perna era puxada e torcida, enquanto Françoise ficava sentada a seu lado, enxugando o suor de seu rosto, com o coração dilacerado por seus gritos. No fim, a perna mais curta ficou mais comprida que a outra e, longe de conseguir andar, ele mal conseguia ficar de pé. Embora a decisão de levar Mignon a Antuérpia não fosse apenas de Françoise, ela era, em parte, responsável pela viagem e, discutivelmente, por seu resultado assustador e o contínuo sofrimento da criança. Portanto, a culpa e talvez a determinação de curá-lo pesaram na balança enquanto ela refletia sobre o que fazer.

No fim, foi père Gobelin quem a convenceu. Sob sua superfície cintilante, disse ele, a corte era um escuro antro de iniquidade; as crianças teriam maior chance de se tornarem boas cristãs se a influência de sua mãe devassa fosse reduzida ao mínimo e a sua, por intermédio de Françoise, aumentasse. Na verdade, Athénaïs tinha pouca influência sobre as crianças, nunca tendo demonstrado muito interesse por elas. Por outro lado, se Françoise partisse, não era possível saber se uma pessoa desatenciosa ou sem sentimentos poderia ser instalada como nova governanta. Além disso, pensou Françoise, seus deveres na corte, assim como seu casamento com Scarron, provavelmente não fossem durar muito tempo. Era costume na época que os meninos bem-nascidos permanecessem com suas governantas somente até os 7 anos de idade, quando então eram transferidos para o cuidado de um tutor do sexo masculino, para receberem educação formal. Mignon já tinha quase 4 anos. Quer Françoise gostasse quer não, ele seria afastado de seus cuidados em três curtos anos. Mas então, sua perna talvez já estivesse curada e, de qualquer modo, ela teria feito tudo o que podia por ele. Quanto às crianças que não pertenciam à realeza, Toscan, filho de Charles, com 5 anos, poderia ser mandado para o campo, enquanto Louise, filha de Bonne, da mesma idade, poderia acompanhá-la a Saint-Germain. Françoise falou novamente com père Gobelin. Ele a instigou a ir, o que ela fez no fim de 1673.

Apesar de ser a principal residência real e sede oficial do governo, Saint-Germain não era grande. Os muitos conselheiros visitantes e diplomatas que iam ver o rei não podiam ser hospedados ali e eram obrigados a fazer a viagem diária de Paris em suas carruagens forradas de veludo, mas sem molas. Não havia quartos em Saint-Germain nem para os cortesãos, que compensaram isso construindo casas elegantes nas redondezas, de modo que quando Françoise chegou, em janeiro de 1674, uma bela e nova cidade nascia junto ao palácio. Até mesmo os aposentos do rei, embora recentemente reformados, eram considerados pequenos. Apenas Athénaïs tinha espaço suficiente, com uma suíte magnífica decorada pelo celebrado François d'Orbay. Ali, em seu vestiário, ela permanecia todos os dias por duas ou três horas, "estendida nua sobre a cama, para ser massageada com pomadas e perfumes".[4] As sacadas que cercavam seus aposentos vislumbravam do alto os lindos jardins projetados para a descartada Louise de la Vallière, o que deve ter feito a confiante Athénaïs pensar. Já não tendo o amor de Luís, Louise ainda assim permanecia na corte, uma tática útil e diversiva para um rei que preferia que sua vida privada permanecesse um tanto misteriosa, no que dizia respeito a seus cortesãos.

La belle Montespan raramente ficava só em sua espaçosa suíte. Além do rei e de seus filhos, quando Françoise os levava em visita, ela a dividia literalmente com uma coleção de animais: pássaros exóticos de todos os tipos e cores, alguns deles voando livremente, bodes e carneiros com fitas nos pescoços, porquinhos usando roupas, camundongos correndo por todo lado puxando minúsculas carruagens de latão, um macaco gritador e até mesmo um ursinho. No "jantar", uma refeição no começo da tarde, Athénaïs presidia a uma mesa somente para senhoras, normalmente uma prerrogativa da rainha. Em seguida, recebia os súditos sentada em uma poltrona apropriada, "com encosto e braços",[5] enquanto as princesas e duquesas se acomodavam em banquinhos modestos à sua volta.

Athénaïs era inteligente, generosa e sinceramente religiosa, mas sua ascensão ao mais absoluto topo tinha trazido à tona os aspectos menos atraentes de seu caráter. Nadando em luxo, ela tinha se tornado indulgente e petulante, ora com seus animais, ora com seus criados, com seus filhos, amigos e até com o próprio rei. Sua voz alta podia ser ouvida durante todo o dia e metade da noite, gargalhando de maneira escandalosa, se lhe aprouvesse, discutindo com o rei ou gritando com seus empregados, frequentemente acompanhada de uma pancada. Apesar de sua nobre ascendência Mortemart, as paixões de Athénaïs eram as dos novos-ricos: belos vestidos, joias imensas, carruagens suntuosas e um constante e flagrante esbanjamento de dinheiro – tudo isso sustentado pelo rei, cuja paixão por ela, após sete anos, não dava sinais de enfraquecimento.

A rainha sem coroa, ao que parece, precisava de um palácio só seu, e a construção tinha efetivamente começado no "elegante capricho do castelo de Clagny", que agora custava ao rei, ou, antes, ao tesouro público, 300 mil libras anuais, "sem falar em suas roupas, joias e dívidas de jogo".[6] O próprio príncipe de Condé, *le grand Condé*, primo do rei, cuja pensão real era superior a todas as outras, recebia apenas 150 mil libras, embora também recebesse um milhão ou mais de suas propriedades. Perto das 6 mil libras que Françoise ganhava, com orgulho, eram uma ninharia; e a maioria dos cortesãos mal conseguiria imaginar como um sacerdote do campo conseguia manter corpo e alma unidos com quatrocentas ou quinhentas libras por ano, ou um trabalhador da cidade poderia alimentar sua família com metade desse valor. Athénaïs não se esquecia das obrigações da caridade, mas isso não a impedia de apostar meio milhão de libras num virar de carta; era muito arriscado, muito fascinante, muito divertido, e se ela perdesse, os fundos sempre seriam reabastecidos. O rei assistia ambivalentemente, justificando a ganância e a extravagância de sua irresistível amante com um fraco argumento político. "Na corte eles jogam por somas absurdas", escreveu. "Sei que é um pouco imoral, mas tudo que atrai os nobres à corte e os mantém aqui é útil ao reino; é um antídoto às conspirações e Frondas."[7]

O pior jogo de todos, ou o melhor, era *le hocca*, uma arriscada loteria vinda da Itália, onde havia muito fora proibida. O Parlamento em Paris também o tinha proibido, embora os próprios *parlementaires*, em suas visitas à corte, nem sempre estavam imunes à tentação de jogá-lo. "*Le hocca* é proibido sob pena de prisão, mas eles ainda o jogam na casa do próprio rei!", declarou madame de Sévigné. "Perder 5 mil pistolas[8] antes do jantar não significa nada; é simplesmente ruinoso."[9] Num esforço para erradicar o jogo, o comissário de polícia, La Reynie, acrescentou à pena de prisão uma multa de 3 mil libras, depois 6 mil, mas o potencial de ganhos era alto demais e, mais que tudo, *le hocca* tinha se tornado "moda na corte", conforme reclamou La Reynie a seu mestre, Colbert. "Isso significa que certamente vai se espalhar pela classe média de Paris, e depois pelos comerciantes e artesãos. Vai criar mais desordem do que nunca."[10] Pateticamente, o comissário contratou um matemático local para criar uma série de jogos de geometria para substituir a desesperadora moda do jogo. Ao que parece, não tiveram a mesma popularidade.

Françoise não era uma jogadora – os riscos seriam grandes demais para ela, mesmo que se sentisse tentada a jogar –, mas participava de outras diversões da corte alternativa de Athénaïs. Normalmente, o rei e sua amante, junto com um seleto grupo de cortesãos, passavam as primeiras horas da noite jogando jogos de tabuleiro ou de cartas (o preferido de Françoise era o *piquet*, um jogo para duas pessoas), ou ouvindo algum novo poema ou peça. Molière, seu mestre, tinha partido para sempre há apenas alguns meses, cuspindo suas últimas palavras junto com um claro sangue tuberculoso durante uma apresentação no papel-título, ironicamente, de *O doente imaginário*. Mas outros escritores tinham surgido, e Lully ainda estava lá, inventando danças, compondo canções, fazendo filhos e seduzindo rapazes, tudo com a mesma energia obsessiva, uma maravilhosa fonte de fofocas e entretenimento para os amantes de ópera e todos os outros. Havia muita conversa, e Françoise brilhava, como havia feito em tantas noites nos salões do Marais. O rei a observava com admiração, mas também com um toque de ansiedade; era tão claro que Athénaïs gostava de conversar com a governanta que ele às vezes se sentia redundante. No fim, acabou lhe pedindo que não continuasse a conversar com "sua amiga inteligente"[11] depois que ele se retirasse, temendo, sem dúvida, que a conversa se voltasse, pouco elogiosamente, para ele.

Era muito frequente a conversa deixar de ser divertida e tornar-se enfadonha, e Françoise a apreciava ainda menos, embora o protocolo da corte exigisse um alto grau de tolerância à tolice. Uma das brincadeiras entre as duquesas e princesas era uma versão do jogo das cadeiras, em que os cavalheiros tentavam empurrar as senhoras de seus assentos. A falta de entusiasmo de Françoise devia ser evidente, ou talvez sua reputação de bom senso fosse intimidadora demais, pois o cortesão eleito para destroná-la retirou-se com uma voz exagerada: "Ah, não! Não madame Scarron!", exclamou. "Eu antes tentaria beliscar o traseiro da rainha."[12]

Não era muito provável que isso acontecesse. Tendo perdido em seu jogo de cartas preferido, o *hombre*, o que acontecia com frequência – "metade da corte vivia à custa de suas perdas"[13] –, Maria Teresa passaria o resto da noite em seus próprios aposentos, ajoelhada tristemente em oração silenciosa. Nos primeiros tempos de seu casamento, Luís quis que ela tivesse sua própria corte de senhoras, como sua mãe havia feito, mas "sua estupidez e seu francês bizarro puseram fim à ideia".[14] A corte agora estava onde quer que o rei estivesse, e o rei estava invariavelmente com sua amante, até o momento de dizer boa-noite à rainha e ir se deitar sozinho. "Nunca vou me deitar sem visitar a rainha", mas isso não era grande consolo para a solitária Maria Teresa, que nem seus filhos tinha para a consolarem – cinco de seus seis filhos tinham morrido. Excessivamente religiosa mesmo quando menina, durante os 14 anos de seu casamento ela havia mergulhado ainda mais fundo em um catolicismo extremo e bastante espanhol. As muitas infidelidades do rei a tinham amargurado e humilhado. Louise de la Vallière ao menos tinha sido discreta, mas Athénaïs ostentava abertamente sua condição de favorecida. "Aquela *pervertida* vai acabar me matando!",[15] lamentou-se Maria Teresa.

O rei cumpria as formalidades, e elas lhe bastavam: em público, a rainha vinha em primeiro lugar. Mas Maria Teresa, 36 anos de idade, queria mais que formalidade. Longe de sua terra natal, ainda se debatendo com a caprichosa língua francesa, desdenhada ou ignorada por todos os cortesãos, ela tinha sido suficientemente ingênua para esperar o amor, e em seu desarrazoado coração ainda ansiava por ele.

Notavelmente, outra princesa estrangeira, recém-chegada à corte, acalentava a mesma esperança no coração – e pelo mesmo homem. Próximo ao fim de 1671, o irmão viúvo do rei, Filipe, duque de Orléans, o "Monsieur", tinha se casado pela segunda vez; sua noiva era a princesa Isabel Carlota do Palatinado, de 19 anos, conhecida por sua saudosa família na Renânia como "Liselotte". Para os esnobes cortesãos franceses, Liselotte era tudo que uma princesa alemã deveria ser: robusta, malvestida e amante de chocolates e salsichas. "É preciso dizer que ela não é nenhuma beldade", registrou o rei no dia seguinte ao casamento, "mas dizem possuir outras qualidades: é franca, sensível e sólida, física e moralmente. Gosta de caminhadas, cavalos e de caça. Conseguirá satisfazer seu marido? Não sei dizer, embora, que mulher poderia satisfazer Monsieur?"[16]

De fato, nenhuma mulher poderia satisfazer o promíscuo e homossexual Monsieur, embora ele tenha cumprido seus deveres maritais com valentia. De seu primeiro casamento sobreviveram duas filhas, e quando Françoise chegou à corte, a própria Liselotte já tinha um filho, Alexandre – "grande e forte de um modo tão impressionante que é mais um alemão do que um francês; todos aqui dizem que puxou a mim, portanto vocês concluirão que não é nada atraente"[17] –, e havia engravidado recentemente do segundo. Embora não fosse bonita, Liselotte ao menos não era nenhuma boba; absolutamente simples, sagaz e espirituosa, com um humor grosseiro e autodepreciativo, tinha conquistado uma admiração surpreendentemente forte de seu marido e de seu cunhado.

No que dizia respeito a Monsieur, ela havia compreendido logo a natureza do caso. Aceitando seu dever mútuo de produzir alguns descendentes, ambos tinham concordado em não exigir mais do outro e, em consequência disso, tornaram-se amigos descontraídos e afetuosos, ao menos pela maior parte do tempo. Quanto ao rei, embora não pudesse admirar Liselotte por nenhum encanto feminino, ele apreciava sua companhia. Sua mútua paixão pela caça de veados, não partilhada nem pela rainha nem por nenhuma de suas amantes, aproximava-os e ele se divertia com suas incisivas observações sobre a vaidade e a hipocrisia da corte. Mas, assim como a rainha, Liselotte sonhava ter algo mais do rei, e a própria impossibilidade de seu sonho a deixou amarga em relação às mulheres que ele admirava, em especial, Françoise. "O rei me convida todos os sábados para a *medianoche* de madame de Montespan",[18] informou Liselotte à sua tia Sofia em Hanover, e todos os sábados, nesse jantar à meia-noite, ela encontrava a linda e divertida governanta; e o que era mais frustrante: não sendo nem vaidosa nem hipócrita, nem coquete nem frívola, não podia ser algo do espírito pungente de Liselotte. A sólida princesa só conseguia atacar a viúva Scarron por sua origem humilde e sua posição modesta na corte, os únicos aspectos em que Liselotte indiscutivelmente tinha vantagem.

Era uma pena, porque na verdade as duas tinham muito em comum e poderiam ter formado uma aliança de bom senso em oposição aos porquinhos vestidos e outras tolices que tanto influenciavam a vida na corte. Nenhuma das duas era uma típica cortesã; faltava-lhes o instinto para manipular e dissimular, tão necessário para manter uma pessoa "naquele país". Françoise ou dizia o que pensava ou não dizia nada; Liselotte simplesmente dizia o que pensava, acrescentando uma piada grosseira. As duas eram inteligentes sem serem intelectuais; ambas eram espirituosas e gostavam de crianças; ambas sentiam falta dos prazeres da vida familiar no campo – a sólida Liselotte sentia falta até de "correr e pular"[19] – talvez metaforicamente. Não menos, ambas se apoiavam em um cristianismo direto e prático, desdenhando de rosários e estátuas e sem se deixar impressionar pelas vidas melodramáticas dos santos e mártires católicos. Embora ambas fossem agora formalmente filhas de Roma, Liselotte era luterana por nascimento e por sua natureza indiscreta, e Françoise era pelo menos semi-huguenote, por criação e também por natureza. "Se as pessoas não fossem comentar, eu não me daria ao trabalho de ir à missa no domingo", havia dito, e Liselotte certamente concordaria. "Os sermões católicos são longos demais", suspirou ao acordar de sobressalto ao fim de um deles. "Agem sobre mim como ópio. No minuto em que um começa, eu caio no sono, e o mesmo acontece sempre que as freiras começam a cantar."[20]

Acima de tudo, Françoise e Liselotte eram ambas forasteiras, suspeitas, em tempos de conflito, por suas antigas vidas de protestantes; sem nunca se encaixarem inteiramente entre os cortesãos nascidos e criados no luxo, sem nunca terem muita certeza de seus lugares na hierarquia social. Como esposa de Monsieur, Liselotte ("madame") supostamente tinha precedência após as mulheres da família imediata do rei, mas nas atitudes da corte isso não era tão simples: Liselotte era obrigada a abrir caminho, não oficialmente, a Louise de la Vallière, ainda *maîtresse déclarée*, e a Athénaïs, que sempre se impunha na primeira fila, e de vez em quando até para madame Scarron, tratada com mais deferência do que tinha direito.

Mas se assim era, a própria Françoise não confiava nisso. Seus modos graciosos e contidos certamente encorajavam os cortesãos a tratarem-na com respeito: ninguém iria empurrá-la de sua cadeira ou tentar beliscar seu traseiro, nem repreendê-la ou ridicularizá-la em público — embora de vez em quando Athénaïs lhe desse instruções, cada uma delas uma pequena humilhação, como se ela fosse uma criada. No entanto, seu lugar na corte não era seguro; a qualquer momento ela podia ser demitida por Athénaïs, ou mesmo pelo rei. Por outro lado, ela não tinha a ambição de passar sua vida toda na corte. Ela tinha suas 6 mil libras por ano e, com isso, podia viver com conforto em qualquer lugar. A pensão podia ser revogada, claro, mas um passo assim tão vingativo era improvável. Enquanto permanecesse na corte, tudo o que lhe importava era continuar a ter o respeito que tanto prezava, e sem o qual não poderia prosperar. Enquanto Liselotte desejava que ela escorregasse um passo ou dois, Françoise lutava, principalmente consigo mesma, para manter um passo firme. "Você é minucioso demais em relação a seus direitos", disse ela a Mignon, numa irrefletida repreensão. "Veja o rei: ele é tranquilo e educado; nunca faz estardalhaço em torno de seus direitos." "Ah, madame", respondeu o garotinho esperto, "acontece que o rei está seguro de sua posição, enquanto eu não posso estar seguro da minha".[21]

Seguro de si mesmo na corte, Luís estava agora igualmente seguro em seu reino. Já não havia príncipes ambiciosos ameaçando buscar vantagens em um país malgovernado. As guerras civis da juventude do rei tinham servido de lição, contribuindo em grande medida para sua determinação de manter uma monarquia absoluta. Após dez anos de governo pessoal, tendo a Fronda ficado vinte anos para trás, ele confiava em seu próprio poder e popularidade. Em 1667, Luís havia instruído os parlamentares de Paris e da província a confirmarem todos os seus éditos reais como lei da terra, e eles tinham aceitado a instrução indolentemente, sem um pio.

"A antiga resistência parlamentar ficou fora de moda", escreveu Colbert. "Já faz tanto tempo que as pessoas mal se lembram dela."[22] Quanto aos príncipes, estavam bastante ocupados, ao que parecia, fazendo dinheiro e politicagem social na corte novamente vibrante – "um antídoto às conspirações e Frondas", como Luís tinha observado. Portanto, não foi para distrair seus nobres e salvaguardar sua própria posição em casa que o rei e seu ministro decidiram agora entrar em uma guerra estrangeira. Antes, era uma questão de prosperidade nacional, pelo menos para Colbert; para Luís era uma questão de orgulho nacional.

Colbert era um "mercantilista" convicto, conforme era moda na época; acreditava na rígida proteção do comércio de seu próprio país e no ataque irrestrito ao de todos os outros. Como ministro das Finanças e secretário de Estado da Marinha, estava numa posição perfeita para administrar os dois lados da equação, com total controle sobre tarifas, taxas e todas as embarcações do país, não apenas os navios e galés da frota de guerra, mas também os da mercante, o que era muito lucrativo. Por enquanto as duas frotas eram pequenas em comparação com as das outras potências – a sueca, por exemplo, ou a inglesa, e especialmente a holandesa –, mas em breve as coisas ficariam diferentes: Colbert já tinha colocado em ação um grande programa de expansão naval. Quando estivesse finalizado, acreditava, a França poderia sair vitoriosa nessas contínuas "guerras por dinheiro", já que, por natureza, era mais abundantemente dotada do que qualquer outra nação da Europa. Somente a França era grande e populosa o bastante, com cidades suficientemente inventivas, clima e terras diversificados e férteis, para prover a todas as suas necessidades e ainda ter produtos e bens para guardar e para vender fora de suas fronteiras.

Tudo sonho e retórica: em um homem menos poderoso que Colbert isso teria sido reconhecido imediatamente como o pensamento ilusório que era. Em 1672, a França era rica apenas em potencial e sua marinha insignificante era o menor de seus problemas comerciais. Sua população de 22 milhões de pessoas era alardeada como a maior em toda a Europa – "monsieur Colbert disse que a riqueza de um rei estava em seus muitos súditos; ele queria que todos se casassem e tivessem filhos"[23] –, mas, se era a maior, era também uma das mais atrasadas.

Mais de cem anos depois de os fazendeiros flamengos e ingleses terem iniciado o produtivo cercamento de terras, os camponeses da França, algo em torno de três quartos da população, ainda trabalhavam de acordo com o desperdiçador sistema de "terra alqueivada" da Idade Média, deixando efetivamente sem cultivo um terço da terra arável. Suas ferramentas também eram medievais, em geral feitas de madeira e vime; um homem de sorte talvez possuísse uma segadeira de trigo sólida importada das terras dos Habsburgo. Longe de produzir bens em excesso para o comércio, a França mal provia para seu próprio consumo: os franceses mais pobres se vestiam frequentemente com lã espanhola e comiam em vasilhas de estanho inglês, enquanto seu compatriota mais rico usava tecidos de Leiden e jantava em pratos de prata alemã ou sul-americana, antes de ir se deitar em camas com lençóis de linho inglês. Os soldados franceses iam para a batalha armados com mosquetes suecos carregados com pólvora flamenga, com apoio de canhões holandeses puxados por cavalos ferrados com bom ferro flamengo. O cobre para as moedas francesas vinha do Japão; somente uma pequena cidade produzia o único aço do país, e após dois séculos de lucrativa mineração de carvão na Inglaterra e nos vizinhos Países Baixos espanhóis, a França não fazia nenhum esforço para explorar suas próprias reservas desse promissor mineral. O próprio queijo consumido na França era, na sua maior parte, holandês.[24] E tudo isso – queijo, pólvora, cobre, linho, tudo – passava pelas mãos ocupadas de mercadores de Amsterdã, cujo espírito empreendedor e diligência tinham criado uma era dourada para as Províncias Unidas dos Países Baixos.[25]

A França não tinha bancos, nem bolsa de valores, nem mesmo um tesouro nacional apropriado. As necessidades do Estado eram financiadas intermitentemente por empréstimos de *banquiers* (mercadores, na realidade) ao rei, em geral a juros de 25%. As imensas dívidas resultantes eram na maior parte das vezes reduzidas pela desvalorização da moeda, um passo tático e astuto, talvez, mas estrategicamente ingênuo, já que encorajava os mais abastados a manterem suas riquezas "paradas" em pratarias elaboradas e outros bens domésticos caros, reduzindo, assim, o volume de dinheiro em circulação e dificultando o comércio em todo o país. A França era rica em terras e pessoas, e deveria ser rica de fato, mas, em 1672, a minúscula República Holandesa, assolada por ventos, com terras semi-inundadas e com seu insignificante um milhão e meio de almas, era muito mais rica – na verdade, era de longe o país mais rico da Europa.

Era mais do que Luís podia suportar. Esses simplórios bôeres holandeses, com suas vacas malhadas jorrando leite da melhor qualidade, e suas fazendas e hortas comerciais desconcertantemente produtivas, esses encardidos homens da cidade, com moedas de cinquenta países diferentes tilintando em seus bolsos, sempre se consultando uns aos outros em seus conselhos de cidadãos, nem sequer tinham um rei. "Cheios de orgulho e ambição", eles estavam "bloqueando nosso comércio e incitando os huguenotes de nosso reino",[26] registrou com desgosto a pena dos Bourbon.

Na realidade, o orgulho e a ambição eram, acima de tudo, do próprio Luís. Os franceses nem de longe poderiam competir com a vasta rede de comércio internacional orquestrada de Amsterdã. Mesmo os produtos das ilhas caribenhas da França, o índigo e o tabaco em que o pai de Françoise havia depositado suas esperanças e o laboriosamente cultivado açúcar, que, enfim, prosperava nas ilhas de sua infância, Martinica e Guadalupe, eram comprados e vendidos pelos holandeses.

Como se não fosse insulto suficiente, a pequena república tinha acrescentado duas outras ofensas graves a *la grande nation*. Primeiro, os holandeses tinham instigado uma aliança com a Inglaterra e a Suécia para conter as ambições francesas nos Países Baixos espanhóis e depois escaparam das garras de uma Espanha enfraquecida: por meio do Tratado de Aix-la-Chapelle, em 1668, esta "tríplice aliança" tinha conseguido pressionar a França a devolver à Espanha parte do território que ela tinha acabado de conquistar. E, em seguida, havia recusado a proposta francesa para dividirem os Países Baixos espanhóis em dois. Luís considerava esse último ponto quase uma questão de *noblesse oblige*, e ficou chocado ao ser rejeitado pela arrogante pseudonação, mas os holandeses tinham preferido evitar ter uma França claramente agressiva como vizinha imediata. "Quando um príncipe é ferido em sua reputação [...] isso é motivo de guerra justa",[27] escreveu o polemista inglês Henry Stubbes, percebendo com clareza a situação da França. À parte as preocupações de Colbert com os queijos e a pólvora, o orgulho ferido de Luís provou-se um *casus belli* mais que suficiente.

As bases para a guerra tinham sido preparadas por meio de propostas diplomáticas secretas a outras nações que continuavam a perder com os vibrantes êxitos comerciais dos holandeses, notadamente seus dois parceiros na Tríplice Aliança.[28] Os pescadores de arenque da Suécia e os comerciantes de tecidos e madeira ingleses ficaram mais do que contentes em antecipar a reversão dos excessivos êxitos comerciais das Províncias Unidas; o governo sueco concordou em não interferir e deixar a França fazer o que queria, e os ingleses emprestaram o poder de sua grande marinha para auxiliar a frota francesa.

Desde o fim da Guerra dos Trinta Anos, em 1648, cujo fim muito os beneficiou,[29] os holandeses tinham negligenciado a defesa nacional para despejar todos os seus recursos no comércio, de modo que em 1672 seu exército tinha se reduzido a uma mixórdia de soldados mal treinados e milícias casuais, sustentando um serviço militar sem propósito em uma série de fortes caindo aos pedaços. Em consequência disso, quando Luís partiu para o norte, em 12 de maio desse ano, antecipava uma segunda *promenade militaire* ao estilo da Guerra da Devolução de 1667. Confiante na vitória que ofuscaria os holandeses à permanente submissão, e determinado a reforçar isso com sua própria presença majestosa, permitiu até que uma centelha de glória iluminasse a atordoada rainha Maria Teresa, que se viu declarada regente da França durante a ausência de sua majestade – o que não causaria grande prejuízo, já que Colbert estava por trás dela.

À frente das 120 mil tropas francesas estavam, além do próprio rei, o marechal Turenne e o príncipe de Condé, "meus dois melhores generais",[30] bem como o pequeno marechal de Luxemburgo e o brilhante Sébastien Vauban, ainda um capitão aos quase 40 anos de idade, mas que em breve se revelaria incomparável em toda Europa na vital arte e ciência da engenharia militar. Com seus bolsos forrados com documentos da aliança com o arcebispado de Colônia e com o bispado de Münster, motivo pelo qual outras 30 mil tropas tinham sido acrescentadas, os franceses planejavam marchar através desses territórios vizinhos até os Países Baixos espanhóis e daí para as Províncias Unidas. Na segunda semana de junho de 1672, eles já tinham tomado seis cidades, evitando batalhas campais e optando, em vez, pelas dispendiosas, porém mais previsíveis, guerras de cerco, "a forma mais teatral de guerra"[31] que Luís tanto apreciava.[32]

Apesar do estado precário das forças de defesa de sua nação, o vigoroso príncipe Guilherme de Orange, de 22 anos, recentemente designado capitão-general, tinha conseguido formar pela força um exército holandês de 20 mil homens. Tendo cavado trincheiras e levantado muros de defesa, eles agora esperavam em Ijssel, na margem sul do Reno, em território holandês; sob a liderança de Condé, os franceses apressavam-se em sua direção. Mas no vau de Tolhuis, Condé inesperadamente desviou seu exército para a margem norte do rio, que ficava em território alemão, perto do forte de Schenk, com isso evitando o jovem príncipe e suas tropas. Um pequeno grupo de holandeses, escondidos atrás de sebes, atacou-os do outro lado, e embora o próprio Condé ficasse gravemente ferido, os franceses tiveram poucas baixas.

Condé, na verdade, tinha atravessado o rio em um barco, e o rei estava a quilômetros de distância, em Doesburg, mas um punhado de jovens cavaleiros inexperientes tinha se lançado com empolgação nas águas em seus cavalos, e embora a maioria deles tivesse perdido a vida, o drama era perfeito para ser explorado. A travessia do Reno imediatamente ganhou status de lenda na França, transformando-se em tema de inúmeras pinturas e tapeçarias, exaltando as proezas de guerra do recém-aclamado *Louis le Grand*. "Não consigo entender como eles conseguiram atravessar o Reno a nado",[33] escreveu madame de Sévigné, ofegante, a uma prima, cinco dias depois do grande evento. "Mergulhar no rio sobre os cavalos, como cães caçando um veado, e não se afogar, ou ser morto ao chegar do outro lado[…] fico tonta só de pensar."

Em Viena, o Sacro Imperador Romano Leopoldo I também ficou tonto só de pensar, e seu choque misturou-se à indignação. Embora tivesse concordado em permanecer neutro em qualquer conflito franco-holandês, ele agora via essa travessia francesa do Reno como um ato de agressão a seu próprio território imperial.[34] Abandonando a promessa de neutralidade, decidiu apoiar os holandeses, que já estavam buscando quem estivesse disposto a juntar-se a eles para expulsar os franceses dos Países Baixos e a voltar para seu país. Encontraram um fraco aliado no primo Habsburgo de Leopoldo, o rei Carlos II da Espanha, e mais forte apoio no "Grande Eleitor" Frederico Guilherme II, do nascente estado prussiano de Brandenburgo. Mas esta coalizão estava sendo preparada havia meses e nesse meio-tempo os franceses faziam um progresso inquietantemente rápido. Uma vez na margem norte, eles avançaram ao longo do rio, tomando todas as cidades ribeirinhas, e finalmente Arnhem, onde Condé, envolto em bandagens e frustrações, ficou para se recuperar. Agora não havia nada que impedisse os franceses de marchar sobre Utrecht e daí para os inestimáveis cais e depósitos, comércios e casas bancárias da indefesa Amsterdã.

Esse tinha sido o plano de Condé, e ele teria dado fim rápido e brilhante a uma rápida e brilhante campanha. Mas o comando do príncipe tinha passado para seu rival, o marechal Turenne, que preferiu retroceder parte do exército e sitiar a cidade de Nimegue. Aproveitando-se desse tempo que ganhou, o atento príncipe de Orange levou seu pequeno exército para Amsterdã, e ali, em 20 de junho de 1672, os grandes diques para o Zuidersee foram abertos, inundando a cidade e as planícies ao redor, causando grande perda ao povo local, mas pondo um fim definitivo a qualquer plano francês de tomar a capital. Outros diques foram abertos, deixando as tropas francesas impotentes em todo o país: os holandeses foram salvos por sua última e única defesa real, sua *waterlinie*. Embora as tropas sob o comando de Luís tomassem Utrecht em 30 de junho e os homens de Turenne tomassem Nimegue em 9 de julho, a iniciativa estava perdida. Após a terrível primavera e verão deste seu *rampjaar*, seu ano do desastre, os holandeses ganharam coragem e opuseram uma obstinada resistência.

Daí em diante, a situação militar tornou-se cada vez mais difícil para os franceses, e a vitória, cada vez mais improvável, embora o rei relutasse em aceitar a realidade. O jovem príncipe de Orange, agora declarado Stadthouder (governador) das Províncias Unidas, concordou com as negociações de paz. A resposta de Luís foi ultrajante: todos os territórios conquistados pelos franceses, independentemente de sua retirada forçada pela inundação, deveriam ser confirmados como domínios da França; todas as guarnições fortificadas holandesas deveriam ser substituídas por guarnições francesas; as tarifas holandesas sobre os vinhos franceses deveriam ser rescindidas e uma enorme indenização deveria ser paga; os franceses deveriam ser autorizados a viajar à vontade pelas Províncias Unidas, sujeitos não às leis holandesas, mas às francesas; todos os cidadãos protestantes deveriam pagar pela manutenção de sacerdotes católicos em sua própria terra; e, como derradeiro tapa na cara da república holandesa, uma embaixada deveria ser enviada todos os anos à corte francesa, carregando um medalhão expressando "a profundidade de sua contrição, sua sujeição à autoridade real [de Luís] e sua eterna gratidão por sua graciosa clemência" – os termos "mais brutais e intransigentemente vingativos que qualquer potência europeia já infligiu a outra no curso de sua história como estados-nação".[35] As orgulhosas e prósperas Províncias Unidas dos Países Baixos deveriam se tornar, na verdade, um estado vassalo da França.

Como era de esperar, os termos de Luís foram rejeitados e a luta continuou. Em setembro de 1672, uma preliminar força conjunta imperial e prussiana, com 40 mil homens e sob o comando do grande generalíssimo da Guerra dos Trinta Anos, conde Raimondo Montecuccoli, avançou para a Renânia. As tropas francesas, separadas e desencorajadas, com crescentes problemas de abastecimento para seus cercos frequentes, aos poucos se viram na defensiva. Por volta de novembro, a rainha regente da empobrecida Espanha tinha até conseguido enviar alguns reforços – "homens para os holandeses e dinheiro para os alemães"[36] –, o que finalmente fez Luís parar para pensar, embora uma retirada honrosa, muito menos uma admissão de derrota, permanecesse impossível para ele.

Após sete outros meses de esforços de ambos os lados, meses de fome, doenças e destruição, os franceses alcançaram uma vitória importante em Maastricht, uma importante cidade nos Países Baixos espanhóis, que se rendeu no dia 29 de junho de 1673, após 13 dias de cerco planejado pelo brilhante capitão Vauban. No dia seguinte, Luís entrou na cidade em triunfo. "Toda a glória foi minha", registrou, "embora *em meu coração* eu tenha de dividir um pouquinho dela com Vauban".[37] Mas a tomada de Maastricht não foi suficiente para restabelecer a sorte militar francesa. Em setembro, duramente pressionados pela coalizão, os franceses foram forçados a se retirar das Províncias Unidas, mantendo, dentre todas as cidades subjugadas, apenas a recém-tomada Maastricht.

"Este não foi um ano inteiramente feliz", admitiu Luís, em particular, em seu diário, no último dia de 1673, na corte em Saint-Germain. "A guerra holandesa está se tornando uma guerra geral." Algumas semanas depois, "nosso primo Carlos II, rei da Inglaterra", assinou uma paz em separado com as Províncias Unidas, assim retirando da França sua crucial ajuda naval. "Não é uma boa notícia", observou Luís sucintamente. Nos bastidores, o astuto e jovem príncipe de Orange tinha trabalhado para desunir a Inglaterra protestante da França católica, e embora o secretamente católico Carlos II desejasse continuar a apoiar seu primo francês à custa de seu sobrinho holandês, seu Parlamento, fortemente protestante, se recusou a votar-lhe os recursos para isso. Carlos estava impotente dentro dos confins de sua monarquia constitucional, como Luís observou com desdém. "Na França a monarquia é absoluta", escreveu. "Nosso Parlamento não é como o de Londres (Deus nos livre!), nem como o da Holanda. Se fosse, a França estaria escorregando para o republicanismo."[38]

A retirada da França dos Países Baixos espanhóis no outono, com apenas Maastricht para mostrar pelos 16 meses de luta, era uma clara derrota, embora Luís preferisse não vê-la dessa forma. Na metade do inverno, numa tácita admissão da força de resistência nos próprios Países Baixos, suas tropas marchavam para o leste, para a região de Franche-Comté, que ainda era dominada, embora de forma precária, pelos enfraquecidos Habsburgo espanhóis.

O Franche-Comté, antigo "Condado Livre" da Burgúndia que fazia divisa com a Suíça e a Alsácia, pertencia, na opinião de Luís, às "fronteiras naturais" da própria França. O príncipe de Condé, na verdade, já tinha tomado a região durante a Guerra da Devolução, em 1668, mas os termos do tratado que pôs fim àquela guerra tinham obrigado os franceses a devolvê-la à Espanha. Agora Luís estava determinado a tomar posse de Franche-Comté de uma vez por todas, e queria ter o crédito de tê-la tomado ele próprio. Assim, mandou Condé para o norte para segurar os holandeses na baía, Turenne para o leste para confrontar as forças do imperador, e dois outros generais para o sul, para desviar quaisquer possíveis reforços suíços para a coalizão. Isso lhe deixou apenas as tropas do próprio Franche-Comté para enfrentar 5 mil soldados mercenários mais um bando de 5 mil milicianos locais reunidos às pressas e mal treinados. Luís conduzia um exército de 25 mil homens experientes, incluindo tropas de elite, e tomou a precaução de enviar o duque de Navailles à frente, junto com uma força militar menor, para realizar o trabalho preliminar de invasão: reconhecer o terreno, estabelecer linhas de suprimento, subornar ou executar líderes locais e aterrorizar a todos. Com isso feito, Navailles foi mandado para junto do príncipe de Condé, deixando o caminho aberto para que o próprio Luís levasse o crédito pela tomada da região.

Em 2 de maio de 1674, o rei acampou do lado de fora da cidade de Besançon, no centro da região de Franche-Comté. O plano era simples: a infeliz cidade devia ser sitiada, com o máximo de barulho e fumaça, após o que deveria fazer uma abjeta rendição, abrindo seus portões ao triunfante rei da França. O capitão Vauban estava à mão para administrar o cerco. A rainha Maria Teresa também estava à mão, além de Athénaïs e de grande número de cortesãos de Saint-Germain, todos prontos para assistir ao espetáculo e perder o fôlego em admiração diante das explosões e dos muros da cidade caindo.

Luís era um experiente mestre de cerimônias. Em seus frequentes balés na corte, ele havia aparecido muitas vezes como Alexandre, o Grande, e como vários outros heróis militares. Agora deveria aparecer, em sua "forma mais teatral de guerra", em seu próprio papel de *Louis le Grand.* Como sempre, seu magnífico *metteur en scène* fez jus à ocasião: "Sob a direção de Vauban, a guerra de cerco veio a se parecer cada vez mais com um balé coreografado até o último detalhe, ou uma tragédia de palco com um desfecho previamente determinado."[39] Como em Saint-Germain e Versalhes, também em Besançon. Durante o cerco, o rei estava constantemente visível, "encorajando as tropas".[40] A cidade resistiu por 13 dias, depois se rendeu a Luís como sugerido, para aplauso de metade de sua corte. Ele então voltou para casa, deixando as outras cidades do Franche-Comté para serem tomadas de maneira menos teatral por seus generais. A última cidade caiu em 4 de julho: a pequena Faucogney, defendida por apenas trinta soldados e duzentos cidadãos, que declararam, para inveja dos franceses que os convidavam à rendição, estarem "decididos a morrer pelo rei da Espanha".[41] E morreram.

Em 13 de julho de 1674, teve início uma semana de festividades em Versalhes, para finalmente celebrar a tomada de Franche-Comté. O último banquete magnífico aconteceu em um dos pátios interiores do castelo, "num jardim coberto de flores, onde uma mesa octogonal tinha sido construída ao redor de uma imensa e triunfante coluna".[42] "Mostraremos aos estrangeiros como a França sofre com os destinos da guerra",[43] escreveu Luís.

CAPÍTULO 11

O CURSO DOS VERDADEIROS AMORES

N A MESA OCTOGONAL não havia sido colocado lugar para Louise de la Vallière, e ela não seria encontrada em nenhum lugar de Versalhes naquela esplêndida noite de julho. Depois de sete anos alternando esperança e humilhação, ela tinha finalmente desistido. Para manter os cortesãos na dúvida, como o rei estava ansioso por fazer, ela havia aceitado permanecer como sua reconhecida *maîtresse déclarée*, embora enfrentando um constante rebaixamento em sua real posição na corte. Ela tinha até sido tola o bastante para receber o rei em privado durante os últimos estágios das três gestações de Athénaïs, quando Luís buscava rotineiramente se consolar com relacionamentos casuais. Mas no início de 1674, até mesmo a desesperada Louise tinha aceitado que o coração do rei nunca mais seria seu. Religiosa por natureza, ela decidiu pôr um tardio fim à vergonhosa situação. À maneira clássica das amantes reais descartadas, decidiu entrar para o convento.

Ninguém ficou surpreso com a decisão em si, e os amigos de Louise devem ter ficado satisfeitos com esse delongado passo em direção à dignidade. Mas a corte como um todo ficou chocada com sua escolha do convento. Longe de ser um refúgio confortável da sociedade, como o convento das ursulinas teria sido, o convento das carmelitas, escolhido por Louise, era o mais doutrinariamente rígido e o mais austero de todos. Seu regime de absoluta autorrenúncia – horas intermináveis de oração, celas de pedra sem aquecimento, pés descalços, o mínimo de comida e sono, até autoflagelação – era considerado pela maioria da corte um lugar apenas para os religiosos excêntricos. A própria Louise parece ter tremido na hora H, usando de várias desculpas fracas para adiar sua partida: "Sua camareira jogou-se a seus pés implorando que não o fizesse. Como poderia alguém resistir a isso?",[1] perguntou madame de Sévigné, com um retórico sorriso de afetação.

Nos bastidores, a maleável Louise tinha sido incitada ao caminho do arrependimento por dois cortesãos ambiciosos e poderosos:

Jacques-Bénigne Bossuet, ex-bispo, orador religioso *extraordinaire* e rígido tutor do jovem delfim, e o marquês de Bellefonds, *maréchal de France* e *premier maître d'hôtel* da casa do rei. Ambos eram conhecidos *dévots*, católicos ferrenhos dos mais inflexíveis, renascidos, por assim dizer, a vidas de absoluto compromisso para com a vontade de Deus, ou pelo menos sua própria compreensão dela. Da corte fluía metade do poder da terra, e Bossuet estava determinado a transformar essa metade em totalidade, mais cedo ou mais tarde. Era um frenético proponente da monarquia absoluta ordenada por Deus: o divino direito de um rei de governar, não desafiado por ninguém – embora aconselhado, naturalmente, pelos homens mais sábios e justos do reino. A "conversão" do rei era, portanto, o objetivo mundano e transcendental; por seu intermédio, toda a França seria reconquistada para Deus, e Bossuet um dia conduziria aos portões celestiais uma arrependida nação de 22 milhões de almas.

A falecida mãe do rei, católica devota, "não apenas uma grande rainha, mas entre os maiores reis",[2] havia acendido a primeira tocha, mas desde sua morte, em 1666, esta tocha não tinha tido ninguém que a carregasse. Sua esperada sucessora, a devota Maria Teresa, lamentavelmente se mostrou inadequada para a tarefa; não tinha nenhum atrativo que trouxesse o rei para sua órbita, e nem inteligência que atraísse qualquer pessoa. Agora, a tímida e pequena Louise deveria levantar a pesada tocha às alturas. Após tantos anos de tácita acomodação aos desejos do rei, esse sacrifício de si mesma, de sua vida na corte, de todos os prazeres e todos os confortos, até mesmo de seus dois filhinhos, iria sacudir o rei, levando-o a reconsiderar o caminho pecaminoso de sua vida – sua incontida e adúltera vida sexual.

Athénaïs, pelo menos, entendeu a intenção do estratagema. Cristão espontâneo, mas irrefletido, Luís era periodicamente aturdido por dúvidas sobre sua própria salvação. Aos 35 anos, com excelente saúde, ele ainda conseguia botar de lado seu medo do ajuste de contas final, mas a influência de Bossuet era forte e seu grupo de *dévots* tornava-se mais determinado a cada dia. O rei já se sentia inclinado para ele em virtude de seu apoio ao ainda controverso princípio da monarquia absoluta, no qual ele acreditava inequivocamente, claro. Mais que tudo, essa ideia vinha ao encontro do temperamento egocêntrico de Luís: ele chegou até mesmo a admirar o regime despótico dos sultões turcos, até ser lembrado de que vários deles tinham sido estrangulados muito recentemente.

O rei não precisava e não queria que ninguém lhe dissesse o que fazer, a começar por sua amante. "Eu ordeno a todos vocês", havia dito a seus ministros, "que se perceberem que alguma mulher, seja ela quem for, está assumindo o controle e me dando ordens, mesmo a mais leve, que me alertem imediatamente, e eu me livrarei dela dentro de 24 horas".[3] Se Bossuet conseguisse convencer o rei, se conseguisse "convertê-lo", isso significaria o fim do reinado da própria Athénaïs; ela própria poderia ser trancafiada em algum convento, morta para o mundo. A ideia carmelita era perigosa demais: Louise deveria ser detida. Athénaïs mandou Françoise, racional, não intriguista, sem ligação com nenhuma das partes, para persuadi-la a mudar de ideia.

Era tarde demais. Louise já tinha informado um número muito grande de pessoas para agora voltar atrás em sua decisão; ela só pareceria tola, se estivesse ameaçando o rei de uma maneira impotente. Françoise protestou. Havia outros conventos menos rígidos, menos solitários, onde ela poderia continuar a ver seus amigos e seus filhos – ela devia pensar também em seus filhos. Louise rejeitou tudo. Ela já tinha dado passos em seu novo caminho de piedade: sob seu vestido de seda da corte ela usava peças ásperas de crina de cavalo, que a arranhavam. Quanto a seus filhos, eram fruto do pecado; seu sofrimento pela separação, bem como o deles, serviria como expiação da maldade de sua geração. Nem madame Scarron nem ninguém conseguiriam detê-la. Ela tinha vivido uma vida de fornicação e agora estava arrependida, como Maria Madalena, a maior de todas as fornicadoras arrependidas. Como ela, Louise esperava um dia ser perdoada. Para isso, estava determinada a passar o que restasse de sua vida em penitência, começando por um ato de auto-humilhação – um pedido público de desculpas à rainha Maria Teresa.[4]

Françoise ficou horrorizada. "Um pedido público de desculpas?", exclamou. "Quão inadequado!" Mas Louise insistiu que, se seu pecado tinha sido público, também seu arrependimento deveria ser; e foi: Louise se ajoelhou aos pés da rainha e pediu seu perdão, observada por uma multidão de cortesãos escandalizados ou satisfeitos; o rei estava taticamente ausente. A rainha ajudou Louise se levantar e a beijou. Na mesma noite, Athénaïs a convidou de um jeito frio para jantar.

Na manhã seguinte, Louise disse adeus ao rei – ele derramou algumas lágrimas, "mas ela agora morreu para mim"[5] – e a seus dois filhos pequenos, cuja confusão e tristeza é melhor nem descrever. Ela foi acompanhada até Paris por dezenas de cortesãos, e por mais de um ano eles continuaram a visitar o convento carmelita, observando-a, pelas grades, se ajoelhar, tomar a comunhão ou apenas andar de um lugar a outro com os olhos baixos e os movimentos contidos de uma casta noiva de Cristo. Embora os *dévots* a tivessem empurrado para mais longe do que teria ido, a conversão de Louise foi sincera; ela queria viver sua vida de penitência sem ser perturbada pelos olhares e pelos dedos acusadores das pessoas do mundo que ela havia rejeitado. Mas tinha se tornado uma celebridade. Na corte, o *dévot* marquês de Bellefonds fazia circular suas cartas privadas, contando sua luta diária para subjugar os últimos vestígios de sua vontade. Louise pediu permissão para se mudar para um convento isolado no campo. Mas isso lhe foi negado. "Ela é um exemplo útil demais",[6] respondeu a madre superiora.

Quando o alvoroço diminuiu e Louise finalmente assumiu os votos, continuou a receber visitas ocasionais da remitente Maria Teresa, que, sendo a rainha, tinha permissão para ultrapassar as grades do convento acompanhada de mais algumas senhoras. Athénaïs acompanhou-as uma vez, determinada a comprovar a miséria de Louise em sua vida de frio e fome. Falou longamente e em voz alta sobre o "irmão de Monsieur" (o rei), insistindo que a irmã Louise com certeza devia ter alguma mensagem para ele – "Eu certamente a retransmitirei a ele" – e, com malícia, mandou buscar os ingredientes de um molho favorito, proibido a Louise, que ela própria havia feito, e então comeu "com incrível apetite". "Você tem certeza de que está confortável aqui?", perguntou a Louise com falsidade. "Não estou nem um pouco confortável", respondeu Louise com dignidade, "mas estou contente".[7]

Françoise, em contrapartida, embora estivesse suficientemente confortável em seu pequeno aposento em Saint-Germain, não estava nem um pouco contente. Com Louise finalmente fora de cena, Luís tinha começado a voltar sua atenção para a tranquila governanta de seus filhos. A paixão por Athénaïs não havia diminuído, mas seu temperamento frívolo e suas muitas gestações tinham-no encorajado a se envolver em uma série de relacionamentos casuais. Cercado por donzelas e matronas disponíveis, "que se entregariam ao diabo para terem o amor do rei",[8] tinha sido fácil demais para ele, e com a bela Athénaïs bem segura há tanto tempo, Luís, o apaixonado rei-caçador, estava de olho numa presa mais esquiva. Aos quase 40 anos, três anos a mais que o próprio rei, Françoise continuava bela, e, embora não tão voluptuosa quanto Athénaïs, ainda possuía a contida sensualidade de sua juventude, e sua relutância em aderir à trupe de pretensas amantes reais só aumentava sua atração.

Françoise não queria se tornar amante de Luís. Não queria ser jogada de lá para cá numa tempestade de honras e emoções, e depois ser lançada em uma uma fria cela de convento, descartada e humilhada. Ela estava muito bem com suas 6 mil libras ao ano; sua posição não era grandiosa, mas era razoavelmente segura — tanto quanto a posição de uma empregada na corte poderia ser. Naturalmente, ela não queria se arriscar a ofender Athénaïs, de cuja boa vontade dependia, em grande parte, essa posição. E, acima de tudo, Françoise era orgulhosa; embora de conduta recatada e tomando o cuidado de não pedir nada para si mesma, ainda assim se sentia, em seu coração, superior àquelas mulheres exageradamente vestidas e pintadas, digladiando-se dia a dia pela atenção do rei.

Por seis meses ou mais, desde sua chegada à corte, em janeiro, Françoise vinha se esforçando para resistir a seus avanços, mas a luta era tanto contra si mesma como contra o belo e persuasivo Luís, que aos 35 anos estava no auge de suas forças, inclusive fisicamente. "A rainha deve ter ido para a cama na noite passada muito feliz com o marido que escolheu", ela havia escrito, muito sugestivamente, depois de vê-lo pela primeira vez; e embora isso tivesse sido em 1660, nos 14 anos desde então Luís não havia perdido sua atração por ela. Alto entre seus contemporâneos, de constituição forte e com uma natural graça de movimentos, ótimo cavaleiro e excelente dançarino, presença majestosa, com rosto másculo e emoldurado por cabelos fartos, escuros e cacheados, ele era, pelo menos na aparência, o próprio modelo de um monarca moderno. Falava pouco, frequentemente com senso de humor, nunca com raiva e sempre direto ao ponto. Um grande admirador "das damas", apreciava a companhia feminina mesmo sem a promessa de sexo. E, embora de educação mediana e não especialmente inteligente, tinha um instinto para o talento e a sinceridade tanto em mulheres como em homens, acreditando, ao mesmo tempo, que as mulheres deviam se restringir às atividades familiares e religiosas (e ao sexo ilícito, sempre que necessário), e, acima de tudo, abster-se de se envolver em assuntos remotamente políticos.

A discreta, feminina e competente governanta dos *bâtards* reais ajustava-se muito bem às suas inclinações, e rapidamente ficou claro que ele se ajustava às dela. Ao fim de março, quatro anos depois de assumir seu cargo e dois meses após sua chegada à corte, o esforço para resistir tanto ao rei quanto a seus sentimentos mais fortes a tinha deixado bastante indisposta. "Meus sofrimentos [...] O senhor tem sido tão atencioso [...] Estou me sentindo melhor [...] Espero não adoecer novamente [...] Minha saúde delicada [...] Devo me cuidar melhor [...]"[9] Assim ela murmurava para père Gobelin, numa espécie de código que ele entendia apenas em parte. Ele sabia muito bem que Françoise não tinha pegado uma gripe, nem tinha tido febre, nem quebrado uma perna. Ele percebia que sua doença era *moral*, como se dizia na época; percebia que sua aflição era mental e que isso, naturalmente, tinha afetado sua saúde.

A situação era difícil. Os hábitos do rei eram muito bem conhecidos e, afinal de contas, ele não era um homem qualquer. Françoise era sua súdita, sua serva e sua empregada; a maioria das pessoas na corte a consideraria honrada por se tornar também sua amante. O próprio sacerdote a quem ela havia recorrido lhe tinha dito isso: "Ele não entendeu nada",[10] disse ela a père Gobelin. "Ele disse que não havia nenhum pecado nisso. Tenho certeza de que o senhor pensaria de modo diferente." Apenas dois meses após sua chegada, ela estava pronta para deixar a corte, "para me afastar de uma situação que está longe de me assegurar a salvação [...] se uma pessoa piedosa e sensível me aconselhar a ficar, eu o farei, por mais que me custe, mas se fosse seguir a minha vontade, eu partiria".[11] Ah, não, havia respondido père Gobelin, era preciso pensar nas crianças, em seu futuro como almas cristãs; por esse motivo ela tinha ido para a corte, contra a sua vontade, em primeiro lugar. Compreendendo os desígnios do rei em relação a Françoise, mas sem entender, por suas frases vagas, que ela própria tinha se apaixonado, ele a aconselhou a permanecer em seu posto, advertindo-lhe que ao mesmo tempo se mantivesse afastada de Luís, se pudesse.

É verdade que as crianças eram importantes para Françoise, embora provavelmente apenas Mignon conseguisse mantê-la na corte. "Se ele pudesse andar, eu estaria feliz com todos eles", escreveu. "Ele está sempre doente, embora não corra risco de vida, mas isso não me consola muito; é terrível ver alguém a quem se ama sofrendo [...] Chorei por isso durante toda a missa de hoje. Nada poderia ser mais estúpido do que amar tanto uma criança quando ela nem minha é [...] É realmente tolo de minha parte ficar em uma situação tão desagradável."[12]

A "situação desagradável" piorava pelo envolvimento – ou, como Françoise via, pela interferência – da mãe de Mignon. Após anos ignorando seus filhos, Athénaïs tinha começado a se interessar por sua educação. Nem é preciso dizer que suas ideias excêntricas não estavam de acordo com as da calma governanta, e os desacordos entre elas rapidamente se tornaram regra. Não é que Athénaïs tivesse experimentado um surto de afeto maternal; antes, ela tinha percebido a atenção que o rei estava dando a Françoise e, relutando em desafiar qualquer um deles diretamente, tinha dado vazão à sua ansiedade incomodando Françoise por causa das crianças, alterando suas instruções e se metendo em seu caminho sempre que podia.

Françoise tinha conseguido enfrentar a "situação" até que ela esbarrou na questão da saúde das crianças; ou de sua segurança física, na verdade, considerando-se as práticas médicas da época. Athénaïs tinha andado conversando com os médicos e decidido que o duque de Maine deveria retornar à Antuérpia para novos tratamentos de tração em sua perna doente, e seu irmãozinho, o conde de Vexin, de 2 anos, deveria fazer 13 cauterizações ao longo da espinha, para tentar achatar sua problemática curvatura. Françoise protestou contra as grotescas propostas em relação a "meus principezinhos". "Como você poderia saber melhor do que eu o que é melhor para meus filhos?",[13] desafiou Athénaïs. Françoise finalmente perdeu o autocontrole. Naquela noite, escreveu uma intensa carta a père Gobelin:

> Madame de Montespan e eu tivemos uma terrível discussão hoje. Eu chorei muito e ela contou tudo ao rei, mas segundo seu ponto de vista [...] Digo-lhe, não é nada fácil estar aqui com esse tipo de coisa acontecendo todos os dias [...] Já pensei mil vezes em me tornar freira, mas temo me arrepender [...] Tenho vontade de partir daqui desde que cheguei, mas temo me arrepender também disso [...] Por favor, eu lhe imploro, pense em minha paz de espírito. Sei que meus deveres aqui são um caminho para a minha salvação, mas tenho certeza de que chegaria lá facilmente de outro lugar, e não consigo compreender por que Deus desejaria me colocar junto à madame de Montespan. Ela é incapaz de amizade, e eu não sei viver sem isso. Cada desavença que temos é mais um motivo para ela me odiar. Ela reclama de mim com o rei, minando seu respeito por mim, dizendo o que lhe apraz, de modo que agora ele acha que sou uma louca. Não me atrevo a apelar a ele diretamente; ela nunca me perdoaria se eu o fizesse e, de qualquer modo, devo muito a ela; eu não poderia dizer nada contra ela, portanto nunca poderei fazer nada a respeito. De qualquer modo, acho que mais cedo ou mais tarde estarei morta [...] [14]

Assim, com estoico melodrama, Françoise encerrou sua lamentação. Père Gobelin pediu menos melodrama e mais estoicismo, e, no final, este triunfou. Duas semanas depois, ela lhe informou:

> Falei com madame de Montespan ontem de manhã [...] Tivemos uma conversa bastante acalorada, mas franca de ambos os lados. Depois fui à missa e, em seguida, jantei com o rei [...] A conclusão é que devo tentar me reconciliar com as coisas aqui por enquanto [...] mas estou bastante determinada a partir no fim do ano [...] Deus me orientará a fazer o que é melhor para a minha salvação. [15]

O que quer que fosse "melhor para a minha salvação", as chances de ir embora da corte eram cada vez menores. Era exasperador ter de lidar com os ataques e intervenções de Athénaïs, mas, ao mesmo tempo, somente a corte poderia salvá-la num sentido mais mundano. "[Françoise] nasceu sem nada", conforme escreveu mais tarde sua secretária, "e a permanência na corte junto com o rei era sua única forma de se afastar disso. Ela disse isso muitas vezes".[16]

E não era só isso. "Fique longe do rei se puder", père Gobelin havia lhe advertido. Mas ela não podia. Não era apenas pelo fato de estar vivendo no coração da corte, vendo o rei e falando com ele todos os dias. Não era apenas uma questão de ficar na obscuridade, evitando seus olhares, fingindo não notar certos gestos e insinuações e, se necessário, recusá-lo diretamente. Tudo isso ela poderia ter feito, como père Gobelin bem sabia; em uma batalha de força moral com o rei, Françoise com certeza venceria. O que père Gobelin não tinha se dado conta, e que Françoise não tinha ousado dizer, era que o inimigo, na verdade, não era o próprio rei, com toda a sua força, mas antes sua própria fraqueza. Aos 39 anos, pela segunda vez na vida, ela tinha se apaixonado.

"Ath [...] está com ciúme de Sc [madame Scarron]", escreveu o rei. "Já percebeu que ela conquistou minha atenção e minha estima."[17] E estava mesmo, e tinha agido determinadamente contra isso. Em julho de 1674, "Ath" tinha apresentado a "Sc" uma proposta de casamento da parte do duque de Villars-Brancas, um constrangedor e decrépito corcunda que já tinha enterrado três esposas. "Ela e madame a duquesa de Richelieu estão tentando me casar", escreveu a suposta noiva a seu confessor. "Não vão conseguir [...] Como se eu já não tivesse problemas suficientes em minha atual e invejável condição sem procurar outros em um estado que torna três quartos da humanidade miserável."[18]

Não se ouviu mais falar do duque de Villars-Brancas, mas no mesmo mês da indignada recusa de Françoise, o rei a presenteou, por nenhum motivo aparente, com 100 mil francos (cerca de 35 mil libras), dos quais, talvez para aliviar sua consciência, ela distribuiu mil a vários conventos. Em setembro ele lhe deu um lucrativo monopólio de trinta anos sobre a fabricação de fornos e bases de fornalhas para o comércio de assados e tinturas; em outubro, deu-lhe outros 100 mil francos diretamente; depois mais 50 mil, e ainda outros 50 mil. Não é de surpreender, portanto, que na primeira semana de novembro o rei tenha podido confidenciar o seguinte a seu diário secreto:

Alguns dias atrás, certo cavalheiro vestido de cinza, um príncipe, talvez, caminhando disfarçado pela noite, encontrou-se com uma ninfa perdida no parque em Saint-Germain. Ele sabia o nome desta ninfa, que era linda, boa e muito inteligente, mas discreta. No entanto, ela deixou-o fazer o que queria e não lhe recusou nada. Esta ninfa poderia facilmente ser confundida com Mme Sc, e posso imaginar quem era o príncipe vestido de cinza. Esse príncipe é como eu: detesta mulheres frívolas e despreza as puritanas. Ele gosta de mulheres discretas.[19]

A discreta madame Scarron tinha, portanto, se tornado amante do rei, escapando à meia-noite, como uma menina desobediente, para se encontrar com ele na escuridão do parque.

Françoise não era mulher para ser comprada. Anos de virtuosa viuvez já tinham deixado isso bem claro; ser presenteada com francos e monopólios de fornos mais facilmente a teriam insultado que persuadido. A princípio ela havia ficado surpresa com a admiração do rei, depois descrente, depois lisonjeada e, finalmente, receptiva. "É maravilhoso ter boa reputação", ela havia dito, "mas seu preço é alto. A primeira coisa a se sacrificar é o prazer". Se ela estava determinada a fazer esse sacrifício aos 25 anos, agora, aos 39, tinha mudado de ideia. Dos píncaros da glória, o semideus rei da França tinha se virado para ela com um delicioso convite nos lábios, e ela tinha aceitado. "A virtude, somente, é nossa riqueza", veio o eco de sua meninice. "Não é assim", respondeu ela. O prazer também era uma riqueza; o amor de um rei era riqueza; e ela usufruiria de ambos enquanto pudesse.

Uma semana após o encontro à luz da lua no parque, Françoise escreveu com alegria a seu irmão Charles:

Você talvez tenha ficado sabendo que estou comprando uma propriedade rural [...] É Maintenon, a 14 léguas de Paris, 10 de Versalhes, e 4 de Chartres. É linda e imponente, e trará uma receita de 10 ou 11 mil libras por ano. Portanto, se as coisas se complicarem, você sempre terá um lugar para ir [...] Espero poder vê-lo antes do fim do inverno. Estou me sentindo realmente muito bem [...] [20]

Dois dias depois, Athénaïs deu à luz seu quinto filho com o rei, uma menina, Luísa Maria Ana, mademoiselle duquesa de Tours, rapidamente apelidada de "Toutou".

Se Françoise achou, por umas poucas semanas gloriosas, que estava a ponto de substituir Athénaïs como *maîtresse déclarée* do rei, suas ilusões não duraram muito. As fofocas dos cortesãos e seus próprios olhos a lembravam diariamente de que ela era, na verdade, apenas mais uma das flores da corte colhidas por Luís. "O rei as fode, o Senhor as salva", declarou o primo de madame de Sévigné, o conde de Bussy-Rabutin, recentemente solto da prisão, ao observar mais uma amante real descartada seguir para o convento. "Ele merece voltar para a Bastilha",[21] observou o rei, não sem certo convencimento.

O fato de Françoise não ter arquitetado se tornar sua amante, como era comum e até esperado de praticamente toda mulher elegível na corte, mas ter finalmente se rendido após um ano ou mais, talvez fosse um elemento a seu favor no que dizia respeito à sua "salvação", mas não fazia diferença agora. O rei a tinha conquistado, como a tantas outras antes dela. Passada a primeira empolgação, o profundo orgulho de Françoise, a percepção que tinha de si mesma como uma mulher que está além de tais coisas, acima delas, estava absolutamente ferido. Ela não podia fingir ser especial, afinal. Ela tinha se rebaixado e se tornado apenas mais uma, como todas as mulheres sexualmente obsequiosas da corte.

Humilhada, ela viu o rei continuar com seus muitos *amours*, que ele considerava seus por direito: a jovem Anne Lucie de la Mothe; a madura e encantadora Lydie de Rochefort; a "divina ninfa" Marie du Fresnoy, filha de uma lavadeira, elevada à cama do rei depois de passar pela de seu ministro Louvois; a vivaz Olympe de Soissons, sobrinha do falecido cardeal Mazarin; Anne de Soubise, num certo par de brincos de esmeralda, indicando a ausência de seu marido e sua própria disponibilidade; a ruiva de olhos azuis Isabelle de Ludres, "realmente linda, apesar de ter 34 anos",[22] disse o rei, enquanto Athénaïs espalhava o duvidoso boato de que o corpo de Isabelle era coberto de pequenas escamas. Mas o rei estava mais do que satisfeito. "Sexo com *la Ludres* é uma verdadeira aventura", confidenciou cheio de entusiasmo. "Ele gostava de quase todas as mulheres",[23] escreveu mais tarde o primo de Françoise, "menos de sua própria esposa".

Assim como Françoise observava uma amante suceder a outra, a *maîtresse déclarée* também observava. Athénaïs tolerava os relacionamentos casuais, às vezes até os encorajava, considerando-os uma válvula de segurança para o poderoso apetite do rei, e ao mesmo tempo nenhum risco real à sua própria posição. No devido tempo, Athénaïs foi promovida à posição de *surintendante* dos assuntos domésticos da rainha, uma profunda humilhação para Maria Teresa, mas um triunfo para *la belle* Montespan. Os grupos de virginais *demoiselles d'honneur* e sofisticadas *dames d'honneur*, dois tradicionais haréns reais, foram, daí para a frente, escolhidos por ela. E Athénaïs tomou o cuidado de preenchê-los, tanto quanto possível, com as menos atraentes flores das nobres árvores genealógicas.

Mas Françoise continuava a ser sua principal rival. Impossibilitada de demiti-la, Athénaïs passou a lutar contra ela com armas mais mesquinhas. Começou a discutir novamente sobre os cuidados com as crianças: o rei ficou do lado de Athénaïs, mas deu a Françoise quatrocentas libras de presente para que fizesse novos vestidos. Em fevereiro de 1675, ao ouvir por acaso Athénaïs chamando a atenção de Françoise em público por suas origens humildes e seu casamento com o desfigurado Scarron, o rei reagiu da forma como se recompensava à época uma pessoa comum favorecida: elevou-a à nobreza, dando-lhe o título de marquesa de Maintenon, o nome da bela propriedade que ela tinha comprado recentemente. Vingada, Françoise "corou com contida satisfação".[24]

Numa desesperada tentativa de distrair o rei de sua nova marquesa de Maintenon, Athénaïs jogou a seus pés dois encantadores, mas manipuláveis, botões de rosa: sua própria sobrinha, mademoiselle de Thianges, que, no entanto, era ela própria caçadora demais para o temperamento de *macho* de Luís, e, com mais sucesso, a marquesa Marie-Angélique de Fontanges, de apenas 17 anos de idade, e que se encaixava perfeitamente aos propósitos do momento, por ser "uma menina doce e simples",[25] segundo Primi Visconti. "Bela como um anjo e estúpida como um cesto."[26] Foi essa a avaliação do menos indulgente abade de Choisy, que devia saber do que estava falando: um conhecedor da beleza e inteligência femininas, ele havia deslizado por muitas salas de visitas e muitos vestiários de senhoras, convincentemente disfarçado de mulher.

Madame de Sévigné certamente teria concordado com sua avaliação de *La Fontanges*. Ela conta que viu a jovem marquesa e seu mentor dançando em um baile da corte. Apesar de sua aparência pesada, Athénaïs havia dançado bem, mas a encantadora Marie-Angélique, "inteiramente vestida por madame de Montespan",[27] ao que parece, não tinha ritmo nem faculdades mentais. "Ela queria dançar um minueto [...] mas suas pernas não faziam o que tinham de fazer; na *courante* não se saiu melhor, e no fim tudo o que conseguiu foi fazer uma mesura." "Se ao menos sua juventude e beleza fossem acompanhadas de alguma inteligência!",[28] lamentou o *danseur extraordinaire* da corte, o próprio Luís. "Não há boas qualidades o bastante que compensem a estupidez",[29] escreveu o chevalier de Méré, abanando a cabeça do canto onde estava.

Embora Athénaïs evidentemente estivesse mais convencida do interesse do rei em Françoise do que ela própria, ambas pareciam estar igualmente ansiosas a respeito. Humilhada por não ter, afinal de contas, substituído Athénaïs nos afetos do rei, Françoise tinha se afastado inteiramente de sua cama; mas se os louros da *maîtresse* não iriam passar para ela, do mesmo jeito não estava disposta a deixar que Athénaïs os mantivesse. Assim, como Athénaïs, também tentou distrair o rei com uma rival sexualmente atraente, mas menos poderosa, uma menina bonita que podia atrair Luís para longe dos abraços de Athénaïs, mas que não tinha a maturidade e a discrição para substituir a própria Françoise em sua estima e confiança.

Aos 39 anos, uma idade de avó na corte, Françoise não podia competir facilmente com um constante esvoaçar de novas meninas seduzíveis, mas uma verdadeira amizade, uma verdadeira intimidade com o rei, talvez até verdadeira influência sobre ele – essas coisas ela podia almejar. E se viessem acompanhadas de amor físico, tanto melhor, mas não se tivesse de partilhar o rei com meia dúzia de outras mulheres. Ela tinha conhecido muito pouco do amor, raramente tinha ousado procurá-lo, finalmente havia se entregado ao rei, e tinha recebido em troca suas infidelidades – ela queria que ele a desejasse; mais importante ainda, queria que precisasse dela, que a estimasse. Particularmente, ao assumir o papel de fornecedora alternativa de amantes casuais ao rei, Françoise estaria atacando a habilidade de Athénaïs de manipulá-lo.

Mais a longo prazo, se ela não conseguisse seduzir o rei, Françoise poderia persuadi-lo, guiá-lo, talvez até controlá-lo, desde que suas necessidades sexuais básicas fossem atendidas por alguma bela *demoiselle*. Naturalmente, qualquer tipo de inteligência seria uma desvantagem: uma menina simples, doce e manipulável atenderia melhor a seus propósitos.

Tendo Athénaïs já escolhido a obtusa mas atraente Marie-Angélique como sua própria pseudorrival, Françoise fixou-se em Olympe de Piennes, de 19 anos e recém-chegada à corte com duas bonitas irmãzinhas e uma velha tia severa. Olympe era linda e, ao contrário de Marie-Angélique, uma excelente dançarina; de fato, durante sua apresentação no balé de carnaval, ela tinha conquistado os corações de metade dos cortesãos do rei, incluindo o dissoluto e velho *gourmand* duque de Ferté: "Por causa dela", conta Primi Visconti, "o duque abandonou a glutonaria e a bebedeira e, de grande, gordo e ensebado, tornou-se um sujeito magro e bem-comportado; mas estava perdendo tempo: ele era casado, e a menina era mimada no que dizia respeito à escolha dos amantes".[30]

A determinada Françoise, "que vinha lhe dedicando uma carinhosa e grande atenção", convidou Olympe, junto com sua tia e irmãs, para visitarem os aposentos reservados para ela no palácio de Liselotte, em Saint-Cloud, próximo ao encantador parque de Bois-de-Boulogne, em Paris. Foram e encontraram um suntuoso jantar preparado para elas, no qual o servo pessoal de Olympe era o próprio rei. Enquanto Françoise sequestrava a tia e as irmãs por meio de uma conversa polida, Luís levou Olympe para conversar em particular. Daí para a frente ela foi vista indo e vindo entre Paris e a corte, embora se observasse que estava sempre de volta à sua casa à meia-noite.

Os muitos casos do rei eram, naturalmente, o principal tema de fofoca na corte e parecem ter levado o ambicioso Bossuet e seus *dévots* a imaginar, de maneira equivocada, que a paixão de oito anos de Luís por Athénaïs estava diminuindo. Perto da Páscoa de 1675, eles abriram uma nova frente em sua campanha contra seu modo de vida pecaminoso, exemplificado com ostentação em seu excessivamente público caso de duplo adultério com madame de Montespan. Um sermão feroz, proferido pelo segundo orador *extraordinaire* da corte, o jesuíta Louis Bourdaloue, condenou Athénaïs diretamente como uma "pedra de tropeço"[31] no caminho do rei para a salvação.

Mas foi a severa repreensão de Bossuet, ameaçando-o com o fogo do inferno, a perda da França para os huguenotes ou, pior de tudo, a perda da estima de seus súditos, que levou Luís a cair de joelhos em arrependimento. "Assim começa a Semana Santa", confidenciou a seu diário, "e também, com a ajuda de Deus e de monsieur *l'abbé* Bossuet, minha separação de Athénaïs".[32] Alguns dias depois, para enorme escândalo, um humilde sacerdote local recusou à *la belle* Montespan a absolvição e comunhão da Páscoa, requeridas pela Igreja Católica Romana de todos os seus fiéis. Bossuet recomendou que ela fosse afastada da corte e, pouco depois da Páscoa, ela se recolheu justamente no novo castelo de Maintenon, de Françoise.

Françoise a acompanhou. "Madame de Montespan e eu sempre fomos as melhores amigas do mundo", disse ela mais tarde à sua sobrinha. "Ela costumava conversar comigo muito abertamente e me contar tudo o que estivesse pensando. Nós nunca esperamos que nossa amizade terminasse porque, embora tivéssemos discussões acaloradas, isso nunca alterou nossos sentimentos uma pela outra."[33] Nesse ponto, esse "sentimento uma pela outra" talvez incluísse boa dose de mútua consolação; ambas tinham saído um tanto machucadas de suas várias batalhas com o inconstante rei. Athénaïs não sabia que ele e Françoise tinham se tornado amantes, mas estava bastante consciente dessa possibilidade. Na verdade, parece que nessa época Françoise tinha se afastado do rei, não por arrependimento religioso, mas antes por arrependimento por sua própria tolice ao se juntar à já grande fila de amantes reais.

Françoise não mostrou qualquer simpatia pelos recentes ataques do batalhão de *dévots*, como observou seu confessor, père Gobelin. Num tom irritado, ela o dissuadiu de visitá-la na corte, embora ele estivesse ansioso para ir. "Não, não fui eu quem pediu para o senhor vir até aqui", escreveu ela. "É claro que não posso impedi-lo e naturalmente estou mais preocupada com sua conveniência do que com meu próprio prazer [...] mas o senhor sabe que não sou dona do meu tempo aqui [...] Quanto às devoções que o senhor sugeriu para a Quaresma, eu gostaria de segui-las, mas realmente não tenho como; não tenho um momento a perder de manhã e tudo o que posso fazer é ir à missa todos os dias. Quanto ao que o senhor diz do meu vestido, não é assim tão simples; não estou usando nada colorido, por assim dizer, e se o senhor quiser que eu use menos dourado em meus vestidos, terei de fazer outros especialmente [...] *Père* Mascaron pregou contra o rei hoje; foi um tanto fora de propósito, excedendo os limites do bom gosto [...]"[34]

A vitória dos *dévots*, no entanto, foi curta. Nas semanas que se seguiram à separação de Athénaïs e o rei, Bossuet fez várias visitas a cada um deles, determinado a mantê-los no caminho estreito e justo que tinha traçado para sua salvação. Mas apenas um mês depois da Páscoa, o caminho da vida prazenteira já acenava, como o diário do rei revela: "monsieur *l'abbé* Bossuet acredita que ambos estamos sendo sinceros em nossa resolução de nos separarmos (o que é verdade), e também acredita que sejamos capazes de cumpri-la (o que é menos certo, pois o espírito está disposto, mas a carne é fraca)".[35] Em meados de julho, as orientações de Bossuet estavam sendo ignoradas por completo. "Ele tem me repreendido novamente", escreveu Luís, "mas, sem dúvida, em vão".[36] Alguns dias depois, em uma recepção dada pela rainha Maria Teresa e acompanhada por grande número de *dévots*, os amantes separados se reencontraram pela primeira vez em mais de dois meses. Eles se cumprimentaram, derramaram lágrimas, trocaram algumas palavras em voz baixa, curvaram-se para os convidados e se retiraram para o quarto mais próximo.

Françoise não estava presente para testemunhar esta surpreendente vitória da paixão sobre a piedade. Ela tinha deixado a corte no fim de abril, não para escapar à sua "desagradável situação", mas em busca de uma vitória própria, na questão da perna aleijada de Mignon: apesar do desejo de sua mãe, ele não tinha voltado para a "roda de tortura" em Antuérpia; em vez disso, partiu com sua governanta para a cidade balneária de Barèges, nos Pireneus, bem ao sul, perto da fronteira espanhola. Foi uma difícil viagem de carruagem de quase dois meses – "Levei menos tempo para chegar à América"[37] – e Barèges se mostrou "um lugar mais assustador do que posso contar; e mais, é gelado mesmo em julho".[38] Mas apesar das enxaquecas constantes e da "terrível companhia", Françoise sentiu-se bem durante suas seis semanas de permanência em Barèges, "já que tenho menos problemas e aborrecimentos aqui do que em qualquer outro lugar", como disse a seu irmão Charles.

No "outro lugar", em Saint-Germain, os problemas e aborrecimentos não tinham passado despercebidos. "Minha querida, houve uma revelação aqui que a surpreenderá", contou madame de Sévigné, excitada, à sua filha no mês seguinte. "A forte amizade entre madame de Montespan e sua amiga que está em viagem [é] uma absoluta aversão [...] É só amargura, é desgosto, é branca, é preta [...] Tem havido um rumor por baixo dos panos durante seis meses ou mais, e agora está começando a vir à tona. Todos os amigos da amiga estão muito aborrecidos com isso [...]"[39]

Françoise, sem dúvida também "muito aborrecida com isso", tinha conseguido uma fuga temporária. "Parece que mil anos se passaram desde que tive qualquer notícia da corte ou de Paris",[40] escreveu a père Gobelin apenas uma semana depois de sua partida, "e asseguro-lhe de que não me entediei nem por um momento sequer. Monsieur duque de Maine é o mais encantador dos companheiros. Ele precisa de cuidados constantes, mas gosto tanto dele que isso é um prazer para mim". Em Barèges, Françoise tomava banhos com águas minerais em seu quarto e "nosso príncipe", agora com 5 anos de idade, também era banhado e massageado todos os dias, com o feliz resultado de que "está andando, ainda não de forma vigorosa, mas parece que acabará por andar normalmente. O senhor não sabe a ternura que sinto por essa criança, mas sabe o bastante para adivinhar o quanto estou feliz com isso".[41]

Na volta de Barèges à corte, ela passou alegres 15 dias em Niort, sua cidade natal, onde se hospedou no convento das ursulinas com irmã Céleste, sua bondosa salvadora em seus primeiros dias ali, e no castelo de Mursay com seu primo Filipe e Marie-Anne. Françoise apreciou muito a companhia do casal, a quem não via desde sua visita a Mursay no verão de 1668, sete anos antes. Os dois meninos, Filipe e Henri-Benjamin, tinham crescido e estavam irreconhecíveis; tinham agora 11 e 7 anos, respectivamente, e sua irmãzinha, Marthe-Marguerite, tinha quase 3 anos. Françoise ficou encantada com as três crianças, de modo particular com a menina – "meu anjinho"[42] –, e decidiu fazer o que estivesse a seu alcance para aumentar suas possibilidades de sucesso quando crescessem. Filipe e Marie-Anne naturalmente ficaram satisfeitos, e mostraram para com sua bem colocada prima "todo tipo de consideração e amizade". Também o jovem Filipe, que não estava muito longe de sua aprendizagem naval, já estava suficientemente grande para apreciar a possibilidade de influência na corte; durante as próximas semanas ele escreveu várias cartas a Françoise, dando informações sobre si mesmo para serem repassadas ao marquês de Louvois, ministro da Guerra.

Em outubro de 1675, Françoise chegou de volta a Saint-Germain. De mãos dadas com o pequeno duque de Maine, que mancava a seu lado, ela fez uma entrada triunfal nos aposentos do rei. "Talvez as águas de lá façam milagres", escreveu Luís, encantado, "mas *ela* certamente ajudou".[43]

Embora aliviada, sem dúvida, por ver seu filho de 5 anos finalmente andando, Athénaïs sentiu-se menos satisfeita com os elogios à nova marquesa de Maintenon por essa conquista. Durante os seis meses de ausência de Françoise, seu relacionamento com o rei tinha voltado a seu antigo padrão, sendo ela a indiscutível rainha dos afetos do rei e, como ele observou, "sentindo-se a rainha de toda a corte".[44] Mas sob a aparência de felicidade, as coisas já não eram as mesmas de antes. Embora ainda sexualmente atraído por Athénaïs, Luís começava a se cansar de seus constantes ataques e exigências, suas loucas extravagâncias – em uma única noite ela tinha perdido e recuperado nas cartas 4 milhões de *pistoles* (40 milhões de libras) – e suas piadas, em público, à custa da rainha: "Lembre-se, madame, que ela é sua patroa", ele teve de lembrar-lhe a certo ponto.

Em abril de 1676, seis meses após a volta de Françoise de Barèges, o rei decidiu, sem as interferências de Bossuet, separar-se de Athénaïs. "Em breve retornarei para [a guerra em] Flandres e nesse dia ela deverá deixar Saint-Germain, e esse será o fim de tudo. Ainda me sinto muito ligado a ela", acrescentou, "mas ela me esgota, me irrita e também está me arruinando. Ela já não tem o primeiro lugar no meu coração: minha *première amie* já não se chama Ath, mas Scarron".[45] Três meses depois, no entanto, ao voltar da guerra, Luís encontrou Athénaïs de volta à corte, "e minhas resoluções viraram pó [...] Os feitiços desta bruxa! [...] Nem Isabelle de Ludres nem Sc podem fazer nada a respeito, e nem a pobre rainha, minha esposa".[46] Dentro de três semanas as mesas tinham virado novamente: "Ath está com ciúme de madame de Soubise", observou Luís, "embora mais sábio fosse que tivesse ciúme de Sc" [...][47]

Durante os dois anos seguintes, a rainha chorou, orou e jogou *hombre*, tudo em vão, enquanto Françoise tornou-se letárgica, adoeceu de enxaqueca, lamentou sua "situação" com père Gobelin e buscou refúgio periodicamente em Maintenon. Durante uma segunda visita aos balneários do sul, em 1677, ela até se rebaixou a usar Mignon, de 7 anos, para promover sua causa: uma longa série de cartas encantadoras à corte, escritas pelo garotinho mas claramente ditadas por ela, manteve a atenção do rei sobre ela durante os quatro meses de sua ausência. Quanto a Athénaïs, começou a comer em excesso e até a beber, ao que parece. Essas indulgências tiveram o efeito que oito gestações não tinham conseguido ter: já enfrentando uma forte tendência familiar à *embonpoint*, ela logo ganhou uma circunferência bem generosa. O cortesão Primi Visconti, observando-a lutar para sair de sua carruagem em suas longas saias, viu uma de suas pernas de relance, "e era quase tão gorda quanto meu próprio tronco", declarou, acrescentando galantemente: "Embora seja verdade que perdi algum peso recentemente."[48]

Em abril de 1677, Athénaïs tinha dado à luz um sexto filho do rei, uma menina que ganhou o nome de Francisca Maria, logo transformada em duquesa de Blois. A menininha nasceu em Maintenon, onde Françoise e Athénaïs tinham se refugiado juntas enquanto o rei estava fora com seus exércitos nos Países Baixos. "Recebi aqui o monsieur duque de Maine [Mignon] e madame de Montespan por seis semanas", escreveu Françoise a seu primo no início do mês, "portanto você pode imaginar que tenho muito a fazer".[49] Os três permaneceram em Maintenon até meados de maio, um período de cerca de três meses, o que sugere que a amizade entre as duas mulheres permanecia forte, apesar de suas "discussões acaloradas" e das fofocas da corte repetidas por madame de Sévigné. O nome do novo bebê talvez seja uma sugestão de amizade – os outros quatro filhos conhecidos de Athénaïs com o rei tinham recebido o nome de Luís ou Luísa –, mas também pode ser uma indicação um tanto indelicada do contínuo interesse do rei em Françoise: seu diário revela que "nós escolhemos o nome" – possivelmente ele e Athénaïs, ou talvez ele sozinho.[50] Em agosto de 1678, depois de ter se separado, reconciliado, separado e reconciliado novamente, Athénaïs deu à luz o último de seus filhos com o rei – não em Maintenon, no entanto, mas em seu próprio castelo de Clagny, perto de Versalhes. O recém-nascido conde de Toulouse recebeu o nome de Luís Alexandre, completando, assim, com seus irmãos Luís Augusto e Luís César, o trio de pequenos heróis de Athénaïs.

Pelo menos uma história de amor desse período terminou mais ou menos feliz, embora em "um estado que torna miserável três quartos da humanidade". No início de 1678, aos 44 anos, Charles, o irmão de Françoise, tinha finalmente se casado. Sua irmã tinha estado certa ao dizer que seu governo da cidade de Amersfoort era uma atividade temporária. Após novos esforços da parte dela, embora nenhum esforço perceptível da dele, Charles era agora governador de toda a região de Cognac, no sul da França.

Parecido com seu pai em tantos aspectos, Charles tinha-o imitado também no casamento, tomando uma noiva tão jovem que quase tinha idade para ser sua neta. A nova madame d'Aubigné era Geneviève Piètre, filha única de um conselheiro provincial e com apenas 15 anos. Charles não contou nada sobre o casamento à sua irmã até que ele fosse um *fait accompli*. Françoise fingiu não se importar, mas na verdade ficou profundamente ofendida, pois há um ano ou mais vinha procurando arranjar casamento para ele, na verdade não menos que cinco vezes. Charles parecia ter ficado feliz em deixar as coisas nas mãos dela, especificando apenas o (grande) tamanho do dote que esperava receber; mas no final tinha escolhido ele próprio, impulsivamente.

Geneviève não era rica nem estava grávida, e Françoise ficou aturdida com o passo que Charles tinha dado. "Espero que você não tenha se casado apenas por casar", escreveu-lhe alguns dias depois do evento, com sua nova cunhada *en visite* a Saint-Germain, "e espero que você tente fazer de sua esposa uma pessoa razoável". As primeiras impressões não tinham sido boas. "Ela me parece muito mimada", continuou Françoise mordazmente. "As classes médias sempre criam seus filhos pior do que qualquer um."[51]

Sua carta, intimidadora e desapontada, revela tanto de si mesma quanto de Geneviève, a inculta menina de 15 anos. Revela bom senso e muito afeto, mas também ansiedade com relação aos padrões sociais; e acima de tudo, uma pretensão de autoridade que algumas vezes deve ter irritado Charles, principalmente, talvez, pelo fato de ele ter dependido de sua irmã mais nova, durante anos, até para o pão de cada dia. Seja qual for a razão, Françoise se considerava no direito de o aconselhar, senão ordenar, sobre como ele e sua esposa deviam conduzir sua vida de casados; "e se você não seguir meu conselho", advertiu, "um dia vai se lamentar, porque ela não será companhia decente".[52]

> Não permita que ela se levante tarde – ela é uma lesma; tem tomado o café da manhã às onze [...] Não a deixe sair sozinha, não a deixe se misturar com tipos vulgares e também não a deixe dar uma de *grande dame*, ou vocês dois vão acabar parecendo ridículos [...] Ela passa duas ou três horas por dia diante do espelho, pintando seu rosto, mas isso é da idade [...] Ela é modesta e religiosa – isso você deve encorajar [...] Seus modos são abomináveis, e ela fala como uma rústica, mas esse é o menor de seus problemas; logo aprenderá a falar o francês correto [...]

O fato de Françoise se sentir à vontade para dar conselhos a Charles sobre sua vida sexual revela a natureza prática desse relacionamento entre irmãos.

> Se quiser ser feliz, tente não se cansar de sua esposa. Não se comporte de modo grosseiro na frente dela, e não permita que ela se comporte de modo grosseiro na sua frente. Aconselho-os a não dormirem juntos o tempo todo – vocês têm dois quartos bons, que lhes servirão perfeitamente. Não dê atenção ao que possam dizer sobre isso; nada importa a não ser sua própria felicidade. Não permita que ela se vista ou se dispa quando houver outros homens presentes, e não se dispa na frente dela se seus criados estiverem no quarto [...] Nunca fale de sua esposa em público [...]

E acrescentou:

> Você achará estranho que uma mulher que nunca esteve casada lhe dê tantos conselhos sobre o casamento, mas sinceramente, com tudo que tenho visto – as pessoas tornam umas às outras miseráveis, e pelas coisas

mais insignificantes, porém, quando essas coisas acontecem dia após dia, elas acabam realmente se detestando. Quero muito vê-lo feliz. Não há nada que eu não faria para ajudá-lo.[53]

É curioso que Françoise descreva a si mesma aqui como "uma mulher que nunca esteve casada", apesar dos oito anos de casamento admitidamente incomum com Scarron. Provavelmente essa seja uma referência à ausência de sexo entre eles, embora no restante da carta ela pareça estar falando de algo que experimentou pessoalmente, bem como observou em muitos outros casamentos: a necessidade de certa reserva, uma espécie de autocontenção na vida diária, uma polidez não inferior àquela demonstrada por pessoas que se conhecem menos intimamente. "Tente não se cansar de sua esposa. Não se comporte de modo grosseiro na frente dela [...]" Se quiser ser feliz, diz ela a seu irmão, você e sua esposa devem se respeitar um ao outro.

Quer Charles tenha ignorado o conselho de sua irmã, quer o conselho simplesmente não tenha adiantado nada, ele não conseguiu evitar "se cansar" da jovem Geneviève. Cinco anos depois, Françoise estava transferindo dinheiro para "aquela pobre criatura, Garé",[54] uma de suas várias amantes.

Em Londres, no mesmo ano de 1677, outro casal tinha adquirido o estado de casado e, embora ninguém esperasse, muito menos eles próprios, esse seria um casal bastante feliz. Em novembro, o rei inglês Carlos II, de tendência católica, casou sua sobrinha, princesa Maria, com o ousado e jovem holandês, príncipe Guilherme de Orange. Como Geneviève Piètre, Maria tinha apenas 15 anos, embora, ao contrário de Charles d'Aubigné, Guilherme, o calvinista, era ainda um jovem de 27 anos. O casamento selou uma aliança entre a Inglaterra e as Províncias Unidas – "uma infelicidade para nós",[55] observou Luís –, que finalmente levaria a Inglaterra ao duplo reinado de Guilherme e Maria, e, finalmente, a uma coroa firmemente protestante.

Era mais uma frustração para o rei da França. Mais de cinco anos depois que seu afrontado orgulho o tinha levado a atacar as Províncias Unidas, ainda não havia sinal de paz. "Esta longa guerra está atrapalhando todos os nossos planos",[56] escreveu ele aborrecido, no último dia de 1677.

"É hora de nossos inimigos aceitarem sua derrota." Tinha havido derrotas: no ano anterior, o grande almirante holandês, Ruyters, tinha sido vencido em Stromboli – "Talvez ele se sinta mais à vontade em seus pântanos holandeses",[57] tinha debochado Luís. E em abril de 1677, o irmão de Luís, o extravagante Monsieur, tinha vencido o príncipe de Orange em Cassel, embora tenha chegado atrasado à batalha – quando os primeiros tiros foram disparados, "ele ainda estava sentado diante do espelho, ajustando sua peruca".[58] Esta, no entanto, foi uma vitória ao mesmo tempo doce e amarga. "As pessoas em Paris enlouqueceram de alegria", escreveu Primi Visconti. "Elas realmente amam Monsieur. Mas a corte preferia que ele tivesse perdido a batalha em favor do rei [...] já que o rei nunca esteve em nada mais do que cercos. Dizem que ele daria 10 milhões para ter estado pessoalmente na travessia do Reno."

Mas nem Stromboli, nem Cassel, nem qualquer outra cidade holandesa, "caindo como frutas maduras",[59] tinham sido suficientes para dar à França uma vitória final e pôr um fim definitivo à luta. Espalhando-se para além dos Países Baixos, o segundo jogo espontâneo de soldados tinha se transformado de *promenade militaire* em uma série de duras campanhas que já duravam seis anos, custando dezenas de milhares de vidas, deixando cidades e fazendas improdutivas e criando uma profunda desconfiança no próprio Luís, o que, no devido tempo, levaria seu reino à quase ruína.

Em agosto de 1678, as negociações de paz finalmente começaram na cidade holandesa de Nimegue. Elas continuaram até o final do ano e envolveram não apenas a França e as Províncias Unidas, mas também a Inglaterra, a Espanha, a Suécia, a Dinamarca, seis estados alemães e o Sacro Império Romano. Os franceses tiveram confirmadas as posses de alguns territórios conquistados, incluindo os prósperos Flandres e o tão desejado Franche-Comté.

Em vista disso, Luís declarou unilateralmente a guerra uma completa vitória, e para comemorar isso, presenteou seu principal arquiteto, Jules Hardouin-Mansart, com um empreendimento de inigualável magnificência: *la Galerie des Glades*, a Galeria dos Espelhos, em Versalhes. O elaborado teto, pintado por Charles Le Brun, deveria transmitir a glória das conquistas militares de Luís nos Países Baixos exatamente como tinham sido – ou antes, como deviam ser consideradas. O palácio de Saint-Germain foi declarado modesto demais para abrigar a corte e a pessoa de *Louis, le Grand*. A principal residência real, no futuro, deveria ser Versalhes, e, para esse fim, foram contratados dezenas de milhares de trabalhadores para reconstruir, ampliar e embelezar o "pequeno pavilhão de caça", para que adquirisse o requerido nível de esplendor.

> A voz de bronze da guerra já não brame;
> Tudo agora é festa e brincadeira,
> Luxos e excessos, prazer e dança [...][60]

Com a paz finalmente reinando, a corte voltou a seu comportamento de costume. E para a figura que ocupava seu brilhante centro, tudo corria bem. Em 5 de setembro de 1678, o rei registrou em seu diário: "Hoje é meu aniversário de 40 anos. Estou bem, mas há uma coisa que me incomoda. Eu prometi à rainha que lhe seria fiel quando chegasse aos 30 anos. Agora aqui estou aos 40, e ainda não coloquei minha casa pessoal em ordem."[61]

"A rainha da Espanha está chorando e se lamentando",[62] escreveu madame de Sévigné, um ano e uma semana depois, em meados de setembro de 1679. Mas, embora a "casa pessoal" do rei não estivesse mais em ordem do que um ano antes, não era à negligenciada Maria Teresa que madame de Sévigné agora se referia. O reino da Espanha tinha acabado de ganhar uma nova rainha, por cortesia do rei da França, e no último dia de agosto, no castelo de Fontainebleau, ela tinha enfrentado uma longa cerimônia de congratulações oficiais por sua ascensão às rarefeitas fileiras de cabeças coroadas da Europa.

Em seu diário particular, Luís registrou friamente os fatos: "A corte hoje homenageou minha sobrinha Maria Luísa de Orléans, que deverá se casar com meu primo, o rei Carlos II da Espanha. Ela não consentiu de bom grado e compara-se à sacrificada Ifigênia."[63] Maria Luísa, uma menina animada, atraente e educada, era a filha mais velha do primeiro casamento de Monsieur com a reconhecidamente bela princesa inglesa Henriqueta Ana Stuart. Como sua mãe, que tinha sido obrigada a se casar com seu próprio primo, e como seu tio, que tinha sido obrigado a se casar com uma prima dele, Maria Luísa estava de fato sendo sacrificada por causa dos favoráveis ventos diplomáticos – nesse caso pelos enviados franceses que estavam viajando para a corte espanhola, para o rígido palácio-mosteiro de El Escorial, perto de Madri. Para eles, apesar do esplendor residual, a capital imperial era definitivamente um lugar de sofrimento, isolado, retrógrado, "horrivelmente enlameado no inverno e insuportavelmente poeirento no verão".[64] A própria corte não era mais agradável: a comida era ruim e o governo, pior; a economia estava estagnada e as províncias, rebeldes; sacerdotes obscurantistas bloqueavam qualquer ideia nova, enquanto uma multidão de nobres em roupas negras, como corvos atacando uma carcaça de batalha, espoliava o que havia sobrado do grande império do passado.

Por um século, a Espanha tinha sido a maior potência sobre a terra. Seu extraordinário império tinha se estendido por todo o globo, desde os Países Baixos até a Guiné na África Ocidental, passando pelas Filipinas, no distante leste, pelas ilhas do Pacífico e, acima de tudo, em metade do continente americano, tomado, surpreendentemente, por pouco mais de mil conquistadores.[65] Nenhuma outra nação tinha alcançado metade disso. Mas a soldadesca e as pilhagens não tinham sido suficientes para administrar territórios tão vastos, e no final não tinham conseguido manter nem mesmo a prosperidade em casa. Uma ordem social rígida, um forte desdém pelo comércio, e um "clima mental soporífico"[66] tinham diminuído o progresso na terra e aos poucos a tornaram retrógrada. Em 1679, mesmo na populosa capital Madri, havia "bem poucos comerciantes ou mercadores, mas um extraordinário número de monges e freiras".[67] A esta altura, a Espanha já estava em declínio havia trinta ou quarenta anos.

Para Maria Luísa, de 17 anos, isso não significava nada comparado ao horror de seu iminente casamento com o desprezível rei dos espanhóis, um deplorável espécime da humanidade que até agora tinha mancado e se arrastado ao longo de 19 anos de "vida miserável".[68] Carlos II, o último dos Habsburgo espanhóis, era o assustador resultado de gerações de procriação consanguínea, um caso tão perdido, mesmo dentro de sua própria família, que nunca tinha sido ensinado nem mesmo a se manter limpo. "O rei da Espanha é mais baixo que a média, um tanto magro, e manca um pouco." Assim o embaixador francês iniciou seu relatório, diplomaticamente, antes de ganhar ritmo. "Não recebeu nenhuma educação, não tem nenhum conhecimento de literatura ou ciência, e de fato mal sabe ler ou escrever. Seu rosto é extraordinariamente longo, estreito e descarnado, e seus traços são todos desproporcionais, de modo que sua aparência é absolutamente bizarra [...] Por natureza e por criação, não tem entendimento de nada, não tem sentimento por nada e nenhuma inclinação para fazer nada."[69] Assim era o pobre e baboso Carlos, "o centro de tantas esperanças", despenteado e sujo, sua fala impedida por uma língua anormalmente grande, seus ossos enfraquecidos por doenças, "um fracote raquítico e parvo, o último rebento de uma linhagem degenerada".[70] Seus súditos espanhóis o tinham apelidado de *El Hechizado* (O Enfeitiçado), atribuindo suas muitas enfermidades à bruxaria. O próprio Carlos acreditava nisso, submetendo-se confusamente a exorcismos numa tentativa de se tornar saudável.

"Uma filha deve obedecer a seu pai, mesmo que ele queira lhe dar um macaco como marido",[71] diz Dorine à sua desesperada e jovem patroa em *Tartufo*, de Molière. De fato, o próprio pai de Maria Luísa talvez tivesse condescendido, ou assim pensava madame de Sévigné: "As pessoas estão dizendo: Oh, monsieur é muito bondoso; ele jamais a deixará ir; ela está angustiada demais."[72] Mas dessa vez a autoridade paterna não se provou suprema. O pai era irmão de um rei; o rei poderia dispor de todos os seus súditos, em especial de uma princesa estrategicamente útil. Quinze dias depois das celebrações em Fontainebleau, Maria Luísa "ainda implorava misericórdia, lançando-se aos pés de todos". Dois dias depois: "A rainha da Espanha esteve uma verdadeira fonte hoje [...] não sei como o rei da Espanha pode manter seu orgulho diante de tal desespero." O rei da França, pelo menos, tinha permanecido impassível, e antes que o mês terminasse, Maria Luísa foi despachada. "Madame", disse-lhe seu tio, "espero que este adeus seja para sempre [...] Dizem que ela chorou copiosamente [...]". Liselotte, sua madrasta, teve a bondade de acompanhá-la durante parte da viagem.

"A rainha da Espanha era um tanto magra quando vivia na França, mas começou a encher desde que chegou à Espanha",[73] escreveu o embaixador francês alguns meses depois. Era absolutamente verdade: Maria Luísa, antes vivaz, tinha começado uma triste queda na mais profunda depressão e obesidade mórbida. E no final, o desejo manifesto por Luís para sua sobrinha se concretizou: Maria Luísa jamais poria os olhos novamente na França. Ela morreria aos 27 anos, supostamente envenenada por sua sogra por não ter tido filhos, porém, mais provavelmente pelos horríveis efeitos da angústia e tristeza sobre seu corpo encantador. Mais de uma década depois, Carlos exigiria que seu corpo fosse exumado para que pudesse olhar para ela, e o faria, perdido em lágrimas e, muito possivelmente, próximo da loucura.

O império da Espanha, tão grande no passado, estava atolado em problemas, mas também havia algo de podre na aparentemente saudável França. Se Luís ainda estava preocupado com a desordem em sua "casa pessoal", em sua casa do estado os problemas estavam apenas começando.

CAPÍTULO 12

O CASO DOS VENENOS

COMEÇOU COM uma execução comum: a repugnante decapitação pública, após inúmeras torturas, de uma condenada, assassina de seu pai e dois irmãos e, supostamente, de sua irmã, marido, filha e amante. Tão hábil ela tinha sido, que seus crimes só foram descobertos dez anos depois; e tão hábil foi seu executor que o golpe de sua espada pareceu passar por ela, de modo que por um instante sua cabeça permaneceu sobre seus ombros, antes de lentamente tombar para o lado. Na sequência, o corpo desta "inimiga da raça humana",[1] pequenina e de olhos azuis, foi queimado em cima do cadafalso, e suas cinzas espalhadas ao vento; mais tarde, os espectadores voltaram para roubar seus ossos como uma lembrança do dia. "Acabou, finalmente; a Brinvilliers está no ar [...] estamos inalando-a, de modo que todos nós pegaremos a febre do envenenamento e nos surpreenderemos."[2] Assim relatou madame de Sévigné à sua filha, escrevendo com mais presciência do que podia imaginar.

A vítima e culpada que estava agora "no ar" era Marie-Madeleine Gobelin d'Aubray, marquesa de Brinvilliers, esposa do coronel Antoine Gobelin, herdeiro da fortuna da fábrica de tapeçarias, e filha de Antonin Dreux d'Aubray, conselheiro de Estado (morto). A ascendência ilustre da marquesa e suas muitas ligações com a nobreza estimularam o interesse público em um caso já fascinante, e embora isso pudesse tê-la ajudado, a enormidade de seus crimes e o interesse pessoal do rei no caso asseguraram que tudo fosse conduzido até seu medonho final. Embora fosse rica de nascimento e por casamento, a hedonista marquesa esteve eternamente sem dinheiro; esse fato, a vingança do amante e, no final, pouco mais que o hábito foram seus aparentes motivos.

Pior que tudo foi o método que ela escolheu para as execuções, mais assustador que qualquer outro para a mente do século XVII: a marquesa tinha assassinado por envenenamento, uma arma onipresente, ou assim se acreditava, já que numa época de água suja, comida estragada, febres e infecções de todo tipo, a maioria dos venenos era difícil de ser detectada. Havia alguns remédios contra isso, desde que o problema fosse identificado a tempo – até suco de limão ou uma caneca de leite poderia impedir a ação de certos preparados –, mas muitos supostos antídotos eram piores que o veneno em si. Os médicos eram quase inúteis; mais um recurso tardio do que um último recurso. Embora uma autópsia eventualmente pudesse satisfazer os advogados como forma de provar culpas, nesse estágio nada mais poderia ajudar a vítima.

A marquesa tinha envenenado seu irmão mais velho com uma "elaborada torta crocante [...] recheada com cristas de galo, pâncreas de vitela e rins em suculento molho",[3] seu irmão mais novo com pão e vinho, e seu pai com umas trinta doses de vários pós e líquidos administrados por um empregado cúmplice. Os subsequentes "acessos extraordinários de vômito, inconcebíveis dores no estômago e estranhas queimações nas entranhas"[4] de monsieur d'Aubray evidentemente não eram doenças incomuns na época; de qualquer forma, sua morte, a princípio, foi atribuída à gota.

Por tradição, os venenos e envenenadores mais sofisticados vinham da Itália. Nesse sentido, a marquesa não tinha sido uma exceção; ela também tinha tido seu italiano, um ex-detento da Bastilha cuja nacionalidade por si só teria sido suficiente para condená-lo – se não pela lei, pela opinião pública. Os investigadores haviam descartado esse homem, mas ficaram alarmados ao descobrirem uma ligação entre a marquesa e o próprio boticário do rei, que tinha sido enviado à Itália, ou assim havia dito a marquesa, por instrução de Nicolas Fouquet, antigo *surintendant* do rei, para estudar a produção de venenos. Embora a marquesa tivesse admitido isso sob tortura selvagem, a polícia o aceitou como a mais absoluta verdade, e daí deduziu uma conspiração para matar o rei e libertar Fouquet de sua longa detenção no forte de Pignerol. A partir daí, uma interpretação altamente suspeita levou à outra.

Por quase três anos, a maior parte das investigações permaneceu secreta; auxiliada por informantes pagos, conhecidos como *mouches* (moscas), a polícia foi ao encalço de cada vez mais envenenadores. Em março de 1679, uma mulher parisiense de nome Catherine Montvoisin, codinome *La Voisin*, foi presa em um segundo caso espetacular de assassinato. Tinha sido traída por um de seus cúmplices, um dos muitos suspeitos que agora estavam presos na Bastilha, entre eles várias pessoas ricas. O rei, embora não muito alarmado por sua própria segurança, preocupava-se, no entanto, com o número de "evidências" que surgiam, particularmente contra pessoas proeminentes, incluindo algumas que frequentavam a corte. Convencido de que "nenhum homem que possua 4 milhões jamais será considerado culpado",[5] ele instalou uma comissão especial, a *Chambre d'Arsenal*, para investigar e julgar todos os casos; os parisienses rapidamente a apelidaram de "*Chambre Ardente*", a "câmara ardente", uma referência aos tribunais inquisitoriais do século anterior, onde católicos suspeitos tinham sido julgados por heresia. À frente da *Chambre*, o rei colocou seu rigoroso comissário de polícia, Gabriel Nicolas de la Reynie, introdutor das taxas de "lama e luz", investigador de esposas infiéis parisienses, um guerreiro contra a libertinagem e corrupção. Eram funções suas "a repressão aos blasfemos e sacrílegos, sacerdotes, bruxas e alquimistas, [e] a luta contra o aborto",[6] uma ampla abrangência numa época de pouco discernimento entre religião, magia e ciência natural.

Entre os de ascendência ilustre e os cultos, tanto quanto entre os pobres, prevalecia a mesma mistura de lama e luz. A própria rainha, profundamente devota segundo os moldes espanhóis, adorava que lhe lessem a sorte. Sua prima, a menos devota duquesa de Montpensier, *la Grande Mademoiselle*, consultava atualmente um astrólogo para obter conselhos sobre o casamento. A linda princesa de Würtemberg tinha supostamente se prostituído para conquistar o derradeiro segredo alquímico da pedra filosofal, e centenas de protocientistas sérios dedicavam a vida e a sorte à mesma busca. E segundo relato de Jean de Segrais, "em Lyon todos acreditavam que o abade Brigalier tinha feito o diabo aparecer, inclusive pessoas de estirpe".[7]

A prática médica era refém da mesma confusão de crenças. "Madame de la Fayette está tomando sopas feitas com caldos de serpente",[8] escreveu madame de Sévigné à sua filha, naquele verão de 1679. "Elas estão devolvendo sua vitalidade: dá para ver só de olhar. Ela acha que seriam muito boas para você. A gente pega uma víbora, corta sua cabeça e rabo, abre-a ao meio, tira-lhe a pele e ela continua a se mexer. Mesmo depois de uma ou duas horas, ainda dá para vê-la se mexer." Evitando os caldos de serpente, Françoise levava suas preocupações médicas ao prior Trimont de Cabrières, um famoso curador de doentes incuráveis. Ele tinha sido levado à corte sob a dupla proteção do devoto cardeal de Bouillon e do brutalmente cético ministro da Guerra, o marquês de Louvois: ambos acreditavam piamente em seus poderes.

E havia venenos em toda parte, não apenas em tortas de rins e vinhos; estavam disponíveis, a preços muito baixos, em inúmeras lojas e barracas por toda a cidade. Substâncias tóxicas eram vendidas e até produzidas por todo tipo de gente: químicos e boticários, claro, mas também donos de mercearias, parteiras, vendedores de perfume, jardineiros – qualquer um, na verdade, que decidisse fazê-lo, já que não havia nenhuma regulamentação digna de menção. Havia centenas de venenos em circulação, e em pequenas doses nem eram considerados veneno; havia loções, poções e pós, alguns supostamente para uso externo, apenas na pele ou nos cabelos; alguns para serem usados internamente, para induzir abortos ou para *lês clystères* – limpezas do cólon, a panaceia preferida de todos os médicos das peças de Molière e também de outros profissionais da medicina. A maioria eram variações de substâncias de fácil acesso: o ácido sulfúrico (vitríolo), antimônio branco-prateado, sublimatos corrosivos, pedaços e partes de sapos ou cobras, certas plantas e, claro, arsênico.

Consequentemente, a batalha de La Reynie era árdua e o público não estava necessariamente do seu lado. Uma dupla de dramaturgos tinha se aproveitado do enorme interesse em todo o caso para apresentar uma peça nova e animada sobre o assunto: *La devineresse ou les faux enchantements* (A adivinhadora ou os falsos encantamentos) tinha estreado em setembro de 1679, no Hôtel Guénégaud, casa da trupe ainda ativa do falecido Molière. Corriam boatos de que o próprio Reynie tinha tido uma participação na redação da peça, mas se assim for, ele evidentemente não levou a sério sua mensagem. A peça conta a história da astuta madame Jobin, que enriquece enganando senhoras e cavalheiros de Paris com adivinhações, poções de amor e encantamentos. "No meu trabalho", diz madame Jobin, "o mais importante é a oportunidade. Tudo o que você precisa é ter presença de espírito, um pouco de coragem, gosto pela intriga, certo conhecimento do mundo e que pessoas de estirpe sejam vistas visitando-o; e fique a par do que está acontecendo, especialmente todos os pequenos romances; acima de tudo, é preciso conversar muito com as pessoas que vêm vê-lo. Você está prestes a dizer algo verdadeiro, e só precisa acertar uma ou duas vezes para virar a última moda".[9]

Esta confissão da fictícia madame Jobin aproximava-se muito à do verdadeiro memorialista Primi Visconti, que tinha sido interceptado na corte de Luís por seu aparente talento para ler mãos e dizer a sorte. Embora fosse tudo "apenas uma brincadeira" para Visconti, ele tinha se tornado extremamente popular entre os membros mais frívolos das classes mais altas. Como madame Jobin, ele nada mais havia feito do que observar as coisas e levantar todas as fofocas. "Embora fingisse não estar ouvindo [...] eu me lembrava de todos os segredos sussurrados", escreveu, "e mencionava umas poucas coisas, na verdade apenas adivinhando [...] [e] todos ficavam admirados com minha perspicácia [...] Em pouco tempo eu estava recebendo convites para as casas mais ilustres [...] Paris inteira estava louca para me ver".[10] La Reynie tinha conhecimento de Visconti; na verdade, planejava prendê-lo, porém "o rei me afiançou"[11] e o adivinho preferido da corte permaneceu em liberdade.

Há que ser justo com La Reynie. Quer ou não ele tenha tido participação na peça ou mesmo a assistido, o assunto há muito havia ultrapassado a questão das poções de amor e das adivinhações. Catherine, La Voisin, a parisiense presa recentemente, tinha sido acusada não apenas do assassinato de vários maridos, mas também de tentativa de assassinato (por envenenamento e feitiçaria), e da indução de abortos por meio de poções e "instrumentos de metal". La Voisin era uma *devineresse* amplamente conhecida, mas a adivinhação e os encantamentos revelaram-se as menores de suas atividades, e o mesmo aconteceu com os inúmeros outros que foram presos na sequência. As investigações do zeloso La Reynie estavam revelando uma camada de atividade criminosa previamente insuspeita, pelo menos por ele. Entre os mais privilegiados tanto quanto entre o povo comum, a feitiçaria, os envenenamentos e, acima de tudo, o aborto revelaram-se práticas arraigadas da vida diária. "A vida dos homens é passível de venda por uma questão de simples negociação", relatou com desalento. "Quando uma família está em dificuldades, o assassinato é o único remédio. Abominações estão sendo praticadas em toda parte: em Paris, nos subúrbios e nas províncias."[12]

Antes mesmo de o caso de La Voisin vir à tona, La Reynie e seus policiais já vinham caçando ativamente os perpetradores dessas "abominações", que incluíam todo tipo de sacrilégio – rituais de magia negra, enfeitiçamentos com palavras sagradas, tentativas de falar com mortos –, punível com enforcamento ou decapitação. Mesmo a blasfêmia podia ser punida com uma cruel perfuração da língua e condenação perpétua às galés. Todos os suspeitos eram torturados, não para se obter uma confissão de culpa, o que, entre os destituídos de títulos e os pobres, era mais ou menos implícita, mas para se extrair informações sobre seus supostos cúmplices. Era uma prática hedionda e, na maioria das vezes, inútil, como percebeu o presidente do Parlamento de Paris, observando que "ela raramente extraía a verdade da boca de um condenado".[13] As torturas permitidas nas prisões da França incluíam a roda, em que os braços e membros eram esticados até quebrarem; os *brodequins*, uma espécie de prensa com parafusos que eram apertados gradualmente sobre os membros; e a tortura da água: galões de água eram forçados pela goela da vítima abaixo, causando dores terríveis. Ao visitar a prisão de Châtelet, o diarista inglês John Evelyn viu um homem acusado de roubo ser submetido a "questionamento ou tortura". Evelyn descreve a tortura em detalhes, acrescentando: "Havia mais um malfeitor na sequência, mas o espetáculo era tão incômodo que não consegui assistir a outro."[14]

A própria La Voisin foi sujeitada à tortura da água, e a transcrição de seu interrogatório está "entremeada de guinchos e pedidos de clemência".[15] Ela acabou entregando o nome de 36 pessoas aparentemente associadas a ela. Essas 36 pessoas também foram torturadas, produzindo ainda mais nomes, cada vez mais improváveis, e assim a investigação se espalhou. Em fevereiro de 1680, La Voisin foi condenada a ser queimada viva, em seguida foi torturada outra vez para o caso de se lembrar de mais algum cúmplice que ainda não tivesse mencionado. Na última semana do mês, ela foi levada de carroça até a Place de Grève[16] para a execução.

Ela não foi em silêncio. Afastando tanto o sacerdote quanto o crucifixo, ela se recusou a fazer a necessária oração penitencial a caminho da catedral de Notre-Dame. Ao chegar aos pés do cadafalso, não desceu da carroça e teve de ser puxada pelos guardas. Presa à estaca com ferros, por cinco ou seis vezes ela chutou para longe a palha flamejante, praguejando violentamente, até que o fogo a envolveu. "Dizem que as repercussões nos surpreenderão a todos",[17] observou madame de Sévigné.

Os dois ministros mais poderosos do rei, Colbert e Louvois, o ministro da Guerra, talvez tenham se surpreendido menos que os outros. À medida que os prisioneiros foram entregando cada vez mais nomes, Colbert não pôde deixar de notar quantos deles estavam associados a seu grande clã de oficiais e protegidos. Sem que o decidido La Reynie detectasse, Louvois, principal rival de Colbert – "eles normalmente brigam como cão e gato"[18] –, vinha manipulando as investigações para envolver o maior número possível de amigos de Colbert e seus próprios inimigos. *Le clan* Louvois tinha estado em guerra com *le clan* Colbert desde o início do reinado pessoal de Luís, em 1661, e embora os homens de Colbert tivessem se saído melhor até essa data, seu brilho começava a diminuir por conta dos esforços evidentemente ardilosos do "gordo e suado"[19] ministro da Guerra.

O alvo mais eminente de Louvois agora era François-Henri, duque de Luxemburgo, marechal da França, um dos quatro capitães dos guarda-costas reais, "um dos principais cargos de confiança do rei"[20] e, na verdade, um ex-favorito do próprio Louvois. Apesar de sua elevada posição, Luxemburgo era um alvo fácil, pois era objeto do desagrado geral, pelo menos entre os homens. "Sua baixa estatura não era o pior de seus defeitos",[21] escreveu o diplomata Spanheim. Primi Visconti tinha uma opinião mais direta: "É um corcundinha embusteiro."[22]

Como governador da Holanda, após a invasão francesa dos anos 1670, Luxemburgo tinha se mostrado odioso e animalesco, além de baixo, tratando os locais com grande crueldade e permitindo que seus soldados fizessem pilhagens e coisas piores a seu bel-prazer. Mas a seu tempo tinha experimentado também a derrota, e isso trouxe a vingança sobre sua própria cabeça. Em 1676 ele não conseguiu levantar o cerco da sitiada cidade alemã de Filipesburgo e culpou Louvois, seu aliado de longa data, por não ter enviado reforços; a partir daí o rancoroso Louvois se tornou seu resoluto inimigo.

No início de 1680, após declarações feitas por um suposto mágico de nome Lesage, Luxemburgo foi preso sob a acusação de sacrilégio, sodomia, incesto, falsificação de dinheiro e diversas tentativas de assassinato, incluindo o de sua rica mas desagradável esposa, "a pessoa mais feia sobre a terra".[23] Qualquer uma das acusações seria suficiente para sentenciar o duque à morte. Mas, embora se soubesse que ele era um homem supersticioso, apreciador de livros de magia e adivinhação, e embora talvez houvesse alguma verdade nos boatos de relacionamentos homossexuais, seu único erro foi ter rompido com Louvois, que agora se mostrava pronto para levar seu ex-amigo à desgraça, ao exílio ou até ao cadafalso.

Luxemburgo não esperou que os guardas fossem buscá-lo e foi para a Bastilha, desafiadoramente, em sua própria carruagem. No caminho encontrou Athénaïs, e ambos desceram para falar em particular. A bravata do duque não durou muito tempo, pois a essa altura já estava chorando "copiosamente". Interrompeu sua viagem por uma segunda vez, para passar alguns momentos em oração, mas, incapaz de se decidir pelo santo que melhor poderia interceder a seu favor, deixou a igreja, ainda chorando. Finalmente confinado na "mais desagradável cela" de frente para o fosso malcheiroso, o duque foi interrogado brevemente por La Reynie antes de exigir ver um padre. O padre lhe foi negado, embora, em compensação, La Reynie lhe enviasse um exemplar de *A vida dos santos*.

Por dois dias Luxemburgo tentou uma greve de fome, permanecendo calado em sua cela, mas no terceiro dia mudou de conduta e começou um ríspido ataque a seu carcereiro: "Feche aquela janela! Acenda o fogo! Arranje algum chocolate!" Madame de Sévigné, bem-informada como sempre, e incomodada com o comportamento petulante do duque, relatou toda a história a seus amigos no campo. "Ele não é um homem", escreveu, "nem mesmo um homenzinho; nem mesmo uma mulher; ele é apenas um 'omulhete.'"[24] Mas quando o dia de seu julgamento finalmente chegou, mais de três meses depois, Luxemburgo se comportou com dignidade exemplar. Com uma defesa clara e uma evidente inocência pessoal, ele foi rapidamente absolvido, embora seu criado, com um testemunho mais confuso, tenha sido condenado às galés, e seu alegre astrólogo pessoal, aparentemente mais necessitado de uma punição que lhe tirasse o sorriso do rosto, passou o resto da vida acorrentado às paredes de um calabouço. Uma vez solto, o duque tratou de se aliar o mais intimamente possível ao rival de Louvois, Colbert, na verdade pedindo a Françoise que o ajudasse a arranjar casamento dentro da família dele.

Luxemburgo, demasiado orgulhoso ou determinado demais a provar sua inocência, não aproveitou a dica do rei para que deixasse a França antes de ser preso, mas outras pessoas de alta posição, igualmente advertidas, decidiram não esperar em casa pela inevitável batida à porta. A condessa de Soissons, nascida Olympe Mancini, sobrinha do falecido cardeal Mazarin e uma das amantes ocasionais de Luís, encantou toda Paris com sua enérgica fuga à meia-noite, saltando de sua mesa de jogo para agarrar algumas joias volumosas e lindas e a marquesa d'Alluye, sua gorda e bela amiga, antes de partir a galope para Bruxelas, perseguida por cavaleiros armados enviados por Louvois.

Privado de sua caça, o ministro foi obrigado a se contentar em criar uma reputação sinistra para a condessa em Bruxelas, cujo povo "naturalmente supersticioso" alarmou-se ao ver um bando de "diabos" (gatos pretos soltos por um dos homens de Louvois) rodearem-na quando se ajoelhou durante a missa. A condessa estava a ponto de ser acusada da morte de seu marido, embora ninguém realmente acreditasse em sua culpa. Ela não tinha obtido nenhum ganho financeiro com a morte do conde, e em todos os outros aspectos, como era do conhecimento de todos, ele tinha sido um marido mais do que conveniente: em certa ocasião até se deu ao trabalho de reconciliar a esposa com um de seus muitos amantes, com quem ela havia brigado.

Dentro de uma semana, a irmã da condessa, Marie-Anne, duquesa de Bouillon, viu-se diante de uma acusação semelhante: supostamente ela tinha tentado contratar o assassinato de seu próprio marido, o duque de Bouillon, para poder se casar com seu atual amante, o duque de Vendôme. Adorada por seu indulgente marido, que não levantava qualquer objeção a seus muitos casos, "desde que ele tivesse sua fatia", a rica, liberal e "excepcionalmente sedutora"[25] duquesa era igualmente adorada na sociedade parisiense, onde cabeças experientes acenavam com aprovação ante sua contida prática de ter apenas um amante por vez.

Uma inveterada sem-vergonha desta estirpe não se deixaria intimidar pelo arrogante policial La Reynie, com suas fantásticas ideias de conspiração contra a vida do rei: longe de fugir como sua irmã havia feito, *La Bouillon* enfrentou o julgamento com um fabuloso desafio, aparecendo à *chambre ardente* com seu marido num braço e o amante no outro. Como os fascinados parisienses já imaginavam, ela se mostrou um páreo mais do que à altura dos comissários. Tinha ela oferecido um saco de ouro ao mágico Lesage para que ele se livrasse de seu marido? Não, e ali ele estava agora, esperando por ela com uma fila de carruagens, bem do lado de fora desta porta. Tinha tentado envenenar seus empregados, que sabiam demais sobre seus casos amorosos? Não, e de qualquer modo toda Paris sabia de seus casos. Tinha visto o diabo?, perguntou-lhe La Reynie. "Sim, vi", respondeu, "e ele se parecia com o senhor".[26] O tantas vezes corneado duque ficou tão orgulhoso do triunfo de sua esposa que implorou ao rei que lhe desse permissão para publicar um relato de tudo para as cortes da Europa. A permissão não veio.

O duque de Luxemburgo e as duas irmãs Mancini tinham fornecido bom material para fofocas, e ao longo dos primeiros meses de 1680 muitos outros nomes nobres foram citados, avivando ainda mais os processos. Embora tenha se alarmado a princípio, o rei não estava convencido de nenhum crime real nos altos círculos, no entanto estava assombrado com a descoberta de tantas práticas ocultas em sua própria corte, na verdade, até muito perto dele. "Monsieur de la Reynie me disse que alguns dos acusados mencionaram madame de Montespan muitas vezes", registrou privadamente em março. "Estou começando a me preocupar com Ath."[27]

A extensão das ocorrências e o envolvimento de tantas pessoas ricas e poderosas pareciam quase impossíveis, e se La Reynie tivesse sido capaz de analisar tudo com menos horror e mais perspicácia, talvez tivesse chegado a essa conclusão. Colbert, sem dúvida querendo proteger seus aliados, protestou dizendo que as pessoas ao darem seu testemunho enfrentavam "todos os terrores da tortura e da morte";[28] e acrescentou com sensatez: "Em condições tão extremas uma pessoa é naturalmente engenhosa." Mas o comissário de polícia não ouviu, ou não deu atenção às advertências do ministro. Partidário da monarquia durante as guerras civis da Fronda, La Reynie tinha mantido uma forte, para não dizer ardorosa, devoção ao rei, e isso, associado à consciência de sua longa tradição familiar de serviço cívico, dava-lhe agora uma exagerada diligência em sua tarefa. Em sua determinação de não deixar pedra sem virar, ele levou as investigações aos extremos, e depois além.

Ao descrever a corte em 1680, Primi Visconti afirma que ela estava em estado de terror. "Não se podia mais confiar nos amigos", relata. "Bastava uma carta a La Reynie, de qualquer pessoa que fosse, e você era jogado na prisão. Muitas pessoas inocentes passaram meses trancafiadas antes de serem interrogadas." E, injustiças à parte, os esforços da polícia eram, em alguns casos, decididamente contraprodutivos. "Montes de pessoas que nada sabiam sobre envenenamento começaram a aprender tudo a respeito", continuou Primi Visconti, "e aqui na França as coisas são diferentes: em outros lugares as pessoas usam o veneno para se vingar de inimigos, mas aqui usam contra seus pais ou mães [...] ou para arranjar um novo casamento. Houve mais envenenamentos desde a instalação da *Chambre* do que antes. Basta uma pessoa ter uma dor de estômago e já diz que foi envenenada, e todos os cozinheiros e empregados são presos".[29]

A febre do envenenamento e da bruxaria logo se espalhou para fora de Paris, surpreendendo muitos provincianos inocentes. O marquês de Jorné foi preso depois de mandar um empregado comprar pó de traça para sua biblioteca. O duque de Nevers foi trancafiado por sua ansiosa família depois de descaradamente batizar um porco. A família de madame de Sévigné na Provença teve um problema gástrico coletivo: "De onde vocês tiraram a ideia de que foram todos envenenados?",[30] escreveu a marquesa. "Que ridículo!" Como observou seu espirituoso primo: "Se todos os maus cozinheiros de Paris fossem presos, as prisões estariam superlotadas."[31]

Ao fim de agosto, a "preocupação" do rei com relação a Athénaïs tinha se transformado em verdadeiro temor, levando a uma séria discussão entre eles. "Seu nome tem aparecido muito frequentemente nos testemunhos dos cúmplices da Voisin", registrou.[32] "Ela se defendeu vigorosamente, negando todas as coisas horríveis que foram ditas. Mas há algum tempo venho me sentindo aborrecido com todos os seus acessos e repreensões. Falei com ela muito irritadamente e disse: 'Se a esposa de César estava acima de suspeita nos dias da antiguidade, digo-lhe, madame, hoje a *mãe dos filhos de César* também tem de estar.' É quase certo que eu acabe por perdoá-la, mas algo se rompeu entre nós."

Athénaïs estava agora envolvida em uma série de acusações contra membros de sua própria família Mortemart. Sob tortura, La Voisin havia confessado que tinha sido abordada pela duquesa de Vivonne, cunhada de Athénaïs, pedindo ajuda para envenenar seu marido, o duque de Vivonne, que, condenado pela herança física de sua família, tinha engordado grotescamente nos últimos anos, tornando-se, presumivelmente, menos atraente para sua esposa. Ao mesmo tempo, o primo de Athénaïs, o marquês de Termes, um fanático investigador da lendária pedra filosofal, tinha sequestrado um amante alquimista de La Voisin, mantendo-o prisioneiro por meses em um causticante laboratório na torre de seu castelo.

O nome de madame de Montespan tinha atraído a fascinada atenção dos torturadores de La Voisin. Sua determinação em descobrir mais tinha, em certa medida, mantido La Voisin viva. Aproveitando a oportunidade, ela havia esticado a história ao máximo e o mais vividamente possível. Após sua morte, sua filha prolongou a coisa ainda mais, e embora Colbert a julgasse uma menina "astuta e habilidosa",[33] e até o crédulo La Reynie admitisse que sua "atitude era estranha",[34] seu testemunho foi aceito como verdade. Segundo ela, madame de Montespan havia visitado sua mãe por cinco ou seis anos, buscando ajuda para manter o afeto do rei. La Voisin teria lhe dado poções de amor que madame de Montespan havia misturado aos remédios para regular o *clystère* de limpeza do rei.

Quando a força dessas poções pareceu enfraquecer, La Voisin teria passado a lançar feitiços sobre o rei, e depois pagado a um sacerdote para celebrar uma série de rituais de magia negra, sacrificando bebês ao diabo. Supostamente, madame de Montespan havia participado desses rituais nua. Quando tudo se mostrou inútil e Athénaïs se resignou a perder sua posição como *maîtresse déclarée*, decidiu se vingar do rei. La Voisin teria, então, lhe fornecido frascos de pós do amor envenenados.

O rei estava em Flandres, numa viagem de verão por suas províncias recém-conquistadas, quando chegou a primeira das cartas de La Reynie a respeito de Athénaïs. Pelo Natal de 1680, não havia mais nada a ser extraído da engenhosa filha de La Voisin. Embora apenas La Reynie realmente acreditasse nela, por trás de todas as acusações havia um fragmento de verdade grande o bastante para destruir Athénaïs de uma vez por todas.

As últimas ilusões do rei tinham acabado. "Tive de [...] dar algum crédito à madame de Montespan", escreveu no dia seguinte ao Natal. "Ela não pode ter encomendado rituais de magia negra; ela jura que não o fez e acredito nela. Mas admite ter comprado poções de amor, o que a associa a essa gente, qualquer que fosse sua intenção. E lembrei a ela o que disse em agosto sobre a esposa de César."[35]

Françoise, por natureza menos frívola que Athénaïs, ou talvez menos desesperada pelo amor do rei, não havia visitado adivinhos nem comprado poções de amor. Ela tinha iniciado este "ano do terror" na corte com uma promoção ao cargo de *deuxième dame d'atour* (segunda dama de companhia) da princesa Maria Ana da Baviera, de 19 anos, noiva recente do delfim que, na verdade, ainda estava para chegar à corte. Mignon e seus irmãos tinham agora idade para deixar os cuidados de sua governanta e passar à supervisão mais rigorosa de um tutor do sexo masculino, e os filhos mais novos de Athénaïs tinham sido mandados para Paris, para ficarem sob os cuidados de outras amas e governantas na casa da rue Vaugirard, que um dia havia sido de Françoise.

Em consequência disso, Françoise havia ficado, por um breve período de tempo, sem nenhum cargo, até que o rei a declarou *dame d'atour*, que, como ele observou, "justificará sua presença na corte e nos aproximará com mais frequência".[36] Foi provavelmente Françoise quem sentiu a necessidade de alguma "justificação" pública para sua presença, pois, ao que parece, foi nesse mês de janeiro de 1680 que ela retomou o romance com ele, tirando-o da insípida Angélique de Fontanges, que, em todo caso, não estava nada bem. Tinha sofrido uma séria hemorragia após o nascimento, e rápida morte, de um filho de Luís. "Ferida a serviço de sua majestade",[37] como observou madame de Sévigné.

Movida, talvez, pela consciência, Françoise aproveitou-se de sua renovada influência sobre o rei para estimulá-lo a se aproximar mais da negligenciada Maria Teresa; a consequência disso foi que, ao final de maio, como confessou o próprio Luís, Françoise era "muito amada pelo rei, altamente estimada pela rainha e absolutamente odiada por Ath".[38]

No verão, Françoise foi para os balneários do sul com Mignon. No outono, tinha retornado à corte, para entusiástica exaltação geral, e Athénaïs tinha começado finalmente a cair de seu pedestal.

A *Chambre d'Arsenal* tinha se dissolvido em outubro, embora devesse reassumir na primavera de 1681 e continuar por mais de um ano. A essa altura ninguém mais senão La Reynie acreditava muito nela. "As pessoas viam-na como um tribunal particular para que duas ou três pessoas pudessem levar a cabo suas vendetas pessoais",[39] escreveu Primi Visconti. Jean de la Fontaine registrou sua opinião para a posteridade em uma de suas já adoradas fábulas:

> É tudo preconceito, intriga, favoritismo
> Nada tem a ver com justiça, ou quase nada.[40]

Em menos de dois anos de existência, a *Chambre* investigou 442 pessoas, prendeu 218, aprisionou 65 para o resto da vida, condenou 36 à forca, à fogueira ou a serem quebradas na roda, mandou um grande número para as galés e torturou uma mulher até a morte. Com tudo isso, "eles nunca encontraram nada além de um pensamento maligno contra o rei".[41] Alguns criminosos profissionais tinham certamente se envolvido no caso – os rituais de magia negra, por exemplo, ou as perfurações de bonecos de cera com agulhas pareciam ser prerrogativas de especialistas –, mas a maior parte não passava de consequência das crenças religiosas quase mágicas da época. Quase todos acreditavam que espíritos andavam sobre a terra, que o diabo podia ser invocado, que uma oração podia ser distorcida e transformada em praga, e que as maldições funcionavam.

O resto era uma questão de práticas sociais arraigadas, embora repulsivas: atos violentos de vingança ou desespero, abandono e assassinato de bebês, abortos praticados com poções perigosas ou instrumentos de metal sujos. Em relação a esta última, foram descobertos tantos casos entre mulheres comuns e damas de classe que Luís mandou interromper novas investigações. O aborto era um problema característico da França, observou Primi Visconti, "seja por causa do clima ou porque os maridos estão fora, nas guerras, e as jovens se apaixonam tão rapidamente [...] [mas] o rei não queria levar esse assunto mais longe, já que todo o reino estava infestado com esta prática".[42]

Embora muitas pessoas inocentes tenham sofrido, algumas acabaram se beneficiando com as mudanças provocadas pelo *l'affaire des poisons*. Alguns criminosos genuínos, espadachins e homens contratados para despacharem bebês indesejados foram varridos das ruas para sempre. Novas leis regulamentando a venda de substâncias tóxicas deixaram os parisienses mais seguros do que antes. E, num definitivo avanço da saúde pública, os boticários foram proibidos, daí em diante, de fabricarem remédios a partir de sapos e cobras.

Françoise não registrou nenhum de seus pensamentos a respeito de todo o caso dos venenos, ou se o fez, teve o cuidado de destruí-los mais tarde. Mas o caso determinou seu destino tanto quanto o dos *misérables* forçados ao exílio, à prisão ou à estaca. O envolvimento de Athénaïs, criminoso ou não, finalmente tinha enfraquecido seu poder de uma vez por todas. Tinha custado a confiança do rei, e com ela sua estima; no final, até sua paixão. Luís tinha recebido as sórdidas e escandalosas revelações como um insulto final e chocante após anos de injúrias menores provocadas pelo orgulho e ganância de Athénaïs. Françoise, ao contrário, parecia um refúgio tranquilo após a tempestade, discreta, complacente, "acima de suspeitas", sem nenhuma atração pelas superstições tolas que tinham manchado quase todas as outras damas da corte. Além disso, como Luís admitiu, de todas as amantes de que dispunha, ela era a que mais se ajustava "a meu gosto atual".[43]

A perda de Athénaïs foi o fabuloso ganho de Françoise, e embora o rei repreendesse seus "impertinentes" cortesãos em particular, não contradizia seu espirituoso reconhecimento da posição que ela agora ocupava: ao fim de 1680, a humilde viúva Scarron tinha sido gloriosamente transformada na dama do momento: madame de *Maintenant*.

CAPÍTULO 13

MADAME DE MAINTENANT

Nenhuma beleza da primavera, nem do verão, possui a graça
Que encontrei em um rosto outonal.[1]

No mês de novembro de 1680, Françoise atingiu a madura idade de 45 anos, "de aparência ainda atraente",[2] como o abade de Choisy confirmou. Luís, belo e robusto, tinha agora 42, e sua pesada cunhada Liselotte, apenas 28. O contraste era para ela motivo de indignação, já que se ressentia muito da evidente preferência do rei pela "velha Maintenon" à sua própria pessoa, mais jovem, mais vigorosa e rechonchuda.

Liselotte estava apaixonada pelo rei, mas mesmo os que eram imunes aos encantos do rei ficaram perplexos com sua escolha. "Ninguém sabia o que pensar disso", escreveu Primi Visconti, "porque madame de Maintenon era velha. Alguns diziam que ela era confidente do rei, alguns que era apenas uma empregada, e alguns achavam que, sendo uma pessoa inteligente, o rei a tinha escolhido para escrever as memórias de seu reinado [...] Muitas pessoas destacaram que alguns homens se sentem mais atraídos sexualmente por mulheres mais velhas do que pelas mais novas".[3]

O experiente chevalier de Méré, um ardente admirador de Françoise nos dias primaveris de sua juventude, talvez tivesse uma ou duas coisas a dizer, se alguém o tivesse consultado em sua tranquila propriedade em Poitou: "As mulheres mais lindas são mais perigosas que nunca quando sua juventude fica para trás", escreveu. "Se perderam em um aspecto, ganharam em outro, e o que ganharam – em graça ou em realizações – as faz ainda mais amadas."[4] Athénaïs, agora aos 40 anos, indignada e ainda maquinadora, talvez tenha reconhecido na equilibrada e complacente Françoise o descanso que Luís precisava depois dela própria, tão emocionalmente extravagante. Como o abade de Choisy observou, "madame de Maintenon era afável e prestativa, enquanto o rei não conseguia enfrentar madame de Montespan diretamente".[5] Mas foi madame de Sévigné em Paris, com a vantagem de estar afastada da vida diária da corte, quem provavelmente tenha chegado mais perto de adivinhar a verdade: "Ela lhe mostrou um novo campo que ele nunca havia conhecido – amizade e conversas normais, sem reservas ou fingimentos, e ele está encantado com isso [...] [madame de Montespan] está terrivelmente enciumada da confiança e amizade que existe entre eles [...] Pode-se derrotar a paixão, mas contra a inteligência e o diálogo [...]"[6]

"O rei não gosta de ver um homem tão apaixonado a ponto de se tornar escravo de sua paixão",[7] escreveu Primi Visconti. Luís sentia-se sensualmente atraído por Françoise – na verdade, parecia dedicado a ela. "Ele lhe dedica mais cuidados e atenções do que qualquer de seus outros amigos",[8] escreveu madame de Sévigné. No entanto, Luís estava confiante de que tinha, e poderia manter, o controle em seu relacionamento. Com Françoise não haveria cenas, nem exigências nem desafios à sua autoridade. Como disse o abade de Choisy, ela era "afável e complacente", embora nem Luís nem o abade suspeitassem da tática por trás dessa contínua complacência. Como Françoise confessou à sua secretária muitos anos mais tarde, "eu sou naturalmente impaciente, mas o rei nunca suspeitou disso, embora eu com frequência estivesse no fim das minhas forças [...] Sou naturalmente franca, e nos primeiros anos de meu favor, eu estava sempre fingindo concordar com ele. Às vezes ficava aborrecida [...] mas nunca disse uma só palavra que o demonstrasse. Às vezes estava realmente brava [...] Só Deus sabe o que sofri [...] Mas o rei entrava em meu quarto e não encontrava o menor sinal de problema. Eu fingia estar sempre de bom humor. Esforçava-me ao máximo para entretê-lo, para mantê-lo longe das mulheres, e não teria conseguido isso se não estivesse sempre complacente e afável. Ele buscaria prazer em outro lugar se não o encontrasse em mim".[9]

O autocontrole de Françoise, um contraste tão gritante com o humor imprevisível de Athénaïs, garantia ao rei um ambiente relaxado e agradável e o aproximou cada vez mais dela. Françoise compreendia bem a atração que ele sentia pelo oásis de calma que ela representava em meio às constantes exigências da corte e do Estado, mas se o resoluto controle de sua impaciência, franqueza e mesmo raiva era calculado, nele havia também uma dose de instinto. Françoise queria estar em primeiro lugar nos sentimentos do rei, mas não para dar uma de *sultane* na corte, como havia feito Athénaïs, e não para juntar o dinheiro e o prestígio que conseguisse de um relacionamento mais fugaz, como outras haviam feito. Françoise queria que Luís a amasse, e a necessidade que tinha do seu amor era profunda. Muitos amigos a adoravam; muitos homens a tinham desejado; Scarron a tinha amado, a seu modo semissatisfeito e indireto; o marquês de Villarceaux talvez a tivesse amado, mas não por muito tempo, e não com exclusividade. Nem sua mãe nem seu pai lhe tinham dado um saudável senso de si mesma, e ela tinha sido arrancada de sua vida estável em Mursay e lançada em uma situação de dificuldade e humilhação. Françoise precisava de amor, respeito e segurança. E Luís, aparentemente, podia lhe dar tudo isso.

De seu próprio ponto de vista, não era uma troca difícil. Ela se sentia fisicamente atraída por ele, lisonjeada por suas atenções, era alimentada e vestida com a pensão que ele lhe havia concedido. Ele era o rei, e se se perdia por entre bonitas criadas, se era autocrático e até egoísta, sua presença e seu favor eram compensação suficiente. Da paixão por um belo e jovem príncipe, da aceitação de seu amor flutuante, Françoise havia passado facilmente a desejá-lo só para si, talvez não sexualmente – isso parecia impossível –, mas em termos emocionais mais profundos. E com seu modo aparentemente calmo e complacente, ela oferecia a mesma constância emocional a ele; o incerto menino-rei, adorado, ignorado, coagido, desconsiderado, diplomaticamente negociado em um casamento mórbido, eternamente explorado por mentes mais ardilosas, tanto masculinas como femininas, era agora um rei aproximando-se do auge de seu reinado, mas por vezes ainda inseguro, protegendo-se de suas próprias dúvidas com uma atitude de firmeza e até inflexibilidade.

Assim, Françoise mantinha sua insatisfação para si mesma, e o que quer que isso tenha lhe custado, o fingimento funcionou. Enquanto Athénaïs se encolerizava e Liselotte chorava suas gordas e negligenciadas lágrimas, foi ficando cada vez mais claro que Luís simplesmente não conseguia ficar sem sua madame de Maintenant. "Com frequência, sua majestade passa duas horas à tarde na sala dela, conversando com uma facilidade e amizade que torna aquele o lugar mais agradável do mundo." Assim madame de Sévigné transmitiu a notícia à sua filha na Provença. "Outro dia o rei passou três horas com ela, que tinha enxaqueca [...] O rei passa apenas uns poucos momentos com madame de Montespan [...] Os privilégios de madame de Maintenon crescem cada vez mais, e os de madame de Montespan diminuem a olhos vistos."[10]

Embora "velha", ou pelo menos na meia-idade, Françoise continuava bela. Sua pele era firme e viçosa; suas formas eram mais cheias e voluptuosas, sem a gordura que tanto atormentava Athénaïs; seus cabelos castanhos não tinham sinal de fios brancos e seus olhos, "os mais belos olhos do mundo", ainda brilhavam de entusiasmo e cintilavam com inteligência. Embora o desejo do rei por ela ainda fosse forte, a essa altura ela já se sentia confiante o bastante para se recusar a dormir com ele quando não tinha vontade. "Estou cercado de mulheres encantadoras, e isso não me serve de nada",[11] registrou Luís, amuado. "Madame Sc me recusa com frequência, por piedade (ela quer me aproximar da rainha, que sabe disso e, consequentemente, está cada vez mais entusiasmada a seu respeito). Ath com frequência também me rejeita, por ciúme de Sc. E eu sou a vítima desta dupla recusa! E alguns tolos ainda pensam que tenho poder ilimitado! A pobre rainha, minha esposa, é a única pessoa que está ganhando algo com isso. Que Deus a ajude!"

Pela primeira vez em muitos anos, "a pobre rainha, minha esposa" estava recebendo "um tipo de atenção, consideração e ternura com o qual não estava, de modo algum, acostumada; e isso a fazia mais feliz do que jamais havia sido. Emocionada até as lágrimas, ela exclamava, em um lamentável arrebatamento de alegria: 'Deus me enviou madame de Maintenon para me devolver o coração do rei!'".[12] De compreensão lenta, Maria Teresa evidentemente não percebia que sua aparente benfeitora também estava servindo, pelo menos ocasionalmente, como amante de seu marido, nem se dava conta de que o verdadeiro objetivo de Françoise não era lhe "devolver o coração do rei", mas mantê-lo longe de Athénaïs, e talvez, no final, assegurá-lo para si mesma.

"Talvez" assegurar o coração do rei para si mesma: isso é tudo que se pode dizer com certeza. Após oito anos de vida na corte, próxima ao rei, Françoise sem dúvida tinha agora uma importância fundamental para ele. Era sua amante preferida. Com ela o rei passava a maior parte de suas horas de lazer, em conversa amigável, se não fazendo amor. O abade de Choisy achava que ela lhe permitia "relaxar das preocupações do Estado",[13] mas parece também que ela tinha começado a usar essas horas em privado com o rei para persuadi-lo a pensar como ela, e ao fazê-lo, promover seus próprios interesses. Ela já vinha promovendo os interesses de seu médico preferido, Guy-Crescent Fagon; com o tempo conseguiu levá-lo ao cargo de médico pessoal do rei. Para o marquês de Montchevreuil, seu amigo leal dos dias no Marais, tinha conseguido o cargo de mestre do duque de Maine, seu Mignon, agora com 10 anos. "Eu disse [a seu empregado] que ele poderia mencionar meu nome a Colbert sempre que precisasse de algo",[14] havia escrito a seu irmão, no início de 1679; e no verão de 1680 disse: "Falarei com monsieur Colbert [...] e você receberá seu salário." Madame de Sévigné chegou a ponto de dizer, nessa época, que "madame de Maintenon é a máquina que dirige tudo"[15] – um exagero, sem dúvida, mas um reflexo do modo como sua influência na corte era percebida.

No entanto, mesmo nos momentos de superotimismo, Françoise mal podia crer que viesse a ter qualquer influência duradoura sobre o rei. Louise de la Vallière em seu gélido convento, Angélique de Fontanges em seu túmulo prematuro, Athénaïs, com seus seis filhos reais, na mortificação de seus aposentos não visitados, a própria rainha em sua patética dependência das migalhas da mesa de uma empregada, e um grupo de mortais menos importantes, que satisfizeram o rei por um ano ou um dia: todas exortavam para a transitoriedade de seus sentimentos, na verdade para a transitoriedade de todas as glórias da terra.

De que valia a beleza a Louise agora? De que valia a Angélique a carruagem com seis cavalos cinzentos? De que valia até mesmo a coroa a Maria Teresa, o alvo do riso de todas as camareiras que a serviam? Com "inteligência para dar e vender",[16] Françoise percebia muito claramente a derradeira escrita em sua própria parede forrada de seda.[17] Foi isso que em tempos passados a tinha afastado dos braços do rei, e era isso que agora a persuadia de que não bastava ser sua amante, sua confidente ou mesmo sua conselheira – nem para ela nem para ele, ou assim se convenceu. Por ora, ela tinha o controle, como Louise, Athénaïs e outras tinham tido antes dela. Françoise era como elas, isso era verdade, mas também era diferente. Enquanto elas haviam confiado na influência que tinham sobre o coração do rei, ela forjaria um laço mais forte com ele, um laço que garantiria uma glória duradoura, na verdade eterna, para ele e para ela.

Françoise não seria considerada apenas mais uma das amantes reais. Seu objetivo era muito, muito maior. Ela tinha decidido salvar a alma do rei.

A decisão não era reflexo de uma piedade genuína, recém-encontrada, de sua parte. Antes, revelava a necessidade que tinha de um objetivo sério na vida e, sem dúvida, também uma tática acomodação ao tom cada vez mais *dévot* daquela época, com a elevação de sua própria reputação pública. O novo plano também revelava a percepção que Françoise tinha do entendimento religioso um tanto elementar do rei: para Luís, as convenções públicas deviam ser observadas, as exigências pessoais deviam ser buscadas com empenho; o Senhor devia ser temido, embora o pecado pudesse ser perdoado se o arrependimento fosse sincero; a salvação, alcançada apenas por meio da Igreja Católica, era o supremo objetivo de qualquer pessoa na terra. Luís certamente esperava a salvação, embora desde os primeiros tempos de sua virilidade seu apetite pelo sexo ilícito o tinha mantido quase constantemente em um estado de pecado condenatório em potencial; disso estava perfeitamente consciente, e às vezes se sentia ansioso. Mas onde Bossuet, o maior pregador, havia falhado, após anos de ameaças e sermões trovejantes, Françoise pretendia ter êxito. De agora em diante, sua função seria afastar Luís dos relacionamentos sexuais pecaminosos, que punham em risco sua alma imortal, e mandá-lo de volta para sua legítima esposa.

Ao fim de 1681, ela estava confiante de ter obtido pelo menos um êxito temporário, e disse isso a seu primo Filipe em Mursay. "O rei já não tem *galanteries*", disse-lhe, "e pode-se dizer isso sem medo de parecer mal-informado".[18] No entanto, permanecia a dúvida sobre seu próprio relacionamento com Luís. Não era ele próprio uma *galanterie*? Ironicamente, as suspeitas sobre ela continuavam a ser desviadas pela própria Athénaïs, que oficialmente ainda era a *maîtresse déclarée*, de modo que, como Luís pretendia, os cortesãos continuavam sem saber o que estava acontecendo no reino vital dos *amours* do rei. Mas Françoise sabia a verdade, e suas ambíguas respostas às expectativas de sexo de Luís – "madame Sc me recusa por piedade" – revelam sua consciência condescendente.

Talvez ela devesse ter sido mais sábia. Mas mesmo sua inteligência "para dar e vender" e sua ampla experiência das coisas do mundo até agora não tinham sido suficientes para que conhecesse a si própria. O relacionamento de Françoise com o rei era uma mancha insistente no centro de seu nobre projeto. Ela estava desagradavelmente consciente disso, mas faltava-lhe a força moral, ou mais provavelmente a fé religiosa, para dar os passos necessários para mudar.

Longe de ser uma *dévote* ao estilo autoritário de Bossuet, Françoise não passava de uma cristã numa época em que todos, com exceção de uns poucos, eram cristãos. Sua educação mista e sua preferência pelo pragmático ao místico faziam dela uma católica formal com claras tendências protestantes. No entanto, ela não se interessava pelas contínuas batalhas religiosas da época: entre a França católica e o interferente papa; ou entre a França católica e sua rígida seita jansenista; ou a França católica e os huguenotes. Embora ela certamente possuísse algumas virtudes cristãs – autocontrole, uma veemente simpatia pelos sofredores e um desgosto pela frivolidade e extravagância –, eram mais aspectos de seu caráter do que o resultado duramente conquistado de qualquer empenho religioso. A fé nunca tinha sido de grande importância para Françoise. Père Gobelin, o confessor que havia escolhido, era homem sincero mas manipulável, e foi sempre um guia espiritual inadequado para ela – e desconhecia totalmente a extraordinária posição que Françoise ocupava agora.

Uma carta dessa época a père Gobelin revela quão brandamente batia o coração religioso de Françoise:

> Eu oro por um momento quando me levanto; vou à missa todo dia comum, e duas vezes nos dias santos de obrigação; recito o ofício todos os dias e leio um capítulo de algum bom livro; rezo quando vou para a cama e, se acordo no meio da noite, recito um *Laudate* ou um *Gloria Patri*. Penso em Deus com frequência ao longo do dia, e ofereço minhas ações a ele; peço-lhe que me tire da corte se eu não puder alcançar a salvação aqui, e no mais, não sei que pecados eu possa estar cometendo. Meu temperamento e minhas boas intenções me impedem de fazer algo realmente mau; gosto de agradar as pessoas e ser bem considerada, e isso me põe de guarda contra minhas outras paixões – que, de qualquer modo, não são realmente faltas, apenas traços humanos normais: sou vaidosa, frívola e preguiçosa, e bastante livre em meus pensamentos e julgamentos,

e, por prudência comum, sou cuidadosa com o que digo. Portanto, é assim que sou; mande-me quaisquer instruções que o senhor ache adequadas para meu aprimoramento.[19]

Não é a carta de uma *dévote* no estilo Bossuet, nem de uma pecadora determinada a se arrepender e salvar sua alma imortal. Na verdade, é a carta de uma mulher que mal leva a coisa a sério. O comportamento de Françoise, como ela própria o esboça, é completamente irrepreensível. Ela não tem imperfeições, "apenas traços humanos normais"; é incapaz de fazer qualquer coisa "realmente má". Faz suas orações matinais e noturnas e vai à missa como todo mundo; as fraquezas de que se acusa, com descarada ironia – vaidade, frivolidade, preguiça –, são justamente aquelas que todos sabem que ela nunca possuiu. É uma carta chocante para os termos religiosos da época, revelando ou um absoluto desconhecimento da suposta tendência natural humana ao pecado e a constante necessidade de humildade e arrependimento, ou, o que é mais provável, um alarmante orgulho espiritual. Em termos psicológicos, revela o desdém que sentia pelo confessor que havia escolhido, e seu enfado ante as mesquinhas restrições impostas, em nome da salvação, às pessoas comuns e decentes vivendo vidas comuns e decentes. "Quanto às minhas roupas, vou mudá-las", acrescenta. "Vou deixar de usar dourado. Não me importo nem com uma coisa nem com outra. Não vai me incomodar. Estou mesmo gastando demais [...]"

Uma Françoise profundamente religiosa, ao abandonar seu relacionamento pecaminoso com o rei, talvez tivesse assumido o véu, como Louise de la Vallière, ou no mínimo se retirado para uma vida como castelã virtuosa em Maintenon, socorrendo os pobres e promovendo boas obras: a proverbial dama vivendo generosamente nos confortos de sua propriedade. Mas o que a motivava agora não era a convicção religiosa. Mais que tudo, ela queria o que sempre havia desejado: respeito duradouro, aquilo que chamava de *bonne gloire*. Como salvadora da alma imortal do rei, ela possuiria algo que nem a pessoa mais ilustre no reino jamais havia possuído, nem Athénaïs, nem Colbert, nem mesmo Bossuet. O caminho de salvação de Luís seria o caminho da glória para Françoise, e no percurso, muito convenientemente, ela salvaria também sua própria alma. Se a sorte ou a providência a tinham levado tão longe de onde havia começado, uma simples fagulha de verdadeira ambição poderia levá-la ainda mais distante.

Françoise não era uma estrategista natural – até porque sua ascensão da condição de filha indesejada de um prisioneiro à de "máquina que dirige tudo" jamais poderia ter sido planejada –, mas ela sabia aproveitar as oportunidades que atravessavam seu caminho. E os ventos na corte estavam mudando; Bossuet e seus *dévots* vinham ganhando terreno. O rei precisava retirar a defesa da moralidade das mãos dos jansenistas, tão avessos ao prazer, e dos politicamente suspeitos huguenotes; os extravagantes trajes da devassidão, antes usados com orgulho e discernimento, tinham começado a parecer um tanto espalhafatosos. O choque provocado pelo caso dos venenos tinha despertado o retorno a um relacionamento mais convencional com o sobrenatural. O recolhimento no bom comportamento não era uniforme – "O duque de Vendôme perdeu 10 mil escudos no bilhar contra um prelado (um importante luminar da Igreja!)",[20] anunciou madame de Sévigné, com dissimulado horror –, mas a tendência geral era indiscutível. A piedade estava se tornando elegante.

Françoise aproveitou a chance para se colocar à frente da nova tendência. Com uma nova determinação, e discutível hipocrisia, ela deu um primeiro passo para se alinhar publicamente com os *dévots*. Sob o aparente patrocínio de "uma senhora de grande virtude", imediatamente reconhecida como ela própria, publicou um pequeno tratado penitente supostamente escrito por Louise de la Vallière na ocasião de sua entrada no convento. Na verdade, a obra pertence ao duque de Beauvillier, genro do ministro Colbert e conhecido seguidor de Bossuet, mas para os propósitos de Françoise isso agora não fazia diferença – na verdade, ela não consultou nem Beauvillier, o verdadeiro autor, nem Louise, agora irmã Luísa da Misericórdia, sob cujo nome o tratado estava sendo publicado. Bossuet acrescentou uma introdução a essas *Reflexões sobre a misericórdia de Deus,* advertindo seus leitores de que a "senhora de grande virtude" tinha achado uma injustiça "privar os fiéis de uma obra tão útil aos pecadores que desejam a conversão".[21]

Père Gobelin, sincero e simples, tinha se mostrado incapaz de conduzir sua presumida ovelha a um rebanho apropriadamente penitente. Mas o esperto Bossuet também tinha avaliado mal. Surpreso e impressionado com a diferença entre Françoise e a ostentosa e ambiciosa Athénaïs, ele a tinha aceitado nos termos que ela apresentava em público. Sua incontestável inteligência, a dignidade de seus modos, seu comportamento discreto, sua modéstia no vestir, sua aparente falta de interesse em honras e riquezas, tudo isso dava às pessoas de fora – a Bossuet, tomado por sua própria ambição desmedida e confiante em seu juízo pessoal – a aparência de uma piedade natural, e ele começou a considerar Françoise, com sua evidente influência sobre Luís, o peão perfeito em seu próprio jogo estratégico de converter a nação por meio da conversão do rei. A própria rainha, "uma santa, mas não muito inteligente",[22] era inútil a seus propósitos; faltavam-lhe os dotes físicos para atrair o rei para si, ou a inteligência para interessar qualquer um. Françoise, menos santa do que Bossuet suspeitava, muito provavelmente seria, por contraste, bastante útil.

Com todo o seu brilhantismo, ele não conseguiu compreender Françoise, tomando a imagem pública que ela havia construído para si mesma, por necessidade social e preferência pessoal, como a expressão de uma profunda fé religiosa. E ela, menos brilhante, porém mais perceptiva, percebeu seu equívoco e decidiu secretamente usá-lo em seu favor. Em seus termos, Bossuet e seus *dévots* serviriam de guarda avançada para que ela, no final, garantisse a salvação do rei – uma guarda avançada e também de proteção, pois no ambiente invejoso e intrigante da corte, Françoise precisava de aliados. "Será que ela pensava que a primeira parte do livro de sua vida não seria lida?", escreveu madame de Sévigné. "E a história tem sido recontada tão maliciosamente [...] Será que ela não percebe o quanto isso a deve ter prejudicado?"[23]

Françoise percebia muito bem, e advertiu seu irmão falador para "ter cuidado com o que diz sobre mim [...] Não comente sobre minha boa sorte; não diga nada, nem de bom nem de mau, a esse respeito. Eles estão enfurecidos comigo e, como você diz, farão qualquer coisa para me prejudicar".[24] Apesar de sua atual posição junto ao rei, ela continuava vulnerável aos que agora tentavam danificar seu pedestal com as armas afiadas de sua origem humilde, sua pobreza, seu casamento com o aleijado Scarron, sua entrada na corte como uma empregada remunerada. Athénaïs, desafortunada catalisadora de sua própria queda, era a primeira e a mais furiosa dentre os detratores de Françoise. "Ela estava quase enlouquecida pela preferência do rei por madame de Mainte-non", escreveu o abade de Choisy. "Considerava-a muito inferior a si própria!"[25]

Covardemente, Luís piorou as coisas ao mandar que a própria Françoise desse a Athénaïs a notícia de seu rebaixamento: "Ela lhe disse, do modo mais claro possível, que o rei já não desejava ter qualquer relacionamento específico com ela e lhe aconselhava a pensar em sua própria salvação, como ele pretendia pensar na dele", registrou o abade de Choisy. "Era algo tão difícil de dizer que madame de Maintenon implorou várias vezes ao rei que reconsiderasse, sugerindo até que ele talvez tivesse dificuldade de sustentar sua decisão, mas ele a pressionou com tanta firmeza que ela acabou fazendo." Como o abade já havia observado, "o rei não conseguia enfrentar madame de Montespan diretamente. [...] Ele com certeza a temia mais do que a amava".[26]

A descartada Athénaïs, "sufocando em bile negra",[27] tinha tanto os recursos quanto os motivos para agir contra Françoise. Contava com o firme apoio da duquesa de Richelieu, uma aparente amiga dos tempos de salão em Paris, que, no entanto, "só apreciou madame de Maintenon enquanto ela era pobre e desconhecida. Ela se ressentia de sua boa sorte atual. No que lhe dizia respeito, madame tinha roubado seu lugar de direito como *confidante* do rei".[28] Mas se Françoise estava ansiosa, não estava intimidada. "Se meus inimigos fracassarem, riremos deles, mas se tiverem êxito, enfrentaremos isso com coragem", insistiu com Charles. "Afinal, estamos em boa situação se comparada ao modo como costumávamos viver",[29] acrescentou, revelando boa capacidade de avaliação.

Enquanto isso, não ficou sem defesa. Ela própria era vulnerável, mas Bossuet era praticamente inatacável – a menos que o rei o dispensasse de imediato –, e daí em diante passou a se aproximar mais do pregador e de seus *dévots*. Eles circundariam seu pedestal e ela faria tudo o que estivesse a seu alcance para permanecer em cima dele, e chegar ainda mais alto.

"Para iniciar o ano, fiz diversas mudanças importantes: madame de Maintenon será a segunda dama de companhia da futura delfina, o que justificará sua presença na corte e nos aproximará ainda mais [...]"[30] Assim escreveu o rei no primeiro dia deste ano de 1680.

Até esse momento, o cargo de *deuxième dame d'atour* nem existia. Ele foi criado especialmente para Françoise, dando-lhe não apenas uma justificação formal para permanecer na corte, mas também certa autoridade ali. Como muitos desses cargos, ele exigia pouco trabalho de fato. Françoise deveria supervisionar os penteados da delfina e parte de seu guarda-roupa, não com esforços de suas próprias mãos, mas selecionando empregadas e, de vez em quando, apresentando pedidos de peles ou sedas. Dentro do ambiente doméstico da delfina, ela estaria subordinada à agradável madame de Rochefort, primeira-dama de companhia, e também à menos agradável *dame d'honneur* da delfina, a maliciosa duquesa de Richelieu. Os boatos sobre o novo cargo de Françoise evidentemente já vinham correndo havia algum tempo. Seis semanas antes do anúncio, talvez receando que um suposto excesso de confiança de sua parte pudesse desagradar ao rei, ou talvez ainda não convencida do cargo, Françoise havia advertido o irmão a não acreditar nisso. "Não sou uma *dame d'atour*", ela insistiu. "Quando a equipe da casa da delfina for anunciada, informarei a você. Até então, receba tudo que ouvir a respeito com uma pitada de desconfiança. Esse boato está sendo espalhado por pessoas mal-intencionadas em relação a mim."[31]

A delfina era a esposa do único filho legítimo ainda vivo do rei, Luís da França, 19 anos, conhecido na corte como "Monseigneur". Seu casamento com Maria Ana Cristina Vitória da Baviera, irmã de um dos sete eleitores do Sacro Imperador Romano, refletia o crescente poder dos Habsburgo austro-germânicos em detrimento de seus primos espanhóis. "Conheci madame delfina", registrou Luís no início de março. "É fácil perceber que ela possui mais bondade e piedade do que beleza ou inteligência, mas o delfim está bastante contente."[32] "O delfim aceitou sua esposa da mesma forma como aceitou suas lições quando menino", observou Primi Visconti, com sarcástica perspicácia. "Ele foi criado no medo."[33]

A não ser por seu esperado trono, no entanto, o delfim não estava em boas condições pessoais para esperar mais de uma esposa, como seu belo pai reconheceu. Intelectualmente lerdo e sem nenhuma personalidade, ele estava causando a seu pai "preocupações sem fim com sua constante indigestão. Está ficando gordo demais. Ele come como um ogro e ainda assim não parece satisfeito. Está cada dia mais gordo: espero que não tenha uma apoplexia! Ele acha que pode manter sua saúde cavalgando. Tem feito isso muito mais, e é verdade que cavalga muito bem; está sempre caçando veados, javalis e lobos, mas isso não é o bastante; ele não se exercita a pé",[34] escreveu Luís, com um aceno de cabeça; ele próprio caminhava bastante.

Françoise e Bossuet acompanharam a delfina no último estágio de sua viagem da Baviera. "Se ela acha que todos os homens e mulheres da corte são tão inteligentes quanto estes dois exemplares, ficará desapontada",[35] observou madame de Sévigné – uma dolorosa verdade, pelo menos no que dizia respeito à sogra da moça. "Um dia, todos eles estavam nos aposentos da rainha, conversando sobre a nova delfina", disse Primi Visconti, "e o duque de Montausier lhe disse: 'Que mente! Levará bastante tempo para que se possa formar uma opinião sobre ela. Embora, naturalmente, as pessoas no início dissessem o mesmo sobre Vossa Majestade.' E ele parou repentinamente, dando-se conta do que tinha dito. Os cortesãos começaram a rir. A rainha, claro, não entendeu nada".[36]

E se a jovem delfina tinha motivos para estar desapontada com seu marido e sua sogra, seu celebrado sogro logo também a desapontou. "Em pouco tempo", continuou Primi, "a delfina mudou seu comportamento com as princesas e duquesas que formavam seu círculo. Começou a elogiar seus vestidos e a não falar de mais nada senão de tecidos. Ela tinha sido advertida a não falar de mais nada. As atenções do rei para com ela vinham diminuindo porque ela havia começado a se inteirar sobre os assuntos da corte". Para seu desprazer, Luís percebeu que tinha subestimado a inteligência da nova delfina, embora sua baixa opinião sobre seus encantos femininos fosse mais amplamente partilhada. "Ela é morena, de altura mediana e comportamento nobre", acrescentou Primi com decidido cavalheirismo. "Tem boa pele, mãos e olhos bonitos, e isso torna suportável o resto de seus traços."

A princípio, a jovem delfina tinha ficado contente em saber que Françoise seria membro de sua casa e a recebeu com amizade e interesse. Mas, por conta das insinuações de madame de Richelieu, sua *dame d'honneur*, e da malícia de Liselotte e de seu marido monsieur, ela aos poucos passou a desconfiar de Françoise, talvez até temendo-a um pouco. Françoise conseguiu que seu protegido, o médico Fagon, fosse nomeado para a casa da delfina, mas ela própria começou a se fechar cada vez mais, tendo como companhia apenas sua empregada bávara. Dor de dente, depois febre, em seguida uma possível gravidez, logo confirmada, depois febre novamente – tudo isso ela usou como desculpa para se afastar da vida na corte, a ponto de se ausentar quase completamente de suas atividades. Finalmente, a intervenção do rei "pôs fim a essa pequena camarilha".[37] "A madame delfina saiu de seus aposentos e circula em público [...] A corte está muito contente [...] o rei está bastante satisfeito e a família real, muito unida",[38] escreveu Françoise a Charles, sem mencionar que ela própria estava se sentindo agradavelmente vingada, e que madame de Richelieu e sua "pequena camarilha" não estavam nada satisfeitas.

Françoise era agora uma pessoa de alguma importância na corte. Sua nova posição era declarada a todos pelos sombrios vestidos pretos que era obrigada a usar como *deuxième dame d'atour* da delfina. Ela lamentava ter de abandonar os verdes, azuis e outras cores mais vistosas que há muito preferia, mas estava bastante contente com sua nova maneira de se vestir, porque lhe dava mais distinção não só na corte, mas aonde quer que fosse. Vestir-se inteiramente de preto indicava sobriedade, claro, e nesse caso, certa autoridade formal, mas ao mesmo tempo sugeria riqueza: o tecido negro era caro porque os corantes necessários eram difíceis de serem produzidos e aplicados. Em suas novas roupas farfalhantes e caras, Françoise agora apresentava ao mundo uma figura imponente, e a isso ela tinha acrescentado seu próprio toque de discreta elegância: uma cruz de diamantes que usava no pescoço; por enquanto, esta seria sua única joia.

Não era provável que uma figura imponente vestida de preto e usando uma cruz de diamantes andasse sozinha pela corte. Françoise tinha sua própria comitiva de empregados, incluindo duas que havia muito eram suas preferidas: sua empregada Nanon Balbien e uma pajem africana chamada Angola. Em nome desta Françoise estava agora envolvida na especulação de mercadorias, isto é, aveia. "Pedi-lhe que comprasse aveia como forma de investir o dinheiro de Angola", escreveu ela ao administrador de sua propriedade em Maintenon. "Fui informada de que nada é mais seguro do que comprar aveia agora e vendê-la mais tarde. É um plano em grande escala. Por favor, ajude-me nisso."[39]

Quanto a Nanon, a essa altura já estava com Françoise por quase vinte anos. "Ela pensava mais si mesma tanto quanto sua patroa o fizera", exclamou o esnobe duque de Saint-Simon, ressentido com o descaso por seu próprio sangue mais azul. "Vestia-se exatamente como ela, e arrumava os cabelos da mesma maneira, e imitava sua fala afetada, seus modos e sua piedade. Era uma espécie de fada madrinha, e todas as princesas ficavam encantadas de terem a chance de falar com ela ou de lhe dar um beijo, mesmo sendo elas filhas do rei. E todos os ministros que trabalhavam nos aposentos de madame de Maintenon sempre lhe faziam mesuras profundas."[40]

Nanon e a jovem Angola eram eficientes e confiáveis, mas uma *dame d'atour* ambiciosa também precisava de outros tipos de seguidores. Precisava de pessoas mais ilustres, pessoas que a protegessem de seus inimigos na corte, pessoas que, preferencialmente, lhe devessem suas posições e cuja ascensão aumentasse sua própria reputação. Françoise precisava de um clã.

Sua recente aliança com os *dévots* da corte tinha-lhe trazido duas amigas mais jovens e promissoras: Jeanne-Marie, duquesa de Chevreuse, de 30 anos, e sua irmã Henriette-Louise, duquesa de Beauvillier, de 23. Filhas de Colbert, ministro do rei, as duas duquesas partilhavam de um profundo desagrado por Athénaïs e seus modos sultanescos; um desagrado que o recente casamento de sua irmã mais nova, Marie-Anne, de 13 anos, com o sobrinho de Athénaïs, de 14, não tinha conseguido abrandar. O casamento tinha custado ao rei "um milhão e quatrocentas mil libras"[41]: 600 mil para o dote de Marie-Anne, que Colbert, aparentemente, não estava à altura de pagar, e 800 mil para pagar as dívidas da incorrigível e extravagante família de Athénaïs. As duas irmãs mais velhas estavam bastante satisfeitas de se ligarem a Françoise, inimiga óbvia, embora não declarada, de Athénaïs; e ela, por sua vez, não se incomodava nada de que o rei visse pessoas dessa estirpe preferindo-a à madame de Montespan.

Além das filhas de Colbert e seus dois maridos, havia naturalmente os Montchevreuil: a alta e magra marquesa com seus "dentes horríveis e compridos" e o "modesto, decente e tacanho" marquês. Pelos esforços de Françoise, eles agora estavam bastante envolvidos na corte. "Madame de Montchevreuil era mulher de algum mérito, se a palavra *mérito* for entendida como não mais que *virtuosa*. Era uma figura um tanto patética e não muito brilhante, mas era muito afeiçoada a madame de Maintenon, a quem convinha introduzir uma pessoa irrepreensível na corte, alguém que a tivesse conhecido nos dias de sua obscuridade."[42]

Françoise tinha conseguido que a marquesa fosse nomeada governanta das damas de companhia da delfina. "O cargo em si não era grande coisa, mas havia grandes distinções associadas a ele: a marquesa era considerada a quarta dama na casa da delfina [...] e os nomes mais ilustres do reino estavam empregados ali."[43]

Há quatro anos o marquês era mestre de Mignon, o duque de Maine, agora com 14 anos. Françoise havia oferecido esse cargo primeiro a outro velho amigo de seus dias de salão, o poeta Jean de Segrais, mas ele havia recusado, pois já não tinha necessidade de trabalhar para se sustentar. Tinha se casado recentemente "com uma prima muito rica, que queria se casar com um homem pobre para que ele não a pudesse olhar com desprezo".[44] "Além disso", disse Segrais, "eu estava ficando um pouco surdo [...] a irmã de madame de Montespan disse que isso não deveria ter me impedido, já que eu devia falar ao príncipe, e não ouvi-lo. Mas eu disse a ela que, naquele país, é preciso ter bons olhos e também bons ouvidos".[45]

Montchevreuil, na verdade não tão tacanho, estava dando conta do trabalho bastante bem, embora Françoise não pudesse deixar de lhe dar conselhos periódicos a respeito: "Você deve argumentar com o duque; ele está acostumado a isso desde que estava em faixas. Mantenha todos os seus tutores sob controle; eles não se importam com nada a não ser com suas matérias específicas. Um bom debate será mais útil a ele do que um pouco mais de latim. Deixe-o ver o que acontece com o dinheiro que ele doa para a caridade; isso o ajudará aprender a governar [...] Desculpe-me dizer todas essas coisas; se os conselhos não são bons, ao menos são bem-intencionados. Você sabe o quanto eu gosto do nosso duque."[46]

A marquesa dentuça, por sua vez, não estava se saindo tão bem com as damas de companhia. Como contou a sobrinha de Françoise, elas teriam sido bastante difíceis até para a governanta mais sagaz e firme. "Mademoiselle de Laval – todos falavam dela! Mademoiselle de Biron era simples demais para conseguir as coisas do modo normal, então conseguia por meio de intrigas. Mademoiselle de Tonnerre era louca. Acabou por ser afugentada da corte. Mademoiselle de Rambures não era bonita, mas tinha uma conversa divertida, do tipo que agrada aos homens. Ela perseguiu o rei e depois Monseigneur, e ele se apaixonou completamente por ela. Mademoiselle de Jarnac era simples e sua saúde era fraca, de modo que não há muito a dizer sobre ela."[47] Tudo isso era demais para a simplória marquesa. "Ela é boa demais para este país", suspirou Françoise, sugerindo, sem dúvida, que madame de Montchevreuil era simplesmente muito ingênua. "Ela ama essas meninas como se fossem suas filhas, e se envolve em todos os seus pequenos interesses. Acha que todas vão se comportar com perfeição. Naturalmente, fica desapontada quando isso não acontece. Faço o que posso para lhe dar apoio moral."[48]

Bonne de Pons, a marquesa d'Heudicourt, estava de volta. Aos 38 anos, era ainda "um pouco louca", embora um tanto refinada pelos anos de melancólico exílio na província e, infelizmente, já não mais "encantadora como o dia". "Madame d'Heudicourt está aqui", escreveu Françoise a Charles. "Está doente e mais decrépita do que uma mulher normal de 60 anos."[49] Após seu banimento da corte, anos antes, por deixar vazar o segredo dos filhos ilegítimos de Athénaïs, Bonne vinha tentando negociar sua volta. Françoise tinha acionado as coisas ao obter a permissão do rei para retomar seu contato pessoal com sua amiga transgressora. Parece que não houve uma reconciliação formal, mas aos poucos Bonne foi aceita novamente no elegante rebanho.

Madame de Sévigné desaprovou. "Que ridículo!", bufou. "No estado de saúde em que está! Ela está feia como o diabo e nem consegue ficar de pé sem se apoiar numa grande bengala. Ela gosta demais daquele país."[50] Bonne tinha deixado seu desinteressante marido para trás em seu castelo provinciano, mas tinha trazido consigo sua nova filhinha, "encantadora como um anjo e sempre pendurada no pescoço do rei". Louise, sua filha mais velha, agora com 13 anos, em breve se casaria com o marquês de Montgon e se mostraria uma protegida leal como uma bem colocada *dame de palais.*

Bonne já não tinha nenhuma influência na corte, e na verdade dependia inteiramente da proteção de Françoise; ainda assim, era mais do que bem-vinda. "Ela nunca abre a boca sem me fazer rir", disse Fran-

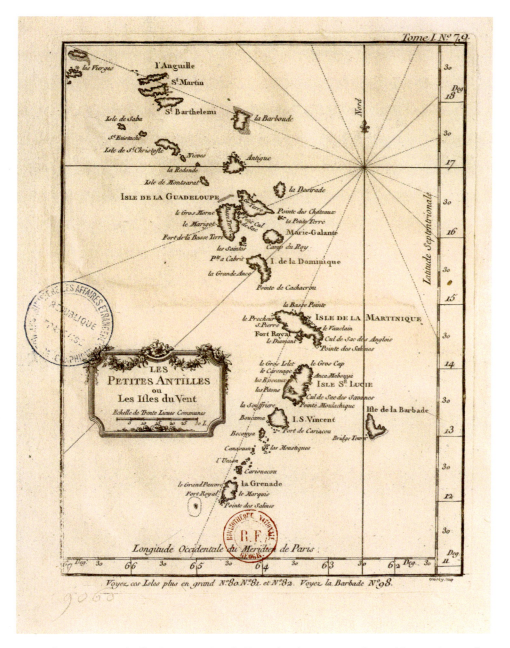

As Antilhas Menores, *"les îles Camercanes"*, onde Françoise viveu entre os 8 e os 12 anos, alternando períodos de conforto e dificuldade. Ela quase morreu de febre na viagem de ida e escapou por pouco de ser capturada por piratas na viagem de volta.

"Mendigos recebendo esmolas à porta", de Rembrandt, 1648. Nesse mesmo ano, Françoise e seu irmão Charles passaram os meses de outono mendigando comida nas ruas de La Rochelle.

O castelo de Mursay, próximo a Niort, na França ocidental. Françoise viveu aqui quando era bem pequena e depois novamente nos últimos anos da infância, com a família de sua tia Louise e seu tio Benjamin de Villette.

Paul Scarron, poeta burlesco, *salonnier*. Sofreu de uma invalidez por muito tempo. Françoise se casou com ele aos 15 anos. "Meu corpo é, de fato, bastante irregular", admitiu o próprio Scarron. "Sou uma espécie de Z humano."

Ninon de Lenclos, "Nossa dama do amor", a mais celebrada cortesã de Paris, foi amiga de Françoise por toda a vida. Suas três categorias de amantes eram: os pagantes, os mártires e, por último, os preferidos, que nem pagavam nem sofriam por muito tempo.

Marie de Rabutin-Chantal, marquesa de Sévigné, perspicaz observadora da vida na corte e admiradora de Françoise. "Suas cartas igualaram-se às de Plínio e de Cícero", escreveu o rei, "e por causa delas um dia talvez se possa dizer que ela honrou nosso presente século".

Luís XIV quando jovem. "A rainha deve ter ido para a cama na noite passada muito feliz com o marido que escolheu", escreveu Françoise depois de ver o rei pela primeira vez. Casado aos 22 anos, Luís prometeu ser fiel à sua esposa quando chegasse aos 30, mas não conseguiu manter sua "casa pessoal" em ordem.

Athénaïs, marquesa de Montespan, a bela e ambiciosa amante do rei, que lhe deu sete filhos. "Os feitiços desta bruxa!", declarou Luís. "E oh, a pobre rainha, minha esposa!"

Louis de Mornay, marquês de Villarceaux, um dos "pagantes" de Ninon e amante de Françoise nos primeiros tempos de sua viuvez. "Ele é um dos mais vistosos homens do rei", escreveu ela à sua negligenciada esposa.

Françoise como governanta, com os dois filhos mais velhos de Luís e Athénaïs, o duque de Maine, de cabelos escuros, e o louro conde de Vexin. "Nada poderia ser mais estúpido do que amar tanto uma criança quando ela nem minha é", escreveu ela sobre o pequeno duque de Maine, seu "Mignon" (Queridinho).

Louise de la Vallière, primeira amante do rei. Embora ela tenha lhe dado quatro filhos, ele a achava um tanto insípida. "Ela é meio sem graça", escreveu. "Às vezes me faz pensar numa espécie de guisado, bem preparado, mas sem sal nem tempero."

Maria Teresa, a devota prima espanhola de Luís e sua rainha, "uma santa, mas não muito inteligente". "De todas as mulheres que conheci", escreveu o rei, "ela foi a única a quem nunca amei". Somente o mais velho de seus cinco filhos sobreviveu à infância.

A Versalhes que Françoise viu em 1668, ao comparecer à sua primeira festa real. O rei apelidou a encantadora *maison de plaisance* rural de "pequena casa de cartas de meu pai".

Versalhes sob intensa reconstrução no início da década de 1680. Françoise vivia aqui na corte. "Há 22 mil homens e 6 mil cavalos trabalhando aqui todos os dias", escreveu o marquês de Dangeau.

Parte do castelo de Versalhes na década de 1690. Os aposentos de Françoise ficavam próximos aos do rei, no primeiro andar da asa sul, olhando do alto o *parterre du midi* e a *orangerie*.

Filipe, duque de Orléans, o irmão do rei conhecido apenas como "Monsieur". Homossexual extravagante, ele ainda assim se casou duas vezes e, cumpridor de seus deveres, teve seis filhos. Luís negou-lhe qualquer poder político, e ficou aborrecido quando ele provou ser um eficiente comandante militar, entrando em batalha com sua peruca sempre recentemente empoada.

Isabel Carlota, "Liselotte", *la princesse palatine*. Embora casada com o irmão do rei, ela nutria uma paixão não correspondida por Luís e referia-se invejosamente a Françoise como "a velha desprezível".

Jean-Baptiste Colbert, marquês de Torcy, controlador geral e secretário de Estado da Marinha. Sua enorme competência e sua capacidade de trabalho fizeram dele o efetivo governador da França. "Sou o mestre", escreveu o rei, "muito embora eu às vezes me esqueça disso quando estou na sua presença".

François-Michel Le Tellier, marquês de Louvois, rival implacável de Colbert e um desumano ministro da Guerra. Ao ser informado do iminente casamento do "maior rei do mundo" com a "viúva Scarron", ele se lançou aos pés de Luís e irrompeu em pranto, implorando que ele reconsiderasse.

Os soldados do duque de Marlborough (a maioria mercenários) na Batalha de Blenheim, 1704. Foi uma importante vitória para os ingleses e seus aliados durante a Guerra de Sucessão Espanhola contra a França. Luís tinha causado o longo conflito de 13 anos ao colocar seu neto no concorrido trono espanhol.

François de Salignac de la Mothe--Fénelon ("o Cisne"), arcebispo de Cambrai. "Nunca vi nada que se comparasse à sua expressão", disse o duque de Saint-Simon. "Era preciso fazer um esforço para parar de olhar para ele." Françoise tentou seguir um novo caminho espiritual, mas a experiência a levou à beira da ruína.

Jacques-Bénigne Bossuet ("a Águia"), bispo de Meaux, o maior pregador da corte a enfatizar o fogo do inferno e o enxofre. Ele e Françoise tentaram manipular um ao outro para ganhar influência sobre o rei.

Bossuet retratado em uma caricatura holandesa, após a revogação do Édito de Nantes, em 1685. O Édito havia garantido a tolerância civil e religiosa aos huguenotes protestantes da França, que eram minoria. Bossuet apoiou fortemente esta revogação.

Françoise retratada pelos mesmos caricaturistas holandeses. Embora não tivesse apoiado a revogação, ela insistiu com seus parentes huguenotes para que se convertessem ao catolicismo para garantir seu progresso profissional.

Após 1685, os dragões católicos foram instruídos a causar o máximo de problemas aos huguenotes que resistiam à conversão. "Com métodos como estes", escreveu Fénelon, enojado, "seria possível converter todos os protestantes ao islã".

Françoise como Santa Francesca de Roma, pintada a pedido de Luís. Sua capa de arminho indica sua condição real e sugere seu casamento secreto com o rei, de outro modo nunca reconhecido publicamente.

Luís na meia-idade. Em 1670, o glorioso período de seu reinado tinha terminado e o *grand siècle* da França aproximava-se do fim.

A Maison Royale des Dames de Sant Louis, a escola de Françoise para meninas pobres de berço nobre. De seu início grandioso e imaginativo, transformou-se num internato católico convencional, mas Françoise sempre adorou Saint-Cyr e recolheu-se ali após a morte do rei.

Louis de Rouvroy, duque de Saint-Simon. Ele desprezava Françoise por causa de sua origem humilde e se ressentia de sua influência na corte. "Ela só queria dominar o rei", escreveu com malevolência.

Filipe, duque de Orléans, filho de Liselotte e sobrinho do rei. Após uma juventude dissoluta, demonstrou energia e inteligência como regente após a morte de Luís.

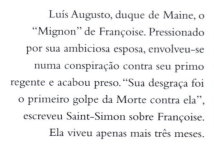

Luís Augusto, duque de Maine, o "Mignon" de Françoise. Pressionado por sua ambiciosa esposa, envolveu-se numa conspiração contra seu primo regente e acabou preso. "Sua desgraça foi o primeiro golpe da Morte contra ela", escreveu Saint-Simon sobre Françoise. Ela viveu apenas mais três meses.

Françoise na velhice. Pouco antes de sua morte, aos 83 anos, ela recebeu uma visita pessoal do czar russo Pedro, o Grande. "Ele abriu as cortinas aos pés da minha cama para poder me ver melhor", escreveu ela à sua sobrinha. "Naturalmente, ficou bastante satisfeito."

Luís *en armure*. "A velhice é um naufrágio", escreveu. Mas mesmo sem dentes, sem cabelos, sem gosto, ele manteve seu comportamento real até o fim de sua vida, poucos dias antes de completar 77 anos.

çoise à sua sobrinha, "mas é verdade que nesses anos todos em que a conheço, não me lembro de ela ter dito algo que eu própria gostaria de ter dito". Bonne era "tão boa companhia, tão imaginativa, fazia tantas piadas que ela e madame de Maintenon logo estavam íntimas, como se nunca tivessem se afastado". "Eu simplesmente não consigo resistir a ela",[51] admitiu Françoise.

A irresistível Bonne, a jovem Louise e os respeitáveis Montche-vreuil, no entanto, ainda não eram suficientes para formar o tipo de clã que Françoise queria estabelecer. Ela precisava de mais pessoas, e come-çou a procurar à sua volta com determinação. Charles d'Aubigné e sua esposa Geneviève obviamente eram os próximos candidatos, mas o ca-sal, infelizmente, estava fora de questão. Após três anos de casamento e três anos recebendo os conselhos de sua cunhada, Geneviève ainda se vestia na frente dos criados e ainda não tinha aprendido a ficar "ereta e andar como uma dama".[52] Os esforços de Françoise para que aprendesse o "francês correto" tinham apenas substituído um defeito por outro: em vez de falar "como uma rústica", ela agora soava "como uma idiotinha afetada", com maneirismos tolos de todo tipo. "Em nome de Deus, será que ela não consegue falar naturalmente?",[53] perguntava Françoise, exasperada.

Quanto a Charles, um relato absolutamente desagradável estava a ponto de ser publicado no best-seller *Caractères*, do satirista Jean de la Bruyère:

> Aí vem ele: quanto mais se aproxima de você, mais alto grita. Entra na sala: ele ri, grita, ruge. Você tampa os ouvidos; é como trovão. O que ele diz choca tanto quanto sua voz em si. Nunca se cala, e se fica quieto, é apenas para murmurar alguma coisa presunçosa ou idiota. Não presta atenção à hora, às pessoas à sua volta, aos bons modos de praxe [...] Mal se senta e todos já estão aborrecidos. É o primeiro a se sentar à mesa, e toma o lugar à cabeceira, com uma mulher de cada lado. Come, bebe, conta histórias e piadas, interrompe todo mundo. Não tem o mínimo de discrição [...] Determina tudo [...] Quando há jogo, ele tem que ganhar, e ri de todo mundo que perde [...] E não há uma tolice presunçosa que ele não seja capaz de fazer. No fim, desisto e vou embora. Simplesmente não posso suportá-lo mais.[54]

Resumindo, Charles e Geneviève eram constrangedores demais. "Não, não se mude para Paris", escreveu Françoise, ansiosa, a seu irmão. "Ficaria esquisito para você viver perto e não ter muito contato comigo. Claro, isso é apenas um conselho, não uma ordem."[55]

Havia, claro, os dois filhos ilegítimos de Charles, que aparentemente viviam sob os cuidados de Françoise e – é preciso dizer – estavam se saindo melhor do que provavelmente estariam se estivessem sob os cuidados do pai. Charlot, agora com cerca de 12 anos, embora parecendo muito mais novo, vivia em Maintenon, "perfeitamente saudável, mais baixo e também mais inteligente que nunca. Ele é encantador, um verdadeiro excêntrico. Não cresceu um centímetro". Françoise via-o com frequência e disse a Charles que, no devido tempo, "ele terá de ir para o colégio e depois para os cadetes. Eles são maravilhosos, especialmente os Poitevins [para onde ele irá]. Eles ganharam o prêmio pelos exercícios militares".[56] Com o passar do tempo, Charlot talvez se mostrasse apropriado.

E havia Toscan, que tinha sido criado em Paris, junto com os pequenos príncipes de Athénaïs, e que devia ter cerca de 13 anos. Seis ou sete anos antes, quando Françoise saiu de Paris para morar formalmente na corte, ele foi enviado para o campo, ao que parece, onde ficou sob os cuidados de pajens. As cartas de Françoise confirmam que ela enviou várias somas de dinheiro para seu sustento.[57] Françoise vinha sustentando uma grande quantidade de crianças desde a década anterior, ou algo em torno disso; em 1680 havia, de fato, dez meninos da idade de Toscan vivendo sob sua responsabilidade na aldeia de Maintenon. Não está claro se o próprio Toscan ainda estava vivo, mas é certo que, na primavera de 1681, "um menino de 12 ou 13 anos, de muito boa família", tinha começado a exigir mais sua atenção do que os outros nove. "Ele tem mostrado más tendências de todo tipo", escreveu ela a père Gobelin. "É mentiroso, preguiçoso, joga, rouba." Resumindo, uma gama de maus hábitos, todos eles já revelados, incorrigivelmente, por seu irmão Charles e seu pai Constant. "Quer eu condescenda ou o castigue, não tenho conseguido chegar a lugar nenhum com ele [...] O que posso fazer? Para onde posso mandá-lo?"[58]

Para onde Toscan foi mandado – se é que era Toscan – não se sabe, de qualquer modo o menino não era promissor para o propósito de Françoise de construir um clã. Mais aceitáveis, ou pelo menos mais bem-comportadas em público, eram suas duas primas de Villette, de Mursay. As meninas estavam todas casadas e duas delas eram *mères de famille*; elas não podiam sair facilmente de Poitou. Mas seu irmão Filipe, seu preferido da infância, era definitivamente uma possibilidade. A essa altura ele era um oficial da marinha com uma ficha impressionante. Em 1676, o próprio rei lhe havia escrito para congratulá-lo por sua primorosa conduta na batalha contra os holandeses perto da Sicília, e os elogios da própria Françoise vieram logo em seguida: "Fiquei radiante de alegria ao saber de seus êxitos [...] Você sabe como as mulheres adoram homens corajosos [...] Farei tudo que puder para manter seu nome na boca das pessoas, mas é melhor que continue o que vem fazendo, já que não tenho muita influência, e você fez mais para recomendar a si mesmo do que todas as damas da França poderiam fazer por você [...] Ah, enquanto estiver na Sicília, poderia me arranjar trinta metros de damasco verde ou vermelho? Acho que o verde seria de maior valor [...]"[59]

Dois meses depois, o filho de 12 anos de Filipe foi ferido levemente em batalha próximo à costa de Roma, e em seguida promovido a porta-bandeira. Françoise escreveu uma carta animada à sua mãe: "Contei ao rei [...] e tenho certeza de que, quando esse primeiro momento de preocupação com o menino tiver passado, vocês perceberão a alegria que têm de terem trazido um pequeno herói ao mundo."[60]

Encorajado pelo entusiasmo da prima e depositando grande confiança em sua influência na corte, Filipe tinha começado a contar com ela para impulsionar sua carreira alguns degraus acima. Françoise tinha se mostrado mais desejosa do que capaz de ajudá-lo. No verão de 1679, ela tinha se aproximado do marquês de Seignelay, filho de Colbert e seu representante na secretaria naval, para lhe pedir promoções para Filipe e também para dois de seus jovens sobrinhos, que já serviam na Marinha. Os irmãos Saint-Hermine, que estavam nos anos intermediários da adolescência, eram filhos de Madeleine, irmã mais velha de Filipe, que quarenta anos antes havia ensinado Françoise a ler e escrever sobre a grande mesa da cozinha em Mursay.

Seus esforços em favor deles, como em favor de Filipe, tinham alcançado resultados apenas modestos: o irmão Saint-Hermine mais novo talvez pudesse se tornar um oficial; Filipe talvez pudesse ganhar o comando de um navio, "mas Seignelay disse [...] que você já foi tratado muito bem. Disse que já teve um comando e o conseguiu antes de seus superiores; seu navio era maior que os deles e você recebeu uma pensão mais cedo do que deveria ter recebido. Resumindo, ele disse que você deveria estar absolutamente contente com o que conseguiu".[61] Quanto ao irmão mais velho Saint-Hermine, Seignelay foi suficientemente educado para "não informar ao rei sobre ele, por consideração a mim, mas aparentemente ele tem sido imprestável, preguiçoso, incompetente e indisciplinado. Os oficiais com quem tem servido não estão nem um pouco satisfeitos com ele. Depois de tudo o que Seignelay disse, fiquei bastante aliviada por eles não o terem suspenso [...] Isso não é muito para você", concluiu a Filipe, "mas não estamos na posição mais forte. Você tem uma ideia exagerada sobre a influência em geral e sobre a minha em particular. Não é minha culpa. Faço o que posso...".

De fato não era culpa de Françoise, e sua família em Mursay não estava, de modo algum, na posição mais forte. De agora em diante, não havia capacidade, heroísmo ou influência na corte capaz de garantir o progresso profissional de Filipe e de seu corajoso filho, muito menos de seus dois sobrinhos, pois eles eram todos huguenotes, uma desqualificação que pesava mais que qualquer outro mérito. Por razões de segurança nacional, Luís tinha decidido que daí para a frente seus súditos só poderiam seguir uma religião, e essa religião era o catolicismo. Nenhuma cidade, comunidade ou família protestante deveria continuar a ameaçar a estabilidade política da nação com uma possível simpatia pelos inimigos protestantes da França. Exigia-se lealdade absoluta a Luís, e essa lealdade deveria incluir uma perfeita concordância com todos os seus objetivos e todos os seus valores. Como parecia claro que a maioria dos protestantes não iria renunciar voluntariamente à sua fé, eles deveriam ser pressionados a fazê-lo limitando-se seus caminhos profissionais.

Na primavera de 1680, o rei emitiu uma instrução para que "todos os oficiais da marinha que professassem a assim chamada religião da Reforma fossem aos poucos removidos do serviço".[62] Os que concordassem em se converter ao catolicismo deveriam ser mantidos e o próprio rei ajudaria a pagar pelo custo de suas conversões, "seja fornecendo mais sacerdotes missionários ou pagando aos heréticos uma taxa de conversão direta".[63]

Era 1680, uma época propícia para depurar a marinha de Luís. A guerra de seis anos contra os holandeses tinha terminado no fim de 1678; a França estava em paz havia 16 meses. Portanto, a instrução contra os huguenotes foi uma surpresa apenas em parte. Desde o início do reinado pessoal de Luís, em 1661, os termos do grande Édito de tolerância religiosa de 1598, de Henrique IV, tinham sido submetidos a uma interpretação cada vez mais rigorosa. Como nos dias das táticas abjurações de Constant d'Aubigné, os huguenotes estavam sendo mais uma vez excluídos das nomeações oficiais e da prática de certos ofícios; havia restrições às suas transferências de dinheiro, a seu status nos tribunais, e mesmo a seus direitos de casamento e educação de seus filhos. Incentivado por seus sacerdotes, Luís tinha iniciado um lento estrangulamento da vida protestante no reino. Seus súditos huguenotes, um milhão ou mais de pessoas, estavam agora "sufocando aos pouquinhos".[64]

Quinze anos antes, após contínuas pressões por parte do rei, o visconde de Turenne, protestante, um dos grandes generais da França e amigo de Françoise dos tempos do salão de Scarron, tinha finalmente abjurado, privando seus *confrères* huguenotes de "seu melhor protetor".[65] Embora na época Turenne tivesse desconsiderado as acusações de que tinha agido por inescrupulosa ambição, sua conversão ao catolicismo o tinha promovido de *maréchal de camp* à rara e gloriosa posição de *maréchal de France*. As ambições de Françoise para seu primo Filipe não eram tão altas; de qualquer modo, estava claro para ela que como huguenote ele não conseguiria progredir muito mais do que já tinha progredido, e que seria improvável que seus primos huguenotes mais novos, suas "sobrinhas e sobrinhos" que estavam começando na vida, sequer conseguissem avançar.

Por esse motivo, ela vinha pressionando Filipe a aceitar o catolicismo desde fevereiro de 1678, dois anos depois de sua impressionante conduta na batalha no mar, próxima à Sicília: "Não dá para imaginar o que o rei faria por você no caso de sua conversão. Ele parece querer fazer algo por você."[66] Mas a integridade confessional de Filipe, ou sua simples teimosia, tinha se mostrado inabalável e a instrução contra os huguenotes, em abril de 1680, parecia ter interrompido de uma vez por todas seu progresso profissional.

Frustrada, Françoise decidiu que, já que Filipe se recusava a ajudar a si mesmo, ela ao menos poderia fazer algo pela geração mais jovem de primos de Villette, suas "sobrinhas e sobrinhos" de Poitou. Esses oito netos de tia Louise e tio Benjamin tinham agora entre 9 e 16 anos de idade; os quatro meninos já estavam servindo na Marinha, e as quatro meninas viviam tranquilamente com suas famílias na região de Poitou. Para que Françoise pudesse "fazer alguma coisa", eles teriam de abandonar sua fé huguenote e aceitar formalmente o catolicismo. Assim ela conseguiria garantir boas perspectivas profissionais para os meninos e de casamento para as meninas, e, num prazo mais longo, um influente clã de parentes de sangue para si mesma.

Filipe tinha deixado clara sua recusa em abjurar sua fé, e era improvável que suas irmãs estivessem mais dispostas a isso. Tentar persuadi-los seria perda de tempo. Seria preciso usar de um estratagema mais firme. A maioria dos primos jovens estava dentro de fácil alcance. Françoise decidiu sequestrá-los.

No início de 1680, apenas algumas semanas após a instrução contra os huguenotes, ela procurou Seignelay na secretaria naval. Com sua ajuda, conseguiu que Filipe assumisse o comando de um navio cuja missão era fazer uma viagem de rotina até sua antiga ilha da Martinica, e ali abanar a bandeira francesa na cara de outras potências coloniais. Filipe ficou aliviado. Era mais do que ele esperava, embora fosse um navio de "apenas 36 canhões"[67] e se chamasse – com adequada ironia, embora ele não soubesse disso – *Les Jeux* (Jogos). Mais tarde, nesse verão, ele partiu para o Caribe, acompanhado de seu filho mais novo, Henri-Benjamin, de 12 anos. Era uma longa viagem de ida e outra igualmente longa de volta, e nos meses de ausência de Filipe Françoise pretendia agir.

A captura de Henri-Benjamin, que viajava em alto-mar com o pai, teria de ser adiada, e o "imprestável" irmão Saint-Hermine talvez pudesse ser completamente negligenciado, mas ainda restavam seis: Filipe de Villette, o porta-bandeiras de 16 anos e irmão de Henri--Benjamin; sua irmã, Marthe-Marguerite, de 9; Louis-Henri, o Saint--Hermine mais novo, também com aproximadamente 16 anos, e suas duas irmãs, uma cujo nome não é mencionado, e Marie-Anne-Françoise, conhecida como Minette; e uma menina mais ou menos da mesma idade, mademoiselle Caumont d'Adde, neta do odioso e velho Caumont d'Adde, que havia perseguido Jeanne d'Aubigné por causa de sua herança.

O jovem Filipe, pelo menos, deveria ser fácil de pegar. Já à idade de 11 anos, após a visita de Françoise a Mursay, em 1675, ele havia compreendido as vantagens de ter um parente na corte, e havia escrito pedindo sua ajuda, bem como a ajuda do ministro da Guerra. Desde então, ficava feliz em visitá-la em Saint-Germain e Versalhes, onde seu pequeno ferimento de guerra e sua reputação como "pequeno herói" tinham lhe assegurado uma boa recepção. No entanto, no que dizia respeito a abjurar sua fé, ele se mostrou bastante resoluto, "mas não precisamos nos intimidar por isso",[68] escreveu rapidamente Françoise. E de fato, no início de dezembro de 1680, com Filipe, o pai, ainda distante no Caribe, ela pôde escrever a Charles: "Nosso pequeno sobrinho agora é um católico; eu o tenho aqui comigo. Está se tornando um verdadeiro cortesão. Espero que o rei faça algo por ele, que é bastante apresentável. Agora estou esperando [Louis-Henri de] Saint-Hermine e farei o possível para convertê-lo também."[69]

Françoise tinha colocado a responsabilidade pela captura de Louis-Henri sobre os ombros um tanto indiferentes do próprio Charles. Não se sabe ao certo como ele conseguiu, mas duas semanas depois o menino foi deixado na corte, porém com uma atitude muito menos complacente que seu primo. "Monsieur de Saint-Hermine chegou hoje", contou Françoise a Charles, "e acho que ele vai me dar um pouquinho mais de trabalho. [...] Mas realmente gostei de Minette quando a vi [...] Se você puder mandá-la para mim, ficarei muito satisfeita. Não há outro jeito senão pela força, já que a família não vai ficar nada feliz com a conversão de Filipe. Portanto você terá de conseguir que ela me escreva dizendo que quer se tornar católica. Envie-me esta carta, depois eu lhe enviarei uma *lettre de cachet*, que você poderá usar para levar Minette para sua casa, até que possa enviá-la [...] Encarregue-se disso. Eu realmente quero essa menininha, e você estará me fazendo um favor e também uma boa ação".[70]

Charles a atendeu contando uma mentira convincente às autoridades huguenotes locais: suas priminhas mademoiselle de Saint-Hermine e sua irmã Minette, e mademoiselle de Caumont d'Adde fariam uma visita de Natal à corte. A captura da menina mais nova, Marthe-Marguerite de Villette, ficou por conta de sua tia Aymée, agora madame Fontmort, que concordou com o plano aparentemente sem nenhuma hesitação. Fosse por se sentir incomodada por uma forte consciência religiosa ou simplesmente pela necessidade periódica de uma "gratificação de conversão", a própria Aymée tinha passado do protestantismo ao catolicismo, e vice-versa, não menos que três vezes. "Deus, que conhece todas as coisas, não sabe qual é a religião de minha irmã",[71] seu irmão havia comentado sarcasticamente. Igualmente significativo, talvez, era o fato de Aymée não ter filhos; de qualquer modo, faltava-lhe, evidentemente, a empatia para imaginar a angústia de suas irmãs Madeleine e Marie, e da esposa de Filipe, Marie-Anne, ao terem seus filhos levados por sua bem colocada e arrogante parente.

Aymée simplesmente convidou Marthe-Marguerite para visitá-la à noite e, uma vez a uma distância segura de Mursay, as duas foram se encontrar com as outras duas meninas, com exceção de Minette: "Elas ficaram surpresas e chateadas ao me verem",[72] escreveu Marthe-Marguerite mais tarde. Na semana anterior ao Natal de 1680, a tia má e as sobrinhas chorosas chegaram a Paris. Ali, em 21 de dezembro, Françoise as encontrou, e dois dias mais tarde escreveu uma longa carta à sua perturbada cunhada, Marie-Anne de Villette:

> Embora eu esteja bastante certa, madame, de que você está me dando sua filha de boa vontade e que está exultante pela conversão de meu sobrinho, percebo, ao mesmo tempo, que precisa ser consolada, e por isso escrevo. Monsieur de Mursay [Filipe de Villette] fez suas devoções ontem [...] Nele só vejo coisas boas; não descobri nenhum defeito senão que fala um pouquinho demais. Não sei ainda o que farei com ele. Aparentemente, deseja abandonar a Marinha, e muitos pensam que seria o melhor a fazer, mas aconteça o que acontecer, não se preocupe, eu cuidarei dele como se fosse meu próprio filho. Ele está aprendendo a dançar e terá de aprender a cavalgar também, se o mantivermos na terra. O rei está cheio de bondade para com ele, e espero que lhe conceda uma pensão [...] Como os huguenotes não podem ter esperança de nada, temos de pedir em favor dos católicos.

[...] Fui a Paris no sábado para ver madame [Aymée] de Fontmort e minhas sobrinhas. Encontrei-as com mau aspecto, o que não me agradou nada. Mademoiselle de Saint-Hermine estava quase irreconhecível; mademoiselle de Caumont d'Adde emagreceu muito, e sua filha [Marthe--Marguerite] estava amarela como cera. Trouxe-a comigo. Ela chorou um pouquinho, quando se viu sozinha na carruagem, depois ficou calada por um tempo e então começou a cantar. Desde então ela contou ao irmão que estava chorando por causa do que seu pai lhe havia dito ao partir [para o Caribe]: que se ela mudasse de religião e fosse para a corte sem ele, jamais a veria novamente. Ela se acalmou quando a mencionei, e naturalmente agora se acostumou a mim. Quando lhe disse que ela passaria a me amar, disse que já me amava. Passei o dia de hoje lendo com ela e ensinando-lhe tapeçaria; ela tem um professor de dança, que me informou que ela está se saindo muito bem. Ela gosta mais da comida daqui que a da tia em Paris.

[...] Lamento por você, minha querida prima! Quão aflita você deve estar, tendo de ficar entre seu marido e seus filhos! Seu coração deve estar dividido em dois [...] Eu me preocupo tanto com aqueles que amo que posso compreender melhor que ninguém o quanto deve estar sendo doloroso para você. Console-se em Deus e na minha amizade.

[...] monsieur de Seignelay me disse hoje que monsieur de Villette estará de volta em fevereiro. Espero que o afeto que ele sempre teve por mim o impeça de ficar muito transtornado, e que ele se dê conta, em sua raiva, de que o que fiz é sinal da amizade que tenho por meus parentes. Estou realmente desapontada por não ter conseguido trazer Minette [...][73]

Foi a primeira de uma série de cartas que, inacreditavelmente, não contêm nenhum pedido de perdão à "minha querida prima" em Niort, cujos imediatos e angustiados protestos não sobreviveram. "Suas cartas me deixam triste por você", escreveu Françoise apenas dois dias depois, "ou melhor, sua situação me deixa triste por você".[74] A "situação" de Marie-Anne, e o motivo de estar entre o "marido e os filhos", era que, embora seu marido fosse um huguenote, ela própria era católica. Pelos termos de seu contrato de casamento, seus filhos deveriam ser criados como huguenotes. No fundo de seu coração Marie-Anne talvez estivesse "exultante", como Françoise sugeriu, por ver seu filho já convertido, mas devia estar extremamente ansiosa com o que seu marido iria dizer ao voltar do mar, um mês ou dois depois.

Françoise estava claramente convencida de que ao tomar as crianças e seduzi-las para o catolicismo estava agindo em benefício de todos. Em certo sentido, era verdade: como huguenotes eles não tinham qualquer possibilidade de progresso, fosse profissional ou socialmente, enquanto como católicos eles podiam se beneficiar da influência que ela agora tinha em virtude de sua relação íntima com o rei. Ao que parece, as famílias Saint-Hermine e Caumont d'Adde viram as coisas mais ou menos nessa perspectiva: embora a correspondência com elas acerca desse assunto não tenha sobrevivido, se for possível acreditar em Françoise, elas reagiram "obsequiosamente".[75] Sem dúvida não eram tão ligadas à religião protestante quanto o primo Filipe de Villette já havia provado ser; talvez Françoise até imaginasse que a reação das famílias iria persuadir Filipe a adotar uma atitude mais pragmática. A situação toda revela a pouca importância que ela própria dava a algumas das maiores questões religiosas e políticas da época: liberdade de consciência dentro do Estado ou conformidade religiosa? Seria a Santa Madre Igreja Católica o único caminho para a salvação ou a profetizada "prostituta escarlate da Babilônia"? E seria o próprio papa o anticristo, como Lutero, Calvino e Knox haviam insistido? Seriam os protestantes condenados ao fogo eterno ou seriam os católicos a chorar e ranger os dentes no inferno por toda a eternidade?

Diferentemente de seu leal avô, Agrippa, e revelando um traço, talvez, de Constant, seu pai calculista, Françoise via essas questões, acima de tudo, de uma perspectiva política: as brigas religiosas tinham despedaçado a França nos tempos de seu avô, tinham despedaçado a Europa durante sua própria infância; não se deveria permitir que isso acontecesse de novo. A Igreja Católica agora tinha o controle na França, e ela achava que o melhor seria que todos aceitassem isso e fizessem seu caminho ao longo de suas trilhas claramente sinalizadas. Ela própria tinha sido capturada em nome da Igreja, uma prática nada incomum, e para ela tudo tinha saído melhor do que o esperado. Por que outros não deveriam ser "resgatados" da mesma maneira, já que no final seria tudo para seu próprio bem?

Françoise também queria montar seu próprio clã na corte e, a longo prazo, quem seria mais leal do que a carne de sua própria carne? Os meninos fariam seu caminho no exército ou na marinha, e na corte ela teria as meninas, ou uma delas, pelo menos, para moldar e esculpir – talvez à imagem daquela menininha fantasma que ela própria gostaria de ter sido, embora não dissesse. Françoise não era imparcial no tratamento dado a suas três "sobrinhas"; não tendo conseguido "pegar" Minette, a que ela "realmente queria", acima de todas, tomou Marthe-Marguerite como sua protegida especial, colocando as outras duas em um convento de Paris, sob a supervisão geral de sua tia Aymée.

Marthe-Marguerite permaneceu na corte com seu irmão Filipe e, por algumas semanas, com seu primo Louis-Henri de Saint-Hermine. Como Françoise havia previsto, ele de fato vinha lhe dando "um pouquinho mais de trabalho", e em meados de janeiro de 1681 ela foi obrigada a mandá-lo para père Gobelin em Paris, para que ele tentasse um diálogo com o obstinado jovem. "Não lhe fale mais que o necessário sobre invocação aos santos, indulgências e outras coisas tão chocantes aos protestantes",[76] advertiu ela. Mas apenas três semanas depois, père Gobelin também tinha desistido. Louis-Henri e as meninas em Paris tinham se provado menos obsequiosos que seus pais, "para a infinita glória do calvinismo",[77] como sua prima Marthe-Marguerite concordou mais tarde. "Todos partirão no domingo", Françoise informou a Charles. "Eles resistiram bem e se retiraram com dignidade; estou convencida de que vão se arrepender disso [...] A propósito, procure madame [Aymée] de Fontmort. Ela fez o que fez apenas por Deus e por mim. Sua família vai ficar absolutamente furiosa com ela. Por favor, faça o que puder para ajudá-la. É uma mulher muito boa, inteligente e corajosa, e também terá bons conselhos para você e sua mulher."[78]

Em meados de fevereiro, a maior parte do dano tinha sido desfeita. Apenas Filipe e Marthe-Marguerite permaneceram na corte. Filipe, já um rapaz, estava bastante contente, fazendo vigorosamente seu caminho como um dos mosqueteiros do rei, depois de desistir definitivamente da Marinha. Mas sua irmã de 9 anos tinha se adaptado com menos facilidade; escreveu dúzias de cartas à sua mãe em Niort, mostrando sinais de aparente estresse: "Tenho lhe dado pós medicinais e chá de ervas e sua aparência está bem melhor", relatou Françoise a Marie-

-Anne. "O cabelo dela está caindo todo; não quero raspar sua cabeça para evitar que seu cabelo nasça castanho, por isso vou apenas cortá-lo bem curto quando ela for para o convento."[79]

Em março de 1681, Filipe retornou de sua longa e maquinada viagem de oito meses ao Caribe e, como Françoise temia, "o afeto" que ele sempre teve por ela não o impediu de "ficar transtornado". Ele se sentiu ultrajado. "As cartas de meu pai a madame de Maintenon eram amargas e cheias de censura", recordou Marthe-Marguerite anos depois. "Ele a acusou de ingratidão para com sua mãe, tia Louise, e de injustiça e crueldade para com ele; mas ela tinha a autoridade do rei por trás dela, de modo que não havia nada que ele realmente pudesse fazer."[80] "Eu nem ao menos vou responder à sua exigência de que sua filha lhe seja devolvida", escreveu-lhe Françoise com perversa indignação. "Avalie você mesmo se eu seria estúpida o bastante para devolvê-la depois de ter tido de usar a força para pegá-la."[81]

De fato não havia nada que Filipe pudesse fazer. O rei tinha dado mais um passo bem pensado para completar a catolicização do reino, formulando uma nova instrução que exigiria que os pais huguenotes passassem todos os seus filhos com menos de 16 anos à custódia do parente católico mais próximo. Os que se recusassem teriam seus filhos tomados à força, o que era, efetivamente, um sequestro legalizado. E no meio-tempo sempre havia a *lettre de cachet*, uma ordem real à qual ninguém podia se opor. Foi uma ordem como essa que a baronesa de Neuillant tinha usado, mais de trinta anos antes, para tirar Françoise de Mursay. Embora estivesse disposta a usar do mesmo recurso, Françoise não precisou fazê-lo. Enquanto madame de Neuillant tinha usado da força, ela tinha usado de fraude. "Madame de Maintenon só tinha pedido para ver as meninas [Saint-Hermine e Caumont d'Adde]. Tinha prometido não fazer nenhum esforço para convertê-las e assim o Conselho Huguenote achou que não podia recusar seu pedido."[82]

"Eu me preocupo tanto com aqueles que amo..." Françoise havia escrito à esposa de Filipe; tanto que usou alguns deles insensivelmente, mentiu a outros, abusou de sua confiança e roubou seus filhos. E aparentemente só lamentou "não pegar" uma última menininha. Mas, como insistiu com Filipe, "se o rei viver, em vinte anos não restará um único huguenote", o que os fatos confirmam quase literalmente.[83]

Françoise tinha se rebaixado a métodos inescrupulosos, refletindo, sem dúvida, o endurecimento de sua ambição de ter alguma influência na corte. Mas, no final, mostrou estar certa. Um a um seus primos huguenotes voltaram para ela e, um a um, foram se convertendo. Em 1686, cinco anos após suas diatribes por meio de cartas "amargas e cheias de censura", o próprio Filipe aceitou o inevitável e se tornou católico, terminando seus dias como marquês e tenente-general dos exércitos do rei. Seu filho, Filipe, também tenente-general, tornou-se o conde de Mursay, e Henri-Benjamin, o chevalier de Mirmande. O teimoso Louis-Henri de Saint-Hermine também se tornou tenente-general; Marthe-Marguerite tornou-se a condessa de Caylus; Minette, finalmente capturada, tornou-se a condessa de Mailly. Resumindo, todos os meninos progrediram profissionalmente e todas as meninas se casaram bem.

CAPÍTULO 14

RAINHA SEM COROA

Encorajado pela Paz de Nimegue, permiti que minhas despesas de construção dobrassem, ou quase. Aquele desmancha-prazeres do Colbert não perdeu a oportunidade de protestar a respeito [...] De qualquer modo, não foi tanto assim, embora eu admita que este ano gastei 4.886.000 libras em Versalhes. (Dezesseis anos atrás, Colbert fez um drama por causa de 500 mil escudos.)[1]

ASSIM ESCREVEU o rei no último dia do ano de 1679. No último dia de 1681 ele registrou um gasto de 3.127.000 libras em Versalhes, "mil vezes mais que no Louvre".[2] E em 6 de maio de 1682, "nós finalmente tomamos posse de Versalhes". No entanto, foi um dia de orgulho ferido: ele descobriu que "a terra do Arcansas teve seu nome trocado para Louisiana, em homenagem a nosso nome – mas o Mississippi ganhou o nome de rio Colbert".[3]

"Tomar posse de Versalhes" significava transferir formalmente a principal residência real do castelo de Saint-Germain, onde o próprio Luís havia nascido, para a "casinha de cartas de meu pai",[4] antigamente um lugar de festas rurais e fogos de artifício. Saint-Germain era reconhecidamente pequeno, mas não era sem razão que Colbert vinha protestando: havia muitos outros lugares maiores que poderiam ter sido usados em seu lugar. Até então, a residência real em Paris tinha sido o palácio das Tulherias, de Catarina de Médici, iniciado bem mais de um século antes e, como tantas residências reais, ainda inacabado: um obsessivo restaurador, no que dizia respeito a edifícios, Luís tinha demolido ele próprio as imponentes janelas e a escadaria oval que tinham sido seus traços mais notáveis. A leste da cidade havia o castelo de Vincennes, que certamente era grande e ainda bastante imponente, porém estava mais para forte que para palácio e ainda servia de prisão para aristocratas – o próprio príncipe de Condé tinha sido concebido em uma de suas muitas celas. Havia o Fontainebleau, a cerca de "14 léguas da cidade", com seu maravilhoso bosque de caça: "Está cheio de veados, lobos, javalis..."[5] Mas Fontainebleau já era perfeito e, obviamente, era criação de outra pessoa: a joia da Renascença de Francisco I.

E, é claro, como Colbert sempre relembrava ao rei, em Paris mesmo havia o imenso palácio do Louvre, mas, como o rei vivia relembrando a Colbert, seria complicado demais instalar a corte ali. Tendo sido, por várias gerações, um lugar de entretenimento da corte em vez de residência real, e estando já cheio de estúdios de artistas, pressagiando sua consequente metamorfose de palácio em museu, certamente não seria fácil acomodar ali centenas de cortesãos com dignidade ou conforto. O próprio Colbert admitiu que os aposentos reais não passavam de "buracos de rato"; o quarto do rei era aparentemente tão escuro que mesmo no meio do dia os empregados tinham de ir tateando para colocar as coisas em ordem.

Colbert estava determinado a manter Paris como o centro do poder, e havia anos vinha insistindo para que o rei reformasse e concluísse o enorme Louvre. A princípio, o rei tinha concordado, embora sem muita convicção. Um grupo de gurus da arquitetura foi chamado a apresentar seus planos; o mais famoso deles, o grande Gian Lorenzo Bernini, deixou relutantemente sua amada Roma e foi para a gelada Paris, que, para seus sofisticados olhos italianos, nada mais era que um "monte de chaminés".[6] Como já era de se prever, Colbert achou Bernini "artístico" demais; Bernini achou Colbert prático demais; Luís achou Bernini arrogante, que pensou o mesmo dele: o resultado foi o gradual abandono do Louvre para mortais inferiores.

Tempos depois, se diria que Luís tinha rejeitado não o Louvre, mas a cidade de Paris, por fazê-lo lembrar de sua precária infância durante os anos da Fronda, o que de fato deve ter acontecido. "Sendo Paris a capital do reino e sede do rei, é certo que ela seja a referência para o resto do país",[7] havia insistido Colbert com seu filho. Mas na França absolutista, a referência não era Paris nem qualquer outra cidade, e sim o lugar onde o rei estivesse, onde quer que fosse. Onde a corte estivesse, para lá seguia a vida e a alma do país. O difícil, sombrio e inacabado Louvre era, sem dúvida, um fator na decisão de Luís em favor de Versalhes, e com certeza, à parte sua completa demolição, o que foi considerado várias vezes, ele jamais poderia ser reformado conforme seu gosto. Além disso, o Louvre era um palácio urbano, inevitavelmente plantado no meio do "monte de chaminés" e de tudo o mais que compunha a cidade em eterna expansão, e Luís era fundamentalmente um homem do campo, físico, esportivo, adorando os espaços abertos, derrubando muros e escancarando janelas aonde quer que fosse. A precoce e prolongada ansiedade em relação à desordem política havia revestido seu egotismo natural com uma mania de controle, mas com o fim do planejamento e da conspiração, ele se sentia mais feliz no exterior; era um bom cavaleiro, um caçador apaixonado, mas também conhecia os prazeres de um simples passeio vespertino pelo parque ou jardim.

O palácio das Tulherias tinha um jardim – um jardim excelente, na verdade – que no passado Luís tinha planejado expandir com alamedas estendendo-se até "as colinas de Chaillot"[8] – 3 quilômetros ou mais através dos campos de plantio, cujos proprietários tinham sido advertidos a não esperarem compensação. Mas apesar de seus jardins, o palácio das Tulherias ficava na cidade e estava sujeito a perturbações. Talvez. Mas certamente estava sujeito à concorrência de outros centros de ambição política e artística. "Paris é referência para o resto do país", Colbert havia escrito; mas Luís queria ser ele próprio a referência. Se a corte estivesse estabelecida em Paris, estaria inevitavelmente cercada por satélites de poder e interesse: grandes homens tinham casas ali; e também muitos homens ricos, muitos escritores, homens com ideias próprias sobre a ciência de governar; homens com suas próprias cortes de artistas e pessoas da sociedade; em resumo, muitos pequenos Fouquets.

Luís jamais os poderia controlar. Para garantir sua primazia como soberano e patrono, como ditador da alta cultura e diretor do futuro da nação, ele precisava de uma corte isolável de qualquer outro centro de poder, isolável inclusive geograficamente. Mais importante ainda, isolável conceitualmente. E ele havia decidido que a bela *maison de plaisance* em Versalhes, estabelecida em uma área pantanosa pouco promissora, "o mais triste e árido dos lugares, sem nenhuma paisagem, sem água e sem mata",[9] forneceria tudo isso. "Não será possível criar uma grande casa nesse espaço", Colbert havia advertido, "sem uma total elevação e sem incorrer em despesas prodigiosas".[10] Luís não se deixou assustar. "Tenho grandes projetos em andamento para Versalhes."[11] Quanto às "despesas prodigiosas" de que Colbert havia advertido, isso era problema dele.

E assim começou. Havia obras em andamento em Versalhes, em especial nos jardins, praticamente desde o início do reinado pessoal de Luís, após a morte do cardeal Mazarin, em 1661. Mas a partir do fim da década de 1670, após a decisão do rei de instalar ali sua residência principal, a escala de trabalho tinha aumentado assombrosamente. As despesas eram imensas: a três anos da mudança oficial, em 1682, a construção em Versalhes comia 6 milhões de libras ao ano, quase 6% de toda a receita do reino, embora boatos afirmassem ser muito mais: como Primi Visconti contou a um amigo, "ouvi Monsieur [o irmão do rei] dizer que o rei já gastou ali 100 milhões de francos e nem 10% dele está pronto ainda".[12] Anos antes de se tornar a construção do século, Versalhes era o campo de obras do século; as desordens e as despesas eram imensamente inflacionadas pela falta de um planejamento geral e pela tendência do rei a fazer modificações e até demolições impulsivas. Após a instalação da corte, havia ainda "22 mil homens e 6 mil cavalos trabalhando aqui todos os dias",[13] como registrou o marquês de Dangeau.

O dia de trabalho começava cedo para a maioria dos 22 mil homens. Os operários de construção começavam às cinco da manhã durante o verão (e iam até as sete da noite), e às seis no inverno (até as seis). Mas eles tinham dois bons intervalos durante o dia: das nove às dez da manhã ("os pedreiros jantam às dez", escreveu um cortesão de modo arrogante), e das duas às três da tarde. Os domingos eram dias de descanso, e a Igreja determinava muitos outros dias santos, chegando a atingir metade dos dias do ano, durante os quais não se podia trabalhar em nada – e, naturalmente, não se ganhava dinheiro. A grande dimensão do projeto de Versalhes, no entanto, encorajava exceções: os sacerdotes locais às vezes permitiam que se trabalhasse após a missa num domingo de manhã, apesar das objeções das associações dos pedreiros e dos estuqueiros e, surpreendentemente, às vezes do próprio rei. Os que não trabalhavam diretamente na construção dos edifícios, notadamente os arquitetos e outros desenhistas, mas também alguns artesãos, com frequência viravam a noite. "Nós temos duas equipes de carpinteiros em Versalhes: uma trabalhando durante o dia e outra, à noite",[14] relatou Colbert, que, como de costume, era o supervisor geral de tudo e de todos os envolvidos.

A costumeira atenção de Colbert aos detalhes assegurou a estabilidade dos salários de todos os operários ao longo dos muitos anos de trabalho no grande projeto, embora seu parco conhecimento de economia significasse a periódica perda de valor monetário em termos de capacidade de compra. Os técnicos e mestres artesãos – engenheiros e agrimensores, carpinteiros, pedreiros, douradores e outros – eram, na verdade, muito bem remunerados: cerca de mil libras por ano. Trabalhadores especializados, como encanadores, azulejistas, serralheiros ou carpinteiros gerais ganhavam apenas trinta libras ao ano, salários que, na realidade, estavam fixados no mesmo nível havia séculos,[15] embora fossem aumentados pelas receitas de operários intermediários que traziam consigo. Os operários eram pagos por dia ou por serviço prestado: um ano de serviço de escavação ou transporte poderia render a um homem duzentas libras ao ano, das quais metade seria gasta em pão – não comida, apenas pão – para si mesmo e sua família. Carne era um luxo: os homens de Luís em Versalhes deviam trabalhar de dez a 12 horas por dia para pagar por um quilo de carne de vaca.

"Imagine quantos trabalhadores pobres eu alimentei por lhes dar trabalho em minhas construções",[16] registrou o rei em suas *Mémoires*, numa autocongratulação um tanto apressada. Na verdade, pelos padrões da época, os operários de Luís eram considerados, de modo geral, mal pagos; seus salários eram mantidos baixos por um grande número de soldados ainda mais mal remunerados, usados como assistentes para aumentar suas fileiras, e isso numa época em que, mesmo com os salários médios, grande número de trabalhadores "oscilava constantemente à beira da fome".[17] Os trabalhadores em Versalhes talvez tivessem alguma ideia das faixas salariais de seus mestres, ou talvez fossem tão remotamente altas que não faziam qualquer sentido para eles: o salário anual de Colbert como *surintendant des Bâtiments du Roi*, por exemplo, era de 21 mil libras, embora isso representasse apenas uma parte de sua receita, já que, como muitos outros a serviço do rei, ele detinha uma série de cargos elevados simultaneamente. O *premier architecte* em Versalhes ganhava 6 mil libras ao ano, o equivalente à pensão de Françoise, enquanto o *maître jardinier* Henry Dupuis ganhava quase três vezes esse valor – com exceção de um ano, quando seus vencimentos foram reduzidos em duzentas libras por não fazer o trabalho a contento do rei. Se os trabalhadores e os *maîtres* ficaram sabendo dos 40 milhões de libras perdidos (e felizmente recuperados) por Athénaïs numa única noite de jogo, isso deve ter passado por mito.

A esta altura, a própria Athénaïs estava se tornando um mito. Ela continuava a ser a *maîtresse déclarée* de Luís – "Não gosto que o público conheça (muito menos julgue) minhas intenções",[18] ele tinha observado – e por algum tempo manteve aposentos suntuosos em Versalhes (22 cômodos no primeiro andar, enquanto a própria rainha tinha apenas 11 no segundo); mas a ascensão de Françoise era óbvia. Seus aposentos foram dos primeiros a serem construídos, e embora ela tivesse insistido para que não fossem nem grandes nem imponentes demais, estavam, mesmo assim, no primeiro andar, próximos aos do rei, na nova asa sul do castelo. De suas janelas ela via a *orangerie*, suas árvores exóticas ainda ocultas sob a magnífica escadaria dupla de pedra, mas que em breve estariam em exposição: palmeiras e árvores cítricas (22 variedades), romãzeiras, cravos e loureiros-rosas, todos eles mantidos aquecidos nos meses de inverno com fogueiras a carvão inglês.

Françoise deve tê-las invejado: a maioria dos cômodos dentro do castelo não tinha lareira, e os que tinham ficavam frequentemente tomados por fumaça suja. Sempre suscetível ao frio, ela havia pedido venezianas de madeira para seus aposentos, mas Luís havia negado, insistindo que as venezianas interfeririam na aparência da fachada sul. "Então podemos sucumbir em simetria", observou Françoise, sarcasticamente, embrulhada no pequeno *niche*, grande o bastante apenas para algumas poltronas e um conjunto de biombos acolchoados, que ela havia instalado em uma de suas salas – o abrigo mais quente dentro do palácio de um rei esteticamente purista.

Luís cedeu um pouquinho, no entanto, permitindo que ela acrescentasse caixilhos duplos (pintados de dourado) no interior das janelas, assim mantendo do lado de fora pelo menos parte da corrente de ar – e também o cheiro, pois pouco além da *orangerie* ficava o *pièce d'eau des Suisses*, assim chamado por causa dos guardas suíços que estavam cavando o lago nessa mesma época. Era uma questão de remover água antes de acrescentar outra, e no processo muitos soldados suíços perderam a vida em virtude de febre malária. Num bizarro contraste, no pequeno palácio do Trianon, construído nos mesmos anos no interior do grande parque do castelo, a fragrância doce das angélicas era "tão esmagadora que ninguém conseguia ficar no jardim, mesmo sendo ele imenso".[19]

Abaixo de Françoise, no andar térreo da asa sul, Liselotte e seu marido, Monsieur, tinham seus próprios e finos aposentos, não tão abençoados pela vista da *orangerie*, embora igualmente amaldiçoados pelo mau cheiro do pântano. A essa altura, eles tinham concordado que seu mútuo dever dinástico estava cumprido. Seu primeiro filho, Alexandre, "tão terrivelmente grande e forte", tinha morrido com apenas 3 anos, mas restavam Filipe, o duque de Chartres, de 8 anos, e Isabel, marquesa de Chartres, de 6 anos, que juntos representavam para sua mãe seu principal consolo e interesse numa vida de outro modo um tanto solitária. O talentoso Monsieur, impedido de assumir qualquer trabalho sério por seu autocrático irmão, tinha se reduzido a uma vida de diversão mais ou menos contínua com seus amigos "italianos" (homossexuais) e Liselotte limitava-se a manter-se quente à noite "com seis cachorrinhos enrolados à minha volta", como admitiu à sua tia. "Nenhum cobertor é capaz de nos manter tão quentes como um bom cachorrinho."[20]

À família real e seus criados na asa sul de Versalhes juntaram-se dignitários, cortesãos e empregados em uma nova asa norte, depois em duas imensas alas no lado leste do castelo, de frente para a cidade; e finalmente, nos vastos *écuries* semicirculares, oficialmente estábulos, mas onde, na realidade, moravam os 120 músicos reais e inúmeros outros seguidores da corte, contentes por se acomodarem junto a cavalariços e pajens, ou mesmo ao lado de um dos seiscentos cavalos do rei – "mais bem alojados do que eu",[21] como observou o Eleitor de Hanover. Versalhes, na verdade, nunca ficou pronto, mas enquanto Luís viveu ali ele teve 452 quartos, alguns deles espremidos em apressados mezaninos, 226 aposentos de tamanhos variáveis (o do rei tinha 43 cômodos separados), mais vários esconderijos e armários, abrigando cerca de 3 mil pessoas, pelo menos por parte do tempo. Fora do castelo estendiam-se dezenas, depois centenas de outros prédios. Os pequenos *pieds-à-terre* de tijolos, construídos apressadamente pelos cortesãos mais perspicazes nos primeiros dias de Versalhes, aos poucos deram lugar a belos *hôtels particuliers* de pedra; ao seu redor brotou uma movimentada e nova cidade com suas lojas, tavernas, comércios e serviços.

Pois não foi só a principal residência real que Luís transferiu para Versalhes. A sede do reino também se mudou, e na França absolutista, com seus poderes regionais deliberadamente enfraquecidos, isso significava todo o aparato de um estado em rápida expansão – os ministros, os militares, o corpo diplomático, os conselheiros e administradores de todos os níveis, planejadores municipais, clérigos seniores, e todos os parasitas aristocráticos, sem falar nos alfaiates, modistas, joalheiros, armeiros, prestamistas de alto e baixo níveis, e todos que criavam as aparências que os *grand seigneurs* precisavam tão desesperadamente manter. Quando o rei estava na residência, cerca de 10 mil pessoas se atropelavam pelos pátios e corredores de Versalhes – e isso não incluía os operários, 36 mil deles no seu auge, ainda trabalhando no interior e no exterior e dormindo em abrigos temporários montados para eles nas vastas terras do castelo.

As terras, na verdade – um grande *domaine* envolvendo uma série de jardins (*les Jardins*), o parque aberto com seu canal de um quilômetro e meio (*le Petit Parc*), mais a floresta de caça (*le Grand Parc*) –, eram provavelmente o aspecto de maior êxito em todo o gigantesco projeto. Administrava-os o *premier jardinier* do rei, André Le Nôtre, agora com 70 anos e indiscutível mestre do elegante e geométrico *jardin à la française*, que, embora ninguém se desse ao trabalho de lembrar, era, na verdade, essencialmente italiano, como tantos elementos do grande estilo francês. Le Nôtre tinha começado a trabalhar nos jardins na década de 1660, modelando-os conforme os jardins que já havia projetado no castelo de Vaux-le-Vicomte, sede rural do encarcerado ministro Fouquet. Embora já tivessem passado vinte anos, poucas árvores tinham podido crescer naturalmente no solo pantanoso de Versalhes; em vez disso, o impaciente rei tinha insistido em imensos transplantes de outras regiões da França. "Florestas felpudas inteiras estão chegando de Compiègne e de mais além", registrou o duque de Saint-Simon em seu futuramente famoso diário. "Três quartos delas chegam mortas." Em apenas um ano, cerca de 3 milhões de cárpinos foram desencavados da floresta de Lyon para formar sebes instantâneas para os encantadores *bosquets* de Le Nôtre: pomares isolados para concertos e danças e para os encontros dos amantes. Em Versalhes ninguém parece ter se preocupado em não privar os lyoneses de uma importante fonte de lenha, embora os invernos recentes tivessem sido tão rigorosos que a água e o vinho à mesa do próprio rei tinham congelado, e os lindos azulejos de porcelana envolvendo o pequeno palácio do Trianon no parque tinham começado a rachar ao congelarem (Luís responsabilizou Colbert por isso).

O próprio rei não sentia frio, o que talvez explique sua falta de empatia com quem sentia, como Françoise e Liselotte. As janelas do quarto de Luís ficavam abertas a noite toda, independentemente da estação. Seu perverso amor ao ar fresco, mesmo o mais gélido, também pode explicar a ausência de salões de baile ou de banquete no imenso e novo castelo: a maioria dos grandes entretenimentos devia acontecer no exterior. Mesmo a esplêndida e longa *Galerie des Glaces* era mais um salão de recepção, quase uma sala do trono, do que um espaço para danças ou apresentações de palco. Os jardins de Le Nôtre, com seus *bosquets* e *allées*, grandes e pequenos, eram, na verdade, "uma extensão do castelo ao ar livre",[22] projetados para prover *scènes de théâtre* mutantes para a resplandecente vida social da corte real.

Os resultados, de qualquer modo, eram maravilhosos. O *domaine*, embora "um lugar naturalmente sem água",[23] como registrou o filósofo John Locke após sua visita, "tem mais *jets d'eau* e chafarizes do que se pode encontrar em qualquer outro lugar, e olhando para fora [...] não se vê nada mais que água por uma légua à frente". Locke se referia ao *Grand Canal*, com mais de um quilômetro e meio de comprimento, que se estendia desde o fim dos jardins formais. Trezentos homens tinham levado 12 anos para cavá-lo, trabalhando em trágicos turnos, muitos deles morrendo de febre malária contraída dos mosquitos que abundavam no solo pantanoso. "A água é pútrida", escreveu Primi Visconti em 1680. "Ela infecta o ar; em agosto deste ano, todos ficaram doentes, o Delfim, a Delfina, todos os cortesãos, todos. O rei e eu fomos os únicos a não adoecerem."[24] Françoise também tinha escapado. Ela estava fora com o rei, na região leste de Lorena, na verdade inspecionando as fortificações defensivas de Vauban, na fronteira leste, embora Visconti tivesse se esquecido disso. Longe de estar febril, Françoise pôde relatar ao irmão que, passando todos os dias na companhia do rei, estava se "sentindo realmente muito bem",[25] tanto na saúde quanto no espírito.

Durante o dia, os jardins de Versalhes eram abertos ao público; um primeiro guia para visitantes tinha sido impresso já em 1674, e Luís estava escrevendo seu próprio *Manière de montrer les jardins de Versailles*, embora fosse, reconhecidamente, apenas para os visitantes mais distintos, que além disso tinham à disposição "15 cadeiras rolantes, estofadas em damasco de várias cores", para o caso de se sentirem menos energéticos que a realeza: todo o *domaine* ocupava quase 45 quilômetros quadrados. Mas mesmo sem cadeiras rolantes, "o público" adorava os jardins, e vinha às multidões. Qualquer um razoavelmente bem-vestido e bem-comportado podia entrar; tantos, na verdade, que Luís logo começou a se sentir invadido pelos visitantes da cidade. "Tive de ordenar aos guardas para não deixarem ninguém entrar nos jardins, a não ser as pessoas da corte", registrou. "O parque foi invadido por multidões, que se tornaram um incômodo, e a plebe que veio de Paris estragou vasos e estátuas. Vim viver em Versalhes para me afastar de Paris, mas parece que vou ter de ir viver em Marly para me afastar de Versalhes."[26]

Na verdade, porém, nada conseguia mantê-lo longe de Versalhes. Além da excitação das caçadas, além dos prazeres de suas muitas amantes, Luís adorava construir, e se seu planejamento era errático, sua ambição, especialmente, nunca vacilava. Ele estava determinado a tornar seu castelo de Versalhes o mais belo e imponente edifício da França – da Europa, na verdade. A concorrência era ferrenha: de seu primo, o príncipe de Condé, um rico e entusiástico embelezador de seu já gracioso castelo de Chantilly, logo ao norte de Paris; de seu irmão, Monsieur, duque de Orléans, com suas famosas fontes de jardim em Saint-Cloud (uma maravilha na França, admitiu Bernini, embora pouco aceitáveis em um apropriado jardim italiano); e até do fantasma de Fouquet, seu ministro deposto, morto em sua cela no forte de Pignerol, ainda assombrando a imaginação de Luís com seu magnífico castelo de Vaux-le--Vicomte, projetado por Le Vau, Hardouin-Mansart, Le Brun, Le Nôtre – resumindo, todos contratados por Luís, na sequência, para trabalharem em Versalhes. Não menos, em sua vasta nova residência Luís estava finalmente ultrapassando seu próprio tio e sogro, o "Rei Planeta", Filipe IV da Espanha, com seu castelo de campo de Buen Retiro e o palácio Alcázar de Segóvia.[27] Luís não tinha visto nenhum desses esplendores da arquitetura real contemporânea, mas as descrições feitas por seus embaixadores, e talvez até pela tímida filha de Filipe, rainha Maria Teresa, tinham atiçado sua inveja: no Alcázar, especialmente, a resplandecente *Sala de Espejos*, com seu teto pintado por Rubens, tinha sido um estímulo definitivo para a *Galerie des Glaces*, do próprio Luís, trinta anos depois, com seu teto pintado por Charles Le Brun.

"O próprio rei admite que há imperfeições na arquitetura de Versalhes", escreveu Liselotte. "Para salvar o velho castelo, ele teve de acrescentar novos prédios à sua volta, cobrindo-o com um manto, por assim dizer, e isso arruinou tudo [...]"[28] Sem beleza própria, Liselotte tinha revelado, no entanto, não ser destituída de sensibilidade estética. "A casinha de cartas de meu pai", estendendo-se interminavelmente sobre suas terras pantanosas, estava se transformando numa mixórdia arquitetônica; um projetista atrás do outro lutava para manter o antigo e construir o novo sob o olhar do exigente e interferente rei. No entanto, na mesma metamorfose caótica, o Versalhes de Luís estava a caminho de se tornar o principal castelo da Europa, e sua corte, a referência do bom gosto e esplendor para todo o continente.

À época da mudança formal para lá, na primavera de 1682, pelo menos o canal "pútrido" tinha sido completado; o impaciente rei tinha insistido em usá-lo mesmo quando os últimos trabalhos estavam em andamento. Pequenas embarcações e lanchas tinham sido transportadas para lá dos portos de Le Havre e Marselha; e para pequenos passeios *à l'italienne* havia duas gôndolas, trazidas de Veneza (com seus quatro gondoleiros) através dos Alpes. Incrivelmente, o *Grand Canal* também estava servindo de porto para versões em miniatura (com projeto máximo de pouco mais de 90 centímetros de profundidade) de todos os novos navios da *Marine*, que Colbert aos poucos estava transformando em uma esquadra apropriada para desafiar a poderosa marinha holandesa. Desta forma, o rei deveria se manter lado a lado com os desenvolvimentos da frota na qual ele, ou seu ministro, estava colocando tanto dinheiro. Por algum tempo, pareceu que o canal seria ligado a um dos grandes rios da França, passando a fazer parte da rede de navegação interna do país. Mas no final, acabou permanecendo, acima de tudo, um lugar de prazer – incluindo patinação no gelo durante o congelamento da água no inverno – e de exibições da corte.

O rei preferia seus prazeres de verão, deslizando para cima e para baixo no canal em sua própria e esplêndida *galère*, pintada de azul e dourado, as cores reais; no interior, sofás em damasco vermelho, para poder se reclinar, e no exterior, 42 remadores corados para pô-la em movimento. Todas as tardes, às seis horas – o rei era um homem pontual –, ele partia na *galère* com Françoise e Athénaïs, enquanto Maria Teresa, acompanhada por diversas princesas, seguia tristemente atrás, numa barca inferior. *Maîtresse secrète* e *maîtresse déclarée* eram suficientemente elegantes para manterem as aparências durante esses passeios. "Não sejamos tolas", disse Athénaïs a Françoise. "Nós podemos manter uma fachada de perfeita concordância. Isso não nos obriga a gostar mais uma da outra. Podemos retomar o porrete quando voltarmos." "Elas já não visitavam os aposentos uma da outra", relatou a sobrinha de Françoise, "mas quando se encontravam, cumprimentavam-se e conversavam tão cordial e animadamente que quem as visse e não soubesse" – como Françoise certa vez as descreveu – considerá-las-ia as "melhores amigas do mundo".[29] "Madame de Montespan e eu saímos para um passeio juntas hoje, de braços dados, ambas rindo bastante", escreveu Françoise ao marquês de Montchevreuil. "No entanto, nosso relacionamento não melhorou."[30]

A derrota final de Athénaïs começou com a morte, súbita e absolutamente inesperada, da rainha Maria Teresa. Aos 45 anos, ela parecia gozar de boa saúde, e, na verdade, como Françoise três anos antes, tinha acabado de completar uma viagem de cinco semanas com o rei, inspecionando as imponentes fortificações militares de Vauban, nas províncias no leste da França. Luís, raramente simpático a quem não conseguia apreciar a austera e sacolejante viagem numa carruagem sem molas por horas sem fim, tinha notado, pelo menos uma vez, que a viagem tinha sido "cansativa para a rainha".[31] Uma semana após o retorno a Versalhes, ela teve febre e, quatro dias depois, conforme Liselotte contou à sua tia, "às três horas da tarde, ela morreu, e tudo por causa da ignorância dos médicos, que a mataram tanto quanto se tivessem enfiado uma adaga em seu coração. Ela tinha um furúnculo debaixo do braço, e eles o enfiaram, através das veias, novamente para dentro do corpo. E por fim, na última sexta-feira, deram-lhe algo para vomitar, e o furúnculo estourou internamente".[32]

Os médicos registraram que a rainha tinha morrido de "uma febre cruel e maligna", e prescreveram uma semana de "gotas matinais em algumas colheradas de vinho" e "meia onça de *thériacquedans* [um extrato de ópio], também em um pouquinho de vinho",[33] para prevenir que o rei também sucumbisse; após as ministrações, a não ser por uma dor de estômago e um gosto amargo na boca, ambas tratadas com mais vinho, ele permaneceu "em perfeita saúde". O próprio Luís registrou, em particular, e sem dúvida com mais exatidão que os médicos, que a rainha tinha "morrido de um câncer (um grande tumor debaixo do braço)". Uma autópsia revelou que "os seus pulmões" estavam gangrenados. Luís acrescentou, pateticamente, que a morte de sua esposa foi "o primeiro problema que ela me causou".[34]

Maria Teresa, que na vida sofreu por tanto tempo, na morte, pelo menos, não sofreu muito. "Ela morreu muito rápida e tranquilamente",[35] conforme registrou Liselotte, inspirando mais atenção e exaltações numa única semana do que nos últimos 45 anos. Em Paris, *chansonniers* saíram pelas ruas cantando canções sentimentais sobre ela, a que o culto comissário de polícia, levantando os olhos de seu Aristóteles, ouviu com indulgente condescendência: "Deixe-os", disse. "O povo precisa de algo. Eles parecem realmente tocados pela perda da rainha. Claro que as palavras são ridículas, mas as pessoas gostam; elas expressam seu tipo de sentimento."[36] Na corte, a reação à notícia foi como a própria Maria Teresa – lenta como tinha sido em tantos aspectos – certamente teria previsto: "Ath chorou como todos os outros", observou Luís. "Quanto a madame de Maintenon, suas lágrimas foram realmente sinceras."[37]

Ao saber da notícia, Françoise, chocada, virou-se imediatamente para ir para seus aposentos, mas o duque de la Rochefoucauld, tomando-a "muito violentamente" pelo braço, a "puxou" até onde Luís estava. "Esta não é hora de deixar o rei", disse-lhe. "Ele precisa de você."[38] A lealdade do duque a seu soberano evidentemente sobrepujava seus sentimentos pessoais, como a violência de seu gesto talvez sugerisse, já que, como a secretária de Françoise viria a registrar, "ele não gostava nada dela". Françoise permaneceu não mais que uns poucos momentos com o rei, antes de ser acompanhada à saída por Louvois, o ministro da Guerra. Ele aproveitou a oportunidade para expressar seu próprio desagrado em relação a ela, instruindo-a a procurar a delfina, que estava grávida e tinha acabado de passar por uma sangria, e dizer-lhe que não fosse até o rei, mas ficasse na cama. "O rei não precisa de suas demonstrações de amizade", disse Louvois desagradavelmente, "e o Estado precisa de um príncipe".[39]

Proibido pela tradição de permanecer sob o mesmo teto de sua falecida esposa, o rei partiu no mesmo dia para o castelo de Saint-Cloud, de seu irmão, e Françoise partiu para Fontainebleau, onde Luís a encontrou quatro dias depois, tendo já deixado seu luto para trás. Ela aparentemente estava tão aflita que ele não pôde resistir a provocá-la por isso. "E não posso garantir que ela não tenha respondido como o marechal de Gramont", escreveu sua sobrinha. O marechal havia notoriamente concluído, ao observar a indiferente tristeza de uma condessa recém-enlutada: "Oh, bem, se *você* não está aborrecida, não vejo por que *eu* deveria estar."[40]

"Madame de Montespan chorou muito", continuou a sobrinha de Françoise. "Talvez sentisse medo de ser devolvida ao marido [...] Acompanhei madame de Maintenon de perto, e suas lágrimas me pareceram sinceras."[41] Mas, embora ela talvez tivesse derramado algumas lágrimas sinceras pela rainha, que de outra forma não seria lamentada, as lágrimas de Françoise eram, na verdade, por si mesma. Nos últimos meses, era verdade, Maria Teresa a vinha elogiando, agradecida pelo aumento da atenção de seu marido, induzido por Françoise. Mas essa indução tinha sido por razões da própria Françoise: desde a queda de Athénaïs, Maria Teresa tinha tido uma participação vital na razão fundamental de sua própria permanência na corte. Sua verdadeira função não era a superintendência do guarda-roupa da delfina, mas a superintendência, por assim dizer, da salvação do rei. Luís devia se afastar dos relacionamentos sexuais pecaminosos (a não ser com ela mesma), e voltar para a cama de sua legítima esposa.

Esse nobre trabalho estava agora certamente comprometido. O rei seguramente pressionaria Françoise a ser mais obsequiosa do que vinha sendo nos últimos tempos, ou poderia voltar para Athénaïs, ou arranjar uma nova amante, ou até uma nova esposa, e o que seria, então, de sua influência? "Você está absolutamente certo ao pensar que a morte da rainha me afligiu", escreveu ela a Charles algumas semanas após o acontecimento. "Ninguém tem mais motivos para isso, e estou consciente deles todos, e muito."[42]

Liselotte achava que tinha suas próprias razões para sentir falta da rainha. "Em todos os meus problemas, ela sempre demonstrou a maior amizade do mundo",[43] ela escreveu, dois dias após a morte de Maria Teresa. Mas em anos posteriores, ela se lembrou de ter exagerado seus sentimentos, tanto quanto Françoise deve ter exagerado os seus. "Estávamos todos muito inquietos, muito preocupados", escreveu, "porque iríamos viajar para Fontainebleau na mesma carruagem que o rei, e achávamos que ele estaria abatido, impaciente e de mau humor, e que se não parecêssemos suficientemente angustiados, ele nos repreenderia. Ficamos agradavelmente surpresos ao vê-lo tão alegre. Isso nos deixou a todos de bom humor".[44]

Como observou a sobrinha de Françoise, o rei estava, na verdade, "mais comovido do que angustiado"[45] pela morte da rainha. De todas as mulheres que ele havia conhecido, como ele próprio observou, ela era a única a quem nunca tinha amado. Liselotte achava que ele tinha ficado "muito comovido ao vê-la morrer", mas, acrescentou com malevolência, "madame de Maintenon encontrou uma maneira de consolá-lo, e isso em quatro dias".[46]

Liselotte não estava longe da verdade. A rainha tinha morrido no dia 30 de julho, uma sexta-feira. Na segunda, o rei se encontrou com Françoise em Fontainebleau, e no sábado seguinte ela já estava escrevendo a seu inoportuno irmão: "Não, você não pode vir me ver, e se você soubesse o motivo, ficaria felicíssimo; é tão vantajoso e maravilhoso."[47] Se o rei já tinha encontrado consolo, como Liselotte percebeu com olhos mais verdes de ciúme do que vermelhos de tanto chorar, Françoise também o tinha. Sua carta revela seu extraordinário bom humor e grande confiança no futuro. Charles vinha reclamando do fato de sua esposa não lhe dar um filho. Sua irmã descartou isso completamente. "O azar de não ter filhos é suficientemente comum, e acho que você é sensato demais para se preocupar com o fato de seu nome desaparecer [...] Você está velho [Charles tinha 49 anos], não tem filhos, não está na melhor condição de saúde. O que você precisa agora é de descanso, tranquilidade e piedade. Todas essas coisas já estão à sua disposição, e eu contribuirei com prazer. Se você quiser comprar uma propriedade, sei de uma muito boa. Se preferir desperdiçar todo o seu dinheiro em Cognac, não se reprima. Você tem mais de 30 mil francos por ano para os próximos seis anos. Depois disso, se eu ainda estiver viva, teremos algo mais, e se não estiver, você terá Maintenon."

"Teremos algo mais." O que Luís lhe tinha dito, o que era "vantajoso e maravilhoso", só se pode presumir, mas é provável que durante esses dias em Fontainebleau, menos de uma semana após a morte de sua esposa, ele tenha informado a Françoise de sua intenção de se casar com ela. Alguns dias após sua carta a Charles, Françoise escreveu a Marie de Brinon, uma ex-freira ursulina que havia conhecido algum tempo atrás por intermédio da família Montchevreuil, e de quem vinha se tornando amiga cada vez mais íntima. Madame de Brinon era agora superintendente de uma escola para meninas pobres, pela qual Françoise vinha se interessando, doando dinheiro, roupas e também encaminhando algumas meninas desprovidas de recursos ou perspectivas, que haviam chamado sua atenção na paróquia de Maintenon, ou tinham sido recomendadas à sua proteção por pessoas da corte. Françoise tinha madame de Brinon em alta conta, e confiava em sua discrição, embora não totalmente, ao que parece. Ela admitiu que não tinha conseguido dormir e deu dicas de uma grande mudança que estava para acontecer ao rei – "Peço suas orações pelo rei. Mais que nunca ele precisa da graça, para enfrentar um estado contrário às suas inclinações e hábitos".[48] Mas, em resposta a um questionamento de madame de Brinon, agora perdido, insistiu: "Não há nada que eu possa dizer sobre Luís e Françoise. Isso é apenas tolice. Embora eu gostaria de saber por que a dama não estaria disposta. Eu jamais imaginaria que seria ela a descartá-lo."[49]

Era uma carta cautelosa, até mesmo insincera, e talvez com um toque de constrangimento – daí a referência à "dama", desviando um tanto de seus próprios sentimentos –, mas Françoise não precisava ter se preocupado. Antes mesmo de tê-la enviado de seus modestos aposentos em Fontainebleau, o rei havia insistido para que ela fosse reinstalada ali nos aposentos da falecida rainha.

No dia 1º de setembro de 1683, um mês após a morte de Maria Teresa, Bossuet proferiu um grandioso e extenso elogio fúnebre para ela na catedral de Saint-Denis, em Paris, local de descanso final dos corpos reais da França. Havendo muito pouco a ser dito sobre a rainha, Bossuet viu-se reduzido a recitar sua história de família e as circunstâncias que haviam cercado seu caminho para "o mais ilustre reino que já existiu sob o sol, e o mais glorioso trono do universo", exaltando a "alegre simplicidade" de seu temperamento e, na ausência de qualquer outra beleza, a "admirável alvura de sua pele, símbolo da inocência e candura de sua alma", e mentindo que o povo da França atribuía todas as vitórias militares do rei ao poder das orações de sua falecida rainha.[50]

Mesmo fugindo, Bossuet não conseguiu mudar os pensamentos que seu rebanho de cortesãos tinha em relação à irrealizadora Maria Teresa. O rei, no entanto, chamou o esforço de Bossuet de "excelente elogio", e o delfim, pelo menos, "muito justamente, ficou bastante comovido".[51] Luís, 22 anos, atarracado e lento, era o único filho sobrevivente de Maria Teresa, "porque, segundo um dos médicos ali, o rei nunca deu à rainha mais do que a borra de seu copo. E é verdade: percebe-se que os homens mais devassos têm bem poucos filhos",[52] observou Liselotte, negligenciando os nove filhos ilegítimos reconhecidos, e vários outros pequenos rumores.

Luís não registrou nenhum comentário à indireta que Bossuet lhe tinha dado no fim do elogio fúnebre: "Toda salvação vem desta vida, e não sabemos quando nossa hora virá. 'Eu venho como um ladrão no meio da noite', diz Jesus Cristo. E ele tem cumprido sua palavra. Ele veio, surpreendendo a rainha num momento em que achávamos que estava em perfeita saúde, e muito feliz [...] Iludidos por nossos prazeres, nossas diversões, nossa saúde [...] nossos bajuladores [...] e nossa falsa penitência desacompanhada de qualquer mudança em nosso comportamento" – Athénaïs, ao que tudo indicava, ainda estava em seu posto de costume –, "todos nós chegaremos subitamente ao fim dos nossos dias [...] 'Como um ladrão no meio da noite', disse o Senhor – uma desagradável comparação, vocês poderão dizer, mas o que isso importa, desde que provoque em nós um bom temor agora, um bom temor que nos conduzirá à salvação. Tremam, companheiros cristãos! Tremam a cada momento, na visão do Senhor! [...] A foice que ceifou os dias da rainha está sobre nossas próprias cabeças..."[53]

E como a confirmar a ameaça, no dia seguinte, enquanto caçava veados no bosque de Fontainebleau, orgulhosamente vestido em seu traje de caça azul e vermelho, o rei sofreu uma queda feia de seu cavalo. "Reis não são centauros",[54] observou filosoficamente; mas em uma carta de Françoise a seu irmão ela sugere a gravidade do acidente. "Mal nos refizemos da perda da rainha e aqui estivemos nós, temendo pela vida do rei. Achávamos que tinha quebrado o braço, mas está apenas parcialmente quebrado; ele está se recuperando tão bem, graças a Deus, que parece que não precisávamos ter receado nada além disso. Este acidente abriu seus olhos [...]"[55]

A queda, na verdade, não tinha "quebrado parcialmente" o braço do rei, mas, como seus médicos registraram, "deslocado completamente seu cotovelo esquerdo".[56] O cotovelo foi colocado no lugar por um certo dr. Félix – considerado um homem excepcionalmente capaz, o que era extraordinário para um médico da época –, e o inchaço tratado com um unguento de aquecimento feito com óleo de rosas, gema de ovo, vinagre e água de banana, depois envolvido, de manhã e à noite, com um cataplasma quente de vinho forte, absinto e mirra. O antebraço de Luís, ferido e inchado, foi massageado com "uma pomada de casco de boi, depois lavado várias vezes para eliminar parte do cheiro, e em seguida recebeu outra pomada feita de flores de laranjeira". "Segundo o método correto", o tratamento previsto em seguida era uma sangria, "mas sua majestade ficou *tão cruelmente angustiada com isso* que não conseguimos fazê-la, e decidimos, em vez disso, que uma completa abstinência de carne por quatro ou cinco dias, e uma abstinência quase total de vinho, obteriam o mesmo resultado, e parece-nos que assim foi". Em seguida, o cotovelo real foi envolvido em um gesso de cera e resina, e assim o rei se recuperou e foi poupado da infecção e gangrena que frequentemente acompanhavam membros feridos.

Não foi poupado, no entanto, de presenciar a horrível morte, apenas quatro dias depois do acidente, de seu extraordinário primeiro-ministro Colbert, aos 64 anos. Desde seu duvidoso começo como uma nêmesis manipuladora do ministro Fouquet, Colbert tinha terminado, após vinte anos de trabalho hercúleo, como "controlador das finanças, ministro, secretário de estado da Marinha e da casa do rei, superintendente das construções do rei e grande tesoureiro de honras do reino [...]".[57] Ele tinha "trazido ordem ao Conselho de Estado, às nossas finanças nacionais, a nosso comércio, à marinha e às colônias. Um verdadeiro mecenas, foi patrono das artes e letras, supervisionou nossas academias, concedeu pensões a nossos estudiosos e poetas e embelezou Paris. Em toda a história, em tempos antigos e modernos, não há outro exemplo de tal zelo e êxito". Assim pensava Luís do homem que de fato tinha criado as várias glórias de seu reino até aquele momento. Não foi o bastante, no entanto, para impedir a morte de Colbert, "em sofrimento atroz, em virtude de pedras obstruindo seus rins". E se o rei tinha admirado seus aparentes êxitos, o custo imposto por eles decididamente não tinha sido apreciado pelo país de modo mais amplo – a ponto, na verdade, de o corpo de Colbert ser enterrado à noite, em segredo, por temor da agitação das "ingratas classes populares".[58]

"Todos nós chegaremos subitamente ao fim de nossos dias [...] 'Como um ladrão no meio da noite', diz Jesus Cristo." Se Bossuet precisava de apoio a seu ministério do medo, ele o tinha agora nas mortes súbitas da rainha e de Colbert, e no alarmante acidente do próprio rei. Mas Luís, de sua parte, já estava persuadido. Para começar, tinha realmente se assustado: a morte de Maria Teresa, com a mesma idade dele, o tinha chocado, levando-o a se dar conta de sua própria mortalidade. E, muito proveitosamente, os pecados da devassidão tinham se tornado menos interessantes nos últimos tempos; a encantadora Athénaïs, reconhecia ele, estava "menos encantadora do que costumava ser",[59] e a bela e tapada Angélique estava morta – aos 20 anos de idade, se o já pesado argumento de Bossuet precisasse de mais peso.

"Mas o rei não podia passar sem mulher",[60] como o abade de Choisy observou e o próprio Luís bem sabia. "Melhor casar do que queimar", confidenciou em seu diário secreto. "O bom père de la Chaise [meu confessor] tem me repetido constantemente essas palavras do apóstolo Paulo, junto com um ditado de Santo Agostinho: 'O casamento é o remédio contra a concupiscência.' Não que madame Scarron, d'Aubigné ao nascer, marquesa de Maintenon, seja uma espécie de último recurso: ela é linda, boa, devota; é muito inteligente e racional (gosto de chamá-la de Vossa Constância). Somente razões de Estado me impedem de fazê-la rainha."[61]

Talvez. Mas quaisquer que fossem as "razões de Estado", Luís não as elucidou; não por serem tão óbvias a ponto de não precisarem ser repetidas, mas porque na realidade não existiam. É verdade que, preocupado em evitar a possibilidade de disputas civis no futuro, ele não queria criar uma segunda família real, mas, como o abade comentou, aos quase 48 anos, Françoise, de qualquer modo, já estava "além da idade de ter filhos".[62] Seria útil a Luís permanecer oficialmente disponível para um segundo casamento estratégico com alguma princesa europeia – por algum tempo, os cortesãos franceses falaram da infanta portuguesa –, mas uma estratégia desse tipo não poderia ser mantida por muito tempo. Não havia, na realidade, nenhuma "razão de Estado" pela qual um casamento com Françoise não pudesse ser abertamente reconhecido e ela própria se tornasse rainha coroada. Serviria para declarar uma grande vitória espiritual, o triunfo da virtude sobre as considerações terrenas do reino ou casta. Mas o recente interesse de Luís em salvar sua alma até esse momento ainda não tinha avançado. Para "o maior de todos os homens",[63] a humilhação pública de seu principesco ser, mesmo com vantagens eternas, era simplesmente impossível.

Luís teve suficiente dificuldade em anunciar sua intenção de um casamento morganático, até mesmo secreto, com madame de Maintenon. A reação horrorizada de Louvois, seu ministro da Guerra, reconhecidamente pertencente ao círculo de Athénaïs e nada amigo de Françoise, deu-lhe uma boa indicação, no entanto, do que poderia esperar de quase todos em sua própria corte e também das demais. O rei tinha abordado Louvois em confiança, "como se a coisa ainda não estivesse decidida, e perguntou sua opinião a respeito. 'Oh Majestade!', engasgou Louvois. 'Vossa Majestade realmente considerou isso? O maior rei do mundo, coberto de glória, casar-se com a viúva Scarron? O senhor quer trazer desonra a si mesmo?' E jogou-se, em lágrimas, aos pés do rei. 'Majestade, perdoe a liberdade que tomo. Desobrigue-me de todos os meus cargos, jogue-me na prisão, mas jamais poderei considerar tal indignidade.' E o rei lhe disse: 'Levante-se! Você está louco? Perdeu a razão? [...]' E no dia seguinte Louvois pôde perceber, pelos modos frios e desagradáveis de madame de Maintenon para com ele, que o rei tinha tido a fraqueza de lhe contar tudo. E a partir desse momento ela se tornou sua inimiga mais mortal".[64]

Louvois, no entanto, esteve presente na missa nupcial, que foi celebrada à meia-noite, como era costume, para se evitar um longo jejum antes da comunhão, e em quase total segredo, o que não era, de modo algum, um costume. "Deixamos Fontainebleau e fomos para Versalhes, e então, sem dar tempo a madame de Maintenon de voltar atrás, casei-me com ela em segredo, na noite passada",[65] escreveu Luís em seu diário no domingo, dia 10 de outubro de 1683, com isso fornecendo a data precisa da cerimônia. Ela aconteceu em uma das capelas de Versalhes e foi conduzida por François de Harlay de Champvallon, 60 anos e arcebispo de Paris, ele próprio necessitando ser salvo das muitas mulheres que o vinham impedindo de dar maior atenção a seus deveres sacerdotais. Além do rancoroso Louvois, as únicas outras testemunhas foram certamente o confessor jesuíta do rei, père Françoise de la Chaise, e seu fiel criado, Bontemps, "o melhor de todos os criados", na visão do abade de Choisy, "rústico por fora e refinado por dentro".[66] "Ele cortaria seus braços e pernas antes de trair qualquer segredo meu",[67] disse o rei. Embora o delfim não estivesse presente, ele tinha sido informado do casamento, como também o marquês e a marquesa de Montchevreuil, amigos de Françoise desde os longínquos dias de seu romance com Villarceaux, e sua empregada de confiança, Nanon Balbien, "tão capaz quanto todos os outros de guardar um segredo, e com sentimentos muito superiores à sua posição na vida".[68]

Mas no significativo momento da cerimônia em si, Françoise recebeu apoio moral somente de Bontemps. O antagonismo de Louvois há muito era aparente, e os dois sacerdotes, como ela sabia, consideravam o casamento uma questão de dever religioso do rei, e nada além disso. Mas por mais verdadeiro, ou quase verdadeiro, que fosse, era humilhante para ela ser recordada disso na presença do severo confessor e do arcebispo hipócrita. Em seu discurso sobre a salvação, eles talvez tenham reconhecido algum amor do rei por ela, que de fato havia, e algum respeito seu para com ela, que, na opinião de Françoise, deveria ter havido. Bontemps, pelo menos, comportou-se de maneira extremamente respeitosa para com ela, e por iniciativa própria, e com a aquiescência do rei, começou a chamá-la, daí em diante, de "vossa majestade" – embora apenas em particular.

De fato, tinha sido uma fraqueza de Luís contar a Françoise os insultos de Louvois, como se eles fossem trazer uma nova perspectiva à questão ainda em discussão, ou fossem algo do qual pudessem rir juntos, ou como se ela precisasse ser lembrada da discrepância entre sua posição e a dele. Mas havia lhe contado a história, muito provavelmente, não em benefício dela, mas de si mesmo. Se ele era muito superior a ela em termos de posição social, em termos humanos, em inteligência e caráter, era ela a mais forte. Luís sabia disso e sentia-se incomodado.

Egocêntrico e vaidoso, perspicaz o bastante para perceber suas próprias fraquezas, Luís não tinha a humildade para transformá-las em benefício espiritual ou pessoal. Havia espaço para uma pequena modéstia, mas apenas em coisas que não lhe importavam: os cortesãos podiam rir de seus poemas ruins anônimos, e ele ria deles; assim, a ordem natural, como ele a compreendia, permaneceria inalterada. Mas em sua própria casa, como em seu reino, o mestre devia ser ele, e entre todas as pessoas, sua esposa deveria reconhecer isso. Um lembrete, de tempos em tempos, sobre o modo como o mundo os via manteria o orgulho dela reduzido e estimularia um pouquinho o seu.

E não haveria reconhecimento público de seu casamento. Ele continuaria a ser secreto, morganático, dinasticamente improdutivo – como se pudesse ser de outra forma, tendo em vista a idade de Françoise – e não lhe daria poder, renda, proteção, nem uma nova posição na corte; na verdade, não lhe daria nada a não ser a mesma consciência limpa adquirida por Luís pela regularização, finalmente, de seu relacionamento mortalmente pecaminoso.

Françoise, de qualquer modo, não estava em posição de pedir mais nada; na verdade, nem de rejeitar o rei, se assim o quisesse. "Preferi me casar com ele a entrar para o convento", havia dito ela de seu casamento com Scarron, trinta anos antes, e esta teria sido uma provável alternativa agora se, tendo-o conhecido há 11 anos e sido sua amante, recorrentemente, por nove, tivesse se recusado a se casar com Luís. E, afinal, como havia escrito a madame de Brinon, por que a dama não estaria disposta? Provavelmente nenhuma honra maior lhe seria concedida. "Quando penso em todos os seus dons", havia-lhe escrito o chevalier de Méré quando era apenas uma menina de 14 ou 15 anos, "parece-me que os maiores príncipes [...] jamais poderiam ser felizes sem você [...] Alexandre e César teriam preferido você a todas as suas conquistas".[69] Agora ela era uma mulher de meia-idade – velha, na verdade, em sua opinião – e conhecia um pouco do mundo e de seus Alexandres e Césares. Ela havia conhecido, conversado e convivido com *Le Grand Condé* e com *La Grande Mademoiselle* e com *Louis le Grand*, e sabia que mesmo "os maiores príncipes" escondiam fraquezas sob sua armadura de luta. Resumindo, a inquietante necessidade do rei de mantê-la em seu lugar era, em parte, uma resposta à força pessoal que emanava da modesta conduta de Françoise. "O rei adorava a dignidade", disse o duque de Saint-Simon, "mas apenas para si mesmo".[70]

Luís era um autocrata natural; admirava e recompensava a competência de outros, mas não tolerava nenhuma oposição real. Quando era um jovem de 22 anos, no início de seu "reinado pessoal" após a morte do cardeal Mazarin, ele rapidamente havia banido sua ainda poderosa mãe para um exílio político. Sua rainha, Maria Teresa, longe de ameaçar sua autoridade, não tinha sido capaz de manter sua própria esfera de ação no entretenimento e na moda, como Athénaïs havia feito tão esplendidamente. Agora, aos 45 anos, após mais de duas décadas de incontestado governo, Luís não tinha nenhuma intenção de permitir que uma corte alternativa emergisse sob a égide de uma nova "rainha Françoise", de longe mais inteligente que Maria Teresa, menos autocentrada que Athénaïs, mais astuta, talvez, que ele próprio. Luís não queria nenhuma mulher à sua volta "interferindo em assuntos públicos";[71] não porque ela não fosse capaz de fazê-lo com eficácia, mas justamente por ser, temia ele.

Quanto à viúva Scarron, sentia-se honrada, muito honrada por seu casamento com tão grande rei, mas se tinha orgulho desta extraordinária nova posição, devia guardá-lo para si mesma. Ela não seria vista reivindicando mais do que outros considerassem ser-lhe devido. Não procuraria ser coroada rainha. Se o fizesse, a corte veria apenas a viúva Scarron, uma mulher vinda do nada, de sangue duvidoso, da mendicância, empoleirada num trono com uma elegância emprestada; uma figura injuriosa – pior, ridícula.

Em seu casamento, Françoise tinha se confrontado com uma amarga verdade: mais apta a ser rainha do que qualquer outra das mulheres de Luís, de longe mais naturalmente apta que a pobre rainha falecida, ela não poderia ascender ao trono sem perder aquilo que queria acima de tudo o mais: o respeito das pessoas à sua volta. Em seu coração, ela se sentia no direito de ser rainha, mas, racionalmente, sabia que isso minaria trinta anos ou mais de trabalho, disciplina, risco e uma surpreendente boa sorte. Isso a colocaria, de um só golpe, na mesma condição dos que buscavam viver acima de sua posição natural, uma versão da famosa peça de Molière, *Le Bourgeois Gentilhomme* [*O Burguês Fidalgo*]. "Vocês verão madame Todo-Poderosa bancando a dama", diz madame Jourdain, personagem da peça, "e seus dois avós foram vende-

A ESPOSA SECRETA DE LUÍS XIV – MADAME DE MAINTENON

dores de tecidos".[72] "Será que ela pensava que a primeira parte do livro de sua vida não seria lida?", havia escrito madame de Sévigné, retoricamente. Françoise, de nascimento pouco nobre, nascida na prisão, filha de um assassino e traidor de seu país, viúva de um tosco e desfigurado poeta mendigo, vivendo da caridade. "E as histórias têm sido contadas novamente com tanta malícia", continuou madame de Sévigné. Como rainha, Françoise seria alvo de piada.

Portanto, não haveria coroação, e o casamento permaneceria em segredo. Haveria suspeitas, mas não seriam confirmadas. "Madame de Maintenon jamais teria concordado em torná-lo público",[73] escreveria sua secretária, anos depois. Isso não seria bom para a glória de tão grande rei, que para ela era mais importante que a sua. Essa, pelo menos, era a versão que interessava a Françoise que circulasse, para os propósitos indiretos de sua própria *bonne gloire*.

E, entretanto, havia uma ou duas supostas compensações. Ela finalmente teria permissão para viajar com o rei em sua própria carruagem: "Não há nada que o impeça, já que ela é dama de companhia da delfina",[74] insistiu Luís, cego à humilhação inerente à fraude. Ele foi suficientemente insensível para propor uma pequena promoção para Françoise pouco depois de seu casamento, quando a inamistosa duquesa de Richelieu morreu: *La Richelieu* tinha sido a *dame d'honneur* da delfina, "mas madame de Maintenon recusou firmemente o cargo, uma dignidade que a delfina quase implorou para que ela aceitasse",[75] registrou Luís, evidentemente incapaz de compreender como um apelo para servir como dama de companhia poderia ser ofensivo a uma rainha *manquée*. "Por sua modéstia, madame de Maintenon recusou repetidamente esta honra, considerando-a acima dela",[76] acrescentou Marthe-Marguerite, improvável e, talvez, ironicamente. E todos os dias Françoise recebia uma mal-humorada homenagem do delfim, na forma de uma visita compulsória, que ambos suportavam em silêncio quase absoluto. "Ele passará, de bom grado, três ou quatro horas sem dizer uma palavra a ninguém",[77] suspirou Liselotte, e parece que ele agora não fazia nenhum esforço para conversar com sua indesejada nova sogra.

Athénaïs também estava recebendo visitas diárias do rei, só que marginalmente menos relutantes. De *maîtresse déclarée*, posição pela qual ainda era reconhecida, ela tinha se tornado um eficaz boi de piranha *royale* em seus grandiosos aposentos, desviando as suspeitas de sobre Françoise por conta das aparições regulares de Luís no início da tarde, entre a missa e o jantar. O truque parece ter funcionado, até mesmo com os observadores mais sagazes, incluindo a própria Athénaïs, que nunca soube ao certo se o rei tinha ou não se casado com a ex-governanta. Como em todas as cortes, Versalhes estava cheia de segredos "abertos", conhecidos por todos, mas nunca efetivamente declarados; mesmo assim, um segredo real poderia ser genuinamente guardado se aqueles que conhecessem a verdade fossem poucos e discretos. Os que estavam em melhor posição de colher informações particulares eram, naturalmente, os criados e empregadas, envolvidos que estavam na iluminação dos corredores à meia-noite, guardando as portas, servindo jantares íntimos e trocando os lençóis das camas. Empregados confiáveis, como Nanon, de Françoise, e Bontemps, de Luís, valiam fortunas para um homem de cargo elevado ou para uma mulher que necessitasse de segredo, e muitos empregados inteligentes fizeram uma pequena fortuna com esse fato inevitável da vida na corte.

No entanto, como Luís ponderou, "apesar de sua sabedoria e piedade, não sei se madame de Maintenon aceitará esse engodo por muito tempo".[78] E de fato, quer algo tenha sido dito ou intencionalmente não dito, poucos meses após o casamento, Athénaïs tinha sido transferida de seus vinte cômodos suntuosos ao lado dos do rei para um antigo grande banheiro no andar térreo – reformado, deve-se dizer, "para torná-lo habitável no inverno; o grande lance de escadas que subia para os aposentos de Luís foi bloqueado".[79] Françoise não se beneficiou desta mudança a não ser simbolicamente. O próprio Luís transferiu os vinte quartos vagos para acomodar sua coleção de quadros e *objets d'art*, incluindo presentes do rei do Sião e do imperador da China, "e uma pérola absolutamente admirável".[80] Não se sabe se Athénaïs alguma vez subiu para vê-la.

CAPÍTULO 15
LA VIE EN ROSE

Pense em seu prazer e salvação; eles não são incompatíveis.[1]

ASSIM ESCREVEU Françoise a seu irmão Charles, pouco depois de seu casamento e seis anos após o dele. Mas Charles já tinha perdido a esperança – se é que algum dia teve alguma – de unir as duas coisas, e sua indulgente irmã já estava enviando dinheiro a pelo menos uma de suas amantes.

Mas ela estava contente e empolgada. "Estou louca para vê-la", escreveu à sua amiga madame de Brinon um dia depois de seu casamento, "mas não sei quando poderá ser. Mal tive tempo de me mexer, e agora mesmo eu deveria estar dormindo..." "O maior de todos os homens", por quem "a maioria das damas da corte se entregaria ao diabo",[2] era seu próprio marido, e ele era belo, viril e dedicado a ela; e, mais ou menos inesperadamente, era fiel. Nem mesmo Athénaïs "havia tocado sequer a ponta de seu dedo desde o nascimento do conde de Toulouse [seis anos antes]", conforme ela própria lamentou a uma freira solidária. "A boa irmã poderia ter sido poupada dos detalhes",[3] disse o abade de Choisy, embora ele próprio estivesse interessado em ouvi-los.

Françoise não tinha tais queixas. "Você me pergunta se é verdade que o rei se casou com madame de Maintenon", escreveu Liselotte à sua tia Sofia. "Honestamente, não sei dizer. Poucos aqui duvidam, mas acho que, enquanto não for declarado, não acreditarei. E sabendo como o casamento é conduzido neste país, penso que se estivessem casados, seu amor não seria tão forte quanto é hoje – a menos, talvez, que o fato de mantê-lo em segredo acrescente algum tempero que não existiria caso fosse assumido."[4]

Enquanto Athénaïs era transferida para o banheiro redecorado no andar de baixo, Françoise se mudava para uma nova e elegante suíte de frente para o pátio "real" central de Versalhes. Tendo recebido seus próprios estábulos ao lado do palácio, ela imediatamente designou como seu cavalariço pessoal um jovem sobrinho de Scarron. Em pouco tempo também ganhou espaçosos aposentos particulares em Saint-Germain e nos castelos de Compiègne e Marly, bem como os aposentos da falecida rainha em Fontainebleau e, naturalmente, seu próprio castelo de Maintenon. Até o pequeno e belo Trianon de Porcelana no parque de Versalhes, com seus milhares de ladrilhos azuis e brancos, construído como um ninho de amor para Luís e Athénaïs, foi logo demolido para dar lugar a um novo e grande Trianon de Mármore, com colunas jônicas do lado de fora e guarnições em estilo chinês no interior, onde o novo casal real se refugiava do rebuliço da corte. Ali, os aposentos térreos de Françoise, com seus imensos janelões baixos, se abriam para um jardim isolado, como se os cômodos fizessem parte dele.

O novo Trianon de Mármore era local de reuniões ocasionais, muito seletas – por muitos anos o duque de Saint-Simon guardou rancor por nunca ter sido convidado e se vingou, em suas famosas memórias, em diatribes contra Françoise e o rei; mas a maioria das reuniões durante esses anos ocorria no próprio palácio, nos aposentos de um ou outro cortesão abastado, ou nos suntuosos cômodos do próprio Luís. No inverno, três noites por semana eram dedicadas aos *appartements*, festas particulares com entretenimento, geralmente um concerto ou uma única cena de uma nova peça ou ópera. Os *appartements* tinham sido instituídos recentemente pelo rei num acesso de nostalgia da corte real de sua juventude, onde sua majestosa mãe promovia noites culturais e sociais para seus cortesãos protegidos. Com a morte da rainha Ana, o manto da anfitriã real tinha passado para a esposa de Luís, Maria Teresa, mas faltando-lhe a graça para carregá-lo, ela o viu escorregar de vez de seus ombros roliços. Agora havia Françoise, que sem dúvida o carregaria com majestade: "Ela era tão encantadora e graciosa, era realmente feita para os deleites da sociedade",[5] disse sua sobrinha. Mas Françoise era apenas uma rainha sem coroa, e embora o rei pudesse ter aberto um novo precedente, ele preferiu, em vez disso, atribuir à sua esposa o papel de coadjuvante e assumir ele próprio a função de anfitrião.

Os três *appartements* semanais eram extremamente populares; cada cortesão tentava ser o centro das atenções – com exceção de Liselotte, que os achava "insuportáveis". Em três outras noites da semana era apresentado um espetáculo completo, uma comédia ou uma ópera com balé. Liselotte não os considerava mais agradáveis que os *appartements*. "É a mesma coisa o tempo todo", irritava-se ela. "Nada mais que pequenos trechos de óperas de Lully. O máximo que consigo fazer é permanecer acordada."[6] Muito melhores eram as canções luteranas de sua infância, achava ela, "e ainda consigo cantá-las em alto e bom som, como costumávamos fazer durante os passeios de carruagem".[7] Todas as noites de sábado, o rei dava um baile, frequentemente na *grand galerie*, a magnífica Galeria dos Espelhos, iluminada pela primeira vez, em toda sua glória, em novembro de 1684. "Todos na corte ficaram encantados" escreveu Luís, "e eu também".[8] Mas o encanto de Liselotte – se é que o sentiu – também não lhe proporcionou nenhum prazer. "Não gosto dessas danças francesas", resmungava. "Esses minuetos intermináveis são insuportáveis [...] Será que já não se dançam danças alemãs na Alemanha [...]?"[9]

Sem constituição física para a dança, com um ouvido que se harmonizava apenas aos hinos simples ou às melodias do campo, Liselotte não podia se consolar nem mesmo com os extravagantes jantares oferecidos em todos os entretenimentos da corte, já que os pratos, embora maravilhosamente variados, simplesmente não eram do seu gosto. "Prefiro muito mais a culinária inglesa à francesa", insistia inexplicavelmente. "Eu simplesmente não me dou bem com a comida daqui. Não gosto de *ragoûts*, e não tomo caldos ou *bouillons*, portanto há bem pouca coisa aqui que eu possa comer: perna de cordeiro, por exemplo, frango assado, medalhões de vitela, carne de vaca, saladas. Na Holanda eu também comia ovos de gaivota; na verdade comi tantos que fiquei enjoada, por isso não posso comê-los mais."[10] Os jantares dos *appartements* do rei geralmente eram servidos ao estilo *ambigu* da moda: todos os pratos, doces e salgados, eram oferecidos ao mesmo tempo. Cada convidado se servia do que queria com sua própria faca e colher. Os que se consideravam *très à la mode* usavam também um garfo, embora o próprio Luís desprezasse esse moderno utensílio italiano.

Os franceses eram comedores de carne de primeira ordem. "Em qualquer outro país", escreveu um visitante alemão, "se eles comessem a mesma quantidade de capões, frangos e galinhas em um ano que eles comem aqui em um dia, a espécie simplesmente se extinguiria".[11] Isso teria agradado à carnívora Liselotte, se não fosse na França: "A carne assada ou frita nunca é preparada ao ponto, enquanto o pato e outros pássaros de rio são comidos bem malpassados".[12] Os pratos elegantes da época incluíam capão (evidentemente ainda não extinto), com ostras e alcaparras, pombo no funcho, coelho assado com cravos, e pedaços de língua de cordeiro marinados em cítricos, sendo que as línguas eram sem pele, "do modo habitual". As rãs também faziam parte do cardápio, embora apenas as pernas e a base da espinha, "sem pele e lavadas em bastante água",[13] cozidas em caldo ("mas não gosto de caldos") ou preparadas em fricassê com frango, ou mergulhadas em massa de farinha e fritas, estas últimas servidas sob o enganoso nome de "rãs com cerejas", sendo a "cereja" o pequeno botão de osso que restava das grandes nadadeiras.

As saladas ("posso comer saladas") continham não apenas alface, pepino ou aipo de costume, mas também chicória, violetas, campânulas, talos de salsinha ou raiz de beterraba e anchovas ("mas não suporto peixe"). Eram servidas junto com os assados, assim como os molhos, agora elegantemente feitos com manteiga em vez de vinagre, como no passado, acompanhado do novo molho de tomate apimentado em discretos potinhos. E, é claro, havia ervilhas frescas, petits-pois, recentemente trazidas da Itália pelas mãos do indispensável criado do rei, Bontemps, e agora alvo do desejo voraz em toda mesa elegante. Servidas com pepinos, com pontas de aspargos, com o fundo da alcachofra ou, ao modo clássico, cozidas em uma panela com manteiga e toucinho, com sal e condimentos, "mas levemente, para não abafar seu sabor natural", e misturadas com pouco creme antes de servir, os petits-pois estavam se tornando o "emblemático prato de vegetais da era".[14] Dez anos depois, Françoise escreveria: "A saga das ervilhas continua forte. As pessoas não falam de mais nada senão de sua impaciência para comê-las, do prazer de terem-nas comido, da expectativa de comerem mais. Há senhoras aqui que terminam seu jantar com o rei, e um jantar muito bom, e sua tigela de ervilhas as está aguardando antes de irem para a cama. Como sua digestão aguenta [...]! Não sei como vou suportar isso. Estou ficando deprimida pela falta de conversa racional."[15]

As sobremesas nos jantares do rei eram ou tradicionais – frutas frescas ou em conservas, incluindo uma seleção das quatrocentas variedades de peras, hoje a maioria perdida – ou os novos sorvetes italianos, feitos com frutas, açúcar e neve, e mantidos gelados em salas de gelo subterrâneas.

As bebidas quentes incluíam café de Veneza, pelo qual o rei não se sentia muito atraído. "Mas o café vai sair de moda, assim como as peças de Racine", observou madame de Sévigné, equivocada em relação a ambos. Havia chá comprado da Holanda e, controvertidamente, chocolate quente, trazido das Américas através da Espanha. Vinte anos antes, a Faculdade de Medicina da Sorbonne havia aprovado seu uso, considerado benéfico à saúde, especialmente para os insones, mas, nessa altura, madame de Sévigné estava advertindo sua filha grávida a não tocar em uma só gota dele: "Na semana passada ele me deu cólicas e dores nos rins por 16 horas ininterruptas", declarou ela. "Você não tem medo de ele queimar seu sangue? [...] A marquesa de Coetlogon bebeu tanto chocolate no ano passado, quando estava grávida, que deu à luz um menino preto como o diabo [...] Você sabe que eu me sinto pessoalmente afetada pelo chocolate", acrescentou, "[...] porque o adoro".[16]

Para os que preferiam bebidas frescas, havia os sucos de frutas aromatizados com flores, nozes ou temperos e, claro, os vinhos. Os vinhos clássicos gregos e cipriotas tinham saído de moda recentemente, e agora o acompanhamento preferido das ervilhas ao creme, das pernas de rãs e dos peitos de pato malpassados era o champanhe, como ainda um vinho tinto, feito de uvas negras *pinot noir*, que de vez em quando, e muito irritantemente, formava bolhas.

E havia a *eau-de-vie*, conhaque, antes usada apenas para fins medicinais, mas agora tão amplamente consumida pelas pessoas mais pobres, e causando tanta destruição entre elas, que tinha sido rebatizada de *eau--de-mort*. Entre os tragos, trabalhadores e pessoas de rua agarravam as sobras desses imensos jantares reais em mercados especiais montados nas manhãs seguintes, enquanto os afortunados que os tinham frequentado saltavam para dentro de suas carruagens para uma viagem de um dia até Paris para investigar as delícias da recém-inaugurada *Procope*, a primeira sorveteria italiana da cidade.

"O inverno passou entre muitos prazeres", escreveu Françoise a Charles na primavera de 1684, após seis meses de uma feliz vida de casada. "Que cavalgada de damas após o jantar e o baile desta noite [...]

Versalhes é assombrosamente bela, e estou encantada por estar aqui. Estão planejadas coisas encantadoras de todo tipo: bailes nos aposentos do rei, peças nos de Monsieur, passeios por toda parte, jantares à meia-noite em minhas salas – bem, você sabe, o rei quer que nos divirtamos."[17] Seu confessor, père Gobelin, recebia as sobras de devoção que pudessem ser encaixadas entre os compromissos sociais na vida desta ovelha desgarrada. "Estou realmente desesperada para salvar minha alma", ela lhe garantiu, pouco convincentemente, "mas o orgulho e a preguiça me impedem. O senhor deve me dizer como lutar contra tais inimigos. Preciso ir. Gostaria de escrever mais, porém há pessoas falando comigo".[18]

Tudo era simplesmente maravilhoso. A França estava no auge de sua glória, e *Louis le Grand*, marido de Françoise, deleitando-se na plenitude de sua madura masculinidade, estava no auge da sua. Em 1686, na deslumbrante Galeria dos Espelhos, ele recebeu uma grande delegação de embaixadores do Sião, cada um usando um pontudo capacete de ouro que tocava o chão carpetado ao se curvarem diante do grande monarca francês, cujo glorioso nome tinha chegado "aos confins do universo"[19] – ou pelo menos ao Sião. Os embaixadores lançaram-se numa prolongada arenga declarando a eterna amizade entre os siameses (que temiam a invasão holandesa em sua região) e os franceses (que estavam ansiosos para interromper o comércio holandês ali). Um hábil sacerdote missionário incumbiu-se de fazer a interpretação.

Todos os cortesãos se entusiasmaram com o ouro, a prata, os exóticos biombos, as porcelanas e os gabinetes japoneses, todos em exposição no fim da *galerie*, presenteados à corte pelos siameses – todos com exceção da solitária Liselotte e do mal-humorado Louvois, ministro da Guerra, "que nunca dava muito valor a coisas em que não tinha tido participação".[20]

Além dos *appartements* e dos bailes e banquetes, Françoise tinha um motivo particular e especial para se sentir feliz e animada nos primeiros meses de seu casamento. Embora ela própria já tivesse "passado da idade de ter filhos", sua cunhada Geneviève, de 22 anos, estava finalmente esperando bebê, após sete anos de casamento. Françoise reagiu à notícia com uma torrente de conselhos afetuosos que seu irmão e sua esposa agora já estavam acostumados a esperar. "Estou encantada com a gravidez de madame d'Aubigné, você pode acreditar", escreveu a Charles. "As mulheres sabem mais dessas coisas que os médicos, e quanto menos alvoroço ela fizer a respeito, melhor. Ela deve usar roupas soltas, para que a criança fique mais confortável, e deve comer bem, para que tenha boa saúde, e se ela tiver algum desejo, dê-lhe o que ela quiser [...] *Adieu*, meu queridíssimo irmão. Amo-o mais do que minha chatice permite dizer."[21]

"A esta altura, as roupinhas de bebê já devem ter chegado", escreveu seis meses depois, "neste primeiro dia de março" de 1684. "Elas não são muito magníficas. Você sabe que me orgulho de ir para o outro extremo. Estou ansiosa para receber a notícia do parto de madame d'Aubigné, e realmente não me importo com o sexo do bebê."[22] Após outras seis semanas, com o bebê ainda por nascer, ela enviou a Charles palavras ansiosas de encorajamento: "Não se preocupe com este atraso: os heróis sempre permanecem pelo menos dez meses no ventre de suas mães. No entanto, ficarei feliz em vê-la encerrar esse assunto, que é sempre perigoso."[23]

O bebê chegou em segurança no dia 15 de abril. Apesar de sua insistência de que "realmente não se importava" com seu sexo, quando soube que era uma menina Françoise ficou radiante e declarou imediatamente sua intenção de tomá-la para si. "Já sinto uma espécie de ternura por minha sobrinha. Assegurem-se de que ela não seja filha única, para que eu possa levá-la quando houver outra para os entreter", instruiu, antes de continuar com sua costumeira lista de conselhos:

> Eu soube que vocês estão muito ocupados com ela e que entram em seu quarto mais de uma vez por dia. Isso é ótimo, mas não a matem com excessos de brincadeira; deixem-na dormir em seu berço tanto quanto possível. Cuidem de seus olhos e não permitam que nada venha a marcar seu rosto. Eu preferiria vê-la morta que com alguma deformidade. Disseram-me que ela é bem constituída. Não a segurem mais do que o necessário; os bebês ficam melhor em seus berços; deitam-se retos, especialmente durante os primeiros três meses, antes de começarem a brincar. Deve ser realmente a ama de leite a cuidar dela por enquanto, e vocês devem tratar bem a ama e deixá-la agir mais ou menos como quiser. [...] Meus cumprimentos à nova mãe. Ela não pode se cuidar com muita

atenção. A saúde das mulheres depende de evitar dificuldades no parto. Ela não deve ter pressa de se levantar [...] Digam à ama de leite que é da minha herdeira que ela está cuidando.[24]

Na verdade, a chegada do bebê parece ter trazido mais felicidade à sua empolgada tia do que aos dois pais. Apenas seis semanas depois, Françoise foi obrigada a enviar palavras de conciliação a Charles, que estava ofendido com o novo "humor" difícil de sua esposa. "Lamento saber disso", ela escreveu. "Achei que uma criança os aproximaria. Porém, o mais forte deve apoiar o mais fraco; sua inteligência e sua idade deveriam torná-lo paciente. Dê a ela todo prazer honesto, e não a deixe só, como soube que você faz." E, mais uma vez, a tentação de aconselhar seu irmão incapaz foi forte demais para que Françoise conseguisse resistir:

Não me leve a mal, mas os homens são um tanto tirânicos. Querem ter todo tipo de liberdade, e não dão nenhuma a suas esposas. Um homem trancafia sua esposa enquanto sai por aí, e acha que ela só pode se sentir feliz quando ele tem vontade de voltar para casa. Isso é um perigo para a maioria das esposas e insensato para com todas. Os homens acham que uma mulher está de mau humor quando elas simplesmente estiveram enfadadas o dia todo. Pessoalmente, nem me passaria pela cabeça entreter um homem que não prestasse atenção a meu próprio prazer [...] Tenho visto como várias famílias vivem e sei muito bem como as pessoas deveriam viver juntas para manterem a paz.

Mas não conseguiu desviar sua atenção da bebê recém-nascida por muito tempo:

Mademoiselle [Marthe-Marguerite] de Mursay aqui está ficando muito bonita, e será uma excelente dançarina. Seus irmãos são muito bons rapazes, mas apesar de tudo que faço por eles, sinto que há certa garotinha de dois meses de idade que me é mais importante, e com frequência penso no prazer que terei em encontrar um marido para ela, se minha vida e meu favor durarem outros 12 anos. Já que não posso fazer mais nada por ela, fiz algo pelo marido de sua ama de leite, e você pode assegurar a ela que a considero ama de minha própria filha. Deixem-na desfrutar de todo conforto, para que seu leite seja bom.[25]

Geneviève continuou mal-humorada, Charles continuou incomodado e Françoise continuou interessada principalmente no bebê. "Não se entregue à sua melancolia natural", recomendou a seu irmão três semanas depois. "Você vive com conforto e tranquilidade, e essa é a melhor coisa do mundo; nós frequentemente invejamos posições das quais não gostaríamos se as tivéssemos [...] Se você ou madame d'Aubigné precisarem de alguma coisa, ou se quiserem algo, sintam-se à vontade para me pedir, e me informem quando o primeiro dente nascer, para que eu possa enviar um presente à ama de leite. Você não me disse nada sobre o batismo de sua filha; já lhe deu um nome? Quem foram os padrinhos? Qual é o nome dela? Ela deve ter um nome bonito."[26]

Como era comum acontecer nessa época de mortalidade infantil frequente, a bebê, embora já tivesse três meses de idade, ainda não tinha nome, mas a insistência da tia estimulou os pais a tomarem uma decisão. Charles e Geneviève batizaram a criança e lhe deram o previsível nome de Françoise. Dificilmente poderiam proceder de outro modo com "minha herdeira".

O rei concordou que as damas da corte estabelecessem uma obra de caridade em Versalhes, para cuidar dos pobres como fazem nas paróquias de Paris. Madame, a duquesa de Richelieu será a superiora [...] Não sabemos o que fazer com uma série de pessoas: aleijados, que não conseguem pagar seu próprio sustento [...] e há algumas meninas inocentes vendendo-se nas ruas.[27]

Assim escreveu Françoise a père Gobelin, nos primeiros meses de seu casamento. A obra de caridade em Versalhes era uma iniciativa nova, uma resposta à rápida transformação de uma aldeia sossegada e atrasada em cidade desregrada e superlotada a serviço da corte em expansão. Embora Françoise fosse assumir um papel secundário na obra, ela não era, de modo algum, uma principiante no que dizia respeito à caridade. Durante mais de vinte anos, ela vinha sustentando individualmente diversos meninos e meninas, órfãos ou simplesmente crianças de famílias pobres, alimentando, vestindo e abrigando-os, e sempre oferecendo algum tipo de formação para que, a longo prazo, eles pudessem se sustentar sozinhos na vida. Suas cartas estão repletas de referências a donativos, esmolas e pensões não apenas para crianças, mas também para idosos em dificuldade, embora seu olhar bondoso fosse às vezes temperado por um brilho cético: "Nos mesmos lugares onde as pessoas estão chorando suas misérias, é comum não encontrar quem queira trabalhar", observou à sua amiga Marie de Brinon. "No entanto, os fisicamente aptos podem ser ajudados simplesmente arranjando-lhes um meio de ganhar seu sustento."[28] Ela vinha empregando muitos desses "fisicamente aptos" em sua propriedade em Maintenon, onde, além da fazenda, havia uma grande "fábrica" de linho. E o fluxo de favores menores era mais ou menos interminável: "Por favor, dê ao cura quinhentos francos para os idosos da paróquia"; "Estou lhe enviando sessenta luíses para aquela menininha adotada"; "Comprei um vestido de lã para a jovem Jeanneton e encomendei outro".[29]

"Seria muito demorado registrar todos os detalhes das coisas que ela fazia para ajudar os pobres",[30] escreveu uma futura secretária. A renda pessoal de Françoise, que incluía uma pensão do rei no valor de 48 mil libras, chegava agora à ordem de 90 mil libras anuais, e todos os anos, cerca de dois terços desse valor eram distribuídos a suas muitas atividades de caridade.

O maior beneficiário individual de sua caridade, no entanto, ainda era, de longe, seu esbanjador irmão Charles. Mal passava uma semana sem que ela lhe escrevesse uma carta, e dificilmente havia uma carta sem uma promessa de dinheiro ou algum outro tipo de ajuda: "Estou enviando as 15 pistolas que você deve ao príncipe"; "Vou procurar uma casa para você e pagarei metade do aluguel"; "Se minha mobília que está em seu poder lhe for útil [em qualquer de suas residências], pode ficar com ela"; "Vou lhe enviar um criado; você está absolutamente certo em querer um alto; os baixos não servem para nada".[31] Em um único ano, como Françoise lhe recordou, ela tinha dado à esposa dele não menos que 2.661 libras em roupas: "uma saia de cetim bordada, marrom, 330 libras; uma saia de musselina rosa, 94 libras; um corpete cor de fogo, 38 libras; quatro pares de sapatos e dois pares de chinelos, quarenta libras [...] – e isso não é para reprová-lo, ou para pedir ressarcimento, mas apenas para mostrar que o dinheiro voa nas mãos de pessoas como você".[32]

A ESPOSA SECRETA DE LUÍS XIV – MADAME DE MAINTENON

Se Charles tivesse sentido a irritação no tom de sua irmã, isso em nada o mudaria. Ele era um esbanjador, ou antes, um incorrigível comprador de coisas que não podia pagar. Três meses após a carta sobre o "dinheiro que voa", Françoise ficou alarmada ao descobrir que ele tinha se envolvido em uma forte altercação com credores em Paris, um dos quais tinha aparecido em Versalhes para reclamar diretamente com ela. A carta subsequente revela não apenas sua frustração para com Charles, mas também alguma ansiedade em relação a si própria.

> Eu realmente lamento ter de chamar sua atenção o tempo todo, mas quem lhe falará com franqueza senão eu? Fui informada de alguns comportamentos seus que não são nem justos nem honestos. É tarde demais para barganhar preços depois de ter sido preso – você tem apenas que pagar. Os comerciantes de Paris não têm medo da violência; eles obrigam até os maiores homens a pagar. É compreensível que você nem sempre tenha o valor total que deve em mãos, mas, nesse caso, faça algum acordo com eles e pague o que puder, e quando eles perceberem que você tem a intenção de pagar, deixarão de persegui-lo. Esse tipo de coisa prejudica a reputação de uma família. Você realmente tem de parar com isso, e não causar mais nenhum problema. Está fazendo mais mal a si mesmo do que a eles.[33]

Embora Françoise nada dissesse, e embora Charles dificilmente tivesse se importado caso ela tivesse dito, seu comportamento impossível também a estava prejudicando, constrangendo-a na corte e lembrando às pessoas do pouco lisonjeiro "primeiro volume de sua vida". Por mais que ela enviasse vestidos de lã para meninas pobres, isso não acabaria com as fofocas e o escárnio de cortesãos mais bem-nascidos; e nenhum esforço em favor da obra de caridade de Versalhes mudaria a atitude de sua ressentida diretora, "madame, a duquesa de Richelieu", que, como já tinha sido observado, preferiria que Françoise permanecesse ela própria objeto da caridade.

Rainha sem coroa, colocada em um pedestal construído sobre areia, Françoise precisava de algo sólido, algo que não pudesse ser ignorado, para impressionar as pessoas esnobes e afrontosas que a cercavam e obter seu respeito de uma vez por todas. Precisava de uma esfera de ação só sua. Com a caridade local dominada pela hostil duquesa de Richelieu, ela se voltou para a única outra via aberta para uma mulher ambiciosa e respeitável da época: voltou-se para a educação. Nisso, pelo menos, poderia se sentir segura.

Há vários anos ela já estava envolvida em um projeto de educação para crianças pobres, em especial para meninas. Em 1681, com a ajuda de sua amiga Marie de Brinon, ela tinha estabelecido uma pequena escola, primeiro na cidade de Montmorency e depois em Rueil, ambas a poucas milhas de distância de Paris. Desde o início, a animada madame de Brinon tinha sido a superintendente e diretora da escola. Inteligente, enérgica e ex-freira ursulina, ela se dedicava à escola bem como a Françoise. Misturado a seu entusiasmo e a seus firmes princípios religiosos havia um toque dos apóstatas, que divertia Françoise e a fazia admirar *La Brinon*, embora às vezes lançasse dúvidas sobre suas capacidades administrativas. "Não se pode tê-la em mais alta conta, nem se pode amá-la mais", repetia a *père* Gobelin. "Mas é preciso vigiá-la, pois tem ideias loucas. Em seguida, as reconsidera, como uma ovelha, mas primeiro é preciso mantê-la sob rédeas curtas."[34]

O início em Montmorency e Rueil tinha sido humilde; a maior parte das provisões tinha sido pedida ou emprestada, pelo menos até onde Françoise podia suportar pedi-las: "Não devemos perder um único banco ou a menor cadeira de palha; tudo será útil para nós; depois disso teremos de pedir menos, o que, para mim, é o melhor de tudo [...] Neste país não se pode fazer nada senão esperar pelo momento certo, sem deixar perceber que você está sequer sonhando em querer algo para si mesmo."[35] Assim ela havia argumentado com madame de Brinon de seu leito de doente em Versalhes, onde, para sua frustração, tinha sido confinada com uma crise de hemorroidas.

A pequena escola tinha tido tal sucesso que, no início de 1684, foi transferida para um espaço maior em Noisy, perto de Versalhes. Isso trouxe o projeto para bem mais perto de Françoise e, embora as responsabilidades do dia a dia permanecessem com madame de Brinon, ela mantinha o controle direcional de tudo. No correio de todo sábado de manhã seguiam instruções entusiásticas de Versalhes a Noisy: "Guarde a lenha que precisar e pague por ela. Não quero o menor traço de fraude; esse tipo de coisa chega ao conhecimento do rei, e precisamos nos certificar de que ele tenha uma boa opinião de nós." "Não é que eu queira guardar dinheiro; quero poupar tempo e estabelecer um modo de fazer as coisas de uma vez por todas." "Não devemos nos esquecer de nada, já que estarão de olho em nós: os que nos querem bem e os que não." "Não sei onde colocar a sacristia [...] Não devemos prejudicar a simetria do lado de fora [...]" – uma consideração irônica, considerando-se seu desesperado lamento sobre ter de "sucumbir em simetria" em seus próprios cômodos em Versalhes.[36]

Em Noisy, madame de Brinon contava com o auxílio de três ex-freiras ursulinas que ela própria havia escolhido, e embora Françoise tivesse ficado satisfeita com essa escolha em termos educacionais – "É verdade que gosto das ursulinas [...]"[37] –, o cuidado físico dedicado pelas irmãs às meninas não estava de acordo com o padrão desejado, como a visita de uma aluninha a Versalhes deixou bastante claro. "Estou devolvendo-a a você", escreveu Françoise à madame de Brinon em fevereiro de 1684. "Estou muito desapontada com o que aconteceu aqui, e que veio a se tornar do conhecimento de todos os empregados e [do médico] monsieur Fagon. [Minha empregada] Nanon [...] queria arrumar os cabelos dela; precisou cortá-lo como um gorro, e quando o cabelo caiu de sua cabeça, começou a se mexer de tantos piolhos que tinha; seu rosto ficou tão cheio deles que alguns até entraram em sua boca [...] Eu a responsabilizo pelo pouco cuidado que estão dando a todas essas meninas mendigas."[38]

No mês seguinte, março de 1684, o rei concordou em estabelecer a nova obra de caridade em Versalhes, sob a direção de madame de Richelieu, e Françoise se deu conta de que, para ter sua própria marca nas coisas, teria de almejar algo maior que a pequena escola em Noisy. Revendo os fatos, rapidamente concluiu que a limitação estava não em si mesma ou em suas ideias, nem mesmo na fraca administração de madame de Brinon, mas na escolha do material de trabalho que haviam feito. As meninas mendigas, lotadas ou não de piolhos, nunca seriam muito mais que meninas mendigas – lavadeiras ou lava-louças, talvez, ordenhadoras se tivessem sorte. Uma menina muito bonita ou inteligente talvez atingisse o auge do serviço e se tornasse empregada de alguma dama, vestindo-se com os vestidos descartados de sua patroa e mantendo suas mãos suaves até se casar com algum cocheiro ou criado.

Dar a essas meninas algum estudo era útil, pois lhes dava os meios de se sustentarem e as salvava do pior, como Françoise sabia por sua própria e difícil experiência de mendiga faminta e suja. Uma extraordinária mistura de talento, esforço e sorte a tinha tirado desse lugar deplorável, mas era improvável que uma ascensão como essa viesse a se repetir. A pequena escola em Noisy, mesmo melhorando sua administração, nunca seria mais que um exemplo de trabalho de caridade; madame de Richelieu poderia facilmente fazer o mesmo em Versalhes.

Françoise queria algo de mais destaque, algo imponente e influente, algo que ninguém mais tivesse feito. Ela precisaria de mais dinheiro, muito mais dinheiro, e também muito mais que "um único banco ou a menor cadeira de palha" que ela e madame de Brinon haviam pedido ou tomado emprestado para a pequena escola. A ideia da escola estava correta, tendo em vista "o dom que tenho para a educação de crianças",[39] como havia escrito à esposa de seu primo Filipe, numa suposta justificação pelo sequestro de seus filhos e filha. Para esta escola maior e mais influente, as meninas mendigas não serviriam. Françoise precisaria de meninas com verdadeiro potencial para uma eventual proeminência e influência. Ela precisava de *demoiselles*.

E, afinal de contas, se ela tinha sido uma menina mendiga, também tinha sido uma *demoiselle*. Seu pai traidor e assassino também tinha sido o "eminente e poderoso monseigneur Constant d'Aubigné, chevalier, senhor de Surimeau e outras terras". "Eu sou uma dama", havia insistido na cela de seu pai, aos 7 anos de idade.

Diante dela havia agora uma chance única de refazer sua infância pobre, mas nobre. O país estava cheio de aristocratas empobrecidos e suas filhas sem dotes nem futuro. *Este* era o trabalho para ela; esta seria sua esfera de ação. Ali seria oferecido o que ela própria deveria ter recebido: cuidado e bondade em um ambiente adequado, educação apropriada, vestidos bonitos para usar, e um bom dote quando viesse a se casar. Ela não tinha tido nada disso, mas suas novas protegidas, suas pequenas *demoiselles* substitutas, teriam tudo.

Hoje eu assinei as cartas patentes para o estabelecimento e regulamentação da comunidade de Saint-Cyr, a grande obra fundada por madame de

Maintenon. Esta casa oferecerá boa criação para meninas de famílias nobres, mas pobres.[40]

Assim escreveu o rei no início de junho de 1686. As obras "nesta casa" tinham se iniciado dois anos antes. Luís havia instruído Jules Hardouin-Mansart, um dos arquitetos da própria Versalhes, a encontrar um local adequado para ela. Mansart escolheu um terreno grande, perto da vila de Saint-Cyr, algumas milhas a oeste de Versalhes. Havia uma grande quantidade de água subterrânea no local, disse ele, uma necessidade para uma instituição que pretendia abrigar várias centenas de pessoas. Françoise objetou ao local pela mesma razão: em sua opinião, a água subterrânea tornaria o local constantemente pantanoso, e seria impossível impedir que os porões ficassem inundados.

Ela perdeu a discussão, e na primavera de 1685 a construção no terreno pantanoso começou. A água foi drenada do solo por máquinas novas e imensas e o trabalho seguiu no ritmo frenético que agora marcava as construções que tinham o selo real, de modo que em apenas 15 meses, os 2.500 operários, reforçados por um contingente de soldados, tinham dado vida aos desenhos e diagramas de Mansart. "Tudo foi construído tão rapidamente que muitos erros foram cometidos: eles nem deram tempo para a madeira verde secar",[41] disse o abade de Choisy. Mas embora o edifício permanecesse sem muita decoração, no final, isso não o deixou menos imponente; até mesmo Liselotte foi obrigada a admitir que era um "belo e grande edifício".[42] Um castelo discreto em pedras claras era curiosamente apropriado a uma instituição de Françoise: ali havia tudo o que era necessário, com nada de estranho para perturbar sua tranquila harmonia. Seu próprio quarto, ao lado da capela simples, ficava de frente para os jardins com árvores frutíferas e flores, mas, seguindo seu temperamento prático, também era contíguo aos dormitórios das meninas e aos quartos das *dames* que lecionavam.

A construção de Saint-Cyr havia custado 1,4 milhão de libras, um quarto dos custos anuais de construção em Versalhes. Outras 100 mil libras ao ano seriam concedidas para sua manutenção; outras 100 mil, mais ou menos, seriam levantadas anualmente na propriedade.

Embora sua opinião sobre a localização da nova escola tivesse sido rejeitada, Françoise envolveu-se em todos os aspectos possíveis de seu desenvolvimento. Lutando contra resfriado, laringite e reumatismo em seus aposentos ventosos em Versalhes, no início de abril de 1686, ela escreveu a père Gobelin sobre "o grande aumento no volume de trabalho que tenho a fazer",[43] mas seu tom era mais de empolgação que de queixa. "Madame de Maintenon envolveu-se nos menores detalhes com uma capacidade e paciência que em muito excedem seu sexo", observou o abade de Choisy, admirado, "mas nesse caso era necessário. Tantas dificuldades surgiam constantemente [...]".[44]

Um observador menos simpático considerou o excesso de atividade de Françoise uma simples evidência de *maladie des directions*[45] – essencialmente, uma necessidade de controlar tudo, com sua costumeira e concomitante indisposição para delegar qualquer responsabilidade real a ninguém. Suas cartas nos meses anteriores à inauguração da nova escola certamente revelam uma atenção a detalhes que poderiam ser delegados a outros entre as 36 professoras e os 34 empregados residentes que estavam sendo contratados para Saint-Cyr: "Irmã Martha deve dividir um quarto com a outra irmã de Montoire [...]"; "A irmã Madeleine não pode costurar [...]"; "Concordo com você sobre nosso padeiro; o pão está sempre assado por fora e empapado no meio"; "Não tenho certeza sobre as vacas. Se vocês tiverem vacas, precisarão de pasto, e de vaqueiros para cuidarem delas, e de alguém que cuide dos vaqueiros, e uma série de coisas que tornarão qualquer meio litro de leite muito caro"; "Você está certa, há muitas meninas na sala verde. Coloque as quatro maiores junto com as amarelas"; "Não, torne todas as verdes amarelas, e todas as amarelas, verdes. Sei que parece bizarro"; "As *dames* não têm saias de inverno. Precisaremos de quatrocentas ou quinhentas até outubro [...] Elas não devem descer mais que dez ou 12 centímetros abaixo das ligas. Elas não aparecem. São apenas para aquecer. Se forem curtas, ficarão limpas e durarão vários invernos"; "Um dos quartos do andar de cima terá de ser dividido em dois para aquelas duas 'madres superioras'; elas nunca conseguirão manter a proximidade *e* a santidade".[46]

Mas se para alguns isso parecia um desperdício de tempo precioso que poderia ser usado de outra forma, Françoise não concordava. Ela adorava todas as pequenas tarefas de caridade e amava, igualmente, o simples fato de estar ativa e livre. Preferia isso, de longe, às falsas e repetitivas relações que envolviam boa parte da vida na corte. Como observou à sua secretária, ao retornar de um elegante jantar com damas e cavalheiros da corte: "Isso, sim, foi uma perda de tempo."[47]

O rei também havia se envolvido com a escola, frustrando seu arquiteto Mansart com sua frequente insistência em modificações no projeto. Conhecendo a paixão de Luís pela construção e acostumada à sua determinação de impor sua vontade, Françoise tinha aceitado sem comentários sua intrusão em seu querido projeto. "O rei está bastante ocupado com [a construção de] Saint-Cyr", havia escrito em fevereiro de 1686. "Ele fez alterações no balcão do coral e em vários outros lugares."[48] Na primavera, com a construção quase pronta, ele tinha começado a se preocupar com o estatuto da escola. Madame de Brinon produziu uma primeira minuta que em seguida foi esmiuçada pelo ilustre quarteto formado por Françoise, o rei, seu confessor, père de la Chaise, e Paul Godet des Marais, futuro bispo de Chartres, que viria a se tornar uma figura cada vez mais importante na escola e na vida pessoal de Françoise. "Estamos trabalhando duro em Saint-Cyr", ela assegurou a madame de Brinon em abril.[49] "Seus estatutos foram analisados. Cortamos algumas coisas, acrescentamos outras e gostamos dele." Longe do palco central, em Paris, père Gobelin, superior religioso indicado para a escola, tinha sido solicitado a passar seus pedantes olhos pelo documento. "Continue a trabalhar nos estatutos", insistiu Françoise. "O senhor sabe que sempre há mil erros gramaticais em tudo que uma mulher escreve", ela admitiu, antes de acrescentar acidamente: "Mas se o senhor me permite dizer, nele há um encanto que é muito raro nos escritos masculinos."[50] Finalmente, o que restou dos estatutos de madame de Brinon foi entregue à virtuosa dupla de historiógrafos reais, Jean Racine e Nicolas Boileau-Despréaux: "Eles estão corrigindo a ortografia",[51] registrou Françoise.

No verão de 1686, as portas do Institut de Saint-Louis, em Saint-Cyr, foram abertas a 250 *demoiselles*, suas primeiras beneficiárias. De cada uma foram solicitados documentos que provassem pelo menos quatro gerações de nobreza do lado paterno. "Não podemos incluir as mães", Françoise havia admitido a madame de Brinon. "Há muitos *mésalliances* [casamentos desiguais]" – um indício, talvez, das antigas paixões não constrangidas por casta, ou talvez de dotes generosos levados pelas filhas de mercadores a famílias da aristocracia mais baixa. Os outros dois requisitos eram pobreza e saúde perfeita: uma pobre menina, que chegou no dia 10 de junho após uma viagem de 450 quilômetros, foi devolvida imediatamente por haver "algo de errado com seu olho".

Entre as que permaneceram, muitas vinham de Poitou, região natal de Françoise, e cada uma delas ostentava um nome impecavelmente aristocrático, apesar de suas roupas brancas amareladas e de seu sotaque provinciano: Jeanne de Chievres-Salignac, 10 anos de idade e proveniente de Barbezieux; um trio de jovens primas "Valentin", de Rouillac – Marie Valentin de Montbrun, 14 anos, Marguerite Valentin de Boisauroux, também 14, e Filipes-Rose Valentin de Montbrun-Boisauroux, de apenas 10. E em meio a todos os sons *breton, provençal* e *languedoc* havia os sotaques de tramela de duas únicas meninas holandesas: Anne-Thérèse Vandam d'Andegnies, de 12 anos, e sua irmã de 9, Marie-Henriette-Léopoldine.

Nem todas as meninas tinham irmãs, claro, nem mesmo primas. A maioria delas estava sozinha e muito longe da família. Em Saint-Cyr elas eram tratadas com amabilidade, e é quase certo que, em termos materiais, estivessem em condições bem melhores do que em casa, mas se isso não fosse o bastante para algumas delas, Françoise era impassível. "Nem todas as mães são tão amorosas quanto a sua, minha querida", disse reprovadoramente a uma garotinha com saudade de casa. "Eu mesma nunca fui beijada mais que duas vezes por minha mãe, e apenas na testa, depois de longas separações."[52] Numa espécie de projeção psicológica pervertida, as meninas de Françoise deviam, ao mesmo tempo, ser protegidas das provações de sua própria infância e sujeitadas a elas: deviam ter a segurança material e o senso de privilégio nobre que ela própria não tinha experimentado, mas não deveriam vivenciar o afeto emocional que tanta falta lhe havia feito, e cuja ausência nunca tinha efetivamente superado. Era uma incongruência que se revelaria em quase todas as estruturas da vida em Saint-Cyr, incluindo o que ela própria ensinava às meninas.

Saint-Cyr era, na verdade, um lugar incomum. Para começar, não era um convento, a única instituição para meninas que não o era. Suas 36 professoras, as *dames* de Saint-Louis, faziam votos simples de castidade e obediência, mas não eram freiras comprometidas por votos solenes de profissão formal. Não usavam hábitos; ao contrário, vestiam-se ao estilo das damas mais sérias da corte, com vestidos de boa qualidade; simples, é certo, mas também elegantes.

As próprias meninas, 250 delas com idades entre 7 e 20 anos, vestiam-se um tanto suntuosamente. Eram divididas em quatro grupos, de acordo com a idade. Os vestidos e fitas de cada grupo eram de cores diferentes: vermelhos para as meninas mais jovens, depois amarelos, em seguida verdes ("minha cor"), e para as meninas mais velhas, o azul real do rei. Distantes dos vestidos de lã das meninas mendigas, ou mesmo dos vestidos de musselina de Françoise, dos dias da jovem viuvez, os vestidos das *demoiselles* de Saint-Cyr eram de bela seda, farfalhando pelo piso branco e fresco como finas damas em formação.

"Damas", ou pelo menos fidalgas: era isso que as meninas certamente se tornariam no final, e este objetivo ampliava sua educação, que de outro modo seguia essencialmente o modelo das ursulinas, como a preparação para a maternidade cristã, a essencial e particular contribuição das mulheres à salvação eterna da humanidade: "As jovens reformarão suas famílias, suas famílias reformarão suas províncias, suas províncias reformarão o mundo."[53] A imposição de valores cristãos estava na base de toda instrução em Saint-Cyr, embora, como acontecia com as ursulinas, isso significasse aprender a catequese da igreja e os hábitos de vida cristã em vez de teologia ou exegese bíblica: "Eu não sei nada sobre as Escrituras",[54] disse Françoise, sugerindo, talvez, que suas meninas também não precisavam saber nada sobre elas. Para as meninas mais velhas, as "azuis", as lições sobre humildade cristã vinham acompanhadas de lições práticas sobre administração do lar: todas eram obrigadas a ajudar a cuidar das menores e também, trabalhando em sistema de escala, a varrer os dormitórios e assessorar as *converses* (irmãs empregadas) na lavanderia e no refeitório.

Naturalmente, todas as meninas aprendiam não apenas a costurar, para fazer e consertar roupas simples e os lençóis da casa, mas também a fazer tapeçarias para móveis, o que era uma inovação. Nesse esforço, uma das meninas, ou uma das *dames*, ou possivelmente até a própria Françoise, uma habilidosa praticante, desenvolveu um ponto especialmente robusto, que mais tarde ficaria famoso pelo nome de *petit point* (ponto de agulha). Cadeiras e almofadas trabalhadas neste útil ponto novo apareceram mais tarde em todos os muitos aposentos de Françoise e depois se espalharam pelo mundo todo.

Dentro da bem-comportada estrutura ursulina de Saint-Cyr, Françoise havia introduzido, para suas 250 *demoiselles*, uma série de atividades bem pouco ursulinas. Para começar, havia dança: "Todas as meninas aprendem o minueto. Há uma série de minuetos preparados para quatro, oito, 12 ou 16, e cada classe faz uma apresentação por ano para as *dames* e as outras meninas."[55] Todas as tardes, as aulas eram interrompidas para um passeio de uma hora pela propriedade, durante o qual "nossas jovens damas leem nossas próprias *Conversations* em voz alta, encantando a si mesmas e às suas companheiras"[56] – ou assim assegurou madame de Brinon a Madeleine de Scudéry, em caligrafia grande e regular. Nos sábados não havia aulas, embora pudesse haver alguma revisão do que tinha sido aprendido durante a semana. E as meninas tinham permissão para jogar: varetas, bagatela e até xadrez.

Todas as meninas aprendiam a ler música e a cantar cantochões, motetos e outras canções, tanto sagradas como seculares. Mas, talvez por sua própria falta de formação musical na infância, Françoise havia decidido que não haveria ensino de instrumentos. "Madame de Maintenon achava que não era possível ensinar música em geral a jovens damas como hoje acontece", disse anos depois uma de suas alunas, futura professora em Saint-Cyr. "Por isso só aprendiam os cantochões, que ela considerava mais fáceis e úteis para todas que desejassem se tornar freiras; mas a verdade é que as meninas ficavam realmente entediadas com eles, e, de qualquer modo, eram inúteis, uma perda de tempo, porque a maioria delas não se esforçava para aprendê-los."[57]

Havia, na verdade, um único professor de música para todas as 250 meninas. Era o organista Guillaume-Gabriel Nivers, um membro da equipe em tempo integral, recrutado, bastante significativamente, por madame de Brinon, e mesmo ele parece ter sido demais para a pouco musical Françoise. Os serviços religiosos em Saint-Cyr, em menor número que nos internatos dos conventos, mas todos supervisionados por Nivers, continham mais música que qualquer outra coisa; a ponto, na verdade, de Françoise reclamar, ao final do primeiro ano, que "há canções demais, cerimônias demais, procissões demais; resumindo, o organista se esquece de que nossas *dames* não sabem realmente cantar, e de qualquer modo precisam economizar suas vozes para conversarem com as meninas".[58] Isso não impediu que vários compositores sinceros compusessem cantos em exaltação ao novo Institut de Saint-Louis, a maioria deles, na verdade, em exaltação à sua distinta (e agora abastada) fundadora:

> Senhor, protege nossa única esperança! Ela, que conduz aos pés dos teus altares, é a protetora da inocência. Prolonga seus dias para o benefício dos mortais.[59]

Assim dizia a "Oração por madame de Maintenon", uma das muitas "melodias espirituais" reunidas para as meninas cantarem quando as lições de cantochão atingiam o limite do tédio.

"As *dames* precisam economizar suas vozes para conversarem com as meninas", havia insistido Françoise, e conversar com as meninas era realmente importante, pois a maioria das lições era oral. A não ser para as meninas mais novas, havia surpreendentemente pouca leitura e escrita nas aulas. Em vez disso, as instruções eram dadas por meio de *conversations* sobre questões sociais ou morais, em geral compostas pela própria Françoise, que as lia em voz alta para várias meninas, exemplificando a atitude e o comportamento apropriado a cada circunstância. Françoise havia projetado o modelo para isso a partir das *Conversations* populares de sua amiga Madeleine de Scudéry, para quem, a esta altura, já tinha arranjado uma pensão real.

"A experiência é o melhor mestre. Eu não aprendi tanto por meio de minha inteligência quanto pelas coisas que vivenciei",[60] insistia Françoise; e ofereceu às meninas os benefícios extraídos disso em sua *conversation* "Ascendendo socialmente":

Euphrosine:	O que significa uma pessoa querer ascender? Não sei se isso é motivo de elogio ou censura.
Mélanie:	Sim, eu venho refletindo sobre isso por algum tempo.
Augustine:	Mas o que significa?
Sophie:	Acho que significa ter mais coragem que sorte, e desejar ascender por seus próprios méritos.
Augustine:	O quê! Você quer dizer, elevar-se acima de seu próprio pai?

Sophie:	Sim, e não impor limites à sua ambição.
Augustine:	Mas isso é inútil. Você será sempre filha de seu pai. Jamais poderá ser mais que isso.
Sophie:	Você pode alcançar uma posição que o torna maior que seu pai.
Mélanie:	Devo dizer que suas ideias estão bastante na moda hoje em dia, quando vemos lacaios andando em carruagens e cavalheiros seguindo a pé. Você diria que esses lacaios ascenderam?
Sophie:	Com certeza, e isso é absolutamente louvável.
Hortense:	Eu não acho, de modo algum. Eu sempre desprezei esse tipo de gente. Acho seu comportamento insolente.

Hortense, no entanto, acaba persuadida, e no final apresenta uma justificação para a ascensão da própria Françoise:

Hortense:	Acho que uma pessoa pode ascender genuinamente por seu próprio mérito [...] Se um soldado comum conquistar a posição de general por seu próprio mérito, e se algum grande príncipe o repreender por ter nascido na lama, ele poderá dizer: Sim, é verdade que nasci sem nada, mas se o senhor tivesse nascido onde eu nasci, não estaria onde estou hoje.
Euphrosine:	É uma resposta bastante atrevida!
Hortense:	Se há algo que pode nos elevar ao nível dos que nasceram acima de nós, é sendo mais corajosos do que eles são.[61]

As *conversations* eram, na realidade, uma forma de diálogo socrático, apresentando argumentos de ambos os lados; com o tempo, elas foram expandidas e transformadas em uma coleção de *proverbes*, na verdade peças de um só ato, também escritas por Françoise, ilustrando vários provérbios comuns da época ("Que os gatos sonolentos continuem a dormir"; "Ninguém mais orgulhoso que um mendigo de roupa nova") e as lições morais extraídas deles. Em tom divertido e coloquial, com personagens bons e maus, eles eram dramatizados em sala de aula pelas próprias meninas, como acontecia com as *conversations*.

E havia as "instruções" e "reuniões" na forma de bate-papos simples e, às vezes, aulas expositivas, que Françoise fazia com as meninas ou com as *dames*, uma delas servindo de secretária, anotando minuciosamente tudo o que era dito por *madame la fondatrice*.

Era uma forma imaginativa de ensinar, resultado da inteligência prática de Françoise e, muito provavelmente, também um legado de suas antigas lições com o chevalier de Méré. "É muito melhor despertar a inteligência do que encher a memória", ele havia dito. "A autoconfiança produz bons resultados, desde que seja bem fundamentada e não muito óbvia. Ela encoraja uma pessoa a fazer bem, e *de bon air*, tudo aquilo que assume."[62]

As *conversations* e os *proverbes* de Françoise eram, em geral, peças otimistas, cada uma escrita, sem dúvida, em uma hora de particular exuberância. Mas, juntamente com essas lições sobre ambição e autoconfiança, as meninas ouviam uma mensagem bem diferente de resignação, às vezes amarga, a seus destinos mais prováveis: "A leitura é útil aos homens", dizia-lhes Françoise. "Desde a infância eles começam a aprender as coisas de que precisarão mais tarde na vida [...] tudo o que seu trabalho venha a exigir [...] Mas o que isso tem a ver conosco? Tudo o que temos de fazer é obedecer e nos esconder, trancar-nos em um convento ou dentro de nossas famílias [...] As meninas precisam aprender a preferir os trabalhos manuais ou domésticos à leitura [...]"[63]

Se isso era resultado de experiência, representava também a mais avançada teoria pedagógica da época, conforme indicado pelo jovem educador jesuíta, François Fénelon. Homem brilhante e imaginativo, Fénelon possuía, no entanto, uma visão fundamentalmente conservadora sobre a educação apropriada às meninas, certamente se comparada, por exemplo, à educação intelectual e prática que Madeleine de Scudéry havia recebido quando jovem, na casa de seu tio. "O mundo [...] é a soma de todas as suas famílias individuais, e quem pode supervisioná-las com mais cuidado do que as mulheres?", perguntou Fénelon, retoricamente, em seu famoso *Tratado sobre a educação de meninas*, de 1685. "Além de sua autoridade natural e diligência na casa, as mulheres têm a vantagem de nascerem cuidadosas, atentas aos detalhes, laboriosas, obsequiosas e persuasivas [...] O trabalho das mulheres dificilmente é menos importante ao público que o dos homens. Uma mulher tem uma casa para administrar, um marido para agradar, filhos para criar adequadamente [...]"[64]

Fénelon servia de diretor espiritual ao duque e à duquesa de Beauvillier, membros do círculo *dévot* de Françoise na corte e pais de seis (mais tarde oito) meninas. Ele havia escrito seu *Tratado* como um guia para a educação das irmãs Beauvillier, cujas origens, embora não fossem pobres, eram semelhantes, em muitos aspectos, às das meninas de Saint-Cyr. Foi através da família Beauvillier que Françoise tinha vindo a conhecer Fénelon. Mais tarde ela viria a se envolver com ele muito mais intimamente, com consequências desastrosas, em sua "grande obra" em Saint-Cyr, mas por ora estava satisfeita em extrair de seu *Tratado* tudo o que pudesse utilizar.

"Tome cuidado para não tornar essas meninas infelizes dando-lhes esperança de alcançar coisas que estão acima de sua condição econômica e social", advertiu Fénelon, falando com a inoportuna voz do conservador social. "Dificilmente as pessoas não se frustram quando suas expectativas são grandes demais."[65] Havia nisso uma verdade que deixou Françoise pouco à vontade com sua própria base pedagógica sobre a experiência pessoal.

Mas as contradições naquilo que suas meninas estavam agora aprendendo encontravam-se justamente nesse fato. A própria Françoise era o pior exemplo possível para elas. Sua experiência de "ascensão social", transformada e desempenhada com pungente entusiasmo, era, na verdade, tão improvável que estava mais para conto de fadas do que um guia para a vida futura. Poucas das jovens sob os seus cuidados possuíam a maturidade para fazer essa distinção. Assim como Françoise tinha visto nelas a chance de refazer sua própria infância imperfeita, elas agora consideravam sua bela e poderosa fundadora de 51 anos a personificação de si mesmas no futuro. O que cada lado via nesse distorcido espelho duplo era, cruel e inevitavelmente, apenas uma ilusão.

Madame de Brinon, a primeira entre as *dames*, admirava grandemente as realizações literário-pedagógicas de Françoise. Não contente em ter composto alguns versos incantáveis para as meninas acompanharem a música do mestre compositor Lully, ela decidiu tentar algo semelhante aos *proverbes*, na verdade algo um tanto mais ambicioso. Produziu, muito rapidamente, uma série de peças educativas ao estilo dos jesuítas, que por muitos anos fizeram uso do drama como uma poderosa ferramenta pedagógica. Françoise admirou as intenções de madame de Brinon, mas as peças em si, infelizmente, considerou "execráveis". Sensata demais para se considerar capaz de produzir mais que as cenas agradáveis e úteis de suas *conversations* e *proverbes*, mas persuadida de que o teatro dos jesuítas era um excelente método para avançar seus próprios objetivos educacionais, ela decidiu apelar a um talento com uma categoria mais elevada que a de sua "queridíssima" madame de Brinon – talento, na verdade, da mais alta categoria e que já estava à mão e familiarizado com os estatutos de Saint-Cyr, ou pelo menos com sua ortografia: Jean Racine, historiógrafo do rei e um dos maiores dramaturgos da época.

Após o decisivo fracasso, dez anos antes, de *Fedra*, posteriormente declarado obra-prima do século – o que foi inútil para o autor, que há muito já estava morto –, Racine tinha abandonado o teatro, dedicando-se à função menos exigente de historiógrafo do rei, cargo que dividia com o poeta Nicolas Boileau-Despréaux. "Ambos são muito talentosos, mas muito lentos, tão lentos quanto a Académie Française com seu dicionário",[66] tinha observado, recentemente, o rei, com um suspiro de resignação. Françoise conhecia bem Racine e o tinha em alta conta, como ele também a tinha. "Ela é exatamente como sempre foi", escreveu ele a Boileau-Despréaux mais ou menos nessa época: "cheia de inteligência, bom senso, piedade e boa vontade para conosco."[67]

Saint-Cyr contava com dinheiro, com a proteção do rei e com o interesse de toda a corte. Não seria demais, pensou Françoise, pedir a monsieur Racine algo que suas meninas pudessem estudar – talvez até apresentar. Que melhor propaganda de suas extraordinárias realizações do que apresentar ao rei e à corte suas fileiras de encantadoras *demoiselles*, resgatadas da pobreza e do esquecimento, polidas e instruídas, produzindo, com seu novo sotaque da corte, as mais novas e excelentes poesias da terra? Dela diriam que tinha conseguido fiar ouro dessa andrajosa palha provinciana!

Racine foi devidamente abordado, mas embora se sentisse tentado desde o início, hesitou. O drama pertencia a seu passado ofendido e, além disso, tinha reputação moral duvidosa, ou assim tinha sido levado a pensar por seus professores na infância, na escola jansenista de Port-Royal. Por outro lado, quando jovem ele tinha optado por ignorá-los, e embora tivesse retornado a seus ensinamentos na meia-idade, a urgência de seu dom poético mais uma vez se provou mais forte que as exigências de sua teologia. Ele lançou de lado sua designação jansenista de "envenenador público"[68] e começou a procurar um tema.

Não precisou procurar longe. Françoise havia pedido "algo moral ou histórico, mas não deve haver nele nenhum romance; algo animado, em que a música possa se ajustar à poesia".[69] A ausência de "amor" era essencial: as meninas em Saint-Cyr já tinham se mostrado interessadas demais em uma peça anterior de Racine, que Françoise lhes havia apresentado: era *Andrômaca*, uma fascinante exposição de um círculo de paixões frustradas – de Orestes por Hermione, de Hermione por Pirro, de Pirro por Andrômaca, e de Andrômaca por seu falecido marido Heitor.

No passado, Racine havia tirado seus temas, em geral, das lendas e tragédias gregas, mas desta vez o precedente não serviria: os gregos falavam constantemente de "amor". Em vez disso, voltou-se para a Bíblia e no livro de Ester, do Antigo Testamento, encontrou exatamente o tema que precisava: durante o cativeiro dos judeus na Pérsia, Ester, que havia se tornado rainha persa contra a sua vontade e era secretamente judia, arriscou sua vida para salvar seu povo, contra quem Amã, um dos perversos preferidos do rei, e sua esposa Vasti, planejavam destruir. "É uma história repleta de lições de amor a Deus", disse o religioso Racine. "E também não precisei alterar o menor detalhe da ação conforme mostrada nas Sagradas Escrituras", acrescentou teatralmente, "o que, em minha opinião, teria sido uma espécie de sacrilégio; de modo que pude escrever toda a peça usando apenas as cenas que o próprio Deus, por assim dizer, forneceu".[70]

Era uma afirmação insincera, no entanto, pois nas cenas que "o próprio Deus" havia fornecido, Racine inseriu seu próprio elemento de subversão: sua peça *Ester* é uma parábola sobre a perseguição na França; não dos judeus, no entanto, nem mesmo dos huguenotes, mas de sua teimosa seita católica jansenista. "Racine [...] é meu amigo",[71] o rei escreveu em seu diário secreto, e fosse por isso ou por outras razões táticas, o poeta tinha tido o cuidado de não colocar o rei persa no papel de vilão. Esta honra duvidosa foi transferida a père de la Chaise, o confessor jesuíta e linha-dura de Luís, que recentemente havia investido contra os jansenistas forçando-os a fechar uma de suas escolas. Na parábola, coube a père de la Chaise o papel de Amã, que, para satisfação dos jansenistas, acaba reconhecendo a teologia superior de seus inimigos antes de ser levado para a execução pelos guardas do rei.

"Não considerarei *Ester* completamente concluída, madame, até receber sua opinião a respeito",[72] escreveu o poeta a Françoise. Mas ela ficou encantada; o rei, não obstante algumas "pequenas observações", ficou encantado; e acima de tudo, as meninas ficaram encantadas. Françoise enviou seiscentas libras a Jean-Baptiste Moreau, compositor da corte, que produziu a "música para se ajustar à poesia". No devido tempo, os músicos do próprio rei chegaram com seus instrumentos; os alfaiates chegaram com trajes orientais fantásticos; os carpinteiros construíram um palco no salão de entrada de Saint-Cyr; os papéis foram distribuídos entre as meninas mais velhas – as "verdes" e as "azuis"; o próprio Racine concordou em dirigi-las, e os ensaios começaram.

Ester foi apresentada pela primeira vez no dia 27 de janeiro de 1687, na presença do rei e de cortesãos pessoalmente convidados. "As meninas representaram e cantaram muito bem",[73] disse Luís, mas se era um elogio moderado de um rei com inclinação para a música e o teatro, era mais que suficiente para instigar o interesse da corte na produção, a ponto, na verdade, de novas apresentações serem marcadas para atender a todos que queriam assisti-la. "Foi um pequeno e encantador *divertissement* para as meninas de madame de Maintenon",[74] observou a novelista pioneira madame de la Fayette, com um toque de favorecimento mesclado a seu bom senso, "mas como o preço das coisas sempre depende de quem as fez, ou de quem as encomendou, o envolvimento de madame de Maintenon nisso deixou extasiados todos que assistiram: nunca antes se assistiu a algo tão encantador; a peça foi a melhor do tipo já escrita; as atrizes – mesmo em papéis masculinos – deixaram todas as famosas damas do palco muito para trás". "O envolvimento de madame de Maintenon" e o hábito dos cortesãos de aplaudirem tudo que o rei aplaudia fizeram de *Ester* uma sensação.

Incidentalmente a todo o alvoroço, a poesia de Racine foi reconhecida como boa. Mas, embora o próprio Racine estivesse satisfeito com a peça, em um aspecto ele falhou. Os públicos seguintes rapidamente perceberam a segunda dimensão na obra, mas, sem perceber seu pretendido protesto jansenista, viram-na como uma parábola da ascensão de Françoise à custa de Athénaïs: a primeira esposa do rei persa, Vasti (Athénaïs), tinha sido descartada em favor da relutante Ester (Françoise), "com a diferença", acrescentou madame de la Fayette, "de que Ester era bem mais jovem e sua devoção, um pouco mais sincera".[75]

A produção de *Ester* alcançou muito mais do que Françoise havia pretendido. "Esse tipo de empreendimento artístico deveria ter sido secundário em qualquer escola para meninas."[76] *Ester* mostrou ao rei e a toda a corte o quanto Françoise era excepcional. "Fico pensando se madame de Maintenon não seria uma nova Ester", refletiu Luís, "uma Ester mandada pelo céu para cuidar da minha salvação".[77] "Admirem a sabedoria, a rara devoção, a prudência, a fé desta nova Ester",[78] escreveu Madeleine de Scudéry, aos 80 anos, em poética homenagem à sua antiga protegida.

"Como alguém poderia resistir a tanta exaltação!",[79] declarou madame de la Fayette, com pé no chão.

"Estou mais feliz que nunca",[80] disse Françoise.

CAPÍTULO 16

LA VIE EN BLEU

S e Françoise estava mais feliz que nunca, o mesmo não se pode dizer de seus amigos em Poitou ou em qualquer outra região protestante da França. Tinha-se decidido que, para a estabilidade política do país, era vital a existência de uma única religião; não seria tolerado nenhum grupo religioso que simpatizasse com nenhum inimigo protestante da França. Todos os protestantes franceses deveriam ser persuadidos ou, se necessário, forçados a abjurar sua fé e se tornarem católicos. "Este ano [...] os huguenotes perderam grande parte de suas últimas liberdades",[1] Luís registrou com satisfação na noite de ano-novo de 1685. Nos 12 meses seguintes, os huguenotes foram privados de quase todos os direitos cotidianos e liberdades que ainda possuíam como seus súditos, e em poucos meses mais, viram-se sob o risco de perderem a própria vida.

Nos termos da época, discriminações na lei, interferências na vida privada e até sentenças de morte eram vistas sem particular horror. Já em 1681, Luís tinha sido muito elogiado por emitir uma declaração real permitindo que os filhos de huguenotes de 7 anos para cima fossem tirados de seus pais à força para serem criados como católicos. Mas em 1685, o rei deu início a uma nova série de declarações cada vez mais rigorosas contra os huguenotes, contando com o apoio de quase todos os seus sacerdotes e bispos, incluindo, muito entusiasticamente, seu confessor jesuíta, père de la Chaise, e o pregador *dévot* Bossuet. Em abril de 1685, ele proibiu os marinheiros huguenotes de orarem ao estilo protestante enquanto estivessem no mar. Em junho, os templos huguenotes foram demolidos. Em julho, os huguenotes foram proibidos de contratar empregados católicos, e os advogados huguenotes foram proibidos de praticar a lei. Em agosto, os médicos huguenotes foram proibidos de praticar a medicina, e os professores, de lecionar. A partir de setembro, os huguenotes encontrados praticando sua religião em segredo foram obrigados a entregar metade de sua propriedade aos que os tinham denunciado. Em outubro, no castelo de Fontainebleau, Luís assinou uma revogação oficial do Édito de Nantes, de Henrique IV; ela foi distribuída publicamente no primeiro dia de novembro. Em julho de 1686, foi oferecido um prêmio de mil francos a quem informasse sobre algum huguenote tentando deixar o país. E a partir de dezembro desse ano, qualquer um que fosse visto ajudando huguenotes a deixar o país seria condenado à morte, junto com eles.

Esta era a batalha de Luís e da Igreja Católica na França contra "o temível monstro da heresia".[2] O "temível monstro" exigia medidas temíveis para se render. Quando as restrições e crueldades das várias declarações reais provaram-se pouco persuasivas, Luís finalmente concordou com uma renovada campanha das *dragonnades*, um demorado aquartelamento de soldados católicos nas casas de famílias huguenotes que se recusassem a se converter. O aquartelamento compulsório de tropas em povoações locais era lugar-comum à época, uma forma de taxação, na verdade, para ajudar a pagar os periódicos esforços militares do país. Mesmo em circunstâncias amigáveis, o aquartelamento representava despesas extras e inconvenientes para as famílias hospedeiras, mas nesse caso, em que o objetivo supremo não era dividir custos, mas forçar as famílias a se converterem, os dragões receberam instruções especiais para serem os mais inoportunos possíveis dentro das casas huguenotes.

"Se o rei viver, em vinte anos não restará um único huguenote." Assim Françoise havia advertido Filipe, seu primo huguenote aparentemente leal, na primavera de 1681. Agora, depois de apenas cinco anos, Luís parecia estar atingindo seu objetivo. Nas reuniões dos ministros eram lidos, todas as semanas, relatórios sobre milhares, dezenas de milhares de conversões: "A maior parte de Poitou abjurou, bem como todos os huguenotes de Grenoble [...] Quatro mil pessoas em Béarn [...] Cinquenta mil pessoas [...]" "Os dragões converteram mais pessoas em uma única semana do que os missionários em um ano inteiro", concluiu Luís. "Eles talvez não tenham conseguido conversões sinceras por parte dos pais, mas os filhos serão católicos genuínos [...] embora o abade Fénelon aparentemente desaprove as *dragonnades* e qualquer tipo de coerção. Ele diz que com métodos assim se poderia converter todos os protestantes ao islã."[3]

Mas Fénelon, educador jesuíta *extraordinaire* e sólido amigo do círculo *dévot* de Françoise, pertencia a uma minúscula minoria que mal expressava sua oposição. A Revogação de Luís e o duro tratamento dado aos protestantes que a tinha precedido e agora a seguia mostraram-se irresistivelmente populares, não apenas dentro da Igreja Católica formal, mas em todo o país. Em Paris, multidões decidiram derrubar o grande templo huguenote de Charenton, enquanto os *illuminati* locais assistiam, dando seu apoio mais ilustre: "Que reine a verdade em toda a França!",[4] trovejou La Fontaine. "Luís deve banir do reino este culto falso, suspeito e inimigo!", gritou o moralista La Bruyère, pela primeira vez sem qualquer traço de sua célebre sátira. Mesmo uma católica moderada como madame de Sévigné ganhou uma veia liricamente entusiástica, e poucos dias após a assinatura da Revogação escreveu a seu primo, o conde de Bussy-Rabutin, que estava longe de ser religioso: "Você certamente viu o édito do rei revogando o Édito de Nantes. O que ele diz ali não poderia ser melhor. Nenhum rei fez ou fará algo mais memorável [...] Os dragões foram ótimos missionários até este ponto; agora cabe aos sacerdotes completarem o serviço."[5]

Na verdade, os dragões não tinham nada de "ótimo". Normalmente o "dragão" era simplesmente um soldado de infantaria que viajava a cavalo, mas lutava a pé. Sua arma padrão era um "dragão" que cuspia fogo, um pequeno mosquete onde ele escrevia seu próprio nome. Era comum as autoridades usarem os dragões contra sua própria população para dissolver agitações na cidade ou rebeliões sediciosas de menor escala; o cardeal Richelieu e Colbert, ministro de Luís, tinham se valido deles para forçar camponeses relutantes a pagarem seus impostos. Ocupando um degrau inferior ao dos verdadeiros cavalarianos, os dragões partilhavam das qualidades mais desagradáveis dos soldados da infantaria: eram malcriados e frequentemente brutais. "Os dragões são desordeiros montados", disse sucintamente um comentarista, "e devem ser evitados como uma praga",[6] uma avaliação confirmada por uma testemunha ocular desses assustadores dias de 1680: "Várias pessoas nesta cidade foram espancadas pelos soldados aquartelados com elas", relatou. "[Outros soldados] estupraram as mulheres na presença de seus maridos, e amarraram as crianças nuas a espetos como se fossem assá-las [...]"[7]

Histórias sobre as *dragonnades*, relatadas por huguenotes que desafiaram a ameaça de execução e conseguiram escapar da França, naturalmente produziram indignação. Na Inglaterra, o diarista John Evelyn, ele próprio irritado com a ascensão do rei católico Jaime II em sua terra protestante, registrou o seguinte em suas páginas particulares:

> Hoje foi lido em nossa igreja [...] um Informe [...] para socorrer os protestantes franceses que vieram para cá em busca de proteção contra as crueldades inauditas do rei [...] A perseguição francesa aos protestantes, espalhando-se com extrema barbárie, excedeu a dos próprios bárbaros; inúmeras pessoas de elevadíssimas origens e posses, abandonando seus recursos materiais e mal escapando com vida, dispersaram-se por todos os países da Europa. O tirano francês anulou o Édito de Nantes que tinha sido feito para elas, e sem qualquer motivo, demolindo subitamente todas as suas igrejas, expulsando, prendendo e mandando para as galés todos os ministros; saqueando as pessoas comuns e expondo-as a todo tipo de usos bárbaros por soldados enviados para arruiná-las e persegui-las; tirando seus filhos; forçando as pessoas a irem à missa; e depois executando os reincidentes; queimaram suas bibliotecas, pilharam seus bens, destruíram seus campos e recursos, baniram ou enviaram as pessoas para as galés, e confiscaram suas propriedades.[8]

E em Versalhes, um bem dissimulado coração protestante batia com indignação. Sem se atrever a falar, Liselotte tinha se reduzido a criticar a Revogação nas cartas à sua tia Sofia. "Em todos os sermões eles cumprimentam o rei por sua perseguição aos pobres huguenotes. Acham uma coisa excelente e maravilhosa, e se alguém lhe disser algo diferente, ele simplesmente não acredita", escreveu ela, antes de acrescentar, com um misto de bom senso e ciúme: "É realmente deplorável que ninguém lhe tenha ensinado na juventude o que a religião é de fato. Ele não compreende que ela foi instituída para promover a unidade entre os homens, não para que eles se atormentassem e perseguissem uns aos outros. Mas como advir algo de bom quando ele se permite ser governado por mulheres ambiciosas e sacerdotes astuciosos [...]"[9]

A insinuação de Liselotte, de que pelo menos parte da culpa era de Françoise, seria injustamente adotada pelos protestantes da época e por futuras gerações na França, como um refrão anti-Maintenon. Mas não havia qualquer verdade nisso. Na realidade, se Françoise pudesse influenciar o rei de alguma maneira, certamente teria sido em favor de uma maior brandura. "Não seja duro com os huguenotes", ela tinha advertido seu irmão Charles, nos idos de 1672. "É a bondade que atrai as pessoas. Jesus Cristo nos deu o exemplo [...]"[10] Agora, em 1687, ela fazia a mesma recomendação a seu recém-convertido primo Filipe, incumbido da conversão de outros primos huguenotes. Por resistirem, eles tinham sido presos, o que, no entanto, não tinha conseguido persuadi-los a se converterem ao catolicismo. "Admito que não estou muito satisfeita, diante de Deus e diante do rei, com a demora nessas conversões", ela suspirou, "[...] mas é infame abjurar sem realmente ser um católico convicto. Mas não permita que sua tolerância seja óbvia demais", advertiu a Filipe. "Se o fizer, será considerado um mau católico."[11]

Na verdade, em seu coração brandamente devoto, Françoise partilhava da convicção do rei de que os huguenotes não tinham "uma boa razão" para se privarem das vantagens desfrutadas por direito pelos católicos da França. Ela tinha convivido tanto com a vida protestante quanto com a católica, o que era raro entre seus compatriotas, e por muitos anos. Em sua opinião, ambas eram igualmente capazes de conduzir boas pessoas à salvação. As primeiras medidas de oposição aos huguenotes adotadas em Poitou, sua terra natal, tinham baixado o preço de muitas terras confiscadas, incluindo a antiga propriedade da família d'Aubigné em Surimeau: ela havia recomendado a seu irmão que a comprasse. Desinteressada da religião, ela era pragmática até os ossos: Deus não se importaria com o caminho escolhido; portanto, se o rei se importava, o melhor era acompanhá-lo.

A atitude quase indiferente de Françoise em relação à Revogação contrasta marcadamente com a de seu amigo Fénelon. "Ele diz que com métodos assim se poderia converter todos os protestantes ao islã." Mas Fénelon estava nos campos, pregando em regiões huguenotes aos já convertidos pelo terror das *dragonnades*. Ele sabia o que realmente estava acontecendo, assim como Françoise; mas Luís, aparentemente, não sabia. O rei era informado regularmente dos enormes números de novos convertidos cidade após cidade, mas pouco lhe era dito dos métodos usados para persuadi-los. Suficientemente cínico para atribuir a conversão em massa a um normal desejo humano de prosperar na vida, incapaz de ter empatia por qualquer apego profundo a princípios sectários, não lhe ocorria que tivesse sido necessário usar de muita força para obter a mudança que ele queria. Tinha ficado satisfeito em deixar a questão nas mãos de seus ministros do clero e da realeza, e agora estava satisfeito em aceitar os relatos desses mesmos ministros.

Nos idos de 1671, antes mesmo de Françoise conhecer o rei, ele já tinha tomado sua decisão sobre o "grande número de meus súditos da assim chamada religião reformada, um mal que sempre considerei [...] com grande dor. Naquele tempo eu formei o plano de minha conduta para com eles [...]" Como revelam suas *Mémoires*, escritas para seu jovem delfim, nessa época Luís tinha descartado a ideia de converter os huguenotes pela força. "Parece-me, meu filho", ele havia escrito, "que os que querem usar de medidas extremas e violentas não compreendem a natureza desse mal [...] É preciso deixar que ele morra muito gradualmente, em vez de inflamá-lo outra vez por meio de forte oposição [...] E a melhor maneira de garantir isso é não os oprimindo com novas restrições [...] mas também não lhes concedendo novas liberdades [...] e não conceder nenhum favor a nenhum deles [...] Desta forma, eles aos poucos compreenderão, por si mesmos e sem violência, que não há nenhuma boa razão para se privarem das vantagens que meus outros súditos desfrutam". Na cabeça descomplicada de Luís, as convicções religiosas dos huguenotes obviamente não eram "uma boa razão"[12] para resistir à conversão ao catolicismo.

As objeções do rei às medidas violentas não tinham mudado muito desde seu primeiro plano anti-huguenote de 1671. A selvageria de agora e o discreto protesto que Luís vinha recebendo eram, na verdade, obra de seu ministro da Guerra, Louvois.

O nome de Louvois era sinônimo de brutalidade, e também de cinismo. Embora ele próprio fosse católico, nunca tinha manifestado qualquer antipatia pessoal pelos huguenotes. Mas a Paz de Nimegue ao fim das guerras holandesas de Luís, em 1678, tinham deixado Louvois "derrubado", nas palavras de Saint-Simon, pelo perverso peso da ausência de guerra. "Monsieur Louvois receava que toda a sua influência em tempo de guerra se dissipasse, para proveito do filho de monsieur Colbert, Seignelay", disse, anos depois, Marthe-Marguerite, sobrinha de Françoise. "Louvois estava determinado, a qualquer custo, a envolver o exército em um projeto que deveria ter se fundamentado em não mais que bondade e delicadeza [...] Foi ele quem pediu permissão ao rei para mandar os dragões para as regiões dos huguenotes. Ele disse que bastaria aos huguenotes ver os dragões para serem persuadidos a se converter [...] E o rei concordou, e em seu nome foram praticadas aquelas crueldades que seriam punidas caso ele tivesse conhecimento delas. Mas monsieur Louvois lhe dizia todos os dias quantas pessoas tinham se convertido ante a simples visão das tropas, e o rei era tão naturalmente honesto que nunca imaginou que alguém o pudesse enganar uma vez que tivesse recebido a sua confiança."[13]

Luís tinha se decidido a fazer o que seu pai e seu avô haviam considerado necessário "para a paz e a segurança do reino". "Era um projeto admirável, e politicamente sensato, se analisado à parte dos métodos usados para implantá-lo",[14] disse Marthe-Marguerite. Mas, "nunca imaginando que alguém o pudesse enganar", Luís ingenuamente entregou a outros a administração de seu "admirável" projeto, e, como Liselotte reclamou, "quando alguém lhe dizia algo diferente, ele simplesmente se recusava a acreditar". "Estes novos convertidos são tão católicos quanto eu sou maometano", escreveu Sébastien Vauban, com indignação, mas o rei simplesmente o ignorou.

Em anos posteriores, quando a verdade sobre as brutais *dragonnades* de Louvois já tinham sido reveladas e ele próprio tinha morrido em desgraça, Françoise refletiu sobre a questão das conversões huguenotes, em resposta a uma *mémoire* aparentemente privada que Vauban, um homem de moral rígida e interesses políticos, bem como um grande engenheiro militar, havia enviado para sua consideração pessoal:

> Se as coisas estivessem nas mesmas condições hoje [em 1697] que as da época da Revogação, eu diria sem hesitação que seria necessário aderir a ela, mas bastaria abolir o culto protestante em público [permitindo, assim, a liberdade de consciência em particular], e gradualmente excluir os huguenotes do serviço público, como aconteceu, e tentar, com paciência e bondade, persuadi-los da verdade.

[...] Mas as coisas são diferentes hoje. Parece-me que se a liberdade de consciência fosse restabelecida, mesmo sem se permitir o culto público [...] isso refletiria mal para a França, como se ela estivesse nervosa com o atual estado de coisas [a guerra com as potências protestantes].

[...] Quanto a permitir que os huguenotes fugitivos voltem para a França, longe de fortalecer o Estado, alguns deles apenas o enfraqueceriam. Afinal, somente os mais determinados e obstinados deles conseguiram deixar para trás todas as suas propriedades e sua terra natal e renunciar às responsabilidades mais básicas e até seu legítimo soberano, em vez de aceitar o que deles era solicitado. Pessoas assim estão prontas a arriscar tudo [...] Certamente estariam prontas a incitar outros aqui a voltarem atrás em suas conversões [...] e não ficariam satisfeitas apenas com a liberdade de consciência. Iriam querer recuperar seus antigos direitos e privilégios.

[...] E quanto a seus filhos? Se os pais tivessem liberdade de consciência, seria preciso permitir a eles educar seus filhos como huguenotes, e isso perpetuaria um grupo de pessoas cujos interesses, em virtude de sua religião, seriam contrários aos do Estado. Com o tempo, isso levaria à guerra civil [...] Não devemos nos esquecer das lições da história. Não travaram os huguenotes uma guerra sangrenta contra nossos reis? Não introduziram exércitos estrangeiros várias vezes? Mesmo no atual reinado, não descobrimos um plano secreto de um de seus sínodos para obter a ajuda de Cromwell?

[...] Além disso, o rei tomou medidas muito fortes contra eles e por isso foi altamente elogiado e duramente condenado [...] De fato, refletiria muito mal para ele voltar atrás no que fez e também minaria a confiança em quaisquer resoluções que ele possa tomar no futuro.

[...] Por todas essas razões, penso que o melhor agora não é voltar atrás no que foi feito, nem fazer novas declarações, mas simplesmente tratar os huguenotes convertidos mais delicadamente do que foram, e acima de tudo não forçá-los a cometer sacrilégio por tomarem os sacramentos quando não acreditam neles, nem permitir que os corpos dos que se recusaram a se converter em seu leito de morte sejam arrastados pelas ruas, e também parar de tentar reivindicar os bens dos que agora estão no estrangeiro. Os que iniciarem rebeliões armadas devem ser punidos, e com rigor, mas sem represálias sobre os que não são rebeldes.

> [...] Deve-se manter a vigilância contra os que formam assembleias ou defendem publicamente sua religião, mas deveríamos fechar nossos olhos aos que não vão à missa ou que não tomam os sacramentos, e ao modo como morrem, e a todas as outras coisas que podemos optar por não ver.
>
> [...] O melhor seria tirar deles seus filhos [para serem educados como católicos], mas isso deve ser feito com grande delicadeza.
>
> [...] Todas essas coisas devem ser confiadas a pessoas inteligentes e devotas, que mantenham as autoridades devidamente informadas de todas as coisas mais importantes, e que procedam com o maior cuidado em tudo o mais.[15]

Estas palavras não são, de modo algum, as de uma anti-huguenote fanática. São mais comedidas e humanas que a de todos, com exceção dos raros comentaristas católicos da época. Os que viriam a acusar Françoise, após sua morte, de ter instigado a Revogação e as *dragonnades* nunca conseguiram apresentar provas reais contra ela. Mas o aparte maldoso de Liselotte seria suficiente para dar início a uma danosa, e logo incontestável, difamação daquilo que Françoise sempre prezou acima de tudo: sua própria reputação.

A *réponse* sobre os huguenotes talvez seja suficiente para livrar Françoise dessas acusações, mas também revela seu temperamento em outro aspecto: seu tom é bastante político; seus argumentos não se fundamentam, por exemplo, nas exigências de caridade cristã ou temperança, mas antes na segurança do reino e na necessidade de o rei manter sua posição internacional. Sugerem que, de fato, Françoise talvez se interessasse mais por política, no sentido tradicional, do que geralmente se considerava, e que seu silêncio público até então tinha sido, em grande parte, consequência da insistência do rei em que nenhuma mulher de sua corte se envolvesse em política. "Uma mulher não deve se preocupar em parecer inteligente demais", advertiu Françoise a suas meninas em Saint-Cyr.

Durante os anos anteriores e posteriores à Revogação, a França perdeu cerca de 120 mil do um milhão de huguenotes que possuía. A maioria deles fugiu primeiro para a Holanda, que era mais próxima, e de lá seguiu para a Inglaterra ou para os estados protestantes da Alemanha. Obrigados a deixar para trás suas propriedades, a maioria não levou nada consigo a não ser suas profissões, e suas novas pátrias rapidamente se beneficiaram delas. A sempre difamatória Holanda ganhou milhares de impressores; as damas de Ulster ficaram radiantes com o influxo de tecelões de linho, assim como as damas mais elegantes de Londres com a chegada dos tecelões de seda a seu novo mercado de Spitalfields. Alguns huguenotes conseguiram contrabandear algumas joias para fazerem algum dinheiro imediato ao chegarem, e dos bolsos de um ou dois refugiados apareceram os preciosos e transportáveis bulbos da mais nova e rara flor da Europa, a tulipa.

"Nada de bom nessa vida é inteiramente bom",[16] escreveu madame de Sévigné, sábia e melancolicamente, a seu primo Bussy-Rabutin. A vida na corte, pelo menos, não estava inteiramente boa. Ninguém estava feliz. Após um ano de excelente saúde, o rei não estava bem, reclamando de "um pequeno tumor próximo ao períneo, a dois dedos de distância do ânus, bastante profundo, insensível ao toque, sem dor, vermelhidão ou latejamento, sem prejudicar nenhuma de suas funções naturais nem o impedir de cavalgar. No entanto, ele parece estar enrijecendo e aumentando".[17] Esse foi o veredicto de seus médicos, que muito cutucavam e pouco ajudavam. "Não ficarei tranquila até que ele esteja longe de suas mãos", disse Françoise, irritada, à madame de Brinon. "Eles estão me matando de preocupação: um dia dizem que ele está perfeitamente bem, no dia seguinte, que não está nada bem [...] Não tenho nenhuma confiança neles."[18] Os dias de repouso na cama com cataplasmas quentes e apimentados sobre o tumor tinham se mostrado inúteis e, na verdade, haviam provocado "dor e vermelhidão", obrigando o rei a caminhar com a maior dificuldade.

Liselotte também não estava contente; reclamava com sua tia que "seu relacionamento com o rei já não era o de costume" e culpava "sua velha estúpida" pela exclusão.[19] A irritabilidade de Liselotte também tinha uma segunda causa. Agora na casa dos 30 e mais energética que nunca, pela primeira vez na vida ela começava a se preocupar com seu peso. "Esta história de emagrecimento é ótima", escreveu, "mas não tenho conseguido, porque não suporto peixe e estou convencida de que há coisas mais nobres a fazer do que arruinar meu estômago por comê-lo em excesso".[20] Seu abatimento só se abrandou temporariamente na igreja, onde o reconhecidamente enfadonho abade Bourdaloue tinha sofrido um lapso de memória no meio de seu sermão. "Os sermões católicos são longos demais", suspirava Liselotte. "Ela sempre adormece no meio deles",[21] escreveu o rei, desaprovadoramente.

Athénaïs também não estava feliz. Tendo finalmente se resignado com a negligência do rei, ela havia partido para o convento das Filhas de São José, em Paris, para buscar ali a celebrada *dévote*, madame de Miramion, "para ver se, ao falar de nada mais senão de Deus, ela conseguiria esquecer os homens"[22] – ou antes, um homem em particular.

A delfina também estava infeliz. "Ela faz de tudo para agradar ao rei, mas é maltratada todos os dias, por ordem da "velhaca", disse Liselotte, com desprezo. "Ela passa a vida entre o tédio e a gravidez."[23]

Até mesmo Bonne, normalmente irreprimível, estava infeliz. No passado "bela como o dia", hoje "feia como o diabo", ela tinha sido insultada em um baile da corte por uma das damas de companhia da delfina. "Você tem uma cara ótima para se ter numa festa!", tinha zombado a moça. "Ela estava certa", comentou madame de Sévigné. "Numa festa é preciso ter uma cara que não prejudique a decoração."[24]

Embora os bailes continuassem, a costumeira animação da corte tinha sido um tanto abafada pelo aumento do favoritismo de Bossuet e seus *dévots*, e Liselotte culpou Françoise inteiramente por isso. "Honestamente, do modo como as coisas estão na corte é rir para não chorar", escreveu ela. "O rei imagina que está sendo virtuoso por tornar todas as coisas entediantes e cansativas [...] e acha que está vivendo piamente porque não está dormindo com nenhuma moça. Todo o seu temor a Deus consiste em ser maçante e ter espiões em toda a parte acusando as pessoas a torto e a direito [...] e em atormentar o mundo de modo geral. A velha Maintenon se delicia em voltar o rei contra todos os membros da família real e dizer-lhes o que fazer [...] De minha parte, não posso acreditar que o Senhor nosso Deus possa ser servido por mulheres velhacas, resmungonas e complicadas, e se for esse o caminho do céu, terei dificuldade em chegar lá. É lamentável que um homem não possa confiar em sua própria razão e se deixe conduzir por sacerdotes e velhas cortesãs."[25]

E, ao que parecia, todo mundo tinha hemorroidas, a ponto, na verdade, de merecer uma referência no diário secreto de Luís. "A doença das hemorroidas está muito disseminada hoje",[26] registrou com gravidade. Françoise, uma sofredora crônica, tinha seus remédios preferidos, que repassou a seu irmão, também afetado pela doença.

> Acredite-me quando digo que sei mais sobre isso que os médicos. Eu não melhorei enquanto não parei de tomar todos os seus remédios. Coma muito: indigestão é melhor que constipação; mas não coma nada salgado, apimentado ou amargo. Fique de cama quando suas hemorroidas estiverem inflamadas; as viagens de carruagem são prejudiciais a elas; a única coisa benéfica é permanecer deitado. Se a dor piorar, tome banhos com água morna – o abade Testu tem uma cadeira muito conveniente em que somente o seu traseiro e seu estômago ficam na água. Se estiver constipado, tome canela e nenhum outro medicamento; não tome enemas nem qualquer outro remédio que lhe indiquem. Coisas gordurosas ou oleosas só vão piorar. Faça o que digo e você vai melhorar. As hemorroidas não devem ser tratadas com descaso – isso só as faz piorar –, mas elas seguem seu curso e não duram para sempre.[27]

Com ou sem hemorroidas, ultimamente a vida na corte tinha se tornado um tanto cansativa. Doze anos após sua chegada e três anos após seu casamento, Françoise estava exausta e esgotada pela vida claustrofóbica, incestuosa, mesquinha, falsa e abarrotada de Versalhes – ou assim parecia. Ela já não conseguia escapar para seu próprio castelo de Maintenon, já que o rei tinha invadido esse refúgio anteriormente tranquilo com sua mania de construção: por trás do encantador parque privado, com árvores balançando classicamente à brisa e cisnes deslizando pelo lago, 30 mil homens cavavam, socavam, martelavam e suavam para construir um enorme aqueduto para abastecer as fontes sempre sedentas de Luís. Françoise não queria o aqueduto, não se importava com as fontes, e agora, com Maintenon transformado efetivamente num canteiro de obras, ela se sentia mais presa que nunca em Versalhes. Até mesmo madame de Sévigné, que, se pudesse evitar, raramente estava lá, vinha reclamando do "insuportável martírio de estar na corte, toda enfeitada e vestida".[28]

Para Françoise, com sua instintiva preferência pelas roupas simples, "enfeitar-se e vestir-se" era uma verdadeira provação. Seus vestidos nunca eram extravagantes, e em seus aposentos ela podia recorrer a uma confortável musselina, mas para as noites da corte era obrigada a usar o damasco ou veludo de praxe ou outros tecidos pesados da época; seus vestidos chegavam a pesar 27 quilos. Uma cauda obrigatória de 3 metros, sustentada por Angola, sua pajem africana, indicava a todos sua posição como *dame d'atour*. Nesse aspecto, pelo menos, a superioridade de Liselotte ficava evidente a todos: como duquesa, ela tinha o direito de usar uma cauda de 7,5 metros.

Se isso servia de consolo a Liselotte, no restante de suas vestes ela não encontrava consolo algum. Sob seus vestidos de 27 quilos, toda dama usava três combinações e, por cima delas, um espartilho de barbatana de baleia, que periodicamente trincava e espetava sua confiante usuária. As meias, de lã ou de seda, deviam ser vermelhas, brancas ou azuis, com uma constante preferência por estas últimas, que sugeriam pretensões intelectuais por parte da dama. Suas peças de linho, extremamente caras e geralmente importadas da Holanda, podiam ao menos ser lavadas com água fervendo e esfregadas sobre madeira ou pedra, mas esse vigoroso método de lavagem as desgastava muito rapidamente. Embora a musselina também pudesse ser lavada, os vestidos mais pesados das damas nunca o eram; após três ou quatro usos, eram vendidos para serem cortados e transformados em coberturas para móveis.

A dama da corte nem ao menos podia se vestir sozinha. Para entrar nas várias camadas de roupas, era auxiliada, em geral, por sete ou oito empregadas. As golas e mangas eram acrescentadas no final. Havia alfinetes por toda parte, uma série de pequenas ameaças que tornavam qualquer movimento um perigo. Os saltos dos sapatos eram altos e no meio do pé, um constante desafio ao senso de equilíbrio da dama, já que, ao contrário dos cavalheiros da corte, elas não podiam usar uma bengala sem serem consideradas idosas. Uma jovem duquesa que ainda não dominasse o uso dos saltos altos era sempre precedida por três de suas empregadas, para impedi-la de cair.

Lully estava morto, deixando para trás a partitura inacabada de uma nova tragédia lírica. O compositor preferido do rei, escandaloso, desregrado e maravilhosamente talentoso, tinha, de certo modo, se matado. Durante uma apresentação de seu *Te Deum,* ele tinha perfurado o próprio pé ao marcar o tempo para os músicos com a batida regular de um pesado e pontudo bastão de quase 2 metros. A ferida gangrenou; os cirurgiões recomendaram a amputação. Mas Lully também era um dançarino; embora tivesse 54 anos, nunca tinha deixado de dançar; ele não saberia viver sem seus dois pés; morreria com ambos. Ele assim declarou aos cirurgiões e em dois meses estava morto.

O *Te Deum* de Lully não era uma obra nova. Ironicamente, ele havia composto seu grande hino de louvor quase dez anos antes, no auge de sua devassidão. Lully tinha sido um homossexual do tipo mais ostentoso, encenando as mais loucas orgias conhecidas da corte, criando o maior barulho à noite e o maior interesse pela manhã. Por vinte anos, seu talento para as óperas e os balés que o rei tanto amava o tinha protegido de punições, apesar das repreensões pessoais e dos sermões públicos contra seu "vício ultramontano". Mas em 1682, um grupo de homossexuais mais jovens da corte havia tentado seduzir um dos filhos ilegítimos do rei – "e ele nem completou 15 anos!", esbravejou Luís – "e depois foram atrás do delfim!" Os dois incidentes tinham convencido o rei de que devia "limpar" Versalhes, mandando "esses imoderados" para o exílio. "Sei que essas coisas não são novas", escreveu. "Sócrates e Júlio César nos contam isso, mas tenho de zelar pelos meus."[29]

Por conta de sua excessiva indiscrição, Lully foi responsabilizado. "Ele realmente pôs à prova minha paciência", escreveu o rei. "Seduziu seu pajem na cara de toda a corte! E depois contraiu uma doença perigosa por conta de sua devassidão. Esse seu vício é deplorável. Ele realmente maculou seu dom, porque os céus realmente lhe concederam talentos surpreendentes [...] Este florentino, sozinho, criou a música da França."[30]

Liselotte, que não apreciava os "trechos de óperas de Lully" encenados tão frequentemente nos *appartements* do rei, e cujo marido, Monsieur, era ele próprio um homossexual, também achava tudo aquilo deplorável, e culpava o catolicismo exageradamente devoto por isso. "Você não acreditaria no quanto esse povo francês se torna espalhafatoso e pecaminoso tão logo completa 12 ou 13 anos [...] Sua devoção impede que os homens falem abertamente com as mulheres [...] e quando se interessam por meninos, não se dão ao trabalho de agradar a mais ninguém, e quanto mais dissolutos, espalhafatosos e pecaminosos são, mais eles gostam [...] Eles dizem que só era um vício quando não havia muitas pessoas no mundo e, portanto, o pecado estava em impedir a população de crescer, mas agora que o mundo está inteiramente povoado, dizem que é apenas um prazer inofensivo [...] Entre pessoas de estirpe, é perfeitamente aceitável dizer que Deus não puniu ninguém por essas coisas desde Sodoma e Gomorra [...] Onde se encontrará um homem que simplesmente ame sua esposa e não mantenha, paralelamente, amantes ou garotos?", acrescentou, queixosa. A resposta, na verdade, não estava muito longe, mas a imagem de Luís e Françoise não deixava Liselotte mais feliz. "E quanto àquela puta velha", concluiu, "quero que vá para o inferno, e que o Pai, o Filho e o Espírito Santo a mandem para lá!".[31]

A própria "puta velha" tinha se sentido obrigada a levantar a questão dos "ultramontanos" com o rei vários anos antes, por insistência do cura de Versalhes. Luís havia reconhecido a extensão do problema, "mas o que posso fazer se meu próprio irmão é um deles?",[32] tinha respondido. Evidentemente, a própria Françoise não acalentava nada contra o homem. Na verdade, em outubro de 1685, após uma das muitas polêmicas entre o compositor e o rei, ela tinha chamado Lully até seus aposentos e sugerido uma forma pela qual ele poderia recuperar as boas graças de Luís. "O rei continua tão bravo com você quanto antes", disse-lhe, aparentemente acrescentando suas próprias repreensões, "mas seus dons podem redimi-lo".[33] A *oeuvre de réconciliation* de Lully baseada num tema sugerido pela própria Françoise, foi *O templo da paz*, um balé de corte completo, finalizado em apenas uma semana.

Mas, no final, tornou-se impossível ao rei tolerar seus contínuos excessos. Na primavera de 1686, Luís indicou seu definitivo desagrado não comparecendo aos aposentos do delfim para uma apresentação da mais nova e aperfeiçoada ópera de Lully, *Armide*. Alegou uma doença, mas o pouco caso era inequívoco. Lully respondeu com uma carta angustiada: "Os louvores de toda Paris não me contentarão. Consagro os frutos do meu talento somente à vossa majestade. Mesmo essa perigosa doença, que me sobreveio tão repentinamente, não me impediu de completar esta ópera. Foi para cumprir a ordem de vossa majestade que continuei a trabalhar."[34]

Mas a paixão de Lully, em carta ou no palco, já não conseguia influenciar o rei. Após sua desgraça, houve um forte declínio em todos os entretenimentos da corte. As três apresentações semanais nos aposentos do rei se reduziram a uma única por semana, o que pelo menos deve ter agradado a Liselotte. Compositores recém-favorecidos na corte, notadamente Marc-Antoine Charpentier, que viria a se tornar famoso, foram encorajados a se afastar das óperas e balés profanos de Lully, dedicando seus talentos à música sacra. Embora a mudança tenha produzido coisas encantadoras e duradouras, também aumentou os efeitos geralmente restritivos dos novos hábitos de devoção na corte. Ao lado de Lully, em seu túmulo, jazia a glória meridiana do reinado de ouro de Luís. O gênio réprobo seria longa e sinceramente chorado por sua esposa Madeleine e seus dez filhos, e por todos os cortesãos, agora vestidos em seus casacos abotoados e meias simples dos *dévots*, de luto, não menos, pela descomedida velha corte dos dias de seu apogeu.

Embora evitando pessoalmente os casacos abotoados e as meias simples, o próprio rei de repente também pareceu distante dos dias de seu apogeu. Aproximava-se agora dos 50 anos, e embora ainda fosse vigoroso, já não era o homem surpreendentemente belo que tinha sido. A maior parte de seu cabelo havia caído, o que agradou pelo menos aos peruqueiros, já que aonde o rei ia, a corte ia atrás; as perucas tinham se tornado moda, oferecendo trabalho também para os ladrões de rua, que rapidamente desenvolveram uma inovadora técnica de "pesca" para arrancá-las das cabeças dos passantes.

Mais difícil era tirar vantagem da perda de dentes do rei – a maioria de seus dentes, na verdade – e de parte de seu maxilar, removidos por cirurgiões, quer intencionalmente ou não, ao cuidarem de alguns molares podres. Incapaz de mastigar, Luís devorava sua comida aos goles, e não raramente a devolvia. Nacos de carne ficavam agarrados nas várias fendas dentro da boca do rei, e simplesmente apodreciam ali, deixando seu hálito pútrido até para os insalubres padrões da época. E suas famosas pernas de dançarino estavam geralmente inchadas pela gota, tornando quase impossível andar ou cavalgar: pouco depois de seu 49º aniversário, ele foi obrigado a usar uma pequena cadeira de rodas para seus tiros ao faisão.

Luís enfrentava estoicamente todas essas enfermidades, sem jamais reclamar de dor, nem mesmo durante a torturante operação em seu maxilar. Sua coragem equiparava-se a uma vaidade igualmente confiável: em 1685, ao ver uma estátua sua esculpida pelo grande Bernini,

Luís insistiu para que ela fosse baixada e destruída. "O homem sobre o cavalo é tão feio que meu orgulho (que Deus me perdoe) não me permite aceitá-lo como um retrato de mim mesmo", escreveu em privado, "e o próprio cavalo não mereceria um lugar em nossos estábulos".[35]

"Não é agradável estar equivocado, mas muito pior é estar desiludido",[36] havia escrito o chevalier de Méré. Se Françoise tinha boas razões para pensar agora em seu primeiro tutor, era suficientemente sábia para guardar sua desilusão para si mesma. "O maior homem do mundo" estava provando que em sua pessoa física, tão magnífica no passado, ele era apenas humano. Embora ela própria raramente adoecesse, a não ser por suas enxaquecas e reumatismo, permanecia, no entanto, solidária e confiavelmente junto ao periódico leito de doente de Luís. Determinada a manter seu olhar fixo na alma imortal do rei, e, como todos os seus contemporâneos, aceitando o sofrimento como um fato inevitável da vida, ela provou ser mais que merecedora do epíteto preferido do rei para ela: "Vossa Constância."

De fato, constância era a qualidade que provavelmente se mostraria mais útil durante os meses de 1686. O "pequeno tumor próximo ao períneo" do rei vinha mostrando perigosos sinais de ulceração; no outono, seus médicos declararam oficialmente que era "uma fístula". Seria necessário removê-la por meio de uma operação.

No início de outubro, decidiu-se que o rei deveria ser submetido à *la grande opération*, e manteve-se segredo da corte excessivamente curiosa. Como a tribo de médicos reais não tinha as habilidades necessárias, procuraram ajuda fora da corte. Encontraram-na em um certo dr. Félix, que lhes assegurou que havia aperfeiçoado a técnica necessária, pois vinha praticando havia vários meses em corpos de hospitais de Paris. Félix já era conhecido por fazer cirurgias ele próprio, numa contravenção à prática usual, em que o médico apenas ditava o que devia ser feito enquanto o cirurgião, que ocupava uma posição inferior, seguia as instruções.

La grande opération foi realizada no dia 18 de novembro. "Félix fez duas incisões com o bisturi e oito com tesouras", comunicou o abade de Choisy. "O rei prendeu o fôlego durante todo o procedimento."[37] "Monsieur de Louvois segurou minha mão o tempo todo", registrou Luís mais tarde, naquele mesmo dia, "e madame de Maintenon permaneceu ao lado da lareira de meu quarto [...] Foi muito difícil, embora

Félix tenha sido muito hábil, mas rezei e me coloquei nas mãos de Deus".[38] Os médicos reais e o confessor do rei, père de la Chaise, também tinham estado presentes durante a provação, e Athénaïs também havia "tentado entrar, a seu modo arrogante de sempre, mas o guarda à porta a impediu".[39]

A notícia se espalhou imediatamente por toda a corte e Paris – "em um quarto de hora", segundo o abade. "Não posso expressar o efeito que esta surpreendente notícia teve sobre os parisienses", continuou. "Todos se deram conta do quanto a vida de um bom rei era preciosa, e todos se imaginaram na mesma situação: medo, horror, piedade, tudo isso toldava cada rosto. Todos deixaram seu trabalho para falar a respeito. 'O rei acabou de passar pela grande *opération.'* A simples palavra era assustadora. Ouvi com meus próprios ouvidos um lixeiro dizendo, em prantos: 'Eles o cortaram vinte vezes com o bisturi, e ele não disse uma palavra!'"

A ferida do rei começou a se curar, mas de modo irregular, tornando provável que voltasse a se abrir no futuro. Em 6 de dezembro, foram feitas outras grandes incisões, na tentativa de produzir cicatrizes mais firmes. "Doeu muito",[40] escreveu Luís sucintamente. Cinco dias depois, Françoise escreveu à madame de Brinon: "O rei sentiu muitas dores hoje, por sete horas. Sofreu como um homem quebrado na roda da tortura, e receio que amanhã sofra novamente."[41]

Nesse mesmo dia, 11 de dezembro de 1686, às oito horas da manhã, outro personagem real corajoso chegou ao fim de seu sofrimento mortal. O primo de Luís, o generalíssimo príncipe de Condé, *le Grand Condé*, morreu, febril e exausto, aos 65 anos. Liselotte deu a notícia à sua tia. "Ele estava em tormento, e perguntou a seu médico se aquilo duraria muito tempo mais [...] Toda a sua família chorava à sua volta e ele lhes disse: 'Pela última vez, já basta. Deixem-me pensar no próximo mundo.' O pobre príncipe morreu com a mesma bravura com que viveu."[42]

Cedo, naquela mesma manhã, em meio à sua agonia, Condé havia escrito uma última carta ao rei. Ao saber de sua morte, Luís exclamou: "Acabo de perder o maior homem do meu reino!" Com Colbert e o marechal Turenne mortos, Condé foi o último dos gigantes do rei a descansar. Embora tivesse sido um rebelde na juventude, pelos últimos trinta anos ele havia provado ser um servo extraordinariamente admirável de seu primo real. O elogio de Luís o teria agradado, mas o velho guerreiro teria ficado ainda mais orgulhoso do elogio que saiu dos lábios de um de seus mais duros inimigos no campo, o brilhante príncipe holandês, Guilherme de Orange. "O maior homem da Europa acaba de morrer",[43] declarou Guilherme, e não houve quem o contradissesse.

"A ferida do rei está muito melhor esta manhã", escreveu Françoise alegremente, algum tempo depois, nesse mesmo mês. "Devemos depositar nossa confiança em Deus, já que os homens não sabem o que estão fazendo ou do que estão falando."[44] Embora pelo menos um médico tivesse, de fato, se saído muito bem, no final o rei tinha decidido, aparentemente, depositar sua confiança em Françoise. As longas provações desse ano o tinham levado a confiar nela mais que nunca. Dessa época em diante, "ele mal saía dos aposentos dela. Trabalhava lá, fazia suas reuniões do conselho lá, as apresentações de suas peças e músicas aconteciam lá, jantava e ceava lá".[45]

No dia de Natal de 1686, Françoise escreveu uma carta aliviada e ligeiramente maliciosa à madame de Brinon, em Saint-Cyr. "Na noite passada o rei assistiu à parte das matinas", escreveu ela. "Hoje assistiu a três missas [...] Esta tarde, ouviu um sermão e depois permaneceu sentado durante todo um serviço de vésperas cantadas. Disso você pode concluir que ele está completamente recuperado [...] Madame [Liselotte] está de fato muito bem. Seu prazer ante a recuperação do rei estava evidente. Estou certa de que você pode acreditar."[46]

A carreira militar de Mignon também progredia bem. Em 1682, aos 12 anos de idade, ele havia sido designado governador da região sul de Languedoc, um cargo há muito cobiçado por Monsieur, irmão do rei e marido de Liselotte. Agora, aos 16, Mignon estava a ponto de se tornar general das galés do rei, uma frota recentemente expandida pelo grande número de condenados huguenotes que haviam resistido bravamente à conversão.

Louise, filha de Bonne e dois anos mais velha que Mignon, estava em segurança, casada com o marquês Jean-Françoise Cordebeuf de Beauverger de Montgon, de 30 anos, ele próprio bem encaminhado na carreira normalmente meteórica dos soldados de nascimento nobre.

Minette de Saint-Hermine, por muito tempo buscada e finalmente capturada – "*demoiselle* surrada, com todo o provincianismo de suas origens", como observou com malícia Saint-Simon, nascido em Versalhes –, também tinha sido confortavelmente casada com o conde Louis de Mailly, de 22 anos. "A família dele não ficou nada contente com isso", disse Saint-Simon, "mas madame de Maintenon era todo-poderosa, portanto eles tiveram de engolir".[47] Françoise-Amable, a filha de dois anos de Charles, vivia agora permanentemente em Versalhes, já balbuciando saudações e cumprimentos à maneira de uma dama nascida na corte: sua tia apaixonada achava isso "adorável".

Portanto, até agora Françoise podia afirmar um modesto êxito em seus esforços para montar seu clã, embora um ou dois de seus protegidos – na verdade, um em particular – estivessem se saindo terrivelmente mal. O conde de Mursay, filho mais velho de Filipe, agora com 22 anos, também progredia no exército, mas a luz que vinha refletindo de volta sobre Françoise não era inteiramente satisfatória. "Ele era pouco atraente, física e mentalmente. Era corajoso e não era mau oficial, mas desajeitado, grosseiro no falar, socialmente inepto ao extremo. Até seu criado debochava dele [...] Sua esposa era feia, estúpida e carola [...] Estava constantemente em suas devoções e queria dormir sozinha. Mursay costumava reclamar disso; ele contava a todos o *calendário* de sua esposa [...] Madame de Maintenon o achava maravilhoso. Ele lhe contava tudo que estava acontecendo no exército e costumava mostrar as cartas dela a todos, o que mostra o quanto era pateticamente confiável [...] As pessoas se aproximavam dele por causa dela."[48] Assim disse o duque de Saint-Simon, ele próprio nem corajoso, nem bom oficial, nem muito atraente, pelo menos fisicamente.

Mas se Filipe de Mursay podia às vezes ser um constrangimento para Françoise, era a irmã dele, Marthe-Marguerite, quem a estava levando quase à loucura. Convertida ao catolicismo seis anos antes, num misto de força e fraude, ela tinha acabado de se casar com Jean-Anne de Thubières de Grimoard de Pestels de Lévis, conde de Caylus. Infelizmente para Marthe-Marguerite, o nome de seu marido era de longe o que ele tinha de mais imponente. Era jovem e obviamente de linhagem muito nobre, mas sua fortuna era pequena e seus interesses, longe de se estenderem à sua esposa, não iam além da garrafa de vinho mais próxima.

"Eu ainda não tinha 13 anos quando me casei", disse Marthe-Marguerite, equivocadamente, pois já tinha completado 15. Os seis anos de vida na corte haviam transformado a menininha do campo, a filha de Filipe de Villette que cantava para si mesma na carruagem de sua sequestradora, numa beleza fascinante e agradável. Ela era divertida tanto quanto bela, perspicaz, travessa e uma imitadora maldosa, notoriamente da comprida e dentuça *dévote*, madame de Montchevreuil. "Devo dizer que prefiro as mais travessas",[49] confessou Françoise sobre suas meninas de Saint-Cyr, e ela também "fechava os olhos ao pior comportamento"[50] de Marthe-Marguerite.

"Nunca se viu rosto mais inteligente, doce e expressivo, com tanto frescor, graça e sagacidade, tanta vivacidade e alegria; nunca houve criatura mais atraente",[51] exclamou o duque de Saint-Simon, com precoce apreciação, já que ele próprio tinha apenas 11 anos à época do casamento de Marthe-Marguerite. Mas o abade de Choisy, um experiente admirador do sexo frágil, apesar de seus hábitos de travestismo, via nela a mesma graça espirituosa: "Era sempre um prazer quando ela estava por perto. Não havia como ficar entediado; mal se tinha tempo para respirar. Sua voz era linda, melhor que a das melhores atrizes."[52] "Seu marido não notava nada disso; estava entorpecido pelos anos de consumo de vinho e conhaque."[53]

"Ela tinha tudo que uma moça precisava para se casar muitíssimo bem", suspirou o abade, e certamente o conde de Caylus não tinha sido o único pretendente de Marthe-Marguerite. O principal deles tinha sido o ilustre Louis-François de Boufflers, 42 anos, rico e charmoso, já um marquês e coronel-general dos dragões, com um ducado e um iminente bastão de marechal. Sua oferta formal de casamento tinha sido rejeitada por Françoise, em nome de Marthe-Marguerite, "com palavras próprias para serem gravadas em letras douradas: 'Monsieur', disse-lhe, 'minha sobrinha não está à altura do senhor, embora eu me sinta tocada pela oferta que fez por amor a mim, e no futuro o considerarei meu sobrinho'".[54]

"Boufflers era afeiçoado à madame de Maintenon", escreveu Saint-Simon. "Sua porta estava sempre aberta para ele",[55] portanto ele talvez tenha proposto casamento à sua pouco nobre sobrinha do modesto castelo de Mursay, em parte, "por amor" a ela. Mas a moça obviamente tinha seus próprios atrativos e Françoise, afinal de contas, tinha se casado com o rei, mesmo que em segredo: se Marthe-Marguerite "não estava à altura" de Boufflers, o que dizer de seu próprio casamento com "o mais glorioso rei do universo"?

Na verdade, foi provavelmente o próprio Luís quem agiu nos bastidores para impedir o casamento. Ele gostava de Boufflers e o admirava, mas, por razões que nunca ficaram claras, tinha uma forte antipatia por Marthe-Marguerite. Talvez, com seu charme extraordinário, ela ofuscasse suas três filhas, todas elas apenas alguns anos mais jovens que ela; talvez, com suas travessuras e inteligência, ele achasse que ela as estava desvirtuando, em especial sua "Gordinha", a duquesa de Nantes, de 13 anos; talvez ele próprio se sentisse atraído por ela. Ou talvez apenas porque o casamento com o popular e distinto Boufflers poderia dar à família de Françoise muito destaque na corte. O rei não tinha nenhum interesse em ver uma segunda corte de influência e uma potencial intriga se desenvolvendo em torno de sua esposa, como a que havia existido em torno de sua poderosa mãe. "Algumas vezes fiquei aborrecida", admitiu Françoise posteriormente, "porque o rei não me concedia nada do que eu pedia por minha família ou amigos".[56] Se assim era, a recusa do casamento, ao mesmo tempo uma surpresa para Boufflers e talvez uma frustração para sua sobrinha, deve ter sido, acima de tudo, uma humilhação para ela, um lembrete de sua condição de rainha não coroada, destinada a permanecer efetivamente nas sombras.

Françoise consolou Boufflers e lhe reassegurou de sua amizade obtendo rapidamente para ele o governo do território de Luxemburgo. "Portanto, ser seu sobrinho adotivo não lhe causou nenhum mal",[57] observou o abade de Choisy. Marthe-Marguerite, por sua vez, procurou consolo em uma travessura mais séria que a imitação das *dévotes*. Virou uma jogadora ávida e logo começou um indiscreto caso com o marquês de Villeroy, filho do bom amigo de Françoise, o duque de Villeroy. O marquês, charmoso e com um toque de diabrura, tinha 33 anos e era, ele próprio, recém-casado com a filha do ministro da Guerra, Louvois.

Em nove meses de casamento, Marthe-Marguerite e seu marido já estavam suficientemente em pé de guerra para que Françoise se visse forçada a se oferecer como conciliadora. "Estou bastante ansiosa, monsieur",[58] escreveu ela ao conde de Caylus na semana anterior ao Natal de 1686, "por fazer todos os esforços possíveis para reconciliar madame de Caylus com o senhor". Igualmente necessária era a reconciliação do conde com sua mãe, que tinha enviuvado recentemente e de quem ele havia se afastado. Françoise aparentemente não teve êxito em nenhum dos dois casos, de modo que no verão de 1687, Filipe de Villette decidiu viajar os 450 quilômetros de Mursay até Paris para fazer o que pudesse para ajudar sua filha malcasada. Como de costume, Françoise não poupou seus conselhos:

> Ele deve se reconciliar com a mãe e ter boas relações com toda a sua família [...] Você deve fazê-lo perceber [...] as vantagens disso e também o quanto seria ruim para ele brigar comigo e o que isso significaria para ele na corte [...] Ontem ele estava se comportando como um louco, ou melhor, como um bêbado: ele quer tomar suas refeições longe de sua esposa para poder beber com menos testemunhas. Aqui entre nós, ele não presta, mas ninguém sabe disso ainda na corte e ainda há tempo para ele mudar. Você não poderia falar, em meu nome, com este abade amigo dele? Você é um homem sensato e inteligente. Faça alguma coisa e me ajude; eu realmente não posso lidar com os dois, o marido e a esposa.[59]

O problema era demasiadamente grande e intratável. Nenhuma ação direta do alto poderia resolvê-la. Enquanto esperava os resultados de seu primo "sensato e inteligente", Françoise podia apenas cuidar dos detalhes mais simples do caso. Neste mesmo mês de agosto de 1687, ela enviou uma carta pragmática à marquesa de Caylus, sogra de Marthe-Marguerite:

> Por favor, envie-me o valor das dívidas da condessa de Caylus, pois precisamos saber qual é a situação e fazer alguns arranjos para o futuro: ela não tem um centavo em seu nome. Pedi ao marido dela que me envie também algum dinheiro para ela, para que eu possa administrá-lo em seu nome. Angustia-me vê-la na atual situação.[60]

As dívidas de Marthe-Marguerite podiam ser resolvidas, mas seu comportamento seria mais difícil de administrar. Embora não admitisse nenhuma responsabilidade própria na catástrofe do casamento de sua sobrinha, e ainda esperasse, irracionalmente, um desfecho decente para ele, Françoise decidiu tirar Marthe-Marguerite totalmente do caminho do mal. "Enviarei minha carruagem amanhã – não, na segunda-feira – para que você a leve para Sèvres", escreveu ela a Filipe. "Prefiro ela lá do que em Paris, onde receio que faça alguma tolice e se deixe desvirtuar […] e depois você e eu falaremos com o conde de Caylus e faremos o possível para mudá-lo; mas não há tempo a perder. *Adieu*, querido primo. Tenho mil coisas a fazer."[61] Mas seu *obiter* a Filipe na mesma carta revela seu desespero com o caso. A vergonhosa situação devia ser ocultada, tanto quanto possível, de todos na corte, e ela não podia esperar que Luís, seu próprio marido, ajudasse a moça de 16 anos com quem ele tanto antipatizava. Amigos íntimos talvez se solidarizassem, mas em termos práticos, o problema era só dela – isto é, dela e de Filipe. "É realmente bom tê-lo aqui e poder contar com você em toda essa confusão que madame de Caylus está me causando; você é tão confiável e cuidadoso."

Como Filipe sabia muito bem, "esta confusão que madame de Caylus está me causando" tinha sido provocada pela antiga e demasiadamente confiante suposição de que ela podia fazer mais por Marthe-Marguerite do que ele próprio e sua esposa. Em seu favor, Filipe desta vez não fez nenhuma acusação, mas partiu, com toda a "confiabilidade e cuidado" de que era capaz, para ajudar sua filha a sair dessa triste situação. Seu êxito não foi maior que o de sua prima, e no final Françoise foi obrigada a apelar ao rei. O conde de Caylus foi despachado para o exército, para permanecer definitivamente "em campanha" – isto é, longe da corte. "Ele ficou absolutamente contente nas fronteiras, desde que pudesse continuar a beber."[62] E a sobrinha mal servida e transgressora foi mandada para Saint-Germain, para se acalmar, levando como dama de companhia a dentuça madame de Montchevreuil. Como Marthe-Marguerite observou, "dá para imaginar o quanto foi divertido".[63]

CAPÍTULO 17

CRUZADOS

BEM A OESTE DALI, do outro lado do Canal, no gigantesco palácio de Whitehall, a corte inglesa vinha enfrentando seus próprios problemas, de longe muito maiores que qualquer escândalo homossexual ou surto de hemorroidas. Na origem de tudo, no entanto, estava outro casamento imponderado, a união, em 1673, entre Jaime, então duque de York, irmão de Carlos II, e a princesa italiana Maria Beatrice d'Este, conhecida pelos ingleses como Maria de Módena. Com 15 anos incompletos, Maria não queria se casar com o desconhecido e viúvo Jaime da Inglaterra, já com 40 anos. Embora tivesse sido criada de maneira rigidamente intolerante, ela tinha passado seus dois últimos dias e noites na Itália "berrando e gritando" que não iria – como ela própria admitiu.

Mesmo assim, ela foi; e embora seu decadente marido real a achasse muito do seu gosto, no país, de modo geral, ela não foi bem recebida. Jovem, talentosa, deslumbrantemente bela, Maria teria dado uma companheira perfeita, a não ser por seu único defeito: era católica. Os protestantes ingleses de toda parte a condenaram ao ostracismo e a difamaram, declarando-a espiã do papa e até chamando-a de sua filha natural. Carlos II, que era discretamente católico, havia morrido em 1685, deixando uma linhagem de 14 filhos ilegítimos, mas nenhum de sua rainha. Seu irmão Jaime, um católico leal e declarado, apesar de ser formalmente o dirigente da Igreja Protestante da Inglaterra, tinha ascendido ao trono. Dos cinco filhos que Maria teve durante os vinte e tantos anos de seu casamento, nenhum havia sobrevivido, mas em junho de 1688 ela havia dado à luz um menino, e os ingleses protestantes tinham sido obrigados a confrontar a probabilidade de uma sucessão católica.

Era mais do que podiam aceitar. Ao fim desse mesmo mês, por iniciativa dos "sete imortais", um grupo de sete nobres ingleses, o príncipe protestante Guilherme de Orange foi convidado a tomar o trono para si. Guilherme era marido de Maria, filha de Jaime com sua primeira esposa; como sua irmã Ana, Maria era protestante. Em novembro de 1688, Guilherme desembarcou com uma grande força mercenária que veio a se tornar a primeira invasão bem-sucedida da Inglaterra desde a chegada de Guilherme, o Conquistador, em 1066. Um mês depois, Jaime e sua Maria deixaram o país, ela numa fuga secreta – "Um dia essa fuga ainda vai virar romance",[1] observou madame de Sévigné – e ele, fortemente escoltado, para buscarem refúgio com seu primo Luís, em sua segura corte católica. Os parlamentos inglês e escocês declararam a partida de Jaime equivalente a uma abdicação; anunciaram uma "Revolução Gloriosa" e a filha de Jaime e seu marido ascenderam ao trono, para reinarem juntos, embora por pouco tempo, como Guilherme e Maria.[2]

Na festa da Epifania, "o dia de Reis", 6 de janeiro de 1689, Jaime e Maria foram instalados no castelo de Saint-Germain, com seu filho Jaime, o "Velho Pretendente", pai de Bonnie Prince Charlie, ainda envolto em faixas. "E hoje é realmente *la fête des rois*", escreveu madame de Sévigné a seu primo, "muito agradável para o rei que está oferecendo asilo e muito triste para o rei que necessita dele. Há temas e objetos em quantidade para darem o que pensar e falar. As pessoas políticas estão tendo muito a dizer" – como, na verdade, também as apolíticas: "Eu apresentei uma pergunta ao Senhor", acrescentou Corbinelli, amigo de madame, em um pós-escrito à sua carta. "Perguntei a ele se estaria abandonando a religião católica ao permitir que o príncipe de Orange, um protetor dos protestantes, prospere assim, e então baixei meus olhos [...]"[3]

Com duas casas reais a considerar, cada uma acostumada a um protocolo diferente, houve algumas idas e vindas em relação à hierarquia. O rei Jaime foi formalmente apresentado ao delfim e à delfina, depois ao irmão de Luís, Monsieur e Liselotte, mas não à humilde *dame d'atour*, Françoise. As apresentações à rainha Maria mostraram-se um tanto cheias de detalhes: o direito a cadeiras de braço e a mesuras foi discutido ardente e minuciosamente. Na verdade, a discussão durou quatro dias inteiros, após o que, as filhas e sobrinhas de Luís concordaram em visitar sua majestade. Como Françoise não era nem *princesse* nem *duchesse*, mais uma vez ficou de lado.

Mesmo na corte francesa, que havia se tornado *dévote* recentemente, a rainha Maria logo foi declarada excessivamente religiosa, por conta de suas exageradas devoções à italiana – "uma infinidade de pequenas práticas mesquinhas, inúteis em qualquer lugar e na Inglaterra, especialmente impróprias", foi a sagaz observação de Marthe-Marguerite, aos 18 anos, ainda em exílio em Saint-Germain, que, com a chegada do casal inglês, de repente passou de um monótono posto avançado real a centro de interesse de toda a corte. Maria geralmente era considerada um tanto arrogante, bem como exageradamente devota, "mas era inteligente e tinha boas qualidades, e isso atraiu madame de Maintenon a ela".[4]

Liselotte também era uma admiradora da linda Maria, de 30 anos, em especial, talvez, por Luís claramente também o ser, o que de vez em quando parece ter irritado um tanto Françoise, que agora tinha 53. "Pode-se dizer que ela tinha todas as virtudes reais", escreveu Liselotte sobre Maria, anos mais tarde. "Seu único defeito (ninguém é perfeito) era levar sua devoção ao extremo, o que lhe custou caro, já que foi a causa de todos os seus infortúnios."[5]

Jaime atraía menos admiração que simpatia, até mesmo diversão. Ele era um absolutista, o que Luís naturalmente apreciava, e era um exímio caçador, o que o delfim também gostava. "Lá ia ele para a perseguição, arrojado, como um homem de 20 anos, sem a menor prudência",[6] disse madame de la Fayette. E, para o assombro do intelectual Luís, Jaime era capaz de questionar os astrônomos reais no famoso observatório de Paris, o primeiro do mundo: "Ele realmente entende dessas coisas", escreveu o rei, empolgado. "Ele leu os livros de Newton." Mas nos *salons* e *appartements*, Jaime tinha uma atuação mais duvidosa, queixando-se incessantemente sobre a deslealdade da Inglaterra, em sua gagueira incontrolável, tão ruim em inglês quanto em seu "fraquíssimo" francês. "Ele tinha jogado no mar os sinetes do reino [para autorizar documentos reais]", continuou madame, "e todos nós demos boas risadas, mas a verdade é que isso causou algumas dificuldades, por conta das leis deles [...]. O arcebispo de Reims, irmão de monsieur Louvois, debochou dele ao sair da igreja: 'Ali vai um sujeito formidável', disse. 'Abriu mão de três reinos por uma missa.' Lindas palavras vindas da boca de um arcebispo!".[7]

"Quanto mais uma pessoa conhece o rei Jaime", concluiu Liselotte, "mais toma partido do príncipe de Orange".[8]

Embora o povo dos três reinos perdidos, incluindo "quase todos os grandes",[9] tivesse chegado geralmente à mesma conclusão, Jaime e Maria não tinham perdido a esperança de recuperar o trono e aborreciam seus amigos franceses constantemente com suas claras indiscrições políticas. "Todos os seus planos para restabelecimento eram conhecidos na Inglaterra tão logo eram sonhados em Versalhes", disse Marthe-Marguerite, uma "jacobita" confessa, partidária de Jaime. "Mas a culpa realmente não era deles. Estavam cercados por pessoas que os traíam, até mesmo uma das damas da rainha [...] Ela tirava as cartas do rei e de madame de Maintenon dos bolsos da rainha enquanto sua majestade dormia, copiava-as e enviava-as para a Inglaterra."[10] Em fevereiro de 1689, a própria Françoise falou a père Gobelin sobre a esperança que o rei Jaime tinha de a revolução protestante na Inglaterra virar pelas portas dos fundos: pela Irlanda católica. "*Le milord* Tyrconnell está pedindo armas e munições. Serão mandadas. Que Deus proteja a religião e nossos dois reis; sua devoção lhes trouxe muitos problemas" – mais, na verdade, do que a devoção da própria Françoise vinha lhe causando, considerando-se sua recente negligência das devoções prescritas pelo abade. "Não pude fazê-las", insistiu ela, pouco convincentemente. "Tive dor de dente."[11]

Em março de 1689, apenas dois meses após sua chegada à França, Jaime partiu para o mar novamente, porém não para a Inglaterra, mas para a Irlanda, para se juntar a Tyrconnell e suas "milícias mal disciplinadas e pouco armadas",[12] algumas das quais tinham se aproveitado da revolta para assassinar as famílias de seus odiados senhorios protestantes. Com suas melhores tropas já em campanha na Renânia e metade das potências da Europa armando-se contra ele, o auxílio de Luís a Jaime tinha sido pequeno: "4 mil tropas novas",[13] como ele havia insistido, "e oficiais absolutamente medíocres",[14] como madame de la Fayette havia observado numa réplica instantânea. Não foi surpresa para ninguém que os jacobitas irlandeses tivessem sido derrotados mais ou menos um ano depois, em julho de 1690, na Batalha do Boyne, de onde Jaime fugiu de volta para a França. Na Escócia, uma vitória protestante em Cromdale, no mesmo ano, foi rematada com o massacre de Glencoe, um episódio traiçoeiro que logo se tornou lendário: homens das Terras

A ESPOSA SECRETA DE LUÍS XIV – MADAME DE MAINTENON   351

Baixas do clã dos Campbell, auxiliados pelos ingleses, assassinaram seus anfitriões das Terras Altas, do clã católico dos Macdonald, marcando "o começo de uma guerra de morte entre Terras Baixas e Terras Altas".[15] Ela duraria meio século, até a derrota final dos jacobitas, em 1746, na Batalha de Culloden Moor.

Embora o firme protestantismo de Guilherme tivesse lhe garantido um sincero acolhimento na Inglaterra, sua condição de holandês tinha ficado entalada na garganta de alguns ingleses, incitando o surgimento de alguns panfletos abusivos, queixando-se dos "estrangeiros" que infestavam a "ilha coroada". Seu salvador apareceu na improvável pessoa de um londrino magro e baixo, com não mais que um metro e meio de altura, um nariz curvo e um queixo pronunciado, que destacou que, afinal de contas, após os romanos, os vikings, os normandos, os escoceses e todos os outros, dificilmente se podia falar em um "inglês nato":

De uma mistura de todos os tipos começou
Esta coisa heterogênea que é o inglês [...]
O inglês nato é uma contradição
Na fala, uma ironia, de fato, uma ficção.
Uma metáfora inventada para expressar
Um homem semelhante a todo o universo [...]
Pois mal existe uma família,
Que não descenda de um estrangeiro.[16]

Os ingleses, longe de se ofenderem, divertiram-se com esse ataque a suas próprias origens misturadas. O poema tornou-se imensamente popular e, além de conquistar a aceitação final de Guilherme, tornou famoso seu autor oportunista, jornalista incompetente, ex-presidiário e, daí para a frente, homem de fama e fortuna: Daniel Defoe.

A tomada do trono inglês, em si mesma um triunfo, era duplamente valiosa para Guilherme como um fortalecimento do exército em sua contínua batalha contra a França. Desde a Paz de Nimegue, em 1678, ele tinha sido intermitentemente provocado, tanto quanto os ingleses, pelas incursões francesas em outros territórios europeus. Mas, embora os reis pró-franceses da Inglaterra tivessem sofrido a oposição de seu Parlamento antifrancês, o próprio Parlamento, sempre atento à concorrência comercial dos holandeses, nem sempre apoiou Guilherme. Agora, como seu rei, ele estava em situação muito melhor para obter seu apoio, embora, ao contrário de Luís, não pudesse, de forma alguma, contar com isso. "Nosso Parlamento não é como aquele em Londres (Deus nos livre!)", havia escrito Luís 16 anos antes. E, na verdade, com a deposição de Jaime e a afirmação de uma nova "ideologia inglesa", o Parlamento em Londres tinha conquistado ainda mais poder. Já não mais atuando como um freio nos desejos de seu rei, ele tinha assumido o despótico poder de soberano absoluto.[17] Com nenhuma outra força de compensação na terra, seu desejo, ou seu voto majoritário, tinha se tornado a autoridade da nação.

Felizmente para Guilherme, o desejo do Parlamento inglês era agora o de contestar o poder da França católica, e ficou satisfeito em votar as somas requeridas para a mais recente ação militar do novo rei contra Luís. Em maio de 1689, a Inglaterra se uniu à grande Liga de Augsburgo, de Guilherme, uma coalizão da maioria das potências protestantes, fundada três anos antes para opor e conter a França; a Liga foi rebatizada de Grande Aliança. Sem se deixar intimidar pelos duvidosos êxitos de suas campanhas holandesas de 1670, Luís tinha se aproveitado do trono eleitoral vazio da Renânia-Palatinado para reivindicar o território. Karl Ludwig, eleitor do Palatinado e irmão de Liselotte, havia morrido sem deixar herdeiros; o território ficava na fronteira nordeste da França; e a própria Liselotte, ou antes de seu casamento com o irmão de Luís, e sua tênue reivindicação dinástica do Palatinado tinham servido de desculpa para uma invasão francesa. Ironicamente, o casamento de Liselotte, 18 anos antes, tinha sido arranjado como uma espécie de seguro contra um possível ataque francês; agora, para sua tristeza, servia como pretexto para a devastação de sua terra natal. Ao saber da morte de seu irmão, como a própria Liselotte contou à sua tia Sofia, em novembro de 1688, "eu chorei 48 horas sem parar [...] E, para aumentar minha tristeza, tenho de ouvir, o dia todo, seus planos de queimar e bombardear a boa cidade de Mannheim, que meu falecido pai construiu com tanto carinho; faz meu coração sangrar. E aqui eles se ofendem por eu me incomodar com isso".[18]

"Nosso exército incendiou todas as cidades do Palatinado entre Heidelberg e Mannheim; motivo de dor e tormento para a madame", registrou Luís em março de 1689; "não apenas as fortificações", acrescentou o marquês de Dangeau em seu próprio diário, "mas também todas as casas [...]"[19] "O que mais me aflige", escreveu Liselotte na semana seguinte, "é que eles estão usando meu nome para justificar toda essa destruição [...] e o rei esperou precisamente até eu lhe implorar para poupar Mannheim e Heidelberg para seguir em frente e destruir tudo".[20] Liselotte havia tomado a impiedosa determinação de Luís por ódio pessoal; de qualquer modo, não havia argumentação lógica que conseguisse consolá-la. Enquanto os soldados franceses abriam seu caminho atacando e queimando as pequenas e grandes cidades que ela tinha amado, Liselotte, a suposta causa de sua ação, passava um verão repleto de dias melancólicos e noites insones, "pensando em como o lugar tinha sido no meu tempo e como devia estar agora, imaginando tudo que eles tinham explodido [...]".

A oeste, nos Flandres, outros 35 mil soldados também passavam dias e noites de apatia, "imaginando tudo que eles tinham explodido" no Palatinado, só que com inveja e não tristeza. "O exército de Monseigneur está bastante ocupado na Alemanha enquanto nós aqui apodrecemos na inatividade",[21] escreveu o duque de Maine a Françoise no verão de 1689. Seu "Mignon", agora com 19 anos de idade, tinha sido nomeado coronel-general da Guarda Suíça do rei, um posto que tinha lhe trazido outras 100 mil libras ao ano. Sob o comando-geral do popular marechal d'Humières e do odiado marechal de Luxemburgo (o "corcundinha embusteiro" de Primi Visconti), o exército em Flandres aguardava para enfrentar as tropas da Grande Aliança.

Com tempo sobrando, Mignon tinha possibilidade de escrever a Françoise a cada poucos dias, contando sobre o tédio da vida no acampamento militar e suas expectativas profissionais e pessoais: "É a mesma coisa todo dia [...] Estou comendo bem, engordando a olhos vistos, e bebendo pouco [...] Ainda quero me tornar brigadeiro e estou fazendo tudo o que posso para aprender o necessário [...] Aprendi alguma coisa sobre a cavalaria [...] Eu realmente quero ser merecedor de algo [...] Estou disposto a trocar meu cargo de general das galés por um de comando de cavalaria. [...] Por favor, lembre-se do marechal d'Humières.

Ele e eu achamos que se você apoiar sua promoção, ela virá rapidamente [...] Presumo que você estivesse brincando quando disse que tinha encontrado o objeto da minha paixão [...] Não tenho a menor ideia do que você quer dizer [...] Suponho que embora eu não esteja fazendo muito por aqui, é mais do que estaria fazendo se estivesse na corte, onde não faço nada senão resmungar diante das pessoas, dando nos nervos de todos."[22] De um modo que Françoise aprovava, mas o rei, um amante das caçadas, talvez achasse desnecessário, o sincero Mignon decidiu controlar suas próprias despesas de ativo e jovem príncipe do reino: "Em tempos de guerra, caçar naturalmente não é mais que uma diversão para três ou quatro meses do ano, por isso decidi, em prol de minha reputação diante do rei e do público, reduzir minha equipe de caça a um capataz, dois lanceiros, dois tratadores de sabujos, cinco cavalariços e sete tratadores de cães."

No início de julho de 1690, o coronel-general Mignon escreveu empolgada e comoventemente para Françoise: "Estou emocionado, madame. Presenciei uma batalha. Estou tão feliz. Estou perfeitamente bem [...] Realmente espero que o rei fique satisfeito com os serviços deste aleijado."[23] A batalha de Mignon foi, na verdade, a famosa Batalha de Fleury, comandada pelo "pequeno omulhete", marechal de Luxemburgo, na qual os franceses tiveram 6 mil baixas e o exército da Grande Aliança, 20 mil – "recolhidos em carroças e carretas". Mignon tinha obtido seu desejo de comandar uma cavalaria e tinha conduzido ele próprio diversos ataques. Embora seu cavalo tivesse sido morto embaixo dele e dois de seus ajudantes de campo tivessem morrido a seu lado, ele próprio, "seu pobre perna de fantoche", saiu ileso. "Fico constrangido com todas as congratulações que tenho recebido", escreveu com modéstia. "O que as pessoas vão pensar dos franceses, se eles elevam um homem às alturas apenas por ter cumprido seu dever! [...] Você pergunta se sou ambicioso? Sou desesperadamente ambicioso! [...] Aqui eu peço apenas para me sacrificar a serviço do rei e do Estado, mas em Versalhes, você deve ser uma extensão minha, e cuidar de meus interesses aí. Aja em favor do seu querido filho [...] Mal posso esperar para abraçá-la e ver a alegria no rosto majestoso do rei!"

Longe da inatividade, Mignon agora passava a maioria de seus dias sobre a sela, "das três da manhã até depois do meio-dia, e cuido dos feridos e interrompo as brigas dos homens, e nunca causei nenhum mal a ninguém, mesmo aos que mereciam. E quando não estou lutando, vou à missa, embora seja verdade que não tenho feito muito mais no que diz respeito às devoções [...] Em resumo, gabo-me de ser um homem decente, especialmente na minha idade [...] Estimo tanto o seu afeto por mim [...] Não acredite nos que falam mal do seu *mignon* [...]".

Em meados de julho de 1690, o desejo do coronel-general Mignon de ver algo "ir pelos ares" foi finalmente atendido, quando seu adorado comandante oficial, o marechal d'Humières, começou o bombardeio da antiga cidade de Bruxelas. Ao saber da notícia em Versalhes, Luís abriu mais uma vez seu diário secreto para acrescentar uma única frase impassível: "Todos os distritos afastados de Bruxelas foram queimados de cima a baixo",[24] registrou, polvilhando areia sobre a tinta molhada.

A entrada da Inglaterra na Grande Aliança tinha dado à guerra expansionista de Luís no Palatinado uma nova tonalidade religiosa. Embora a maior parte de seu exército estivesse operando agressivamente no leste, ou defensivamente em outra região, seu pequeno apoio a Jaime na Irlanda lhe permitiu interpretar a briga agora como uma plataforma moral contra a heresia do protestantismo. Luís compreendia muito bem as duas questões distintas que pesavam na balança, mas outros em sua corte, incluindo Françoise, estavam persuadidos da alternativa mais simples. "[Neste sentido] [...] a declaração de guerra ao usurpador dos reinos da Inglaterra e Escócia [...]", começou Luís, "para muitos, para o clero, para os *dévots*, para madame de Maintenon, especialmente, esta já não é uma guerra comum (e muito menos uma briga dinástica), mas uma guerra religiosa, uma espécie de cruzada – embora haja uma importante exceção a esta tese: se é uma cruzada, o reino da Espanha está no campo errado".[25]

A devoção de Françoise ao catolicismo e sua amizade pessoal com a rainha Maria talvez expliquem seu entusiasmo pela causa jacobita na Inglaterra – "Ninguém deveria se surpreender com isso; nós vimos o pequeno príncipe de Gales crescer"[26] –, mas não a eximem de seu aparente silêncio quanto ao ataque ao Palatinado de Liselotte. A selvagem e não provocada invasão no leste era anterior ao tíbio contra-ataque no oeste: se Françoise os considerava dois aspectos de uma mesma guerra, como a afirmação de Luís faz pensar, isto sugere uma ingenuidade, ou fanatismo, ou obstinada cegueira, e nenhuma dessas possibilidades refletia bem sobre ela. Na verdade, a última opção é a mais provável: embora seu apoio à causa de Jaime fosse sem dúvida sincera, não havia nada que Françoise pudesse ter dito para impedir a invasão do Palatinado, ou amenizado sua fúria. "De modo geral", escreveu o rei, "não permito que madame de Maintenon interfira em assuntos públicos, e ela, sabendo disso, não faz grandes esforços nesse sentido".[27] Ao longo de 1689 e 1690, as cartas de Françoise que restaram mal fazem menção à guerra. Incapaz de justificar as ações de Luís e igualmente incapaz de restringi-las, ela se refugiou nas atividades diárias e aparentemente inocentes de Saint-Cyr.

Há uma evidente beleza em Saint-Cyr no outono. A pedra simples e branca é exaltada, afiançada por sua graciosa cortina de folhas douradas. Mas quando a luz suave é escurecida pelo céu chuvoso ou pelo cinzento sombrio da neve, esta certeza ganha um toque de ameaça, e a simplicidade torna-se triste.

Françoise estava reconsiderando seu projeto. Os auspiciosos primeiros tempos da "grande obra de madame de Maintenon" tinham passado rapidamente. Em alguns anos, grandes problemas tinham surgido, perfurando sua animada confiança com golpes de incerteza.

Ela tinha se mostrado certa em pelo menos um aspecto: tinha sido uma imprudência construir em solo pantanoso. Muitas das meninas tinham adoecido com febre malária; não poucas tinham morrido. A água do subsolo não era de boa qualidade para beber, e os compridos dormitórios de pedra eram úmidos e frios.

A maioria das professoras tinha se mostrado incompetente, "as criaturas mais estúpidas que já vi",[28] declarou Françoise. Selecionadas pela exageradamente entusiástica madame de Brinon e pelo indulgente em demasia père Gobelin, elas próprias tinham tido de receber instruções antes de irem para as classes. Mas a inconsistência da própria Françoise tinha causado mais dano do que as mal treinadas *dames* poderiam ter causado. Meses de constantes e sinceros esforços por parte delas e, sem dúvida, também da sua, se perdiam em um triste e único acesso ou numa cruel mudança de opinião. "Não há outra escola onde as jovens se divirtam tanto", escreveu Françoise sobre Saint-Cyr, "e mesmo que haja um pouco de divertimento demais, no final, isso causa bem menos problemas do que coisas graves".[29] A sincera *Ester*, de Racine, tinha rapidamente aberto caminho às peças mundanas de Molière e aos romances de Madeleine de Scudéry, todos eles transpirando "amor". Em algumas manhãs as meninas eram despertadas pelos músicos do próprio rei tocando *en force* sob as janelas dos dormitórios; um macaco dançante foi trazido de Versalhes para participar de suas lições de minueto e quadrilha; as aulas de aritmética eram animadas por um elefante soprando as respostas a contas simples de somar com seus pés imensos e enrugados. As palmadas, castigo padrão à época, eram evitadas, conforme Françoise havia declarado: "Nossa máxima aqui é começar com delicadeza" e, a propósito, havia admitido: "prefiro [...] as meninas travessas, obstinadas, temperamentais e até um pouco teimosas." Quando o francês bizarro de um sacerdote polonês visitante provocou nas meninas um ataque de riso durante um serviço religioso, Françoise descartou a ideia de qualquer castigo: "Se o senhor for punir alguém, terá de começar por mim", disse ela ao capelão das meninas. "Eu estava rindo mais que todas elas."[30]

As *dames* simples, a maioria delas tendo saído recentemente de seus próprios internatos contidos, esforçavam-se para acompanhar tudo isso, enquanto as meninas, naturalmente, tiravam proveito. Mas quando algumas das "meninas mais travessas", suas preferidas, foram pegas tentando envenenar uma das *dames* menos populares durante suas atividades de cozinha como parte de seu treinamento em administração do lar, Françoise foi para cima delas com alarmante selvageria. As culpadas foram arrastadas para fora e, longe de serem açoitadas, foram "condenadas" à execução, para a qual foi levantado um cadafalso no pátio da escola.

Não houve nenhuma execução, claro, mas se Françoise tinha conseguido aterrorizar as meninas, com isso ganhando seu subsequente bom comportamento, também as tinha deixado, a elas e suas professoras, num estado de verdadeira confusão. "Precisamos ter diversão para as meninas", dizia ela às *dames* do alto da escadaria principal, lugar onde normalmente aconteciam suas reuniões. "O teatro é bom para elas. Proporciona um toque de graça, ornamenta suas lembranças, enche suas cabeças com coisas encantadoras." Mas algumas semanas depois, o tom de suas preleções era irreconhecivelmente diferente: "Se elas não ficarem sentadas quietas nos lugares que vocês lhes determinarem, acorrentem-nas. Vou mandar fazer correntes e elas serão acorrentadas à parede, algemadas como cães"; "Vamos começar a tratá-las como escravas", atirou contra as meninas, "como os desgraçados da terra, como os escravos das galés em suas marchas forçadas". "Deixem-nas em trapos", disse com desprezo, voltando-se para as *dames*. "Deixem-nas em seus sapatos remendados, deem-lhes comidas simples, acostumem-nas a todo tipo de fadiga. Elas são e serão sempre pobres."[31]

Se alguma das *dames* incultas tivesse o mínimo de perspicácia nata, ouviria, por baixo da violência desses acessos, a voz de um profundo desalento. Apesar da aparente onipotência dentro dos confins da escola e da lendária influência na corte, Françoise estava no limite de suas forças. A "fadiga" à qual as meninas deviam se acostumar não era delas, mas de Françoise. Com a maior determinação do mundo, com planejamento cuidadoso, muito dinheiro e uma interminável atenção aos detalhes, Saint-Cyr de algum modo não estava funcionando como ela tinha pretendido. Frustrada e compreendendo apenas em parte, ela descarregava seus sentimentos sobre as únicas pessoas que não podiam nem restringi-la nem se opor a ela. A própria Françoise era mais obstinada e temperamental que qualquer uma de suas "meninas travessas". Sempre inclinada à ação, ela podia trabalhar infatigavelmente quando o caminho a ser seguido estava claro a seus olhos. Mas a ambivalência a perturbava: quando o caminho não era claro, ela ficava confusa, e seu comportamento tornava-se errático e agressivo.

"Até os planos mais bem-feitos podem dar errado", observou madame de La Fayette da segura distância de sua elegante casa em Paris. "Agora que somos todos *dévots*, Saint-Cyr é supostamente o lar de toda virtude e devoção. Mas não seria preciso muito para torná-lo um lugar da mais absoluta devassidão. Quando se pensa que ali há trezentas moças, com idades até 20 anos, e que bem à sua porta há uma corte cheia de rapazes ansiosos [...] Com tantos deles tão próximos uns dos outros, não é razoável pensar que não tentarão pular os muros [...]"[32]

E de fato estavam. Duas das meninas "azuis" mais velhas tinham sido descobertas dentro da propriedade nos braços de seus *galants*, que tinham literalmente pulado os muros para se encontrar com elas. Uma terceira tinha sido raptada por um abade de pensamento rápido, logo após uma apresentação de *Ester*. Mesmo aquelas que tinham passado por todas as turmas coloridas raramente estavam encontrando os jovens e belos nobres que tinham sido levadas a esperar. Os nobres, fossem belos, jovens ou qualquer outra coisa, aparentemente não queriam moças nobres e pobres como esposas; queriam as ricas, de qualquer descrição. Apesar de seus garantidos dotes de 3 mil libras, a maioria das meninas de Françoise estava se casando com homens velhos e abomináveis; nem mesmo eram nobres, mas burgueses grosseiros e mal-educados. Uma das moças de mais sorte, Marie-Claire de Marsilly, de 16 anos, tinha sido tirada de seu lugar no coral de israelitas de *Ester* para se casar com o recém-viúvo primo de Françoise, Filipe, que agora tinha idade de avô: 63 anos. Filipe, pelo menos, era um nobre, com uma imponente ficha de serviços prestados à marinha e, graças à sua prima, com uma boa renda. Mas Françoise ficou constrangida com o casamento; Marthe-Marguerite, filha de Filipe, ficou horrorizada e os sentimentos da jovem Marie-Claire só se podem imaginar.

Os casamentos descombinados e os escândalos de *galanterie* estavam, na verdade, no âmago do profundo desalento de Françoise. Eram sintomáticos do que estava fundamentalmente errado com Saint-Cyr e que fundamentalmente não podia ser mudado. "Tome cuidado para não tornar essas meninas infelizes dando-lhes esperança de alcançar coisas que estão acima de sua condição econômica e social", Fénelon havia advertido. E era exatamente isso que Françoise vinha fazendo. Suas meninas pobres, mas nobres, seus preciosos *alter egos*, estavam ficando – estavam quase destinadas a ficarem – "desapontadas por expectativas altas demais", expectativas altas que ela própria tinha criado.

Pois, o que quer que dissesse, ensinasse ou ameaçasse, aos olhos das meninas ela própria era o supremo modelo da *demoiselle* pobre elevada à glória. "É verdade que a senhora é a rainha, madame?", as meninas perguntavam. E ela não negava; apenas respondia, "Nem digam tal coisa. Quem lhes disse isso?".[33] Em Saint-Cyr, como em qualquer outro lugar, toda moça de 16 anos podia acreditar que ela, entre todas as outras, estava destinada a algo especial, até que um velho e rude mercador de lã vinha bater à porta, pedindo sua mão em casamento.

CRUZADOS

***

Madame de Brinon havia deixado Saint-Cyr, afastada por Françoise após um "conflito de autoridade", nas palavras de Manseau, o *intendant* administrativo. Père Gobelin também tinha partido, apesar ou por conta de "um livro para diverti-lo, vinho para fortificá-lo, pêssegos para refrescá--lo, perdizes para alimentarem-no e melões para contaminarem o ar de sua sala".[34] Embora ele tivesse estado a serviço dela por mais de trinta anos, Françoise nunca tinha levado père Gobelin muito a sério como guia espiritual, mas agora que tinha partido, e de modo especial por sua posição de destaque entre as *dévotes*, ela era obrigada a escolher um novo confessor. Procurou o líder *dévot*, Bossuet, que lhe recomendou que escolhesse o jesuíta François Fénelon, cujas máximas educacionais tinham formado a base e predito a nêmesis de seus próprios esforços em Saint--Cyr. Mas parece que, após o maleável père Gobelin, Françoise ficou intimidada pela superinteligência e a profunda espiritualidade de Fénelon. Sem querer se comprometer com ele, mas ao mesmo tempo não querendo ser vista contradizendo Bossuet, ela pediu ao próprio Fénelon que lhe indicasse um confessor. Ele sugeriu o abade Paul Godet des Marais, a quem Françoise conhecia por seu trabalho nos estatutos de Saint-Cyr.

Até onde se sabia, Godet des Marais era irrepreensível. Homem de ascendência rica, teólogo da Sorbonne e na faixa dos 40 anos, ele tinha doado todo o seu dinheiro a várias obras de caridade e agora vivia em rígida austeridade; seus bens limitavam-se a não mais que uma cama rústica, uma cadeira de vime, uma mesa, um exemplar da Bíblia, um mapa de Jerusalém e, tranquilizadoramente para os menos devotos, um clavicórdio, no qual todas as noites ele tocava, aliviando os estresses e tensões de seu dia de devoção. Godet des Marais era um homem severo e de visão um tanto limitada, assim como père Gobelin havia sido; mas ao contrário dele, era um homem de considerável força de caráter. Se Gobelin havia se afastado ante a força da vontade de Françoise, ou de sua simples determinação em ignorá-lo, Godet des Marais mantinha-se firme, e por fazê-lo produziu uma mudança definitiva no comportamento de Françoise, e na vida das meninas e *dames* em Saint-Cyr.

A princípio ele tinha sido um cúmplice relutante, considerando frívola e até pecaminosa a "grande obra" de Françoise. Qual era o propósito de uma escola para moças, ele perguntou, a menos que seja um convento? Que tipo de mulher estava lecionando ali, se não era uma freira professa? Que perigosa tolice era essa de peças e teatros, e o que tinha a ver com o instilar virtudes cristãs nas mentes das futuras esposas e mães?

Françoise estava num estado de espírito inseguro o suficiente para se permitir ser persuadida. Rapidamente, assumiu o caminho estreito e reto de Godet des Marais. Os primeiros anos da década de 1690 viram o fim de sua breve e encantadora experiência de uma educação mais livre, ampla e feliz para meninas. "Devemos reconstruir nossa instituição sob os alicerces da humildade e simplicidade", ela agora declarava, com toda a determinação dos recém-convertidos. "Devemos renunciar a nossos ares de grandeza, complacência, orgulho e presunção. Devemos renunciar a nossos prazeres pelas coisas intensas e refinadas, renunciar à nossa liberdade de expressão, nossas brincadeiras terrenas e nossas fofocas. Devemos renunciar, na verdade, à maioria das coisas que viemos fazendo."[35] Godet des Marais organizou uma série de entrevistas particulares com as *dames*, dando a cada uma a opção de assumir o véu como freira plenamente professa, com votos definitivos de pobreza, castidade e obediência, ou deixar Saint-Cyr completamente. A maioria partiu, deixando seus cargos como professoras para serem gradualmente preenchidos por suas antigas alunas que, por não terem muitas alternativas, começaram a assumir o véu em números cada vez maiores. No espaço de pouco mais que um ou dois anos, a Saint-Cyr de Françoise tornou-se mais uma escola de convento, rígida e monótona, impregnada com todas as "misérias e mesquinharias"[36] que ela tanto tinha querido evitar.

A renúncia aos prazeres em favor das meninas era, na verdade, apenas um reflexo de sua própria tentativa de levar, em termos cristãos, uma vida melhor – certamente em público, mas também no âmbito privado, embora com menos êxito. Embora fosse muito elogiada por sua caridade e devoção, ela sabia que, pelo menos nesse último ponto, não estava realmente progredindo. Sua entrada no mundo dos *dévots*, mais de uma década antes, tinha sido pelo menos parcialmente fraudulenta: tinha sido uma forma de se fazer necessária ao rei. E, embora sua crença fosse sincera, assim como seu desejo de salvar sua alma quando voltasse sua face para Deus, ela não sentia em seu interior nenhuma espiritualidade verdadeira. Consequentemente, ao voltar sua face ao mundo, vestida em trajes de *dévote*, sentia que lhe faltava integridade. Resumindo, sentia-se hipócrita.

> Eu tomo a comunhão apenas por obediência [...] não sinto qualquer união com Deus [...] as orações me entediam [...] não quero me submeter às restrições de nenhum exercício religioso [...] medito mal. Francamente, não vejo razão para ter esperança de salvação.[37]

Assim ela escreveu a père Godet des Marais, contando-lhe a verdade fundamental em termos absolutamente honestos. E père Godet des Marais, apesar de seus 45 anos e de sua teologia da Sorbonne, não a compreendeu. "Sua esperança de salvação está fundada na misericórdia de N.S.J.C.", respondeu. "São Gregório diz que a conduta normal de Deus para com o justo é deixá-lo com algumas leves imperfeições [...] para que não se torne muito orgulhoso. Se você realmente não estivesse dialogando com Deus, apreciaria o diálogo com as pessoas da terra mais do que o faz. Não há nada de errado em tomar a comunhão por obediência."[38]

E suas cartas continuavam precisamente com aqueles exercícios insignificantes, restritivos e devotos que Françoise, incerta da economia moral por trás deles, sempre havia considerado tão fora de propósito. "Fui informado ontem à noite, madame, que a senhora estava sofrendo de uma forte dor de dente: Deus seja louvado! Ele sempre aflige aos que ama. O sofrimento é sua dádiva aos filhos a quem ama, e alegro-me em vê-la contada entre eles."[39]

"Os pecados parecem piorar quando se fala sobre eles",[40] suspirou Françoise. E a esse ponto ela talvez se resignasse a uma devoção superficial, sem nenhuma "união real com Deus", não fosse pela presença cada vez maior do jesuíta François Fénelon na corte, em Saint-Cyr e em sua vida pessoal.

Como Françoise, Fénelon vinha de uma família nobre de menor importância e que enfrentava tempos de dificuldade. "Era um homem de estirpe que não possuía nada."[41] A Igreja tinha lhe dado o sustento, embora, ao que parece, não o bastante para satisfazê-lo. Françoise havia conhecido Fénelon na casa do duque e da duquesa de Beauvillier, onde jantava duas ou três vezes por semana. Na época ele estava em seus 30 e tantos anos; era um homem pensativo, até mesmo visionário, ocultando uma espiritualidade apaixonada e uma forte ambição terrena sob um exterior de amabilidade absolutamente perfeita e refinada, com um acentuado desejo de agradar a todos que o conheciam, fossem de ascendência ilustre ou não. Tinha também uma inteligência prática e, como revelou em seu *Tratado* para orientação das oito filhas dos Beauvillier, um instinto de primeira ordem para a educação dos jovens. Em resumo, apesar de uma diferença de idade de 16 anos, ele era uma alma gêmea perfeita para Françoise. O duque de Saint-Simon, que em muitos aspectos se antagonizava com Fénelon, ainda assim o descreveu com palavras de grande admiração:

> Era um homem alto e magro, bem constituído, com uma feição pálida, nariz grande e olhos cheios de paixão e inteligência. Nunca vi nada que se comparasse à sua expressão; e uma vez que uma pessoa o visse, não conseguia mais esquecê-lo [...] Era grave, mas elegante; sério, mas jovial. Via-se ao mesmo tempo o estudioso, o bispo e o *grand seigneur*, mais que tudo, porém, via-se em seu rosto e em toda a sua aparência refinamento, inteligência, benevolência, discrição e, acima de tudo, nobreza. E era preciso fazer um esforço para deixar de olhar para ele.[42]

Em 1689, o *dévot* duque de Beauvillier, já bem colocado na corte e intensamente promovido por Françoise e Bossuet, tinha sido designado mestre dos três filhos do delfim, os pequenos duques de Borgonha, Anjou e Berry, com 7, 6 e 3 anos, respectivamente. Beauvillier tinha imediatamente convidado Fénelon para se tornar tutor do menino mais velho. Era um cargo vital, já que, depois de seu pai, Borgonha era o segundo na linhagem do trono. Fénelon educaria o futuro rei da França. Ele rapidamente aceitou, deixando a duquesa de Beauvillier cuidar de suas oito meninas com o auxílio de seu *Tratado*, que agora já tinha sido publicado.

Embora não se atrevesse a fazê-lo seu próprio confessor, Françoise aos poucos tinha se deixado enfeitiçar pelo brilhante e insinuante jesuíta, e ele, ansioso para promover seus interesses na corte, não a tinha desencorajado. No auge de suas preocupações com suas *demoiselles* e *dames*, ele lhe havia escrito, revelando o que o duque de Saint-Simon chamava de seu modo "coquete" com os que tinham influência:

> Lamento não ter sabido, antes de dizer a missa, que seu nome é *Françoise* [...] Eu soube que a senhora está insatisfeita com o modo como as coisas estão em Saint-Cyr. Deus a ama e deseja que o faça amado. Para isso a senhora necessita da santa intoxicação de São Francisco, que supera a sabedoria de todos os cultos. Quando se conhecerá e sentirá o amor de Deus em vez deste temor servil que desfigura a religião?[43]

"São Francisco" era o recentemente canonizado bispo de Genebra, Francisco de Sales, cujos ensinamentos práticos tinham um dia guiado a sofredora Jeanne d'Aubigné nas muitas dificuldades de sua própria vida. Rejeitando o temor da condenação eterna, Francisco de Sales tinha abraçado a ideia do "Deus de amor", e a partir daí tinha desenvolvido uma doutrina humanista de salvação para os católicos comuns que nem afirmavam nem buscavam qualquer devoção especial. O estado de "santa intoxicação" de São Francisco – êxtase espiritual, talvez, ou apenas um penetrante sentimento de paz e aceitação – era profundamente atraente para Françoise em seu atual estado espiritual, ao mesmo tempo, e paradoxalmente, tépido e hipersensível. Depois do assédio e dos discursos fulminantes de Bossuet e outros de sua laia, era profundamente tranquilizador ouvir que as pessoas comuns, sem grande instrução ou grande devoção, podiam chegar tão prontamente a esse lugar abençoado.

O entendimento de Fénelon desta profunda e nova mensagem e sua ânsia em conversar a respeito dela com Françoise contrastavam intensamente com a trivial aceitação de Luís dos ensinos comuns da Igreja: "Ninguém precisa saber de nenhuma dessas coisas teológicas", ele havia declarado. "Elas interessam mais a pessoas opiniosas que se deixam arrebatar [...] e estão sempre associadas aos interesses das pessoas neste mundo."[44] Alma descomplicada, Luís não percebia os anseios psicológicos que haviam produzido essas apaixonadas e novas "coisas teológicas" e que as tornavam tão amplamente atraentes; profundamente presunçoso, não conseguia se identificar com aqueles que, como Françoise, precisavam conquistar alguma integridade espiritual para poderem viver em paz consigo mesmos. Luís acreditava em Deus e tinha medo do inferno, e estava confiante de que tinha parado de pecar em tempo de purificar sua alma antes de morrer – seu casamento e sua fidelidade dentro dele assim garantiam. Mas em termos espirituais ou psicológicos, não podia ir além, e por esse motivo seu casamento com Françoise, embora estável e útil a ambos os lados, continuava fatalmente limitado. No espaço que havia entre eles, Fénelon agora se inseria; apesar dos 16 anos de diferença entre eles, era mais uma alma gêmea de Françoise que seu próprio marido era capaz de ser.

Embora os ensinamentos de São Francisco de Sales tivessem recebido o *imprimatur* formal de Roma, eram muito facilmente diluídos e mal-interpretados como preguiça espiritual, negligência da prática religiosa convencional e até franco pecado. O líder do derivante movimento "quietista", o sacerdote espanhol Miguel de Molinos, agora definhava numa prisão de Roma, aguardando julgamento por supostos pecados da carne, mas na França a mensagem estava sendo espalhada novamente por Jeanne-Marie Bouvier de la Motte Guyon, a viúva de Orléans, 40 anos, mística, pregadora e escritora de obras teologicamente provocadoras. O abade de Choisy, ele próprio sacerdote praticante e teólogo solidamente ortodoxo, apesar de sua queda pelas roupas femininas, assim descreveu a base dos ensinos de madame Guyon:

> Uma pessoa se entrega a Deus de todo o seu coração, sem qualquer cerimônia formal, abandonando-se inteiramente aos movimentos do espírito divino, e então essa pessoa está em um estado de santo repouso. Enquanto a alma está nesse estado, não presta qualquer atenção ao que ocorre na imaginação, ou até mesmo ao que acontece ao corpo [...] No coração dos libertinos, uma ideia como esta pode produzir uma série de perturbações escandalosas [...][45]

Madame de Guyon tinha acabado de ser liberada de um período de 18 meses de permanência forçada em um convento de Paris. Mas, apesar de sua reputação duvidosa, sua espiritualidade apaixonada tinha conquistado os corações dos amigos *dévots* de Françoise, notadamente as famílias Beauvillier e Chevreuse. Através delas, tinha chegado a Fénelon e, em seguida, e muito mais rapidamente, à própria Françoise. Sem se preocupar com seu evidente caminho secundário para a libertinagem, ela preferiu entendê-la nos termos de suas necessidades: a salvação, afinal de contas, era possível sem nenhum esforço de sua parte; o destino de sua alma poderia ficar nas mãos de um Deus amoroso; ela podia parar de se angustiar com a insinceridade de suas orações e com o valor moral de sua dor de dente, e finalmente relaxar num estado de "santo repouso".

Ao ouvir falar dos controversos livros de madame Guyon – *Um método muito curto e fácil de orar* e *Tratado do puro amor* –, mas sem se dar ao trabalho de lê-los, e ignorando a condenação papal da "abençoada senhora", Françoise apresentou-a a Saint-Cyr, onde suas ideias atraentes rapidamente se espalharam, primeiro entre as noviças e depois entre as próprias meninas. Em questão de semanas, as meninas "verdes" e "azuis" eram encontradas, não em suas salas de aula ou cumprindo suas tarefas, mas "escondidas no sótão com exemplares do *Tratado*, suspirando a cada menção de *abandono* e *ofertas nuas*".[46]

Por algum tempo, Françoise simplesmente deixou que tudo saísse do controle, tomada que estava por sua própria confusão entre o amor espiritual e o terreno. Se não tinha se apaixonado efetivamente pelo jesuíta "coquete" de quem se tinha de "fazer um esforço para deixar de olhar", ao menos tinha se apaixonado pela ideia dele e por sua sedutora espiritualidade, tirada de madame Guyon, com seu amor divino envolvente e tranquilizador. Em Fénelon, ao que parecia, ela tinha finalmente encontrado sua platônica "outra metade", um par perfeito, perfeitamente responsivo a ela. Em 1690, sem informar a père Godet des Marais, um cauteloso investigador da doutrina do "puro amor", Françoise pediu a Fénelon, de uma forma um tanto ousada, que analisasse seu próprio caráter espiritual, à maneira de um confessor. Se ela esperava uma resposta indulgente, até lisonjeira, ao modo de Godet des Marais ou, antes, père Gobelin, ficou surpresa com a longa resposta de Fénelon. "Hesito em lhe falar de seus defeitos, madame", ele começou, e então continuou:

> Eu lhe direi o que penso e a senhora poderá fazer uso disso conforme a vontade de Deus. A senhora não é afetada, é natural, o que significa que frequentemente faz o bem a quem a senhora gosta e admira, sem nem pensar a respeito. Mas com aqueles de quem não gosta, a senhora é fria e dura, e essa dureza pode chegar a extremos [...] Ninguém tem o direito de ter defeitos [...] Quando a senhora se magoa, magoa-se profundamente.

A senhora nasceu com excesso de orgulho, e com isso quero dizer necessidade de respeito […] Isso é mais difícil de corrigir do que a vaidade mais simples e tola. A senhora não se dá conta do quanto ainda precisa ser respeitada […] Gosta que as pessoas pensem que a senhora merece um lugar mais elevado do que tem.

A senhora ainda não quebrou esse ídolo, o *eu*. Quer alcançar a Deus, mas não à custa do *eu*; ao contrário, busca o *eu* em Deus […] Espero que Deus lhe conceda luz para compreender isso melhor do que fui capaz de explicar […]

A senhora precisa fazer uma análise longa e cuidadosa de si mesma […] Mas não deve se considerar uma hipócrita. Os hipócritas nunca se acham hipócritas […] Sua devoção é sincera. A senhora nunca teve nenhuma das verdadeiras maldades do mundo, e há muito tempo abriu mão de seus erros menores.

Quanto aos assuntos de estado, a senhora é muito mais capaz do que imagina […] mas acho que o que a senhora realmente quer é uma vida de sossegado isolamento […]

A senhora ama sua família, como deve ser, e não é cega a seus defeitos […] mas é apegada demais a seus amigos. Se conseguisse realmente morrer para o *eu*, não se preocuparia se eles a admiram ou não, mesmo que fossem o imperador da China […]

A senhora despende toda a sua força em elementos de devoção exteriores […] Se quiser corrigir seus defeitos, deve se concentrar nos elementos interiores […][47]

Resumindo, apesar de a doutrina do "puro amor" ser supostamente fácil, Françoise parecia ter uma longa distância a percorrer no caminho da salvação. O perspicaz retrato feito por Fénelon atingiu-a em cheio, e ela não ficou nem um pouco satisfeita ao lê-lo. Madame Guyon, ao contrário, parecia aos olhos dele uma espécie de santa, ou pelo menos uma pessoa de espiritualidade excepcional. Em certo sentido, Fénelon chegava a se considerar um discípulo dela. Sua carta tinha deixado as coisas perfeitamente claras. Era óbvio que ele tinha madame Guyon em muito mais alta conta do que a própria Françoise.

Era mais do que ela estava preparada para enfrentar. Confirmando a visão de Fénelon – "Quando a senhora se magoa, magoa-se profundamente [...] e [sua] dureza pode chegar a extremos" –, Françoise decidiu que madame Guyon deveria partir, embora Fénelon, de algum modo, devesse ficar. A ideia do "puro amor" deveria ser banida, embora seu expoente mais sedutor devesse ser mantido. Daí para a frente, a santíssima madame Guyon nunca mais foi vista em Saint-Cyr, embora Fénelon, preocupado em manter sua ligação com Françoise, continuasse a aparecer quase todos os dias. *Um método muito curto e fácil de orar* e *Tratado do puro amor* foram banidos do local. Père Godet des Marais desentocou até o último exemplar, incluindo alguns escondidos, inesperadamente, pelas meninas "vermelhas", mais novas, todas com menos de 12 anos. Houve resistência, não apenas das meninas, mas também das *dames*, e muito intensamente, e continuou por dois anos ou mais com o ambivalente apoio de Fénelon, até que a última das acólitas de madame Guyon tivesse aceitado o regime novamente tradicional e aceitado tomar o véu.

E Françoise poderia ter parado aí. Madame Guyon estava fora; Fénelon continuava dentro; as *dames* e *demoiselles* estavam novamente sob controle; père Godet des Marais tinha declarado Françoise formalmente superior para a vida em Saint-Cyr, e ela o tinha recompensado com o bispado de Chartres. Essencialmente, o confuso episódio não chegou ao conhecimento do rei, que, embora não se interessasse por questões teológicas *per se*, instintivamente se opunha ao não ortodoxo por tender à indisciplina na Igreja e por representar uma perigosa impertinência no corpo político.

Mas Françoise não conseguiu parar aí. A evidente admiração de Fénelon por Jeanne Guyon tinha sido um desafio à sua autoimagem de pessoa superior em termos espirituais – reconhecidamente com dificuldades em aspectos superficiais de devoção diária, mas, em essência, uma das melhores almas da criação. Só que, apesar da completa rejeição de Françoise à madame Guyon, apesar de seu afastamento de Saint-Cyr e da abolição de seus ensinamentos sobre o "puro amor", Fénelon tinha se recusado a dar as costas à "abençoada senhora". Negligenciando qualquer aspecto de teologia, Françoise considerou sua recusa uma simples preferência por Jeanne Guyon a ela própria. A perda da doutrina do "puro amor", com seu caminho tranquilizadoramente fácil para a salvação, talvez fosse frustrante, mas a perspectiva de perder Fénelon era demais para ela: seu respeito – e talvez mais que seu respeito – lhe era absolutamente necessário; e, de um modo muito imaturo, tinha de ser exclusivo. Não era uma questão de concordância ou discordância: era uma questão de concordância ou traição. Fénelon deveria renunciar a madame Guyon, a todas as suas obras, e a todas as suas exposições.

Para isso, Françoise conseguiu, próximo ao fim do ano de 1693, que os escritos de madame Guyon fossem submetidos a Bossuet para avaliação formal. Parece que o próprio Fénelon estava por trás desse movimento, desejando ver a "abençoada senhora" confirmada como luminar da Igreja, enquanto Françoise, naturalmente, desejava ver suas ideias condenadas e, em consequência disso, que Fénelon fosse obrigado a renunciar a ela; também houve a sugestão de que "madame de Maintenon quisesse desassociar o nome"[48] de Fénelon da suspeita e nova doutrina. Surpreendentemente, Bossuet, a "águia de Meaux", com seu famoso e poderoso conhecimento teológico, era um total ignorante no que dizia respeito à tradição mística da Igreja: ao que parecia, ele nunca tinha lido uma só palavra de São Francisco de Sales ou mesmo do grande teólogo místico, São João da Cruz. Consequentemente, as ideias de madame Guyon lhe eram bastante novas; ele as achou interessantes e considerou a dama genuinamente iluminada, observando, ao mesmo tempo, que, como membro do "sexo mais frágil", ela tinha saído de seu lugar ao buscar "desenvolver uma doutrina e ensinar".[49] Sugeriu que a doutrina do "puro amor" fosse analisada formalmente por um círculo de clérigos, mas para isso seria necessária a aprovação do rei.

A análise começou no início de 1694, e se estendeu até o fim do ano. Os ensinamentos de madame Guyon foram condenados, mas a dama foi exonerada de qualquer intenção herética: ela partiu para o balneário de Bourbon. Exteriormente, pelo menos, Fénelon se submeteu de boa vontade ao veredicto, e Françoise se congratulou pelo assunto ter se afastado definitivamente de Saint-Cyr, sem que o rei ainda soubesse das práticas não ortodoxas encorajadas em seu próprio domínio pessoal.

Ao longo do ano, no entanto, Luís foi informado de um tratado político de crítica a seu reinado, "um panfleto muito satírico", supostamente escrito por Fénelon. "Ninguém se atreveu a mostrá-lo a mim", registrou Luís, mas "eu ficaria triste em ver monsieur Fénelon seguir por esse caminho. A ele eu demonstrei nada mais que bondade e indulgência".[50] O tratado, escrito na forma de uma carta pessoal ao rei, repreendia-o duramente por negligenciar seu povo sofredor e faminto numa contínua busca de glória marcial contra o rei Guilherme e sua Grande Aliança. "Vossa majestade não ama a Deus", concluía a carta. "Vosso temor a Ele é igual ao de um escravo; é ao Inferno, e não a Deus, que vossa majestade teme. Vossa religião consiste apenas de superstições, de pequenas práticas superficiais [...] Vossa majestade é escrupuloso com os pequenos detalhes e acostumado a maldades horríveis."[51]

É muito improvável que Luís tenha efetivamente visto esta carta, pelo menos desta vez, pois Fénelon continuou em seu cargo de tutor do duque de Borgonha, e até assumiu o mesmo papel para seus irmãos mais novos. E alguns meses depois, por sugestão de Françoise, o rei nomeou o "capaz e devoto" Fénelon arcebispo de Cambrai, a mais rica arquidiocese da França. No entendimento de Françoise, o arcebispado talvez fosse um símbolo de seu contínuo respeito por Fénelon, ou um suborno para mantê-lo quieto em relação ao episódio do "puro amor" em Saint-Cyr, ou talvez uma maneira de mantê-lo seguramente fora do caminho durante algum tempo: a nova nomeação exigiria sua ausência da corte por até nove meses ao ano. De qualquer modo, ela própria ainda estava nas boas graças do rei, beneficiando-se de belos e novos aposentos no castelo de Marly, o local de retiro preferido do rei. Tudo parecia bem.

Algumas semanas após a consagração de Fénelon, que aconteceu na capela de Saint-Cyr, o rei registrou a morte do dissoluto e velho arcebispo de Paris, Harlay de Champvallon, que tinha oficiado seu casamento com Françoise. O arcebispo, de 72 anos, tinha aparentemente morrido de um ataque apoplético nos braços de sua amante. "Tenho pena do homem que terá de fazer seu elogio fúnebre", escreveu Luís. "Ele não era exatamente o modelo da conduta sacerdotal. Madame de Maintenon diz que o único modo será ignorar completamente o homem e falar sobre a virtude de maneira abstrata [...] Ele nem foi enterrado ainda e já estão discutindo quem será seu sucessor [...] Verei. Muita gente diz que estou errado ao tomar minhas decisões lentamente e dizer 'Verei' o tempo todo. Sim, e são as mesmas pessoas que desejariam levar-me à corte se eu tomasse uma decisão rápida que não as agradasse."[52]

A decisão, desta vez, levou 13 dias. "Estamos concedendo a diocese de Paris a monseigneur de Noailles", escreveu Luís. "Eu estava pensando em Bossuet, mas madame de Maintenon me persuadiu a escolher Noailles [...] As nomeações de prelados são questões tanto da Igreja quando políticas, e estou bastante certo de que a admirável devoção de madame de Maintenon é suficiente para inspirar seu julgamento nesta ocasião."[53]

No entanto, não tinha sido a "admirável devoção" de Françoise a inspirá-la nessa ocasião. Ela realmente tinha tido de pressionar Noailles, um bispo provinciano conhecido acima de tudo por sua generosidade para com os pobres, a aceitar a nobre nomeação para Paris, insistindo com ele que os jesuítas "nos estão declarando guerra de todos os lados". "Que melhor causa haveria", escreveu ela, "do que a salvação do rei? Sim, o senhor teria de enfrentar os males que outros criaram no passado, mas pense em como poderia mudar as coisas no futuro! Monsieur", insistiu ela, "o senhor é jovem [ele tinha 44 anos], tem boa saúde. Como pode preferir o descanso ao trabalho, quando a Providência nos deu esta oportunidade sem que nem ao menos a tivéssemos buscado? Mas tenha o cuidado de manter esta carta em segredo [...]"[54]

Na verdade, os jesuítas não estavam declarando guerra a Noailles "de todos os lados", embora talvez declarassem se soubessem de sua discreta simpatia pelos jansenistas. Mas Harlay de Champvallon tinha sido um aliado do confessor jesuíta do rei, père de la Chaise, e ambos tinham sido não só oponentes de Fénelon, mas também firmemente contrários a qualquer influência que Françoise pudesse ter sobre o rei – incluindo a influência indireta de uma declaração pública do próprio casamento real. Os "males" que "outros" tinham criado talvez não fossem mais do que as "superstições e pequenas práticas superficiais" das quais Fénelon havia acusado o rei em sua carta não enviada, e que o ortodoxo père de la Chaise havia permitido que passassem incontestadas, embora Françoise também pudesse estar se referindo à continua fomentação de guerras por parte do rei, que nenhum de seus prelados tinha tentado desencorajar e que Bossuet, pelo menos, considerava vital para a continuidade da glória terrena nacional.

Mas, acima de tudo, Françoise queria provar a si mesma, e sem dúvida também a Fénelon, que, pelo menos em certo sentido, ela tinha mantido a fé. O novo arcebispo, Louis-Antoine de Noailles, era filho de um velho amigo de Marais e tinha sido muito próximo a Fénelon desde os tempos que passaram juntos na Sorbonne. Descendente de uma antiga e nobre família, ele era um homem de devoção sincera e prática, embora em termos intelectuais estivesse longe de se igualar a seu amigo. O rei, que nunca havia conhecido Noailles, tinha-o nomeado puramente por recomendação de Françoise. "Ele foi um pastor modelo como bispo de Châlons", Luís havia concluído, acrescentando, com um toque de ingenuidade: "Por que seria diferente como arcebispo de Paris?"[55] Com a aventura do "puro amor" em Saint-Cyr aparentemente um segredo garantido, e agora com a conquista de Noailles, Françoise sentia-se dupla e prematuramente segura. Mas, quatro meses mais tarde, próximo ao fim de 1695, o súbito reaparecimento de Jeanne Guyon a fez perder a compostura: longe de estar bebendo as águas saudáveis no balneário de Bourbon, desde seu julgamento em julho, ela tinha estado escondida o tempo todo em Paris.

Madame Guyon foi imediatamente presa e escoltada até o forte de Vincennes para ser interrogada pelo chefe de polícia, Nicolas de La Reynie, feliz em exercitar, mais uma vez, seus músculos investigativos após o longo período de relativa calma que se seguiu ao fim do caso dos venenos. O rei, embora não muito interessado em madame Guyon, pediu a père de la Chaise que lhe explicasse o assunto. Père de la Chaise passou a lhe explicar não apenas a forma pessoal de "quietismo" de madame Guyon, mas também sua popularidade entre certas pessoas proeminentes da corte e seus vínculos – inventados para a ocasião – com certas visões políticas que talvez pudessem ser interpretadas como sediciosas. Fénelon, como sua majestade sabia, era um firme partidário de madame Guyon e um declarado crítico de certas políticas de sua majestade, incluindo a conversão forçada dos huguenotes e a recente elevação de dois de seus filhos legitimados, os duques de Maine e de Toulouse, à condição de príncipes de sangue. Os duques de Beauvillier e Chevreuse também eram seguidores de madame Guyon. Ambos tinham cargos proeminentes; ambos tinham se oposto à destruição do Palatinado; e, embora père de la Chaise não mencionasse isso, ambos eram seus inimigos, buscando criar uma corte mais devota, com um rei menos inclinado à guerra. E ambos, juntamente com suas esposas, eram membros do círculo íntimo de Françoise – e se o confessor não mencionou este fato foi porque não era necessário.

Luís não entrou em pânico e por ora não tomou nenhuma medida: Beauvillier e Chevreuse estavam entre seus conselheiros mais confiáveis e sua esposa – como a esposa de César, talvez – certamente estava acima de suspeita. Mas ele tinha sido alertado. Jeanne Guyon, a quem La Reynie não havia considerado uma ameaça imediata ao estado, foi transferida de Vincennes para a menos repulsiva Bastilha, enquanto Bossuet e Fénelon, como dois cães brigando por um osso, recusavam-se a abandonar a questão teológica. "Eu preferiria morrer a apresentar uma cena tão escandalosa ao público para contradizer monsieur Bossuet",[56] insistiu Fénelon mais tarde para Françoise, antes de fazer exatamente isso, publicando suas opiniões – "causando um péssimo efeito",[57] observou ela em seguida a Noailles. Bossuet, indignado com a impertinência de seu brilhante ex-pupilo, respondeu, de modo torpe, publicando uma série de bilhetes pessoais e supostamente confidenciais que Fénelon lhe havia escrito.

"Esse assunto do quietismo está fazendo mais barulho do que eu imaginava", registrou Françoise no outono de 1696. "Muitos na corte estão bastante alarmados com isso."[58] Ela mesma estava entre eles, naturalmente; e sua melhor proteção, achava, estava em persuadir Fénelon a retirar seu apoio a madame Guyon de uma vez por todas. Mas, fosse por princípio, por orgulho ou por uma ambição de longo prazo, ele se mostrou impassível, como relatou Françoise a Noailles após a visita de despedida de Fénelon em outubro de 1696. "Vi nosso amigo", escreveu ela. "Tivemos uma séria discussão, mas muito calmamente. Eu gostaria de ser tão fiel e tão dedicada a meus deveres quanto ele é à sua amiga. Ele não a deixa e nada o fará mudar de ideia."[59] Aparentemente, Fénelon achava que não tinha nada a perder em amarrar seu bode a dois postes: intransigente em sua lealdade à madame Guyon, ou a suas ideias, ele fez de tudo para manter o apoio de Françoise em uma série de cartas melancólicas. "Por que a senhora fecha seu coração a nós?", escreveu ele. "Deus sabe o quanto sofro por causar sofrimento à pessoa por quem tenho o mais constante e sincero respeito e afeição no mundo."[60]

374 CRUZADOS

Mas continuou a fazê-lo. Em meados de 1696, Bossuet lançou seu desafio final na forma de sua nova e inédita *Instrução sobre os Estados da Oração*, à qual Fénelon assinaria sua concordância, como declarou publicamente. Fénelon tomou o desafio e o devolveu a Bossuet sem o analisar. Em janeiro de 1697, lançou seu próprio desafio e aos pés de Bossuet: um documento recém-escrito, muito guyonista, muito quietista, intitulado *Uma Explicação sobre as Máximas dos Santos sobre a Vida Interior* – a "explicação" era mais um golpe na grande, mas evidentemente ainda pouco compreensiva cabeça de Bossuet. Em março, Bossuet publicou suas *Instruções*, tomando o malicioso cuidado de apresentá-las ao rei, juntamente com a *Explicação* de Fénelon e, sem dúvida, com sua própria explicação sobre o motivo pelo qual estava certo e Fénelon errado.

Para Luís, bastava saber que Fénelon vinha propondo ideias não ortodoxas. "Se ele estiver certo", disse um dos prelados chocados de Bossuet, "teremos de queimar todo o Novo Testamento e declarar que Jesus Cristo veio ao mundo com o único propósito de nos desviar".[61] Mais importante ainda, no que dizia respeito ao rei, era a ameaça que a religião não ortodoxa apresentava ao estado: como o jansenismo e o huguenotismo, o quietismo era um estímulo à sedição. Fénelon era tutor dos netos do rei, entre eles o futuro rei da França. E era um arcebispo. E tinha trabalhado intimamente em Saint-Cyr com madame de Maintenon.

"O rei está me olhando com suspeita", escreveu Françoise, assustada, a Noailles. "Não é minha culpa, embora eu saiba que serei culpada mesmo assim. O rei detesta tudo que não é ortodoxo. Penso que Deus deve querer humilhar Fénelon – ele foi longe demais em seu próprio caminho [...] Eu estava completamente errada ao pensar que ele não escreveria nada repreensível", continuou ela, pouco convincentemente. "O senhor pode estar certo de que esse assunto não vai se encerrar, nem em Roma, nem na França, e nem no coração do rei; e por falar no rei, ele está preocupado com o efeito disso sobre os jovens príncipes. Estou triste e constrangida com isso, pela Igreja, pelo senhor e por mim mesma. Tenho medo do que possa acontecer se esses dois grandes luminares levarem as coisas até o mais amargo fim. Receio pelo que o rei possa fazer e como ele responderá por isso diante de Deus."[62]

Em abril de 1697, Fénelon foi instruído a submeter sua *Explicação* a Roma. "Se ele for condenado", escreveu Françoise a Noailles, "será uma estigmatização da qual não se recuperará com facilidade; mas se não for, ele será um considerável protetor do quietismo".[63] Em meados de junho, Fénelon foi convocado pelo rei. "Conduzi uma entrevista com a melhor e mais fantástica mente de meu reino", registrou Luís. "Ele poderia ter um papel na ilha da Utopia, mas não no governo da França."[64] Concluindo, evidentemente, que Fénelon, embora quixotesco, era essencialmente inofensivo, Luís o enviou de volta a seu arcebispado em Cambrai, no noroeste da França, sem, no entanto, removê-lo do cargo de tutor dos jovens duques. De Cambrai, Fénelon continuou a escrever e publicar outras obras guyonistas, apesar da condenação oficial de sua *Explicação*: embora os prelados que conduziram a análise tivessem, na verdade, gostado bastante dela, o papa, tentando obter o favor de Luís, tinha insistido na condenação. "Na França, de qualquer modo, ninguém se importa com o que as pessoas pensam", observou Liselotte a seus fervorosos parentes luteranos. "Se você não publicar nada, se for regularmente à missa, fizer suas devoções normais e não se aliar a nenhum grupo político, poderá pensar o que quiser; ninguém se importa."[65]

Em Versalhes, o vitorioso e incontrolável Bossuet continuou com sua execração do quietismo, e Luís, abalado pelas denúncias constantes, começou a pensar novamente em suas ramificações políticas. "O rei está ficando nervoso outra vez com o que permitimos que Fénelon fizesse", escreveu Françoise a Noailles. "Ele me repreende muito por tudo [...] Nunca o vi tão severo, tão desafiador, tão impenetrável. Se eu o amasse menos, creio que ele me teria mandado embora há muito tempo. Nunca estive tão perto da desgraça",[66] continuou, com a inquietante conclusão de que era sua própria devoção a Luís, e não o amor dele por ela, que a tinha mantido segura até agora.

"A velhaca não é a mulher mais feliz do mundo", observou Liselotte. "Ela chora o tempo todo e fala em morrer. Mas acho que tudo isso é apenas para ver o que as pessoas dizem a respeito."[67] Não era. Françoise realmente estava muito perto da desgraça. Após a publicação de mais uma obra importante de Bossuet, Luís tinha efetivamente mencionado que talvez a fizesse uma *duchesse*, como tinha feito com Louise de la Vallière, em seu gélido convento, e Angélique de Fontanges, em seu túmulo. O flerte de Françoise com um improvável caminho fácil para a salvação e sua própria paixão pessoal por Fénelon tinham se transformado, perversamente, em uma tentativa sediciosa de minar a estabilidade do reino; não que Luís a considerasse culpada de algo tão grave, mas sua confiança em seu bom senso, sua confiabilidade e sua honestidade para com ele tinham sido muito abaladas. Ao longo do verão de 1698, passaram-se dias intermináveis sem que ele lhe dirigisse uma só palavra. Ela passou a dormir em Saint-Cyr; quando estava em Versalhes, escondia-se, até que os cortesãos começaram a murmurar que madame de Maintenon estava morrendo de câncer. "Reze por mim", escreveu ela a Noailles, "porém, não por minha saúde, mas pelo que realmente preciso".[68] As lágrimas de Françoise eram sinceras, e sua conversa sobre morte, aos 62 anos, era um envergonhado e temeroso desejo de fuga.

Com Fénelon banido e Bossuet ainda discursando, foi o constante e comum père Godet des Marais quem pensou nela. No início do outono de 1698 ele decidiu escrever ao rei, lembrando-lhe da "ternura e lealdade" de Françoise para com ele e de sua constante preocupação com sua reputação entre "todos os interesseiros e hipócritas" da corte. A carta atingiu seu objetivo. Françoise talvez tivesse sido ingênua e tola; talvez tivesse se envolvido com pessoas indesejáveis – talvez até com pessoas ambiciosas que tentaram manipulá-la em benefício próprio, como père de la Chaise havia insinuado –, mas Luís a conhecia muito bem para duvidar que pudesse lhe ter desejado outra coisa senão o bem.

"Bem, madame", disse-lhe ele muitas noites tristes mais tarde, "será que vamos vê-la morrer por causa desse assunto?".[69] Ele a tinha perdoado e, talvez possivelmente, assumido a responsabilidade por mantê-la numa posição impossível como sua esposa e, no entanto, não sua rainha. Se ela tivesse uma condição formal, reconhecida como cônjuge real, com seus próprios deveres públicos e com inquestionável precedência na corte, ela talvez não tivesse tido necessidade de tentar conseguir influência, envolvendo-se, às suas costas, com pessoas duvidosas e ideias potencialmente perigosas. Mas ele tinha mantido sua esposa orgulhosa e capaz numa trela de ouro, e após 15 anos de humilhante duplicidade, "Sua Constância" finalmente tinha tropeçado.

O duque de Borgonha tinha então 16 anos, e em sua honra Luís tinha determinado uma série de grandes exercícios militares no acampamento de Compiègne, ao norte de Paris. Eles aconteceram em meados de setembro de 1698, alguns dias após a reconciliação do rei com Françoise, e os dois seguiram, em carruagens separadas, para se juntar aos 60 mil soldados e centenas de cortesãos e diplomatas estrangeiros reunidos para homenagear o jovem segundo herdeiro do trono dos Bourbon. "Havia tantos homens", escreveu o duque de Saint-Simon, "que pela primeira vez em Compiègne os duques tiveram de dividir quartos". Houve um grande tumulto entre os embaixadores, já que nem todos tinham encontrado a essencial palavra "para" nas portas de seus quartos. "Ninguém sabe de onde surgiu esta distinção *para*", continuou Saint-Simon, "e ela é realmente idiota. Significa apenas que na porta de seu quarto está escrito *para Fulano de tal*, em vez de apenas *Fulano de tal*. Príncipes de sangue, cardeais e príncipes estrangeiros todos ganharam um *para*, e alguns duques e duquesas também, mas isso não significa que seu quarto será melhor que o de mais ninguém, e é por isso que acho uma idiotice [...]", concluiu o duque, ele próprio incomodado com o protocolo, e incidentalmente *para* menos. A magnificência dos exercícios militares não tinha limites, como ele passou a explicar:

O rei queria mostrar todas as imagens de guerra, portanto houve um cerco, com linhas, trincheiras, artilharia, pontes e tudo o mais [...] e um assalto em uma velha amurada [...] e numa planície além dela estavam todas as tropas em formação [...] Este jogo de ataque e defesa foi uma coisa maravilhosa de se ver, e como não era a sério, ninguém precisou se preocupar com nada, a não ser com a precisão de todos os movimentos. Mas houve um espetáculo de um tipo muito diferente que o rei apresentou a todos, a seu exército e à vasta multidão de pessoas de todos os países, e serei capaz de retratar esse espetáculo daqui a quarenta anos tanto quanto hoje, porque me marcou intensamente. Madame de Maintenon estava sentada, de frente para a planície, em uma liteira com três janelas de vidro [...] O rei estava de pé à direita de sua liteira e a cada segundo ele se curvava para explicar a madame de Maintenon o que estava acontecendo nos exercícios. A cada vez ela baixava sua janela quatro ou cinco dedos [...] O rei não falou com mais ninguém, a não ser para dar ordens [...] Todos ficaram surpresos e constrangidos, fingindo não notar, mas observavam isso com mais atenção do que a qualquer coisa que o exército estivesse fazendo [...] O rei colocou seu chapéu sobre a liteira de madame de Maintenon [...]

Quando madame de Maintenon partiu, o rei partiu menos de 15 minutos depois [...] Todos diziam que mal podiam acreditar no que tinham visto, e mesmo os soldados que tinham estado na planície se perguntavam quem era a pessoa para quem o rei se curvava para falar [...] Dá para imaginar o efeito que isso causou sobre os estrangeiros presentes. Em breve estariam comentando em toda a Europa [...][70]

Nos termos do protocolo barroco da corte de Luís, o fato de o rei não ter falado com mais ninguém a não ser Françoise durante toda a exibição, e acima de tudo o fato de ter "se curvado" repetidamente para fazê-lo, só podia indicar uma coisa: ela era, *de facto* se não *de jure*, a rainha. Não haveria um anúncio, não haveria reconhecimento formal, como definitivamente se confirmaria em uma reunião do Alto Conselho, em outubro de 1698, mas a questão, daí para a frente, podia ser considerada um segredo aberto. "Eles não dirão se ela é ou não a rainha", escreveu Liselotte, amuada, "mesmo assim, ela ganha os privilégios de rainha".[71]

Resgatada da desgraça iminente, Françoise viu sua posição ficar mais forte que nunca. Luís evidentemente tinha refletido sobre sua exclusão dos "assuntos públicos". Isso havia causado danos, e talvez tivesse se provado verdadeiramente perigoso, mas não havia como duvidar de sua lealdade a ele. E talvez tenha até havido um traço de simpatia na voz de Luís ao se curvar para falar com ela pelos "quatro ou cinco dedos" de janela aberta.

Qualquer que fosse o caso, a partir deste ponto, a convite do rei, Françoise passou a estar presente em todas as reuniões do Alto Conselho. Se formalmente ela permaneceria fora do círculo real, na prática sua influência, a partir de agora, apenas cresceria. Luís, agora com mais de 60 anos, queria apoio e confiança, para além da interesseira politicagem, inevitável entre os grandes e pequenos da corte. Cada vez mais ele passou a confiar nos conselhos de Françoise – apresentados sempre com excessiva discrição e muita tática. Mais uma vez, seus protegidos prosperaram: foi Françoise quem escolheu o conselheiro parlamentar, amante do bilhar, Michel Chamillart, para o importante cargo de controlador geral das finanças da nação, que tinha sido de Colbert. E no mesmo ano de 1699, ela conseguiu para o arcebispo de Noailles o cobiçado chapeuzinho vermelho de cardeal.

No outono de 1697, com a assinatura de uma série de tratados na cidade holandesa de Rijswijk, a guerra de Luís contra a Grande Aliança de Guilherme tinha finalmente chegado ao fim. Após nove anos de lutas, ninguém tinha ganhado muito. Territórios conquistados com muita dificuldade foram devolvidos; antigos e novos regimes foram relutantemente reconhecidos. Um tempo de paz tinha começado na Europa, mas era uma paz cautelosa, instável, ameaçada pela aversão, desconfiança e por ambições insatisfeitas. O grande culpado era Luís, com seu ataque à Renânia, em 1688, e se por ora ele havia aceitado a paz, já tinha começado a pensar em sua próxima campanha expansionista.

Durante os anos de 1690 também tinha havido outros finais e começos. Após quase uma década de negligência e humilhação, Athénaïs tinha finalmente concordado em deixar Versalhes, "sob a condição de que parecesse que o tinha feito voluntariamente".[72] Nenhuma outra amante tinha animado os dias de seu longo declínio na corte. Uma saudável dose de vaidade e, talvez, um resquício de amor sincero, a tinham impedido de buscar consolo em algum outro homem; na verdade, se tivesse buscado, é quase certo que Luís a teria mandado embora imediatamente.

Athénaïs deixou Versalhes com uma pensão de 240 mil libras anuais no bolso. O duque de Maine, grosseiramente ansioso por tomar posse dos aposentos de sua mãe, começou a jogar seus móveis pela janela antes mesmo que ela tivesse se afastado – para iniciar 16 anos de penitência, aparentemente sincera, no convento de São José, em Paris.

Após anos de saúde frágil e infelicidade, a delfina tinha morrido. Tinha cumprido mais que o seu dever dinástico, dando ao delfim três filhos saudáveis, e, tendo passado a maior parte de sua vida na corte na reclusão de seu quarto de doente, mal sentiram sua falta.

O selvagem e pequeno marechal de Luxemburgo tinha morrido aos 67 anos, embora viesse vivendo "a vida de um homem de 25".[73] Seu *confrère* na brutalidade, o marquês de Louvois, ministro da Guerra, também tinha morrido, com apenas 50 anos, por envenenamento, como se comentava, ou sufocamento, embora ninguém realmente se importasse. Uma autópsia revelou que seus pulmões estavam cheios de sangue e seu coração, sem nenhum. A morte de Louvois provocou uma horrível explosão da parte de Liselotte, e não por causa da destruição de sua terra, o Palatinado: "No que me diz respeito", ela declarou, "eu preferiria ver o fim de uma velha imbecil em vez do dele; ela agora é mais poderosa que nunca".[74]

O sobrinho de Françoise, Henri-Benjamim de Villette, tinha sido morto em batalha, aos 24 anos. E sua velha amiga, a magricela e leal madame de Montchevreuil também havia morrido. "Sei melhor que ninguém o quanto você deve estar triste por perdê-la", escreveu Mignon. Ele próprio gostava muito da exagerada, devota, mas bondosa marquesa. "Console-se pensando nas virtudes de nossa falecida amiga. Embora a morte aflija os infiéis, ela deve consolar os bons cristãos: a morte de um santo é preciosa para Deus [...] Imploro-lhe que não se permita sofrer a ponto de prejudicar sua saúde."[75] "Madame de Maintenon ficou terrivelmente triste com a morte de madame de Montchevreuil", observou o duque de Saint-Simon, "e muitas outras pessoas também fingiram ficar".[76]

E a adorável madame de Sévigné tinha morrido à elegantíssima idade de 70 anos, apesar do apelo, algum tempo antes, de seu adorado primo, o conde de Bussy-Rabutin: "Você é uma daquelas pessoas que nunca deveriam morrer",[77] ele havia escrito. "Ela cometeu o duplo equívoco de apoiar primeiro os *frondeurs* e depois os jansenistas", observou o rei, desaprovadoramente. "Ainda assim, suas cartas se igualam às de Plínio e Cícero, e por causa delas um dia se dirá que ela honrou nosso presente século."[78]

Tinha havido um ou dois falsos alarmes. A pseudonotícia da morte do rei Guilherme havia despertado o povo de Paris no meio da noite, com os oficiais gritando instruções a todos para que fizessem fogueiras de celebração e distribuíram vinho gratuitamente para encorajar danças e cânticos do lado de fora. E em Versalhes, em meio a menos histeria, o duque de Saint-Simon tinha testemunhado diretamente (por duas vezes) a morte de seu idoso tio, o marquês. "Sua morte foi anunciada anteontem", escreveu Luís. "Aparentemente ele agora despertou de um longo cochilo. No entanto, como tem 90 anos, o sujeito não deve viver muito tempo." O esperado pós-escrito foi acrescentado apenas três semanas depois: "Informaram-me que o marquês de Saint-Simon morreu ontem, e desta vez para sempre."[79]

Após a morte de sua esposa, o delfim Luís tinha se casado com sua amante e, como seu pai, morganaticamente. A nova noiva real secreta, Marie-Émilie de Chouin, não era bonita, embora, como Luís registrou, "a alegria e felicidade a fizeram bela [...] não tenho nada contra a dama", escreveu ele sobre sua ilustre, pouco ambiciosa e agradável nora, "e fico satisfeito em ver meu filho tão contrário à hipocrisia, muito diferente das convoluções em que eu costumava me refugiar para conciliar meus excessos com meus deveres".[80] Nos termos da devoção do século XVII, o delfim tinha realmente sido escrupuloso, recusando-se a tomar a comunhão enquanto vivia com mademoiselle de Chouin em estado de pecado. "Que ele então se case com ela, sem ostentação", continuou o rei. "Esse tipo de segredo nós podemos guardar."

Françoise-Charlotte-Amable, sobrinha de Françoise e filha de Charles, tinha feito um brilhante casamento, aos 14 anos, com o ilustre e jovem duque de Noailles, sobrinho do arcebispo. O próprio rei havia dado um dote de 800 mil libras para ela. Mignon também tinha se casado com sua prima de primeiro grau, a espirituosa neta do *Grand Condé*, que já mostrava sinais do sangue notoriamente rebelde de sua família.

O jovem duque de Borgonha, neto e herdeiro de Luís, tinha se casado com sua absolutamente fascinante prima, a princesa Maria Adelaide de Saboia. Luís ficou imediatamente apaixonado por esta neta de seu antigo amor ilícito, a primeira esposa de seu irmão, a reconhecidamente bela princesa inglesa Henriqueta Stuart. Para o imenso prazer de Françoise, a pequena Maria Adelaide foi entregue a seus cuidados até que o casamento pudesse ser consumado, depois que ela completasse 14 anos. "Ela é perfeita em tudo", escreveu ela, com entusiasmo, aos pais da menina. "Madame [Liselotte] lhes dirá tudo isso, mas não posso resistir a dizê-lo eu mesma. Ela é um prodígio. Será a glória desta era." Madame, no entanto, tinha tido outras coisas a dizer sobre Maria Adelaide: "Ela mal percebe seu avô ou a mim", observou mal-humorada, "mas é toda sorrisos com madame de Maintenon [...] Ela é realmente uma italianinha, politicamente astuta como uma mulher de 30 anos. Sua boca e seu queixo, no entanto, são austríacos"[82] – uma referência ao famoso maxilar saliente dos Habsburgo.

A mais amarga queixa de Liselotte, no entanto, tinha sido por seu próprio filho, Filipe, duque de Chartres, que tinha sido casado com Francisca Maria, duquesa de Blois, de 14 anos e filha mais nova e, naturalmente, ilegítima, de Luís e Athénaïs; aos olhos de Liselotte, o fruto desprezado de um desgraçado e duplo adultério. Nem mesmo um fabuloso dote de 2 milhões de libras, oferecido pelo rei, tinha conseguido animá-la. "Meus olhos estão tão espessos e inchados que mal consigo enxergar através deles", escreveu ela à sua tia. "Passei a noite toda chorando [...] Monsieur me procurou ontem às três e meia e disse: 'Madame, tenho uma mensagem do rei para a senhora e que não lhe agradará ouvir.'"[83] Normalmente mal-humorada, Liselotte tinha aquiescido sem um murmúrio, indicando o temor que Luís conseguia inspirar, mesmo em "minha cunhada e amiga". "O rei ordenou que eu comparecesse às oito horas e me perguntou o que eu pensava a respeito", continuou. "Eu disse: 'Quando vossa majestade e Monsieur falam como meus mestres, como fizeram, só posso obedecer [...]' A corte inteira entrou para me congratular pelo maravilhoso evento. Fiquei enjoada."[84] Liselotte tinha voltado para casa com uma dor de cabeça latejante, para passar mais uma noite miserável, consolada apenas pelo pensamento de que ao menos o "bastardo manco" (Mignon) não tinha sido empurrado para sua filha, como vinha temendo, e pela satisfação de ter dado um sonoro tabefe na cara de seu filho, na presença de toda a corte.

Do outro lado do Canal tinha havido um início particularmente importante: "Estão fazendo um grande alvoroço em Londres pela criação de um Banco da Inglaterra", observou Luís. E mais próximo, em Paris, tinha havido uma conclusão particularmente importante: os cavalheiros da Académie Française tinham finalmente apresentado seu grande *Dictionnaire*, o primeiro da língua francesa, iniciado 55 anos antes. Como o rei registrou: "Respondi aos cumprimentos dos cavalheiros em tons graves (para que ninguém percebesse a ironia): 'Messieurs, vínhamos esperando por esta obra há muito tempo.' [...] À noite eu conversei sobre isso com a madame, que tem sempre uma língua afiada. E ela me disse: 'Vossa majestade sabe por que esses cavalheiros levaram cinquenta anos para escrever seu dicionário?' E eu lhe disse: 'Por favor, madame, me ilumine. Ora, vossa majestade', disse ela, 'passaram tempo demais em seus Ts'."[85]

CAPÍTULO 18

CASTELOS NA ESPANHA

TINHAM-SE PASSADO mais de vinte anos desde que uma bondosa e séria Liselotte tinha deixado sua enteada na estrada para o sul, "chorando e se lamentando" pelo casamento próximo com o horrível e desfigurado rei da Espanha. Dez anos depois, aos 27 anos, a rainha havia morrido obesa e profundamente deprimida, e agora, no fim dos anos 1690, embora ainda não tivesse 40 anos, Carlos II também se aproximava da morte. Um segundo casamento com uma princesa alemã não tinha sido mais bem-sucedido que o primeiro, e a falta de um herdeiro para o império espanhol tinha se tornado uma questão da maior importância em todas as cortes da Europa. A antiga rivalidade entre a França e os Habsburgo austríacos, apenas recentemente acalmada pela Paz de Rijswijk, parecia pronta a se reacender, e Luís vinha tentando evitá-la por meio de um arranjo com o recente aliado dos austríacos, o rei Guilherme da Inglaterra. "Conseguimos concordar, eu e o rei Guilherme (estou tentando não dizer príncipe de Orange), em dividir os bens do rei da Espanha caso Carlos II (que não tem herdeiro direto) venha a morrer logo",[1] escreveu Luís próximo ao fim de 1698.

"Acho que [...] o rei da Espanha vai sobreviver a todos que agora estão dividindo seu reino",[2] observou Liselotte, 18 meses depois. Mas ela estava equivocada: apesar, ou talvez por causa da grande quantidade de champanhe que lhe vinha sendo administrado para sustentá-lo, Carlos morreu no dia 1º de novembro de 1700, deixando para trás uma aliviada viúva, um vasto império em situação desesperadora e um testamento desastrosamente controverso.

"Em breve teremos notícia da morte do rei da Espanha", escreveu Françoise ao cardeal de Noailles na segunda-feira, 8 de novembro. "Já soubemos que está agonizando. Este será um assunto importante de se tratar."[3] A notícia da morte de Carlos em Madri e de seu testamento chegou a Versalhes no dia seguinte. Luís estava no meio de uma reunião do seu conselho financeiro. Ele cancelou a caçada agendada para a tarde e às três horas seu Alto Conselho se reuniu nos aposentos de Françoise para discutir esta questão nova e vital. O delfim tinha acabado de chegar de uma manhã de caça ao lobo. Embora tivesse 39 anos de idade, ele não era um membro formal do Conselho, em grande parte por seu próprio desinteresse por tudo que dissesse respeito à política. Mas, tardiamente preocupado com a futura habilidade de seu filho de governar eficazmente, Luís tinha começado a encorajá-lo a participar mais dos assuntos de estado, e ele foi incluído nessa reunião. Também "madame de Maintenon, a manipuladora", como observou Liselotte, impacientemente, "foi introduzida, de modo bastante público pelo rei".[4]

Luís tinha sido primo e cunhado do rei espanhol (Maria Teresa era meia-irmã de Carlos), e em consequência disso Carlos tinha legado seu trono aos netos mais novos de Luís. No entanto, se os príncipes franceses não pudessem ou não desejassem reclamá-lo, nos termos do testamento, ele deveria ser oferecido ao filho mais novo do primo Habsburgo austríaco de Carlos, Leopoldo I, do Sacro Império Romano; e na falta deste, ao filho ainda menino do duque de Saboia, o pequeno mas estratégico ducado na fronteira sudeste da França, terra da mais recente protegida de Françoise, a futura "glória da era", Maria Adelaide. O parvo Carlos mal tinha concluído os termos do testamento: antes, ele simplesmente refletia a força da facção pró-francesa em sua desordenada corte.

Todos os envolvidos tinham direito ao trono, já que por gerações todos eram parentes de todos. Mas, a não ser pelos franceses, ninguém na Europa queria ver o imenso império espanhol associado à já excessivamente poderosa França; e a não ser pelos austríacos, ninguém queria vê-lo associado aos Habsburgo austríacos, para dominarem o continente como tinham feito durante o século XVI. O sonho de Viena era o pesadelo de Versalhes, e vice-versa. "O que o resto da Europa dirá se aceitarmos este generosíssimo legado de sua majestade católica?",[5] ponderou Luís. Se ele aceitasse o testamento, o trono espanhol passaria ao segundo filho do delfim, o duque de Anjou, com 17 anos, cujo irmão mais velho, o duque de Borgonha, era obrigado a permanecer na França como herdeiro de seu próprio país. Se Luís recusasse, ele passaria ao arquiduque Karl em Viena, com 15 anos, segundo filho do imperador. Ambos queriam o trono, mas, após nove anos de lutas durante os anos 1690, ninguém queria provocar uma guerra por isso.

A reunião do Alto Conselho, na terça-feira, 9 de novembro, estendeu-se até as sete da noite, durante quatro horas. Ali se decidiu que os termos do testamento deveriam ser aceitos. Na sexta-feira, dia 12, Luís se reuniu com o embaixador espanhol para lhe informar da decisão, e na terça-feira, dia 16, ela foi formalmente anunciada na corte. "Cavalheiros", disse Luís, trazendo à frente o jovem duque de Anjou, "dou-lhes o rei da Espanha". "Os Pireneus estão comovidos!", declarou o embaixador, ajoelhando-se aos pés do rapaz e beijando sua mão conforme o costume espanhol. "E então ele fez um discurso bastante grande em espanhol", registrou o marquês de Dangeau em seu diário da vida na corte, "e quando acabou, o rei lhe disse: 'Ele ainda não entende espanhol.'". O novo rei abraçou seus dois irmãos, os duques de Borgonha e Berry, após o que "os três irromperam em lágrimas". O delfim, felicíssimo, ressaltou, com prazer, que ele era "o único homem que conheço capaz de dizer: 'Meu pai, o rei', e também 'meu filho, o rei!'".[6]

"O duque de Anjou dará um perfeito rei da Espanha", escreveu Liselotte. "Ele quase nunca ri e tem sempre um ar de gravidade [...] Será um pouco estranho, no entanto, tendo em vista o tratado do nosso rei com a Inglaterra e a Holanda."[7] "Todos aqui parecem encantados com nosso novo rei da Espanha", escreveu Françoise ao cardeal de Noailles. "Muitas pessoas bem-informadas estão dizendo que não haverá nenhuma guerra agora, ao passo que se continuássemos com o tratado [de divisão do império espanhol], seríamos forçados a entrar em uma longa e destrutiva. E o imperador em Viena acaba de confirmar que nós tomamos a decisão certa, porque, de qualquer modo, ele se recusou a assinar o tratado [...] O novo rei está levando três ou quatro cozinheiros com ele para Madri, para que possa continuar a comer ao estilo francês [...] Eles levarão mais de quarenta dias para chegar lá."[8]

Apesar da antecipada longa duração de sua ida formal para Madri, o novo rei Filipe V permaneceu na corte francesa pelas três semanas seguintes, passando seus dias caçando e suas noites "brincando de esconde-esconde em minha sala. Eu gostaria que ele já tivesse ido, e se eu tivesse alguma voz nisso", continuou Françoise, "ele teria partido mais que depressa para tomar posse de tão excelente trono [...] O rei me perguntou quem eu achava que devia ir para Madri como seu confessor, mas eu disse que preferia não dizer nada, já que o senhor não está aqui para me aconselhar".[9] Filipe finalmente partiu no dia 4 de dezembro, acompanhado por sua animada ex-ama de leite, seus dois irmãos e "qualquer outro jovem que quisesse acompanhá-lo na viagem" – na verdade, um cortejo de mais de mil pessoas. Partiu levando dois presentes estimulantes de seu avô: uma coleção de 33 artigos, para orientá-lo como rei da Espanha, e a certeza de que, independentemente dos termos do testamento de Carlos, e num desafio a todas as potências europeias, ele não tinha perdido seu direito a suceder o trono também na França. "Seja um bom espanhol", disse-lhe Luís, "mas lembre-se de que você também é um francês [...] Esta é a forma de manter a união das duas nações e manter a paz na Europa".[10]

No entanto, como Luís devia ter percebido, a união entre França e Espanha era justamente a maneira de não manter a paz na Europa. Juntas, França e Espanha representavam um bloco poderoso demais, e com a Espanha no caos e o novo rei mal chegado à idade adulta, o expansionista rei francês estaria claramente no controle. Na verdade, Luís ainda estava preso a um tempo em que uma única grande potência, mais rica e mais bem armada que todas as outras, podia dominar toda a Europa. Mas desde a Guerra dos Trinta Anos de sua infância, desde suas incursões pelo território holandês e da inconclusiva e dispendiosa Guerra dos Nove Anos, que ele mesmo provocou, estava se tornando cada vez mais claro que nenhuma grande potência jamais teria recursos suficientes para dar as ordens em todo o continente, e que, em vez disso, seria preciso chegar a algum tipo de equilíbrio de forças entre as principais nações.

No entanto, a visão que Luís tinha da Europa, do poder e da monarquia era essencialmente retrógrada. "Terei de me acostumar a fingir que considero o príncipe de Orange o verdadeiro rei da Inglaterra", ele havia observado recentemente, "mas não é fácil. Madame de Maintenon compreende isso muito bem".[11] Como a própria Françoise, que compreendia muito bem a questão, Guilherme não tinha sangue real, o que era motivo suficiente, aos olhos de Luís, para que sua reivindicação do trono inglês permanecesse ilegítima. Em janeiro de 1701, Luís se recusou, igualmente, a reconhecer o recém-coroado Frederico I como rei da Prússia: para ele, Frederico não era, de modo algum, um rei, mas apenas o eleitor de Brandenburgo, independentemente dos astutos arranjos diplomáticos e financeiros que ele havia feito para que seu poderoso estado prussiano fosse declarado um reino – um reino destinado a ter um papel perigoso na história da própria França de Luís. As opiniões intratavelmente estáticas e não pragmáticas de Luís o tinham seduzido a pensar que seu neto Bourbon poderia se sentar no trono imperial espanhol em segurança. Por sua apressada aceitação do desastroso testamento de Carlos, ele gerou um horrível conflito que duraria 13 anos e fragmentaria a glória da França por quase um século.

Nas seis semanas seguintes à partida de seu neto da França, Luís reconheceu que não seria possível evitar a guerra. As outras potências europeias, grandes e pequenas, não aceitariam uma superpotência Bourbon estendendo-se do Canal da Mancha até Gibraltar, atravessando a Itália e as regiões mais ricas dos Países Baixos, e controlando também o comércio de metade do mundo. Luís antecipou o ataque, dando ordens para o levantamento de milícias, lançando-se sobre as tropas holandesas pelo oeste e enviando uma grande frota para o Canal.

Em setembro de 1701, o rei deposto Jaime II morreu em Saint-Germain, e Luís, "comovido pela visão de meu primo em seu leito de morte", reconheceu imediatamente seu filho de 13 anos como Jaime III da Inglaterra, uma atitude insensata e provocativa que, como o próprio Luís reconheceu, "não teria agradado nem ao cardeal Richelieu nem ao cardeal Mazarin"[12] – ultrapragmatistas que nem por um segundo favoreceriam os sentimentos acima dos próprios interesses. No fim do mesmo mês, representantes da Grande Aliança reuniram-se novamente em Haia para assinar um novo tratado de oposição à França. "Há muitos príncipes contra nós", continuou Luís no último dia de 1701, "e nosso reconhecimento de Jaime III não ajudou muito. Mas temos pelo menos um aliado garantido: a Espanha".[13]

Embora Luís estivesse persuadido de que podia reconhecer Jaime sem romper o Tratado de Rijswijk que tinha posto fim à Guerra dos Nove Anos, a Aliança tinha uma visão diferente. Na Inglaterra, algum tempo antes naquele mesmo ano, o Parlamento inglês tinha reafirmado sua posição em relação a Jaime ao estabelecer, nas palavras de Luís, "uma lei de sucessão para o trono inglês. O soberano deve professar a fé anglicana conforme definido pela lei. Portanto, todos os príncipes católicos serão excluídos".[14] Consequentemente, Guilherme tinha podido usar o fato de Luís reconhecer Jaime para persuadir seu relutante Parlamento a votar os recursos para uma nova guerra contra a França. A questão da sucessão espanhola, insistiu ele, também dizia respeito à sucessão inglesa. Em meio a uma explosão pública de patriotismo protestante, o Parlamento tinha aceitado seu argumento e os preparativos para a campanha tinham se iniciado – mas apenas para serem interrompidos no início de março de 1702 pela morte súbita de Guilherme. Assim como Luís logo após a morte de Maria Teresa, Guilherme tinha caído de mau jeito de seu cavalo, quebrando a clavícula. Ao contrário de Luís, no entanto, ele não escapou às complicações do acidente, graves demais para o conhecimento médico da época: Guilherme morreu rapidamente de pneumonia, com apenas 51 anos. Como sua esposa Maria havia morrido antes dele, Guilherme foi sucedido por sua cunhada Ana – ou melhor, pela inteligente e controladora favorita de Ana, lady Sarah Churchill, cujo marido John, conde (futuro duque) de Marlborough, agora assumiu o controle dos exércitos ingleses – a maioria deles, na verdade, mercenários alemães. Em maio de 1702, a rainha Ana declarou guerra à França, na mesma época em que um exército imperial já estava irresolutamente em batalha contra as forças espanholas na Itália.

Em 3 de julho de 1702, Luís declarou guerra formalmente ao "imperador, à Inglaterra, às Províncias Unidas e seus aliados – resumindo, metade da Europa. Embora não pareça, é uma guerra defensiva [...] Não é uma questão de ambição [...] Somos forçados a defender o trono e as legítimas prerrogativas de nosso neto, Filipe V, rei da Espanha".[15]

Para os franceses talvez fosse uma guerra defensiva, e sem dúvida também para o novo rei da Espanha, mas para todos os outros parecia mais uma continuação do antigo e claro desejo de Luís de obter a hegemonia europeia. A luta se espalhou por territórios holandeses, alemães e espanhóis, trazendo a Dinamarca, Saboia e vários estados italianos para os já poderosos exércitos aliados contra Luís e seu neto. Entrou pelo Canal da Mancha, pelo Atlântico, chegando à Nova Escócia e a

Massachusetts, à Carolina do Sul e à Flórida, às colônias do Caribe, ao Rio de Janeiro, atravessando o Chile e o Peru até chegar à costa oeste da África e às mal defendidas ilhas espanholas do Pacífico. Em certo sentido, a Guerra da Sucessão Espanhola tinha se tornado "a primeira guerra mundial".[16]

Como Luís e outras "pessoas bem-informadas", Françoise tinha acreditado que a aceitação do trono espanhol seria a melhor maneira de evitar uma "longa e destrutiva" guerra, mas após os primeiros anos de luta, com dezenas de cidades destruídas, muitos milhares de mortos e jovens nobres voltando a Versalhes mutilados e cegos, ela se convenceu de que a avaliação tinha sido muito equivocada. "Madame de Maintenon insiste em que peçamos a paz, quase a qualquer preço", escreveu Luís. "Eu admiro sua inteligência, mas neste caso ela não parece dar suficiente importância à nossa honra marcial ou aos interesses da França e da Espanha."[17] Mas, para além de sua angústia com o custo humano da guerra, Françoise tinha começado a sentir que a França e a Espanha estavam destinadas, de qualquer modo, a perdê-la. "Nossos dois reis estão lutando por religião e justiça, mas estão fracassando. Nossos inimigos estão atacando ambas as causas, e estão triunfantes." Parecia-lhe inútil e até errado continuar o desafio diante da providência. "Deus é o mestre. Devemos nos submeter à sua vontade em todas as coisas",[18] concluiu, enquanto generais tementes a Deus lutavam em todas as frentes.

Apesar de suas impressionantes façanhas nas guerras holandesas da década de 1670, desta vez o irmão do rei não tinha sido chamado para o serviço militar. Na verdade, aos 60 anos de idade, ele já não estava bem. Em 8 de junho de 1701, Monsieur foi levado de seu castelo em Saint-Cloud para jantar com o rei em Marly. Mas ele parecia tão doente que Luís ameaçou mandar sangrá-lo à força se ele não se submetesse ao procedimento por vontade própria. Monsieur recusou, porém mais à noite cedeu, chamando um médico para sangrá-lo, na verdade, três vezes, e também para lhe administrar um emético – *onze onças* [325 ml], recordou Liselotte, indignada, mais "duas garrafas de Gotas da Inglaterra".[19] Sua condição piorou quase imediatamente; em 12 horas, estava morto.

Liselotte entrou em pânico, temendo o clássico banimento da viúva real, e saiu pelos salões de Versalhes gritando: "Convento não! Convento não! A vida monástica não é, de modo nenhum, o meu *negócio*", insistiu. "Se Monsieur vivesse, eu poderia levar uma vida perfeitamente acomodada [...] O pobre homem tinha começado a se tornar *dévot*; estava corrigindo as coisas; já não se comportava mal."[20] Mas ela não foi pressionada a deixar a corte e, na verdade, viu sua situação melhorar muito, pois Saint-Cloud e todas as várias residências do falecido Monsieur passaram para ela, e sua generosa pensão pessoal passou a ser paga diretamente a ela. Apaziguada, Liselotte lidou bondosamente com a memória de seu falecido marido: "Se os que estão no outro mundo souberem o que está acontecendo aqui, ele estará muito satisfeito comigo", escreveu ela, "porque eu mexi nas coisas dele e encontrei todas as cartas que seus *mignons* lhe escreveram, e queimei-as todas, sem as ler, para impedir que caiam em outras mãos [...]".[21]

Ela deveria ter feito a mesma coisa em relação a outro conjunto de cartas – na verdade, uma seleção de cartas indiscretas que ela própria vinha enviando pelo correio comum para seus parentes na Alemanha, de quem sentia muita falta. Elas tiveram o destino do qual ela tinha salvo os *billets-doux* de Monsieur; foram lidas por olhos que nunca deveriam tê-las visto e, longe de serem queimadas, foram copiadas e enviadas ao rei, que não gostou de recebê-las. Politicamente incautas e pessoalmente ofensivas, as cartas incitaram sua raiva contra a infeliz cunhada. Por este motivo, durante muitos meses ela se tornou quase uma persona non grata em Versalhes, e embora estivesse de cama por algumas semanas em virtude de febre malária, Luís não pediu notícias de sua saúde, uma descortesia deliberada que trouxe a ela mais angústia que a doença em si. Ainda longe de estar bem, e agora sentindo a vulnerabilidade da viuvez em terra estrangeira, ela decidiu aproveitar a oportunidade dada pela morte de Monsieur para tentar uma reconciliação com Luís.

Segundo Liselotte, em carta à sua tia Sofia, foi Françoise quem deu andamento às coisas. "Ela me enviou uma mensagem através de meu filho, dizendo que esta talvez fosse uma boa hora para fazer as pazes com o rei. Por isso enviei-lhe uma mensagem de volta [...] pedindo que viesse me ver, pois eu não estava suficientemente bem para sair. E ela veio às seis horas [...] Admiti [...] que eu sempre tinha estado contra ela porque achava que ela me odiava e fazia o rei pensar mal de mim [...] mas disse que estava preparada para deixar tudo isso para trás, se ela concordasse em ser minha amiga. Ela disse muitas coisas bonitas e eloquentes, e depois nos abraçamos. Então eu disse que ela também precisava me ajudar a recuperar as boas graças do rei [...] e ela me aconselhou a falar eu mesma com ele e muito abertamente."[22]

Liselotte, na verdade, não tinha contado à tia a história toda de sua entrevista com Françoise, mas sua dama de companhia, madame de Ventadour, que tinha estado presente o tempo todo, preencheu as lacunas para a posteridade, contando cada detalhe ao duque de Saint-Simon. De acordo com a versão um tanto diferente do duque, foi a própria Liselotte quem pediu a entrevista, mandando madame de Ventadour procurar Françoise. Esta chegou e Liselotte a convidou a se sentar, "o que mostra o quanto ela própria precisava se sentar", como observou o duque. Liselotte começou a reclamar do modo como o rei a estava tratando, "e madame de Maintenon deixou que ela dissesse tudo o que queria dizer e depois respondeu que o rei a tinha instruído a dizer que a perda que ambos haviam sofrido tinha apagado toda a raiva em seu coração e que tudo seria perdoado, desde que a madame não voltasse a dar motivo de desgosto [...] A verdadeira causa de sua indiferença durante sua recente enfermidade eram certas coisas que ele preferia não mencionar". Liselotte, "achando-se bastante segura", respondeu com protestos de inocência, dizendo que "nunca tinha feito ou dito nada" que pudesse desagradar alguém. "E como ela continuou a protestar, madame de Maintenon tirou uma carta de seu bolso e lhe perguntou se ela reconhecia a letra. Era uma carta de madame à sua tia em Hanover e era inteiramente sobre o relacionamento do rei com madame de Maintenon, se eram casados ou apenas viviam em *concubinage*, e continuava falando da pobreza no reino que não podia ser aliviada [...] Madame parecia que ia cair morta ali mesmo. Começou a chorar e madame de Ventadour começou a falar todo tipo de bobagens apenas para lhe dar tempo de se recuperar [...].

"E então, achando que desta vez estava em solo seguro, a madame começou a reclamar que madame de Maintenon tinha mudado com ela, que a tinha largado repentinamente, abandonado-a, depois de tentar, por tanto tempo, viver amigavelmente com ela [...] E mais uma vez madame de Maintenon deixou que ela prosseguisse [...] e no final repetiu para ela mil coisas, uma mais ofensiva que a outra, que a madame havia dito à delfina a seu respeito, e que a própria delfina lhe havia contado mais de dez anos antes [...] Diante desse segundo golpe, a madame ficou ali parada, como uma estátua, e houve silêncio por algum tempo, até que madame de Ventadour começou novamente a falar bobagens para dar à madame tempo para se recuperar pela segunda vez [...] Ela começou a chorar novamente e admitiu que era tudo verdade, e implorou perdão, agarrando as mãos de madame de Maintenon, que ficou ali parada, fria, por um bom tempo, sem nada dizer, apenas deixando-a falar. Foi uma humilhação terrível para a arrogante alemã [...] No fim, elas se abraçaram e prometeram esquecer o passado e ser amigas no futuro."[23]

Três dias depois desta entrevista, Liselotte se encontrou com Luís em particular e, sabendo que já não tinha nada a esconder dele, falou francamente, como Françoise a tinha aconselhado. "Eu disse a ele", continuou sua carta, "que por pior que ele tivesse me tratado, eu sempre o havia respeitado e amado, e disse que teria sido uma grande alegria para mim se ele ao menos me tivesse permitido ficar perto dele. Ele me abraçou e me disse para esquecer o passado [...] e então eu lhe disse, muito naturalmente: 'Se eu não o tivesse amado, não teria odiado tanto madame de Maintenon [...]' E ele riu [...]".

A confissão de Liselotte, "muito natural", talvez, mas também comovente e um tanto triste, foi suficiente para trazê-la de volta ao rebanho. Luís sempre tinha gostado dela, e sentia alguma solidariedade por seu senso de classe ferido, no que dizia respeito a Françoise. "Visitei la Maintenon", ela havia escrito, "e a encontrei [...] sentada em uma grande poltrona atrás de uma mesa, com todas as outras damas sentadas em banquinhos. Ela perguntou se eu gostaria que ela mandasse trazer um banquinho para mim, mas eu lhe assegurei de que não estava cansada demais para permanecer de pé. Tive de morder minha língua; quase ri alto. Como as coisas mudaram desde o tempo em que o rei veio me perguntar se eu permitiria que madame Scarron comesse comigo uma vez só para que ela pudesse cortar a carne do duque de Maine para ele [...] Hoje em dia, quando eles saem para suas *promenades* no jardim, ela se senta numa cadeira de seda com quatro sujeitos a carregando, e o rei caminha ao lado como um lacaio [...] O mundo está de cabeça para baixo aqui [...]".[24]

A corte passou seis meses sóbrios e socialmente desolados em luto por Monsieur, e durante esse período e por mais algum tempo depois, Françoise foi poupada de novos insultos nas cartas da madame. Mas no fim, Liselotte se mostrou incorrigível. Quatro anos depois, o marquês de Torcy, neto do grande Colbert e ele próprio agora secretário de Estado, ainda estava entregando suas cartas ao rei, só que agora já não eram cópias, mas as originais, que Liselotte imaginava terem seguido para a Alemanha. "É espantoso o modo como eles lidam com minhas cartas", ela havia escrito, involuntária ou provocativamente. "No tempo de Louvois, eles as liam e devolviam. Mas desde que o sapo do Torcy assumiu o controle do serviço postal, ele tem realmente me aborrecido."[25] Luís, tendo lido estas e muitas outras frases, observou em seu diário: "Eu disse a Torcy que esta carta por si só justificava o controle do correio. Minha cunhada, que chama meu ministro de sapo, está acostumada a esse linguajar imoderado: ela não hesita em chamar madame de Maintenon de *desprezível, manipuladora, velhaca*, e outros nomes bonitos e de bom gosto. Já falei com ela sobre isso, mas não adiantou nada."[26]

Em março de 1701, o novo rei Filipe V da Espanha se casou com a princesa Maria Luísa de Saboia, irmã de 12 anos da extraordinária Maria Adelaide, esposa do duque de Borgonha. Se Luís esperava que este segundo casamento garantisse a lealdade de Saboia aos interesses franceses na iminente batalha pela coroa espanhola, estava enganado, embora a pequena Maria Luísa tenha se provado uma admirável e firme defensora do direito de seu marido.

Ela tinha sido escolhida para esposa de Filipe por uma amiga de Françoise dos dias de sua jovem viuvez, a politizada Anne-Marie de la Trémoïlle-Noirmoutier, agora conhecida como princesa des Ursins. Desde seus tempos de salão no Marais, quarenta anos antes, madame des Ursins havia passado a maior parte de seu tempo em Madri e Roma. Enviuvou, voltou a se casar e enviuvou novamente. Por anos seu brilhante salão na Cidade Eterna tinha servido como uma segunda e extraoficial embaixada da França, onde diplomatas e cardeais atacavam e conspiravam contra as potências continentais rivais. Ali, junto com seu amigo Portocarrero, cardeal-arcebispo de Toledo e embaixador da Espanha em Roma, madame des Ursins tinha promovido os interesses da França com habilidade e charme, e com o absoluto prazer de um político nato.

Com o arranjo do casamento da jovem Maria Luísa com o novo rei da Espanha, Françoise recomendou sua velha amiga para a influente posição de *camarera mayor*: governanta, tutora, dama de companhia, chefe da casa da rainha, conselheira política e, não menos, *dueña* das trezentas damas da corte e suas próprias cem aias. Em abril de 1701, ela escreveu ao duque d'Harcourt, filho de seu velho admirador no Marais e agora, por seu próprio patrocínio, embaixador extraordinário na corte da Espanha: "Como em geral estou mais propensa a dar minha opinião sobre as damas do que sobre outros assuntos, sugiro madame des Ursins [...] Ela é inteligente, afável, atenciosa, está acostumada aos estrangeiros, e é muito apreciada; é uma nobre da Espanha, não tem marido nem filhos, e nenhuma ambição inadequada [...] Ela seria melhor que qualquer uma de nossas damas daqui."[27] Sempre pronta a se promover, madame des Ursins tinha, de fato, escrito mais ou menos o mesmo sobre si mesma: "Se me permite", concluiu ela, "eu seria mais adequada ao cargo do que qualquer outra pessoa, já que tenho muitos amigos na Espanha [...] e também falo espanhol. Tenho certeza de que minha nomeação agradaria a toda a nação".[28] O duque d'arcourt concordou, vendo em madame des Ursins uma excelente oportunidade para livrar o palácio de Alcázar, definitivamente, de todos os "anões, palhaços, papagaios e macacos, inquisidores, feiticeiros e sacerdotes disfarçados de médicos"[29] que infestavam a macabra corte espanhola.

A precoce Maria Luísa, tão charmosa e astuta – nas palavras de Liselotte, tão "italiana" – quanto sua irmã em Versalhes, aceitou de bom grado sua sexagenária orientadora e companheira. Seu marido, inexperiente, naturalmente cauteloso, imaturo para seus 17 anos, seguiu seu procedimento. Madame des Ursins se mostrou um perfeito pilar para ambos se apoiarem e, na realidade, eles praticamente não tinham outro na lenta melancolia da corte espanhola. Ao chegar, o jovem Filipe tinha sido avisado pelo embaixador francês da tendência local a envenenar a realeza indesejada: sua majestade jamais deve cheirar uma flor, nem mesmo tocar uma, nem usar perfume, nem abrir cartas com suas próprias mãos. E quanto à sua majestade [a rainha], havia "centenas de damas" reclamando que seus vestidos, reconhecidamente de pesados tecidos pretos, com corpetes de chumbo, no estilo espanhol, esmagando seus ousados seios adolescentes, eram, ainda por cima, escandalosamente curtos; uma vez seus pés tinham sido vistos quando ela estava se sentando: certas damas locais tinham sido esfaqueadas por seus maridos por esse mesmo deslize. As caudas dos vestidos de sua majestade eram curtas demais, permitindo-lhe andar com mais rapidez do que o ritmo convencionalmente fúnebre de Alcázar. A questão foi apresentada para decisão de Luís, e madame de Ursins preparou uma animada defesa: "As salas neste palácio nunca são limpas", escreveu. "Quando as damas se viram com essas imensas caudas, elas levantam nuvens de poeira. Elas são perigosas para o peito de sua majestade, e soam a cascavéis."[30] Sentado, certa noite, no aposento de Françoise, revirando a boneca vestida à espanhola que a indignada *camarera mayor* havia apresentado como prova, Luís emitiu um veredicto de conciliação: Maria Luísa deveria usar as longas caudas ocasionalmente, embora não precisasse fazê-lo como um procedimento normal. Os espanhóis deveriam ser conquistados aos poucos à ideia de mudança. Seu novo rei Bourbon e sua esposa não deviam fazer nada que alarmasse suas ossificadas sensibilidades subpirenaicas.

Um nobre, pelo menos, havia se sentido impelido a praticar um inovador gesto de humildade, como contou o atendente francês de Filipe, o marquês de Louville, aos indignados cortesãos em Versalhes. "Estavam na metade de uma longa cerimônia de cinco horas de duração", disse ele. "O rei estava encerrado dentro de uma espécie de armário elaborado, e o nobre se deu conta de que após tanto tempo, o rei talvez precisasse satisfazer certa necessidade física, então lhe entregou seu chapéu de pele de castor – era novinho em folha – com um respeitoso bilhete convidando sua majestade a não se restringir."[31]

Com sacerdotes, nuvens de poeira e cerimônias com cinco horas de duração, talvez houvesse coisas suficientes para fazer na corte em Madri, mas havia assuntos mais importantes pressionando o novo rei e rainha, juntamente com sua *éminence française*. À época mesma em que eles chegaram à Espanha, um parente de Maria Luísa, o generalíssimo príncipe Eugênio de Saboia, comandante em chefe imperial, estava levantando uma força militar contra eles na Itália. Na primavera de 1702, buscando levantar a moral com sua própria presença real, Filipe partiu pessoalmente para Nápoles para se juntar ao exército francês liderado pelo brilhante marechal Vendôme. Maria Luísa permaneceu em Madri, saudosa de seu jovem marido, mas ansiosa para promover a causa dele e sua própria educação política: aos 13 anos de idade, ela se viu, muito repentinamente, como regente do Império Espanhol.

O rei da Espanha tinha partido para as guerras no sul. A leste e oeste estavam seu pai, o delfim da França, seus irmãos, Borgonha e Berry, e seus meios-irmãos, Du Maine e Toulouse. Resumindo, como observou seu avô orgulhoso, "A flor da nobreza está em ação militar, pronta para servir ao estado e ao reino. Há nisso algo dos cavaleiros e exulto como qualquer outro patriota." Quem chamava a atenção por sua ausência nas listas, no entanto, era o duque de Saint-Simon, de 27 anos, um coronel honorário que tinha pedido permissão para deixar o serviço "em virtude de sua saúde debilitada", como registrou o rei, sarcasticamente. "Concordamos imediatamente, já que sempre preferimos os verdadeiros soldados a esses janotas e almofadinhas [...] Monsieur de Saint-Simon está perfeitamente bem; sua saúde debilitada não o impede de se divertir, esvoaçar e rodopiar por toda parte, fofocando e caluniando. Se ele está desertando agora, é por rancor por seu nome não aparecer na lista de novos brigadeiros. Cinco deles estavam em serviço há menos tempo que ele. Esse é o motivo."[32]

Como esperado, a perda dos serviços do duque não fez qualquer diferença nos exércitos de Luís. Embora Turenne, Luxemburgo e *le Grand Condé* há muito já tivessem se tornado lenda, os "verdadeiros soldados" da França incluíam alguns nomes admiráveis: Vendôme, Villars, o sexagenário marechal Boufflers – o "sobrinho" de Françoise que um dia tinha proposto casamento a Marthe-Marguerite – e, não menos, Sébastien Vauban, agora em seus 70 anos e ainda o engenheiro militar mestre da Europa. "Contra nós, temos dois ilustres generais: milorde Marlborough e o príncipe Eugênio", escreveu Luís. "Também contra nós temos a discórdia entre meu neto, o duque de Borgonha, e meu sobrinho, o duque de Vendôme."[33]

O marechal duque de Vendôme, conhecido como *le Grand Vendôme*, estava entre os mais ilustres de todos os generais de Luís; era adorado por seus homens e tinha uma impressionante lista de glórias militares em seu favor – embora o duque de Saint-Simon tenha escrito, maliciosamente, que "se você contar todos os homens que Vendôme diz ter matado ou aprisionado, descobrirá que representam a totalidade do exército inimigo".[34] Dezesseis anos mais novo que o rei, Luís gostava de chamá-lo de "meu sobrinho", embora fosse, mais apropriadamente, um primo. Vendôme era um soldado precioso, um bebedor, praguejador e fornicador (embora apenas com homens) de primeira linha. Borgonha, ao contrário, neto de Luís e segundo herdeiro, era um pedante jovem de 26 anos, devotado a seu missal e à sua encantadora esposa, Maria Adelaide, que não retribuía sua paixão; na verdade, até seu obtuso pai, o delfim, o achava insípido.

Na primavera de 1708, Luís tinha insensatamente enviado os dois para comandarem o exército francês em Flandres. Enquanto o jovem Borgonha se submeteu à muito maior experiência de Vendôme, tudo correu bem; mas quando a dupla entrou em combate com Marlborough e o príncipe Eugênio juntos em Oudenarde, em julho, a arrogância de Borgonha e sua covarde incompetência custaram à França a batalha, juntamente com as vidas de cerca de 10 mil homens – cinco vezes o número de perdas dos aliados –, e a causa de Luís teve decisivamente de retroagir.

Vendôme e Borgonha voltaram para Versalhes em desgraça para terem audiências privadas com seu irado rei. Luís tinha compreendido a natureza do caso, porém tarde demais, e apesar de sua suposta preferência pelos "verdadeiros soldados", ele optou por dar apoio a seu neto. "Não posso voltar as costas ao duque de Borgonha", ele escreveu, "muito embora eu tenha decidido, secretamente, não lhe dar o comando de nenhum outro exército. Para abrandar sua desgraça secreta, preciso de um bode expiatório: monsieur de Vendôme será esse bode expiatório".[35] Vendôme foi afastado do comando, embora apenas temporariamente; um tão "verdadeiro soldado" não podia ser descartado facilmente. E embora Luís tentasse desviar a atenção de Oudenarde com a celebração pública de uma vitória menor na Catalunha, ninguém se deixou enganar. Uma nova música foi ouvida pelas ruas de Paris e transmitida ao rei , que não achou a menor graça:

Todos conhecem a diferença
Entre César e o duque de Borgonha
César veio, viu e venceu
E, ai da França,
Borgonha veio, viu e fugiu.[36]

O desastre em Oudenarde, em 1708, deixou a França acabada aos olhos da maioria. Ele tinha sido precedido, em 1704 e 1706, pelas duas grandes batalhas de Blenheim, na Alemanha, e Ramillies, nos Países Baixos espanhóis, ambas vitórias deslumbrantes do duque de Marlborough sobre os franceses. Blenheim tinha custado à França 40 mil dos 60 mil homens que lutavam ali; Ramillies tinha deixado os aliados no comando da totalidade dos Países Baixos espanhóis, obrigando Luís a transferir tropas da Espanha e Itália, deixando os exércitos no sul com poucos homens e, logo, derrotados. De Madri, madame des Ursins tinha escrito mordazmente para Françoise sobre "a perda do reino de Nápoles, embora não se esperasse mais que isso, já que não receberam reforços".[37]

O atrito entre Vendôme e Borgonha era, na verdade, sintomático de um contínuo problema para todo o esforço militar da França em terra. Enquanto Marlborough desfrutava, pelo menos até esse ponto, de um evidente comando-geral dos exércitos aliados e da estratégia geral da guerra, a França sofria com mudanças frequentes e com pouca clareza na cadeia de comando do exército; isso obscurecia os planos de maior escala e dificultava as táticas no campo. Além disso, os exércitos franceses não eram adequadamente reforçados, levando a um planejamento hesitante por parte dos comandantes e a deserções em massa nas bases.

A culpa era de Luís. A morte do pouco querido marquês de Louvois tinha deixado o Ministério da Guerra nas mãos de seu filho incompetente, Barbezieux. Após a morte deste, no início de 1701, Luís havia nomeado Michel Chamillart para substituí-lo. Chamillart era um dos protegidos de Françoise, um ex-tesoureiro em Saint-Cyr. Em 1699, ela tinha conseguido sua promoção para o cargo de controlador geral das finanças do reino, que antes tinha sido um feudo do grande Colbert. Chamillart ainda estava neste cargo quando Luís, satisfeito com ele e procurando favorecê-lo ainda mais, designou-o também ministro da Guerra, apesar de seus próprios protestos e contrariando os conselhos de Françoise. "Madame de Maintenon tem Chamillart em alta conta", registrou o rei, "mas não acredita que ele consiga dar conta de ambas as funções. Eu, no entanto, acredito. Será um experimento completamente novo".[38] Sua insistência, como muitos notaram, revelava que em seus anos de assídua atenção aos assuntos públicos, concentrado na contagem de árvores individuais, Luís nunca tinha realmente dominado as questões do governo, e com muita frequência não conseguia ver a floresta como um todo.

O "experimento completamente novo" provou apenas que Chamillar e Françoise tinham estado certos: era impossível administrar eficazmente dois Ministérios vitais – o das Finanças e o da Guerra – ao mesmo tempo. Embora Chamillart delegasse cada vez mais do seu trabalho a subordinados, nada tinha sido bem-feito, como ele próprio admitiu prontamente. À época de sua demissão, em junho de 1709, as finanças da nação estavam numa desordem irremediável; as linhas de suprimento militar estavam falhando; e na ausência de uma orientação firme por parte do Ministério da Guerra, os comandantes por toda a Europa ocidental tinham começado a atormentar Françoise na tentativa de conquistar o apoio do rei para suas próprias e inábeis ideias, incluindo planos detalhados para batalhas individuais. Mesmo quando estes planos eram aprovados – quase sempre tardiamente –, não havia garantia de que o comandante teria as tropas necessárias à sua disposição. "Houve muitas deserções em Flandres", escreveu Luís, cansado, em fevereiro de 1709, "principalmente por causa dos atrasos no pagamento dos soldados".[39]

"A guerra será vencida ou perdida conforme o estado de nossas finanças",[40] ele havia observado alguns meses antes. Estratégia, planos de batalha e bravura pessoal à parte, o que certamente estava fazendo diferença era o dinheiro. Como os franceses viriam a perceber só muito no futuro, as vitórias aliadas eram, na realidade, "um triunfo do novo regime na Inglaterra sobre o velho regime característico da França".[41] O sistema político reformado da Inglaterra tinha engendrado um novo sistema financeiro capitalista; o dinheiro era levantado em mercados comerciais com juros pagos em moeda estável; isto, por sua vez, estava determinando, nas palavras do próprio Luís, "se a guerra seria ganha ou perdida". Após as comemorações pela vitória na batalha de Blenheim, por exemplo, um empréstimo de quase um milhão de libras ao governo, "uma soma substancial naqueles dias", foi aprovada em duas horas de sua flutuação na cidade de Londres, por "um grande número de pessoas ansiosas por provar sua confiança na causa nacional a [juros] de 6,66%".[42] Após a batalha de Oudenarde, outro empréstimo municipal, desta vez garantido pelo governo Whig, ele próprio envolvendo muitos comerciantes da cidade, levantou 2.250 milhões de libras, e o confiante Parlamento britânico votou a verba para formar outras 10 mil tropas.

Em contraste, Luís dependia de seu decrépito sistema feudal de taxação por decreto real, suplementado por empréstimos à coroa (a serem pagos – se fossem – em moeda desvalorizada) e pela venda de cargos; a economia nacional era gradualmente abafada enquanto as pessoas faziam o possível para guardar seu dinheiro, muitas vezes fisicamente, em suas próprias mãos. Como monarca absoluto, Luís podia simplesmente anunciar novos impostos para qualquer fim que escolhesse, e impô-los sobre um grupo específico de súditos: seus nobres, por exemplo, normalmente eram isentados, enquanto o povo da cidade e, especialmente, os camponeses, em geral suportavam os impostos mais pesados. "Encontrei extrema pobreza em toda parte", registrou um *intendant* coletor de impostos no sul da França. "A grande maioria das pessoas não tem sementes para plantar seus campos", relatou outro do oeste. "As finanças da nação estão tão esgotadas que não se pode prometer nada para o futuro", Chamillart havia dito a Luís. "A receita para 1708 foi consumida antecipadamente, e o crédito acabou."[43] Algumas regiões do país estavam em condição de verdadeira fome. Em Paris, os habitantes começaram a provocar tumultos por causa do preço exorbitante do pão – a que o cardeal arcebispo de Noailles respondeu conclamando, perversamente, a um jejum geral para aplacar o Senhor para que ele pusesse fim à escassez. Uma grande rebelião de huguenotes no sul, incitada pelo êxito das forças aliadas protestantes, rapidamente se transformou numa revolta de camponeses contra as taxas absurdamente pesadas que Luís havia imposto para financiar a guerra, que já durava mais de sete anos. E nas ruas das cidades francesas se ouvia uma nova e amarga oração:

> Pai nosso que estais em Versalhes, santificado vosso nome já não é. Vosso reino não é tão grande, vossa vontade já não é feita nem na terra nem no

mar. O pão nosso que nos falta dai-nos hoje. E não caiais nas tentações da Maintenon, e livrai-nos de Chamillart. Amém.[44]

"O marechal de Villars me disse que quatro dias atrás ele confiscou 8 ou 10 mil sacas de trigo de pessoas que tinham grande necessidade delas", escreveu Françoise à madame des Ursins. "Ele não ficou feliz em fazê-lo, mas disse que não tinha outra forma de colocar seu exército em campo: os soldados não tinham comida [...] As pessoas estão morrendo de fome. E delas pode-se temer tudo. Estão dizendo que o rei está tomando todos os grãos e os vendendo a preços altíssimos, e com isso enriquecendo."[45]

Incrivelmente sobrecarregado de trabalho, Chamillart tinha abandonado seu cargo de controlador geral em junho de 1708. A função foi entregue a Nicolas Desmarets, um sobrinho de Colbert promovido por Françoise a pedido do próprio Chamillart. Desmarets logo se viu oprimido pela enormidade das dificuldades financeiras da nação. Recorreu aos antigos artifícios de desvalorizar a moeda, adiar o pagamento dos empréstimos da coroa e vender cargos. "Toda vez que vossa majestade cria um cargo, Deus cria um tolo para comprá-lo",[46] havia dito o controlador geral ao rei no início de 1705. Mas à época da demissão de Chamillart, Luís tinha reconhecido a debilidade da medida: "O número de cargos que estão sendo criados, a maioria deles absolutamente inútil, cresce o tempo todo", observou. "Monsieur Desmarets é inteligente, mas não pode fazer milagres."[47]

Quanto aos empréstimos, como Chamillart havia informado antes de sua demissão, "o crédito havia acabado". Entre a burguesia e alguns dos nobres, na verdade, ainda havia bastante dinheiro no país, mas Luís e, consequentemente, seus exércitos, agora não tinham acesso a ele. De Madri, igualmente em estado de privação, madame des Ursins enviou cartas enfurecidas a Françoise, insistindo que a França estava cheia de "riqueza adormecida", e repreendendo a falta de patriotismo entre os franceses. "Estou tão irada que meu sangue ferve quando penso em [...] todo o dinheiro que os negociantes têm, e eles não o liberam para o bem do estado."[48] De sua tranquila sala em Saint-Cyr, Françoise respondeu: "Quanto ao dinheiro daqui, ainda está escondido. Todos concordam que há mais no reino do que antes da guerra, mas não está circulando, e você sabe, madame, quando o sangue para de circular, isso significa morte."[49]

Em vez de circular, especialmente como empréstimos à coroa, a riqueza oculta da França "dormia" na forma de objetos cada vez mais valiosos nas casas dos ricos – pratarias fabulosas, serviços de mesa feitos de ouro, até mesmo móveis de alta qualidade. Resumindo, qualquer coisa menos propensa a perder seu valor do que a moeda do reino. Até mesmo a Igreja escondia a maior parte de seu dinheiro: a paróquia de Santo Eustáquio em Paris tinha feito um gigantesco candelabro de prata, pesando mais de 90 quilos em vez dos 9 de costume. Numa desesperada medida para combater o problema, o controlador geral introduziu novas restrições ao uso de metais preciosos: eles já não podiam ser usados para a confecção de caçarolas de suflê, panelas ou grelhas, mas, para que os nobres não ficassem muito perturbados, o ouro e a prata ainda podiam ser usados para a confecção de penicos, bacias, potes de chocolate, chá e café, candelabros de bolso e para o cabo das bengalas.[50] O candelabro de Santo Eustáquio, no entanto, foi confiscado e derretido para a compra de comida para os pobres, e o jejuante cardeal arcebispo de Noailles acrescentou uma grande soma de dinheiro de seus próprios recursos pessoais.

"Esta questão do trigo me deixa atordoada", queixou-se Françoise. "Em todos os mercados vê-se mais do que nunca se viu, mas seu preço continua subindo."[51] A exploração era desenfreada, e havia armazenagem, mas a genuína escassez também era recorrente. No verão de 1709, as relíquias de Santa Genoveva foram expostas em Paris, numa súplica por auxílio divino na terrível necessidade da cidade. E em Madri, como madame des Ursins contou, "estão fazendo uma grande procissão carregando as relíquias de Santo Isidoro e de sua esposa beatificada. Santo Isidoro foi um operário e as pessoas aqui estão muito confiantes de que ele protegerá suas plantações. Tudo isso é muito admirável, mas estou mais preocupada com esta praga de gafanhotos que baixou sobre os campos [...]".[52]

Naquele ano de procissões e pragas, o ano de 1709, a França chegou a seu ponto mais baixo. "O frio é horrível, insuportável, atroz", escreveu o normalmente calorento Luís no fim de janeiro. "Todos nós tememos que ele resulte em muitos sofrimentos e enfermidades no reino. Os entretenimentos em Paris foram cancelados por causa dele."[53] O *hôpital-général* foi ocupado por 14 mil desamparados em busca de alimentos e abrigo; 4 mil doentes foram abarrotados no *hôtel-Dieu*. Em um único orfanato de Paris foram deixados 2.500 bebês – apenas um em cada dez sobreviveria. "Madame de Maintenon redobrou seus donativos naquele ano", registrou sua secretária. "Ela enviava pão, caldos, cobertores e roupas, e muitas vezes ela própria saía para distribuir as coisas [...] Nesse mesmo ano ela tomou 16 famílias pobres de Versalhes sob seus cuidados particulares, indo vê-los e levando remédios quando estavam doentes e assim por diante. [...] Mas em geral ela ocultava sua identidade sempre que possível. Ela me dizia: 'Não gosto que todos saibam o pouco que faço.' E, no entanto, todos os anos ela doava 54 mil ou 60 mil libras para a caridade. Ela nunca pensou em acumular dinheiro [...] Vi-a chorando muitas vezes pela miséria dos pobres, especialmente se fossem nobres [...]"[54] – uma empatia nascida, sem dúvida, das humilhações que a própria Françoise havia passado como menina pobre da pequena nobreza.

Em Versalhes, o Mignon de Françoise e seu irmão, o duque de Toulouse, persuadiram os jovens nobres a doarem seus bens de ouro e prata para serem derretidos para o sustento do exército. O rei também doou seus serviços de mesa em ouro e até prometeu as joias da coroa como garantia de futuros empréstimos, caso viessem. Maria Adelaide, a jovem duquesa de Borgonha, concordou "de muito bom grado em se vestir de modo mais simples",[55] mas a maioria das damas da corte preferiu manter as aparências. "As mulheres aqui estão muito bem-apresentadas, considerando-se o grau de pobreza", escreveu Françoise à sua sobrinha Marthe-Marguerite em Paris. "Todas elas se queixam, e continuam a se arruinar. Ninguém tem dinheiro, e ninguém tem uma saia a menos."[56]

Mas, na metade do ano, com a França numa situação financeira desesperadora e ameaçada de invasão, Luís foi forçado a pedir a paz. Os aliados responderam positivamente, mas as condições impostas à França eram duras: Luís deveria reconhecer o imperador Karl como rei de direito da Espanha e, se necessário, voltar os exércitos da França contra seu neto para forçá-lo a deixar o trono espanhol. Luís deveria retirar seu apoio ao jovem Jaime Stuart e reconhecer a rainha Ana como legítima soberana da Bretanha. A França seria impedida de negociar com as vastas colônias espanholas e deveria admitir o comércio britânico dentro de seus próprios territórios em condições especialmente vantajosas. Os franceses deveriam renunciar às sete fortalezas da Holanda que haviam capturado no início da guerra e grande parte dos Países Baixos espanhóis deveria ser devolvida como um novo amortecedor para os holandeses contra qualquer incursão futura dos franceses. Estas eram as exigências dos britânicos e holandeses. Os príncipes alemães apresentariam suas próprias condições em uma futura conferência de paz. "Você terá ouvido a notícia sobre nossa atual situação, madame, e da insolência de nossos inimigos", escreveu Françoise à madame des Ursins na primeira semana de junho. "Os franceses já não serão franceses se não se ofenderem com tais indignidades. Isso me deixou enjoada [...] Não quero mais falar a respeito."[57]

Madame des Ursins, por sua vez, estava muito ansiosa para "falar a respeito", e respondeu com uma série de acusações corajosas: "Como pode alguém comprar a paz a esse preço? Como podem os súditos do rei não estar prontos a sacrificar tudo que têm para evitar tamanha desgraça para a França? [...] Imagine a situação de suas majestades católicas [...] O rei está completamente ocupado com os planos para sua própria defesa, caso o rei seu avô retire o apoio que vem lhe dando e sem o qual será extremamente difícil segurar o reino."[58]

Antes que sua carta atravessasse a fronteira espanhola, madame des Ursins recebeu a resposta, em parte heroica, em parte trágica, que chegou da França por meio de correio de urgência. Os súditos do rei estavam prontos a sacrificar tudo o que tinham; não haveria acordo de paz. Mas a continuidade da guerra nas frentes do oeste e do leste significava abandonar o sul, abandonar a Espanha, o neto de Luís e sua reivindicação ao trono espanhol. A resposta de madame des Ursins a Françoise, considerando sua amizade de quarenta anos, foi um modelo de *politesse*, dita com a mais amarga ironia: "O rei da Espanha recebeu uma carta do rei, madame, informando-lhe de que já não pode evitar abandoná-lo e que todas as tropas francesas deverão ser retiradas: a questão se resolve como há muito se esperava. Espero que sua majestade obtenha tudo o que deseja deste abandono e já que ele agora está em liberdade para concluir a paz, pelo sacrifício de suas majestades católicas, que seus inimigos se mostrem mais afáveis e que a França mais uma vez consiga o dinheiro e o trigo que tanta falta lhe vêm fazendo. Suas próprias ansiedades, madame, tão bem embasadas, já não serão tão grandes, e você poderá desfrutar do repouso que por tantos anos foi perturbado, e do qual tem tão grande necessidade [...] Imagino que seus inimigos exigirão que o rei demonstre alegria se seu neto for destronado."[59]

Madame des Ursins, no entanto, não estava totalmente correta: algumas tropas francesas seriam deixadas na Espanha, afinal de contas; uma força "de concessão" de 25 batalhões. E sua majestade católica abandonada na verdade se sairia melhor com seu próprio exército do que vinha se saindo com a ajuda de seu avô. Mas por ora, a glória pertencia à França – não por algum êxito de batalha, mas pela explosão de estoicismo patriótico que acolheu o apelo feito por Luís a seu povo em favor da continuidade da guerra. Em 12 de junho, o apelo foi enviado a todas as cidades do país, para ser afixado em todo mercado aberto e lido em voz alta antes do sermão de todas as missas. "Os franceses devem saber por que a paz tem demorado: não se pode pedir a um rei que levante armas para destronar a carne de sua carne [...] Meus súditos compreenderão este apelo",[60] registrou ele em privado, enquanto aos governadores das províncias ele enviou o seguinte:

A esperança de paz estava tão difundida em meu reino que acredito que, dada a fidelidade de meu povo durante todo o meu reinado, devo-lhe o consolo de conhecer as razões que impedem que eles agora desfrutem o descanso que procurei lhes conceder [...] Meus inimigos deixaram claro que sua intenção é fortalecer os estados vizinhos da França [...] para que no futuro possam entrar no reino quando tiverem interesse em iniciar uma nova guerra [...] Não digo nada de suas exigências de que eu junte minhas forças às da Aliança para destronar o rei, meu neto [...] É inacreditável que eles ao menos tenham pensado em exigir tal coisa [...] Minha ternura por meu povo não é menor do que a que sinto por meus próprios filhos; partilho de todos os sofrimentos que a guerra trouxe a um povo tão fiel [...] Toda a Europa sabe que busco a paz para meu povo, mas estou persuadido de que ele próprio não a aceitaria sob condições tão injustas e tão contrárias à honra do nome FRANCÊS [...] Se fosse apenas uma questão de minha vontade própria, meu povo regozijaria na paz, mas ela só pode ser conquistada por meio de esforços renovados [...][61]

Foi um apelo extraordinário. Na verdade, o simples fato de tê-lo feito foi extraordinário. Um monarca absoluto, que não precisava dar satisfação a ninguém, sem nenhum parlamento que o restringisse e nenhuma ameaça a seu poder dentro da terra, um homem excessivamente orgulhoso de seu trono e ambiciosíssimo por sua nação, havia feito circular o que, na realidade, era uma explicação da assustadora situação existente, e um pedido de apoio a seu povo, para que prosseguisse, desafiando as dificuldades adicionais que muito certamente enfrentaria.

A representação que Luís fez de si mesmo como pai do povo, amando-o como a seus próprios filhos, foi um golpe de mestre em termos de relações públicas, assim como sua conclamação a seu emergente sentimento de nacionalidade comum enquanto franceses. Nessa conclamação churchiliana *avant la lettre*, Luís se identificou com seu povo, partilhando seu sofrimento, oferecendo, por assim dizer, seu próprio sangue, trabalho árduo, suor e lágrimas. Mas não foi uma conclamação cínica. Luís era tão devotado a seu povo quanto à França e a seu trono: ele há muito havia compreendido que estes três elementos eram interdependentes e, possivelmente, não fazia distinção entre eles.

Luís não assumiu nenhuma culpa – não dava para esperar tanto –, mas em seu apelo de 12 de junho, que logo se tornou lendário, ele revelou que afinal, e crucialmente, tinha aprendido que a França não podia permanecer forte e seu próprio trono não estaria seguro somente pela obediência de seu povo: ele também precisava de seu apoio.

A seu próprio modo, o apelo de Luís foi um documento revolucionário. Sua simples existência era uma admissão dos limites do absolutismo, uma indicação de que o rei tinha compreendido a lição que Jaime II não tinha aprendido na Inglaterra, e que Guilherme de Orange havia entendido muito bem: a lição de que, a não ser pela força, um povo não pode ser governado por muito tempo contra a sua vontade. Em junho de 1709, em resposta a um apelo sincero de seu rei, o povo da França – soldados, camponeses, moradores das cidades – reuniu suas forças em favor de uma determinada resistência num momento de grande perigo. Este viria a se tornar seu momento de glória.

"Notícias de *Haia* de 14 do corrente [mês] dizem [...] que os aliados [têm] fortes ressentimentos contra o recente comportamento da corte da *França*; e os *franceses* [estão] usando todos os esforços possíveis para animar os homens a defender seu país contra um vitorioso e exasperado inimigo."[62] Assim Joseph Addison e sir Richard Steele circularam a notícia em seu *Tatler* pelos cafés de Londres naquele mesmo mês de junho de 1709. Em 9 de setembro, após três meses de manobras defensivas, as tropas de Villars finalmente lutaram com "Marlbrouk" em Malplaquet, perto de Mons, um forte vital para a defesa da própria França. Esta terrível batalha, a mais sangrenta de todo o século XVIII, foi uma vitória para Marlborough. Ao custo de cerca de 20 mil homens, duas vezes mais do que os franceses haviam perdido, os aliados tinham conseguido manter terreno. O marechal Villars, gravemente ferido, tinha entregado o comando ao marechal Boufflers, o pretendente rejeitado de Marthe-Marguerite, "o mais bravo entre os bravos, com a coragem dos velhos romanos".[63] Após seis horas de luta selvagem, Boufflers tinha conduzido uma ordenada retirada francesa, deixando as tropas aliadas exaustas demais para a perseguição.

Em termos militares, foi uma derrota para os franceses, mas seu desempenho tinha sido valoroso e o orgulho nacional ficou intacto. "Se pela graça de Deus nós perdermos outra batalha como esta, vossa majestade pode estar certa de que nossos inimigos estarão acabados", escreveu o marechal de Villars ao rei. "Estou orgulhoso de meus súditos", registrou Luís. "Apesar da guerra, da grande geada e da fome, os franceses estão apoiando seu rei e o Estado. Eles ouviram nosso apelo de junho, e a conduta de nossas tropas em Malplaquet nos deu esperança de futuras vitórias [...] A França será salva [...]"[64]

A França foi salva, mas não tanto pelo talento de seus generais, pela força de suas defesas ou pela determinação de seu povo, e sim pela morte inesperada, em 1711, do imperador José, que tinha sucedido a seu pai no trono do Sacro Império Romano em 1705. José, de apenas 32 anos, tinha morrido de varíola, deixando duas filhas pequenas, mas nenhum filho. Em consequência disso, seu trono foi devolvido a seu irmão, o arquiduque Karl – o mesmo Karl que estava lutando para tomar o trono espanhol do neto de Luís. A monumental aliança de potências europeias, que até agora vinha apoiando Karl, de repente se viu na posição paradoxal de lutar para produzir exatamente aquilo que vinha tentando evitar: a concentração de muito poder em poucas mãos. Em outubro de 1711, Karl foi eleito Sacro Imperador Romano; se a guerra chegasse ao fim em favor dos aliados, ele rapidamente controlaria o vasto império espanhol também. Liderados pelos holandeses e ingleses, os aliados concordaram que o momento era propício para a diplomacia. Ao fim do ano, planos estavam sendo traçados para uma conferência de paz na cidade holandesa de Utrecht, que teve início em janeiro de 1712.

"Madame de Maintenon acredita firmemente que haverá um acordo de paz",[65] observou Luís, sem fazer comentários, nos primeiros dias da conferência. Havia bons motivos para se acreditar nisso, embora a luta continuasse, em palcos cada vez menores, durante mais de dois anos. Ao longo de 1711, os exércitos da Aliança tinham mantido a vantagem. Apesar disso, o recém-eleito governo Tory na Inglaterra, formado por proprietários de terra que se opunham aos citadinos whigs, que eram favoráveis à guerra, tinha iniciado negociações com Luís "numa deserção gananciosa e traiçoeira"[66] mantida em segredo de seus aliados e até de Marlborough, seu próprio comandante em chefe (um simpatizante dos whigs). Em julho de 1712, a Inglaterra assinou uma paz separada com a França. Próximo ao fim desse mesmo ano, tendo sofrido perdas particularmente grandes nas campanhas de outono, os holandeses também concordaram com a paz, logo seguidos por forças aliadas menores. Com um império agora nas mãos, esperava-se que Karl estivesse menos preocupado em conquistar outro; após a morte de seu irmão em 1711, ele tinha deixado Barcelona, seu último baluarte espanhol, para reivindicar o trono imperial em Viena. Mas, na verdade, ele se mostrou o mais determinado de todos os líderes da Aliança. Seus exércitos imperiais lutaram durante todo o ano de 1713, até sua derrota final pelos franceses, nos primeiros meses do ano seguinte.

A paz, portanto, levou mais de dois anos para se concretizar. Houve concessões e conciliações de todas as partes, mesmo enquanto a luta continuava. Karl foi obrigado a abandonar suas pretensões à Espanha, mas seu Sacro Império Romano reconquistou quase todos os seus territórios alemães e adquiriu também grandes regiões da Itália. A Espanha, que vinha mantendo uma guerra civil contra os dois concorrentes ao trono, tornou-se, pela primeira vez, um país formalmente unificado – já que os catalães tinham sido massacrados por darem seu apoio ao lado perdedor. De sua decadente capital Madri, Filipe, agora com 30 anos, passou a impor ao reino, à força, um governo centralizado ao estilo francês, ignorando a maior riqueza e vibração de províncias que não Castela. Com isso garantiu a sobrevivência de fortes ressentimentos regionais e enfraqueceu o desenvolvimento econômico e político do país por quase trezentos anos.

Em troca do reconhecimento de sua condição de rei de direito da Espanha e de seu extenso império, Filipe tinha sido obrigado a renunciar a seu direito ao trono da França. Isso ele havia feito. Igualmente, seu irmão, o duque de Berry, e seu tio, o duque de Orléans, tinham renunciado formalmente a seu direito ao trono espanhol, aparentemente garantindo que não haveria nenhuma superpotência Bourbon na Europa. No entanto, como Luís confidenciou a seu diário secreto, "Nem Filipe V, nem Berry, nem Orléans, nem eu damos qualquer valor a estas renúncias [...] Todos os príncipes, *seigneurs* e magistrados franceses sabem que elas são contrárias às leis fundamentais da França e serão consideradas inteiramente nulas e sem efeito [...] O embaixador inglês, graças a Deus, não tem a menor ideia disso [...] Ele informou a rainha Ana das renúncias [...]"[67]

Evidentemente, Luís tinha aprendido pouco com os desastrosos e empobrecedores anos de guerra que ele próprio tinha provocado. A França não tinha ganhado quase nada "com todo esse desperdício de riqueza e perda de vidas".[68] Mas Luís agora tinha 75 anos de idade. O mundo deveria ser poupado de outras devastações inspiradas por sua falta de sagacidade. Em sua última e prolongada batalha para expandir a influência francesa na Europa e em suas colônias, ele involuntariamente tinha feito nascer uma grande e nova potência que ele mal considerava parte da Europa: a "pérfida Albion", a verdadeira vitoriosa na Guerra da Sucessão Espanhola.

Com o conflito, a Inglaterra – ou, antes, a Grã-Bretanha, já que um Tratado de União em 1707 tinha unido este país formalmente à Escócia – certamente tinha conquistado territórios: um grande trecho do Canadá francês tinha se tornado britânico, bem como a ilha caribenha de São Cristóvão (Saint Kitts), onde Françoise, aos 11 anos, havia comido mandioca e abacaxi na residência do governador. A Grã-Bretanha também tinha conquistado dois pequenos, mas estrategicamente importantes territórios da Espanha: a ilha de Minorca, no Mediterrâneo Oriental, e o rochoso promontório de Gibraltar, ao sul. Para uma força naval aventureira, estas aquisições eram excelentes, e os britânicos conquistaram ainda mais com a perda holandesa de direitos de comercialização no Mediterrâneo e na América do Sul, o que acabou por reduzir seus antigos e maiores rivais comerciais a "não mais que uma chalupa na esteira do navio da Inglaterra".[69] A França foi obrigada a aceitar a Grã-Bretanha como sua principal nação de comércio e desarmar as defesas em Dunkirk, que poderiam ter ameaçado o comércio britânico pelo Canal. E, essencialmente, a Grã-Bretanha ganhou da Espanha o famigerado *Asiento*, o direito exclusivo de fornecer escravos – cerca de 20 mil ao ano – às muitas colônias espanholas da América do Sul.

No fim, os britânicos provaram-se mais perigosos como aliados do que como inimigos – em especial para os holandeses, que também tinham perdido território para o Império e uma longa fila de fortificações para os franceses, graças ao tratado secreto de 1711. O Tratado de Utrecht tinha roubado dos britânicos toda a credibilidade que desfrutavam junto a seus antigos amigos na Grande Aliança, mas beneficiou-os em tantos outros aspectos que eles podiam se dar ao luxo de não se importar. "A Inglaterra quer dominar o comércio mundial",[70] Luís tinha observado. De fato, auxiliada substancialmente, embora inadvertidamente, por suas próprias ações ao longo do século XVIII, ela faria exatamente isso. Entretanto, após décadas de exaustivo militarismo hegemônico e com a preocupante e nova força, ao leste, da Rússia de Pedro, o Grande, os europeus concordaram em partir para algo mais próximo a um equilíbrio de forças no continente. Isso duraria até o surgimento de outro expansionista francês, noventa anos depois, na pessoa de Napoleão Bonaparte.

"Os céus cuidam de meu filho; além disso, ele é robusto e parece que vai viver cem anos."[71] Assim Luís havia escrito em um momento feliz, mais de duas décadas antes. O delfim estava agora na casa dos 50 anos, feliz em seu segundo casamento morganático, ainda servindo no exército, cavalgando e caçando lobos com paixão real. Sem jamais se interessar muito por política ou estratégia, ele precisou ser incitado na direção de seu esperado futuro dever como soberano, empurrado a participar das reuniões do conselho e pressionado a assumir uma posição nas questões do dia. À parte sua falta de interesse no governo, ele não tinha dado nenhum outro motivo de preocupação, a não ser por sua compulsão por comer; numa noite alarmante, ele tinha efetivamente perdido a consciência depois de se deliciar com particular entusiasmo. Mas mesmo seu volumoso tamanho e sua constituição saudável não foram páreo para as devastadoras doenças da era: em abril de 1711 ele contraiu varíola e, no dia 14 desse mês, morreu, deixando seu pai "de coração partido [...] Eu o considerava um amigo com quem podia abrir meu coração [...] Terei de ocultar minha desolação – o que é necessário nesse duro trabalho de ser rei".[72] Os criados do delfim também tiveram um trabalho difícil e bizarro a cumprir, como registra o duque de Saint-Simon: o corpo de descomunal tamanho precisou ser "pisoteado" para caber dentro do caixão.

O próprio delfim tinha tido três filhos. Após o batismo simultâneo dos três, Luís havia declarado cheio de alegria: "A sucessão real da França está garantida. Sou um príncipe feliz – e uma espécie de patriarca!"[73] O filho mais velho do delfim, o duque de Borgonha, tornou-se ele próprio o delfim: também ele tinha tido três filhos com sua encantadora esposa Maria Adelaide, e, embora o mais velho tivesse morrido muito jovem, ainda havia dois garotinhos saudáveis para herdarem o trono no seu devido tempo.

Em 5 de fevereiro de 1712, a própria Maria Adelaide adoeceu de sarampo; submetida a sangria e purgação pelos médicos reais, no dia 12 desse mês ela estava morta. No dia 18, Borgonha, o novo delfim, também morreu, vítima da mesma doença e submetido ao mesmo tratamento. "Estou fisicamente bem", escreveu o angustiado rei, "mas minha alma está mortalmente entristecida. Os céus estão me punindo por todos os pecados de minha vida. Em menos de um ano, Deus me tirou meu amado filho, o delfim, seu filho mais velho e a esposa desse filho. Seja feita a sua vontade, mas quão pesada é a provação".[74]

No dia 7 de março, o filho mais velho de Maria Adelaide, o terceiro delfim, de apenas 5 anos, também adoeceu com sarampo. Submetido a uma sangria pelos implacáveis médicos, ele morreu no dia seguinte. Seu irmão de 2 anos, o duque de Anjou, agora o quarto delfim, também tinha adoecido. "Que ele se cure!",[75] escreveu Luís, desesperado. Ironicamente, ele se curou por falta de cuidados médicos. Sua sensata governanta, indignada com o tratamento que os médicos haviam imposto ao resto de sua família, e culpando-os severamente por três mortes desnecessárias, roubou o garotinho e cuidou dele ela mesma, da forma mais caseira, sem fazer uso de remédios, purgações ou sangrias.

Dois anos depois, em maio de 1714, o neto mais novo de Luís, o duque de Berry, caiu de seu cavalo durante uma caçada e morreu no mesmo dia de ferimentos internos. "Os céus continuam a me punir, como ao patriarca Jó, do Antigo Testamento",[76] escreveu o rei com tristeza. Françoise, agora com 78 anos, escreveu: "Sinto-me letárgica ao extremo e acho que vou morrer disso. Sinto-me exausta de um modo que nunca senti."[77]

Um punhado de anos antes, Luís tinha podido se alegrar com sua "sucessão segura":[78] um filho, três netos e quatro bisnetos. O rei da Espanha e Maria Luísa já tinham dois meninos. Agora, em vista dos termos do acordo de paz, os príncipes espanhóis não podiam herdar o trono da França: desafiar este acordo representaria, certamente, a retomada da guerra. E todos os príncipes franceses, com exceção de um, estavam mortos. O futuro do trono *fleur-de-lys* dos Bourbon estava agora sobre os ombrinhos órfãos do delfim Luís, de 4 anos.

Eles não eram fortes o suficiente para dar paz de espírito a Luís. "A sucessão continua a ser a maior incerteza da França", ele confidenciou a seu diário secreto. Logo após a morte do duque de Berry, ele assinou um édito real declarando que, da ausência de herdeiros legítimos do sexo masculino, seus filhos legitimados poderiam herdar o trono. "É um édito importante, que certamente provocará muitos comentários, protestos e objeções", observou. "Meu chanceler se demitiu por causa dele, embora, oficialmente, o tenha feito para se dedicar à sua salvação. Na verdade, o chanceler sabe que meu édito não se conforma às leis fundamentais do reino."[79]

Françoise, sem dúvida, também sabia disso, mas recebeu o édito de bom grado. Ele colocava seu amado Mignon no quarto lugar na linhagem do trono, após o filho de Liselotte, o duque de Orléans, e do filho deste, Luís, o duque de Chartres, de 11 anos. Liselotte não ficou tão indignada com esta afronta ao sangue puro quanto um dia teria ficado. Como explicou, "Já que a irmã do duque de Maine e do duque de Toulouse se casou com meu filho e se tornou parte de nossa família, prefiro vê-los ascender que serem rebaixados."[80] A esta altura, o duque de Orléans e sua esposa, a colérica filha de Athénaïs, a quem o duque chamava de "madame Lúcifer", tinham seis filhos vivos e, como Liselotte ressaltou, "Maine e Toulouse também são seus tios".

O duque de Saint-Simon, ele próprio de uma linhagem bastante recente e defensor fanático das sutilezas de classe, sentiu-se bem pouco à vontade com tudo isso. As páginas de suas memórias exalam fumaça quando ele descreve que foi convocado para ouvir "esta notícia que não admitiria a mais mínima delonga, que nem ao menos podia ser redigida, e que era da mais absoluta importância". Saint-Simon saiu furtivamente de casa no meio da noite: "Minha esposa estava fora [...] Ninguém me viu entrar em minha carruagem, e segui para Paris a toda velocidade [...] O rei havia declarado seus dois bastardos, e os herdeiros destes perpetuamente, verdadeiros príncipes de sangue, capazes de herdar a coroa. Eu não esperava tal notícia [...] Fiquei furioso." No entanto, ele foi bajulador o suficiente para rapidamente cumprimentar o "manco" monsieur du Maine por sua nova condição. "E disse o mesmo, no dia seguinte, a monsieur de Toulouse e a madame, a duquesa de Orléans. Ela já estava imaginando seus irmãos coroados. Ela é cem vezes mais bastarda que eles [...] Monsieur du Maine manteve um ar de modéstia e solenidade a título de aparência. Monsieur de Toulouse é um beneficiário de todo esse assunto monstruoso, embora não tenha tido nada a ver com ele. Foi tudo um arranjo do duque de Maine e sua poderosa protetora."[81]

Saint-Simon, um persistente inimigo de Françoise, estava, sem dúvida, exagerando o caso. É muito improvável que tenha havido uma trama cuidadosa ou mesmo oportunista para elevar Mignon à posição de herdeiro do trono; e, na verdade, ele era apenas o quarto herdeiro, vindo após o delfim, de Orléans e do filho deste. De qualquer modo, Françoise estava feliz em ver Mignon tão reconhecido: de agora em diante, em uma série de pequenas coisas – todas elas amargamente enumeradas por Saint-Simon –, ele seria tratado com a deferência que ela lhe considerava de direito. "Veja o rei", ela lhe havia dito, quase quarenta anos antes. "Ele é tranquilo e educado; nunca faz estardalhaço em torno de seus direitos." "Ah, madame", Mignon havia respondido, "acontece que o rei está seguro de sua posição, enquanto eu não posso estar seguro da minha".

CAPÍTULO 19

O FIM DAS AFLIÇÕES

"Fico contente por ter ido caçar veados hoje, porque eu não poderia estar mais gordo. Monsieur o Eleitor da Bavária tem me dito que tenho boa aparência. Garante que nem mesmo na Alemanha (onde são muito mais gordos que nós) ele viu alguém tão enorme."[1]

Assim disse Luís, o Grande, o Rei Sol da França, agora na casa dos 75 anos, ainda caçando e um campeão de tiro, só que não mais saltando valas, não mais investindo em campo aberto, mas apenas tagarelando ao lado dos cavalos em uma pequena charrete de três rodas, rangendo os dentes que lhe restavam por conta da intratável dor provocada por sua gota. Seu gosto pelos prazeres do corpo ainda era forte: nesses seus anos, 70 e tantos anos, Françoise chegou a perguntar a seu confessor se devia continuar a aceitar os abraços do rei todas as tardes. "Sim, querida filha, você deve", foi a resposta. "Você deve aceitar esta submissão e vê-la como o refúgio de um homem fraco que de outro modo estaria perdido na impureza e escândalo. É parte de sua vocação."[2] O enorme apetite do rei por comida também estava intacto. Liselotte descreve um jantar regular: "Um faisão e uma perdiz inteiros depois de quatro pratos de diferentes tipos de sopa, uma grande tigela de salada, duas grandes fatias de presunto, carne de carneiro com molho e alho, um prato de bolos e, por último, frutas e ovos cozidos."[3]

No entanto, os anos eram reveladores. E se a longa guerra havia revelado o declínio da França, tinha mostrado também o declínio de seu rei. Luís não tinha se recuperado das tensões que ela havia provocado, nem da tristeza pela perda de tantos de seus herdeiros. Ele passava muitas horas sozinho com Françoise, à tarde ou à noite, chorando desconsoladamente. À noite, ao se despir durante sua cerimônia formal de *coucher*, à hora de dormir, "ele parecia um cadáver", disse um cortesão com tristeza. À época em que seu último tratado foi assinado, em setembro de 1714, os comerciantes em Londres apostavam que ele não chegaria ao fim do ano, e embora tenha chegado, foi por pouco.

"A velhice é um naufrágio",[4] havia dito Luís, com um suspiro, ao partir num longo e solitário passeio em seus jardins sempre floridos, para pensar em *la belle* Athénaïs, que havia morrido em seu convento em Paris, aos 65 anos. "Sua pele lembrava papel amarrotado, seu rosto todo estava vermelho e coberto de pequenas rugas [...] e seu lindo cabelo estava branco como a neve [...]"[5]

"A velhice é terrivelmente triste", disse Françoise. "Você sente que está pagando pelos prazeres da juventude."[6] A maioria de seus amigos do Marais já não vivia: seu amado e desmerecedor irmão Charles tinha partido, e também seu primo Filipe, que no fim da vida era um general da França; e a impossível Bonne e até Ninon de Lenclos, a cortesã mais celebrada de Paris, que havia "corrompido" Françoise com o marquês de Villarceaux, mais de cinquenta anos antes. Nos primeiros anos da guerra, Françoise a tinha convidado para viver com ela e Bonne em Versalhes, mas Ninon havia recusado, preferindo permanecer no centro de seu ainda agradável salão em Paris. Morreu pouco depois, rica e recém-transformada em *dévote*, no abraço final da Igreja. Em seu testamento de caridade, ela havia deixado mil francos a um jovem inteligente para que ele "comprasse livros", e o garoto, François-Marie Arouet, mais conhecido como Voltaire, mais tarde registrou a história para a posteridade com um toque do entusiasmo do século XVIII: "Eu tinha cerca de 13 anos quando a vi (tinha 10) [...] e ela tinha 85 (82) [...] Ela me deixou 2 mil francos (na verdade, mil) [...] Estava seca como uma múmia."[7] Talvez.

"Estou certa de que você não tem tantas rugas quanto eu", havia escrito Liselotte à sua tia Sofia, "mas isso não me incomoda. Eu nunca fui uma beldade, portanto, não perdi muita coisa".[8] Sofia, esposa do Eleitor, na casa dos 80 e ela própria dona de uma beleza que há muito havia desvanecido, por pouco não tinha se tornado rainha da Inglaterra. Sua morte em 1714, apenas algumas semanas antes da morte da rainha Ana, tinha levado seu filho George ao trono em seu lugar, para produzir uma longa dinastia alemã na terra dos homens que, segundo Defoe, "eram semelhantes a todo o universo". "A chegada dos hanoverianos a Londres representa um perigo para nosso reino",[9] havia observado Luís, mas estava enganado. A Grã-Bretanha do século XVIII desviaria seu olhar das conquistas militares no continente para voltá-lo a um horizonte mais amplo, "o domínio do comércio mundial", como o próprio Luís havia previsto.

Mas esta seria numa nova era que o Rei Sol não iria presenciar, uma era que, na França, por mais de meio século, seria definida apenas como uma consequência dele próprio. O destino permitiu a Luís uma última manifestação de esplendor em fevereiro de 1715, com a recepção do embaixador da Pérsia na Galeria dos Espelhos, em Versalhes, permitindo-lhe "honrar o Oriente e, ao mesmo tempo, surpreender o Ocidente, mostrando à Europa que a França não tinha sido derrotada, nem pelo fardo da guerra nem pelos sacrifícios impostos durante a paz. Foi a recepção mais solene de todo o meu longo reinado", registrou. "Meu trono estava sobre uma plataforma de frente para toda a galeria. Na ocasião, usei um traje como que saído de um conto de fadas: um tecido dourado e negro, inteiramente coberto de diamantes, que brilhava como mil chamas. Custou 12 milhões, ou algo assim, e seu peso era realmente excessivo."[10]

No fim, o que matou Luís não foram as tensões do governo ou sua desesperada tristeza, nem simplesmente a velhice, mas sua antiga doença, a gota, ao mesmo tempo excruciante, debilitante e meio cômica. Seu médico *premier*, Fagon, valendo-se de antigos e supostos remédios, manteve a perna latejante do rei fortemente envolta em emplastros, suando, imóvel, com o sangue impedido de circular. Sua condição piorava a cada dia. "Minha perna doeu terrivelmente hoje", escreveu Luís em 11 de agosto. "A dor em meu ciático estava um absoluto tormento, desde a coxa até o pé." Dois dias depois: "Eles precisam me carregar para todo lado nos braços." Em 18 de agosto: "Tive de ouvir a missa na cama." Em 21 de agosto, Fagon convocou outros quatro médicos. "Ele cometeu um erro, e agora não sabe o que fazer", escreveu o rei. O quinteto fez um exame minucioso na perna, que agora estava terrivelmente inchada; durante o exame, Luís desmaiou. "Com todo o conhecimento científico que eles têm, só conseguem pensar em amputá-la." E eles achavam que provavelmente nem isso conseguisse salvá-lo. O rei teve "uma noite ruim" em 22 de agosto, e o dia seguinte ele passou com "fortes dores".

No sábado, 24 de agosto, ele escreveu: "Há manchas pretas em minha perna. Portanto, não é o ciático, como há tanto tempo vinham pensando, mas gangrena, ao que parece. De qualquer modo, fiz uma reunião com meu conselho financeiro – talvez a última de meu reinado. Após as nove da noite, recebi alguns membros da corte, mas a dor ficou forte demais e tive de lhes pedir para se retirarem pouco tempo depois. Então fiz minha confissão [...]"[11] Foi o último registro que Luís faria em seu diário secreto.

O rei viveu mais sete dias. Durante esse tempo, como relata o duque de Saint-Simon, "os aposentos de monsieur d'Orléans, antes desertos, estavam agora absolutamente lotados", com membros da corte apressando-se a fazer amizade com o provável novo regente da França. "E o que o moribundo Júpiter podia fazer? [...] Os ministros do rei, no entanto, não se atreviam a se aproximar de monsieur d'Orléans. Monsieur du Maine observava a tudo, e eles ainda tinham medo de madame de Maintenon e pavor do rei [...] Restava nele ainda um pouco de vida para demiti-los de seus postos e eles então teriam de acorrer a Orléans de joelhos [...]"[12]

Além de seus médicos e sacerdotes, Luís viu poucas pessoas nesses últimos dias: Mignon estava frequentemente com ele, e Françoise, o tempo todo; o duque de Orléans era recebido uma ou duas vezes por dia; Liselotte, quase nunca, e ela deixava os aposentos reais "chorando e gemendo tão alto que todos achavam que o rei já tinha morrido". A esposa de Mignon, a duquesa de Maine, finalmente apareceu. "Até agora ela não tinha se dado ao trabalho de sair de seu castelo em Sceaux, com todos os seus amigos e diversões." Mas, se demorou a comparecer ao leito de seu sogro, uma vez ali se mostrou delicada e prestativa. O pequeno delfim foi levado até lá por sua governanta, e o rei o recebeu com muita ternura. Os criados registraram seus conselhos, os primeiros e últimos que o menino receberia: "Minha criança", disse Luís, "você será um grande rei. Não me imite em meu amor às construções, nem em meu gosto pela guerra. Ao contrário, tente permanecer em paz com seus vizinhos. Entregue a Deus o que lhe deve [...] e faça seus súditos honrarem-no [...] Tente consolar seu povo, como eu, infelizmente, não fui capaz de fazer. E não se esqueça do que você deve à sua governanta [...] Querida criança, dou-lhe a minha bênção, de todo o meu coração".

A maioria dos membros da corte permanecia do lado de fora das portas dos aposentos do rei, e de vez em quando eles tinham permissão para entrar rapidamente. "O rei não podia engolir mais nada a não ser líquidos", disse Saint-Simon, e ao ver sua fraqueza, agora bastante evidente, "notei que ele não gostava de ser observado. Pediu aos membros da corte que deixassem o quarto".

O próprio duque entrava sempre que lhe era permitido, e o que ele não observava diretamente, colhia mais tarde dos criados do rei, registrando tudo com sua costumeira malevolência, no que dizia respeito às pessoas de quem não gostava. "O rei fez um cumprimento à madame de Maintenon que não agradou a ela em nada; ela não disse uma palavra em resposta. Ele disse que seu consolo ao deixá-la era a esperança de que, em virtude da idade dela, eles logo voltassem a se reunir." Na verdade, foi com orgulho que Françoise relatou este "cumprimento" à sua secretária, entendendo-o, como a própria mademoiselle d'Aumale também o entendeu, não como um insulto a seus quase 80 anos, mas como uma indicação do amor do rei por ela, após quase 33 anos de casamento. "O rei disse à madame de Maintenon que tinha ouvido alguém dizer que era difícil aceitar a própria morte, mas que [...] ele não achava tão difícil." Revelando mais de si mesmo que de Françoise, numa frase que provavelmente era pura invenção, Saint-Simon continuou: "Ela respondeu que era mais difícil quando se era apegado às pessoas, quando se tinha ódio no coração e ainda se desejava vingança."

Françoise falaria com frequência com mademoiselle d'Aumale sobre os últimos dias do rei. Mademoiselle tinha estado com ela boa parte do tempo. "Fui testemunha de quase tudo que ele lhe disse",[13] confirmou, e de fato a própria Françoise voltaria a contar a história como parte de seu testamento final. O rei havia pedido que um quarto fosse preparado junto ao dele, para que as duas pudessem passar as noites ali em vez de retornarem a seus próprios aposentos. Françoise não rezou pela vida de sua majestade, disse ela, mas para que sua alma fosse salva. Na presença de seu confessor, "ela lembrou-lhe de vários erros que o tinha visto cometer, e ele os confessou, agradecendo-lhe por recordar-se deles". Eles analisaram juntos os vários documentos e cartas, a maioria dos quais foi queimada por instrução do rei. "Não precisaremos mais desta lista de convidados para os fins de semana em Marly", disse ele, "e queime estes documentos também, ou dois de meus ministros vão se pegar pela garganta". Tomando seu rosário, ele o entregou a ela com um sorriso: "Não é uma santa relíquia", disse ele, "apenas uma lembrança".

Quando já estava muito fraco, o rei chamou para junto de seu leito o marechal duque de Villeroy, um amigo desde a sua infância e um de seus cortesãos preferidos, e entregou seu diário a ele para que o guardasse em segurança. Villeroy mais tarde o selou afixando a seguinte declaração: "Eu recebi do rei a determinação de não abrir o documento anexo. Ninguém deve ter conhecimento dele antes que dois séculos e meio tenham passado; isto é, antes do ano de 1965."[14]

"O rei unia suas mãos em oração com frequência, ou batia no peito com um *Confiteor*", disse Saint-Simon. "Ao ver seus criados chorando, disse-lhes: 'Por que estão chorando? Vocês achavam que eu fosse imortal? Eu nunca achei isso, e considerando minha idade, vocês já deviam estar preparados para me perder.'"[15]

A própria Françoise chorou muitas vezes, mas tomou o cuidado para que o rei não percebesse, saindo do quarto "sempre que sentia que não poderia conter as lágrimas". Por três vezes ele pareceu estar a ponto de morrer, e por três vezes se despediu de Françoise. "Não tenho o que lamentar", disse da primeira vez, "a não ser deixá-la, mas logo nos veremos outra vez".[16] Da segunda vez, ele lhe pediu perdão pelas dificuldades que ela havia enfrentado por viver com ele. "Perdoe-me, madame", disse ele. "Sei que não a fiz feliz, mas a amei e respeitei", revelando que, se não tinha podido satisfazer às necessidades dela, ao menos as tinha compreendido. E começou a chorar.

No terceiro adeus, ele lhe perguntou com ansiedade: "Mas o que será de você, já que não tem nada?" "Eu não sou nada", respondeu ela. "Pense apenas em Deus."

Mas ela tinha se afastado "apenas dois passos da cama" quando se virou, tomada de uma súbita ansiedade "sobre o tratamento incerto que devia esperar dos príncipes, e solicitou ao rei que pedisse a monsieur o duque d'Orléans que tivesse alguma consideração para com ela".

A própria Françoise admitiu e testemunhou claramente em seu testamento, que apesar do brilho de sua posição, os temores de sua vida pregressa – de exclusão, humilhação e pobreza – nunca a tinham, realmente, abandonado. "O que será de você", Luís havia perguntado, "já que não tem nada?" "Eu não sou nada", ela havia respondido – ou pelo menos, nada sem você. Foi o que ela se deu conta ao se afastar do que pensou serem as últimas palavras de Luís – e então se virou, com medo.

Luís viveu mais um dia. Na primeira manhã de setembro, ele ouviu o sino de sua capela recentemente concluída tocar a hora: oito e quinze. Então o grande Rei Sol, sempre magnífico, sempre glorioso, deu um suspiro e dois soluços e morreu.

"Ele entregou sua alma sem esforço", escreveu o marquês de Dangeau, "como uma vela que se apaga".[17]

Usando um manto e capuz, "e com os olhos perfeitamente secos", observou Saint-Simon, com maldade, Françoise fugiu de Versalhes. Não mais necessária, com o rei inconsciente e com sua morte iminente, ela havia partido na carruagem de Villeroy, acompanhada dos guardas do marechal duque. "Ela me pediu que eu me certificasse de que outra carruagem estaria esperando por ela, e não a sua própria",[18] escreveu mademoiselle d'Aumale. Tinha medo de ser tratada como tinha visto acontecer a outras favoritas, depois de perderem tudo. E tinha medo de que houvesse pessoas gritando insultos a ela na estrada para Saint-Cyr. Monsieur de Villeroy colocou guardas ao longo do trajeto para se certificar de que isso não aconteceria, mas na realidade isso era improvável; ele só queria tranquilizá-la.

Na carruagem com mademoiselle d'Aumale, Françoise falou de sua tristeza, "uma calma tristeza, disse ela, porque o rei tinha tido uma morte perfeitamente cristã, e se ela chorava, suas lágrimas eram de ternura e seu coração estava tranquilo [...] Mas ao chegar a Saint-Cyr, ela começou a chorar mais que nunca. 'Não quero nada agora a não ser Deus e minhas filhas', disse [...] Todas as meninas esperavam por ela, e foi a coisa mais triste do mundo. Madame de Maintenon perdeu completamente o controle, e todas as meninas choravam, mesmo as pequenas [...] 'Espero poder vê-las em breve sem lágrimas, disse-lhes, mas hoje eu simplesmente não posso evitar.'".[19]

Luís XV, o novo rei da França, tinha passado das roupas de bebê às calças apenas um ano antes e entrou para ver seu bisavô com uma pequena espada na lateral do corpo. Ele tinha agora 5 anos e o reino estava oficialmente nas mãos de seu primo Filipe, de 41 anos, filho de Liselotte, o duque de Orléans, agora regente da França. Apesar de recomendar a seus filhos e sobrinhos que evitassem "problemas e guerras" dentro da família, como as que ele havia conhecido durante os dias da Fronda, o moribundo Luís tinha criado um conflito quase inevitável com os termos de seu próprio testamento.

Em seus últimos dias de vida, Luís tinha acrescentado um codicilo secreto ao testamento, pelo qual o duque de Saint-Simon culpou inteiramente Françoise e Mignon, com a ação conivente do marechal duque de Villeroy. "O rei tinha papel e tinta a seu lado, e como eles achavam que o rei não havia feito o bastante pelo duque de Maine em seu testamento, quiseram corrigir isto por meio de um codicilo, o que mostra o quanto abusaram da fraqueza do rei neste momento extremo [...]"[20]

A fraqueza do rei, no entanto, não era mental, como o próprio e esquecido Saint-Simon havia registrado muito recentemente. Percebendo com clareza os ardis de seu confessor, père Tellier, por exemplo, Luís não tinha se deixado persuadir a fazer nomeações clericais de última hora, "isto é, relegando-as ao próprio père Tellier [...] Quanto pior o rei ficava, mais père Tellier o pressionava [...] mas não teve êxito. O rei disse que já tinha o bastante a fazer acertando suas contas com Deus e ordenou-lhe que parasse com aquilo de uma vez por todas".[21] Luís manteve-se de posse de suas faculdades mentais até o fim. Nem Françoise, nem Mignon, nem Villeroy poderiam tê-lo persuadido em seu leito de morte, tanto quanto não tinham sido capazes de persuadi-lo durante sua vida ativa a fazer qualquer coisa contrária à sua própria inclinação.

No entanto, o testamento tinha sido modificado. Apenas algumas horas após a morte de Luís, seu sobrinho, o duque de Orléans, regente de um estado absolutista e sem nenhuma restrição legal a seu poder, descobriu que, por meio do codicilo, seus primos legitimados, os duques de Maine e Toulouse, juntamente com outros partidários destes, tinham sido nomeados membros do Conselho de Regência. Orléans não perdeu tempo para derrubar o testamento do falecido rei. No dia seguinte, convocou um *lit de justice*, uma sessão extraordinária do parlamento de Paris, na presença formal do pequeno rei, e ali se assegurou da anulação do problemático codicilo. Mignon e seu irmão pouco se importaram, pois nenhum dos dois tinha interesses políticos muito fortes, como Orléans evidentemente percebeu: tendo provado seu ponto de vista e garantido o controle da regência, ele imediatamente nomeou Mignon superintendente da educação do pequeno rei, e a seus amigos Villeroy e o bispo André-Hercule de Fleury, ambos antigos protegidos de Françoise, respectivamente mestre e tutor do menino.

Se Orléans estava satisfeito, o duque de Saint-Simon não estava. Em sua opinião, o atual controle da educação do pequeno rei implicava futuro poder na terra: influência na definição de políticas e na escolha de ministros. A regência duraria apenas até o rei atingir sua maioridade formal, em 1723, à idade de 13 anos, ainda jovem demais para ter escapado à servidão de seus mestres da infância. Ministros seriam nomeados, cargos poderosos e lucrativos seriam distribuídos e Saint-Simon, antigo inimigo tanto de Mignon quanto de Villeroy, ficaria de mãos abanando; era o que ele temia.

Com esta perspectiva à frente, o ambicioso Saint-Simon, agora com 40 anos, determinou-se a arruinar Mignon aos olhos de seu primo, o regente. Com um misto do desenfreado instinto de seu pai e do prático senso comum de sua mãe, Orléans tinha iniciado sua regência com uma série de reformas práticas e afrouxado os rígidos protocolos formais dos tempos de seu tio. Trocou Versalhes pelo Palais Royal em Paris, trazendo o governo de volta à capital e, nesse processo, rejuvenescendo tanto a cidade quanto a corte: no lugar do entediante e cerimonioso *petit lever* de Luís, seu despertar oficial a cada manhã, os cortesãos agora buscavam *l'admission au chocolat* – o direito de estar presente com o regente quando ele se sentasse na cama para beber sua primeira xícara de chocolate quente. Mas, embora fosse inteligente, perspicaz e muito popular, Orléans não estava tendo grande sucesso como regente. Depois de apenas dois anos, sua liberalização do parlamento de Paris, permitindo que os *parlementaires* levantassem objeções a seus próprios decretos, tinha começado a desfavorecê-lo, o que não era de surpreender; suas arrojadas reformas econômicas estavam afundando, e as dificuldades para pagar as imensas dívidas do falecido rei pareciam insuperáveis. Ele caiu numa grande letargia, da qual Saint-Simon passou meses tentando tirá-lo, enquanto Liselotte se queixava à sua meia-irmã: "Se as amantes de meu filho realmente o amassem, estariam cuidando melhor dele, mas essas francesas não se importam com nada a não ser consigo mesmas e com seus próprios prazeres [...]"[22]

No fim do verão de 1718, Saint-Simon finalmente atingiu seu objetivo de tirar Mignon do poder. Embora tivesse persuadido Orléans em parte, o regente continuava "irresoluto", de modo que Saint-Simon foi obrigado a juntar forças no empreendimento com o primo de Orléans, o príncipe de Condé, ele próprio um inquestionável e legítimo príncipe de sangue, ao contrário do emergente Mignon, e claramente feliz em passar por cima de todas as responsabilidades de família que pudessem acompanhar sua ação: sua própria esposa, Luísa Francisca, antiga mademoiselle de Nantes, era irmã de Mignon, a "Gordinha", e sua irmã Luísa Benedita era a duquesa de Maine, esposa de Mignon.

Informado por um prestativo criado sobre a melhor oportunidade para obter a atenção exclusiva de Condé, Saint-Simon apareceu à residência do príncipe em Paris no momento em que ele se levantava da cama. O príncipe se vestiu rapidamente e os dois se sentaram em "poltronas de igual tamanho" para tramar em igualitário conforto. "Perguntei a ele como pretendia atingir o duque de Maine", disse Saint-Simon, "e ele me disse que pelo afastamento da educação do rei".[23] Saint-Simon concordou, acrescentando, de forma implausível, mas que o justificava, que "esse ataque ao duque de Maine hoje" seria "a maneira mais segura de evitar a guerra civil no futuro".

O ataque aconteceu no dia 26 de agosto e, na verdade, foi muito além das expectativas de Saint-Simon. Por um decreto do regente, num *lit de justice* convocado especialmente para tal, Mignon não apenas perdeu "a educação" de Luís, de 10 anos, mas ele e seu irmão, o duque de Toulouse, perderam sua sempre controversa condição de príncipes de sangue e, com isto, o direito de herdar o trono. Toulouse, o irmão mais novo, considerado, claro, uma ameaça potencialmente menor do que Mignon, teve permissão para reter as honrarias de sua antiga classe, em termos de chapéus, reverências e a sempre essencial poltrona, mas Mignon foi reduzido à classe dos nobres comuns.

Ele aceitou o rebaixamento com humildade, embora não se possa dizer o mesmo de sua diminuta mas superexaltada esposa, Luísa Benedita. Neta de *le Grand Condé* e, como a maior parte de sua família, uma encrenqueira constitucional, Luísa Benedita, "não muito maior que uma menina de 10 anos", era popularmente conhecida como "madame Pólvora". Declarando que "incendiaria todo o reino para manter o direito de du Maine ao trono", ela entrou intempestivamente na sala de Orléans e o atacou "realmente aos berros [...], o que seu tímido marido não tinha se atrevido a fazer".[24]

Quanto a Saint-Simon, é de admirar que ele tenha sobrevivido à notícia: "Eu explodia de alegria. Realmente tive medo de desmaiar. Meu coração batia loucamente; explodia de meu peito, mas eu não podia parar de ouvir, era um tormento tão delicioso [...] Eu tinha triunfado sobre os bastardos, tinha finalmente me vingado, nadava em minha vingança, exultante pela conquista final de meus mais ardentes desejos na vida."[25]

"Nem Filipe V, nem Berry, nem Orléans, nem eu damos qualquer valor a estas renúncias [...] Elas serão consideradas inteiramente nulas e sem efeito [...]" Assim havia escrito o falecido rei depois de assinar os tratados de paz de Utrecht que puseram fim à Guerra da Sucessão Espanhola. Em Madri, o Bourbon Filipe tinha renunciado a seus direitos ao trono Bourbon na França — mas, em privado, somente enquanto isso lhe conviesse. Agora, menos de quatro anos depois, o cinismo, ou a deslealdade, que Luís havia instilado em seus herdeiros arrastaria a França Bourbon, mais uma vez, à guerra, desta vez, obstinadamente, contra a Espanha Bourbon.

Luís XV tinha ainda 8 anos e sua saúde não era nem um pouco vigorosa; no perigoso século XVIII, assolado por doenças, não havia garantia de que ele sobrevivesse até a idade adulta. Seus dois irmãos tinham morrido; seu pai e seu tio Berry, também. Agora que os bastardos du Maine e Toulouse tinham sido afastados da linha de sucessão, no caso da morte do pequeno rei o trono passaria ao regente, Orléans. Mas em Madri, Filipe, francês de nascimento, tinha três filhos vivos e uma segunda esposa, a germano-espanhola Isabel Farnésio, ainda com 26 anos de idade. Ele e seus filhos eram descendentes diretos de Luís XIV, com direito muito maior a seu trono — se os tratados de Utrecht fossem desconsiderados — do que o regente, que era apenas sobrinho do rei. Encorajado por seu ambiciosíssimo primeiro-ministro, o cardeal Alberoni, Filipe decidiu tomar a regência para si mesmo, para que, no caso da morte do pequeno Luís, ele ou um de seus filhos assumisse o trono da França.

Os planos foram traçados ao longo do ano de 1718: Orléans devia ser sequestrado durante uma de suas muitas viagens para fora de Paris; Filipe seria declarado o novo regente, e todo o *coup* seria sustentado por forças espanholas que desembarcariam no oeste da França. Dentro do país, o embaixador espanhol Cellamare lideraria a conspiração, auxiliado por vários nobres franceses descontentes e ressentidos de sua exclusão do poder, destacando-se entre eles a esposa de Mignon, Luísa Benedita, "madame Pólvora".

Entre os que a apoiavam nesse ato de traição estavam o indiferente Mignon e sua irmã Francisca Maria, duquesa de Orléans – esposa, não menos, do próprio regente: 26 anos e oito filhos depois do casamento que tanto a aborreceu, Liselotte mais uma vez teria motivo de indignação. A motivação de Francisca Maria parecia ser apenas ódio a seu marido, homem, admitidamente, de flagrantes infidelidades. Em seus anos de juventude, juntamente com sua irmã "Gordinha", ela havia causado escândalos sem fim na corte, com seu comportamento selvagem, que incluía ficar acordada por metade da noite com amigos impróprios, fumando e se embebedando. Mas agora, aos 40, Francisca Maria mal saía de seu sofá. "Sua preguiça é inacreditável", escreveu sua sogra, Liselotte. "Ela mandou fazer um *chaise longue* especialmente para ela se deitar enquanto joga cartas. Ela joga em cima dele, come em cima dele, lê em cima dele [...] Ela acaba de ter uma cólica novamente por comer demais; aquela mulher é capaz de comer quantidades imensas de comida; puxou isso do pai e da mãe. Suas filhas são exatamente iguais; comem até passar mal, e depois começam a comer novamente. É nojento [...]"[26]

De qualquer modo, Francisca Maria saiu, ou foi levada a sair do sofá para participar da conspiração de Cellamare, que no outono de 1718 ganhava ímpeto. O duque de Saint-Simon "persuadiu-se", como ele próprio admitiu, de que Françoise, de seu claustro em Saint-Cyr, também estava envolvida: "Não é preciso muito para uma pessoa se convencer de que ela tinha conhecimento de tudo que seu Mignon estava aprontando, todos os seus planos", escreveu mais tarde. "A esperança de seu sucesso a vinha sustentando [...]"[27]

Mas no início de dezembro, havia claras indicações de que tudo tinha sido descoberto, e no final do mês, Mignon e Luísa Benedita foram presos, junto com outros 1.500 conspiradores espalhados pelas províncias. Em Saint-Cyr, Françoise soube apenas vagamente das prisões. "Ela sabia que tinha acontecido alguma coisa, mas não sabia o quê", disse mademoiselle d'Aumale, "por isso mandou que levantassem mais informações [...] Quando soube da notícia, ficou realmente arrasada".[28]

O regente tratou seus familiares desleais com mais generosidade do que mereciam. Escapando de uma possível sentença de morte, Luísa Benedita, embora uma das principais conspiradoras, foi exilada na província de Burgúndia. Francisca Maria não foi punida senão por um batismo de difamação: daí para a frente seu marido passaria a se referir a ela apenas como "madame Lúcifer". O relutante conspirador Mignon foi preso na repugnante fortaleza de Doullens, em Somme. Sua desgraça deixou Françoise "terrivelmente aflita". "Foi o primeiro golpe da morte sobre ela",[29] disse Saint-Simon. Françoise nunca mais voltaria a ver Mignon.

Luísa Benedita acabou por voltar a seu castelo de Sceaux e a uma radiante vida de *salonnière*, sendo o jovem Voltaire um de seus convidados mais frequentes e adoráveis. Quando foi solto da prisão, em 1720, Mignon assumiu uma vida distinta no campo e, pelo resto de seus dias, viveu sossegada, apolítica e determinadamente longe de sua esposa.

No ano seguinte, o duque de Saint-Simon foi nomeado embaixador da França na corte em Madri. Ali ele contraiu varíola, à qual sobreviveu, considerando-se bem recompensado por sua subsequente promoção à classe dos Grandes da Espanha.

Orléans morreu em 1723, pouco depois de o jovem rei ter alcançado a maioridade. O filho de Liselotte tinha se provado um bom regente para seu primo, se não inteiramente para a França. Mas, ao longo dos primeiros vinte anos do reinado pessoal de Luís XV, as coisas melhoraram consideravelmente, em grande parte por causa da inteligente direção de André-Hercule de Fleury, agora cardeal e primeiro-ministro da França, seguindo a tradição dos *éminences rouges* da época. Fleury foi colocado no caminho da proeminência por Françoise, um fato que

Saint-Simon, ao retornar da Espanha em busca de favores no novo regime, tratou, rapidamente, de esquecer.

Françoise não viu nenhuma das sublevações que aconteceram nos primeiros dias da regência. Desde sua chegada a Saint-Cyr, no dia da morte de Luís, ela não havia saído de lá, e nunca o faria. "Ela teve o bom senso de se declarar morta para o mundo",[30] comentou o duque de Saint-Simon, sem generosidade. Embora ela nunca tivesse tido um bom relacionamento com o duque de Orléans, como regente da França ele a tratou com bondade, mantendo sua pensão anual de 48 mil libras e assegurando-lhe de sua atenção pessoal caso ela tivesse mais alguma necessidade. Mas Françoise tinha quase 80 anos de idade. Restava-lhe pouco a fazer agora, como ela disse, a não ser "pensar em minha salvação e fazer boas obras".[31]

Ela demitiu seus empregados domésticos, enumerados por mademoiselle d'Aumale como segue: um administrador do estábulo, três criados domésticos, um *maître d'hôtel*, um oficial, um oficial assistente, uma cozinheira, uma ajudante de cozinha, um cocheiro, um mensageiro, um cavalariço, três lacaios, um porteiro, dois carregadores de liteira, duas ou três camareiras, uma empregada e um menino de cozinha. De todo o séquito ela manteve apenas duas empregadas "para dentro de casa" e um criado "para fora". A Marthe-Marguerite ela enviou instruções para vender sua carruagem, com um adendo lembrando-lhe de que era "muito bem-feita, os bancos eram bem estofados, as janelas tinham vidros lindos, era muito confortável e o damasco estava bom para mais uns quatro ou cinco anos" – tudo isso porque se lembrou de que sua sobrinha provavelmente se desfaria dela por um preço muito baixo, já que "você não sabe avaliar bem para poder regatear".[32]

Françoise não desejava, nem precisava, levantar dinheiro para suas próprias despesas. Elas eram mínimas e, na verdade, diminuíam. Seus dois quartos em Saint-Cyr eram suficientes para seu próprio uso; todos os seus visitantes eram recebidos ali, ou, se o tempo estivesse bom, eles passeavam juntos pelos jardins. Uma vez em Saint-Cyr ela se tornou cada vez mais preocupada – quase obcecada, na verdade – com as doações. Tudo que era sobressalente devia ser colocado imediatamente em uso, não apenas dinheiro e roupas de todo tipo, mas pão, carne e sal;

vinho e açúcar para os doentes; lençóis, cobertores e enxovais de bebê. Nesses dias, no entanto, ela não ia mais à cidade para fazer a distribuição, mas permanecia em Saint-Cyr, pedindo donativos a todos os seus visitantes que tinham algo a doar e repassando-os aos que não tinham.

Suas próprias roupas e objetos pessoais mais decorativos também eram rapidamente transformados em donativos. Abandonando seus vestidos coloridos, passou a usar vestidos pretos "muito simples, para não dizer rústicos", feitos de linho comum – a ponto, na verdade, de no verão de 1717 suas empregadas terem de pressioná-la a comprar algumas blusas. "Elas dizem que não tenho quase nada", escreveu a Marthe-Marguerite, "mas não tenho vontade de comprar coisas no momento. Você poderia mandar fazer meia dúzia para mim? O tecido não precisa ser nada muito fino".[33]

Embora em idade avançada, ela ainda usava perfumes e loções nas mãos e cabelos, mas agora os tinha abandonado, dizendo: "O homem para quem usei estas coisas se foi." À mesa, armada com um único guardanapo – "Não é tudo o que eu preciso?" –, ela comia apenas um prato, e embora estivesse acostumada a tomar uma xícara de chocolate quente todas as noites, passou a abrir mão disso, "não desejando introduzir nenhuma iguaria em Saint-Cyr". Sua toalha de mesa, "uma musselina floral, a mais linda que já vi", ela doou, "e me devolveu uma cesta que eu lhe havia dado para esvaziar seus bolsos ao fim do dia. 'Ela é bonita demais para mim agora', disse".[34]

A maior parte das 48 mil libras de pensão real de Françoise estava reservada, todos os anos, às muitas escolas e oficinas que ela sustentava. O restante era gasto, quase até o último centavo, em caridade casual, conforme a necessidade surgisse. Ela mal a considerava caridade: "Deus terá de ser realmente muito bom para nos recompensar por isso", disse ela, "pois, no que diz respeito a mim, já me dá mais prazer do que mereço".[35] As lembranças dos dias difíceis de sua juventude certamente ainda a acompanhavam, mas ela talvez sentisse também um toque de culpa até pelo modesto conforto de sua vida atual. Aparentemente ela se sentia muito tomada pela parábola do Rico e do Mendigo Lázaro, observando que não tinha sido por nenhum crime que o Rico seria punido no mundo vindouro, mas pela vida de conforto que tinha vivido na terra, enquanto o pobre à sua porta passava fome. Se na juventude ela tinha vivido o papel de Lázaro, estava ansiosa para não viver o do Rico agora, nos anos que lhe restavam.

Fechada com as *demoiselles* e freiras em Saint-Cyr, despojada de todos os bens e cuidados terrenos, Françoise, naquela idade, imaginava que iria simplesmente passar para o outro mundo sem nenhuma agitação. "Encontrei o mais agradável retiro que eu poderia desejar", havia escrito à madame des Ursins, alguns dias antes de sua chegada. "Minha vida agora será curta. Não tenho nada do que me queixar."[36] Mas a sedução das companhias e da correspondência viria a se provar grande demais; além disso, o mundo continuava a entrar ali. Nos dois anos anteriores à sua prisão, Mignon tinha sido um visitante regular, como relatou o duque de Saint-Simon, informado por uma das antigas *demoiselles* – "que sempre gostou da Maintenon, embora ela nunca lhe tivesse dado nada [...] E seu 'Mignon' era sempre recebido de braços abertos, apesar de cheirar muito mal"[37] – embora apenas nas narinas do duque.

A filha de Charles, Françoise-Charlotte-Amable, agora duquesa de Noailles, visitava-a sempre com seu marido, o duque, ele próprio amigo íntimo de Françoise; ela havia dado ao casal seu castelo de Maintenon, com seu aqueduto inacabado, já se transformando numa romântica ruína tomada por heras. Havia clérigos, claro, incluindo "vários bispos desconhecidos e fanáticos", como Saint-Simon os descreveu, e, uma noite por semana, Maria de Módena, a viúva empobrecida do ex-rei Jaime II da Inglaterra. A ex-rainha, ainda muito bela aos quase 60 anos, saía de seu lúgubre retiro em seu convento em Chaillot, "em uma carruagem extraordinária puxada por seis cavalos, adornada com um brasão esplêndido embora escurecido, com uma coroa, com aspecto embriagado, inclinada no topo de seu teto abobadado". Trinta anos antes, "isso era o máximo da elegância; agora era uma espécie de constrangimento".[38] Maria passava a noite jantando e conversando com Françoise, mordiscando doces e pastéis oferecidos por um clérigo admirador, e ambos igualmente sentados – para a indignação de Saint-Simon – numa poltrona com encosto e braços.

Um monarca, muito longe do declínio, também fez uma visita a Françoise, para sua surpresa, na verdade. Pedro, o Grande, o czar de todas as Rússias, estava instalado em seu próprio Trianon de Mármore em Versalhes, em meio a seu segundo grande tour pela Europa, "com

O FIM DAS AFLIÇÕES

uma menina a tiracolo, escandalizando a todos".[39] Com 2 metros de altura, o implacável ocidentalizador tinha conquistado, sem querer, uma admiradora durante sua permanência na França. Desconhecendo, sem dúvida, a propensão de Pedro a se descartar das indesejadas mulheres da realeza no convento gelado mais próximo, Liselotte escreveu empolgada à sua meia-irmã em meados de maio de 1717:

> Queridíssima Luíse, hoje eu recebi a visita de meu herói, o czar. Ele é realmente um homem bom, e com isso quero dizer que não é nem um pouco afetado e nada cerimonioso. É muito inteligente e fala um alemão truncado, mas não foi difícil compreendê-lo e ele me entendeu perfeitamente. É educado com todos e todos gostam dele [...] Nosso Grande Homem costumava rir quando as pessoas falavam sobre o czar, que trabalha com carpinteiros e construtores de navios na Holanda, mas acho que um homem que domine 14 ofícios jamais morrerá de fome [...][40]

As conversas sobre a longa visita do czar à França corriam constantemente também em Saint-Cyr. Embora Françoise tivesse declarado que seu "herói" fosse o rei Carlos XII da Suécia, o então vencido inimigo de Pedro, ela estava preparada para aceitar o vitorioso das guerras do norte em seus próprios termos. "O czar me parece um grande homem agora que eu soube que ele tem perguntado por mim",[41] escreveu descaradamente à Marthe-Marguerite em Paris. No entanto, quase um mês se passou antes que ela pudesse conhecê-lo pessoalmente, e mesmo então, embora nenhum dos dois fosse chegado a cerimônias, o encontro entre o czar de todas as Rússias e a viúva de um rei Bourbon foi bastante incomum. Numa tarde de junho, quando Françoise estava a ponto de assinar uma de suas cartas regulares a Marthe-Marguerite, uma criada entrou para lhe informar que "ele" queria lhe fazer uma visita após o jantar – "*ele* era o czar. Não me atrevi a dizer não e vou esperar por ele aqui em minha cama [...] Não sei se ele espera algum tipo de recepção formal, se deseja ver o prédio ou as meninas, ou se entrará na capela. Deixarei ao acaso". O pós-escrito de Françoise descreve o encontro bizarramente informal: "O czar chegou às sete horas. Sentou-se ao lado de minha cama e me perguntou se eu estava doente. Eu disse que sim. Ele me perguntou qual era a natureza de minha doença. Eu lhe disse que era a idade e uma constituição frágil. Ele não soube o que responder a isso [...] Ah, sim, esqueci-me de dizer: ele abriu as cortinas aos pés de minha cama para poder me ver melhor. Naturalmente, ficou bastante satisfeito!"

A deslumbrada Liselotte foi visitar Françoise uma vez, oferecendo-se para levar outras damas da corte consigo para que pudessem elogiá-la no futuro, mas Françoise recusou. Ela não tinha nem desejo nem necessidade de servir de objeto de *politesse* ou curiosidade. Sem precisar provar nada e com o fim das exigências diárias de Luís, a vida em Saint-Cyr agora era de tranquila felicidade. "Os homens são tiranos. Não são capazes de amizade, como as mulheres são",[42] observou ela à sua secretária, enquanto desfrutavam de uma amigável indolência. Mademoiselle d'Aumale vinha lendo para ela o diário informativo, mas de redação um tanto formal, do marquês de Dangeau sobre a vida na corte de Luís. "Estou gostando muito", escreveu ela a Marthe-Marguerite em Paris. "Pena que ele não escreva tão bem quanto nós."[43]

Suas amigas, entre elas várias *dames,* e, acima de tudo, a presença das *demoiselles,* davam à quietude do santuário de Françoise uma tranquila alegria diária. "Ela sempre adorou as crianças", disse mademoiselle d'Aumale. Uma pequena visitante, ao observar a ternura maternal com que ela falava a várias das 250 *demoiselles* a caminho da capela, disse-lhe, admirada: "A senhora tem muitas filhas, madame."[44]

Entre elas havia uma garotinha especial, tirada de entre as *demoiselles rouges* mais novas, talvez por sua travessura – "Devo dizer que prefiro as mais travessas". Mademoiselle de la Tour tinha 7 ou 8 anos e foi o último alter ego de Françoise. Ela nasceu em seus próprios aposentos, talvez para lhe fazer companhia, mas provavelmente apenas para ser mimada e acariciada como Françoise nunca havia sido por sua mãe pouco amorosa; ao contrário das outras *demoiselles,* que chamavam Françoise de "madame", a pequena de la Tour foi instruída a chamá-la de *maman*. Françoise lhe ensinou a ler, repassou com ela o catecismo e, um dia, deu-lhe um serviço de chá de prata para brincar. "Fico um pouco hesitante em deixá-la brincar com ele", disse, mas então, pensando talvez em outra garotinha e outro serviço de chá na prisão em Niort, tantos anos antes, acrescentou: "Deixe-a brincar. A prata é o que mais vai ajudá-la no futuro."[45]

O FIM DAS AFLIÇÕES

***

"Estou bem, mas estou partindo", disse Françoise quando um visitante indagou sobre sua saúde. Aos 83 anos, ela estava se preparando para a morte. Despojada, por vontade própria, de quase todos os seus bens e dinheiro, ela começou a queimar todas as cartas que havia recebido ao longo dos mais de sessenta anos de correspondência constante. As cópias das cartas que ela própria havia escrito – estima-se que 60 mil – também foram queimadas e, embora mademoiselle d'Aumale e outras *dames* fizessem de tudo para salvar algumas, as mais pessoais dentre elas, em especial as de Luís – "muitas" – foram todas destruídas pela própria Françoise. "Agora já não posso mais provar que um dia estive nas boas graças do rei", disse ela, "ou que ele um dia me deu a honra de escrever para mim". E acrescentou: "Devemos deixar para trás o mínimo possível."[46]

Próximo ao fim de março de 1719 ela adoeceu com uma febre violenta, um resíduo, talvez, da distante febre malária que quase lhe tirou a vida a bordo do navio para as Américas. Em 4 de abril, recolheu-se à cama. Embora as flores da primavera já tivessem chegado, o tempo continuava implacável, e Françoise, sempre sensível ao frio, mandou que seu quarto fosse rearranjado de modo a protegê-la mais contra as correntes de ar frio, mandando tirar algumas das meninas mais novas de seus dormitórios gelados para dormir dentro de suas paredes mais quentes. Pensando, talvez, nos meses gélidos que havia passado tanto tempo atrás no sótão sem aquecimento em La Rochelle, junto com Charles, Constant e *maman*, enviou dinheiro à vila para a compra de lenha para os pobres.

Marthe-Marguerite veio de Paris para vê-la e permaneceu ali por oito dias, da manhã até a noite, conversando e lendo para ela. Marthe-Marguerite agora era viúva. O bêbado conde de Caylus havia morrido durante a última guerra – "provavelmente a única coisa cavalheiresca que fez por sua esposa".[47] Marthe-Marguerite era mãe de um filho muito promissor, Anne-Claude, que viria a se tornar famoso como um dos primeiros arqueólogos da Europa.

Em 12 de abril, a febre de Françoise abrandou bastante, embora ela parecesse mais fraca. Fizeram-lhe uma sangria, uma única vez, e após muito protesto. Teve um desejo súbito de tomar leite de cabra, mas, afinal, não conseguiu bebê-lo. Em 13 de abril, leu novamente seu testamento, fazendo pequenas alterações – "e você perceberá que minha caligrafia ainda está firme", disse ela. Mas Françoise já havia dado quase tudo o que possuía, restando tão pouco a ser legado que, como ela observou, "as pessoas vão debochar disso".[48] E ela riscou o título grandioso – "Testamento" – e escreveu por cima um título simples: "Distribuição do que ela tinha." A pequena mademoiselle de la Tour, vendo-a fazer seu testamento, insistiu em fazer o seu próprio. Ele foi colocado em uma caixinha junto com o de Françoise, porém retirado mais tarde. "Tire-o daí", disse Françoise à mademoiselle d'Aumale. "Ele fará o meu parecer ridículo por comparação."

Em 14 de abril, seu pulso ficou subitamente mais forte. "Sim, estou me sentindo melhor", disse ela às pessoas ao redor de sua cama, "mas ainda assim estou partindo". "Ela esteve muito falante e bem-humorada até o fim",[49] disse mademoiselle d'Aumale.

A tempestade de primavera que vinha se formando havia dias caiu naquela noite, e a febre de Françoise piorou. Uma missa foi rezada em seu quarto; ela tomou a comunhão. O sacerdote se ofereceu para ouvir sua confissão, mas ela disse não, não havia nada que ela precisasse confessar, segundo sua consciência. E, ao ver as várias pessoas de pé, ansiosas, ao redor de sua cama, mandou que se retirassem: "Estarei em meus últimos espasmos para que vocês fiquem todos aí de pé?",[50] perguntou.

Mas de manhã, quando a tempestade havia passado, seu confessor decidiu que era hora de lhe ministrar os últimos sacramentos. Françoise, sonolenta e muito fraca, disse-lhe que o estava esperando. Quando ele lhe pediu para abençoar suas *demoiselles*, ela respondeu que não era digna de fazê-lo, e quando ele insistiu, ela levantou a mão numa bênção, mas não teve mais forças para falar. Mais tarde nesse mesmo dia, Françoise-Amable e seu marido a visitaram pela última vez. O duque beijou sua mão. "Como a senhora está?", perguntou. "Nada mal",[51] ela respondeu, antes de adormecer novamente.

"Parece que Deus quis poupá-la dos horrores da morte", escreveu mademoiselle d'Aumale. "Ela passou quase três horas em sua última agonia, mas foi como um sono muito tranquilo; não houve nada de assustador. Seu rosto parecia mais belo e mais nobre do que nunca [...]"[52] Às cinco horas daquela tarde de primavera, em 15 de abril, ela morreu.

Françoise havia manifestado o desejo de ser enterrada como uma irmã comum, no cemitério junto à capela de Saint-Cyr. Mas, atendendo ao desejo das *dames*, o duque de Noailles concordou que seu corpo fosse enterrado dentro da própria capela. O coração não foi removido para ser guardado em um lugar de afeição especial do morto, como era comum se fazer antes do enterro de um nobre, "porque preferimos ter o tesouro por inteiro no mesmo lugar". A não ser, talvez, por sua antiga moradia em Mursay, não havia um lugar de maior afeição no coração de Françoise. Embora o corpo tenha sido embalsamado, "não foi aberto para o embalsamamento, mas apenas envolvido em vários tipos de unguentos aromáticos".[53]

O corpo foi colocado em um caixão de chumbo e este ganhou um revestimento externo de carvalho. Por dois dias o corpo ficou exposto no antigo quarto de Françoise, enquanto as *dames* e *demoiselles* passavam em fila, "em tal estado de tristeza que nenhuma de nós podia fazer mais que chorar".[54] Na noite de 17 de abril, o caixão foi fechado e levado para a capela, com as *dames* acompanhando-o em procissão e as 250 *demoiselles* levando tochas acesas nas mãos. Um túmulo havia sido preparado na frente da capela, entre os bancos das meninas e os assentos das irmãs, e nele o caixão foi colocado, enquanto, acima dele, um bispo recitava uma oração contida. Os sacerdotes lazaristas, capelães em Saint-Cyr, cantaram o ofício dos mortos. Não houve discurso fúnebre e nenhuma pessoa da corte esteve presente, como tinha sido o desejo da própria Françoise. "Que barulho este acontecimento teria provocado em toda a Europa se tivesse acontecido alguns anos atrás!",[55] declarou o duque de Saint-Simon. Mas Luís, o Rei Sol, já estava em seu túmulo havia quatro anos, e, fora das vistas do grande mundo, em perfeita reclusão, sua viúva secreta havia tranquilamente desvanecido das mentes.

No dia seguinte, uma missa de réquiem foi rezada na capela pelo descanso da alma de Françoise e desta vez o clérigo esmerou-se num longo e florido discurso sobre as excepcionais qualidades da falecida, elogiando e lamentando "nossa sábia, modesta e bondosa fundadora, nobre de berço; em vão procuraremos outra igual; mãe dos pobres, refúgio dos desafortunados, resoluta em sua bondade, fiel no exercício da devoção, tranquila entre os tumultos da corte, simples em meio aos grandes, humilde embora coroada de honras, reverenciada por Luís, o Grande, banhada em glória, uma segunda Ester nos favores reais, uma nova Judite em oração e contemplação, amorosa e amada durante todos os anos de sua longa e ilustre vida, agora encerrada em santa morte".[56]

"Mulher horrenda! [...] Famosa demais!",[57] disse o duque de Saint-Simon.

"A velhaca finalmente morreu",[58] escreveu Liselotte.

Algum tempo após o funeral de Françoise, uma placa de mármore negro foi colocada sobre seu túmulo, gravada com as palavras excessivamente elogiosas do discurso feito em sua honra. Se ela soubesse disso, sem dúvida teria protestado de que era mais do que merecia; e, na verdade, por sua extravagância, nem era do seu gosto. Um epitáfio mais simples certamente teria combinado mais com a face modesta que ela tinha escolhido apresentar ao mundo, e também teria combinado mais com sua fé religiosa direta.

"São Paulo declara que é terrível cair nas mãos do Deus vivo. Bem, não acredito nisso", ela havia declarado francamente a mademoiselle d'Aumale. "Não posso imaginar nada mais doce do que cair nas mãos de Deus."[59] Françoise havia dito, "mais de cem vezes", que não acreditava que seria condenada, após todas as bênçãos que Deus lhe tinha dado nesta vida. Mademoiselle d'Aumale havia dito, sobre si mesma, que vivia com medo do Juízo Final, com medo de ser mandada para o inferno. "Ah, mon Dieu!", havia exclamado Françoise em resposta. "Isso nunca me passou pela cabeça nem por um segundo. É verdade que não fui santa, mas me esforcei ao máximo. É só isso que Deus pede. Não, isso é impossível. Eu não vou para o inferno."[60]

Nestes últimos dias tranquilos em Saint-Cyr, Françoise tinha conquistado uma perfeita paz de espírito – muito próxima, no seu entendimento, a um estado de graça religioso. Suas antigas ansiedades sobre o orgulho espiritual e sua incapacidade de orar há muito tinham sido deixadas de lado. Ela tinha retornado ao cristianismo prático dos anos felizes de sua infância em Mursay, e de acordo com estes entendimentos religiosos mais simples, ela tinha tido êxito: tinha sido boa para sua família, generosa com os pobres, dedicada a seu difícil marido. Não havia nada em sua consciência, e nenhum pecado em sua alma. "Eu me esforcei ao máximo", ela havia dito. "É só isso que Deus pede." Por isso, nos termos da grande barganha do crente, tinha o direito a esperar uma recompensa. A recompensa que Françoise esperava não era a santidade, nem a glória, mas a simples satisfação de suas mais profundas necessidades, necessidades que vinha lutando para conquistar durante oitenta extraordinários anos: algum reconhecimento e uma segurança duradoura.

EPÍLOGO

O CORPO DE madame de Maintenon não desfrutou de seu descanso final. Setenta anos depois, no verão de 1789, as agitações em Paris assinalaram o início da grande Revolução que abalaria para sempre a vida do antigo regime que a própria Françoise havia vivido.

No frenesi anticlerial da Revolução, todas as "casas religiosas" foram eliminadas. Em novembro de 1793, Saint-Cyr foi declarada hospital militar e sua capela convertida em ala hospitalar. Quando os assentos do coral estavam sendo removidos, a lápide de mármore debaixo deles foi revelada. Ao verem o nome nobre gravado nela, os operários quebraram a pedra, puxaram o caixão para fora, abriram o revestimento de carvalho e, em seguida, a caixa de chumbo. O corpo embalsamado estava perfeitamente preservado. Eles o tiraram e amarraram uma corda em seu pescoço, arrastando-o para o pátio e depois para as ruas da cidade. Não fosse pela intervenção de um oficial, o corpo teria sido incendiado numa falsa "queima à bruxa", mas os operários foram convencidos a deixarem a "execução" para o dia seguinte. Durante a noite, acompanhado por um antigo empregado de Saint-Cyr, o oficial voltou: os dois roubaram o corpo, recolocaram-no em seu caixão de chumbo, e o enterraram ao lado de um caminho tranquilo no jardim da instituição.

Oito anos depois, em 1802, o corpo foi exumado do jardim e reenterrado, com considerável cerimônia, no pátio "Maintenon", em Saint-Cyr. Uma lápide foi erigida e uma grade foi colocada ao redor do túmulo. Mas o local era central demais para um hospital militar em funcionamento. O pátio era necessário para outras coisas. Em 1816, o corpo foi exumado novamente e por mais de vinte anos permaneceu imperturbado entre os depósitos do exército em Saint-Cyr, agora uma academia militar.

Em 1836, o conselho administrativo da academia decidiu dar-lhe outro enterro. Um sarcófago de mármore negro foi construído e dentro dele, juntamente com o corpo, foram colocadas todas as coisas que tinham sido encontradas com ele: pedaços da mortalha, uma cruz de ébano, fragmentos de pergaminho, algumas ervas e um sapato de mulher. O velho caixão de carvalho, quebrado e deteriorado, foi enterrado com o sarcófago de mármore no local original na capela. O caixão de chumbo foi vendido como ferro-velho.

Em 1890, as obras de restauração na capela exigiram que o túmulo fosse reaberto. Os pedaços de caixão de carvalho foram cuidadosamente recolhidos. Cinco anos depois, em meio a rumores de que os restos enterrados no túmulo não eram humanos, o sarcófago de mármore foi desenterrado e dois médicos fizeram um exame postmortem no que agora era não mais que um monte de ossos. Na presença do comandante da academia e de vários oficiais, os médicos declararam que os ossos eram "incontestavelmente" de madame de Maintenon. Um capelão recitou as orações pelos mortos e os ossos, recolocados no sarcófago de mármore, foram reenterrados em seu túmulo na capela.

No verão de 1944, Saint-Cyr foi seriamente afetado pelo bombardeio anglo-americano. O chão da capela foi destruído e a tampa do sarcófago foi arrancada, expondo os ossos entre os pedregulhos. Eles foram levados para Versalhes e enterrados em sua capela.

Em abril de 1969, 250 anos após a morte de madame de Maintenon, seus restos foram levados novamente para Saint-Cyr para um sexto enterro. O local, na ala central da capela reconstruída, foi marcado com uma lápide de mármore negro, contornada em bronze, trazendo uma cruz latina simples e a mais simples de todas as inscrições: *Françoise d'Aubigné, Marquesa de Maintenon, 1635-1719*.

E 28 anos depois, pouco antes do Natal de 1997, um pacote contendo papéis amarelados, amarrados com barbante e selados com uma desbotada cera vermelha, foi encontrado no interior de um pesado e velho baú em um solar no vale do Loire, e pela primeira vez em 282 anos, o diário secreto do rei foi aberto.

NOTAS

CAPÍTULO 1: ORIGENS DUVIDOSAS

1   Houve discussões acerca do lugar exato do nascimento de Françoise. A Conciergerie de Niort (os prédios da prisão), onde Constant estava preso, é contígua ao Palais de Justice (os tribunais), sendo tudo parte do grande Hôtel Chaumont. Não resta nada desse Hôtel hoje. Em *Françoise d'Aubigné: Etude Critique*, Gelin afirma que o bebê nasceu não na prisão em si, mas em um dos prédios que circundavam o pátio da prisão, baseando sua afirmação em uma frase contida numa carta datada de 23 de julho de 1642 da mãe de Françoise, Jeanne, em Paris, à sua cunhada: em resposta a uma queixa de que ela tinha sido levada para um convento e que este era longe demais de seu marido preso em Niort, Jeanne diz que já não está mais distante do que estava "no pátio do Palais de Justice". Gelin toma isto como uma referência ao pátio da Conciergerie do Palais de Justice em Niort, e, portanto, como prova de que ela estava vivendo ali durante os sete anos anteriores, à época do nascimento de Françoise. No entanto, na época em que escreveu esta carta, Jeanne tinha acabado de se mudar dos alojamentos no pátio do Palais de Justice em Paris, e parece bem mais provável ter sido a este pátio de Paris que ela se referia na carta. Além disso, três dos biógrafos de Françoise, os quais a conheceram pessoalmente (madame de Caylus, mademoiselle d'Aumale e o arcebispo Languet de Gergy), afirmam que ela nasceu na prisão. Ponderando tudo, parece provável que Françoise tenha de fato nascido ali.

2   Os "huguenotes" eram calvinistas da França. Este termo também incluía um pequeno número de luteranos.

3   Davies, Norman, *Europe: A History*. Oxford: Oxford University Press, 1997, p. 506.

4   Absolutamente linda e culta, mas também promíscua e ambiciosa, ela foi o último membro da dinastia Valois. Henrique se divorciou dela em 1699; eles viveram separados durante a maior parte de seu casamento e não tiveram filhos.

5   Não se deve dar a Henrique todo o crédito pelo Édito. A maior parte de seus termos tinha sido sugerida, na verdade, por seu antecessor, Henrique III, mas rejeitada pelos extremistas católicos. O Édito não se aplicava aos judeus e muçulmanos. Estes últimos foram expulsos da França em 1610.

6   Por contraste, na Inglaterra, os oficiais públicos eram obrigados a fazer um Juramento de Supremacia ao soberano como cabeça tanto do Estado quanto da Igreja. Na

440 NOTAS

Alemanha, o princípio do *cuius regio, eius religio* (de acordo com a sua região, sua religião) permitia a cada soberano local escolher sua confissão, e todos os seus súditos deveriam segui-la. Para a maioria dos europeus da época, a religião era política. Os únicos outros estados a possuírem qualquer outra forma de coabitação com a religião oficial eram a Transilvânia e a Polaco-Lituânia, sendo esta última o maior Estado da Europa à época. Henrique III da França (posteriormente duque de Anjou) tinha sido obrigado a aceitar o pluralismo religioso como condição para sua aceitação no trono polaco-lituano; ele reinou ali apenas de 1573 a 1574.

7   D'Aubigné, Agrippa, *Sa vie à ses enfants*, Gilbert Shrenk (ed.). Paris: Nizet, 1986, p. 220. A maior das obras de d'Aubigné, *Les Tragiques*, é um relato do conflito provocado pelo massacre da noite de São Bartolomeu em 1572, em Paris, no qual cerca de 5 mil huguenotes foram mortos nas mãos de multidões católicas. *Les Tragiques*, iniciado em 1577, foi finalizado e publicado pela primeira vez em 1616.

8   A dinastia Habsburgo tinha sido dividida em duas casas distintas, a austríaca e a espanhola, pelo Sacro Imperador Romano Carlos V, em 1521. Em 1610, ambas eram potências de um extenso domínio. Os Império Habsburgo austríaco estendia-se da Polônia às terras tchecas e da Bavária à Croácia, e o espanhol incluía Portugal, partes dos atuais Países Baixos, Itália e Europa Central, bem como territórios além-mar, na Ásia Oriental, África e Américas. Sobre os Habsburgo austríacos, ver Evans, R. J. W. *The Making of the Habsburg Monarchy*, 1550-1700: *An Interpretation*. Oxford: Oxford University Press, 1984. Sobre os espanhóis, ver Elliot, J. H., *Imperial Spain*, 1469-1716. Nova York: Mentor, 1966. Sobre a história primitiva da dinastia, ver Wheatcroft, Andrew. *The Habsburgs: Embodying Empire*. Londres: Penguin, 1996.

9   Ver Christopher Marlowe, *The Massacre at Paris*, Ato I. 60-61. Marlowe baseou sua peça nos acontecimentos da noite de São Bartolomeu.

10 Os dois países haviam assinado uma trégua em 1598 (a Paz de Vervins), mas Henrique tinha continuado com as hostilidades numa espécie de "guerra fria", apoiando os inimigos da Espanha.

11 A súbita perda de prestígio francês foi percebida mais claramente, à época como hoje, pelo ataque cancelado a Milão, tomada pelos espanhóis. Ver Bertière, Simone. *Les Reines de France aux temps des Bourbons: Les deux régents*. Paris: De Fallois, 1996.

12 Henrique II de Bourbon Condé, duque d'Enghien (1588-1646), pai de Luís II, *le Grand Condé*. Educado por jesuítas, ele passou a maior parte da vida como um livre-pensador, antes de se "converter ao" ou de "nascer de novo para o" catolicismo em 1685.

13 Uma libra nessa época equivalia aproximadamente a um xelim inglês; vinte libras, portanto, seria algo em torno de uma libra esterlina.

14 A Igreja Católica francesa tinha mantido um grau formal de independência de Roma pelo menos desde o Acordo de Bolonha de 1516. Em 1616, isto foi fortalecido pela recusa da França a publicar as doutrinas tridentinas, isto é, as doutrinas do Concílio de Trento (1545-63), um ponto central da Contrarreforma Católica. Ver as seções sobre o galicanismo em MacCullogh, *Reformation*.

15 Citado em Garrisson, Janine. *L'Édict de Nantes et sa révocation*. Paris: Seuil, 1985, p. 59.

A ESPOSA SECRETA DE LUÍS XIV – MADAME DE MAINTENON 441

16 Tardiamente, por seu apoio à causa protestante contra Maria de Médici. Em *Sa vie à ses enfants* (220), Agrippa sugere que Constant concordou em se tornar católico para que suas dívidas de jogo fossem pagas.

17 Acredita-se que Nathan tenha nascido em 1601, filho de Jacqueline Chayer. Aparentemente, Françoise nunca conheceu ou se correspondeu com este tio ilegítimo, que mais tarde praticou a medicina em Genebra, sob o nome de Nathan Engibaud, sendo o sobrenome um anagrama de d'Aubigné.

18 Hoje conhecido como Coulonges-sur-l'Autize.

19 A segunda esposa de Agrippa d'Aubigné, com quem ele se casou em 1623, era a italiana Renée Burlamacchi, de 55 anos de idade, viúva de certo César Balbani. Segrais, no entanto, descreve-a mais tarde como "muito jovem"; a história da lição foi extraída de Segrais, Jean Regnault de, *Segraisiana, ou mélange d'histoire et de littérature*. Amsterdã: Compagnie des libraires, 1722. I, p. 111-2.

20 A primeira esposa de Constant foi Anne Marchand, viúva de Jehan Courrault, um nobre de menor importância. Eles se casaram em La Rochelle em 3 de setembro de 1608. Do casamento não nasceram filhos. O amante de Anne era certo Lévesque, filho de um advogado de Niort. Ambos foram mortos nesta cidade em 6 de fevereiro de 1619.

21 d'Aubigné, *Sa vie à ses enfants*, op. cit., p. 223.

22 O Sacro Império Romano da nação alemã era um arquipélago vagamente unido formado por principados e estados, cidades e bispados, tanto católicos como protestantes. Não era, de modo algum, exclusivamente alemão; territórios tão distantes como a Lombardia tinham-no autorizado a reivindicar seu título "Romano" e em certa época ele tinha envolvido até os estados papais. Por gerações, os sacros imperadores romanos foram sucessivamente eleitos da Casa Austríaca Católica dos Habsburgo, mas desde o início da Reforma, a tênue coesão do Império tinha sido ameaçada pelas crescentes objeções protestantes ao reinado de um imperador católico. Dos sete eleitores do Império, três foram bispos católicos, três foram príncipes protestantes e o sétimo foi o rei eleito da Boêmia, que em décadas recentes tinha sido sempre católico e sempre um membro da família Habsburgo. Mas após a morte do imperador Mathias, que não tinha filhos, os protestantes boêmios elegeram como rei e efetivamente o novo imperador Frederico, o eleitor calvinista do Palatinado, que não era nem católico nem Habsburgo. Os Habsburgo retaliaram no que veio a ser visto como a primeira batalha da Guerra dos Trinta Anos, de 1618-48. (Ver Wedgwood, C. V. *The Thirty Years War*. Londres: Pimlico, 1992.) A França ainda não estava oficialmente envolvida na guerra.

23 Armand Jean du Plessis de Richelieu, cardeal-duque de Richelieu (1585-1642). Primeiro-ministro desde 1624 até sua morte, foi, efetivamente, o arquiteto do absolutismo na França.

24 Em 1625, Buckingham tinha se oferecido para ajudar Richelieu em sua luta contra os huguenotes em troca da ajuda dos franceses contra os espanhóis. Essas negociações não deram em nada, e em junho de 1627 Buckingham conduziu uma frota de oitenta navios para ajudar os huguenotes sitiados por Richelieu em La Rochelle; fracassou redondamente.

25 Citado em Desprat, Jean-Paul. *Madame de Maintenon, ou le prix de la réputation.* Paris: Perrin, 2003, p. 22.

26 Pierre de Cardilhac recebeu o título de "sieur de Lalonne", isto é, senhor rural de Lalonne. Sua esposa vinha da família Montalembert, do ramo familiar dos Essarts. Além de Jeanne, tiveram vários outros filhos, sobre os quais pouco se sabe.

27 Gastão João Batista da França, duque de Orléans (1608-60). Casado, foi pai da duquesa de Montpensier, *la Grande Mademoiselle.*

28 Esta rebelião de 1630 foi liderada por Henrique II de Montmorency (1595-1632), que foi finalmente derrotado em Castelnaudary em 1632; em seguida, foi executado por traição.

29 O avô de Françoise era sobrinho do primeiro duque de Rochefoucauld, ex-governador de Poitou, e filho de Benjamin, o barão d'Estissac, nessa época apenas um *maréchal de camp*, porém, mais tarde, governador de La Rochelle. A mãe de sua avó, madame de Neuillant, era parente dos d'Aubigné por casamento pela família Laval-Lezay. Seu pai era irmão do conde de Parabère, governador da província de Poitou a partir de 1633. Sua madrinha Suzanne se casou em 1651 com o futuro marechal duque de Navailles.

30 O castelo de Crest, reconstruído por Agrippa d'Aubigné no início do século XVII, ainda está de pé e é hoje um *domaine* de vinhos.

31 Marie de Caumont d'Adde (1581-1625).

32 Veredicto do superior de Caumont d'Adde, o governador de Maillezais. In: Desprat, op. cit., p. 20.

33 Ver Cornette, Joël (ed.). *La France de la monarchie absolue, 1610-1715.* Paris: Éditions du Seuil, 1997, p. 281.

34 O castelo de Mursay ainda está de pé, embora em um estado de quase ruína. No entanto, em 2002 ele foi adquirido por uma autoridade de Niort pela modesta soma de 12 mil euros. As obras de consolidação e preservação já estão em andamento à custa do governo francês. O castelo não será inteiramente restaurado, mas será mantido como uma espécie de "ruína romântica".

35 Rapley, Elizabeth. *The Dévotes: Women and the Church in Seventeenth-Century France.* Montreal-Kingston: McGill-Queen's University Press, 1990, p. 161.

36 Carta ao monsieur d'Aubigné, 10 de fevereiro de 1680. In: Madame de Maintenon, *Lettres.* Langlois, Marcel (ed.), vols. II-V. Paris: Letouzy et Ané,1935-59. II, n. 207, p. 335-41.

37 D'Aumale, Marie-Jeanne. *Souvenirs sur madame de Maintenon: Mémoire et lettres inédites de Mademoiselle D'Aumale.* (2ª ed.). Paris: Calmann-Lévy, 1902, p. 15.

38 Carta de Madame Scarron em Paris a Benjamin de la Villette em Mursay, 7 de dezembro de 1660. In: Langlois (ed.). *Lettres* II, n. 6, p. 28.

39 Carta de Pierre Sansas de Nesmond a Caumont d'Adde. Pentecoste de 1642. In: *Correspondance générale de madame de Maintenon. Lavallée,* Théophile (ed.), 4 vols. Paris: Charpentier, 1866. Parte I, p. 15. Citações subsequentes de Nesmond neste parágrafo foram extraídas da mesma carta.

A ESPOSA SECRETA DE LUÍS XIV – MADAME DE MAINTENON   443

40   Ver as cartas de Jeanne d'Aubigné de 12 de junho de 1641 e 26 de janeiro de 1642. In: Ibid., n. I e II, 11-15. Apesar de sua falta de entusiasmo pela causa, Benjamin de Villette visitou Jeanne pelo menos uma vez depois disso, em março de 1642, durante sua batalha com Sansas de Nesmond.

41   Carta de 14 de julho de 1642. In: Ibid., n. III, p. 17-18.

42   Bilhete de Constant de 14 de agosto de 1642. In: Lavallée, Théophile, *La Famille d'Aubigné et l'enfance de Madame de Maintenon*. Paris: Henri Plon,1863, p. 74.

43   Carta de 14 de julho de 1642. In: Lavallée (ed.), Correspondance générale I, Le partie, n. III, p. 17-18.

44   Do *requête* de Constant ao tribunal em Niort. In: Ibid., p. 22.

45   Citado em Ibid., p. 19.

46   Carta de 23 de julho de 1642. In: Ibid., n. IV, p. 20-22.

47   Carta de 14 de julho de 1642. In: Ibid., n. III, p. 18.

48   Ibid.

49   O duque de la Rochefoucauld sugere que o rei pode ter sido motivado por "um sentimento de piedade" a declarar as anistias. Ver La Rochefoucauld. *Mémoires*. Paris: La Table Ronde, 1993, p. 99.

CAPÍTULO 2: AMÉRICA!

1   Em junho de 1643, Constant, então em Lyon, escreveu a seu meio-irmão Nathan, em Genebra, dizendo que estava em terríveis dificuldades financeiras e que estava pensando em buscar um retiro no interior, em Provença.

2   D'Aumale, Marie-Jeanne, *Souvenirs sur Madame de Maintenon: Mémoire et lettres inédites de Mademoiselle d'Aumale*. (2ª ed.). Paris: Calmann-Lévy, 1902, p. 18.

3   Desprat, Jean-Paul. *Madame de Maintenon, ou le prix de la réputation*. Paris: Perrin, 2003, p. 262.

4   Carta de 23 de julho de 1642. In: *Correspondance générale de Madame de Maintenon*. Lavallée, Théophile (ed.), 4 vols. Paris: Charpentier,1866. I, le partie, n. IV, p. 19.

5   D'Aumale, op. cit., p. 15.

6   Em 1493, após a primeira viagem de Colombo, o papa Alexandre VI, que era de Valença, havia emitido uma bula concedendo à Espanha e Portugal (mas principalmente à Espanha) direitos soberanos sobre todos os territórios do Novo Mundo. Surpreendentemente, os dois países conseguiram, mais tarde, chegar a um arranjo mais equitativo, sem derramamento de sangue, que foi aprovado em 1506 pelo sucessor de Alexandre, o papa Julio II (um italiano).

7   *L'Association des Seigneurs de la Colonisation des îles de l'Amérique* recebeu sua carta patente em 31 de outubro de 1626.

NOTAS

8 Citado em Merle, Louis. *L'Étrange beau-père de Louis XIV: Constant d'Aubigné 1585-1647, le père de madame de Maintenon*. Paris/Fontenay-le-Conte: Beauchesne/Lussaud, 1971, p. 118. O escudo era uma moeda que valia três libras.

9 Bates, E.S., *Touring in 1600*. Londres: Century, 1987, p. 78.

10 Maurile de Saint-Michel, Le Père. *Voyage des îles Camercanes, en l'Amérique*. Prefácio.

11 Chevalier d'Arvieux, chocado, ao navegar para o Egito em um navio inglês em 1658. In: Lewis, W.H. *The Splendid Century: Life in the France de Louis XIV*. Nova York: Morrow, 1954, p. 227.

12 Maurile de Saint-Michel, op. cit, p. 9.

13 Citado em Bates, op. cit., p. 77.

14 Este era Georges d'Aubusson da Feuillade, bispo de Metz, a quem Madame de Sévigné descreveu como "um cortesão para sobrepujar todos os outros". (Ver a carta de 20 de julho de 1679 ao conde de Bussy Rabutin e Madame de Coligny. In: Sévigné, Marie, condessa de. *Lettres*. 3 vols. Paris: Pléiade, 1960. II, n, p. 574, 435. A observação do bispo é citada em D'Aumale, op. cit., p. 16. Merle coloca este incidente na viagem de retorno à França, supondo que Françoise deve ter pego uma febre tropical enquanto estava nas ilhas. Françoise Chandemagor, em *L'Allée du Roi: Souvenirs de Françoise d'Aubigné, marquise de Maintenon, épouse du roi de France*. (Paris: France Loisirs, 1981), também o coloca na viagem de retorno.

15 Renomeado de Fort-de-France por Napoleão em 1801, apesar de estar sob ocupação inglesa na época.

16 Guadalupe foi reivindicada para a França em 28 de junho de 1635 pelo capitão Charles Lyénard de l'Olive e Jean du Plessis. Ver Lara, Oruno. *La Guadeloupe dans l'histoire*. Paris: Harmattan, 1979, p. 20.

17 Em 4 de setembro de 1649, da Compagnie des îles d'Amérique, por 73 mil libras, pagáveis em prata e açúcar. Esta compra incluiu Marie-Galante e várias outras ilhas pequenas, territórios dependentes de Guadalupe. Junto coma terra foram vendidas as construções, plantações e escravos da ilha. Ver Lara, op. cit., p. 31.

18 Moreau, Jean-Pierre (ed.). *Un Flibustier français dans la mer des Antilles*. Paris: Payot & Rivages, 2002, p. 105.

19 O infame *Code Noir* (Código Negro) foi introduzido somente em 1685, por Luís XIV, restringindo grandemente as atividades dos escravos e introduzindo muito mais crueldade em seu tratamento. O Código também regulava as relações entre escravo e proprietário, e exigia que todos os judeus fossem "afugentados das ilhas". Os primeiros habitantes africanos em Guadalupe tinham, na verdade, nascido em lares cristãos em Sevilha, e levados para a ilha no início do século XVI como supostos revendedores-evangelistas para os índios caraíbas. Não foi senão em 1660 que o cultivo sério do açúcar começou em Guadalupe (e também na Martinica). Como esta plantação exigia mais trabalhadores para plantar do que outras nos trópicos, foi nesse ponto que o número de escravos começou a ser maior que o número de colonos.

20 D'Aumale, op. cit, p. 17.

A ESPOSA SECRETA DE LUÍS XIV – MADAME DE MAINTENON 445

21   Caylus, Marthe-Marguerite, condessa de, *Souvenirs*. Noël, Bernard (ed.). Paris: Mercure de France, 1965 e 1986, p. 23.

22   Citado em Merle, op. cit., p. 123. Neste período, as companhias de comércio francesas, diferentemente das inglesas, eram fundadas e financiadas pelo governo. Ver Rich, E.E. e Ch. Wilson (eds.), *The Cambridge Economic History de Europe*. vols. IV: *The Economy de Expanding Europe in the Sixteenth and Seventeenth Centuries*. Cambridge: Cambridge University Press, 1967. 240ss.

23   Mademoiselle d'Aumale relata ter ouvido Françoise dizer, no fim da vida, que sua mãe tinha 24 empregadas na Martinica. Ver D'Aumale, op. cit., p. 14.

24   *Vidas Paralelas* tinha sido redescoberta durante a Renascença italiana, após séculos de obscuridade. A primeira tradução francesa apareceu em 1559.

25   D'Aumale, op. cit, p. 18.

26   "Instruction aux demoiselles de la classe bleue". In: Leroy, Pierre-E. & Marcel Loyau (eds.). *Comment la sagesse vient aux filles: Propos d'éducation*. Paris: Bartillart, 1998. n.18, p. 93-4.

27   Maurile de Saint Michel, op. cit., Prefácio.

28   D'Aumale, op. cit., p. 17.

29   *Ibid.*, p. 17-8.

30   Carta de 2 de junho de 1646. In: Lavallée, Théophile, *La Famille d'Aubigné et l'enfance de Madame de Maintenon*. Paris: Henri Plon, 1863, p. 80-2. É surpreendente que Jeanne achasse a comida tão ruim, dada a profusão geral de frutas e pássaros facilmente acessíveis na ilha nessa época. Talvez seus escravos fossem novos no Caribe e não soubessem como preparar a comida local, ou talvez todos eles já tivessem sido vendidos a esta altura, deixando Jeanne e sua empregada francesa para cuidar (mal) da cozinha.

31   D'Aumale, op. cit., p. 17.

32   As descrições dos alimentos nas ilhas do Caribe são de Moreau (ed.), p. 115-57. O pirata anônimo passou dez meses nas ilhas entre 1618 e 1620. Muitos alimentos hoje considerados nativos do Caribe foram, na verdade, introduzidos mais tarde no século por europeus que vinham da Ásia de outras regiões das Américas.

33   Maurile de Saint-Michel, op. cit., p. 8.

34   M.S. Anderson diz que "fosse em tempo de paz ou de guerra, os mares estavam infestados de corsários, reais ou potenciais, e muitos deles mal se distinguiam dos piratas", e observa, por exemplo, que "os sobreviventes da frota realista inglesa se degeneraram, a partir dos anos 1640, em pouco mais que uma gangue de piratas". Ver Anderson, M.S. *War and Society in Europe de the Old Regime, 1618-1789*. Guernsey, Channel Islands: Sutton Publishing, 1998, p. 57.

35   D'Aumale, op. cit., p. 16.

NOTAS

CAPÍTULO 3: TERRA INFIRMA

1 Carta a conde de Bussy Rabutin, 15 de março de 1646. In: Sévigné, Marie, condessa de. *Lettres*. 3 vols. Paris: Pléiade, 1960. I, n. 6, p. 99.

2 Carta de 10 de junho de 1647. In: Merle, Louis. *L'Étrange beau-père de Louis XIV: Constant d'Aubigné 1585-1647, le père de Madame de Maintenon*. Paris/Fontenay-le-Conte: Beauchesne/Lussaud, 1971, p. 133.

3 A certificação do consistório, de 9 jan. 1650, é citada em *Ibid.*, p. 135.

4 Príncipe de Orange (1626-50 e pai de Guilherme III da Inglaterra (1650-1702).

5 A carta de Benjamin de Villette de 12 de abril de 1647 é citada em Merle, op. cit., p. 136.

6 Tallemant des Réaux, escrevendo em 1º de outubro de 1647. In: *Ibid.*, p. 136.

7 *Esprit Cabart de Villermont*. In: Boislisle, M. A. de. Paul Scarron et Françoise d'Aubigné. *La Revue des questions historiques*. Jul.-Out. 1893, p. 127.

8 Desprat, Jean-Paul. *Madame de Maintenon, ou Le prix de la réputation*. Paris: Perrin, 2003, p. 41. Em Langlois, Marcel. *Madame de Maintenon*. (Paris: Plon, 1932), o autor sugere que nesse outono, a família foi levada para a casa de seus parentes Parabère, em Angoulême, e mais tarde para a família Magallan. Mas parece que foi somente mais tarde, em 1648, que Charles foi ficar com a família Parabère (na verdade, em Poitiers), e Constant teria ido para a família Magallan, se tivesse sobrevivido. Langlois (*Ibid.*) também sugere que foi certo M. d'Alens, um huguenote, quem levou Françoise para Mursay.

9 A Guerra Civil Inglesa, que também envolveu a Escócia e a Irlanda, durou de 1642 até 1651, incluindo dois períodos de inquietante paz. Suas causas foram uma mistura de queixas constitucionais e religiosas. O resumo de Norman Davies, "os católicos e os anglicanos da Igreja Superior tinham a maior lealdade ao Rei, cujas prerrogativas monárquicas estavam sob ataque. Os puritanos ingleses e os escoceses calvinistas deram o principal apoio ao Parlamento, que viam como um baluarte contra o absolutismo". Ver Davies, Normal. *Europe: a History*. Oxford: Oxford University Press, 1997, p. 551. A Comunidade Britânica teve início após a execução de Carlos I, em janeiro de 1649. Cromwell tornou-se Lorde Protetor em 1653. A monarquia foi restaurada em 1660.

10 La Rochefoucauld. *Mémoires*. Paris: La Table Ronde, 1992, p. 101. Citações subsequentes neste parágrafo são de *Ibid.*, p. 120. O cardeal Mazarin (1602-61), nascido Giulio Mazzarini, tornou-se primeiro-ministro da França em 1643, no início do reinado de Luís XIV e a regência de sua mãe, Ana da Áustria. Mazarin tinha sido protegido do cardeal Richelieu.

11 Em 19 de maio de 1643. In: Rocroi, Ardennes, Condé (então duque d'Enghien e com apenas 21 anos) derrotou o exército Habsburgo espanhol sob o comando de Don Francisco Melo. Ver Pujo, Bernard. *Le Grand Condé*. Paris: Albin Michel,1995. p. 59. Davies diz que Rocroi "pôs fim à supremacia militar espanhola que durava desde [...] 1525". A batalha fez parte da Guerra de Trinta Anos, de 1618-48, em que os franceses haviam entrado formalmente em 1635.

A ESPOSA SECRETA DE LUÍS XIV – MADAME DE MAINTENON   447

12 Para ser justo com o jovem príncipe, deve-se observar que desta vez "a distinção entre os comandos militar e naval ainda era confusa". Ver Anderson, M.S. *War and Society in Europe de the Old Regime – 1618-1789.* Guernsey, Channel Islands: Sutton Publishing, 1998, p. 57.

13 Langlois, *Madame de Maintenon*, 6. Em Bonhomme, Honoré (ed.). *Madame de Maintenon et sa famille: Lettres et documents inédits.* Paris: Didier, 1863. O autor diz que "alguns jesuítas vieram aqui algum tempo atrás dizendo que em sua infância, madame de Maintenon era tão pobre que ia com uma tigela buscar sopa que estivesse sendo distribuída em determinado lugar…" No entanto, Bonhomme não acreditou nisso.

14 Ver Rapley, Elizabeth. *The Dévotes: Women and the Church in Seventeenth-Century France.* Montreal-Kingston: McGill-Queen's University Press, 1990), p. 78. O grupo secreto da Compagnie du Saint-Sacrement (Companhia do Santo Sacramento) era conhecida por seus inimigos como a *cabale des dévots.* Ver Chill, E. Religion and Mendicity in Seventeenth-Century France. *International Review de Social History,* 7. n. 3 (1962): p. 400-25.

15 Ver *Instruction pour le soulagement des pauvres,* produzida pelo cabido de Notre-Dame. In: Saint-Germain, Jacques, *La Reynie et la police au grand siècle.* Paris: Hachette, 1962, p. 256.

16 D'Aumale, Marie-Jeanne. *Souvenirs sur Madame de Maintenon: Mémoire et lettres inédits de Mademoiselle d'Aumale.* (2ª ed.). Paris: Calmann-Lévy, 1902, p. 16.

17 "Instruction aux demoiselles de Saint-Cyr. Sur les amitiés", mai. 1714. In: Leroy, Pierre-E et Marcel Loyau (eds.). *Comment la sagesse vient aux filles: Propos d'éducation.* Paris: Bartillart, 1998. n.3, p. 42.

18 O genealogista Guillard. In:Boislisle, p. 95.

19 Na verdade, não se sabe ao certo se Pierre Tiraqueau, barão de Saint-Hermant, era irmão ou primo de madame de Neuillant.

20 O genealogista Guillard. In: Boislisle, p. 95. Suzanne tornou-se *demoiselle d'honneur* da duquesa de Montpensier, mais tarde conhecida como *la Grand Mademoiselle.* O marido de Suzanne era o duque, e depois marechal, de Navailles.

21 Wicquefort, A. de. *Chronique discontinue de la Fronde, 1648-52.* Robert Mandrou (ed). Paris: Fayard, 1978, p. 101.

22 Ver relatos de testemunhas oculares de *la Fronde du Parlement* (1648-9) e *la Fronde des Princes* (1650-1653) em Wicquefort, La Rochefoucauld, Retz, Paul de Gondi, Cardeal de. *Mémoires.* Paris: Garnier, 1987). Patin, Guy. *La France au milieu du XVIIe siècle,* 1648-1661. Paris: Armand Collin, 1901; Montpensier, Anne Marie Louise d'Orléans, duchesse de. *Mémoires de la Grande Mademoiselle.* Bernard Quilliet (ed.), 2. vols. Paris: Mercure de France, 2005.

23 Montpensier I, p. 108.

24 Leca, Ange-Pierre. *Scarron: Le Malade de la reine.* Paris: KIMÉ, 1999, p. 82.

NOTAS

25 Wicquefort, op. cit, p. 113-4.

26 A Paz de Rueil foi assinada em 11 de março de 1649, e foi ratificado pelo Parlamento em 1º de abril.

27 Lewis, W.H. *The Splendid Century: Life in the France de Louis XIV.* Nova York: Morrow, 1954, p. 242.

28 Ver Rapley e Jégou, Marie-Andrée. *Les Ursulines du Baubourg Saint-Jacques à Paris 1607-1662: Origine d'un monastère apostoloique.* Paris: Presses Universitaires de France, 1981. Anexo I, *Le contrat de fondation.*

29 De uma bula papal dirigida às Ursulinas de Toulouse. In: Dubois, Elfriedda, The Education de Women in Seventeenth-Century France. *French Studies*, 32, n. 1 (1978), p. 4.

30 Ver Rapley, op. cit, p. 157.

31 Re Mère Madeleine in 1646. Ver Jégou, p. 135.

32 Extraído de um convento ursulino em Grenoble, em 1645. Ver Dubois, p. 4. Jégou (148ss.) descreve a quase idêntica rotina diária no convento ursulino na rue Saint-Jacques em Paris, onde Françoise mais tarde ficou.

33 D'Aumale, op. cit., p. 22-3.

34 "Instruction aux demoiselles de Saint-Cyr. Sur les amitiés", mai. 1714. In: Leroy, Pierre-E & Marcel Loyau (eds.). *Comment la sagesse vient aux filles: Propos d'éducation.* Paris: Bartillart, 1998. n. 3, p. 41.

35 *Ibid.*

36 D'Aumale, op. cit, p. 23.

37 "Instruction aux demoiselles de Saint-Cyr. Sur les amitiés.", mai. 1714. In: Leroy, Pierre-E & Marcel Loyau (eds.), p. 42.

38 *Ibid.*, p. 42.

39 Guy du Faur de Pibrac (1529-84). In: Maugin, Georges, *La Jeunesse mystérieuse de Madame de Maintenon.* Vichy: Wallon,1959, p. 24. Em *Sganarelle*, de 1660, Ato I, cena I, Molière debocha de "Pibrac et [autres] doctes tablettes".

40 Tallemant des Réaux, Gédéon, *Les Historiettes de Tallemant des Réaux: Mémoires pour servir à l'histoire du XVIIe siècle,* 6 vols. Paris: Bibliothèque Nationale Française, 1995.V, p. 259-60.

41 D'Aumale, op. cit., p. 36, nota I.

42 Blaise Pascal (1623-62). Proibido, quando menino, de estudar matemática por conta de sua saúde delicada, Pascal tornou-se um dos maiores de todos os matemáticos. Aos 18 anos ele inventou uma "máquina aritmética", um antecessor do computador. Suas contribuições à geometria e à teoria da probabilidade foram igualmente admiráveis. Em seus 20 e tantos anos, passou por conversão religiosa, tornando-se um dos principais luminares do controverso movimento jansenista católico e um feroz oponente dos jesuítas.

A ESPOSA SECRETA DE LUÍS XIV – MADAME DE MAINTENON 449

43 Advogado por profissão Fermat insistiu em permanecer um matemático "amador", recusando-se, por regra, a publicar seus trabalhos ou a fornecer as provas de seus teoremas. No entanto, é considerado o fundador da teoria dos números e um importante colaborador no desenvolvimento do cálculo moderno. Seu famoso "último teorema" permaneceu sem comprovação por 358 anos, até 1995.

44 Sua correspondência foi publicada pela primeira vez em 1654. Ver Pascal, Blaise. *La Correspondance de Blaise Pastal et de Pierre de Fermat: La géometrie du hasard ou le calcul des probabilités.* Fontenay-aux-Roses: École Normale Supérieure, 1983.

45 D'Aumale, op. cit., p. 189.

46 Carta à mademoiselle [d'Aubigné], sem data. In: Chamaillard, Edmond. *Le Chevalier de Méré, rival de Voiture, ami de Pascal, précepteur de Madame de Maintenon.* Niort: Clouzot, 1921. Parte II, p. 22-4.

47 Carta à madame la duchesse de Lesdiguières, provavelmente 1652. In: *Ibid.,* 24-6.

48 Citado em madame de Maintenon, *Lettres.* Langlois, Marcel (ed.), vols. II-V. Paris: Letouzy et Ané, 1935-39. II nota 233, 381-2.

49 Magne, Émile. *Scarron et son milieu,* (6ª ed.). Paris: Émile-Paul Frères, 1924. 177.

50 Desprat, op. cit., p. 49.

51 D'Aumale, op. cit., p. 23.

52 *Ibid.,* p. 16.

53 Construído no início do século XVII por Maria de Médici, mãe de Gastão, duque de Orléans, é hoje o Palácio de Luxemburgo, Senado da França.

CAPÍTULO 4: BURLESCO

1 Evelyn, John. *The Diary.* Londres: Macmillan,1908. Registro em 24 de dezembro de 1643, 29-30. Evelyn chegou a Paris em meados de novembro de 1643 e permaneceu lá até 19 de abril de 1644, antes de partir para as províncias francesas e a Itália. Os registros em seu diário durante esses meses trazem descrições detalhadas da cidade, conforme ele a via.

2 Carta de Gui Patin a Charles Spon, em 18 de outubro de 1650. In: Patin,Guy, *La France au milieu du XVIIe siècle, 1648-1661.* Paris: Armand Collin, 1901, p. 1901. Patin era um famoso oponente à teoria da circulação do sangue.

3 O Louvre original, um forte construído entre 1190 e 1202 pelo rei Filipe Augusto, foi demolido no início do século XV, antes de ser reconstruído por Francisco I e Henrique II, no século XVI. O exterior do palácio como é hoje não ficou pronto senão em meados do século XIX.

4 Saint-Germain, Jacques, *La Reynie et la police au grand siècle.* Paris: Hachette, 1962, p. 10, citando a obra de Locatelli, *Voyage de France*, de 1664-65.

NOTAS

5 Ver Castiglione, Baldassar. *Le Livre du courtisan*. Paris: Flammarion, 1991. Publicado pela primeira vez em 1580, permaneceu como uma leitura popular de cortesãos e nobres da França até o século XVIII.

6 D'Aumale, Marie-Jeanne. *Souvenirs sur Madame de Maintenon: Mémoire et lettres inédites de Mademoiselle d'Aumale*. (2ª ed.). Paris: Calmann-Lévy, 1902, p. 26.

7 Carta à condessa de Brienne, 7 de agosto de 1657. In: Scarron, Paul. *Oeuvres*, 7 vols. Paris: Bastien, 1786. I, p. 195-6.

8 De "Portrait de Scarron, fait par lui-même, au Lecteur, qui ne m'a jamais vu". In: Scarron I, op. cit., p. 129-31.

9 Tallemant des Réaux, Gédéon. *Les Historiettes de tallemant des réaux: Mémoires pour servir à l'histoire du XVIIe siècle*, 6 vols. Paris: Bibliothèque Nationale Française,1995. V, p. 258.

10 Esta história talvez tenha se originado com seu biógrafo e editor la Beaumelle, no século XVIII. Um dos contemporâneos de Scarron atribuía sua condição simplesmente a uma *maladie des garçons* (doença venérea), mas na época não havia consenso sobre sua causa.

11 De Scarron. *Epitre à Mademoiselle de Neuillan*. In: Scarron VII, p. 102-4.

12 Carta sem data, escrita provavelmente durante o verão de 1651, para Françoise d'Aubigné. In: *Ibid.*, I p. 170-1.

13 Carta sem data a Françoise d'Aubigné em *Ibid.*, I p. 179-82.

14 La Beaumelle, Laurent Angliviel de (ed.). *Lettres de Madame de Maintenon*, nouvelle édition, 9. vols. Amsterdã: Pierre Erialed, 1758. I, p. 10.

15 Carta sem data a Françoise d'Aubigné em *Ibid.*, I p. 179-182.

16 *Ibid.*

17 La Baumelle (ed.). *Lettres*, I, p. 8.

18 De Scarron, *Réflections politiques et Morales*. In: Leca, Ange-Pierre, *Scarron: Le malade de La reine*. Paris: KIMÈ, 1999, p. 127.

19 *Ibid.*

20 Gabriel Naudé, bibliotecário de Mazarin. In: Pujo, Bernard. *Le Grand Condé*. Paris: Albin Michel,1995, p. 201.

21 Ver Buckley, Veronica. *Cristina, rainha da Suécia*. Rio de Janeiro: Objetiva, 2006.

22 Scarron VII, p. 339-340.

23 *La Mazarinade*, de 10 fev. 1651. Em Scarron I, p. 283.

24 Escrita durante o inverno de 1651-2. In: *Ibid.*, p. 169-70.

25 Carta a poeta Gilles Ménage. In: Desprat, Jean-Paul. *Madame de Maintenon, ou Le prix de La réputation*. Paris: Perrin, 2003, p. 54.

26 Carta sem data a Françoise d'Aubigné. In: Scarron I, p. 179-82.

A ESPOSA SECRETA DE LUÍS XIV – MADAME DE MAINTENON   451

27   Carta a monsieur de Marillac. In: Magne, Émile, *Scarron et son milieu*. (6ª ed.). Paris: Émile-Paul Frères, 1924, p. 188, nota I.

28   Ver Rapley, Elizabeth. *The Dévotes: Women and the Church in Seventeenth-Century France*. Montreal-Kingston: McGill-Queen's University Press, 1990, p. 181 e *passim*.

29   Ruretière. *Dictionnaire*. Duchêne, Roger. In: *Être Femme au temps de Louis XVI*. Paris: Perrin, 2004, p. 117.

30   *Tallemant des Réaux* V, op. cit., p. 259.

31   Ver carta não datada do chevalier de Méré à duquesa de Lesdiguières. In: Chamaillard, Edmond. *Le Chevalier de Méré, rival de Voiture, ami de Pascal, précepteur de Madame de Maintenon*. Niort: Clouzot, 1921, p. 24-6.

CAPÍTULO 5: UNIÃO DE ALMAS SINCERAS

1   Boislisle, M. A. de. Paul Scarron et Françoise d'Aubigné. *La Revue des questions histori-ques. Juillet-Octobre 1893*, p. 138. A *procuration* datava de 19 de fevereiro de 1652.

2   Jégou, Marie-Andrée. *Les Ursulines du Faubourg Saint-Jacques à Paris 1607-1662: Origine d'un monastère apostolique*. Paris: Presses Universitaires de France, 1981, p. 151.

3   Boislisle, op. cit., p. 141.

4   Citado em Desprat, Jean-Paul. *Madame de Maintenon, ou le prix de la réputation*. Paris: Perrin, 2003, p. 58.

5   Boislisle, op. cit., p. 141.

6   Para acesso ao poema de Scarron exaltando Marie-Marguerite, ver Scarron VII, p. 102-4.

7   Segrais, Jean Regnault de, *Segraisiana, ou mélange d'histoire et de littérature*. Amsterdã: Compagnie des libraires, 1722. I, p. 139.

8   Desprat, op. cit., p. 59.

9   Segrais I, op. cit., p. 87.

10   Carta de 1691 à madame de Lesdiguières. In: Magne, Émile, *Scarron et son milieu*. (6ª ed.) Paris: Émile-Paul Frères, 1924, p. 197.

11   Segrais I, op. cit., p. 87.

12   Tallemant des Réaux, Gédéon, *Les Historiettes de Tallemant des Réaux: Mémoires pour servir à l'histoire du XVIIe siècle*, 6 vols. Paris: Bibliothèque Nationale Française, 1995.V, p. 258-9.

13   Segrais I, op. cit., p. 140. Sem que Segrais soubesse, suas anedotas sobre os anos 1690, contadas na casa de um amigo, estavam sendo regularmente registradas por um escriba escondido por trás de uma tapeçaria. *Segraisiana* foi compilada a partir dessas anedotas.

NOTAS

14   *Ibid.*, p. 183.

15   *Ibid.*, p. 135.

16   De um verso do satirista Loret em *La Muze historique,* de 19 mai. 1652. In: Leca, Ange-Pierre. *Scarron: Le malade de la reine.* Paris: KIMÉ, 1999, p. 126.

17   Eram as propriedades de Fougerets e La Rivière. Ver Magne, op. cit., p. 200, nota 2.

18   Verso de Scarron. In: Desprat, op. cit., p. 68.

19   De um verso do satirista Loret em *La Muze historique*, de 5 de outubro e 9 de novembro de 1652. In: Magne, p. 202, nota 2.

20   Segrais I, op. cit., p. 78. E ver Leca, op. cit., p. 59.

21   Segrais I, op. cit., p. 78-9.

22   Boislisle, III. Saumaise (1588-1653) foi um dos humanistas mais notáveis do período.

23   Segrais I, op. cit., p. 78

24   Desprat, op. cit., p. 63.

25   Segrais I, op. cit., p. 213. A elogiada peça de Molière foi apresentada pela primeira vez em novembro de 1659 pela trupe que pertencia ao irmão do rei.

26   "Instruction aux demoiselles de la classe jaune". In: Leroy, Pierre-E. et Marcel Loyau (eds.). *Comment la sagesse vient aux filles: Propos d'éducation.* Paris: Bartillart, 1998, p. 1155.

27   Chamaillart, Edmond. *Le Chevalier de Méré, rival de Voiture, ami de Pascal, précepteur de Madame de Maintenon.* Niort: Clouzot, 1921. Le partie, p. 155.

28   Segrais I, op. cit., p. 112-3.

29   De *Portrait de Scarron, fait par lui-même, au Lecteur, qui ne m'a jamais vu.* In: Scarron Paul, Œuvres. 7.v. Paris: Bastien, 1786. I, p. 129-31.

30   A Parte I foi publicada em 1651 e a parte II, em 1657. Scarron nunca publicou a Parte III.

31   A casa ainda está de pé, embora a rua tenha ganhado outro nome. Fica na esquina da atual rue Villehardouin e da rue de Turenne, no Marais.

32   De *Stances Chrétiennes.* In: Scarron VII, op. cit., 244-46.

33   *Portrait de Scarron, fait par lui-même, au Lecteur, qui ne m'a jamais vu,* em Scarron I, op. cit., p. 129-31.

34   Segrais I, op. cit., p. 114.

35   *Ravissement de Saint Paul,* de Poussin, pintado em 1649-50, está hoje no Louvre em Paris.

36   Chamaillard, le partie, p. 154.

37   Carta a conde de Vivonne de 12 de junho de 1660. In: Scarron I, op. cit., p. 198-200.

38   *Tallemant des Réaux* V, op. cit., p. 257.

A ESPOSA SECRETA DE LUÍS XIV – MADAME DE MAINTENON   453

39   Segrais I, op. cit., p. 114.

40   De Furetière. *Roman bourgeois*. In: Leca, op. cit., p. 133.

41   *Ibid.*, p. 133-4.

42   Citado em Duchêne, Roger. *Ninon de Lenclos: ou La manière jolie de faire l'amour*. Paris: Fayard, 2000, p. 247.

43   Carta a d'Albret de 2 de dezembro de 1659. In: Scarron I, p. 213-4.

44   Chamaillard, le partie, p. 126.

45   *"Avis à une demoiselle qui sortait de Saint-Cyr"*. In: em Leroy et Loyau (eds.), p. 163ss.

46   *"Instruction aux demoiselles des deux grandes classes"* e *"Lettre aux demoiselles de Saint--Cyr"*, citados em *Ibid.*, p. 189 e p. 225.

47   Carta à madame La duchesse de Lesdiguières, provavelmente 1652. In: Chamaillard. Parte 2, p. 24-6.

48   D'Aumale, Marie-Jeanne. *Souvenirs sur Madame de Maintenon: Mémoire et lettres de Mademoiselle d'Aumale*, (2ª ed.). Paris: Calmann-Lévy, 1902, p.26.

49   *Ibid.*, p. 27.

50   Carta à madame la duchesse de Lesdiguières, provavelmente 1652. In: Chamaillard. Parte 2, p. 24-6.

51   D'Aumale, op. cit., p. 27.

52   *Ibid.*, p. 28.

53   Carta à madame la duchesse de Lesdiguières, provavelmente 1652. In: Chamaillard, Parte 2, p. 24-6.

54   Carta a marechal d'Albret de 13 de outubro de 1659. In: Scarron I, p. 206-8.

CAPÍTULO 6: FIM DO COMEÇO

1   Carta de 27 de agosto de 1660. In: Madame de Maintenon. *Lettres*. Langlois, Marcel (ed.), vols. II-V. Paris: Letouzy et Ané, 1935-59. II, n. 2, p. 18.

2   Da obra de madame de Motteville, *Mémoires*. In: Fraser, Antonia. *Love and Louis XIV: The Women in the Life of the Sun King*. Londres: Weidenfeld & Nicolson, 2006, p. 40. O Tratado dos Pireneus entre França e Espanha foi assinado em 7 de novembro de 1659.

3   Ver *Notice* ao *Oraison de Marie-Thérèse d'Autriche*. In: Bossuet, Jacques Bénigne, *Oraisons fúnebres*. Paris: Hachette, 1898, p. 214.

4   Tallemant des Réaux, Gédéon, *Les Historiettes de Tallemant des Réaux: Mémoires pour servir à l'histoire du XVIIe siècle*, vols. 6. Paris: Bibliothèque Nationale Française, 1995. V, p. 262.

NOTAS

5 *Ibid.*

6 "*Instruction aux demoiselles de Saint-Cyr*". In: Leroy, Pierre-E. & Marcel Loyau (eds.). *Comment la sagesse vient aux filles: Propos d'éducation.* Paris: Bartillart, 1998. n. 4, p. 43.

7 O memorialista La Fare. In: Duchêne, Roger. *Ninon de Lenclos: ou la manière jolie de faire l'amour.* Paris. Fayard, 2000, p. 244.

8 Carta a Boisrobert. In: *Ibid.*, p. 245 e *passim*.

9 *Ibid.*, p. 245.

10 Citado em Magne, Émile. *Scarron et son milieu.* (6ª ed.). Paris: Émile-Paul Frères, 1924, p. 261.

11 Carta a monsieur de Villette de 12 de novembro de 1659. In: Scarron, Paul, *Oeuvres.* 7 vols. Paris: Bastien, 1786. I, p. 263-4.

12 Carta a marechal d'Albret de 13 de outubro de 1659. In: *Ibid.*, p. 206-208.

13 Citado em Duchêne, *Ninon de Lenclos*, p. 246.

14 Tallemant des Réaux V, op. cit., p. 264.

15 De *Portrait de Scarron, fait par lui-même, au Lecteur, qui ne m'a jamais vu.* In: Scarron I, p. 129-31.

16 De "*Testament de Scarron, en vers burlesques*", *Ibid.*, p. 133-4.

17 Citado em Desprat, Jean-Paul. *Madame de Maintenon, ou le prix de la réputation.* Paris: Perrin, 2003, p. 100.

18 Citado em *Ibid.*

19 Scarron morreu na noite de 6-7 de outubro de 1660, não em 14 de outubro, como frequentemente se afirmou. Ver Leca, Ange-Pierre, *Scarron: Le malade de la reine.* Paris: KIMÉ, 1999, p. 186, nota.

20 *Épitaphe*, in Scarron I, p. 141.

21 Segrais, Jean Regnault de, *Segraisiana, ou mélange d'histoire et de littérature.* Amsterdã: Compagnie des libraires, 1722. I, p. 134.

22 Este desenho de Mignard há muito se perdeu.

23 Tallemant des Réaux V, p. 263.

24 Carta à madame de Villete de 23 de outubro de 1660. In: Langlois (ed.). *Lettres* II, n. 3, p. 23.

25 Carta à madame de Villete de novembro de 1660. In: *Ibid.*, n. 4, p. 25.

26 Carta à madame de Villete de 7 de dezembro de 1660. In: *Ibid.*, n. 6, p. 27.

27 Carta à madame de Grignan, 24 jun. 1676. In: Sévigné, Marie, condessa de, *Lettres*, 3 vols. Paris: Pléiade, 1960. II, n. 437, p. 130.

A ESPOSA SECRETA DE LUÍS XIV – MADAME DE MAINTENON

CAPÍTULO 7: A VIÚVA ALEGRE

1 Ver *Le Chevalier à la mode* de 1687, de Florent Carton Dancourt; *O Misantropo*, de Molière, de 1666; e as *Lettres* de Madame de Sévigné. Todas as três citações são de Duchêne, Roger, *Être Femme au temps de Louis XIV.* Paris: Perrin, 2004, p. 249.

2 A casa de Ninon de Lenclos no nº 36 ainda está de pé.

3 Taillandier, madame Saint-René de, *La Princesse des Ursins: une grande dame française à la cour d'Espagne sous Louis XIV.* Paris: Hachette, 1926, p. 4.

4 Saint-Simon, Louis de Rouvroy, duque de, *Mémoires*, 7 vols. Paris: Pléiade, 1953, I, p. 954.

5 Caylus, Marthe-Marguerite, condessa de, *Souvenirs,* Bernard, Noël (ed.). Paris: Mercure de France, 1965 e 1986, p. 27-8.

6 Saint-Simon, I, op. cit., p. 327.

7 Caylus, op. cit., p. 67.

8 Montpensier, Anne Marie Louise d'Orléans, duquesa de, *Mémoires de la grande mademoiselle*, Quilliet, Bernard (ed.), 2 vols. Paris: Mercure de France, 2005, I, p. 322.

9 Visconti, Primi. *Mémoires sur la cour de Louis XIV, 1673-1681*. Paris: Perrin, 1988, p. 16.

10 Caylus, op. cit., p. 37.

11 O chevalier D'Arvieux, citado na notícia de *Le Bourgeois Gentilhomme*. In: Molière, Jean-Baptiste Poquelin de, *Oeuvres Complètes*, 2 vols. Paris: Gallimard, 1971, II, p. 697.

12 René de Saint-Léger. In: Desprat, Jean-Paul. *Madame de Maintenon, ou le prix de la réputation*. Paris: Perrin, 2003, p. 101.

13 "La jeune veuve", In: La Fontaine, Jean de, *Fábulas*, Radouant, René (ed.). Paris: Hachette, 1929, Livro VI, n. 21, p. 219.

14 Citado em Duchêne, *Être Femme au temps de Louis XIV*. Paris: Perrin, 2004, p. 254.

15 Carta a Vassé. In: Duchêne, Roger, *Ninon de Lenclos: ou la manière jolie de faire l'amour*, Paris: Fayard, 2000, p. 165. Ninon frequentemente aceitava um amante durante três meses, "no que me diz respeito, uma eternidade". Ver *Ibid.*, p. 114.

16 Tallemant des Réaux, Gédéon, *Les historiettes de Tallement des Réaux. Mémoires pour servir à l'histoire du XVIIe siècle*, 6 v., Paris: Bibliothèque Nationale Française, 1995, V, p. 263-4.

17 Citada em Duchêne, *Ninon de Lenclos*, p. 242. Bret foi o primeiro biógrafo de Ninon.

18 *Ibid.*, p. 244.

19 *Ibid.*

20 Saint-Simon, I, op. cit., p. 45.

21 *Ibid.*, p. 45-46. Nesta época, Saint-Simon não conhecia os Montchevreuil, tendo ainda que esperar catorze anos para o seu próprio nascimento. De qualquer modo, suas palavras estão provavelmente exageradas pelo seu ressentimento pessoal para com Françoise.

22 D'Aumale, Marie-Jeanne. *Souvenirs sur madame de Maintenon: mémoires et lettres inédites de mademoiselle d'Aumale*, (2ª ed.). Paris: Calmann-Levy, 1902, p. 49.

23 Chamaillard, Edmond. *Le Chevalier de Méré, rival de Voiture, ami de Pascal, précepteur de madame de Maintenon*, Niort: Clouzot, 1921, Parte 1, p. 148.

24 "*Instruction aux demoiselles de la classe bleue*", In: Leroy, Pierre-E. e Loyau, Marcel (ed.), *Comment la sagesse vient aux filles: propos d'éducation,* Paris: Bartillart, 1998, n. 5, p. 48-9.

25 Chamaillard. Parte 2, p. 151.

26 Cordelier, Jean, *Madame de Maintenon*, Paris: Club des Editeurs, 1959, p. 51.

27 Do tratado *L'Honnête fille*, de 1639. In: Duchêne, *Être femme au temps de Louis XIV*, p. 121.

28 "Entretien particulier avec mme. de Glapion", *Portraits-Souvenirs,* n. 1, In Leroy e Loyau (ed.), p. 38.

29 Caylus, op. cit., p. 87.

30 *Ibid.*

31 Louis XIV, *Le Journal secret de Louis XIV*, Bluche, François (ed.), Paris: Rocher, 1998, 19 set. 1664, p. 41.

32 *Ibid.*, abr. 1666, p. 54.

33 Milton, *Paradise lost*, II, p. 173-175. O grande poema de Milton foi primeiro publicado em 1667.

34 Choisy, Abade François-Timoléon de, *Mémoires pour servir à l'histoire de Louis XIV*, e *Mémoires de l'abbé de Choisy habillé en femme*, Mongrédien, Georges (ed.), Paris: Mercure de France, 1966, p. 266.

35 Caylus, op. cit., p. 82-3.

36 Visconti, op. cit., p. 16.

37 Choisy, op. cit., p. 267.

38 Louis XIV, *Le Journal secret*, op. cit.,16 mai. 1667, p. 59.

39 Citado em Dunlop, Ian, *Louis XIV*, Londres: Chatto and Windus, 1999, p. 67.

40 O abade de Choisy. In: Cornette, Joël (ed.), *La France de la monarchie absolue, 1610-1715*, Paris: Seuil, 1997, p. 266.

41 Louis XIV, *Le Journal secret*, op. cit., 11 mar. 1661, p. 21.

42 *Ibid.*, 8 mai. 1661, p. 23.

A ESPOSA SECRETA DE LUÍS XIV – MADAME DE MAINTENON   457

43   *Ibid.*, 17 ago. 1661, p. 21.

44   Louis XIV, *Mémoires, suivi de refléxions sur le métier de roi*, Paris: Tallandier, 2001, p. 86.

45   Louis XIV, *Le Journal secret*, op. cit., 9 mar. 1661, p. 19. Este foi exatamente o dia da morte do cardeal Mazarin. Luís registrou: "Para mim acabou o tempo do pranto."

46   *Ibid.*, 13 ago. 1669, p. 70; 31 dez. 1667, p. 61; e 31 dez. 1671, p. 80.

47   A parte sul dos "países baixos", abarcava, completamente, a Bélgica e Luxemburgo da atualidade, mais a região de Lille no norte da França.

48   Louis XIV, *Mémoires*, op. cit., p. 65.

49   Anderson, M. S. *War and society in Europe of the Old Regime*, 1618-1789, Guernsey, Ilhas do Canal: Sutton, Publishing, 1998, p. 100.

50   Luís XIV, *Le Journal secret*, 17 ago. e 13 dez. 1667, p. 60-1.

CAPÍTULO 8: CIDADE LUZ

1   Atualmente a rue Elzévir no bairro Marais em Paris.

2   Desprat, Jean-Paul. *Madame de Maintenon, ou le prix de la réputation*. Paris: Perrin, 2003, p. 111. E ver d'Aumale, Marie-Jeanne. *Souvenirs sur Madame de Maintenon: Mémoire et lettres inédites de mademoiselle d'Aumale*. (2ª ed.). Paris: Calmann-Lévy, 1902, p. 50-2.

3   D'Aumale, op. cit., p. 50.

4   *Ibid.*

5   *Ibid.*, p. 52.

6   *Ibid.*, p. 51.

7   Duchêne, Roger, *Ninon de Lenclos: ou la manière jolie de faire l'amour*, Paris: Fayard, 2000, p. 270.

8   D'Aumale, op. cit., p. 51.

9   Ver Saint-Germain, Jacques, *La Reynie et la police au grand siècle*. Paris: Hachette, 1962, p. 72-8.

10   O viajante Locatelli. In: *Ibid.*, p. 11.

11   Uma carta de março de 1672 da autoria do rei, citada em *Ibid.*, p. 141.

12   Do "Remerciement au roi" de 1663. In: Molière, Jean-Baptiste Poquelin de, *Oeuvres Complètes*, 2 v., Paris: Gallimard, 1971, I, p. 631.

13   Cornette, Joël (ed.). *La France de na monarchie absolue, 1610-1715*. Paris: Éditions du Seuil, 1997, p. 274. A citação do "touro de trabalho" é do grande historiador francês do século XIX Jules Michelet.

458 NOTAS

14 A. Viala citado em Guy Thewes, "Peintre, théâtre et propagande" no Museu de Belas Artes de Dijon e no Museu de História da cidade de Luxemburgo, *À la gloire du roi: Van der Meulen, peintre des conquêtes de Louis XIV*, Imprimerie Nationale, 1998, p. 263.

15 Citado em Saint-Germain, op. cit., p. 141.

16 Isto foi do naturalista e médico Martin Lister. Ver *Ibid.*, p. 141.

17 Louis XIV, *Le Journal secret de Louis XIV*, Bluche, François (ed.). Paris: Rocher, 1998, 17 jun. 1668, p. 63.

18 Montigny, J. de, "La feste de Versailles du 18 juin 1668", in *Recuil de diverses pièces faites par plusieurs personnes illustres*, The Hague: Jean et Daniel Steucker, 1669, p. 4.

19 *Ibid.*, p. 4-5.

20 Scudéry, Madeleine de, *La Promenade de Versailles*, Lallemand, Marie-Gabrielle (ed.). Paris: Honoré Champion, 2002, p. 257 e ver *passim*.

21 *Ibid.*, p. 256.

CAPÍTULO 9: CHAMADOS DO DEVER

1 Caylus, Marthe-Marguerite, condessa de. *Souvenirs,* Noël, Bernard (ed.). Paris: Mercure de France, 1965 e 1986, p. 39.

2 Saint-Germain, Jacques, *La Reynie et la police au grand siècle*. Paris: Hachette, 1962, p. 26.

3 Citado em Hilton, Lisa, *The real Queen de France*: *Athénaïs and Louis XIV*, Londres: Abacus, 2003, p. 88.

4 Louis XIV, *Le Journal secret de Louis XIV*, Bluche, François (ed.). Paris: Rocher, 1998, 15 set. 1669, p. 71.

5 Os dragões eram os soldados das unidades militares introduzidas nos exércitos europeus do século XVII. Embora se deslocassem a cavalo, combatiam a pé, como a infantaria. Na prática, eram um tipo de infantaria montada. [N. da T.]

6 "Pour monseigneur le duc du Maine". In: La Fontaine, Jean de, *Fábulas*, Radouant, René (ed.). Paris: Hachette, 1929, Livro XI, n. 2, p. 418.

7 O próprio Lauzun retransmitiu esta história à *La Grande Mademoiselle*, mais tarde sua noiva. Ver Desprat, Jean-Paul. *Madame de Maintenon, ou le prix de la réputation*. Paris: Perrin, 2003, p. 132.

8 Louis XIV, *Le Journal secret*, 31 mar. 1670, p. 73.

9 De *La Maison réglée*, de autoria de Audiger em 1688 e 1692. In: *La Vie de Paris sous Louis XIV*. Ver Franklin, Alfred, *La vie privée d'autrefois*: *arts et métiers, modes, moeurs, usages des parisiens, du XIIe au XVIIe siècle, d'après des documents originaux ou inédits*, vols. 27. Paris: E. Plon, Nourrit, 1887-1902, XXIII, p. 78-9.

A ESPOSA SECRETA DE LUÍS XIV – MADAME DE MAINTENON   459

10   Citado em Desprat, op. cit., p. 131.

11   Carta ao pére Gobelin de 2 mar. 1674. In: Madame de Maintenon, *Lettres*, Langlois, Marcel (ed.), vols. II-V, Paris: Letouzy et Ané, 1935-1959), II, n. 31, p. 76-8.

12   Caylus, op. cit., p. 39.

13   Saint-Simon, Louis de Rouvroy, duque de, *Mémoires*, vols. 7. Paris: Pléiade, 1953, I, p. 327.

14   Carta à madame de Grignan de 6 fev. 1671. In: Sévigné, Marie, condessa de. *Lettres*. 3 vols. Paris: Pléiade, 1960. II, n. 79, p. 191.

15   Carta inédita de 20 set. 1669, de madame du Bouchet para o conde de Bussy-Rabutin (primo da madame de Sévigné) revela os detalhes. Ver Caylus, op. cit., p. 180.

16   Carta à madame de Grignan de 9 fev. 1671. In: Sévigné, I, n. 80, p. 192-193.

17   Carta ao monsieur de Villette de 14 abr. 1675. In: Langlois (ed.), *Lettres* II, n. 71, p. 126.

18   Carta ao monsieur de Villette de 19 abr. 1675. In: *Ibid.*, n. 74, p. 130.

19   Carta à madame [Scarron], sem data. In: Chamaillard, Edmond. *Le Chevalier de Méré, rival de Voiture, ami de Pascal, précepteur de Madame de Maintenon.* Niort: Clouzot, 1921. Parte 2, p. 26-8.

20   "Entretien particuler avec Madame de Glapion", de 18 out. 1717. In: Leroy, Pierre-E. & Marcel Loyau (eds.). *Comment la sagesse vient aux filles: Propos d'éducation.* Paris: Bartillart, 1998, n. 6, p. 52-4.

21   A casa já não existe; sua localização é agora no boulevard du Montparnasse, número 25.

22   Caylus, op. cit., p. 40.

23   Visconti, Primi. *Mémoires sur la cour de Louis XIV, 1673-1681*, Paris: Perrin, 1988, p. 148. Um dos governadores do delfim, o duque de Montausier, serviu como modelo para a personagem do miserável Alceste na peça de Molière *O Misantropo*.

24   Carta à madame de Maintenon, provavelmente de dezembro de 1683. In: *Correspondance générale de Madame de Maintenon*. Lavallée, Théophile (ed.), 4 vols. Paris: Charpentier, 1857. II, n. CCCXLV, p. 338-9.

25   Carta de 1686 ou 1687. In: Hilgar, Marie-France, "Madame de Maintenon et le duc du Maine". In: Niderst (ed.). *Autour de Françoise d'Aubigné, Marquise de Maintenon*. Actes des Journées de Niort, 23-5 mai. 1996, Albineana 10-11, vols. 2. Niort: Albineana-Cahiers d'Aubigné, 1999. II, p. 264-5.

26   Choisy, Abade François-Timoléon de, *Mémoires pour servir à l'histoire de Louis XIV*, e *Mémoires de l'abbé de Choisy habillé en femme*, Mongrédien, Georges (ed.), Paris: Mercure de France, 1966, p. 262.

27   Caylus, op. cit., p. 40.

28   Louis XIV, *Le Journal secret*. Mar. 1673, p. 86.

460 NOTAS

29   Carta de madame de Coulanges para madame de Sévigné de 20 mar. 1673. In: Desprat, op. cit., p. 141.

30   Carta à madame de Grignan de 13 jan. 1672. In: Sévigné, I. n. 184, p. 453.

31   Cartas ao monsieur d'Aubigné de 19 e 27 set. 1672. In: Langlois (ed.) *Lettres* II, n. 24 e 25, p. 63-6.

CAPÍTULO 10: *L'ARRIVÉE*

1   Louis XIV, *Le Journal secret de Louis XIV*, Bluche, François (ed.). Paris: Rocher, 1998, 10 jan. 1673, p. 84.

2   Carta a Charles d'Aubigné, 31 out. 1673. In: Madame de Maintenon, *Lettres*. Langlois, Marcel (ed.), vols. II-V. Paris: Letouzy et Ané,1935-1959. II, n. 30, p. 73-5. Os parentes em questão não são nomeados, mas Françoise deu ajuda financeira tanto à família de seu pai como à de sua mãe, e também à extensa família Scarron.

3   Citado em Desprat, Jean-Paul. *Madame de Maintenon, ou le prix de la réputation*. Paris: Perrin, 2003, p. 142.

4   Visconti, Primi. *Mémoires sur la cour de Louis XIV, 1673-1681*, Paris: Perrin, 1988, p. 117.

5   *Ibid.*, p. 169.

6   Louis XIV, *Le Journal secret*. 21 ago. 1676, p. 106.

7   *Ibid.*, 10 out. 1675, p. 100.

8   Antiga moeda espanhola. [N. da T.]

9   Citado em Saint-Germain, Jacques, *La Reynie et la police au grand siècle*. Paris: Hachette, 1962, p. 133.

10   *Ibid.*

11   D'Aumale, Marie-Jeanne. *Souvenirs sur madame de Maintenon: Mémoire et lettres inédites de mademoiselle d'Aumale.* (2ª ed.). Paris: Calmann-Lévy, 1902, p. 55.

12   Desprat, op. cit., p. 148.

13   Visconti, op. cit., p. 35.

14   Saint-Simon, Louis de Rouvroy, duque de, *Mémoires*. v. 7. Paris: Pléiade, 1953. II, p. 412.

15   Hilton, Lisa, *The Real Queen de France. Athénaïs and Louis XIV*, Londres: Abacus, 2003, p. 218.

16   Louis XIV, *Le Journal secret*, 22 nov. 1671, p. 80.

17   Carta para Herzogin Sophie, 5 ago. 1673. In: Liselotte von der Pfalz, *Briefe*. Langewiesche-Brandt: Ebenhausen bei München, 1966, p. 18.

A ESPOSA SECRETA DE LUÍS XIV – MADAME DE MAINTENON   461

18   Carta para Herzogin Sophie, 14 dez. 1676. In: *Ibid.*, p. 28.

19   Carta para Frau von Harling, 23 nov. 1672. In: *Ibid.*, p. 15.

20   Louis XIV, *Le Journal secret*, 20 fev. 1695, p. 215. E ver carta de 19 mar. 1693, In: Liselotte von der Pfalz, *Briefe*, p. 118-119.

21   D'Aumale, op. cit., p. 61.

22   Citado em Goubert, Pierre, *Louis XIV et vingt millions de Français*. Paris: Hachette, 1977, p. 116.

23   Carta para Kurfürstin Sophie, 23 set. 1699. In: Liselotte von der Pfalz, *Briefe*, p. 163.

24   Ver Goubert, op. cit., p. 50. Goubert registra que entre 1601 e 1750, durante um período de avanço fenomenal por todo lado, não houve um único tratado sobre agricultura escrito na França.

25   Também chamadas de República das Sete Províncias Unidas. A república foi formada em 1648, tendo conquistado uma independência final da Espanha no final da Guerra dos Trinta Anos. Abarcava as províncias do norte da Holanda, Zeeland, Gelderland, Utrecht, Friesland, Overijssel e Groningen. A Holanda era a maior e mais importante das províncias, daí o uso frequente de apenas seu nome para todas as sete.

26   Louis XIV, *Le Journal secret*, 6 abr. 1672, p. 82. De fato, o único comércio sendo impedido foi o dos vinhos e bebidas alcoólicas franceses, os quais os holandeses haviam tentado banir de seu país em resposta à imposição de Colbert de taxas sobre todas as mercadorias holandesas, alguns anos antes. Quanto aos huguenotes, embora muitos na república essencialmente calvinista se sentissem um tanto solidários para com eles, um terço de seu povo na realidade era católico, e se alguns holandeses estavam imprimindo panfletos declarando solidariedade para com os protestantes, isto não se devia a nenhum grande plano da parte da república, mas antes à natureza descentralizada da autoridade holandesa, que simplesmente estava "desprovida da maquinaria para a supressão da opinião" (Schama, Simon. *The Embarrassment of Riches: an Interpretation de Dutch Culture in the Golden Age*. Londres: Fontana, 1991, p. 268). Um holandês podia imprimir quase tudo o que desejasse.

27   De *Justification of the Present War Against the United. Netherlands* de 1672. In:Schama, op. cit., p. 271.

28   O Tratado de Dover de junho de 1670 deixou a Inglaterra secretamente fora da Aliança. (Ver Fraser, Antonia. *King Charles II*. Londres: Phoenix, 2002, p. 350. e *passim*.) Os suecos, incentivados por pagamentos em dinheiro da França, renunciaram à Aliança no início de 1672. Outros estados germânicos também receberam dinheiro em troca de sua promessa de neutralidade. Em 1671, o Sacro Imperador Romano também aceitou permanecer neutro na eventualidade de um conflito franco-holandês.

29   Na Paz de Vestfália que acabou com a Guerra dos Trinta Anos, as Províncias Unidas dos Países Baixos conquistaram sua independência do império Habsburgo espanhol. Além disso, a cidade de Amsterdã conseguiu sua própria vitória importante forçando o final da navegação livre no rio Scheldt, desviando assim o comércio da Antuérpia espanhola para o norte e seus próprios desembarcadouros.

NOTAS

30 Louis XIV, *Le Journal secret*, 15 set. 1673, p. 87-8.

31 Thewes, in: Museu das Belas Artes…, op. cit., p. 265.

32 A guerra por sitiamento era "[possivelmente] a maior operação de engenharia conhecida na época" e "um exemplo enraizado de investimento improdutivo". Exigia não somente a escavação de trincheiras, mas também a edificação de linhas defensivas elaboradas que frequentemente exigiam o recrutamento dos locais, incluindo, com extremo prejuízo, camponeses em época de colheita. Ver Anderson. M. S., *War and society in Europe of the Old Regime,* 1618-1789. Guernsey, Channel Islands: Sutton Publishing, 1998, p. 40ss, 87ss e 140ss. As cidades fortificadas de Vesel, Burick (Büderich), Orsoy e Rheinberg foram atacadas em simultâneo e todas tomadas nas primeiras duas semanas de junho de 1672, assim como as cidades menores de Emmerich e Rees.

33 Carta a conde de Bussy Rabutin, 19 jun. 1672. In: Sévigné, Marie, condessa de. *Lettres.* 3 vols. Paris: Pléiade, 1960. I, n. 229, p. 571. O rei de fato atravessou o rio Ijssel, um afluente do Reno. Para detalhes da travessia, ver Pujo, Bernard. *Le Grand Condé*. Paris: Albin Michel, 1995, p. 312. Sobre as representações artísticas relativas à travessia do Reno e a campanha holandesa em geral, ver Museu das Belas Artes…, op. cit., e também Burke, Peter. *The Fabrication of Louis XIV*. New Haven e Londres: Yale University Press, 1994. Cap. VI. Sobre a propaganda artística do lado holandês, ver Schama, op.cit., p. 270.

34 Tanto o arcebispo de Colônia como o arcebispo de Münster, aliados alemães da França junto ao Reno, eram estados do Sacro Império Romano, e daí deverem certa lealdade a Leopoldo.

35 Schama, op. cit., p. 273-5.

36 Citado em Pujo, op. cit., p. 319.

37 Louis XIV, *Le Journal secret*, 30 jun. 1673, p. 87. (Grifo no original).

38 Ver *Ibid.*, 31 dez. 1673, p. 88-9; 27 fev. 1674, p. 90; e 24 fev. 1673, p. 86. O Tratado de Westminster, que pôs fim à guerra conhecida como a Terceira Guerra Anglo-Holandesa, foi assinado em 19 de fevereiro de 1674.

39 Thewes, in: Museu das Belas Artes…, op. cit., p. 265.

40 *Ibid.*, p. 246.

41 *Ibid.*

42 Sabban, Françoise, e Serventi, Silvano. *La Gastronomie au grand siècle*: 100 recettes de France et d'Italie. Paris: Stock, 1998, p. 85. O Franche-Comté foi finalmente cedido à França no Tratado de Nimegue em 1678.

43 Louis XIV, *Le Journal secret*, 4 jul. 1674, p. 92.

CAPÍTULO 11: O CURSO DOS VERDADEIROS AMORES

1 Carta à madame de Grignan, 15 dez. 1673. In: Sévigné, Marie, condessa de, *Lettres*, 3 vols. Paris: Pléiade, 1960. I, n. 276, p. 653.

A ESPOSA SECRETA DE LUÍS XIV – MADAME DE MAINTENON   463

2   Louis XIV, *Le Journal secret de Louis XIV*, Bluche, François (ed.). Paris: Rocher, 1998, 20 jan. 1666, p. 53.

3   Das *Mémoires* de Charles Perrault. In: Tiberghien, Frédéric. *Versailles: Le Chantier de Louis XIV, 1662-1715*. Paris: Perrin, 2002, p. 77.

4   Bertière, Simone. *Les Femmes du Roi Soleil*. Paris: De Fallois, 1998, p. 212.

5   *Ibid.*, p. 216.

6   *Ibid.*, p. 214.

7   Carta para madame e monsieur de Grignan, 29 abr. 1676. In: Sévigné, II, n. 416, p. 80.

8   Visconti, Primi. *Mémoires sur la cour de Louis XIV, 1673-1681*. Paris: Perrin, 1988, p. 164.

9   Carta ao père Gobelin de 2 mar. 1674. In: Madame de Maintenon. *Lettres*. Langlois, Marcel (ed.), vols. II-V. Paris: Letouzy et Ané, 1935-1959. II, n. 31, p. 76.

10   Carta ao père Gobelin de jul. 1674. In: *Ibid.*, n. 36, p. 83.

11   Carta ao père Gobelin de 6 mar. 1674. In: *Ibid.*, n. 32, p. 78.

12   Cartas para Charles d'Aubigné (21 mai.) e père Gobelin (24 jul.) 1674. In: *Ibid.*, n. 35 e 40, p. 81-2 e 87-8.

13   Citado em Desprat, Jean-Paul. *Madame de Maintenon, ou le prix de la réputation*. Paris: Perrin, 2003, p. 153.

14   Carta ao père Gobelin de cerca de 26 jul. 1674. In: Langlois, Marcel (ed.), *Lettres II*, n. 41, p. 90-1.

15   Carta ao père Gobelin de 6 ou 7 ago. 1674. In: *Ibid.*, n. 43, p. 93-94.

16   D'Aumale, Marie-Jeanne. *Souvenirs sur Madame de Maintenon: Mémoire et lettres inédites de mademoiselle d'Aumale*, (2ª ed.). Paris: Calmann-Lévy, 1902, p. 60.

17   Louis XIV, *Le Journal secret*, 1 set. 1674, p. 93.

18   Carta ao père Gobelin de 24 jul. 1674. In: *Ibid.*, n. 40, p. 87.

19   Louis XIV, *Le Journal secret*, 6 nov. 1674, p. 93.

20   Carta a monsieur d'Aubigné, 10 nov. 1674. In: Madame de Maintenon, *Lettres*. Langlois, Marcel (ed.). Paris: Letouzy et Ané,1935-56. II, n. 56, p. 109-10. O castelo de Maintenon, na cidade de Maintenon, 65 km a oeste de Paris, é datado do século XIII. De 1698 a 1981 foi posse da família Noailles, e desde então tem pertencido à Fundação do Castelo de Maintenon.

21   Louis XIV, *Le Journal secret*, 31 dez. 1681, p. 134.

22   *Ibid.*, 2 set. 1676, p. 106.

23   Caylus, Marthe-Marguerite, condessa de, *Souvenirs*. Noël, Bernard (ed.). Paris: Mercure de France, 1965 e 1986, p. 82.

24   Louis XIV, *Le Journal secret*, 28 fev. 1675, p. 95. Era costume na aristocracia francesa assumirem seus títulos a partir dos nomes de suas propriedades.

25   Visconti, op. cit., p. 169.

NOTAS

26 Choisy, Abade François-Timoléon de, *Mémoires pour servir à l'histoire de Louis XIV*, e *Mémoires de l'abbé de Choisy habillé en femme*, Mongrédien, Georges (ed.). Paris: Mercure de France, 1966, p. 267.

27 Carta para madame e monsieur de Grignan, 6 mar. 1680. In: Sévigné, II, n. 638, p. 634-5.

28 Louis XIV, *Le Journal secret*, 1 mar. 1680, p. 124.

29 Chamaillard, Edmond. *Le Chevalier de Méré, rival de Voiture, ami de Pascal, précepteur de madame de Maintenon.* Niort: Clouzot, 1921. Parte 1, p. 143.

30 Visconti, op. cit., p. 175-6.

31 Citado em Desprat, op. cit., p. 162.

32 Louis XIV, *Le Journal secret*, 8 abr. 1675, p. 96.

33 Desprat, op. cit., p. 173.

34 Carta para père Gobelin, 30 mar. 1675. In:. Langlois, Marcel (ed.), *Lettres* II, n. 67, p. 122-3.

35 Louis XIV, *Le Journal secret*, 10 mai. 1675, p. 97.

36 *Ibid.*, 21 jul. 1675, p. 98.

37 Carta ao monsieur de Villette de 23 jun. 1675. In:. Langlois, Marcel (ed.), *Lettres* II, n. 79, p. 137.

38 Carta ao monsieur d'Aubigné de 8 jul. 1675. In: *Ibid.*, n. 80, p. 138-9.

39 Carta à madame de Grignan, 7 ago. 1675. In: Sévigné, I, n. 328, p. 792.

40 Carta ao père Gobelin de 8 mai. 1675. In:. Langlois, Marcel (ed.), *Lettres* II, n. 75, p. 131.

41 Carta para o monsieur d'Aubigné de 16 out. 1675. In: *Ibid.*, n. 82, p. 143.

42 Carta para Filipe de Villette (filho de seu primo Filipe), 11 nov. 1675. In: *Ibid.*, n. 84, p. 147.

43 Louis XIV, *Le Journal secret*, 9 nov. 1675, p. 100.

44 *Ibid.*, 25 jul. 1675, p. 98.

45 *Ibid.*, 4 abr. 1676, p. 103.

46 *Ibid.*, 12 jul. 1676, p. 105.

47 *Ibid.*, 2 ago. 1676, p. 105.

48 Visconti, op. cit., p. 117.

49 Carta à madame de Villette de 7 abr. 1677. In: Langlois, Marcel (ed.), *Lettres* II, n. 123, p. 193.

50 Ver Louis XIV, *Le Journal secret*, 31 mai. 1677, p. 109. Em seu diário, Luís geralmente se refere a si próprio como "eu", mas às vezes usa o "nós" real.

A ESPOSA SECRETA DE LUÍS XIV – MADAME DE MAINTENON   465

51   Carta ao monsieur d'Aubigné de 28 fev. 1678. In: Langlois, Marcel (ed.), *Lettres* II, n. 149, p. 224.

52   Carta ao monsieur d'Aubigné de 27 fev. 1678. In: *Ibid.*, n. 148, p. 223.

53   Carta ao monsieur d'Aubigné de 28 fev. 1678. In: *Ibid.*, n. 149, p. 224-229. Esta carta longa foi reduzida aqui.

54   Carta ao monsieur d'Aubigné de 11 jul. 1683. In: *Ibid.*, n. 316, p. 502.

55   Louis XIV, *Le Journal secret*, 18 jan. 1678, p. 113.

56   *Ibid.*, 31 dez. 1677, p. 112.

57   *Ibid.*, 19 jan. 1676, p. 102.

58   Visconti, p. 107.

59   Louis XIV, *Le Journal secret*, 25 mar. 1678, p. 113.

60   Milton, *Paradise Lost*, II, p. 713-8.

61   Louis XIV, *Le Journal secret*, 5 set. 1678, p. 115.

62   Carta a   madame de Grignan, 15 set. 1679. In: Sévigné, II, n. 581, p. 445.

63   Louis XIV, *Le Journal secret*, 31 ago. 1679, p. 120-1. Efigênia, filha de Agamenon e sobrinha de Menelau, foi sacrificada à deusa Artemísia para atrair um vento para a frota grega navegar até Troia.

64   Villars, Pierrre de, *Mémoires de la cour d'Espagne de 1679 à 1681*. M. A. Morel-Fatio (ed.). Paris: Plon, 1893, p. 4. Madri havia sido a capital da Espanha Unida apenas desde 1561, seguindo uma saída de Toledo planejada temporariamente.

65   Ver Elliott, J. H. *Imperial Spain*, 1469-1716. Nova York: Mentor, 1966, p. 62 e *passim*.

66   *Ibid.*, p. 366.

67   Villars, p. 4.

68   Elliott, p. 365.

69   Villars, op. cit., p. 8-11.

70   Elliott, op. cit., p. 355-6.

71   Molière, *O Tartufo ou O Impostor*, Ato II, cena iii, p. 925.

72   Carta à madame de Grignan, 18, 20, 22 e 27 set. 1679. In: Sévigné, II, n. 582-4 e 586, p. 445.

73   Villars, p. 11.

CAPÍTULO 12: O CASO DOS VENENOS

1   Somerset, Anne. *The Affair de the Poisons: Murder, Infanticide and Satanism at the Court de Louis XIV.* Londres: Phoenix, 2004, I e *passim*.

2   Carta a madame de Grignan, 17 jul. 1676. In: Sévigné, Marie, condessa de, *Lettres*, 3 vols. Paris: Pléiade, 1960. II, p. 145.

3   Somerset, op. cit., p. 14.

4   *Ibid.*, 13.

5   Visconti, Primi. *Mémoires sur la cour de Louis XIV, 1673-1681.* Paris: Perrin, 1988, p. 157.

6   Saint-Germain, Jacques. *La Reynie et la police au grand siècle.* Paris: Hachette, 1962, p. 26.

7   Segrais, Jean Regnault de. *Segraisiana, ou mélange d'histoire et de littérature.* Amsterdã: Compagnie des libraires, 1722. I, p. 54.

8   Carta à madame de Grignan, 20 out. 1679. In: Sévigné II, n. 594, p. 480.

9   Trecho de *La Devineresse* de Thomas Corneille e Jean Donneau de Visé. In: Saint-Germain, op. cit., p.108.

10   Visconti, op. cit., p. 38 e *passim*.

11   *Ibid.*, p. 162.

12   Hilton, Lisa. *The Real Queen de France: Athénaïs and Louis XIV.* Londres: Abacus, 2003, p. 247.

13   Somerset, op. cit., p. 21.

14   Evelyn, John. *The Diary.* Londres: Macmillan, 1908. 11 mar. 1651.

15   Somerset, op. cit., p. 287.

16   Um lugar comum de execução pública em Paris durante o *ancien* régime. Hoje é a Place de Hôtel de Ville. Durante o século XVII, também era um lugar onde os empregados diaristas se reuniam, entre as quatro e seis horas da manhã, na esperança de serem selecionados para o dia de trabalho.

17   Carta para monsieur e madame de Grignan, 23 fev. 1680. In: Sévigné II, p. 617.

18   Louis XIV, *Le Journal secret de Louis XIV*, Bluche, François (ed.). Paris: Rocher, 1998. 6 abr. 1672, p. 82.

19   Primi Visconti. In: Richardt, Aimé. *Louvois, le bras armé de Louis XIV.* Paris: Tallandier, 1998, p. 154.

20   O embaixador inglês. In: Somerset, op. cit., p. 224.

21   Spanheim, Ezechiel. *Relation de la cour de France, faite au commencement de l'année 1690.* Paris: Renouard (pour la Société de l'histoire de France), 1882, p. 340.

22   Visconti, op. cit., p. 84.

A ESPOSA SECRETA DE LUÍS XIV – MADAME DE MAINTENON   467

23   *Ibid.*, p. 84.

24   Carta à madame de Grignan e mademoiselle Montgobert, 31 jan. 1680. In: Sévigné II, n. 627, p. 593.

25   *Ibid.*, p. 71.

26   *Ibid.*, p. 160.

27   Louis XIV, *Le Journal secret*, 17 mar. 1680, p. 124.

28   Somerset, op. cit., p. 314.

29   Visconti, op. cit., p. 162-3.

30   Carta para madame e monsieur de Grignan, 25 out. 1679. In: Sévigné II, n. 597, p. 484.

31   Citado em Somerset, op. cit., p. 406.

32   Louis XIV, *Le Journal secret*, 30 ago. 1680, p. 126. Grifo no original. Luís referia-se a um escândalo de 62 a.C. envolvendo a esposa de Júlio César e seu suposto amante, Públio Clódio. Embora o tribunal tenha absolvido Clódio, César se divorciou de sua esposa mesmo assim, declarando que os membros de sua família deviam estar acima de qualquer suspeita.

33   Somerset, op. cit., p. 315.

34   *Ibid.*, p. 314.

35   Louis XIV, *Le Journal secret*, 26 dez. 1680, p. 127.

36   *Ibid.*, 1 jan. 1680, p. 123.

37   Carta à madame de Grignan, 14 jul. 1680. In: Sévigné II, n. 680, p. 777.

38   Louis XIV, *Le Journal secret*, 30 mai. 1680, p. 125.

39   Visconti, op. cit., p. 165.

40   "Les Devineresses". In: La Fontaine, Jean de. *Fables*. Radouant, René (ed.). Paris: Hachette, 1929. Livre VII, n. 15, ll. 4-5, p. 260.

41   Visconti, op. cit., p. 158.

42   *Ibid.*, p. 165.

43   Louis XIV, *Le Journal secret*, 21 jan. 1681, p. 129.

CAPÍTULO 13: MADAME DE MAINTENANT

1   John Donne. Elegie IX, *The Autumnall*, ll, p. 1-2.

2   Choisy, Abbé François-Timoléon de. *Mémoires pour servir à l'histoire de Louis XIV, et Mémoires de l'abbé de Choisy habillé en femme*. Mongrédien, Georges (ed.). Paris: Mercure de France, 1966, p. 262.

NOTAS

3   Visconti, Primi. *Mémoires sur la cour de Louis XIV, 1673-81*. Paris: Perrin, 1988, p. 150.

4   Chamaillard, Edmond. *Le Chevalier de Méré, rival de Voiture, ami de Pascal, précepteur de madame de Maintenon*. Niort: Clouzot, 1921., le partie, p. 161.

5   Choisy, op. cit., p. 262 e 265.

6   Cartas à madame de Grignan, 17 e 7 jul. 1680. In: Sévigné, Marie, condessa de. *Lettres*, 3 vols. Paris: Pléiade, 1960. vol. II, p. 682 e 678, 785 e 770.

7   Visconti, op. cit., p. 124.

8   Carta à madame de Grignan, 17 jul. 1680. In: Sévigné II, n. 682, p. 785.

9   Citado em Langlois, Marcel. "Madame de Maintenon, ses œuvres complètes, la légende et l'histoire", *Revue Historique*, n. 168, set.-dez. 1931, p. 298.

10   Cartas à madame de Grignan, 6 abr., 30 jun., 11 set. e 9 jun. 1680. In: Sévigné II, n. 649, p. 670; n. 675, p. 762; n. 700, p. 845; n. 668, p. 736.

11   Louis XIV, *Le Journal secret de Louis XIV*, Bluche, François (ed.). Paris: Rocher, 1998. 2 mai. 1682, p. 136-137.

12   Ver o comentário à Oraison de Marie-Thérèse d'Autriche. In: Bossuet, Jacques-Bénigne. *Oraisons Funèbres*. Paris: Hachette, 1898, p. 217.

13   Choisy, op. cit., p. 262.

14   Cartas ao monsieur d'Aubigné, mar. 1679 & 3 jul. 1680. In: madame de Maintenon, *Lettres*, Langlois, Marcel (ed.), vols. II-V. Paris: Letouzy et Ané, 1935-59. II, n. 184, p. 301, & n. 212, p. 345.

15   Carta a madame de Grignan, 7 jul. 1680. In: Sévigné II, n. 678, p. 770.

16   Louis XIV, *Le Journal secret*, 18 mar. 1680, p.124.

17   Uma alusão à história bíblica no livro de Daniel em que uma mão sobrenatural escreve na parede do rei Belsazar, prevendo o fim do império babilônico. [N. da T.]

18   Carta ao monsieur de Villette, 14 ago. 1681. In: Langlois (ed.). *Lettres* II, n. 241, p. 395.

19   Carta ao père Gobelin, 8 jan. 1680. In: *Ibid.*, n. 205, p. 329.

20   Carta para madame e monsieur de Grignan, 25 out. 1679. In: Sévigné II, n. 597, p. 485.

21   Citado em Langlois (ed.). *Lettres* II, op. cit., nota 207, p. 339.

22   D'Aumale, Marie-Jeanne. *Souvenirs sur madame de Maintenon: Mémoire et lettres inédites de mademoiselle D'Aumale*. (2ª ed.) Paris: Calmann-Levy, 1902, p. 81.

23   Carta à madame de Grignan, 7 jul. 1680. In: Sévigné II, n. 678, p. 770.

24   Cartas ao monsieur d'Aubigné, 3 & 6 jul. 1680. In: Langlois (ed.). *Lettres* II, notas 212-3, p. 346 e 237.

A ESPOSA SECRETA DE LUÍS XIV – MADAME DE MAINTENON 469

25   Choisy, op. cit., p. 205.

26   *Ibid.*, p. 205-6, 265 e 248.

27   *Ibid.*, p. 206.

28   Caylus, Marthe-Marguerite, condessa de, *Souvenirs*, Noël, Bernard (ed.). Paris: Mercure de France, 1965 e 1986, p. 67.

29   Carta ao monsieur d'Aubigné, 6 jul. 1680. In: Langlois (ed.). *Lettres* II, n. 213, p. 347.

30   Louis XIV, *Le Journal secret*, 1 jan. 1680, p. 123.

31   Carta ao monsieur d'Aubigné, 15 dez. 1679. In: Langlois (ed.). *Lettres* II, n. 200, p. 322-3.

32   Louis XIV, *Le Journal secret*, 6 mar. 1680, p. 124.

33   Visconti, op. cit., p. 148.

34   Louis XIV, *Le Journal secret*, 29 out. 1680, p. 139.

35   Carta a madame de Grignan e mademoiselle Montgobert, 14 fev. 1680. In: Sévigné II, p. 609.

36   Visconti, p. op. cit., 151.

37   Louis XIV, *Le Journal secret*, 7 jul. 1680, p. 126.

38   Carta ao monsieur d'Aubigné, 25 jun. 1684. In: Langlois (ed.). *Lettres* III, n. 365, p. 54-5.

39   Carta ao monsieur de Guignonville, 7 nov. 1681. In: *Ibid.*, II, n. 251, p. 411-2. Angola tinha sido "apresentada" a Françoise por seu primo Filipe de Villette. Ele acabou por entrar para o exército onde serviu até sua morte, em 1704.

40   Saint-Simon, Louis de Rouvroy, duc de. *Mémoires*, 7 vols. Paris: Pléiade, 1953. I, p. 316.

41   Caylus, op. cit., p. 85.

42   *Ibid.*, p. 69-70.

43   *Ibid.*, p. 71.

44   Carta à madame de Grignan de 21 set. 1676, em Sévigné II, n. 464, p. 208.

45   Segrais, Jean Regnault de. *Segraisiana, ou mélange d'histoire et de littérature*. Amsterdã: Compagnie des libraires, 1722. I, "Sa Vie", IV.

46   Carta a monsieur le marquis de Montchevreuil, 27 abr. 1681. In: Langlois (ed.). *Lettres* II, n. 226, p. 369-70.

47   Caylus, p. 71.

48   Carta ao monsieur le marquis de Montchevreuil, 2 mai. 1681. In: Langlois (ed.). *Lettres* II, n. 227, p. 371.

49   Carta ao monsieur d'Aubigné, 20 fev. 1682. In: *Ibid.*, n. 258, p. 422.

NOTAS

50   Carta a madame de Grignan de 17 jul. 1680. In: Sévigné II, op. cit., n. 682, p. 786. Esta carta talvez seja um compósito.

51   Caylus, op. cit., p. 67 e 89.

52   Carta ao monsieur de Villette, entre 1 e 5 abr. 1678. In: Langlois (ed.). *Lettres* III, n. 156, p. 241.

53   Carta ao monsieur d'Aubigné, mar. 1679. In: *Ibid.*, II, n. 184, p. 301.

54   Charles d'Aubigné como o personagem Théodecte. In: La Bruyère, Jean de. *Les Caractères ou les moeurs de ce siècle.* Paris: Hachette, 1935, p. 33.

55   Carta ao monsieur d'Aubigné, 18 jun. 1684. In: Langlois (ed.). *Lettres* III, n. 364, p. 51.

56   Cartas ao monsieur d'Aubigné, 19 mai. 1681 (interposta) e 11 jul. 1683, em *Ibid.*, II, n. 231, p. 375-77 e n. 316, p. 501-3.

57   Ver, por exemplo, as Cartas ao monsieur l'abbé Gobelin, 24 jul., 28 set. & 8 dez. 1674, em *Ibid.*, n. 40, p. 87-90, n. 49, p. 100-101, & n. 59, p. 112-123. Langlois especula, sem apresentar nenhuma prova convincente, que Toscan era, na verdade, filho ilegítimo da própria Françoise e do marechal d'Albret. Ver "*Madame de Maintenon, ses œuvres completes...*", op. cit.

58   Carta ao pére Gobelin, 17 mai. 1681, em *Ibid.*, n. 230, p. 374-5.

59   Carta ao monsieur de Villette, 26 fev. 1676, em *Ibid.*, n. 96, p. 161-2.

60   Carta à madame de Villette, 7 jun. 1676, em *Ibid.*, n. 103, p. 170.

61   Carta ao monsieur de Villette, por volta de 2 ago. 1679, em *Ibid.*, n. 190, p. 313.

62   Citado em Villette, Filipe Le Valois, marquis de. *Mémoires.* Paris: J. Renouard, 1844, p. 177, nota.

63   Citado em *Ibid.*, p. 180, nota.

64   Garrisson, Janine. *L'Édict de Nantes et sa révocation.* Paris: Seuil, 1985, p. 119. O número de um milhão, cerca de 5% da população, é para 1670 e inclui tanto os huguenotes (estritamente calvinistas) e luteranos. Ver *Ibid.*, 46.

65   Louis XIV, *Le Journal secret,* op. cit., 23 out. 1668, p. 65.

66   Carta ao monsieur de Villette, por volta de 9 fev. 1678. In: Langlois (ed.). *Lettres* II, op. cit., n. 147, p. 222.

67   Villette, op. cit., p. 52.

68   Carta a père Gobelin, 14 nov. 1680, em *Correspondance générale de Madame de Maintenon*, Lavallée, Théophile (ed.), 4 vols. Paris: Charpentier, 1857. II, Parte 2 (suite), n. CCXXV, p. 135.

69   Carta a monsieur d'Aubigné, 8 dez. 1680. In: Langlois (ed.). *Lettres* II, n. 217, p. 351.

70   Carta a monsieur d'Aubigné, 19 dez. 1680, em *Ibid.*, n. 218, p. 352-3.

A ESPOSA SECRETA DE LUÍS XIV – MADAME DE MAINTENON   471

71 Citado em Desprat, Jean-Paul. *Madame de Maintenon, ou le prix de la réputation*. Paris: Perrin, 2003, p. 201.

72 Caylus, op. cit., p. 31.

73 Carta a madame de Villette, 23 dez. 1680. In: Langlois (ed.). *Lettres* II, op. cit., n. 219, p. 353-6.

74 Carta à madame de Villette, 25 dez. 1680, em *Ibid.*, n. 220, p. 356.

75 *Ibid.*

76 Carta a père Gobelin, 15 jan. 1681, em Lavallée (ed.). *Correspondance générale* II, Parte 2 (suite), n. CCXXXIV, p. 150.

77 Caylus, op. cit., p. 31.

78 Carta a monsieur d'Aubigné, 5 fev. 1681. In: Langlois (ed.). *Lettres* II, op. cit., n. 223, p. 361.

79 Carta a madame de Villette, 25 jan. 1681, em *Ibid.*, n. 221, p. 358.

80 Caylus, op. cit., p. 31.

81 Carta a monsieur de Villette, 5 abr. 1681. In: Langlois (ed.). *Lettres* II, op. cit., n. 225, p. 367.

82 Caylus, op. cit., p. 31.

83 Carta a monsieur de Villette, 5 abr. 1681. In: Langlois (ed.). *Lettres* II, op. cit., n. 225, p. 367.

CAPÍTULO 14: RAINHA SEM COROA

1 Louis XIV, *Le Journal secret de Louis XIV*, Bluche, François (ed.). Paris: Rocher, 1998. 31 dez. 1679, p. 122. Os 500 mil escudos equivaliam a 1.500 mil libras.

2 *Ibid.*, 31 dez. 1681, p. 134.

3 *Ibid.*, 6 mai. 1682, p. 137

4 *Ibid.*, 31 dez. 1661, p. 25.

5 Evelyn, John. *The Diary*. Londres: Macmillan, 1908. 7 mar. 1644, p. 36-7.

6 Citado em Dunlop, Ian. *Royal Palaces de France*. Londres: Hamish Hamilton, 1985, p. 167.

7 Citado em *Ibid.*, p. 112.

8 Citado em *Ibid.*, p. 213. Hoje esta área corresponde, em geral ao Trocadero e à Torre Eiffel. Parte dos jardins das Tulherias ainda existe.

9 O duque de Saint-Simon. In: *Ibid.*, p. 135.

10 *Ibid.*

472 NOTAS

11 Louis XIV, *Le Journal secret*, 24 jan. 1677, p. 108.

12 Visconti, Primi. *Mémoires sur la cour de Louis XIV, 1673-1681*. Paris: Perrin, 1988, p. 152. Um milhão de francos correspondiam a cerca de 35 milhões de libras.

13 Registro em 27 ago. 1684, em Dangeau, Filipe de Courcillon, marquis de. *Journal de la cour de Louis XIV, avec les additions inédites du duc de Saint-Simon*, 19 vols. Paris: Firmin-Didot Frères, 1854-60. I, p. 48

14 Carta de Colbert a Luís XIV de 22 mai. 1670. In: Tiberghien, op. cit., p. 149.

15 Ver *Ibid.*, p. 141

16 Louis XIV, *Mémoires, suivi de réflexions sur le métier de roi*. Paris: Tallandier, 2001, p. 89.

17 Bernard, Leon. *The Emerging City: Paris em the Age de Louis XIV*. Durham, Carolina do Norte: Duke University Press, 1970, p. 119 e *passim*. Ver também Tiberghien, p. 124 e *passim*.

18 Louis XIV, *Le Journal secret*, op. cit., 19 fev. 1668, p. 63

19 Saint-Simon. In: Solnon, Jean-François. *La Cour de France*. Paris: Fayard, 1987, p. 319.

20 Carta a Herzogin Sophie, 4 dez. 1701, em Liselotte von der Pfalz, *Briefe*, op. cit., p. 194.

21 Ver Dunlop, *Royal Palaces de France*, op. cit., p. 122.

22 *Ibid.*, p. 135

23 *Ibid.*, p. 137

24 Visconti, op. cit., p. 152

25 Carta a Charles d'Aubigné, 22 ago. 1680, em Madame de Maintenon, *Lettres*, Langlois, Marcel (ed.), vols. II-V. Paris: Letouzy et Ané, 1935-59. II, n. 216, p. 350.

26 Louis XIV, *Le Journal secret*, op. cit., 13 abr. 1685, p. 151. Marly era um castelo elegante perto de Versalhes, construído para madame de Montespan como um refúgio no campo.

27 Alcázar foi destruído pelo fogo em 1734. O palácio de Buen Retiro (Bom Retiro) ficava originalmente fora da cidade de Madri. Foi destruído durante as guerras napoleônicas. O local é hoje um grande parque público dentro da cidade. O epíteto "Planeta" de Filipe IV referia-se ao sol, depois considerado o quarto "planeta" no sistema solar.

28 Carta de 5 nov. 1699, em Liselotte von der Pfalz, *Lettres de Madame duchesse d'Orléans, née Princesse Palatine*, 1672-1722. Ameil, Olivier (ed.). Paris: Mercure de France, 1985, p. 268

29 D'Aumale, Marie-Jeanne. *Souvenirs sur Madame de Maintenon: Mémoire et Lettres inédites de Mademoiselle D'Aumale*. (2ª ed.). Paris: Calmann-Levy, 1902, p. 69.

A ESPOSA SECRETA DE LUÍS XIV – MADAME DE MAINTENON

30 Carta a madame marquis de Montchevreuil, 27 mai. 1681. In: Langlois (ed.). *Lettres* II, n. 233, p. 380. Ver Desprat, Jean-Paul. *Madame de Maintenon, ou le prix de la réputation.* Paris: Perrin, 2003, p. 193-4.

31 Louis XIV, *Le Journal secret,* op. cit., 19 jul. 1683, p. 141.

32 Carta a Herzogin Sophie, 1 ago. 1683, em Liselotte von der Pfalz, *Briefe*, op. cit., p. 61.

33 Vallot, d'Aquin, et Fagon. *Journal de la santé du roi Louis XIV de l'année 1647 à l'année 1711.* J.A. (ed.) Le Roi . Paris: A. Durand, 1862, p. 157.

34 Louis XIV, *Le Journal secret,* op. cit., 19 jul. 1683, p. 141.

35 Carta a Herzogin Sophie, 1 ago. 1683, em Liselotte von der Pfalz, *Briefe*, op. cit., p. 61.

36 Saint-Germain, Jacques. *La Reynie et la police au grand siècle.* Paris: Hachette, 1962, p. 189.

37 Louis XIV, *Le Journal secret,* 30 jul. 1683, p. 141.

38 D'Aumale, 78-9. Ver Caylus, Marthe-Marguerite, condessa de, *Souvenirs*, Noël, Bernard (ed.). Paris: Mercure de France, 1965 e 1986, p. 84, e Louis XIV, *Le Journal secret,* 30 jul. 1683, p. 141.

39 Caylus, op. cit., p. 84.

40 *Ibid.*, p. 84-5, e ver nota 1, p. 175-6.

41 *Ibid.*, p. 84

42 Carta a monsieur d'Aubigné, 24 ago. 1683. In: Langlois (ed.). *Lettres* II, n. 323, p. 514.

43 Carta a Herzogin Sophie, 1 ago. 1683. In: Liselotte von der Pfalz, *Briefe*, 61.

44 Carta de 1 out. 1720. In: Langlois (ed.). *Lettres* II, op. cit., p. 503, nota 316.

45 Caylus, 83. Letter de 1 out. 1720. In: Langlois (ed.).*Lettres* II, 503, nota 316.

46 Carta de 1 out. 1720. In: Langlois (ed.). *Lettres* II, p. 503, nota 316.

47 Carta a monsieur d'Aubigné, 7 ago. 1683. In: *Ibid.*, n. 318, p. 505-7.

48 Carta a madame de Brinon, 12 ago. 1683. In: *Ibid.*, n. 320, p. 509.

49 Carta a madame de Brinon, 22 ago. 1683. In: *Ibid.*, n. 322, p. 513.

50 Oração funebre de Marie-Thérèse d'Autriche. In: Bossuet, Jacques-Bénigne. *Oraisons Funèbres.* Paris: Hachette, 1898, p. 203.

51 Louis XIV, *Le Journal secret,* op. cit.,1 set. 1683, 141.

52 Carta a Raugrave Amélie-Élisabeth, 13 mai. 1705. In: Liselotte von der Pfalz, op. cit., p. 357.

53 *Oraison funèbre de Marie-Thérèse d'Autriche.* In: Bossuet, op. cit., p. 262-3.

54 Louis XVI, *Le Journal secret,* op. cit., 2 set. 1683, p. 141.

55 Carta a monsieur d'Aubigné, 7 set. 1683. In: Langlois (ed.). *Lettres* II, op.cit., n. 325, p. 516.

56 Vallot et al., p. 159-60.

57 Louis XIV, *Le Journal secret*, op. cit., 6 set. 1683, p. 142.

58 *Ibid.*, 9 set. 1683, p. 142-3.

59 *Ibid.*, 20 jan. 1684, p. 145.

60 Choisy, abade François-Timoléon de, *Mémoires pour servir à l'histoire de Louis XIV, et Mémoires de l'abbé de Choisy habillé en femme*. Mongrédien, Georges (ed.). Paris: Mercure de France, 1966, p. 262.

61 Louis XIV, *Le Journal secret*, op. cit., 10 out. 1683, p. 143.

62 Choisy, op. cit., p. 262.

63 *Oraison funèbre de Marie-Thérèse d'Autriche*. In: Bossuet, op. cit., p. 227.

64 Choisy, op.cit., p. 263.

65 Louis XIV, *Le Journal secret*, op. cit., 10 out. 1683, p. 143.

66 Choisy, op. cit., p. 183.

67 Louis XIV, *Le Journal secret*,op. cit., 1 jan. 1701, p. 248-9.

68 Caylus, op. cit., p. 90.

69 Carta à mademoiselle [d'Aubigné], sem data, em Chamaillard, Edmond. *Le Chevalier de Méré, rival de Voiture, ami de Pascal, précepteur de madame de Maintenon*. Niort: Clouzot, 1921. Parte 2, p. 22-4.

70 Saint-Simon, Louis de Rouvroy, duque de, *Mémoires*, 7 vols. Paris: Pléiade, 1953. II, p. 412.

71 Louis XIV, *Le Journal secret*, op. cit., 20 ago. 1695, p. 217.

72 Molière, *Le Bourgeois gentilhomme*, Acte III scène XII, p. 755-6.

73 D'Aumale, op. cit., p. 81-2.

74 Louis XIV, *Le Journal secret*, op. cit., 15 abr. 1684, p. 145.

75 *Ibid.*, 30 mai. 1684, p. 146.

76 Caylus, op. cit., p. 68.

77 Carta a Herzogin Sophie, 23 jul. 1699. In: Liselotte von der Pfalz, *Briefe*, op. cit., p. 160.

78 Louis XIV, *Le Journal secret*, op. cit., 20 jan. 1684, p. 145.

79 Solnon, op. cit., p. 315.

80 *Ibid.*

CAPÍTULO 15: *LA VIE EN ROSE*

1. Carta a monsieur d'Aubigné. In: Cordelier, Jean. *Madame de Maintenon.* Paris: Club des Éditeurs, 1959, p. 150.

2. Carta a Madame de Brinon, 11 out. 1683, em Madame de Maintenon, *Lettres.* Langlois, Marcel (ed.). vols. II-V. Paris: Letouzy et Ané, 1935-1959. III, n. 333, p. 5.

3. Choisy, abade François-Timoléon de. *Mémoires pour servir à l'histoire de Louis XIV, et Mémoires de l'abbé de Choisy habillé en femme.* Mongrédien, Georges (ed.). Paris: Mercure de France, 1966, p. 206.

4. Carta a Herzogin Sophie, 13 mai. 1687. In: Liselotte von der Pfalz, *Briefe*, op. cit., p. 79.

5. Caylus, Marthe-Marguerite, condessa de. *Souvenirs,* Noël, Bernard (ed.). Paris: Mercure de France, 1965 e 1986, p. 28.

6. Carta a Raugrave Amélie-Élisabeth, 9 nov. 1709. In: Liselotte von der Pfalz, *Lettres*, op. cit., p. 419.

7. Carta a Herzogin Sophie, 31 mai. 1692. In: *Ibid.* p. 112.

8. Louis XIV, *Le Journal secret de Louis XIV*, Bluche, François (ed.). Paris: Rocher, 1998. 15 nov. 1684, p. 147.

9. Carta a Raugrafin Amalie Elisabeth, 4 mar. 1706. In: Liselotte von der Pfalz, *Briefe*, op. cit., p. 225.

10. Carta a Raugrave Amélie-Élisabeth, 24 jul. 1699. In: *Ibid.* p. 262-3.

11. Da obra de Justus Zinzerling de 1616, *Itinerarium Galliae.* In: Sabban & Serventi, p. 23.

12. Ver *Ibid.*, p. 68

13. Ver Bonnefons, Nicolas de. *Les Délices de la campagne, suitte du 'Jardinier François', où est enseigné à préparer pour l'usage de la vie, tout ce qui croît sur terre et dans les eaux,* (2ª ed.). Amsterdã: Raphaël Smith, 1655, p. 346

14. Ver Sabban & Serventi, op. cit., p. 63

15. Carta a Cardeal de Noailles, 18 mai. 1696, em *Correspondance générale de madame de Maintenon.* Lavallée, Théophile (ed.), 4 vols. Paris: Charpentier, 1857. IV, Parte 3, CDXI, p. 98.

16. Cartas a madame de Grignan de 13 mai. & 25 out. 1671. In: Sévigné, Marie, condessa de. *Lettres*, 3 vols. Paris: Pléiade, 1960. I, n. 114, p. 290-1 e n. 161, p. 408-9. As citações dessas cartas estão misturadas.

17. Cartas a monsieur d'Aubigné de 1 mar. & 25 out. 1685. In: Lavallée (ed.). *Correspondance générale* II, Parte 3, n. V, p. 354 & n. XLIV, p. 430. Carta a monsieur le marquis de Montchevreuil, 2 mai. 1681. In: Langlois (ed.).*Lettres* II, op. cit., n. 227, p. 371.

18. Carta a père Gobelin, 6 jan. 1684. In: Lavallée (ed.). *Correspondance générale* II, Parte 3, n. I, p. 347-8.

19	Choisy, op. cit., p. 225.
20	*Ibid.*, p. 233. O abbé de Choisy tinha participado de uma missão diplomática no Sião (Thailand). Suas *Mémoires* contaontêm uma descrição dela. Ver também seu *Journal du voyage de Siam fait en 1685 et 1686* (Paris, 1687).
21	Carta a monsieur d'Aubigné, 19 set. 1683. In: Langlois (ed.). *Lettres* II, op. cit., n. 328, p. 520.
22	Carta a monsieur d'Aubigné, 1 mar. 1684. In: *Ibid.* III, n. 355, p. 39.
23	Carta a monsieur d'Aubigné, 7 abr. 1684. In: *Ibid.*, n. 359, p. 43.
24	Carta a monsieur d'Aubigné, 5 mai. 1684, em *Ibid.*, n. 362, p. 47
25	Carta a monsieur d'Aubigné, 25 jun. 1684, em *Ibid.*, n. 365, p. 53-4.
26	Carta a monsieur d'Aubigné, 11 jul. 1684, em *Ibid.*, n. 366, p. 57.
27	Carta a père Gobelin, 8 mar. 1684, em *Ibid.*, n. 357, p. 41.
28	Carta a madame de Brinon, 15 fev. 1684, em *Ibid.*, n. 353, p. 37.
29	Carta a monsieur de Guignonville, 10 ago. 1683, em *Ibid.* II, n. 319, p. 507; Carta a madame de Dangeau. In: Leroy, Pierre-E. & Loyau, Marcel (eds.), *L'Estime et la tendresse: Correspondances intimes.* Paris: Albin Michel, 1998. n. 169, p. 200; Carta a madame de Caylus em *Ibid.*, n. 31, p. 107.
30	D'Aumale, Marie-Jeanne. *Souvenirs sur madame de Maintenon: Mémoire et lettres inédites de mademoiselle D'Aumale.* (2ª ed.). Paris: Calmann-Levy, 1902, p. 162.
31	Cartas a monsieur d'Aubigné, mar. 1679, 2 abr. 1678, 3 jul. 1680, 9 abr. 1678. In: Langlois (ed.). *Lettres* II, op. cit., n. 184, p. 301; n. 157, p. 242; n. 212, p. 346; n. 158, p. 245.
32	Carta a monsieur d'Aubigné, abr. 1679, em *Ibid.*, n. 187, p. 306-7.
33	Carta a monsieur d'Aubigné, 11 jul. 1679, em *Ibid.*, n. 189, p. 310-1.
34	Carta a père Gobelin, 17 jan. 1686. In: Lavallée (ed.). *Correspondance générale* III, Parte 3, n. XLIX, p. 4.
35	Cartas a madame de Brinon, provavelmente em 6 nov. 1683, & 2 dez. 1683. In: Langlois (ed.). *Lettres* III, n. 337, 11, & n. 340, p. 15.
36	Cartas a madame de Brinon, 7 dez. 1683, 25 jan. 1684, 28 jan. 1684 (nota acrescentada em 29 jan.) & 13 nov. 1683. In: *Ibid.*, n. 341, p. 17; n. 345, p. 23; n. 348, p. 28; & n. 339, p. 13.
37	Carta a madame de Brinon, 29 ago. 1681. In: *Ibid.* II, n. 243, p. 398.
38	Carta a madame de Brinon, about 19 fev. 1684, em *Ibid.* III, n. 354, p. 38.
39	Carta a madame de Villette, 25 dez. 1680. In: *Ibid.* II, n. 220, p. 356.
40	Louis XIV, *Le Journal secret*, op. cit., 6 jun. 1686, p. 160
41	Choisy, op. cit., p. 214.

A ESPOSA SECRETA DE LUÍS XIV – MADAME DE MAINTENON 477

42   Carta a duquesa de Hanovre, 11 jun. 1686. In: Liselotte von der Pfalz, *Lettres* de Madame, p. 100

43   Carta a père Gobelin, 7 abr. 1686. In: Lavallée (ed.). *Correspondance générale III*, Parte 3, n. LV, p. 15.

44   Choisy, op. cit., p. 214.

45   Langlois, "Madame de Maintenon". In: *Revue Historique*, p. 296

46   Cartas a madame de Brinon, 21 jul., mar., 21 jul., 1 mai., mai., ago. & mar. 1686. In: Lavallée (ed.). *Correspondance générale* III, Parte 3, n. LXX, p. 34; n. LIII, p. 11-2; n. LXX, p. 34; n. LX, p. 22; n. LXV, p. 28; n. LXXIV, p. 41; & n. LIII, p. 11.

47   D'Aumale, op. cit., p. 184

48   Carta a madame de Brinon, 27 fev. 1686. In: Lavallée (ed.). *Correspondance générale* III, Parte 3, n. LII, p. 9.

49   Carta a madame de Brinon, abr. 1686. In: *Ibid.*, n. L VIII, p. 19.

50   Carta a père Gobelin, mai. 1686. In: *Ibid.*, n. LXVI, p. 28-9.

51   Carta a madame de Brinon, abr. 1686, em *Ibid.*, n. LIX, p. 20.

52   D'Aumale, op. cit., p. 18, e ver Desprat, Jean-Paul. *Madame de Maintenon, ou le prix de la réputation*. Paris: Perrin, 2003, p. 262.

53   Ver Rapley, Elizabeth. *The Dévotes: Women and the Church em Seventeenth-Century France*. Montreal/Kingston: McGill-Queen's University Press, 1990, p. 157.

54   Citado em Desprat, op. cit., p. 264

55   Citado em *Ibid.*, p. 267

56   Carta de 3 ago. 1688, em Rathery & Boutron, *Mademoiselle de Scudéry*, p. 479-80.

57   Madame de Pérou. In: Fortanier (ed.). *Les Demoiselles de Saint-Cyr*, p. 175.

58   Carta a madame de Brinon, 26 dez. 1686, em Lavallée (ed.).*Correspondance générale* III, Parte 3, n. LXXXV, p. 56.

59   "Prière pour madame de Maintenon". In: *Receuil d'airs spirituels*, p. 901-2.

60   Citado em Desprat, op. cit., p. 264.

61   Maintenon, *Comment la sagesse vient aux filles*, "Conversation 59", p. 232-4.

62   Chamaillard, Edmond. *Le Chevalier de Méré, rival de Voiture, ami de Pascal, précepteur de Madame de Maintenon*. Niort: Clouzot, 1921. p. 130-2

63   Citado em Duchêne, *Être Femme au temps de Louis XIV*, 316, p. 324

64   Fénelon, Traité de l'éducation des filles, Capítulo 1, p. 38.

65   *Ibid.*, Capítulo 12, p. 93

66   Louis XIV, *Le Journal secret,* op. cit., 12 mar. 1686, p. 159.

67   Carta a Boileau, 4 ago. 1687. In: Boileau, Nicolas & Jean Racine, *Lettres d'une amitié*, n. 7, p. 43-7.

NOTAS

68 A frase é extraída de Pierre Nicole, *Essais de Morale*, 1671, um dos mestres de Racine em Port-Royal.

69 Desprat, op. cit., p. 267.

70 Prefácio a *Esther*. In: Racine, *Théâtre et Poésies*, p. 812.

71 Louis XIV, *Le Journal secret*, op. cit., 18 fev. 1689, p. 179.

72 Racine, Jean, *Oeuvres complètes* 7, Carta LXIV, 1688, p. 439

73 Louis XIV, *Le Journal secret*, 26 jan. 1689, p. 178

74 La Fayette, Madame de. *Mémoires de la cour de France, pour les années 1688 et 1689*. Nova ed. Paris: GALIC, 1962, p. 68. *La Princesse de Clèves*, de Marie-Madeleine de La Fayette, publicado pela primeira vez em 1678, é geralmente considerado o primeiro exemplar de romance em francês.

75 *Ibid.*

76 Anne Piéjus. In: Fortanier, *Les Demoiselles de Saint-Cyr*, p. 181.

77 Louis XIV, *Le Journal secret*, op. cit., 26 jan. 1689, p. 178.

78 Citado em Rathery & Boutron, Mademoiselle de Scudéry, op. cit., p. 521

79 La Fayette, op. cit., p. 68.

80 Carta a père Gobelin, 22 set. 1686. In: Lavallée (ed.). *Correspondance générale* III, Parte 3, n. LXXVI, p. 44

CAPÍTULO 16: *LA VIE EN BLEU*

1 Louis XIV, *Le Journal secret de Louis XIV*, Bluche, François (ed.). Paris: Rocher, 1998. 31 dez. 1684, p. 148.

2 Carta do Bishop de Uzès a Luís XIV. In: Garrison, Janine, *L'É dict de Nantes et sa révocation*. Paris: Seuil, 1985, p. 146.

3 Louis XIV, *Le Journal secret*, op. cit., 15 jul. 1685, p. 153; 12 mar. 1686, p. 159; e *passim*. Ver Garrisson, Capítulo 6.

4 Citado em Richardt, Aimé. *Louvois, le bras armé de Louis XIV*. Paris: Tallandier, 1998, p. 206.

5 Carta a conde de Bussy-Rabutin, 28 out. 1685. In: Sévigné, Marie, condessa de. *Lettres*, 3 vols. Paris: Pléiade, 1960. III, p. 113.

6 Historiador Pierre Miquel. In: Richardt, op. cit, p. 195.

7 Citado em Garrisson, op. cit., p. 216.

8 Evelyn, John, *The Diary*. Londres: Macmillan, 1908. 3 nov. 1685; 29 mar. & 25 abr. 1686, p. 384, 389-90.

9 Carta a duquesa de Hanover, 13 mai. 1700. In: Liselotte von der Pfalz, *Lettres de Madame*, p. 273.

A ESPOSA SECRETA DE LUÍS XIV – MADAME DE MAINTENON 479

10   Carta a monsieur d'Aubigné, 27 set. 1672. In: Madame de Maintenon, *Lettres*, Langlois, Marcel (ed.).V. II-V Paris: Letouzy et Ané, 1935-1959. II, n. 25, p. 65.

11   Carta a madame de Villette, 4 set. 1687. In: *Correspondence générale de Madame de Maintenon*. Lavallée, Théophile (ed.).4 vols. Paris: Charpentier, 1857. III, Parte 3, n. CX, p. 91.

12   Louis XIV, *Mémoires, suivi de réflexions sur le métier de roi*. Paris: Tallandier, 2001, p. 75-7.

13   Caylus, Marthe-Marguerite, condessa de. *Souvenirs,* Noël, Bernard (ed.). Paris: Mercure de France, 1965 et 1986, p. 28-29. Saint-Simon é citado em Richardt, Louvois, p. 193.

14   Citado em Dunlop, Ian. *Royal Palaces de France*. Londres: Hamish Hamilton, 1985, p. 234-5.

15   *Réponse a un mémoire touchant la manière la plus convenable de travailler a la conversion des Huguenots, em Maintenon, Comment la sagesse vient aux filles*, p. 201-206. A *réponse* geralmente é datada de 1697, embora não se tenha certeza desta data.

16   Carta a conde de Bussy-Rabutin, 20 jul. 1679. In: Sévigné II, op. cit., n. 574, p. 434.

17   Vallot et al., p. 167.

18   Cartas a madame de Brinon, 27 fev. & 12 abr. 1686. In: Lavallée (ed.). *Correspondance générale* III, Parte 3, n. LII, 9; & n. LVI, p. 16.

19   Carta a duquesa de Hanover, 2 ago. 1688. In: Liselotte von der Pfalz, *Lettres de Madame*, op.cit., p. 117.

20   Carta a Raugrave Amélie-Élisabeth, 30 mar. 1704. In: *Ibid.*, p. 329.

21   Louis XIV, *Le Journal secret*, op. cit., 20 fev. 1695, p. 215.

22   Choisy, Abbé François-Timoléon de. *Mémoires pour servir à l'histoire de Louis XIV, et Mémoires de l'abbé de Choisy habillé en femme*. Mongrédien, Georges (ed.).Paris: Mercure de France, 1966, p. 206.

23   Carta a duquesa de Hanover, 11 ago. 1686. In: Liselotte von der Pfalz, *Lettres de Madame*, op. cit., p. 103.

24   Carta a madame de Grignan, 22 jul. 1685. In: Sévigné III, n. 794, p. 94.

25   Carta a Herzogin Sophie von Hanover, 11 ago. 1686 & 1 out. 1687. In: Liselotte von der Pfalz, *Briefe*, p. 77, 79-80.

26   Louis XIV, *Le Journal secret*, op. cit., 24 abr. 1685, p. 152.

27   Carta a monsieur d'Aubigné, 15 dez. 1679. In: Langlois (ed.). *Lettres* II, op. cit., n. 200, p. 323.

28   Carta a madame de Grignan, 1 mar. 1680. In: Sévigné II, op.cit., n. 636, p. 629.

29   Louis XIV, *Le Journal secret*, op. cit., 10 jun. 1682, p. 137.

30   *Ibid.*, 29 mar. 1687, p. 167.

31   Cartas a Kurfürstin Sophie, 6 & 13 fev. 1695. In: Liselotte von der Pfalz, *Briefe*, 126-7. E ver Lebrun, François. *La Vie conjugale sous l'Ancien Régime*. Paris: Armand Colin, 1978, p. 93.

NOTAS

32 Parafraseado de Dunlop, Louis XIV, op. cit., p. 130

33 Haymann, *Lulli*, p. 243.

34 *Ibid.*, p. 246-7.

35 Louis XIV, *Le Journal secret,* op.cit., 14 nov. 1685, p. 156.

36 Chamaillard, Edmond. *Le chevalier de Méré, rival de Voiture, ami de Pascal, précepteur de madame de Maintenon.* Niort: Clouzot, 1921. le partie, p. 54.

37 Choisy, op. cit., p. 253-4.

38 Louis XIV, *Le Journal secret,*op. cit., 18 nov. 1686, p. 162.

39 Choisy, op. cit., p. 253.

40 Louis XIV, *Le Journal secret,* op. cit., 9 dez. 1686, p. 163.

41 Carta a madame de Brinon, 11 dez. 1686. In: Lavallée (ed.). *Correspondance générale* III, Parte 3, n. LXXIX, p. 49.

42 Carta a duquesa de Hanovre, 11 dez. 1686. In: Liselotte von der Pfalz, *Lettres* de Madame, 107.

43 Pujo, Bernard. *Le Grand Condé.* Paris: Albin Michel, 1995, p. 385.

44 Carta a madame de Brinon, dez. 1686. In: Lavallée (ed.).*Correspondence générale* III, Parte 3, n. LXXXII, p. 52-3.

45 Solnon, Jean-François. *La Cour de France.* Paris: Fayard, 1987, p. 321.

46 Carta a madame de Brinon, 25 dez. 1686. In: Lavallée (ed.). *Correspondance générale* III, Parte 3, n. LXXXIV, p. 54-5.

47 Saint-Simon, Louis de Rouvroy, duc de. *Mémoires,* 7 vols. Paris: Pléiade, 1953. I, p. 39-40.

48 *Ibid.* II, p. 672-673

49 Desprat, Jean-Paul. *Madame de Maintenon, ou le prix de la réputation.* Paris: Perrin, 2003, p. 265.

50 Saint-Simon II, op. cit., p. 411.

51 *Ibid.*

52 Choisy, op. cit., p. 193-4.

53 Saint-Simon II, op. cit., p. 411.

54 Choisy, op. cit., p. 194.

55 Saint-Simon III, op. cit., p. 178 e 182.

56 Citado em Langlois, Madame de Maintenon. In: *Revue Historique,* op. cit., 298.

57 Choisy, op. cit., p. 194.

58 Carta a conde de Caylus, 21 dez. 1686. In: Lavallée (ed.). *Correspondance générale* III, Parte 3. n. LXXXI, p. 51-2.

A ESPOSA SECRETA DE LUÍS XIV – MADAME DE MAINTENON   481

59   Carta a madame de Villette, 2 ago. 1687. In: *Ibid.*, n. CVI, p. 85-6.

60   Carta a madame a marquesa de Caylus, 30 ago. 1687. In: *Ibid.*, n. CIX, p. 89-90.

61   Carta a madame de Villette, 19 ago. 1687. In: *Ibid.*, n. CVIII, p. 87-9.

62   Saint-Simon II, op. cit., p. 411.

63   Caylus, op. cit., p. 107.

CAPÍTULO 17: CRUZADOS

1   Carta a madame de Grignan, 13 dez. 1688. In: Sévigné, Marie, condessa de, *Letters*, 3 vols. Paris: Pléiade, 1960, III, n. 891, p. 275. Madame de Sévigné descreve os detalhes da fuga da rainha Maria em outra carta a sua filha, em 24 dez. 1688. Ver *Ibid.*, n. 899, p. 287-9. A viagem separada do rei Jaime para a França é descrita nas cartas subsequentes.

2   Maria II morreu em 1694. Guilherme III continuou a reinar sozinho até sua morte em 1702. Como não tinham nenhum filho legítimo, foram sucedidos pela irmã de Maria, Ana. (r. 1702-14).

3   Carta a conde de Bussy-Rabutin, 6 jan.1689. In: Sévigné III, n. 905, p. 305-6.

4   Caylus, Marthe-Marguerite, condessa de. *Souvenirs,* (ed.). Bernard Noël. Paris: Mercure de France, 1965 e 1986, p. 105.

5   Carta de 15 jun. 1718. In: *Ibid.*, p. 198.

6   La Fayette, madame de, *Mémoires de la cour de France, pour les années 1688 et 1689.* Paris: GALIC, 1962, p. 64-5.

7   Louis XIV, *Le Journal secret de Louis XIV*, (ed.). François Bluche. Paris: Rocher, 1998. 20 ago. 1690, p. 188.

8   Carta a duquesa d'Hanovre, 13 set. 1690. In: Liselotte von der Pfalz, *Lettres de madame*, p. 138-9.

9   La Fayette, op. cit., p. 65.

10   Caylus, op. cit., p. 105.

11   Carta a père Gobelin, 14 fev. 1689. In: *Correspondance générale* de Madame de Maintenon, (ed.). Lavallée, Théophile, 4 vols. Paris: Charpentier, 1857. III, Parte 3, p. 170-171. O levante irlandês de 1689, liderado por Richard Talbot, primeiro conde de Tyrconnel, seguiu às rebeliões jacobitas nas Terras Altas escocesas. Os jacobitas irlandeses finalmente admitiram a derrota em out. 1691, no Tratado de Limerick.

12   La Fayette, op. cit., p. 66.

13   Louis XIV, *Le Journal secret*, op. cit., 22 mai. 1689, p. 180.

14   La Fayette, op. cit., p. 72.

15   Davies, Norman. *Europe: A History.* Oxford: OUP, 1997, p. 632. A Batalha de Culloden Moor, que precedeu a liberação das Terras Altas, foi a última em solo britânico.

NOTAS

16   Daniel Defoe, *The True Born Englishman* (1701), ll, p. 279-80, 317-21, 333-4. Defoe escreveu o poema em resposta ao poema de William Tutchin, *Os Estrangeiros* (1700), um ataque à condição de estrangeiro de Guilherme III.

17   Em contraste, a maioria do Ocidente hoje baseia seus parlamentos na posterior doutrina da soberania dos povos, formulada a partir dos modelos do século XVIII da França ou dos Estados Unidos, com uma constituição formal governando todos os ramos da política. Ver Davies, *Europe*, op. cit., p. 631.

18   Carta a Herzogin Sophie, 10 nov. 1688. In: Liselotte von der Pfalz, *Briefe*, p. 88-9.

19   Louis XIV, *Le Journal secret*, op. cit., 12 mar. 1689, 179. E ver Dangeau II, 26 nov. 1688, p. 218.

20   Carta a Herzogin Sophie, 20 mar. 1689. In: Liselotte von der Pfalz, *Briefe*, p. 90-1.

21   Carta a madame de Maintenon, 24 jul. 1689. In: Lavallée (ed.). *Correspondance générale* III, Parte 3, p. 183-184. Monseigneur (o delfim de 29 anos) só tinha o comando honorífico dos exércitos na Renânia. Na verdade, eles eram comandados pelo Marechal de Lorge.

22   Cartas a madame de Maintenon, 22 mai. a 31 out. 1689. In: *Ibid.*, nos CLXVI-CXCIII, p. 174-204.

23   Cartas a madame de Maintenon, 3 jul. to 20 ago. 1690. In: *Ibid.*, nos CCXII-CCXXVI, p. 233-49.

24   Louis XIV, *Le Journal secret*, op. cit., 19 jul. 1690, p. 182.

25   *Ibid.*, 25 jun. 1689, p. 181. A Espanha católica, indignada com as tomadas pseudo-legais de territórios menores por Luís durante os anos 1680, conhecidas dos franceses como as *réunions*, tinha se juntado à Grande Aliança protestante numa tentativa de controlá-lo. Por meio das *réunions*, a França tinha conquistado 160 territórios menores em suas fronteiras do norte e do leste, notadamente Estrasbrugo e Luxemburgo, a maioria à custa da Espanha. Para resolver isso, Luís tinha estabelecido tribunais quase legais para impor os supostos direitos do Tratado de Westfalia de 1648, que tinha posto fim à Guerra dos Trinta Anos.

26   Caylus, op. cit., p. 105.

27   Louis XIV, *Le Journal secret*, op. cit., 20 ago. 1695, p. 217.

28   Desprat, Jean-Paul. *Madame de Maintenon, ou le prix de la réputation*. Paris: Perrin, 2003, p. 266.

29   *Ibid.*, p. 269.

30   *Ibid.*, p. 265-70.

31   *Ibid.*, p. 269.

32   La Fayette, op. cit., p. 67.

33   D'Aumale, Marie-Jeanne. *Souvenirs sur madame de Maintenon: Mémoire et lettres inédites de mademoiselle D'Aumale*, (2ªed.). Paris: Calmann-Levy, 1902, p. 97-8.

34   Carta de Françoise a Madame de Brinon, citada em Desprat, op. cit., 280.

35   *Ibid.*, p. 282.

36   *Ibid.*, p. 282.

37   Ver Carta XLVII, *Sur les découragemens de la Dirigée.* In: Godet des Marais, *Lettres,* op. cit., p. 137-41.

38   *Ibid.*, 137-41. 'N.S.J.C.': Nosso Senhor Jesus Cristo.

39   Carta XLIV, *Sur la douleur.* In: *Ibid.*, p. 131-2.

40   Carta a madame de Brinon, 21 jul. 1686. In: Lavallée (ed.). *Correspondance générale* III, Parte 3, n. LXX, p. 34.

41   Saint-Simon, Louis de Rouvroy, duc de, Mémoiries, 7 vols. Paris: Pléiade, 1953. I, p. 256.

42   *Ibid.* IV, p. 606.

43   Carta de 4 out. 1688. In: Lavallée (ed.). *Correspondance générale III,* op. cit., Parte 3, p. 117-8.

44   Louis XIV, *Mémories, suivi de réflexions sur le métier de roi.* Paris: Tallandier, 2001, p. 35. Luís aqui escreve sobre a controvérsia jansenista dentro da Igreja Católica, mas ele mantinha a mesma atitude em relação a outros movimentos não ortodoxos.

45   Choisy, Abade François-Timoléon de. Mémories pour servir à l'histoire de Louis XIV, et Mémories de l'abbé de Choisy habillé en femme, (ed.). Georges Mongrédien. Paris: Mercure de France, 1966, p. 202-3.

46   Desprat, op. cit., p. 299.

47   Carta de1690. In: Lavallée (ed.). *Correspondance générale* III, Parte 3, p. 259-74.

48   Desprat, op. cit., p. 309.

49   *Ibid.*

50   Louis XIV, *Le Journal secret,* op. cit., 2 mai. 1694, p. 209.

51   Citado em Levi, Louis XIV, p. 237-8.

52   Louis XIV, *Le Journal secret,* op. cit., 7 ago. 1695, p. 216.

53   *Ibid.*, 20 ago. 1695, p. 217.

54   Cartas a Évêque de Châlons, 13 & 18 ago. 1695. In: Lavallée (ed.). *Correspondance générale IV,* Parte 3, nos CCCLIII & CCCLIV, p. 12.

55   Louis XIV, *Le Journal secret,* op. cit., 20 ago. 1695, p. 217.

56   Carta de Fénelon a madame de Maintenon, set. 1696. In: Lavallée (ed.). *Correspondance générale IV,* Parte 3, n. CDXXXII, p. 119.

57   Carta a M. l'archévêque de Paris, 7 ago. 1698. In: *Ibid.*, n. XXVII, p. 245.

58   Citado em Desprat, op. cit., p. 317.

59   Carta a M. l'Archévêque de Paris, 7 out. 1696. In: Lavallée (ed.). *Correspondance générale IV,* Parte 3, n. CDXXXIV, p. 121.

60 Cartas de 7 mar. e set. 1696. In: *Ibid.*, nos CCCXCIV, 68 & CDXXXII, p. 118-20.

61 Saint-Simon I, p. 504. Quem falou foi Dom Jacques de la Cour, abade da Trappe.

62 Carta a m. l'Archévêque de Paris, 21 fev. & 3 abr. 1697. In: Lavallée (ed.). *Correspondance générale* IV, Parte 3, nos CDL, 145-6 & CDLVI, p. 152. E ver Desprat, op. cit., p. 325.

63 Carta a m. l'Archévêque de Paris, 7 ago. 1698. In: *Ibid.*, Parte 4, n. XXVII, p. 245.

64 Citado em Desprat, op. cit., p. 323; e ver Louis XIV, *Le journalLe Journal secret*, op. cit., 1 jan.1712, p. 307.

65 Carta a duquesa de Hanovre, 31 ago. 1698. In: Liselotte von der Pfalz, op. cit., p. 240.

66 Desprat, op. cit., p. 320-4.

67 Carta a duquesa de Hanovre, 18 nov. 1698. In: Liselotte von der Pfalz, *Lettres de Madame*, op. cit., p. 240.

68 Carta a m. l'Archévêque de Paris, 3 set. 1698. In: Lavallée (ed.). *Correspondance générale IV*, Parte 4, n. XXIX, p. 247.

69 Desprat, op. cit., p. 326.

70 Saint-Simon I, op. cit., p. 550-7.

71 Carta à duquesa de Hanovre, 19 jul. 1699. In: Liselotte von der Pfalz, *Lettres de Madame*, op. cit., p. 261.

72 Louis XIV, *Le Journal secret*, op. cit., 15 mar. 1691, p. 192.

73 Somerset, Anne. *The Affair de the Poisons: Murder, Infanticide and Satanism at the Court de Louis XIV.* Londres: Phoenix, 2004, p. 299.

74 Carta a duquesa de Hanovre, 10 ago. 1691. In: Liselotte von der Pfalz, *Lettres de Madame*, p. 144.

75 Carta do duque de Maine a Madame de Maintenon, 25 out. 1699. In: Lavallée (ed.). *Correspondance générale* IV, Parte 4, n. LIX, p. 292-3.

76 Saint-Simon I, op. cit., p. 678.

77 Carta de 4 jul. 1679. In: Sévigné II, op. cit., p. 1050.

78 Louis XIV, *Le Journal secret*, op. cit., 26 abr. 1696, p. 221.

79 *Ibid.*, 6 e 26 jan.1690, p. 185.

80 *Ibid.*, 30 mai. & 12 abr. 1694, p. 209-10.

81 Carta a suas altezas reais de Saboia, 5 nov. 1696. In: D'Aumale, op. cit., p. 124-5.

82 Cartas a Kurfürstin Sophie de 8 e 22 nov. 1696. In: Liselotte von der Pfalz, *Briefe*, op. cit., p. 13.

83 Carta a Herzogin Sophie, 10 jan.1692. In: Liselotte von der Pfalz, *Briefe*, op. cit., 109-10.

84 Louis XIV, *Le Journal secret*, op. cit., 12 abr. 1694, p. 209.

A ESPOSA SECRETA DE LUÍS XIV – MADAME DE MAINTENON

85   *Ibid.*, 24 ago. 1694, p. 211-2.

CAPÍTULO 18: CASTELOS NA ESPANHA

1   Louis XIV, *Le Journal secret de Louis XIV*, Bluche, Françoise (ed.). Paris: Rocher, 1998. 13 out. 1698, p. 233.

2   Carta a duquesa de Hanovre, 17 jul. 1700. In: Liselotte Von der Pfalz, *Lettres de Madame*, p. 275.

3   Carta a m. le cardinal de Noailles, 8 nov. 1700. In: *Correspondance générale de madame de Maintenon*, Lavallée, Théophile, (ed.), 4 vols. Paris: Charpentier,1857. IV, Parte 4, n. XCVIII, p. 342.

4   Carta a duquesa de Hanovre, 10 nov. 1700. In: Liselotte Von der Pfalz, *Lettres de Madame*, p. 282.

5   Louis XIV, *Le Journal secret*, op. cit., 9 nov. 1700, p. 245-6.

6   *Ibid.,* 16 nov. 1701, p. 246. E ver Dangeau VII, op. cit., 16 nov. 1700, p. 418.

7   Carta a duquesa de Hanovre, 17 jul. 1700. In: *Liselotte Von der Pfalz, Lettres de Madame*, p. 282.

8   Carta a m. le Cardinal de Noailles, 17 e 25 nov. 1700. In: *Correspondance générale de Madame de Maintenon,* Lavallée, Théophile, (ed.), 4. vols. Paris: Charpentier,1857. IV, Parte 4, n. XCVIII, p. 344-5 & C, 347-8. O cardeal estava em Roma para participar do conclave papal que acabou por eleger Clemente XI.

9   Carta a m. le cardinal de Noailles, 25 nov. 1700. In: *Ibid.,* n. C, p. 348.

10   Dangeau VII, op.cit., 16 nov. 1700, p. 418.

11   Louis XIV, *Le Journal secret*, op. cit., 29 abr. 1698, p. 323.

12   *Ibid.*, 13 jun. 1701, p. 252. Para seus partidários jacobitas, o menino era conhecido como Jaime III da Inglaterra VIII da Escócia; para seus oponentes, era o "Velho Pretendente".

13   *Ibid.*, 31 dez. 1701, p. 253.

14   *Ibid.*, 30 jun. 1701, p. 251.

15   *Ibid.*, 3 jul. 1702 & 23 out. 1703, p. 257 e 265.

16   Davies, Norman. *Europe: A History.* Oxford: Oxford University Press,1997, p. 625. Na América do Norte ficou conhecida como a "Guerra da Rainha Ana".

17   Louis XIV, *Le Journal secret*, op. cit., 30 jun. 1708, p. 286.

18   Carta a madame des Ursins, 5 jun. 1506. In: Truc, Gonzague (ed.). *Lettres à d'Aubigné et à madame des Ursins.* Paris: Bossard, 1921. Parte 2, p. 8.

19   Cartas a Kurfürstin Sophie, 12 jun. 1701. In: Liselotte Von der Pfalz, *Briefe*, op.cit., p.

183.

20 Carta a duquesa de Hanovre e à Raugrave Amélie-Élizabeth, 15 e 7 jul. 1701. In: Liselotte Von der Pfalz, *Lettres de Madame*, p. 302 e 301-2.

21 Carta a duquesa de Hanovre, 30 jun. 1701. In: *Ibid*, p. 301.

22 Carta a duquesa de Hanovre, 12 jun. 1701. In: *Ibid*, p. 299-300.

23 Saint-Simon, Louis de Rouvroy, duque de, *Mémoires,* 7 vols. Paris: Pléiade, 1953. I, 917-9.

24 Carta a Herzogin Sophie, 22 jul. 1699, parafraseada de Bryant, *Françoise d'Aubigné, Marquise de Maintenon*, p. 153. O uso de poltronas era uma marca de precedência na hierarquia social. Como duquesa, Liselotte normalmente teria direito a uma poltrona em vez de um banquinho. Mas como o Rei entrava frequentemente nos aposentos de Françoise, e sem aviso formal, ali não havia poltronas para as visitas.

25 Cartas a Raufgräfin Amalie Elisabeth, 19 fev. 1705. In: Liselotte Von der Pfalz, *Briefe*, op. cit., p. 183.

26 Louis XIV, *Le Journal secret*, op. cit., 20 fev. 1705, p. 272-3.

27 Carta a m. le duc d'Harcourt, 16 abr. 1701. In: Lavallée (ed.). IV, Parte 4, n. CXXXVIII, p. 423-4.

28 Taillandier, madame Saint-René de, *La Princesse des Ursins: Une grande dame française à la cour d'Espagne sous Louis XIV.* Paris: Hachette, 1926, p. 52.

29 *Ibid.*, p. 36 e *passim.*

30 Parafraseado de *Ibid.*, p. 67-8.

31 Parafraseado de *Ibid.*, p. 68-9.

32 Louis XIV, *Le Journal secret*, op. cit., 25 abr. 1702, p. 256.

33 *Ibid.*, 14 jul. 1708, p. 286-7.

34 Saint-Simon II, op. cit., p. 330.

35 Louis XIV, *Le Journal secret*, op. cit., 16 dez. 1708, p. 288.

36 *Ibid.*, 12 dez. 1708, p. 288.

37 Carta de 10 ago. 1707. In: Geoffroy, M.A. (ed.). *Lettres inédites de la princesse des Ursins.* Paris: Didier, 1859, p. 316.

38 Louis XIV, *Le Journal secret*, op. cit., 8 jan. 1701, p. 248.

39 *Ibid.*, 4 fev. 1709, p. 290.

40 *Ibid.*, 20 nov. 1708, p. 287.

41 Rothstein, Andrew. *Peter the Great and Marlborough: Politics and Diplomacy em Converging Wars.* Londres: Macmillan, 1986, p. 3.

42 *Ibid.*, sir Winston Churchill. In: *Ibid., p.* 33.

A ESPOSA SECRETA DE LUÍS XIV – MADAME DE MAINTENON 487

43 Citado em *Ibid.*, p. 112.

44 *Id. Ibid.*, p. 112

45 Cartas de 26 mai & 10 jun. 1709. In: Loyau, Marcel (ed.). *Correspondance de Madame de Maintenon et la Princesse des Ursins, 1709: une année tragique.* Paris: Mercure de France, 2002, p. 189 e 199.

46 Louis XIV, *Le Journal secret*, op. cit., 28 fev. 1705, p. 273.

47 *Ibid.,* 30 jun. 1708, p. 286.

48 Carta de 1º jul. 1709. In: Loyau (ed.). op. cit., p. 215.

49 Carta de 10 ago 1709. In: *Ibid.*, p. 243.

50 Saint-Germain, Jacques. *La Reynie et la police au grand siècle.* Paris: Hachette, 1962, p. 151.

51 Carta de 10 ago. 1709. In: Loyau (ed.). op. cit., p. 243.

52 Carta de 26 mai. 1709. In: *Ibid.*, p. 186.

53 Louis XIV, *Le Journal secret*, op. cit., 31 jan. 1709, p. 290.

54 D'Aumale, Marie-Jeanne. *Souvenirs sur madame de Maintenon: Mémoire et lettres inédites de mademoiselle D'Aumale.* 2ª ed. Paris: Calmann-Levy, 1902, p. 153-4.

55 Carta de 10 jun. 1709. In: Loyau (ed.), op. cit., p. 199.

56 Carta a madame de Caylus, 12 jun. 1706. In: Leroy, Pierre-E. & Marcel Loyau, (eds.). *L'Estime et la tendresse: Correspondances intimes.* Paris: Albin Michel, 1998, p. 105.

57 Carta de 3 jun. 1709. In: Loyau (ed.). op. cit., p. 194.

58 Carta de 10 jun. 1709, *Ibid.,* p. 196.

59 Carta de 10 ou 11 jun. 1709, *Ibid.,* p. 201.

60 Louis XIV, *Le Journal secret*, op. cit., 12 jun. 1709, p. 292.

61 Petitfils, *Louis XIV*, p. 635-6. Petitfils observa a natureza churchiliana do apelo de Luís.

62 Addison, Joseph; Sir Richard Steele. *Selections from The Tatler and The Spectator.* Robert J. Allen, (eds.). 2ª ed. Nova York: Holt, Rinehart & Winston, 1970, p. 23

63 Louis XIV, *Le Journal secret*, op. cit., 16 dez 1708, p. 288.

64 *Ibid.,* 17 set. 1709 & 1º jan. 1710, p. 194 e 296.

65 *Ibid.,* 25 jan. 1712, 308.

66 Sir Winston Churchill. In: Rothstein, op. cit., p. 151. Marlborough foi vítima de intrigas políticas internas. Seus oponentes procuravam apresentá-lo como um futuro "segundo Cromwell" (Rothstein, p. 154). Sua preferência por manter os interesses gerais da Aliança tinha sido suplantada no Parlamento pela decisão de manter os interesses exclusivos da Grã Bretanha, particularmente contra os holandeses.

67 Louis XIV, *Le Journal secret*, op. cit., 22 nov. 1712 & 15 mar. 1713, p. 310 ; 314.

488   NOTAS

68   Milton, Soneto XI, l. 451.

69   Lavisse. In: Rothstein, op. cit., p. 196.

70   Parafraseado de *Ibid.*, p. 196.

71   Louis XIV, *Le Journal secret*, op. cit., 29 nov. 1684, p. 148

72   *Ibid.*, 14 e 15 abr. 1711, p. 303-4.

73   18 jan. 1687, p. 165.

74   18 fev. 1712, p. 309.

75   *Ibid.*, 8 mar. 1712, p. 309.

76   *Ibid.*, 4 mai. 1714, p. 319.

77   Carta a duque de Richelieu, 30 abr., provavelmente 1713 (inédito).

78   31 dez. 1714, p. 321.

79   *Ibid.*, 1º jul. 1714, 319

80   Carta a Raugrave Louise, 2 set. 1714. In: Liselotte Von der Pfalz, *Lettres de Madame*, op. cit., p. 507.

81   Saint-Simon IV, op. cit., p. 341-5.

CAPÍTULO 19: O FIM DAS AFLIÇÕES

1   Louis XIV, *Le Journal secret de Louis XIV*, (ed.).Bluche, Françoise (ed.).Paris: Rocher, 1998. 14 set. 1713, p. 315.

2   Citado em Desprat, Jean-Paul. *Madame de Maintenon, ou le prix de la réputation*. Paris: Perrin, 2003, p. 340.

3   Citado em Fraser, Antonia. *Love and Louis XIV: The Women in the Life of the Sun King*. Londres: Weidenfeld & Nicolson, 2006, p. 201-2.

4   Louis XIV, *Le Journal secret*, op. cit., 30 mar. 1707, p. 282.

5   Carta a duquesa de Hanovre, 29 dez. 1701. In: Liselotte Von der Pfalz, *Lettres de Madame*, op. cit., p. 313.

6   Carta a madame des Ursins, 26 ago. 1709. In: Loyau (ed.), p. 255.

7   Duchêne, Roger, Ninon de Lenclos: *ou La manière Jolie de faire l'amour*. Paris: Fayard, 2000, p. 336.

8   Carta a duquesa de Hanovre, 29 dez. 1701. In: Liselotte Von der Pfalz, *Lettres de Madame*, op. cit., p. 313.

9   Louis XIV, *Le Journal secret*, op.cit., 31 dez. 1714, p. 321.

10   *Ibid.*, 19 fev. 1715, p. 323.

A ESPOSA SECRETA DE LUÍS XIV – MADAME DE MAINTENON   489

11   11-24 ago. 1715, p. 326-7.

12   Saint-Simon, Louis de Rouvroy, duque de, *Mémoires,* 7 vols. Paris: Pléiade, 1953. IV, p. 889-891 e 939 para citações nos parágrafos subsequentes.

13   D'Aumale, Marie-Jeanne. *Souvenirs sur madame de Maintenon: Mémoire et Lettres iné-dites de Mademoiselle D'Aumale.* (2ª ed.). Paris: Calmann-Lévy, 1902, p. 200, e ver 198-202.

14   Louis XIV, *Le Journal secret,* Prefácio, 12 e 327. O documento está assinado por "Villeroy", e é provável, embora não uma certeza, que tenha sido o marechal-duque do mesmo nome. Saint-Simon (IV, p. 924) confirma que ele estava presente na ocasião.

15   Saint-Simon, VI, op. cit., p. 934.

16   D'Aumale, op. cit., p. 198-202.

17   Dangeau. In: Louis XIV, *Le Journal secret,* op. cit., p. 327.

18   D'Aumale, op. cit., p. 203-4 e nota da p. 209.

19   *Ibid., p.* 923.

20   Saint-Simon IV, op. cit., p. 925.

21   *Ibid.,* p. 923

22   Carta a Raugrave Louise, 14 dez. 1717. In: Liselotte Von der Pfalz, *Lettres de Madame,* op. cit., p. 532.

23   Saint-Simon IV, p. 35-7.

24   *Ibid.,* p. 15-6.

25   Citado em Gourdin, Jean-Luc, *La Duchesse Du Maine: Louise-Bénédicte de Bourbon, princesse de Condé.* Paris: Pygmalion, 1999, p. 222.

26   Cartas a Raugrave Louise, 17 & 7 abr. 1718. In: Liselotte Von der Pfalz, *Lettres de Madame,* p. 539.

27   Saint-Simon VI, op. cit., p. 336.

28   D'Aumale, op. cit., p. 223.

29   Saint-Simon VI, op. cit., p. 336.

30   *Ibid.,* p. 332.

31   D'Aumale, op. cit., p. 204.

32   *Ibid.,* p. 188-189; 211-2. A carta a madame de Caylus é de 16 fev. 1716.

33   Carta de 23 ago. 1717. In: *Ibid.,* p. 213 e 216, nota 1.

34   Ibid., p. 213-5.

35   *Ibid.,* p. 163.

36   Carta de 11 set. 1715. In: *Ibid.,* p. 224

490   NOTAS

37   Saint-Simon VI, op. cit., p. 332-3

38   Oman, Carola. *Mary de Modena*. Londres: Hodder & Stoughton, 1962, p. 228.

39   Carta a madame de Caylus, 11 jun. 1717. In: Leroy, Pierre-E. & Marcel Loyau, (eds.). *L'Estime et la tendresse: Correspondances intimes*. Paris: Albin Michel, 1998, p. 416-7.

40   Cartas a Raugräfin Luíse e à Kurfürstin Sophie, 14 mai. 1717 & 18 set. 1697. In: Liselotte Von der Pfalz, *Briefe*, p. 283 & 147.

41   Carta a madame de Caylus, 14 mai. e 11 jun. 1717. In: Leroy & Loyau, (eds.). *L'Estime et la tendresse*, op. cit., p. 416-417.

42   D'Aumale, op. cit., p. 97.

43   Carta de 19 jun. 1716. In: *Ibid.*, p. 217, nota 1.

44   *Ibid.*, p. 110.

45   *Ibid.*, p. 221.

46   *Ibid.*, p. 112.

47   Bernard Noël em sua introdução a Caylus, Marthe-Marguerite, condessa de. *Souvenirs*, Ed. Bernard Noël. Paris: Mercure de France, 1965 e 1987, p. 13.

48   D'Aumale, op. cit., p. 233-4.

49   *Ibid.*, p. 223-7.

50   *Ibid.*, p. 235.

51   *Ibid.*, p. 236.

52   *Ibid.*

53   *Ibid.*, p. 237.

54   *Ibid.*

55   Saint-Simon VI, op. cit., p. 332.

56   D'Aumale, op. cit., p. 239-40.

57   Saint-Simon VI, p. 332

58   Desprat, op. cit., p. 462.

59   D'Aumale, op. cit., p. 182-3.

60   *Ah*, mon Dieu: *Ibid.*, p. 228-9.

LISTA DE ILUSTRAÇÕES

1. *As pequenas Antilhas* ou *As ilhas do vento*. Gravura em chapa de cobre de Jacques-Nicolas Bellin (1703-72), 1764. Paris, Biblioteca Nacional da França. © Biblioteca Nacional da França.

2. Mendigos recebendo esmolas à porta. Gravura, buril e ponta-seca por Rembrandt van Rijn (1606-69), 1648. Londres, Museu Britânico. © Curadoria do Museu Britânico.

3. O castelo de Mursay (1550-1630). Antiga residência de madame de Maintenon, próximo de Sciecq (Deux-Sèvres). Coleção particular. © LL/ Roger-Viollet.

4. Retrato de Paul Scarron (1610-60). Óleo sobre tela, Escola Francesa, século XVII. Le Mans, Museu de Tessé.

5. Ninon de Lenclos (supostamente). Óleo sobre tela, abribuído a Pierre Mignard (1612-95). Marselha, Museu de Belas Artes. © Roger-Viollet.

6. Retrato de madame de Sévigné. Óleo sobre tela, por Claude Lefèbvre (1637-75). Paris, Museu Carnavalet. © Biblioteca de Arte Bridgeman.

7. Louis XIV, rei da França e de Navarra, retrato do busto e armadura, c. 1662. Óleo sobre tela, por Charles Le Brun (1619-90). Versalhes, Castelos de Versalhes e de Trianon. (C) Photo RMN - © Franck Raux.

8. Retrato de Françoise-Athénaïs de Rochechouart de Mortemart, marquesa de Montespan (supostamente). Óleo sobre tela, por Pierre Mignard (1612-95). Bourges, França, Museu de Berry. Lauros/Giraudon © Biblioteca de Arte Bridgeman.

9. Suposto retrato do marquês de Villarceaux. Miniatura em esmalte por Jean Petitot, dit Le Vieux (1607-91). Paris, Museu do Louvre. © Museu do Louvre, M. Beck-Coppola.

10. Retrato de Françoise d'Aubigné, marquês de Maintenon, governanta dos filhos bastardos de Luís XIV, filhos de madame de Montespan: Louis-Agustue, duque de Maine et Louis-César, conde de Vexin. Óleo sobre tela. Maintenon, França, Castelo de Maintenon. © Roger-Viollet/The Image Works.

492   LISTA DE ILUSTRAÇÕES

11. Retrato de Louise Françoise de la Baume le Blanc, duquesa de Vallière (supostamente). Óleo sobre tela, Escola Francesa, século XVII. Castelo de Nelahozeves, República Tcheca, Coleções Lobkowicz. © Biblioteca de Arte Bridgeman.

12. Retrato da rainha Maria Teresa da França. Óleo sobre tela, Escola Francesa, seguidor de Charles Beaubrun (1604-92). Paris, Museu Carnavalet. © Biblioteca de Arte Bridgeman.

13. Castelo, jardins e parque de Versalhes vistos da avenida de Paris (detalhe), 1668. Óleo sobre tela por Pierre Patel (1605-76). Versalhes, França, Castelo de Versalhes. © Peter Willi/Biblioteca de Arte Bridgeman.

14. A construção de Versalhes, c. 1680. Óleo sobre tela atribuído a Adam-François van der Meulen (1632-90). Londres, Palácio de Buckingham, Coleção Real. © 2007, Sua Majestade a Rainha Elisabete II.

15. Vista do Orangerie, as escadas das Cent-Marches e do castelo de Versailles, c. 1695. Óleo sobre tela, atribuído a Jean-Baptiste Martin, l'Ancien (1659-1735). Versalhes, França, Castelos de Versalhes e de Trianon. (C) Photo RMN – © Franck Raux.

16. Retrato de Filipe d'Orléans, Monsieur, irmão do rei Luís XIV. Óleo sobre tela. © Roger Viollet.

17. Retrato de Isabel Carlota da Baviera, duquesa de Orléans (a Princesa Palatina). Óleo sobre tela, segundo o estilo de Hyacinthe Rigaud (1659-1743). Versalhes, França, Castelos de Versalhes e de Trianon.

18. Retrato de Jean-Baptiste Cobert (1619-1683), ministro. Óleo sobre tela por Claude Lefèbvre (1636-75). Versalhes, França, Castelos de Versalhes e de Trianon. (C) Photo RMN – © Gérard Blot.

19. Retrato de François-Michel Le Tellier, marquês de Louvois (1641-91), Secretário do Estado para a Guerra, Intendente Geral de Postos, Superintendente de Construções Civis, Artes e Manufaturas. Impressão anônima. Versalhes, França, Castelos de Versalhes e de Trianon. (C) Photo RMN – © Gérard Blot.

20. A Batalha de Blenheim em 1704. Aquarela, Escola Inglesa, século XVIII. Coleção particular. © Biblioteca de Arte Bridgeman.

21. François de Salignac de la Mothe-Fénelon, arcebispo de Cambrai. Óleo sobre tela por Vivien Joseph (1657-1734). Versalhes, França, Castelos de Versalhes e de Trianon.

A ESPOSA SECRETA DE LUÍS XIV – MADAME DE MAINTENON   493

22. Jacques-Bénigne Bossuet. Óleo sobre tela por Hyacinthe Rigaud (1659-1743). Paris, Museu do Louvre.

23. L'Evesque de Meaux, Secretário do Conselho da Santa Liga. Caricatura holandesa atribuída a Dusart e Gole, 1691. Paris, Biblioteca Histórica do Protestantismo. © Biblioteca de Arte Bridgeman.

24. Madame de Maintenon, Viúva de Scarron. Caricatura holandesa atribuída a Dusart e Gole, 1691. Paris, Biblioteca Histórica do Protestantismo. © Biblioteca de Arte Bridgeman.

25. Um dragão missionário força um huguenote a assinar sua conversão ao catolicismo. Gravura de Gottfried Engleman (1788-1839), segundo um desenho original de 1686. Paris, Biblioteca Nacional da França. © Biblioteca de Arte Bridgeman.

26. Retrato de Françoise d'Aubigné, marquesa de Maintenon. Óleo sobre tela, por Pierre Mignard (1612-95). Paris, Museu do Louvre. © Peter Willi/ Biblioteca de Arte Bridgeman.

27. Retrato de Luís XIV. Pastel sobre papel pardo, por Charles Le Brun (1619-90). Paris, Museu do Louvre, D.A.G. (C) Photo RMN – © Jean-Gilles Berizzi.

28. A escola para moças de nobreza criada por madame de Maintenon em 1686. Gravura anônima. Yvelines, França, Escola Militar especial de Saint-Cyr. © Roger Viollet.

29. Retrato de Filipe, duque de Orléans, Regente da França (1674-1723) e Minerve, nos termos alegados por Marie-Magdeleine de La Vieuville, condessa de Parabère, sua amante (1693-1750) (detalhe), 1717-18. Óleo sobre tela de Jean-Baptiste Santerre (1651-1717). Versalhes, França, Castelos de Versalhes e de Trianon. (C) Photo RMN – © Gérard Blot.

30. Retrato de Luís de Rouvroy, duque de Saint-Simon, memorialista. Litografia do século XIX, de François Delpech, segundo retrato francês de 1715. © Rober-Viollet.

31. Luís Augusto de Bourbon, duque de Maine. Óleo sobre tela, segundo estilo de François de Troy (1645-1730). Sceaux, França, Museu de l'Île de France. © Lauros / Giraudon / Biblioteca de Arte Bridgeman.

LISTA DE ILUSTRAÇÕES

32. Retrato de Françoise d'Aubigné, madame de Maintenon. Óleo sobre tela, Escola Francesa, século XVIII. Coleção particular. Arquivos Charmet. © Biblioteca de Arte Bridgeman.

33. Retrato de Luís XIV. Óleo sobre tela por Hyacinthe Rigaud (1659-1743). Madri, Prado. © Biblioteca de Arte Bridgeman.

BIBLIOGRAFIA

FONTES INÉDITAS

BRINON, madame de. *Lettre à Mme Scudéry concernant le théatre de Racine.* 1688 (Archives des Yvelines, J3326).

MAINTENON, madame de. *Les petites cahiers secrets.* 8 vols. (Bibliothèque municipale de Versailles BMV MS P 36 a 42, et BMV MS P 98).

——————. *Proverbes* (Bibliothèque municipale de Versailles BMV MS M 57).

——————. Carta de 14 de julho de 1708, para a Mme condessa de Caylus (Biblioteca da Universidade de Amsterdã, Died 35 Ah. 1).

——————. Carta de 29 de dezembro de 1708, para um cavalheiro não identificado (Biblioteca da Universidade de Amsterdã, Died 35 Ah. 2).

——————. Carta de 22 de fevereiro, ano desconhecido, para a Mme des Marets (Biblioteca da Universidade de Amsterdã, Died 35 Ah. 3).

——————. Carta de 30 de abril, provavelmente 1713, para o duque de Richelieu (Sotheby de Paris, leilão de 15 de junho de 2005, lote n. 42, carta 2).

Lettres adressées à madame de Maintenon à la suite de la mort de Louis XIV (Bibliothèque municipale de Versailles BMV G 328).

Recueil d'airs spirituels à une, deux et trois voix sans accompagnement, de différents auteurs (Bibliothèque municipale de Versailles BMV MS musical 65 [2]).

FONTES PRIMÁRIAS

ADDISON, Joseph; STEELE, Richard, *Sir. Selections from The Tatler and The Spectator.* Robert J. Allen (ed.). 2 ed. Nova York: Holt, Rinehart and Winston, 1970.

BIBLIOGRAFIA

À. KEMPIS, Thomas. *Of the Imitation of Christ*. Michigan: Keats Publishing, 1973.

D'AUBIGNÉ, Théodore-Agrippa. *L'Histoire universelle du sieur d'Aubigné*. Maillé: J. Moussat, 1616-1620.

——————. *Mémoires*. Ludovic Lalanne (ed.). Paris: Librairie des bibliophiles, 1889.

——————. *Sa vie à ses enfants*. Gilbert Schrenk (ed.). Paris: Nizet, 1986. (Publicado pela primeira vez em 1729).

AUDIGER. *La Maison reglée, L'art de la cuisine française au XVIIe siècle*. Paris: Payot, 1995. (Publicado originalmente em Paris por Pairs em 1629.)

D'AUMALE, Marie Jeanne. *Souvenirs sur madame de Maintenon: mémoire et lettres inédites de mademoiselle d'Aumale, publiés par le comte d'Haussonville et G. Hanotaux, avec une introduction par le comte d'Haussonville*. 2 ed. Paris: Calmann-Lévy, 1902.

BOILEAU, Nicolas; RACINE, Jean. *Lettres d'une amitié: correspondance 1687-1698*. Pierre B. Leroy (ed.). Paris: Bartillat, 2001.

BONHOMME, Honoré (ed.). *Mme de Maintenon et sa famille: lettres et documents inédits publiés sur les manuscrits autographes originaux, avec une introduction, des notes et une conclusion*. Paris: Didier, 1863.

BONNEFONS, Nicolas de. *Les délices de la campagne, suitte du 'Jardinier françois', où est enseigné à préparer pour l'usage de la vie, tout ce qui croît sur terre et dans les eaux*. 2 ed. Amsterdã: Raphaël Smith, 1655.

BOSSUET, Jacques-Bénigne. *Oraisons funèbres*. Paris: Hachette, 1898.

——————. *Correspondance, 1651-1704*. Paris: Hachette, 1909-25. v. 1-15.

——————. *Œuvres complètes*. Paris: L. Vivès, 1865-75.

CASTELLUCIO, Stéphane. La Galerie des Glaces: les réceptions d'ambassadeurs. *Versalia, la Révue de la Société des Amis de Versailles*, n. 9, 2006.

CASTIGLIONE, Baldassar. *Le livre du courtisan*. Paris: Flammarion, 1991. (Publicado pela primeira vez em 1580.)

CAYLUS, Marthe-Marguerite, condessa de. *Souvenirs*. Bernard Noël (ed.). Paris: Mercure de France, 1965 e 1986. (Publicado pela primeira vez em 1770.)

CHANTELOU, Paul Fréart de. *Journal du voyage du cavalier Bernin en France, avec préface de G. Charensol*. Paris: Delamain et Boutelleau, 1930.

CHOISY, Abbé François-Timoléon de. *Mémoires pour servir à l'histoire de Louis XIV,* e *Mémoires de l'abbé de Choisy habillé en femme.* Georges Mongrédien (ed.). Paris: Mercure de France, 1966.

COLLETET, François. *Journal de la ville de Paris, contenant ce qui se passe de plus mémorable pour la curiosité et avantage du public.* Paris: Mille de Beaujeu, 1676.

DANGEAU, Philippe de Courcillon, marquês de. *Journal de la cour de Louis XIV, avec les additions inédites du duc de Saint-Simon.* Paris: Firmin-Didot Frères, 1854-60. v. 19.

DEPPING, G. B. (ed.). *Correspondance administrative sous le règne de Louis XIV, entre le cabinet du roi, les secrétaires d'État, le chancelier de France et les intendants et gouverneurs de province.* Paris: Imprimerie nationale, 1850-55. v. 4.

DES URSINS, Anne-Marie de la Trémoïlle, princesa. *Lettres inédites, recueillies par M. A. Geoffroy.* Paris: Didier et Cie, 1859. v. 19.

——————. *Lettres de la camerera mayor.* Paris: H. Gautier, [s/d].

——————. *Lettres inédites... à M. le maréchal de Villeroi, suivies de sa correspondance avec Mme de Maintenon.* Léopold Collin, Paris, 1806.

——————. *Madame des Ursins et la succession d'Espagne, fragments de correspondance.* Louis de la Trémoïlle, Nantes: E. Grimaud et fils; e Paris: H. Champion, 1902-07. v. 6.

——————. *Lettres inédites de la princesse des Ursins, avec une introduction et des notes de M. A. Geoffroy.* Paris: Didier, 1859.

DUFOUR, Philippe Sylvestre. *Traitez nouveaux & curieux du café, du thé et du chocolate: ouvrage également nécessaire aux médecins & à tous ceux qui aiment leur santé.* Lyon: Jean Girin & B. Riviere, 1685.

EVELYN, John. *The Diary.* Londres: Macmillan, 1908. (Publicado pela primeira vez em 1818.)

FÉNELON, François de Salignac de La Mothe. *Correspondance.* V. 1-5 (Paris: Klincksieck, 1972-76); V. 6-17 (Genebra: Droz, 1987-99).

——————. *Traité de l'éducation des filles.* Paris: Klincksieck, 1994. (Publicado pela primeira vez em 1685.)

FORBIN, Claude de. *Mémoires du comte de Forbin,* publicado por seu secretário Simon Reboulet. Paris: Mercure de France, 1993.

GELIN, Henri. *Françoise d'Aubigné: étude critique*. Niort: Bureaux du Mercure Poitevin, 1899.

GODET DES MARAIS, Paul. *Lettres de messire Paul Godet des Marais, évêque de Chartres, à madame de Maintenon, recueillies par l'abbé Berthier*. Paris: J. Dumoulin, 1908.

GUIFREY, Jules (ed.). *Comptes des bâtiments du roi*. Paris: Imprimerie nationale, 1891. v. 5.

GUYON, Jeanne-Marie. *La vie par elle-même, et autres écrits biographiques*. Dominique Tronc (ed.). Paris: Honoré Champion, 2001.

──────────. *Correspondance*. Dominique Tronc (ed.). Paris: Honoré Champion, 2003. v. 3.

HÉBERT, François. *Mémoires du curé de Versailles*. Paris: Les Éd. de France, 1927.

LA BRUYÈRE, Jean de. *Les caractères ou les mœurs de ce siècle*. Paris: Hachette, 1935.

LA FAYETTE, madame de. *Mémoires de la cour de France, pour les années 1688 et 1689*. Paris: Galic, 1962.

LA FONTAINE, Jean de. *Fables*. René Radouant (ed.). Paris: Hachette, 1929.

LA ROCHEFOUCAULD. *Mémoires*. Paris: La Table Ronde, 1993.

LA VARENNE, François Pierre dit. *Le Cuisinier françoise*. Paris: Montalba, 1983. (Publicado originalmente em Paris em 1651.)

LISELOTTE VON DER PFALZ. *Die Briefe der Liselotte von der Pfalz: ein Frauenleben am Hofe des Sonnenkönigs*. Munique: Goldmann, 1960.

──────────. *Briefe*. Ebenhausen bei München: Langewiesche-Brandt, 1966.

──────────. *Lettres de madame duchesse d'Orléans, née princesse palatine, 1672-1722*. Olivier Ameil (ed.). Paris: Mercure de France, 1985. (Publicado originalmente em 1843.)

LOCATELLI, Sébastien. *Voyage de France, mœurs et coutumes françaises (1664-65)*. A. Vautier (ed.). Paris: A. Picard et fils, 1905.

LORET, Jean. *La Muze historique*. Paris, 1857.

LOUIS XIII. *Édict du roy sur la pacification des troubles de ce royaume, donné a Nantes au mois d'avril 1598... avec les articles particuliers. Ensemble autres édicts et déclarations des roys Henry IV, Louys XIII et Louys XIV*. Paris: Anthoine Estienne, 1644.

LOUIS XIV. *Acte royal 1710-05-01 Marly: Ordonnance du roy pour empescher que les officiers des troupes de ses armées ne répètent les cavaliers, dragons et soldats déserteurs de leurs compagnies, qui pourroient se rencontrer dans les régimens qui sont revenus d'Espagne*. Paris: F. Léonard, 1710.

――――――――. *Manière de montrer les jardins de Versailles*. Paris: Réunion des musées nationaux, 2001.

――――――――. *Mémoires, suivi des réflexions sur le métier de roi*. Paris: Tallandier, 2001.

LOUVILLE, marquês de. *Mémoires secrets sur l'établissement de la maison de Bourbon en Espagne: extraits de la correspondance du marquis de Louville, gentilhomme de la chambre de Philippe V*. Paris: Maradan, 1818. v. 2.

MAINTENON, Françoise d'Aubigné, marquesa de. *Lettres*. Laurent Angliviel de la Beaumelle (ed.). Amsterdã: Pierre Erialed, 1758. v. 9.

――――――――. *Lettres historiques et édifiantes adressées aux dames de Saint-Louis*. Théophile Lavallée (ed.). Paris: Charpentier, 1856. v. 2.

――――――――. *Conseils et instructions aux demoiselles pour leur conduite dans le monde*. Théophile Lavallée (ed.). Paris: Charpentier, 1857. v. 2.

――――――――. *Lettres et entretiens sur l'éducation des filles*. Théophile Lavallée (ed.). 2 ed. Paris: Charpentier, 1861. v. 2.

――――――――. *Correspondance générale*. Théophile Lavallée (ed.). Paris: Charpentier, 1866. v. 4.

――――――――. *Extraits sur l'éducation*. Oct. Gréard (ed.). 3 ed. Paris: Hachette, 1885.

――――――――. *Lettres à d'Aubigné et à madame des Ursins, com introdução e notas de Gonzague Truc*. Paris: Bossard, 1921.

――――――――. *Lettres*. Marcel Langlois (ed.). Paris: Letouzy et Ané, 1935-39. v. II-V. (Os volumes I e VI desta edição erudita estão sendo correntemente preparados para publicação na Universidade de Paris IV Sorbonne.)

――――――――. *Comment la sagesse vient aux filles: propos d'éducation*. Escolhidos e apresentados por Pierre E. Leroy e Marcel Loyau. Paris: Bartillart, 1998.

BIBLIOGRAFIA

—————. *L'éstime et la tendresse: correspondances intimes*. Reunidas e apresentadas por Pierre E. Leroy e Marcel Loyau. Paris: Albin Michel, 1998.

—————. *Correspondance de madame de Maintenon et la princesse des Ursins: 1709, une année tragique*. Marcel Loyau (ed.). Paris: Mercure de France, 2002.

MANCINI, Hortense; Marie. *Mémoires*. Gérard Doscot (ed.). Paris: Mercure de France, 1987.

MARTEILHE, Jean. *Mémoires d'un galérien du roi-soleil*. André Zysberg (ed.). Paris: Mercure de France, 1989.

MAURILE DE SAINT MICHEL, le père. *Voyage des îles Camercanes, en l'Amérique, qui font partie des Indes occidentales, et une relation diversifiée de plusieurs pensées pieuses et d'agréables remarques tant de toute l'Amérique que des autres pays, avec l'établissement des RR. PP. carmes réformez de la province de Touraine esdites isles et un discours de leur ordre*. Au Mans: H. Olivier, 1652.

—————. *Mercure galant, 1678-1714*. Paris: au Palais, 1678-1714.

MOLIÈRE, Jean-Baptiste Poquelin de. *Oeuvres complètes*. Paris: Gallimard, 1971. v. 2.

MONTESPAN, Françoise Athénaïs de Rochechouart de Mortemart, marquesa de. *Lettres de madame de Montespan, de sa famille et de ses amis*. Incluídas em Clément, Pierre. *Madame de Montespan et Louis XIV, étude historique*. 2 ed. Paris: Didier, 1868.

—————. *Trois lettres inédites de madame de Montespan, 1700-1701*. P. Moulard (ed.). Le Mans: E. Lebrault, 1881.

MONTIGNY, J. de. "La feste de Versailles de 18 juin 1668." In *Recueil de diverses pièces faites par plusieurs personnes illustres*. La-Haye: Jean and Daniel Steucker, 1669.

MONTPENSIER, Anne Marie Louise d'Orléans, duquesa de. *Mémoires de la grande mademoiselle*. Edição apresentada e anotada por Bernard Quilliet (ed.). Paris: Mercure de France, 2005. v. 2.

MOREAU, Jean-Pierre (ed.). *Un Flibustier français dans la mer des Antilles: relation d'un voyage infortuné fait aux Indes occidentales par le capitaine Fleury, 1618-1620*. Paris: Payot & Rivages, 2002.

PASCAL, Blaise. *La Correspondance de Blaise Pascal e de Pierre de Fermat: la géométrie du hasard ou le calcul des probabilités*. Fontenay-aux-Roses: École Normale Supérieure, 1983.

—————. *Les provinciales*. Paris: Gallimard, 1987.

PATIN, Guy. *La France au milieu du XVIIe siècle, 1648-1661*. Paris: Armand Collin, 1901.

PÉROU, madame du. *Mémoires sur madame de Maintenon*. Paris: Fulgence, 1846.

RACINE, Jean. *Oeuvres complètes*. Paris: Garnier Frères, 1869-77. v. 8.

—————. *Théatre et poésies*. Paris: Gallimard, 1950.

RETZ, Paul de Gondi, cardeal de. *Mémoires*. Paris: Garnier, 1987.

SAINT-SIMON, Louis de Rouvroy, duque de. *Mémoires*. Paris: Pléiade, 1953. v. 7.

SALES, François de. *Introduction à la vie dévote*. Paris: Nelson, 1947.

—————. *Les Femmes mariées*. Paris: Éditions du Cerf, 1967.

SCARRON, Paul. *Oeuvres*. Paris: Bastien, 1786. v. 7.

SCUDÉRY, Madeleine de. *Clélie: histoire romaine*. Paris: Augustin Courbé, 1660. v. 10.

—————. *Lettres de mesdames de Scudéry, de Salvan de Saliez et de mademoiselle Descartes*. Paris: L. Collin, 1806.

—————. *Conversations nouvelles sur divers sujets*. La-Haye: A. Arondeus, 1685.

—————. *Pellisson, Paul et leurs amis, chroniques du Samedi suivi de pièces diverses, 1653-1654*. Edição estabelecida e comentada por Alan Niderst, Delphine Denis e Myriam Maître. Paris: Honoré Champion, 2002.

—————. *La Promenade de Versailles*. Marie-Gabrielle Lallemand (ed.). Paris: Honoré Champion, 2002. (Publicado pela primeira vez por Claude Barbin em 1669).

SEGRAIS, Jean Regnault de. *Segraisiana, ou mélange de histoire et de littérature*. Amsterdã: Compagnie des Libraires, 1722.

SÉVIGNÉ, Marie, condessa de. *Lettres*. Paris: Pléiade, 1960. v. 3.

SPANHEIM, Ezechiel. *Relation de la cour de France, faite au commencement de l'année 1690*. Paris: Renouard (para a Société de l'histoire de France), 1882.

BIBLIOGRAFIA

TALLEMANT DES RÉAUX, Gédéon. *Les Historiettes: mémoires pour servir à l'histoire du XVIIe siècle*. Paris: Bibliothèque Nationale Française, 1995. v. 6. (Publicado pela primeira vez em Paris por A. Levavasseur, em 1834.)

TAPHANEL, Achille. *Mémoires de Manseau, intendant de la maison royale de Saint-Cyr*. Publicadas a partir do manuscrito autobiografado. Versailles: L. Bernard, 1902.

VALLOT; D'AQUIN; FAGON. *Journal de la santé du roi Louis XIV de l'année 1647 à l'année 1711, écrit par Vallot, d'Aquin et Fagon*. J. A. Le Roi (ed.). Paris: A. Durand, 1862.

VILLARS, Pierre de. *Mémoires de la cour d'Espagne de 1679 à 1681*. M. A. Morel--Fatio (ed.). Paris: Plon, 1893.

VILLETTE, Philippe le Valois, marquês de. *Mémoires*. Paris: J. Renouard, 1844.

VISCONTI, Primi. *Mémoires sur la cour de Louis XIV, 1673-1681*. Paris: Perrin, 1988.

WICQUEFORT, A. de. *Chronique discontinue de la Fronde, 1648-52*. Robert Mandrou (ed.). Paris: Fayard, 1978.

FONTES SECUNDÁRIAS

ACKERMAN, Simone. Madame de Maintenon et la lettre d'amour glacial(e). *Autour de Françoise d'Aubigné*. Niderst (ed.), [s/l], v. I, p. 217-227, [s/d].

ANDERSON, M. S. *War and Society in Europe of the Old Regime, 1618-1789*. Guernsey, Channel Islands: Sutton Publishing, 1998.

BATES, E. S. *Touring in 1600*. Londres: Century, 1987. (Publicado pela primeira vez em 1911).

BEAUSSANT, Philippe. *Versailles, Opéra*. Paris: Gallimard, 1981.

BERNARD, Leon. *The Emerging City: Paris in the age of Louis XIV*. Durham, Carolina do Norte (EUA): Duke University Press, 1970.

BERTIÈRE, Simone. *Les Femmes du roi soleil*. Paris: de Fallois, 1998.

_____. *Les Reines de France au temps des Bourbons*: les deux régentes. Paris: de Fallois, 1996.

A ESPOSA SECRETA DE LUÍS XIV – MADAME DE MAINTENON 503

BIET, Christian. *Les miroirs du soleil: le roi Louis XIV et ses artistes*. Paris: Gallimard, 2000.

BLUCHE, François. *Louis XIV*. Paris: Hachette, 1986.

––––––––––– (ed.). *Louis XIV vous parle*. Paris: Stock, 1988.

BOISLISLE, M. A. de. Paul Scarron et Françoise d'Aubigné. *La revue des questions historiques*, [s/l], p. 86-144, jul.-out. 1893.

BOLES, Laurence Huey. *The Huguenots, the Protestant Interest, and the War of the Spanish Succession, 1702-1714*. Nova York: P. Lang, 1997.

BOUCHENOT-DÉCHIN, Patricia. *Henri Dupuis, jardinier de Louis XIV*. Versailles: Perrin, 2001.

BRYANT, Mark. *Françoise d'Aubigné, marquise de Maintenon: Religion, power and politics – a study in circles of influence during the later reign of Louis XIV, 1684-1715*. (Tese de doutoramento não publicada, Universidade de Londres, 2001.)

BUCKLEY, Veronica. *Christina, Queen of Sweden*. Londres: Fourth Estate, 2004.

BURGUIÈRE, André; REVEL, Jacques. *Histoire de la France: les conflits*. Paris: Éditions du Seuil, 2000.

BURKE, Peter. *The fabrication of Louis XIV*. New Haven e Londres: Yale University Press, 1994.

BUSSON, Henri. *La religion des classiques, 1660-1685*. Paris: Presses Universitaires de France, 1948.

CAMBIER, Maurice. *Racine et madame de Maintenon: Esther et Athalie à Saint-Cyr*. Bruxelas, Durendal e Paris: Lethielleux, 1949.

CAMPBELL ORR, Clarissa (ed.). *Queenship in Europe, 1660-1815: the role of the consort*. Cambridge: Cambridge University Press, 2004.

CASTELOT, André. *Madame de Maintenon: la reine secrète*. Paris: Perrin, 1996.

CHALINE, Olivier. *La règne de Louis XIV*. Paris: Flammarion, 2005.

CHAMAILLARD, Edmond. *Le Chevalier de Méré, rival de Voiture, ami de Pascal, précepteur de madame de Maintenon: étude biographique et littéraire suivie d'un choix de lettres et de pensées du chevalier*. Niort: Clouzot, 1921.

CHANDERNAGOR, Françoise. *L'Allée du roi: souvenirs de Françoise d'Aubigné, marquise de Maintenon, épouse du roi de France*. Paris: France Loisirs, 1981.

BIBLIOGRAFIA

_____; POISSON, Georges. *Maintenon: le château*. Paris: Norma, 2001.

CHILL, E. Religion and Mendicity in Seventeenth-Century France. *International Review of Social History*, [s/l], v. 7, n. 3, p. 400-425, 1962.

COLLINS, James. The economic role of women in seventeenth-century France. *French Historical Studies*, [s/l], v. 16, p. 435-470, 1989.

CORDELIER, Jean. *Madame de Maintenon*. Paris: Club des Editeurs, 1959.

CORNETTE, Joël (ed.). *La France de la monarchie absolue, 1610-1715*. Paris: Éditions du Seuil, 1997.

COURTIN, Antoine de. *Nouveau traité de la civilité qui se pratique en France parmi les honnestes gens*. Paris: H. Josset, 1671.

COUTON, Georges. *La Chair et l'âme: Louis XIV entre ses maîtresses et Bossuet*. Grenoble: Presses Universitaires de Grenoble, 1995.

DAVIES, Norman. *Europe: A History*. Oxford: Oxford University Press, 1997.

DAWSON, Robert. The Sieur de Villette's love-letters to Louise d'Aubigné. In: GIBSON, Robert (ed.). *Studies in French Fiction in Honour of Vivienne Mylne*. Londres: Grand and Cutler, 1988, p. 89-102.

DÉON, Michel. *Louis XIV par lui-même*. Paris: Gallimard, 1991.

DESPRAT, Jean-Paul. *Madame de Maintenon, ou le prix de la réputation*. Paris: Perrin, 2003.

DONNE, John. *Poems of love*. Londres: Folio, 1979.

DUBOIS, Elfrieda. The Education of Women in Seventeenth-Century France. *French Studies*, [s/l], v. 32, n. 1, p. 1-19, 1978.

DUCHÊNE, Roger. *Naissances d'un écrivain: madame de Sévigné*. Paris: Fayard, 1996.

_____. *Ninon de Lenclos ou la manière jolie de faire l'amour*. Paris: Fayard, 2000.

_____. *Les Précieuses ou comment l'esprit vint aux femmes*. Paris: Fayard, 2001.

_____. *Être femme au temps de Louis XIV*. Paris: Perrin, 2004.

DUNLOP, Ian. *Royal Palaces of France*. Londres: Hamish Hamilton, 1985.

_____. *Louis XIV*. Londres: Chatto and Windus, 1999.

ELLIOTT, J. H. *Imperial Spain 1469-1716*. Nova York: Mentor, 1966.

EVANS, R. J. W. *The Making of the Habsburg Monarchy, 1550-1700: An Interpretation*. Oxford: Oxford University Press, 1984.

FÉLIBIEN, André. *Relation de la feste de Versailles du dix-huitième juillet mil six cents soixante-huit*. Paris: Pierre le Petit, 1668.

FÉLIBIEN DES AVAUX, Jean-François. *Description sommaire de Versailles ancienne et nouvelle, avec des figures*. Paris: A. Chrétien, 1703.

FIELD, Ophelia. *The Favourite: Sarah, Duchess of Marlborough*. Londres: Hodder and Stoughton, 2002.

FONDATION DU CHÂTEAU DE MAINTENON. *Louis XIV, Mme de Maintenon: tricentenaire du mariage*. Exposição 7 abril-novembro de 1984, Maintenon, 1984. 2 v.

FRANKLIN, Alfred. *La vie privée d'autrefois: arts et métiers, modes, mouers, usages des parisiens, du XIIe au XVIIIe siècle, d'après des documents originaux ou inédits*. Paris: E. Plon, Nourrit, 1887-1902. v. 27.

——————. *Les anciènnes bibliothèques de Paris: églises, monastères, colléges, etc.* Paris: Imprimerie Impériale, 1867-1873. v. 3.

FRASER, Antonia. *King Charles II*. Londres: Phoenix, 2002.

——————. *Love and Louis XIV: the Women of the Life of the Sun King*. Londres: Weidenfeld and Nicolson, 2006.

FREY, Linda; FREY, Marsha (ed.). *The Treaties of The War of the Spanish Succession: an Historical and Critical Dictionary*. Westport, Connecticut e Londres: Greenwood, 1995.

GARRIGUES, Dominique. *Jardins et jardiniers de Versailles au Grand Siècle*. Seyssel: Champ Vallon, 2001.

GARRISSON, Janine. *L'Édit de Nantes et sa révocation*. Paris: Seuil, 1985.

GARROS, Madeleine. *Madame de Maintenon et la musique*. Extrait des rapports et communications de la Société française de musicologie. Série especial n. 1, janeiro 1943. Abbeville: F. Paillart, 1943.

GENLIS, Stéphanie-Félicité Du Crest, condessa de. *Madame de Maintenon, pour servir de suite à l'histoire de la duchesse de la Vallière*. Paris: Maradan, 1806.

GIBSON, Wendy. *Women in Seventeenth-Century France*. Londres: Macmillan, 1989.

GOUBERT, Pierre. *Louis XIV et vingt millions de français*. Paris: Hachette, 1977.

_____. *La vie quotidienne des paysans français au XVIIe siècle*. Paris: Hachette, 1982.

GOURDIN, Jean-Luc. *La Duchesse du Maine: Louise-Bénédicte de Bourbon, princesse de Condé*. Paris: Pygmalion, 1999.

GUTTON, Jean-Pierre. *Domestiques et serviteurs dans la France de l'Ancien Régime*. Paris: Aubier Montaigne, 1981.

_____. *Dévots et société au XVIIe siècle: construire le ciel sur la terre*. Paris: Belin, 2004.

HALDANE, Charlotte. *Madame de Maintenon: uncrowned Queen of France*. Londres: Constable, 1970.

HAYMANN, Emmanuel. *Lulli*. Paris: Flammarion, 1991.

HEDIN, Thomas; FOLKE Sandgren. Deux voyageurs suédois visitent Versailles. *Versalia, la Révue de la Société des Amis de Versailles*, n. 9, p. 86-113, 2006.

HILGAR, Marie-France. Madame de Maintenon et le duc du Maine. In: *Autour de Françoise d'Aubigné*. Niderst (ed.), [s/l], [s/d], p. 259-267. v. II.

HILTON, Lisa. *The Real Queen of France: Athénaïs and Louis XIV*. Londres: Abacus, 2003.

HOOG, Simone. *Le Jardin de Versailles*. Versalhes: Artlys, 1999.

JASINSKI, René. *Autour de l'Esther racinienne*. Paris: A.-G. Nizet, 1985.

JEANMOUGIN, Bertrand. *Louis XIV à la conquête des Pays-Bas espagnols: la guerre oubliée 1678-1684*. Paris: Economics, 2005.

JÉGOU, Marie-Andrée. *Les Ursulines du Faubourg Saint-Jacques à Paris 1607-1662: origine d'un monastère apostolique*. Paris: Presses Universitaires de France, 1981.

KAMEN, Henry. *Philip of Spain*. 2. ed. New Haven e Londres: Yale University Press, 1998.

LANGLOIS, Marcel. *Le Journal du ministre Chamillart, ou les mémoires attribués au marquis de Sourches*. Extrait des Comptes rendus de l'Académie des sciences morales et politiques. Paris: F. Alcan, 1925.

_____. Madame de Maintenon, ses œuvres complètes, la légende et l'histoire. In: *Revue Historique*, [s/l], v. 168, p. 254-299, set.-dez. 1931.

_____. *Madame de Maintenon*. Paris: Plon, 1932.

_____. Madame de Maintenon et le Saint-Siège. In: *Revue d'histoire ecclésiastique*. Louvain: Bureau de la Revue, 1929.

LARA, Oruno. *La Guadeloupe dans l'histoire*. Paris: Harmattan, 1979.

LAVALLÉ, Théophile. *Mme de Maintenon et la maison royale de Saint-Cyr (1686-1793)*. Paris: H. Plon, 1862.

_____. *La Famille d'Aubigné et l'enfance de Mme de Maintenon, suivi des mémoires inédits de Languet de Gergy, archevêque de Sens, sur Mme de Maintenon et la cour de Louis XIV*. Paris: Henri Plon, 1863.

LE BLANC, J. *Scarron apparu à madame de Maintenon et les reproches qu'il lui fait sur ses amours avec Louis le Grand*. Cologne: J. Le Blanc, 1694.

LEBRUN, François. *La vie conjugale sous l'Ancien Régime*. Paris: Armand Colin, 1978.

LECA, Ange-Pierre. *Scarron: le malade de la reine*. Paris: Kimé, 1999.

LE ROY LADURIE, Emmanuel; FITOU, Jean-François. *Saint-Simon, ou Le système de la cour*. Paris: Fayard, 1998.

LETROUIT, Jean. Une lettre inédite de Malebranche à madame de Maintenon contre Fénelon, Paris, 2 out. 1697. *XVII siècle*, [s/l], v. 227, n. 2, p. 333-348, 2005.

LEVI, Anthony. *Louis XIV*. Londres: Constable and Robinson, 2004.

LEWIS, W. H. *The Splendid Century: Life in the France of Louis XIV*. Nova York: Morrow, 1954.

Louis XIV, Mme de Maintenon: tricentenaire du mariage. Exposição 7 abril-4 novembro 1984. Maintenon: Fondation du Château de Maintenon, 1984.

MACCULLOCH, Diarmaid. *Reformation: Europe's House Divided 1490-1700*. Londres: Allen Lane, 2003.

MAGNE, Émile. *Scarron et son millieu*. 6 ed. Paris: Émile-Paul Frères, 1924.

MANSEL, Philip. *Dressed to Rule: royal and court costume from Louis XIV to Elizabeth II*. New Haven e Londres: Yale University Press, 2005.

MARAL, Alexandre. *La Chapelle royale de Versailles sous Louis XIV*: cérémonial, *liturgie et musique*. Coll. Études du Centre de Musique Baroque de Versailles. Sprimont: Mardaga, 2002.

BIBLIOGRAFIA

MARCHAND, Louis. *Nouveaux principes d'écriture italienne suivant l'ordre de Mme de Maintenon pour les demoiselles de Saint-Cyr*. Paris: Collombat, 1721.

MAUGUIN, Georges. *La Jeunesse mystérieuse de Mme de Maintenon*. Vichy: Wallon, 1959.

MARLOWE, Christopher. The Massacre at Paris. In: *The Complete Plays and Poems*. Londres: Everyman, 1976.

MERLE, Louis. *L'étrange beau-père de Louis XIV: Constant d'Aubigné 1585-1647*, le père de madame de Maintenon. Paris, Beauchesne e Fontenay-le-Comte: Lussaud, 1971.

MUNCK, Thomas. *Seventeenth-Century Europe: State, Conflict and the Social Order in Europe 1598-1700*. 2. ed. Basingstoke: Palgrave Macmillan, 2005.

MUSÉE DES BEAUX-ARTS DE DIJON ET MUSÉE D'HISTOIRE DE LA VILLE DE LUXEMBOURG. *À la gloire du roi: Van der Meulen, peintre des conquêtes de Louis XIV*. Imprimerie Nationale, 1998.

NEWTON; RITCHEY, William; BABELON, Jean-Pierre. *L'Espace du roi: la cour de France au château de Versailles 1682-1789*. Paris: Fayard, 2000.

NIDERST, Alain (ed.). *Autour de Françoise d'Aubigné, marquise de Maintenon*. Actes des Journées de Niort, 23-25 de maio de 1996, Albineana 10-11, 2 v., Niort: Albineana-Cahiers d'Aubigné, 1999.

NOAILLES, Paul, duque de. *Histoire de madame de Maintenon et des principaux événements du règne de Louis XIV*. Paris: Comptoir des Imprimeurs Unis, 1848-1858. v. 4.

OMAN, Carola. *Mary of Modena*. Londres: Hodder and Stoughton, 1962.

PETITFILS, Jean-Christian. *Louis XIV*. Paris: Perrin, 2002.

PHILLIPS, Henry. *Church and Culture in Seventeenth-Century France*. Cambridge: Cambridge University Press, 1997.

PIN, Marcel. *Madame de Maintenon et les protestants. Contribution à l'étude de la révocation de l'Édit de Nantes*. Uzès: H. Peladan, 1943.

PLATTARD, Jean. *Agrippa d'Aubigné: une figure de premier plan dans nos lettres de la Renaissance*. Paris: Boivin, 1931.

PORTEMER, Jean. Reflexion sur les pouvoirs de la femme selon le droit français au XVIIe siècle. *XVIIe siècle*, [s/l], v. 144, p. 189-199, jul.-set. 1984.

PORTER, Roy. *The Greatest Benefit to Mankind: a medical history of humanity from antiquity to the present*. Londres: Fontana, 1999.

PRÉVOT, Jacques. *La première institutrice de France, madame de Maintenon*. Paris: Belin, 1981.

PUJO, Bernard. *Le Grand Condé*. Paris: Albin Michel, 1995.

RAMIÈRE DE FORTANIER, Arnaud (dir.). *Les demoiselles de Saint-Cyr. Maison royale d'éducation 1686-1793*. Versalhes: Arquives départementales des Yvelines; Paris: Somogy, éd. d'art, 1999.

RAPLEY, Elizabeth. *The Dévotes: Women and the Church in Seventeenth-Century France*. Montreal e Kingston: McGill-Queen's University Press, 1990.

RATHERY, Edmé; BENOÎT, Jacques; BOUTRON. *Mademoiselle de Scudéry: sa vie et sa correspondance, avec un choix de ses poésies*. Paris: Léon Techener, 1873.

RIBARDIÈRE, Diane. *La Princesse des Ursins: dame de fer et de velours*. Paris: Perrin, 1988.

RICH, E. E.; WILSON, C. H. (ed.). *The Cambridge Economic History of Europe, v. VI: The Economy of Expanding Europe in the sixteenth and seventeenth centuries*. Cambridge: Cambridge University Press, 1967.

RICHARDT, Aimé. *Fénelon*. Paris: Éditions In Fine, 1993.

––––––––––. *Louvois: le bras armé de Louis XIV*. Paris: Tallandier, 1998.

ROBERT, Marie. Inventaire des livres de musique de l'institut Saint-Louis de Saint-Cyr. *XVIIe siècle*, n. 34, mar. 1957.

RORIVE, Jean-Pierre. *Les Misères de la guerre sous le roi-soleil: les populations de Huy, de Hesbaye et du Condroz dans la tourmente du siècle de malheur*. Liège: Université de Liège, 2000.

ROTHSTEIN, Andrew. *Peter the Great and Marlborough: Politics and Diplomacy in Converging Wars*. Londres: Macmillan, 1986.

RUPPERT, Jacques. *Le Costume: Époques Louis XIV et Louis XV*. Paris: Flammarion, 1990.

SABBAN, Françoise; SERVENTI, Silvano. *La Gastronomie au grand siècle*: 100 recettes de France et d'Italie. Paris: Stock, 1998.

SAINT-GERMAIN, Jacques. *Samuel Bernard: le banquier des rois*. Paris: Hachette, 1960.

510 BIBLIOGRAFIA

—————————. *La Reynie et la police au grand siècle*. Paris: Hachette, 1962.

SAULE, Béatrix. *La Journée de Louis XIV*: 16 novembre 1700. Arles: Actes Sud, 2003.

SCHAMA, Simon. *The Embarrassment of Riches: An Interpretation of Dutch Culture in the Golden Age*. Londres: Fontana, 1991.

SÉE, Camille. *L'université et Mme de Maintenon*. 2 ed. Paris: L. Cerf, 1894.

SOLNON, Jean-François. *La Cour de France*. Paris: Fayard, 1987.

SOMERSET, Anne. *The Affair of the Poisons: Murder, Infanticide and Satanism at the Court of Louis XIV*. Londres: Phoenix, 2004.

TAILLANDIER, madame Saint-René. *La Princesse des Ursins: une grande dame française à la cour d'Espagne sous Louis XIV*. Paris: Hachette, 1926.

TIBERGHIEN, Frédéric. *Versailles: le chantier de Louis XIV, 1662-1715*. Paris: Perrin, 2002.

VOLTAIRE. *Le Siècle de Louis XIV*. Comentários por M. J. Zeller (ed.). Paris: C. Delagrave, 1892.

WEDGWOOD, C. V. *The Thirty Years War*. Londres: Pimlico, 1992. (Publicado pela primeira vez em Londres por Jonathan Cape, 1938.)

WHEATCROFT, Andrew. *The Habsburgs: Embodying Empire*. Londres: Penguin, 1996.

WILLIAMS, E. N. *The Ancien Régime in Europe: Government and society in the major states, 1648-1789*. Londres: Pimlico, 1999.

WILSON, Derek. *All the King's Women: Love, Sex, and Politics in the life of Charles II*. Londres: Hutchinson, 2003.

ÍNDICE REMISSIVO

abortos, 228-9, 238
Académie Française, 382
açúcar, 51, 52, 62, 98, 190, 299, 428
Addison, Joseph, 407
adivinhação, 229, 232
África Ocidental, 222
África, 389
Alberoni, cardeal, 424
Alcázar, palácio, 279, 394-95
Alemanha, 75, 297, 331, 353, 390, 393,
    398, 414
    e a Guerra da Sucessão Espanhola, 388-
    -89, 409, 424
    e o Tratado de Utrecht, 410, 424
Alexandre, o Grande, 196, 291
alquimia, 227
Alsácia, 195
Alto Conselho, 378, 384-5
amas de leite, 168-9, 172, 179
Amboise, 108
América do Norte, 47
América do Sul, 29, 99-100, 410
América, 29, 47-8, 96-7, 99, 100, 106-8,
    189, 213, 222, 299, 410, 432
Amersfoort, 217
Amsterdã, 9, 179, 189-90, 193
Ana de Áustria, rainha-mãe, 73-76, 88,
    100
    concede a pensão a Françoise, 132-33
    cruzada contra prostitutas, 125, 140

desterro, 150, 292
    e Louise de la Vallière, 147
    e Scarron, 98-99, 102
    morte, 199, 296
    regência de, 67-68, 149-50
Ana, rainha da Inglaterra, 348, 388, 403,
    409, 416
Andrômaca (Racine), 320
Angola, 253-54, 335
Anjou, Filipe, duque, *ver* Filipe V, rei de
    Espanha
Anne (cozinheira), 113
Antilhas, 99, 102
Antuérpia, 180, 204, 213
arábico, número, 37
Archiac, povoado, 92
Aristóteles, 282
Armide (Lully), 337
Arnhem, 193
aruaques (índios caribenhos), 51, 53-54,
    ver irlandeses, no Caribe
Asiento, 410
astrólogos, 227, 232
Astúrias, príncipe de, 29
Audiger, monsieur, 168
Augusto, imperador, 158
Avignon, 66

Balbien, Nanon, 154, 253, 290
Banco da Inglaterra, 382

ÍNDICE REMISSIVO

Barbezieux, duque de, 398

Barcelona, 408

Barèges, 213-15

Barri, madame, 169

Basseterre, 60-62

Bastilha, 113, 117, 165, 172, 208, 226-
-27, 232, 373

Baudéan, Bérénice de, 82

Baudéan, Charles de, 35, 40

Baudéan, Suzanne de, 73

Baviera, 237, 252

Béarn, 324

Beauvillier, duque de, 248, 363, 372-73

Beauvillier, Henriette-Louise, duquesa de,
254, 318, 363

Bellefonds, marquês de, 199, 201

Benserade, Isaac de, 117

Bernini, Gian Lorenzo, 271, 279, 338

Berry, duque de, 363, 385, 396

morte, 412

renuncia ao direito ao trono espanhol,
409

Besançon, 196

Beuvron, duque de, 123

Bíblia, 45, 80, 320, 360

Biron, Mademoiselle de, 255

Blasfêmia, 230

Blenheim, batalha de, 398, 399

Blois, Françoise-Marie, mademoiselle de,
ver Orléans, Françoise-Marie, duquesa de

Boileau-Despréaux, Nicolas, 311, 319

Bonnefon, Jean Friz de, 49, 52, 53

Bontemps, 290, 294, 298

Bordeaux, 32-33, 35, 103

Borgonha, duque de, 363, 370, 376, 381
e a sucessão espanhola, 384-85, 393,
396-98
filhos, 411
morte, 411

torna-se delfim, 411

Borgonha, Maria Adelaide de Saboia,
duquesa da, 381, 384, 393, 397, 40
filhos, 411
morte, 411

Bossuet, Jacques-Bénigne, 211-12, 245-
-47, 252, 360
e as guerras do rei, 371
e Louise de la Vallière, 146-47, 198-200
e madame de Montespan, 209, 211-12
e o caso do quietismo, 369, 373-75
e período de penitência, 248-49
e perseguição religiosa, 323
influência crescente de, 250, 288, 333
tributo a Maria Teresa, 285-86

Boufflers, marechal Louis-François de,
343-44, 396, 407

Bouillon, cardeal de, 228

Bouillon, duque de, 233

Bouillon, Marie-Anne Mancini, duquesa
de, 233

Bourbon, balneário em, 94, 369, 372

Bourbon, família, 27, 138
e a sucessão espanhola, 387-88

Bourbon, trono, 173, 179, 377, 424

Bourdaloue, abade Louis, 212, 332

Boyne, Batalha de, 350

Bret, Antoine, 141

Brigalier, abade, 227

Brinon, Marie de, 285, 291, 295, 332,
340-41
demitida, 360
e obras de caridade, 304, 306-8
e Saint-Cyr, 311-12, 314, 318-19, 356

Brinviliers, Marie-Madeleine Gobelin
d'Aubray, marquesa de, 225-26

Broussel, monsieur, 75

Bruxelas, 233, 355

Buckingham, duque de, 32, 64

Buen Retiro, 279
Burgúndia, província de, 195, 426
Bussy-Rabutin, conde de, 64, 208, 325, 332, 380

Cabart de Villermont, Esprit, 57-61, 66, 91-92, 99
  e o casamento de Françoise, 103-5
  e *Roman comique* (Scarron), 112-13
Cabrières, Trimont de, 228
café, 299
caienas, índios, 107
calvinismo, 67, 266
Cambrai, 370, 375
Campbell, clã, 351
camponeses, 68-69, 90, 145, 148, 163, 189, 325, 400, 406
Canadá francês, 409
Canal da Mancha, 54, 74, 387, 388
Capetos, reis, 89
Caractères (La Bruyère), 257
Cardilhac, Jeanne de, *ver* d'Aubigné, Jeanne
Cardilhac, Pierre de, 32
Carlos I, rei da Inglaterra, 67, 74
Carlos II, rei da Espanha, 193, 221, 222
  morte e testamento, 383-7
Carlos II, rei da Inglaterra, 195, 219
Carlos XII, rei da Suécia, 430
carmelitas, 198
Carolina do Sul, 389
Cassel, 220
Castela, 409
Catalunha, 397
catedral de Notre-Dame, 35, 75, 89, 231
catolicismo, 27-30, 38, 46, 53, 336, 355
  e conversões forçadas, 260-69, 323-29, 342-43
  e sucessão inglesa, 347-50
  espanhol, 184

Caumont d'Adde, Josué de, 35-36, 39-42, 58, 363
Caumont d'Adde, mademoiselle, 363-65, 368
Cayenne, 99
Caylus, Anne-Claude, conde de, 432
Caylus, Jean-Anne de Thubières de Grimoard de Pestels de Lévis, conde de, 342-46, 432
Caylus, marquesa de, 345
Caylus, Marthe-Marguerite, condessa de, 293, 302, 329, 403, 427-28, 430-31
  casamento, 342-46
  conversão forçada, 262-64, 267-69
  e Boufflers, 343-44, 396, 407
  e Jaime II e o jacobinismo, 348-51
  e o novo casamento do pai, 359
  infância, 369-70
  visita Saint-Cyr, 427-28
Céleste, irmã, 80-82, 95, 100, 214
Chá, 299
Chaillot, 272, 429
Chambord, 165
Chambre d'Arsenal (Chambre Ardente), 227, 234-35, 238
Chamillart, Michel, 378, 398-401
Champs-Élysées, 90
Chantilly, 279
Charenton, 325
Charité, hospital, 94
Charlot, 258
Charpentier, Marc-Antoine, 338
Chartres, 207
Chartres, Filipe, duque de, *ver* Orléans, Filipe, duque de
Chartres, Isabel, marquesa de, 276
Chartres, Luís, duque de, 412
Châtelet de Paris, 104
  prisão, 230

Chevreuse, duque de, 365, 372

Chevreuse, Jeanne-Marie, duquesa de, 254, 365

Chile, 389

chocolate quente, 299, 422, 428

Choisy, abade de, 174, 290, 295, 309-10
e a operação do rei, 339-40
e a predileção do rei por Françoise, 240--41, 243, 249-50
e Marthe-Marguerite, 343-44
e o caso Guyon, 365
e o novo casamento do rei, 288-89
travestismo e, 209-10, 343, 365

Chouin, Marie-Émile de, 381

Churchill, lady Sarah, 388

Cícero, 380

cidade de Londres, 400, 415

Citois, dr., 39

Clagny, 182, 217

Clélie (de Scudéry), 110

Coetlogon, marquesa de, 299

Cognac, 217, 284

Colbert, Jean-Baptiste, 183, 247, 325, 379
e a força policial, 165
e a modernização de Paris, 156-57, 172-73
e a queda de Fouquet, 151
e o caso dos venenos, 231, 233-34, 236
e o reavivamento das artes, 159-60
e os passatempos na corte, 161
e Versalhes, 270-75, 277-78
familiares promovidos, 393, 401
Françoise e, 244-45
mercantilismo e guerra, 188, 191
morte e funeral, 287-88, 340
promove a expansão naval, 188
reconstrói a armada, 280
suas filhas, 254

subida ao poder, 153

Colbert, madame, 167

Colbert, Marie-Anne, 254

Colbert, rio, 270

Colombo, Cristóvão, 47, 51

Colônia, arcebispado de, 192

comércio de escravos, 57, 410

comida e bebida:
alimentação dos mendigos, 72
bebidas, 299
Caribe, 61-62
comida francesa, 297-98
o apetite do rei por, 414

Compagnie des îles d'Amérique, 47-48, 54, 61

Compagnie du Saint-Sacrement, 69, 124

Companhia das Índias, 99

Compiègne, 277, 296, 376-77

Conciergerie, 89

Condé, Luís de Bourbon, príncipe de (*le Grand Condé*), 68, 75-76, 88, 98, 136, 291
e a guerra holandesa, 188-90, 192
e Chantilly, 279
e o cerco a Paris, 76
e Vincennes, 30, 370-71
morte, 340, 396
pensão real, 154
prisão, 124
seu banquete, 150
sua neta, 381, 423-24

Condé, príncipe de, 29-30, 423
morte, 68

Conquistadores, 222

Conselho de Regência, 421

Constantinopla, 65
imperador de, 89

Conti, príncipe de, 76

Conversations (madame de Scudéry), 314-15

Corbinelli, 348
Corneille, Pierre, 116, 160
Cours-la-Reine, 135
Créquy, marquês de, 173
Crest, 35
Cristina, rainha, da Suécia, 126-27
Cromdale, batalha de, 350
Cromwell, Oliver, 67, 74, 330
Culloden Moor, batalha de, 351

d'Albret, César-Phébus, marechal, 118,
    124-25, 127-28, 135-38, 140, 147, 154
    discussão com Bonne de Pons, 170
    e a morte de Scarron, 128
    governador designado da Guiana, 171
d'Albret, Madeleine, esposa do marechal,
    135-38, 146-47, 154
d'Alluye, marquesa, 233
d'Anjou, Louis, duque, *ver* Luís XV
d'Artagnan, 150
d'Aubigné, Agrippa, 67, 71, 266
    deserda seu filho, 30-32
    disputa testamento, 35-36
    fama inicial e guerras religiosas, 26-28
    o legado de sua viúva a Constant, 44,
    49
    seus filhos, 28
    venda do castelo, 41
d'Aubigné, Charles, 26, 34-35
    caráter exuberante, 72
    carreira no exército, 134
    cartas para, 86, 263, 284-85, 299-300
    casamento, 217-19
    dívidas, 134-35, 169
    e a família de Mursay, 263, 267-68
    e a influência de Françoise na corte,
    247-49
    e governo de Amersfoort, 175, 217
    e governo de Cognac, 217

e perseguição religiosa, 175, 327
e regresso a França, 63
e seus filhos, 284, 301-3
filhos ilegítimos, 169, 258
Françoise sustenta as amantes, 295
morte, 415
perspectivas de carreira, 59, 70-71
recebe a caridade de Françoise, 303-5
satirizado por La Bruyère, 257
vida em La Rochelle, 69, 432
vida no Caribe, 52-53, 56-57, 59
vínculo com Françoise, 45
d'Aubigné, Constant, 26, 33, 432
    melancolia e depressão, 44-45, 52, 57,
    59, 69, 71
    perspectivas de carreira, 58-59, 70
    suicídio, 71
d'Aubigné, Constant, Sieur de Surimeau,
    28-35
    "eminente e poderoso" senhor, 136, 308
    casamento, 33
    comete homicídio, 31
    dívida com Scarron, 94
    e a personalidade de Françoise, 266-67
    e Françoise, 53
    e governo de Marie-Galante, 51-55
    e o testamento do pai, 36
    e processos judiciais, 39-42
    jogo, 33, 258
    liberto, 43, 44, 46
    morte e reputação, 65-67
    negligencia sua família, 51-62
    passagem para o Caribe, 47-50
    penúria, 40-41, 44
    planos americanos, 47-48, 97-98
    preso, 26, 32-35, 38
d'Aubigné, família, 34-35, 164, 180
d'Aubigné, Françoise (madame de
    Maintenon):

a influência de Fénelon sobre, 362-72

afastamento do rei, 206, 209

aliança com *dévots*, 248-50, 254

alianças na corte, 254-58, 266, 268

amizade com madame de Montespan, 212, 216

amizades, 135-39

amor pelo calor, 38, 154, 278, 432

aparência, 45, 83-84, 110-11, 118-20, 138, 154-55, 242-43

apresentada ao rei, 170-71

atinge a maioridade legal, 130

atrai a atenção do rei, 174-75, 180, 198-204

aumento da pensão real, 174-75, 179, 82, 187, 242

batismo, 34-35

casamento secreto com o rei, 284-85, 288-94

casamento, 102, 103-5, 291

caso amoroso com Villarceaux, 140-46

como anfitriã de salão, 118-21

como *dame d'atour*, 237, 251, 253-54, 335, 348

confessores, 154-56

conhece Scarron, 92-94

crenças religiosas, 38, 86, 139, 245-47, 266, 328, 435

dá assistência a Scarron, 112-13

doenças, 40, 51, 80

dote, 104

e a caridade, 303-8, 361

e a carreira militar de Mignon, 353-55

e a casa da delfina, 251-53, 293

e a conspiração contra a regência, 426

e a doença e operação do rei, 333, 339-41

e a entrada do rei em Paris, 122-23

e a escola de Saint-Cyr, 309-21, 356-61

e a família de Villette, 36-40

e a fome, 402-3

e a guerra com a Grande Aliança, 355

e a morte da rainha, 282-84

e a morte de Scarron, 128-32

e a morte do rei, 418-20

e a perseguição religiosa, 327-28, 329-32

e a proposta de Scarron, 100-2

e a rainha, 237

e a rejeição de madame de Montespan por parte do rei, 250

e a salvação do rei, 244-50, 282-83

e a sucessão e guerra espanhola, 383-84, 389, 394, 407, 408

e a sucessão, 413

e a vida na corte, 180-81

e admiradores, 123-25, 145-46

e Chamillart, 398-99, 401

é concedida uma pensão real, 132-33

e *Ester* de Racine, 321-22

e hemorroidas, 306, 333-34

e homossexuais, 336

e irmã Celeste, 80-82

e Jaime II e Maria de Módena, 348-50, 354-55

e lesbianismo, 125-27

e Liselotte, 185-87, 283-84

e Maria Adelaide, 381, 384

e o casamento de seu irmão, 217-19

e o caso de "puro amor", *ver* quietismo

e o declínio do rei, 414-15

e o delfim, 293

e o nascimento da sobrinha, 301-3

e obras de construção em Maintenon, 333-34

e período de penitência, 248

e petits-pois, 298

e promoção da família Mursay, 259-69, 342-45

e seu irmão, 134-35
e seu pai, 38-39, 53, 242, 266
e sua mãe, 45-47, 53, 56-57, 59, 63, 72, 242
e Versalhes, 274-75, 277-78, 281, 295-96
educação católica, 80-82
educação com o Chevalier de Méré, 84-85, 100, 111-12, 144, 317
educação religiosa, 45-47, 53
elevada a marquesa de Maintenon, 207
entra na casa Saint-Hermant, 87, 91
entra no convento da Petite-Charité, 130
entra no convento da rue Saint-Jacques, 86, 103, 132
entra no convento de Niort, 77-81
entrada na sociedade parisiense, 110-11
falta de autoconhecimento, 245
força de vontade, 59
frequenta Versalhes, 161-63
funeral, 434-38
gostos intelectuais, 111-12
infância e educação, 37-38
influência sobre o rei, 240-45, 249, 266
inimizade com Louvois, 289-90
junta-se ao Alto Conselho, 378, 384
letargia, 412
lettres provinciales, 95
levada de Mursay, 73-74, 269
morte, 434
muda-se para a corte, 258
nascimento, 26, 34
perde a virgindade, 142
preserva a reputação, 139-40, 145, 167, 329-31
proposta de casamento, 206
protesta com Louise de la Vallière, 198
queima cartas, 432
recebe Pedro, o Grande, 429

regresso à França, 62
retira-se para Saint-Cyr, 420, 425-31
retoma a relação com o rei, 237-39
retorna a Mursay, 70-73
retorna a Niort, 82-85, 95, 100
reunida com a família, 43, 44
rivalidade com madame de Montespan, 205, 209-10, 212, 234, 240-44, 254, 281
ruptura com Bonne de Pons, 171
sensibilidade, 62, 72, 80
senso estético, 57
seu lar, 113-15
seu testamento, 418-19, 433
seus conselheiros médicos, 244, 252-53
seus criados, 254, 427
solidariedade para com os pobres, 72, 427-28
sustenta as amantes de seu irmão, 295
toma conta dos filhos do rei, 166-74
torna-se amante do rei, 203-6
viagens com Mignon, 174, 179-80, 216, 237
vida de casada, 106-9
vida em La Rochelle, 69-70, 432
vida no Caribe, 53, 56-62
vie intime, 105
visita a Lorena, 278
d'Aubigné, Françoise-Charlotte-Amable, *ver* Noailless, Françoise-Charlotte-Amable, duquesa de
d'Aubigné, Geneviève (nascida Piètre), 217-19, 257-58
e seus filhos, 300-3
d'Aubigné, Jeanne (nascida de Cardilhac), 26
abandona os processos judiciais, 92
casamento, 33
e a morte de Constant, 71

518 ÍNDICE REMISSIVO

e a morte do marido, 65-67
e Françoise, 45-47, 52-53, 57, 59
e livros, 56, 58
e o casamento de Françoise, 103
e o sequestro de Françoise, 74
e processos judiciais, 35-36, 39-43, 71, 263
e São Francisco de Sales, 42, 56, 364
e seus filhos, 33-35
morte, 134
passagem para o Caribe, 48, 51-52
retorno à França, 62
reunida com a família, 43, 44
vida em La Rochelle, 69, 432
vida no Caribe, 55-62
d'Aubigné, Louise, *ver* Villette, Louise
d'Aubigné, Marie
d'Aubigné, Nathan, 28, 31, 44, 65
d'Aubray, Antonin Dreux, 225-26
d'Aumont, Catherine, esposa do marechal, 130-31
d'Elbène, Alexandre, 124, 128
d'Elbeuf, duque, 118, 124
d'Épernon, duque, 32
d'Esnambuc, Pierre, 47
d'arcourt, duque de, 394
d'Orbay, François, 181
dames d'honneur, 209, 251, 293
Dancourt, Florent, 134
Dangeau, marquês de, 146, 273, 353, 385, 420, 431
de Wicquefort, 75-76
Defoe, Daniel, 351, 415
Delarue, monsieur, 58
Delisle, madame de, 71-72
demoiselles d'honneur, 209
demoiselles, 78, 81, 141, 211
conselho às, 119
educação das, 308, 312-18
Deslongea, viúva, 65

Desmarets, Nicolas, 401
Dévots, 199, 201, 211-13
a adesão de Françoise aos, 244-50, 254, 318, 325, 360-61, 365
e a guerra, 355
influência crescente dos, 245, 248, 349, 358
vestuário sóbrio dos, 338
d'Humières, marechal de, 353, 355
Dictionnaire, 382
Dinamarca, 220, 388
divino direito dos reis, 199
Dizainières, 81
Doente imaginário, O (Molière), 183
Doesburg, 192
Dognon, 30-31
Don Japhet (Scarron), 108
Doullens, 426
dragonnades, 324, 326-27, 329, 331
duelos, 28, 124
Dunkirk, 410
Dupuis, Henry, 274
Duverger, padre, 69

Édito de Nantes, 27, 261
revogação do, 324-26
educação, para meninas, 77-79, 306-8
e Saint-Cyr, 309-19, 360-61
El Escorial, 222
Eneida, 108
Escócia, 350, 409
Escravos, 52-53, 55, 65
Espanha, 29-30, 193, 299
e o comércio de escravos, 410
e o Tratado de Utrecht, 408-10
em declínio, 217-20
governo centralizado, 409
guerra civil, 408-9
guerra com a França, 68, 75, 122,

A ESPOSA SECRETA DE LUÍS XIV – MADAME DE MAINTENON   519

152-53, 424
junta-se à Grande Aliança, 352, 355
possessões ultramarinas, 47, 389, 404, 410
sucessão e guerra, 383-87, 393, 397, 403-5
Espanha, rainha regente da, 152, 190
esprit Mortemart, 137
Ester (Racine), 320-22, 357, 359
estudantes, 157
Eugênio, príncipe, de Saboia, 395-97
Evelyn, John, 88, 230, 326
Explicação sobre as Máximas dos Santos sobre a Vida Interior, Uma (Fénelon), 374-75

Fagon, Guy-Crescent, 244, 252, 307, 416
Faucogney, 196
febre malária, 275, 278, 356, 390, 432
Fedra (Racine), 319
feitiçaria, 229, 363
Félix, doutor, 287, 339, 340
Fénelon, François, 317-18, 360
  e a perseguição religiosa, 324-25, 327
  influência sobre Françoise, 362-72
  nomeado arcebispo de Cambrai, 370
  quietismo, 373-75
  resume os defeitos de Françoise, 366-72
Fermat, Pierre de, 84
Filipe II, rei, de Espanha, 29
Filipe IV, rei, de Espanha, 279
Filipe V, rei, de Espanha, 385, 388, 393-96
  casamento, 393-94
  como duque de Anjou, 363, 385
  conspirações para conquistar o trono francês, 424-25
  filhos, 412
  proclamado rei, 385

renuncia ao direito ao trono francês, 409, 424
Filipe, príncipe, 164, 173
Filipinas, 222
Flandres, 153, 215, 220, 236, 353, 397, 399
Fleury, André-Hercule de, 422, 426
Fleury, batalha de, 354
Flórida, 389
fogos de artifício, 162, 270
Fontainebleau, 221, 223, 271, 283-86, 289, 296, 324-25
Fontanges, Marie-Angélique de, marquesa, 209, 237, 244, 375
Fontevrault, Marie-Madeleine, abadessa de, 137
Fontmort, Aymée, 264-65, 267
força policial, 157, 165
Fort Royal, 51, 55-56, 57
Fouquet, *abbé*, 118
Fouquet, Marie-Madeleine de, 120, 127, 135, 144, 151
Fouquet, Nicolas, 116, 120, 127, 287
  detenção e encarceramento, 277
  e Vaux-le-Vicomte, 135, 150, 151, 178-79, 277, 279
  patrocínio das artes, 159
França:
  catolicismo e perseguição religiosa, 260--69, 320, 323-31
  centralização do poder, 34, 68, 74
  comércio, 188-90
  comida e bebida na, 297-99
  desvalorizações da moeda, 190, 400-1
  e a sucessão e a guerra espanhola, 386--89, 398, 404-8, 414
  e artes liberais, 159-60
  e o Tratado de Utrecht, 407-10
  estrutura social, 148

finanças, 152, 399-402
guerra com a Grande Aliança, 352-54
guerra com Espanha, 68, 75, 122, 152--53, 424
guerras holandesas, 188-92, 215-16, 261, 328, 352-53
guerras religiosas, 27, 29-30
instabilidade, 67-68
modas e hábitos sexuais dos italianos, 126
monarquia absoluta, 195, 199, 399
o peso dos impostos, 400
o problema do aborto, 238
pobreza e fome, 400-3, 407
população, 157
possessões ultramarinas, 47, 388
regência, 421-23, 426
revoltas e guerra civil, 74-77
sucessão real, 412-13
visita do czar, 429-30
Franche-Comté, 195-97, 220
Francisco I, rei, 271
Frederico Guilherme II, eleitor, de Brandenburgo, 193
Frederico I, rei, da Prússia, 387
freiras de dedicação, 78
Fresnoy, Marie du, 208
Fronda, 75, 98, 113, 117, 136, 159, 183, 234
anistia, 109
Condé e, 76, 124
efeitos em Paris, 90
fim da, 88, 115
o rei e a, 271, 421
Furetière, Antoine, 117

Galileu, 86
Garé, 219
Gascônia, 166, 172

Gassendi, Pierre, 112
gazeta, 117
Genebra, 31, 35, 44, 65, 67
George Dandin (Molière), 163
George I, rei da Inglaterra, 415
Gibraltar, 387, 410
Glatigny, 174
Glencoe, massacre, 350
Gobelin, coronel Antoine, 225
Gobelin, Père François, 155-56, 166-67, 203, 212, 214, 258, 366
e a mudança de Françoise para a corte, 180-81
e a obra de caridade de Françoise, 303, 306, 310
e a religião de Françoise, 246-47, 248--49, 299-300
e a rivalidade com madame de Montespan, 205
e Louis-Henri de Saint-Hermine, 266
e os jacobitas, 350
morte, 360
nomeado para Saint-Cyr, 311, 356
Godet des Marais, Père Paul, 311, 360--62, 376
e o caso do "puro amor", *ver* quietismo
Grã-Bretanha, 409-10, 416
Gramont, marechal de, 283
Grande Aliança, 352-54, 355, 370, 379, 387, 410
gratuités, 159
Grécia antiga, 320
Gregos, 56, 84
Grenaille, François de, 145
Grenoble, 324
Guadalupe, 51-53, 190
guardas suíços, 275
Guerra da Devolução, 153, 161, 191, 195
Guerra da Sucessão Espanhola, 389, 409,

424

Guerra dos Nove Anos, 386, 387

Guerra dos Trinta Anos, 191, 194, 386

Guiana, 171

Guiana, 99, 171

Guilherme II, príncipe de Orange, 191--93, 195, 219-20, 341, 348, 350, 383, 386, 406

Guilherme III, rei da Inglaterra:
  boato da morte, 380
  como príncipe de Orange, 192-93, 195, 219-20, 341
  e a Grande Aliança, 352-54, 370, 379
  e a Revolução Gloriosa, 348-52
  e a sucessão espanhola, 383, 386,
  e o governo de Inglaterra, 406
  morte, 388

Guilherme, príncipe de Orange, *ver* Guilherme III, rei da Inglaterra

Guiné, 222

Habsburgo, 29, 31, 68
  austro-germânicos, 251, 383-84
  espanhóis, 195, 222

Habsburgo, maxilar saliente dos, 381

Hanover, 186, 391
  eleitor de, 276

hanoverianos, 415

Hardouin-Mansart, Jules, 179, 220, 279
  e Saint-Cyr, 309

Harlay de Champvallon, François de, arcebispo de Paris, 290, 370-71

Heidelberg, 353

hemorroidas, 306, 333-34, 347

Henrique IV, rei (Henrique de Navarra), 27-28, 74, 261, 324

Hequetot, marquês de, 124

heresia, 73, 77, 227, 324, 355

Heudicourt, marquês de, 170

Heudicourt, marquesa de, *ver* Pons, Bonne de

Holanda, 189-95, 216, 220
  cozinha da, 297
  marinha da, 280

holandês, *ver* Províncias Unidas dos Países Baixos

hombre, 184, 216

homossexualidade, 232, 276, 336, 347

hôpitaux, 69

Hôtel de Troyes, 91

Hôtel Guénégaud, 228

Houël, Charles, 51

huguenotes, 38, 41, 45, 49, 68, 101, 374
  condenados, 341
  contínua desconfiança dos, 186, 212, 246, 248
  e as guerras religiosas, 27-30, 36, 49
  e o calvinismo, 67
  holandeses, 175
  perseguição dos, 260-68, 320, 323-32, 372
  revolta pelos, 400

Ijssel, 192

île de la cité, 89

imposto sobre a luz, 158, 227

Inglaterra, 32, 189
  a Revolução Gloriosa, 347-51
  aliança com holandeses, 190, 219-20
  apoio naval à França, 191, 195
  Constant d'Aubigné e a, 53-54, 66-67
  e a sucessão espanhola, 385, 387-88
  e o comércio de escravos, 410
  e o Tratado de Utrecht, 408-10
  e perseguição dos protestantes franceses, 326-27, 331
  governo da, 406
  guerra civil, 67, 75

junta-se à Grande Aliança, 352-55
lei da sucessão, 387-88
sistema político e financeiro da, 399-400
sucessão hanoveriana, 415-16
Instrução sobre os Estados da Oração (Bossuet), 374
intendants, 75
Irlanda, 350, 355
irlandeses, no Caribe, 53, 55
Isabelle de la Tremblade, 48-51
Islã, 65, 325, 327
Itália, 99, 116, 178, 183, 226, 298, 347
    e a Guerra da Sucessão Espanhola, 388, 395, 398
    e o Tratado de Utrecht, 408
italiano, 84, 111

jacobinismo, 350
Jacquières, Michel de, 49, 51, 53
Jaime II, rei, de Inglaterra, 326, 387, 406, 429
Jansenistas, 147-48, 246, 248, 374, 380
    e *Ester* (Racine), 320-21
    Noailles e, 371
Japão, 189
Jarnac, mademoiselle de, 256
Jean, 113
jesuítas, 78, 92, 318, 319, 371
Jodelet, 108
José, imperador, 407
Júlio César, 336

Karl Ludwig, eleitor palatino, 352
Karl, arquiduque, 385, 403, 407-8

l'Orme, conselheiro de, 124
la Berlandière, 35
la Bruyère, Jean de, 161, 257, 325

la Chaise, père François de, 288, 290, 311, 320-21, 323, 340, 371-72, 376
La devineresse ou les faux enchantements, 228
la Fayette, madame de, 117, 227, 321-22, 349-50, 358
la Fontaine, Jean de, 116, 139, 221, 238, 325
la Fronde du Parlement, 75
La Maison réglée, 168
La Mesnardière, 124
la Mothe, Anne Lucie, 208
la Motte Guyon, Jeanne-Marie Bouvier de, 365-69, 372-73
la promenade militaire, 153, 161, 175, 191, 220, 392
la Reynie, Gabriel Nicolas de, 157, 165, 183
    e a morte de Maria Teresa, 282
    e o caso dos venenos, 227-32, 234-37, 238
    interrogatório de Guyon, 372
la Rochefoucauld, François, duque de, 35, 117, 382
La Rochelle, 31-32, 49, 53, 60
    cerco de, 64
    família d'Aubigné e, 63, 64-70, 432
    tratamento dos mendigos em, 69
la Sablière, monsieur de, 118
la Suze, condessa de, 117
la Tour, mademoiselle de
la Trémoïlle, família, 136
la Trémoïlle-Noirmoutier, Anne-Marie de, *ver* Ursins, madame des
la Vallière, Louise de, 146, 153, 164-67, 178-79, 181, 244
    duchesse, 375
    e período de penitência, 248
    entra no convento, 198-201

maîtresse déclarée, 140, 166, 187, 198
Lagny, convento de, 125-26, 142
Languedoc, 65, 341
Latim, 84, 111
Lauzun, duque de, 166-67
Laval, mademoiselle de, 255
Le Brun, Charles, 150, 151, 159, 220, 279-80
Le Havre, 17, 280
le hocca, 183
Le Mans, 94, 100
Le Nôtre, André, 151, 178, 277-79
Le Prêcheur, 56-58, 60
Le Tellier, Michel, 153
Le Vau, Louis, 150, 151, 178, 279
Leiden, 189
Lenclos, Ninon de, 117, 123-28, 154, 156, 168
   confinada ao convento, 125-26, 139-40
   e lesbianismo, 125-27
   e o caso de Françoise, 142
   e Villarceaux, 141
   morte, 415
   reputação, 145
Lens, batalha de, 75
Leopoldo I, Sacro Imperador Romano, 192-93, 384
les clystères, 228, 236
Les Fâcheux (Molière), 151
Les Jeux, 262
Lesage (mágico), 232, 234
Lesdiguières, duquesa de, 85, 119
lettre de cachet, 74, 263, 268
Liga de Augsburgo, 352
Liselotte, *ver* Orléans, Elizabeth Charlotte, duquesa de
lit de justice, 421
Locke, John, 278
Loire, vale, 108, 150, 165, 438

Londres, 195, 219, 352
   cafés, 407
   comerciantes, 415
   huguenotes em, 331-32
   pavimentos de, 88
   ver também cidade de Londres
Loret, Jean, 108, 117, 128
Louisiana, 270
Louville, marquês de, 395
Louvois, marquês de, 153, 215, 300
   e a morte da rainha, 282
   e a operação do rei, 339
   e a perseguição religiosa, 328
   e controle do serviço postal, 393
   e o caso dos venenos, 231-33
   inimizade com Françoise, 289-90
   morte, 379-80, 398
   o casamento da filha, 344
   oposição ao novo casamento do rei, 289
Louvre, 88-90, 116, 133, 159, 174, 178, 270-72
Lude, conde du, 117, 124
Ludres, Isabelle de, 208, 215
Luís de França, o delfim (monseigneur), 162, 199, 278-79, 328
   casamento, 237, 251
   e a morte da mãe, 286
   e a sucessão espanhola, 386, 396-97
   e governantes, 173-74
   e homossexuais, 336
   e Jaime II e Maria de Módena, 348-49
   e o duque de Borgonha, 397
   e o novo casamento do rei, 289, 293-94
   morte, 411
   novo casamento, 381
Luís Francisco, príncipe, 172-73
Luís XIII, rei, 28-32, 33, 43
Luís XIV, rei:
   amantes casuais, 208-11, 213

apelo de 12 de junho, 405-6

atacado em panfleto, 369-70

atinge a maioridade, 98

baixeza de espírito, 152

cansa-se de madame de Montespan, 216

casamento com a infanta espanhola, 122, 127

casamento secreto com Françoise, 284-85, 288-91

como *Louis le Grand*, 192, 196, 221, 291, 300, 414

crenças religiosas e tentativas de conversão, 199-200, 212, 245, 364-65, 369-70

dança, 163, 202

declara anistia, 109

desagrado por Marthe-Marguerite, 343-46

doenças, 332, 338-39

e a construção em Maintenon, 334

e a delfina, 252

e a influência das amantes, 200

e a influência de Françoise, 240-46, 265

e a morte da rainha, 281-84, 288

e a nomeação de arcebispo, 370-71

e a rainha de Espanha, 223

e a rainha, 237, 243

e a sucessão e guerra espanhola, 383-89, 396-408

e a sucessão, 410-13

e filhos ilegítimos, 164-69, 173-74, 179, 286

e Fouquet, 150-51

e Jaime II e Maria de Módena, 349-50

e Liselotte, 185-86, 240, 390-93

e madame de Montespan, 153

e o "puro amor", 372-76

e o caso dos venenos, 226, 229, 233-39

e o delfim, 251-52

e o melhoramento de Paris, 156-57

e o negócio do governo, 399

e o palácio de Saint-Germain, 177-78

e o sobrinho de madame de Montespan, 254

e o Tratado de Utrecht, 410

e projetos de caridade, 307-8

e Saint-Cyr, 308-9, 311, 368-69

e Scarron, 98

e Versalhes, 270-81, 297

entrada em Paris, 122-23

falta de educação, 160, 203

ferimento na equitação, 286-87

imposição do catolicismo, 260, 268, 323-29

inicia o governo pessoal, 149-51, 231, 261, 272, 292

maîtresse declarée, 140, 166, 187, 198, 208-10, 236, 245, 275, 281, 293

morte, 417-20, 427

passatempos na corte, 161-63

primeiro amor, 127

promoção das artes, 158-61

recebe o embaixador persa, 416

regressa a Paris, 88

repara em Françoise, 174-75, 183, 201-7

repreende Lully, 337-38

retirado de Paris, 76

retoma o caso amoroso com Françoise, 237-39

revogação do Édito de Nantes, 323-31

seu testamento, 421

subida ao trono, 43

submete-se à *la grande opération*, 339-41

toma Françoise como amante, 207-8

toma Louise de la Vallière como amante, 146-47

vai para a guerra, 152-53, 187-97, 219-
-20, 350, 353-55, 388
velhice, 414-17
viagem de casamento, 129
Luís XV:
como delfim, 412, 417
e a sucessão, 424-25
educação, 422
inicia o governo pessoal, 426
sob a regência, 421-22
Lully, Jean Baptiste, 116-17, 163, 297,
318
desgraça e morte, 335-38
e o triunfo da ópera, 161
Lully, Madeleine, 338
Luxemburgo, 344
Luxemburgo, marechal-duque de, 191,
231-34, 353-54, 379, 396
Lyon, 65, 88, 227, 277

Maastricht, 194-95
Macdonald, clã, 351
Madelonnettes, convento-presídio, 125
Madri, 30, 383, 385-86, 393, 395-96,
398, 401-2, 409, 424
população de, 222
Saint-Simon nomeado embaixador, 426
Maillezais, 31
Mailly, conde, 342
Mailly, Marie-Anne-Françoise, condessa
de (Minette), 263-65, 267, 269, 342
Maine, Luís Augusto, duque de (Mignon),
167-68, 173-74, 179-81, 215-17, 392
arruinamento do, 422-24
carreira militar, 341, 353-55
casamento, 381-82
deixa o cuidado de Françoise, 237
doença, 180, 204, 213
e a caridade, 403

e a conspiração contra a regência,
425-26
e a marquesa de Montcheuvreuil, 380
e a morte do rei, 417
e a sucessão espanhola, 396-97
e a sucessão, 412-13, 423-24
e o aposento de Versalhes, 379
e o testamento do rei, 421-22
insegurança, 187, 413
seu mestre, 244, 255
viagem a Barèges, 213-14
visita Françoise em Saint-Cyr, 429
Maine, Luísa Benedita, duquesa de, 381,
417, 423-24
e a conspiração contra a regência,
425-26
Maintenon (castelo), 207, 216-17, 247,
253, 258, 285
caridade em, 303-4
legado de, 284, 429
obras em, 334
Maintenon, madame de, ver d'Aubigné,
Françoise
Malplaquet, batalha de, 407
Mancini, irmãs, 127, 233-34
Mancini, Marie, 127
Mangin (pajem), 106, 113
Manière de montrer les jardins de Versailles
(Luís XIV), 278
Mannheim, 352-53
Manseau (intendant), 360
mar do Caribe, 47
mar Mediterrâneo, 410
Marais, distrito, 244, 372, 393-94, 415
vida inicial de Françoise em, 91, 109-
-11, 113-14, 125, 128, 135, 137, 154,
156, 164, 166, 168, 172, 175, 179, 184
Maria Ana, princesa da Baviera, a delfina,
278, 282, 293, 333, 348, 392

casamento, 237, 251-53
morte, 379
Maria de Módena, rainha, 347, 429
Maria Galanda, 51
Maria II, rainha, de Inglaterra, 219, 348-
-49, 388
Maria Luísa de Orléans, rainha da
Espanha, 221-23
Maria Luísa de Saboia, rainha da Espanha,
393-96, 412
Maria Teresa, rainha, 221, 249, 252, 293,
296, 384
casamento, 122-23
catolicismo, 184
dote notável, 152
e Louise de la Vallière, 147-49, 184,
200-1
e madame de Montespan, 184, 209,
216
e o cerco a Besançon, 196
e o jogo, 184
e Versalhes, 279-81
Françoise e, 237, 243-44
frequenta Versalhes, 162
gravidez e filhos, 162, 164, 172
ler a sorte, 227
morte, 281-84, 288, 388
nomeada regente, 191
tributo a, 285-86
Marie-Galante, 51, 53-55, 58
Marlborough, John Churchill, duque de,
388, 396-98, 407-8
Marly, palácio de, 279, 296, 370, 389
Marselha, 280
Marsilly, Marie-Claire de, 359
Marsilly, marquês de, 124, 136
Martel, Judith de, 137
Martinica, 51-52, 55, 59-60, 65, 111,
190, 262

máscaras, uso de, 157
Mascaron, *Père*, 213
Massachusetts, 389
Maurile de Saint-Michel, padre, 49, 50,
57
Máximas (La Rochefoucauld), 117
Mazarin, cardeal, 107, 113, 117, 159,
208, 233, 387
deixa Paris, 76
e a centralização de poder, 74-75
e a paz dos pireneus, 122
e a tributação de impostos, 68
entrada em Paris, 123
ignorando a anistia, 109
morte, 149-51, 273, 292
Scarron e, 98-99, 109
Mazarinade, 99, 109, 132
Médici, Catarina de, 270
Médici, Maria de, 27-28, 30, 33, 150
Mémoires (Luís XIV), 274, 328
mendigos, 72, 158, 293, 307-8, 313, 316
Méré, Antoine Gombaud de Plassac,
chevalier de, 91, 92, 105, 124, 172,
240, 291, 339
e a entrada de Françoise na sociedade,
112, 115, 119-20, 135
e Marie-Angélique de Fontanges, 210
educação de Françoise, 84-85, 100,
111-12, 144, 317
Método muito curto e fácil de orar, Um
(tratado de La Guyon), 366, 368
métodos contraceptivos, 165
Mignard, Pierre, 116, 118, 130
Mignon, *ver* Maine, Louis-Auguste,
duque de
Milton, John, 147
Minorca, 410
Miramion, madame de, 333
Mississippi, rio, 270

A ESPOSA SECRETA DE LUÍS XIV – MADAME DE MAINTENON   527

Molière, 111, 134, 151-52, 159-61, 163, 183, 223, 228, 292, 357
Molinos, Miguel de, 365
Monsieur, *ver* Orléans, Filipe, duque de
Montchevreuil, marquês de, 143-44, 154, 169, 244, 254-57, 281, 285, 290
Montchevreuil, marquesa de, 127, 143-44, 154, 166, 169, 254-57, 285, 290
    e Marthe-Marguerite, 343, 346
    e o novo casamento do rei, 290
    morte, 380
Monte Pelée, 56
Montecuccoli, conde Raimondo, 194
Montespan, Françoise-Athénaïs de Tonny-Charente, marquesa de, 137-38, 164-73, 178-84, 202, 247-49
    amizade com Françoise, 212, 216
    aparência, 137-38
    casamento de sua filha, 382, 413
    comer demais, 216
    descartada pelo rei, 250
    e a morte da rainha, 283
    e a operação do rei, 340
    e dança, 210
    e *Ester* (Racine), 321-22
    e Liselotte, 186
    e Louise de la Vallière, 199-201
    e o caso dos venenos, 232, 234-37, 239
    e o cerco a Besançon, 196
    e o rei, 147-49, 153, 182
    e o tributo à rainha, 286
    e os passatempos de Versalhes, 161-62
    e Versalhes, 281, 294, 295-96
    extravagância, 183, 215, 275
    gravidez e filhos ilegítimos, 164-68, 172, 179-80, 198, 202, 208, 216-17, 256
    indulgência rejeitada, 212
    inimizade com Françoise, 254, 281

    interessa-se por seus filhos, 204
    maîtresse declarée, 208-9, 236, 245, 281, 293
    morte, 415
    o rei se cansa dela, 215
    procura refúgio na religião, 333
    rivalidade com Françoise, 204-5, 208-11, 214, 240-46
    sua suíte, 181-82
    sua corte alternativa, 182-83, 292
    vai para o convento, 379
Montespan, marquês de, 147-48, 165, 172
Montgon, Jean-François Cordebeuf de Beauverger, marquês de, 256, 341
Montigny (cronista), 162
Montmorency, 306
Montpensier, duquesa de (*la Grande Mademoiselle*), 117, 137, 227
Montrésor, Claude de Bourdeille, conde de, 113
Montvoisin, Catherine (*La Voisin*), 226-27, 229-30, 235-36
Moreau, Jean-Baptiste, 321
Motteville, madame de, 122
mouches (informantes), 226
Münster, bispado de, 192
Mursay (castelo), 58-59, 67, 77, 86, 101, 115, 163, 242, 245
    a família d'Aubigné encontra refúgio, 70-72
    cartas para, 131-32
    e a infância de Françoise, 36-37, 43, 45, 82-83, 434-35
    Françoise retorna a, 164, 214, 263
    os desígnios de Françoise para a família, 259-69
Mursay, Filipe, conde de (sobrinho de Françoise, dantes de Villette), 164

528 ÍNDICE REMISSIVO

carreira militar, 267, 342
carreira naval, 215, 259, 267-68
e os desígnios de Françoise, 262-64, 267-68
torna-se conde de Mursay, 269, 342
Muze Historique (Loret), 108

Nantes, Louise-Françoise, mademoiselle de, *ver* Condé, Louise-Françoise, princesa de
Napoleão Bonaparte, 410
Nápoles, 396, 398
Navailles, duque de, 196
Neuillant, Angélique de, 82, 85, 88, 100
Neuillant, baronesa de, 40, 57, 70-71, 100, 115, 268
e Françoise, 73-74, 77, 81-83, 85-86, 92
regressa a Niort, 95
retira-se para Paris, 85, 88, 91, 97
Newton, Isaac, 86, 349
Nimegue, 193, 220
Paz de, 270, 328, 351
Niort, 48, 58, 103, 115, 133, 134, 265, 267
caridade em, 72
convento, 77-82, 96, 214
e a infância de Françoise, 34-35, 38-43, 431
Françoise regressa a, 82-86, 95, 100, 214
o chevalier de Méré e, 84-85, 91, 92, 112
Nivers, Guillaume-Gabriel, 314
Noailles, duque de, 381, 429, 433-34
Noailles, Françoise-Charlotte-Amable, duquesa de, 342, 381, 429, 433
nascimento, 301-3
Noailles, Louis-Antoine de, arcebispo de

Paris, 371-76, 379, 383, 385
respostas à fome, 400
Noisy, 306-8
Nova Escócia, 388
Novo Mundo, 47
Novo Testamento, 46, 374

oceano Pacífico, 222, 389
Oeillets, mademoiselle des, 168
ópera, 160-61, 336-38
Orange (província), 65
Orinoco, rio, 99
Orléans, 365
Orléans, Alexandre d', 185, 276
Orléans, Filipe, duque de (Monsieur), 76, 147, 300, 341
desconfiança de Françoise, 252
e a guerra holandesa, 220
e a rainha de Espanha, 221, 223
e homossexualidade, 276, 336
e Jaime II e Maria de Módena, 348
e Liselotte, 185
e os jardins de Saint-Cloud, 279
e Versalhes, 273, 276
morte, 389-90, 393
seus filhos, 276
Orléans, Filipe, duque de, 276, 382, 409, 412, 427
conspiração contra, 424-26
e a morte do rei, 417, 419
e a sucessão, 424
e o arruinamento de Mignon, 423-24
morte, 426
torna-se regente, 421-22
Orléans, Francisca Maria, duquesa de, 216, 382, 413
e conspirações contra o regente, 425-26
Orléans, Gastão de, 33-34
Orléans, Isabel Carlota de, duquesa

(Liselotte) (madame), 185-87
cartas indiscretas, 390-93
ciúmes de Françoise, 240, 242, 252, 284
e a invasão do Palatinado, 352, 355, 380
e a morte da rainha, 281-84, 286
e a morte de Condé, 340
e a morte de Françoise, 435
e a morte de Louvois, 379-80
e a morte de Monsieur, 389-90
e a morte do rei, 417
e a operação do rei, 341
e a perseguição religiosa, 326, 329, 331
e a rainha da Espanha, 223
e a regência, 422, 426
e a sucessão espanhola, 383-85
e a sucessão, 412-13
e Françoise como rainha, 378
e Jaime II e Maria de Módena, 348-49
e Maria Adelaide, 381
e o apetite do rei, 414
e o casamento de seu filho, 382
e o caso do quietismo, 375
e o novo casamento do rei, 295
e os passatempos na corte, 296-97, 300
e Pedro, o Grande, 429-30
e Saint-Cyr, 309
e Versalhes, 276-78, 280
queixas sobre a vida na corte, 332-38
reconciliação com Françoise, 412
seus filhos, 185, 276
visita Françoise em Saint-Cyr, 431
Orléans, Palácio de, 87, 91
Oudenarde, batalha de, 397-98, 400

Países Baixos espanhóis, 75, 152-53, 189-90, 192-95, 398, 404
Países Baixos, *ver* Províncias Unidas dos

Países Baixos
Palaiseau, Angélique-Céleste de, 95
Palais-Royal, 40, 88
Parabère-Pardaillon, monsieur de, 70
Paris, 88-90
Borgonha ridicularizada em, 397
burguesia descontente, 68
cerco a, 76-77
chansonniers, 282
como centro do poder, 271
Constant d'Aubigné e, 31, 54, 66,-67
convento carmelita, 198, 201
convento das ursulinas, 86-87, 101, 103, 130, 132, 136, 139, 143
convento Filhas de São José, 333, 379
credores, 305
e processos judiciais, 35-36, 39-40
entrada do rei, 122-23
entusiasmo pelo Monsieur, 220
expedição a Le Havre, 107
falsos alarmes, 380
fome e doença, 401-3
hospitais, 339, 403
jogo, 183
manière, 90
modernização, 156-58, 287
nomeação do arcebispo, 371
observatório, 349
perseguição dos huguenotes, 325
retorno de Mazarin, 109
reunião da família d'Aubigné, 43, 47
revoltas em, 437
salões, 91-93, 115-18, 250, 415
teatro, 160-61
venda da biblioteca de Mazarin, 98
parlementaires, 74-77, 183, 422
Pascal, Blaise, 84, 147
Patin, Gui, 88
Pedro, o Grande, czar, 410, 429

Pellisson, Paul, 111, 117
Pérsia, embaixador da, 416
Peru, 389
Perucas, 338
Petite-Charité, convento, 130
petits-pois, 298
Piennes, Olympe de, 211
Piètre, Geneviève, *ver* d'Aubigné, Geneviève
Pignerol, forte de, 226, 279
Piratas, 62, 72
    argelinos, 165
Pireneus, 213, 385
    paz dos, 122, 152
Place de Grève, 230
Plessis-Bellière, marquês du, 118
Plínio, 380
Poincy, 60-62
Pointe-Allègre, 51-52
Poitevin, cadetes, 258
Poitiers, 70-71, 100
Poitou, 26, 28, 30, 32, 39, 84, 136, 240, 259, 262, 312
    perseguição religiosa em, 323-24, 327
Pons, Bonne de, marquesa de Heudicourt, 137, 146, 166, 175
    discussão com d'Albret e desterro, 170-71
    morte, 415
    retorno à corte, 256, 333
Portocarrero, cardeal-arcebispo de Toledo, 394
Port-Royal, 319
Poussin, Nicolas, 114-15
prática médica, 227-28
práticas ocultas, 142, 227-36, 238
Preciosas Ridículas, As (Molière), 111
predestinação, 148
Procope, sorveteria, 299

prostitutas, 39, 125, 158
Provença, 65, 175, 235
Províncias Unidas dos Países Baixos, 189-95, 216, 219-20, 259, 261
    e a Grande Aliança, 352
    e a Guerra da Sucessão Espanhola, 387-89, 404
    e o Tratado de Utrecht, 408-10
    e Sião, 300
    marinha holandesa, 280

Quaresma, 120, 212
Quatrains (Pibrac), 82
quietismo, 365, 372, 375
    e a doutrina do "puro amor", 366-76
Quinault, Filipe, 132

Racine, Jean, 116, 160, 299, 311
    escreve *Ester* para Saint-Cyr, 319-21, 357
Rambouillet, madame de, 116
Rambures, mademoiselle de, 256
Ramillies, batalha de, 398
Reflexões sobre a misericórdia de Deus (tratado de Françoise), 248
Renânia, 185, 194, 350
    invasão do Palatinado, 352-53, 355-56, 372, 380
Reno, rio, 65
Reno, travessia do, 192-93, 220
Retz, cardeal de, 118
Revolução Francesa, 437
Richelieu, cardeal, 32, 33-34, 39, 74, 325, 387
    cerco de La Rochelle, 49, 64
    e colonização, 47-48
    morte, 43, 159
    tentativas de assassinato, 34

A ESPOSA SECRETA DE LUÍS XIV – MADAME DE MAINTENON   531

Richelieu, duquesa de, 128, 135, 154-55, 206, 250
 e a caridade de Versalhes, 305, 307
 e a casa da delfina, 251-53
 morte, 293
Rico e Lázaro, parábola, 428-29
Rijswijk, paz de, 379, 383, 387
Rio de Janeiro, 389
Rochechouart de Mortemart, família, 137
Rochefort, Lydie de, 208
Rochefort, madame de, 251
Rocroi, batalha de, 68
Rolle, Merry, 49, 51, 53, 55
Roma, 259, 271, 365, 374, 393-94
Roman Comique (Scarron), 112-13
Rossignol, 62
Rubens, Peter Paul, 279
rue d'Enfer, 91-92, 95, 103-4, 109, 115
rue de l'Echelle, 168
rue des Douze-Portes, 109, 113, 115
rue des Francs-Bourgeois, 135, 137, 292
rue des Tournelles, 135, 168-69, 170-72
rue des Trois-Pavillons, 154-55, 164, 168
rue Neuve-Saint-Louis, 113, 115, 130
rue Vaugirard, 172-74, 179, 237
Rueil-en-Vexin, 142, 306
Rússia, 410
Ruyters, almirante, 220

Sablé, marquesa de, 117
Saboia, 388, 393
Saboia, duque de, 384
Sacro Império Romano, 31, 66, 192, 220, 251, 384, 407-8
 e o Tratado de Utrecht, 192-93
Saint-Amant, Antoine de, 117, 128
Saint-Christophe (St. Kitts), 48, 54, 60, 65, 115, 409

Saint-Cloud, palácio de, 211, 279, 282, 389-90
Saint-Cyr, 308-21, 331, 341-43, 356-64, 374, 376, 398, 401
 castigos, 357-58
 currículo, 313-17
 e a doutrina do "puro amor", *ver* quietismo
 e o funeral de Françoise, 434-36, 437-38
 e o teatro, 321, 357
 Françoise retira-se para, 420, 425-33
 torna-se uma escola de convento, 361
Saint-Denis, catedral, 285
Saint-Dominique, 87, 91, 103
Sainte-Chapelle, 39, 89
Saint-Évremond, Charles de, 143
Saint-Germain, distrito de, 172
Saint-Germain, 149, 153, 166-67, 173-75, 195
 a corte retira-se para Versalhes, 220, 270
 a família real refugia-se no castelo de, 76
 appartements de Françoise, 296-97
 Françoise assume residência, 179-82, 201-2, 217, 258, 263
 Françoise ausenta-se, 214-15
 Jaime II em, 348, 387
 madame de Montespan parte de, 215
 Marthe-Marguerite exilada em, 346, 349
 nova cidade, 181
 obras de construção, 178-79
 passatempos, 196
 vida na corte, 181-84
Saint-Gervais, igreja de, 129
Saint-Hermant, Marie-Marguerite de, 90, 92, 95, 104
Saint-Hermant, Pierre Tiraqueau, barão de, 57, 73, 87, 90, 103-4

ÍNDICE REMISSIVO

Saint-Hermine, Henri-Benjamin de, 164, 214, 262, 269, 380

Saint-Hermine, Louis-Henri de, 262-63, 267-69

Saint-Simon, duque de, 277, 292, 296, 328

  aposenta-se da vida militar, 396

  e a conspiração contra a regência, 425-26

  e a família de Françoise, 341-43

  e a marquesa de Montcheuvreuil, 380

  e a morte do delfim, 411

  e a morte do rei, 417-21

  e a morte do tio, 380-81

  e a reconciliação de Liselotte, 391

  e a sucessão, 413

  e Fénelon, 363-64

  e Nanon Balbien, 254

  e o protocolo, 377-78

  e os últimos dias de Françoise, 427, 428-29, 434-35

  nomeado embaixador em Madri, 426

  o arruinamento de Mignon, 422-24

Santa Genoveva, relíquias de, 402

Santo Agostinho, 288

Santo Eustáquio, candelabros de, 402

Santo Isidoro, relíquias de, 402

São Francisco de Sales, 42, 56, 140, 364-65, 369

São Gregório, 362

São João da Cruz, 369

São Paulo, 94, 114, 435

Sarrazin, 99

Saumaise, Claude, 110

Scarron, Anne, 109

Scarron, Françoise, 109-10, 140

Scarron, Louis, 109

Scarron, madame, *ver* d'Aubigné, Françoise (madame de Maintenon)

Scarron, Paul, 91-121, 242, 249

  autodescrição, 93

  beneficiário de Fourquet, 150

  casamento, 102, 103-5, 291

  consegue emprego para Charles d'Aubigné, 134

  doença e morte, 127-31

  doença, 94-95

  e as terras de família, 106-8

  e Mazarin, 98-100, 109

  e os amigos e admiradores de Françoise, 123-24, 127-28

  é-lhe concedida pensão, 120

  epitáfio, 129

  escritos, 108, 112-13, 132

  espólio, 130

  impotência, 105-6

  perde a pensão, 98-99, 132

  plano americano, 97, 99-100, 106-8

  proposta de casamento, 100-2

  recebe os últimos ritos, 128

  retorna a Paris, 109

  salão, 91-92, 115-19, 135, 153, 261

  testamento falso, 128

Sceaux (castelo), 417, 426

Schenk (fortaleza), 192

Scudéry, Madeleine de, 110-11, 116, 138, 154

  Conversations, 314-15

  e *Ester* (Racine), 322

  Educação, 111, 317

  frequenta Versalhes, 162-63

  romances de, 357

Segrais, Jean Regnault de, 105-06, 109, 111-12, 114, 116-17, 129, 227, 255

Seignelay, marquês de, 259-60, 262, 265

Sena, rio, 23, 89, 107, 135, 157, 178

Sévigné, madame de, 64, 118, 139, 154, 248

e a delfina, 252
e a doença do rei, 332
e a influência de Françoise sobre o rei,
241-42, 244, 249, 293
e a perseguição religiosa, 325
e a rainha de Espanha, 221, 223
e a travessia do Reno, 192
e a viuvez, 134
e amas de leite, 169
e as fofocas na corte, 175, 214, 216
e Bonne de Pons, 256, 333
e Jaime II, 348
e Louise de la Vallière, 198
e Marie-Angélique de Fontanges, 210,
237
e o café, 299
e o caso dos venenos, 225, 227, 231,
232, 235
e o jogo, 183
morte, 380
queixas da vida na corte, 334
seu salão, 117
Sião, 294, 300
Sicília, 259, 261
Soissons, Olympe Mancini, condessa de,
208, 211, 233
Sophie, esposa do Eleitor de Hanover,
186, 295, 326, 352, 390, 415
Sorbonne, 89, 155, 299, 360, 362, 372
Soubise, Anne de, 208, 216
Spanheim, diplomata, 231
Steele, sir Richard, 407
Stromboli, 220
Stuart, Carlos Eduardo (Bonnie, príncipe
Charlie), 348
Stuart, Henriqueta Ana, 221, 381
Stuart, Jaime (o Antigo Pretendente), 348,
387-88, 403
Stubbes, Henry, 191

Suécia, 190-91, 220
Suíça, 195
Surimeau (estado), 35, 327

tabaco, 48, 51, 53, 61, 65, 190
Tallemant des Réaux, Gédéon, 66, 106,
116, 123-24, 127, 141
Tartufo (Molière), 223
Tatler, 407
taxa da lama, 157-58
Te Deum (Lully), 335-36
teatro, 160-61
Tellier, Père, 421
Templo da Paz, O (Lully), 337
teoria da probabilidade, 84
Termes, marquês de, 236
Testu, abade Jacques, 156, 334
Thianges, Gabrielle, marquesa de, 137
Thianges, mademoiselle de, 209
Tolhuis, 192
Tonnerre, mademoiselle de, 256
Torcy, marquês de, 393
tortura, 226, 230-31
Toscan, 169, 181, 258
Toulouse, Luís Alexandre, conde de, 217,
295, 396, 402-3
e a sucessão, 413, 421-24
Tours, Louise-Marie-Anne, mademoiselle
de (Toutou), 208
traje de corte, 335
Tratado de Aix-la-Chapelle, 161, 190
Tratado do puro amor (Guyon), 366, 368
Tratado sobre a educação de meninas
(Fénelon), 317-18, 363
Tresmes, duque de, 109
Trianon, palácio, 276, 278, 296, 429
Tríplice Aliança, 190
Tristan l'Hermite, 117
Tulherias, palácio, 158, 270, 272

534 ÍNDICE REMISSIVO

tulipa, 332
Turenne, marechal, 116, 153, 191, 193,
    195, 261, 340, 396
Tyrconnell, lorde, 350

Ulster, 332
Ursins, princesa de (Anne-Marie de La
    Trémoille-Noirmoutier, condessa de
    Chalais), 136-37, 393-94, 398, 401,
    404-5, 429
ursulinas, 48, 77-81, 103, 198, 308
    e a estrutura para Saint-Cyr, 312-14
Utrecht, 193
    Tratado de, 408-10, 424

vale do Loire, 150
Valliquierville, Charles de, 142, 143
Vatel, François, 150
Vauban, Sébastien, 191, 194, 196
    e a Guerra da Sucessão Espanhola, 396
    e a perseguição religiosa, 329
    fortalezas, 278-79, 260-61
Vaujours, 149
Vaux-le-Vicomte (castelo), 135, 156, 151,
    178-79, 277, 279
Vendôme, marechal-duque de, 230-31,
    248, 396-99
Veneza, 280, 299
Ventadour, madame de, 390-92
Vermandois, Louis, conde de, 153
Versalhes, 116, 204-5, 213-14, 263,
    270-81, 354-55, 415
    abandonado sob a regência, 421-22
    apartamentos de Françoise, 274-76
    arredores, 276-79
    caridade em, 302-4, 307-8
    descontentes, 332-35
    e a sucessão espanhola, 383-86, 388-89,
    394-96, 397-98

e o caso do quietismo, 374-76
e o jacobinismo, 350
força de trabalho, 273-74
Françoise sepultada de novo na capela,
    438
Galerie des Glaces, 216-17, 277-78,
    279-80, 297, 299-300, 419-20
guia para visitantes, 278-79
Liselotte e, 389-91
madame de Montespan parte, 378-79
marinha em miniatura, 279-81
missa nupcial em, 289-90
passatempos, 160-63, 193-95, 296-301
reconstrução, 216-18, 270-75
segredos da corte, 293-94
tamanho e população, 276
Versalhes, cura de, 337
Vexin, Louis-César, conde de, 172-73,
    202, 213
Vidas paralelas (Plutarco), 56, 111
Viena, 188-89, 384-86, 408-09
Villarceaux, Louis de Mornay, marquês
    de, 123-24, 242
    caso amoroso com Françoise, 140-46,
    289-90, 415
Villarceaux, marquesa de, 122-23
Villars, marechal de, 396, 401, 407
Villars-Brancas, duque de, 396, 401
Villeroy, marechal-duque de, 344-45,
    418-22
Villeroy, marquês de, 344
Villette, Benjamin Le Valois, sieur de,
    36-40, 45, 49, 127, 131, 143, 262
    assiste a família d'Aubigné, 67-69
    e a partida de Françoise, 73-74
    morte, 145-46
Villette, Filipe de, 37, 45, 70, 171, 214,
    245, 259, 262
    aceitação do catolicismo, 268-69, 324,

A ESPOSA SECRETA DE LUÍS XIV – MADAME DE MAINTENON   535

carreira militar, 259-63, 268-69, 359, 415

e Marthe-Marguerite, 342, 344-45

e os desígnios de Françoise, 262-63, 265-68

filhos, 164, 169

morte, 415

novo casamento, 359

Villette, Louise de (nascida d'Aubigné), 28-29, 48-49, 58-59, 86, 130-31, 262, 268

assiste a família d'Aubigné, 67-69

e a partida de Françoise, 73-74

e Françoise, 35-39, 45, 71-72, 79-82

e Jeanne, 39-42

morte, 164

Villette, Madeleine de, 37, 259, 264

Villette, Marie de, 37, 264

Villette, Marie-Anne de, 164, 264

Vincennes, 30, 270, 372-73

vinhos, 299

Virgile Travesti (Scarron), 108

Visconti, Primi, 149

e a adivinhação, 229

e as amantes reais, 209, 211, 216

e Maria Teresa, 252

e Monsieur, 216

e o aborto, e a influência de Françoise sobre o rei, 240-41

e o caso dos venenos, 231, 235

e o delfim, 139-40, 251

e o marechal de Luxemburgo, 228-29, 354

e Versalhes, 273, 278

Vivonne, duque de, 236

Vivonne, duquesa de, 236

Voltaire, 415, 426

Whitehall, palácio de, 347

Würtemberg, princesa, 227

Zuidersee, 193

Conheça mais sobre nossos livros e autores no site
www.objetiva.com.br
Disque-Objetiva: (21) 2233-1388

Este livro foi impresso na
LIS GRÁFICA E EDITORA LTDA.
Rua Felício Antônio Alves, 370 – Bonsucesso
CEP 07175-450 – Guarulhos – SP
Fone: (11) 3382-0777 – Fax: (11) 3382-0778
lisgrafica@lisgrafica.com.br – www.lisgrafica.com.br